Manual de Cooperação Judiciária Internacional em Matéria Penal

Manual de Cooperação Judiciária Internacional em Matéria Penal

2019 • Reimpressão

Luís de Lemos Triunfante
Juiz, Mestre em Estudos Europeus
Perito Nacional Destacado no Gabinete Português na Eurojust

**MANUAL DE COOPERAÇÃO
JUDICIÁRIA INTERNACIONAL EM
MATÉRIA PENAL** AUTOR
Luís de Lemos Triunfante
EDITOR
EDIÇÕES ALMEDINA, S.A.
Rua Fernandes Tomás, nos 76-80
3000-167 Coimbra
Tel.: 239 851 904 • Fax: 239 851 901
www.almedina.net • editora@almedina.net
DESIGN DE CAPA
FBA.
PRÉ-IMPRESSÃO
EDIÇÕES ALMEDINA, S.A.
IMPRESSÃO E ACABAMENTO
ACD Print, S.A.

Outubro, 2019
DEPÓSITO LEGAL
445388/18

Os dados e as opiniões inseridos na presente publicação são da exclusiva responsabilidade do(s) seu(s) autor(es).
Toda a reprodução desta obra, por fotocópia ou outro qualquer processo, sem prévia autorização escrita do Editor, é ilícita e passível de procedimento judicial contra o infrator.

 GRUPOALMEDINA

BIBLIOTECA NACIONAL DE PORTUGAL – CATALOGAÇÃO NA PUBLICAÇÃO
TRIUNFANTE, Luís de Lemos
MANUAL DE COOPERAÇÃO JUDICIÁRIA INTERNACIONAL
EM MATÉRIA PENAL – (Manuais profissionais)
ISBN 978-972-40-7543-3
CDU 34

À Ariana.

"Se homens do país de Ramsés, o grande príncipe do Egito, se refugiarem junto ao grande chefe de Khéta, este não os receberá e fará com que sejam enviados de volta à Usermaatre-setepenre, o grande príncipe do Egito.

Ou ainda, se um homem ou dois homens, que não sejam conhecidos, fugirem do país do Egito para o país de Khéta, para tornarem-se súbditos de um outro, não lhes será permitido que se instalem no país de Khéta e eles serão enviados de volta a Ramsés-amado-de-Amon, o grande príncipe do Egito.

Ou então, se um homem ou dois homens, que não sejam conhecidos, fugirem e se refugiarem no país do Egito, para tornarem-se súbditos de um outro, Usermaatre-setepenre, o grande príncipe do Egito, não lhes permitirá que se instalem e providenciará para que sejam mandados de volta para o grande chefe de Khéta."

Trecho referente à 4.ª parte do Tratado de Paz e Fraternidade que estabeleceu uma aliança defensiva entre egípcios e hititas sobre extradição de refugiados políticos, fossem eles de alta estirpe ou cidadãos comuns (1269 a.C., assinado por Ramsés II e Rei Hattousil III) – o primeiro Tratado celebrado entre Estados, considerado o texto fundador do direito internacional e em concreto da matéria da cooperação judiciária internacional em matéria penal.

PREFÁCIO

A cada ano que passa, os sistemas nacionais mostram que a cooperação com outros Estados é essencial no processo penal moderno. A livre circulação de pessoas, atividades económicas e o desenvolvimento do mundo cibernético resultam numa situação onde em muitos casos se torna difícil identificar os elementos essenciais para conduzir um processo criminal: o arguido, a vítima, as provas, as testemunhas ou o despojo. As autoridades policiais e judiciárias de cada país precisam de assistência das autoridades estrangeiras e vice-versa.

Neste Manual, Luís Lemos Triunfante traduz um profundo trabalho de pesquisa aliado à perspetiva prática e visa a interação entre os vários profissionais envolvidos na realização da justiça penal e na atuação nas quatro vertentes possíveis na área da cooperação judiciária internacional em matéria penal: *i)* requerentes, *ii)* requeridos, *iii)* facilitadores de pedidos de cooperação, dotando os profissionais do *know-how* necessário para funcionarem como "agentes" de cooperação, *iv)* estudiosos ou interessados na matéria.

O autor trabalha como Juiz/Perito Nacional Destacado no Gabinete Português na Eurojust e está na posição ideal para escrever um manual que inclui todas as perspetivas relevantes. Com experiência em ambas as áreas, académica e prática, o autor está muito bem posicionado para oferecer uma perspetiva completa e acessível ao leitor.

Tenho a certeza que este manual de grande qualidade vai corresponder às espetativas dos leitores e especialistas na área.

ANDRÉ KLIP
Professor de Direito Penal, Direito Processual Penal e de Aspectos Transnacionais de Direito Penal na Universidade de Maastricht; Membro da Academia Real das Artes e Ciências dos Países Baixos; Juiz no Tribunal de Recurso de 's-Hertogenbosch (Secção Criminal).

ORIENTAÇÕES DE LEITURA

A) Citações

Na primeira citação, as obras são identificadas pelo nome do autor seguido do título integral da obra em itálico, volume, edição, editora, local de publicação, ano civil e a indicação de página ou páginas especificamente citadas. Os artigos constantes de publicações periódicas são identificados pelo nome do autor, título do artigo entre aspas, título da publicação em itálico, número e ano de publicação e a indicação de página ou páginas especificamente citadas. Os artigos publicados em obras coletivas são identificados pelo nome do autor, seguido do título do artigo entre aspas, nome da obra em itálico, nome do(s) coordenador(es)/editor(es) da obra, volume, editora, local de publicação, ano civil e a indicação de página ou páginas especificamente citadas. Se as obras apenas estiverem disponíveis na internet, indicar-se-á o sítio onde as mesmas estão acessíveis *on-line*.

Nas citações seguintes, as obras são identificadas pelo nome do autor e pelo título, à qual se segue pela abreviatura "cit." e a indicação da página ou páginas (podendo haver referência a volumes ou tomos, quando tal se justifique). Esta regra aplica-se independentemente de se tratar de monografias, manuais, comentários, artigos em revistas ou publicações periódicas ou contributos para obras coletivas.

As referências bibliográficas não estabelecem qualquer distinção entre bibliografia nacional e estrangeira.

As transcrições são feitas na língua portuguesa, sendo da responsabilidade do autor se outra menção não resultar do texto; algumas transcrições, dada a sua importância, aparecem igualmente na língua original, em modo itálico.

A utilização do modo itálico permite destacar palavras em língua estrangeira ou latinismos.

A jurisprudência é identificada pelo tribunal, data, número de processo, relator, local de publicação. Se a decisão apenas estiver disponível na *internet*, indicar-se-á o sítio onde a mesma esta acessível *on-line*. Tratando-se de jurisprudência estrangeira, sempre que possível, são indicadas as traduções existentes em língua portuguesa ou em língua inglesa.

Em diversos capítulos, para facilidade de consulta, procedeu-se à esquematização dos instrumentos ou matérias por duas vias, a apresentação de quadros e de sinopses.

B) Abreviaturas, siglas e acrónimos

Códigos, Entidades e Instituições

AAVV – Autores vários

CoE – Conselho da Europa

CEJ – Centro de Estudos Judiciários

CGPJ – Consejo General del Poder Judicial

CPE – Cooperação Política Europeia

CPP – Código de Processo Penal

CRP – Constituição da República Portuguesa

DCIAP – Departamento Central de Investigação e Ação Penal

DIAP – Departamento de Investigação e Ação Penal

DL – Decreto-Lei

DQ – Decisão-Quadro

DR – Diário da República

ELSJ – Espaço Liberdade, Segurança e Justiça

EM – Estado(s) Membro(s)

GDDC – Gabinete de Documentação e Direito Comparado

JAI – Justiça e Assuntos Internos

JO – Jornal Oficial da União Europeia

DR – Diário da República

BOE – Boletín Oficial del Estado

MP – Ministério Público

ONU – Organização das Nações Unidas

PE – Procuradoria Europeia

PGR – Procuradoria-Geral da República/Procurador-Geral da República

PJ – Polícia Judiciária

RJE – Rede Judiciária Europeia
RMP – Revista do MP
STJ – Supremo Tribunal de Justiça
TCIC – Tribunal Central de Instrução Criminal
TJCE – Tribunal de Justiça da Comunidades Europeias
TJUE – Tribunal de Justiça da União Europeia
TEDH – Tribunal Europeu dos Direitos Humanos
TPI – Tribunal Penal Internacional
UE – União Europeia
ONU – Organização das Nações Unidas
CoE – Conselho da Europa
OCDE – Organização para a Cooperação e Desenvolvimento Económico

Convenções, Atos da UE
CoE59 – Convenção Europeia de Assistência Judiciária em Matéria Penal de 20 de abril de 1959
CAAS – Convenção de Aplicação do Acordo Schengen de 19 de junho de 1990
CE2000 – Convenção relativa ao Auxílio Judiciário Mútuo em Matéria Penal entre os Estados membros da UE de 29 de maio de 2000
CEDH – Convenção Europeia dos Direitos Humanos
CDFUE – Carta de Direitos Fundamentais da União Europeia
DEI – Decisão Europeia de Investigação

Tratados
AUE – Ato único Europeu
TA – Tratado de Amesterdão
TFUE – Tratado sobre o Funcionamento da União Europeia
TL – Tratado de Lisboa
TM – Tratado de Maastricht
TN – Tratado de Nice
TUE – Tratado da União Europeia

Coletâneas
Colet. – Coletânea de Jurisprudência

Abreviaturas
ac. – acórdão
al. – alínea

art. – artigo
arts. – arts.
cfr. – confrontar
cit. – *citatum*
n.º – número
n.ºs – números
p. – página
pp. – páginas
v. (vd.) – ver
v.g. – *verbi gratia*
vs. – *versus*

Introdução

Leitmotiv do Manual

O conceito *Manuale, -is*, tem, por norma, três significados: i) livro pequeno, ii) livro que sumariza as noções básicas de uma matéria ou assunto, como um compêndio, iii) guia prático que explica o funcionamento de algo[1]. Quanto ao primeiro elemento, sendo o adjetivo "pequeno" relativo, o autor espera que o livro tenha a dimensão certa; no que concerne à sumarização, o propósito é concretizá-la com os quadros e sinopses em vários capítulos e finalmente um guia prático, sendo esta uma das principais ambições do livro.

O propósito é que o título do livro sintetize o seu desiderato.

A criminalidade transnacional tem-se expandido a diversos tipos de crime[2] e afeta todas as pessoas e Estados. Por essa via, o próprio conceito de território se modificou, desmistificando a ideia do princípio da territorialidade ligado à soberania nacional. A era é da globalização social, económica, politica e cultural, onde se compartilham ideias, pensamentos e em última instância, a própria criminalidade[3].

---

[1] "Manual", in Dicionário Priberam da Língua Portuguesa, 2008-2013 https://www.priberam. pt/dlpo/manual (consultado em 03.12.2016).

[2] Estes crimes recebem a qualificação de internacional pelo lugar em que se realizam ou pela forma em que são levados a cabo e não em razão do bem jurídico que afetam. Assim, a resposta perante essas formas de delinquência é uma resposta politico-criminal que passa pela harmonização penal e processual penal das legislações nacionais e, paralelamente, pela cooperação processual entre os Estados – Kai Ambos, *"Temas de Derecho Penal Internacional y Europeu"*. Barcelona: Marcial Pons, 2006, p. 116.

[3] José Faria Costa, *"A Globalização e o Direito Penal (ou o Tributo da Consonância ao elogio da Incompletude)"*. In Globalização e Direito, STVDIA IVRIDICA, 73, Coimbra Editora, pp. 182 a 186

Os crimes transnacionais, que não se limitam às fronteiras dos Estados soberanos, alastram a uma velocidade que impõem e desafiam os órgãos policiais e jurisdicionais a adotarem uma lógica de pensamento e de procedimento totalmente distinta daquela que era usada antes da globalização.

Uma das formas de dar resposta a estes desafios passa necessariamente pela cooperação internacional. Os Estados devem colocar na balança a soberania e a cooperação, procurando o equilíbrio necessário para responder a tais desafios.

A cooperacão judiciária internacional em matéria penal é um ramo ou ciência do direito, em franca expansão, e que junta os conceitos de cooperação internacional, judiciária e penal.

A relevância do tema, de uma perspetiva temporal, vai desde a citação inicial do livro, em matéria da extradição, constituindo o primeiro Tratado celebrado entre Estados em 1269 A.C. e considerado o texto fundador do direito internacional até à atualidade, em que os processos criminais de natureza transfronteiriça aumentaram e são constantemente realçados.

Decorridos mais de 3000 anos, a cooperação judiciária internacional em matéria penal tornou-se um ramo do direito: *i)* universal, dominada por fenómenos como a globalização e a criminalidade internacional e transfronteiriça, sendo caraterizada por uma evolução constante da prática forense e jurisprudencial, que procura acompanhar a "velocidade" dos nossos tempos; *ii)* com autonomia conceptual e prática, profundamente marcada pela evolução recente do direito penal internacional.

Sendo dotado de uma uma base sólida de conceitos, princípios e regras, a cooperação judiciária internacional em matéria penal influencia de uma forma decisiva as relações internacionais.

As normas que regem a cooperação ora defenida abrangem vários ramos do direito: o direito internacional público, o direito penal, nas vertentes nacional e internacional, assim como o processo penal, o direito constitucional, no âmbito dos direitos fundamentais e até mesmo em alguns patamares da cooperação, o direito administrativo e do procedimento administrativo. Contudo, este caráter multidisciplinar aumenta a complexidade da matéria.

Para melhor se compreender a realidade atual, tendo uma dinâmica muito própria e em constante mutação, podem identificar-se dez níveis de cooperação (nacional – como modelo de referência – e bilateral, considerados os níveis de cooperação tradicionais e clássicos e depois por ordem numérica de participação dos Estados Partes: ONU, CoE (Conselho da Europa), OCDE, UE, Espaço Schengen, Ibero-americano, CPLP e outras organizações/redes

INTRODUÇÃO

de cooperação espalhadas pelo Mundo, como são os casos do G8, G20, da interamericana...).

O desenvolvimento de novas tecnologias e a dimensão que atingiu o crime organizado e transnacional, têm demonstrado a necessidade de reforçar a cooperação policial e judiciária internacional, a qual se desenvolveu principalmente desde a segunda metade do século XX, através da celebração de vários acordos ou tratados internacionais específicos sobre esta matéria. Com efeito, dentro de várias organizações supranacionais, como a ONU, o CoE ou a UE, esta última em particular, tem vindo a ser adotadas diversas convenções e acordos internacionais com o desiderato de dotar os Estados Membros (EM) dos instrumentos necessários para dar uma resposta mais célere e eficaz às formas de crime transnacional mais graves. Tal enquadramento visa ultrapassar os obstáculos potenciados pelas diferenças dos sistemas penais nacionais, funcionando como instrumentos para fortalecer a cooperação judiciária internacional, incluindo iniciativas tomadas no âmbito do princípio do reconhecimento mútuo das decisões, como aconteceu na área da UE, reconhecidamente o maior patamar de integração supranacional conhecido, também nesta matéria, sendo um dos domínios mais importantes do espaço de liberdade, segurança e justiça (art. 3.º, n.º 2 do TUE).

Paralelamente a estes esforços multilaterais, foram sendo celebrados acordos e constituídos instrumentos e mecanismos bilaterais assinados entre os Estados atendendo às suas especificidades ou circunstâncias geográficas, históricas, políticas ou ligações culturais. Isto acarreta e configura uma rede de instrumentos e mecanismos bilaterais e multilaterais que torna a cooperação judiciária em matéria penal mais complexa, desdobrada em diferentes planos, muitas vezes, com base no princípio de complementaridade, formando um espaço de dimensões variáveis, dependendo, em cada caso, do grau de adesão de cada um dos Estados aos instrumentos e mecanismos específicos. A aplicação do mesmo instrumento assinado por vários EM podem ter *nuances* caso a caso em relação a cada um dos Estados contratantes, resultantes das declarações e reservas que formularam no momento da ratificação do instrumento internacional.

Portanto, nem sempre se revela fácil constatar a conformidade dos pedidos de cooperação judiciária internacional em matéria penal, porque, independentemente do nosso conhecimento mais ou menos profundo da matéria – sendo a regra lidar com a matéria esporadicamente – somos convocados a resolver problemas relacionados com três principais obstáculos: *i)* a dispersão de fontes de regulação, instrumentos, mecanismos e ferramentas disponíveis, *ii)* a diversidade dos sistemas jurídicos e *iii)* diferenças linguísticas.

A cooperação judiciária em matéria penal assenta em três princípios ou pilares fundamentais: *i)* espírito de cooperação, *ii)* conhecimento dos instrumentos legais aplicáveis e *iii)* o uso adequado dos instrumentos, mecanismos e ferramentas que podem facilitar a cooperação.

Nessa medida, criaram-se entidades formais (instâncias governativas, judiciárias e policiais) e informais (redes de cooperação) e desenvolveram-se mecanismos e ferramentas de apoio disponíveis para os profissionais que lidam com estas matérias, em particular, juízes, procuradores, advogados, oficiais de justiça, funcionários judiciais, agentes das forças de segurança e outros operadores jurídicos, como os académicos e estudantes, visando a racionalização e o estudo/aprofundamento da cooperação judiciária internacional.

Sendo a atualidade cada vez mais dominada por processos criminais em contexto transnacional, este Manual visa dois principais desideratos: *i)* compilar e organizar de uma forma esquemática e acessível as fontes de regulação, instrumentos, mecanismos e ferramentas disponíveis[4] e *ii)* proporcionar uma visão geral e estruturante sobre a matéria, mediante a análise de diversos instrumentos, procedendo a um levantamento das ferramentas existentes, numa perspetiva essencialmente prática e de interação entre os vários profissionais envolvidos na realização da justiça penal e na atuação nas quatro vertentes possíveis: *i)* requerentes, *ii)* requeridos, *iii)* facilitadores de pedidos de cooperação, dotando os profissionais do *know-how* necessário para funcionarem como "agentes" de cooperação, *iv)* académicos ou interessados na matéria.

A Haia, maio de 2018

---

[4] O autor recorreu ao acervo disponível em manuais, instrumentos legislativos, *guidelines,* ferramentas tradicionais e *on-line* dedicados à matéria, sendo as fontes em causa indicadas e atualizadas até maio de 2018

Capítulo I
Estado da arte

1. Definição do conceito de cooperação judiciária internacional em matéria penal

Tratando-se de um Manual sobre cooperação judiciária internacional em matéria penal, há, *ab initio,* que definir o conceito/significado de cooperação. O termo cooperar, ou a*to ou efeito de cooperar ETIM lat. Cooperatio, onis, auxilio, colaboração* significa *"trabalhar com outros para atingir o mesmo fim"*[5]. Assim, o verbo "cooperar" deriva do latim *"cooperari"* e é o oposto do verbo "disputar", pois enquanto na disputa os objetivos visam um resultado particular com uma possível eliminação da parte que se opôs, na cooperação os resultados beneficiam (ou devem beneficiar) todos, pois numa relação humana o coletivo é mais importante do que o individual[6]. De acordo com a definição dada pelo dicionário da Academia Real de Espanha, sobressaem duas características. Em primeiro lugar, trata-se de um processo de interação entre dois ou mais sujeitos e em segundo, um esforço comum que se dirige à prossecução do mesmo fim. Nesse sentido, cooperação pressupõe trabalho conjunto, colaboração, e, no caso em presença, qualquer forma de contribuição entre Estados, para a prossecução de um objetivo comum, que tenha reflexos jurídicos.

---

[5] *Ato ou efeito de cooperar ETIM lat. Cooperatio, onis, auxilio, colaboração* – Dicionário Houaiss da Língua Portuguesa, Instituto António Houaiss de Lexicografia, Portugal, Temas & Debates, Lisboa, 2005)

[6] *"Cooperation consists simply in working together with another person or persons to achieve a mutual benefit. This definition, based on that offered by the Oxford or Webster dictionaries, has two characteristic aspects. First of all, it is a process of interaction between two or more subjects and, secondly, there is a common effort towards a mutual benefit."*

Numa segunda dimensão, encontramos dois patamares, um mais abrangente e outro mais restrito.

O primeiro consiste em "Cooperação Jurídica Internacional"[7], donde resulta a ideia de que a efetividade da jurisdição, nacional ou estrangeira, pode depender do intercâmbio não apenas entre instâncias judiciais, mas também entre instâncias administrativas, ou, ainda, entre entidades judiciais e administrativas, de Estados distintos. Nesta sede, referia Jean-André Roux, numa obra de 1931[8], que existem três tipos de cooperação entre Estados: a policial, a judicial e a legislativa, reconhecendo-se, contudo, atualmente apenas a cooperação administrativa e a judicial.

O segundo consiste na cooperação judiciária internacional em matéria penal[9], ou seja na execução por parte do Estado requerido de medidas apropriadas à prossecução e repressão das infrações penais do Estado requerente, a pedido deste.

A cooperação é assim: *i) judiciária*, porque se baseia num procedimento penal pendente no Estado requerente; *ii) internacional* porque envolve rela-

---

[7] in *"O Direito Internacional Contemporâneo"*, org. Carmen Tibúrcio e Luís Roberto Barroso, Rio de Janeiro, Renovar, 2006, pp.797/810.

[8] Jean-André Roux, *"L'entraide des Etats dans la lutte contre la criminalité"*. In Recueil des Cours de L´Academie de Droit Internacional da La Haye, Volume 36, 1931 – II, Paris, p. 93

[9] Robert Zimmermann, *"La coopération judiciaire internationale en matière pénale"*, 3e édition, LGDJ, p.s 5 e 6; L. Moreillon, Coopération et entraide judiciaire internationale civile, administrative et pénale: un état des lieux, in R. Gani, *"Récents développements en matière d'entraide civile, pénale et administrative"*, Centre du droit de l'entreprise de l'Université de Lausanne, 2004, p. 16; L. Moreillon, *Entraide internationale en matière pénale*, Editions Helbing&Lichtenhahn, Bâle, 2004, p. 8; A. Weyembergh, *L'harmonisation des législations: condition de l'espace pénal européen et révélateur de ses tensions,* Editions de l'Université de Bruxelles, 2004, p. 10; P. Schmid, L. Frei, R. Wyss, J. D. Schouwey, *"L'entraide judiciaire internationale en matière pénale"*, in Revue de droit suisse no. 3/1981, p. 258; R. Koering-Joulien, *"Structures et méthodes de la coopération répressive internationale et régionale –Rapports nationaux"*, France, in Revue internationale de droit pénal, nr. 1-2/1984, p. 147; R . Koering -Joulien, *"L'entraide judiciaire répressive au sein de l'Union Européene"*, in M. Delmos; *"Quelle politique pénale pour l'Europe"*, Editions Economica, Paris, 1993, p. 175 ; B. Aubert, *"Les recours en matière d'entraide judiciaire pénale"*, in Apprendre à douter. Questions de droit, questions sur le droit. Etudes offertes à Claude Lombois, Editions Pulim, Limoges, 2004, p. 621; L. Moreillon, A. Willi-Jayet, *"Coopération judiciaire pénale dans l'Union européenne"*, Editions Helbing&Lichtenhahn, Bruylant, Librairie Générale de Droit et Jurisprudence, 2005, p. 176.

ções entre Estados, requerente e requerido, e *iii) penal* porque visa facilitar a repressão das infrações de direito penal material[10].

As normas que regem a cooperação assim definida abrangem vários ramos do direito: o direito internacional público, o direito penal, nas vertentes nacional e internacional, assim como o processo penal, o direito constitucional, no âmbito dos direitos fundamentais e até mesmo em alguns patamares da cooperação ao federalismo, o direito administrativo e do procedimento administrativo. Este caráter multidisciplinar aumenta a complexidade da matéria[11].

Chegados ao conceito relevante para o Manual, há que distinguir o mesmo de acordo com uma terminologia clássica, sendo a cooperação considerada ativa quando se trata do Estado requerente e é passiva quando se trata do Estado requerido[12].

Se atendermos ao objeto e sujeitos da cooperação, a mesma poderá ser horizontal, quando ocorre entre Estados soberanos, com base no consenso, ou seja, nenhum Estado encontra-se obrigado a cooperar com os seus congéneres e a vertical, quando ocorre entre os Estados, tribunais e organizações internacionais, de carácter obrigatório.

Assim sendo e pela natureza do direito em presença, poderá ser invocado o direito internacional público no âmbito das relações entre Estados, contudo, na área da cooperação judiciária tal relacionamento deve ser sustentado nos tratados que regem a cooperação, em conformidade com os instrumentos internacionais que protegem os direitos humanos.

As formas clássicas de cooperação são a extradição, o auxílio judiciário, a delegação/transferência de procedimento e a execução de decisões penais estrangeiras.

Em traços gerais, a primeira consiste na entrega, pelo Estado requerido, de uma pessoa que se encontre no território deste e que é alvo de um procedimento penal ou de uma condenação no Estado requerente, para efeitos de um procedimento penal ou da execução da pena. A segunda abrange todas as medidas, executadas pelo Estado requerido sobre o seu território, e que sejam úteis e requeridas no âmbito da investigação ou processo penal pen-

---

[10] Robert Zimmmermann, cit., p.s 5 e 6

[11] Robert Zimmmermann, cit., p. 7

[12] De qualquer forma, estas conceitos são meramente indicativos, na perspetiva do mesmo Autor (p. 5) pois atualmente até são inadequados, pois seja Estado requerente ou requerido, implica sempre uma ação dos órgãos judiciários

dentes no Estado requerente, para obterem prova em sede de inquérito, instrução ou julgamento ou relacionadas com a fase de recuperação do produto da infração. Estes atos abrangem a constituição e interrogatório de arguidos, obtenção de meios de prova, revistas, buscas, apreensões, exames, perícias, inquirição de testemunhas. A delegação/transferência de procedimento consiste na possibilidade do Estado requerente delegar a tarefa de exercício da ação penal ao Estado requerido, por motivos de oportunidade, conveniência investigatória e ou penal ou até mesmo melhor reinserção social do requerido. A execução de decisões penais estrangeiras consiste na execução das decisões proferidas pelo Estado requerente e mediante pedido deste, no território do Estado requerido.

Numa terminologia mais pragmática[13], a cooperação judiciária internacional em matéria penal é a assistência que os Estados podem prestar uns aos outros, em qualquer fase do processo penal: investigação, inquérito penal, julgamento, transmissão e execução de penas.

Para melhor exemplificar, recorremos aos seguintes quadros:

QUADRO I[14] – Formas de cooperação de âmbito universal

Extradição
Auxílio judiciário
Delegação/transferência do procedimento penal
Execução de decisões penais estrangeiras

QUADRO II – Seis formas de cooperação judiciária internacional em matéria penal (Dimensão Clássica)

Extradição
Transmissão de processos
Execução de sentenças

[13] Vd. maior desenvolvimento, Robert Zimmmermann, cit., pp. 5 e 6
[14] Quadros inspirados em Daniel Flore, *"Droit Pénal Européen"* 2.ª Edição, Larcier, p. 485 e pelo autor desenvolvidos

ESTADO DA ARTE

Transferência de pessoas condenadas a penas e medidas de segurança privativas da liberdade
Vigilância de pessoas condenadas ou libertadas condicionalmente
Auxílio judiciário mútuo: constituição e interrogatório de arguidos, obtenção de meios de prova, revistas, buscas, apreensões, exames, perícias, inquirição de testemunhas

QUADRO III – Cooperação em todas as fases procedimentais do processo crime

Fase de investigação/inquérito	Julgamento	Pós julgamento (transmissão e execução de penas)

QUADRO IV[15] – Estádio mais desenvolvido de cooperação

Fase do procedimento		Forma de cooperação
Fase de investigação/inquérito		Auxílio judiciário em matéria penal
Procedimentos penais, Julgamento		Extradição para efeitos de procedimento penal
		Transmissão de procedimentos penais
Execução de penas	Pena ou medida privativa de liberdade	Extradição para fins de execução de pena
		Transferência da execução da pena
		Transferência da pessoa condenada
	Pena ou medida alternativa	Vigilância de pessoas condenadas ou libertadas condicionalmente
	Confisco ou decisão de perda de bens	Execução de decisões de confisco ou de perda de bens
	Multa ou coimas	Execução de multas ou coimas
	Decisões de inibição ou de privação de direitos	Execução de decisões de inibição ou de privação de direitos

[15] Daniel Flore, cit., pp. 483 e ss.

MANUAL DE COOPERAÇÃO JUDICIÁRIA INTERNACIONAL EM MATÉRIA PENAL

QUADRO V – Efeitos da execução de penas[16]

	Principais		Execução da pena
Efeitos diretos	Suplementares		Execução das consequências relacionadas com a condenação de acordo com o direito do Estado requerente
Efeitos indiretos	Negativos		Aplicação do "*ne bis in idem*"
	Positivos	Suplementares	Atribuição de consequências de acordo com o direito do Estado requerido
		Ocasionais	Liquidação da pena por ocasião do cometimento posterior de uma infração (concurso de crimes/penas)

2. Resenha histórica

Falar de cooperação judiciária internacional em matéria penal tal como a concebemos atualmente é falar de um passado relativamente recente. O surgimento de mecanismos de cooperação entre Estados na luta contra a criminalidade pode situar-se entre finais do século XIX e inícios do século XX. Antes desta fase pode dizer-se que as necessidades de cooperação se limitavam quase exclusivamente à entrega, através do instituto da extradição, daquelas pessoas que tinham sido acusadas ou condenadas por crimes graves. De facto, esta cooperação estava limitada a um entendimento político entre os Estados cooperantes, bem como a sólidos vínculos históricos. Na verdade, conforme já salientamos, a cooperação obedecia às regras do bom entendimento e boa vontade baseada na reciprocidade, de modo que, excecionalmente, um Estado (requerido) permitia que outro (requerente) se servisse da sua administração da justiça para dar resposta a um processo judicial próprio.

Na verdade, a extradição constitui o instrumento mais antigo e tradicional de cooperação judiciária em matéria penal, sendo que o tratado mais antigo na matéria remonta a 1269 A.C. (assinado entre os egípcios e os Hititas por Ramsés II e pelo Rei Hattousil III), sendo também considerado o texto fundador do direito internacional, dado que até os aspetos formais do tratado e

---

[16] Daniel Flore, cit. p. 486

ESTADO DA ARTE

o seu contéudo eram notáveis e avançados para a sua época.[17] Outro exemplo dado pela história corresponde à entrega de Jesus Cristo pelos judeus aos romanos[18]. Tal instrumento era conhecido na Antiguidade, quando o

[17] Vd. citação inicial do Manual. A mais antiga manifestação do instituto é encontrada no tratado de paz e fraternidade que estabeleceu uma aliança defensiva entre egípcios e hititas sobre extradição de refugiados políticos, fossem de alta estirpe ou cidadãos comuns (1269 a.C., assinado por Ramsés II e pelo Rei Hattousil III). A quarta parte do acordo trata da extradição de refugiados políticos: "*Se homens do país de Ramsés, o grande príncipe do Egito, se refugiarem junto ao grande chefe de Khéta, este não os receberá e fará com que sejam enviados de volta à Usermaatre-setepenre, o grande príncipe do Egito. Ou ainda, se um homem ou dois homens, que não sejam conhecidos, fugirem do país do Egito para o país de Khéta, para tornarem-se súditos de um outro, não lhes será permitido que se instalem no país de Khéta e eles serão enviados de volta a Ramsés-amado-de-Amon, o grande príncipe do Egito. Ou então, se um homem ou dois homens, que não sejam conhecidos, fugirem e se refugiarem no país do Egito, para tornarem-se súditos de um outro, Usermaatre-setepenre, o grande príncipe do Egito, não lhes permitirá que se instalem e providenciará para que sejam mandados de volta para o grande chefe de Khéta.*" A pessoa deportada teria que ser tratada com humanidade na pátria para a qual era devolvida. Nenhum crime poderia ser cometido contra ela, ou seja, não poderia ser morta ou mutilada, nem ser privada da própria família e da sua morada. Havia já, portanto, um código de direito internacional: a pessoa e os bens do refugiado estavam protegidos, ainda que o requerido não mantivesse os seus cargos e privilégios anteriores. Tanto a versão em hieróglifos quanto a de caracteres cuneiformes desse pato foram encontradas pelos arqueólogos. O acordo está dividido em cinco partes. A introdução fala da chegada dos mensageiros hititas e relembra as guerras e tratados anteriores entre os dois países, afirmando que os dois soberanos atuais desejavam a paz. Os aspetos legais desse tratado demonstram que os dois países já haviam passado por um longo período de relações internacionais, durante o qual os princípios de mútua ajuda militar e de extradição política haviam amadurecido. No 34.º ano do reinado de Ramsés II, cerca de 1256 a.C., o matrimónio do faraó com uma princesa htita ratificou o acordo. Tanto quanto sabemos, o pacto nunca foi revogado. Cinquenta anos mais tarde, o sucessor de Ramsés II, o faraó Merneptah (c. 1224 a 1214 a.C.), enviou grãos aos hititas para que não morressem de fome, o que demonstra que a ajuda mútua ainda estava sendo respeitada naquela época. Segundo a historiadora Bernadette Menu, este documento constitui o primeiro tratado conhecido celebrado entre Estados e é considerado como o texto fundador do direito internacional, o acordo diplomático e tratado de paz mais antigo do mundo que sobreviveu até aos nossos dias. A designação muito comum de Tratado de Kadesh está relacionada com a batalha homónima, mas os historiadores modernos consideram que aquela batalha não foi o catalisador da tentativa de paz, pois as relações entre os hititas e os egípcios continuaram a ser de inimigos durante muitos anos após o confronto. Vd. nesta matéria Livro Ramsés II, Biblioteca Egito, Folio, 2007, pp 30 a 34

[18] Jesus foi levado a Pôncio Pilatos porque, em conformidade com a Lei romana, os judeus não tinham autoridade para decretar a pena de morte. Segundo a Bíblia, nesse ato foi colocado um pedaço de madeira sobre a cabeça do réu (Mt 27.37; Mc 15.26; Lc 23.38; Jo 19.19), com uma inscrição de poucas palavras que exprimiam o crime: INRI, ou *Iesus Nazarenus Rex Ioderum*,

seu objetivo era a transferência dos presos políticos, e não dos criminosos comuns, numa utilização contrária à que é dada ao instituto na atualidade. Nesse sentido, é possível encontrar exemplos de extradição entre os Romanos[19] e na época medieval[20]. Mais tarde, são conhecidos outros tratados de extradição celebrados entre a Inglaterra e a Escócia, em 1174 e entre o Rei de França e o conde de Savoie, em 1376[21].

Também Portugal tem um caso de extradição célebre na sua história (homicidas de D. Inês de Castro), quando, em 1360, D. Pedro I negociou com D. Pedro I de Castela um acordo para a troca de determinados nobres castelhanos, refugiados em Portugal, por alguns nobres portugueses foragidos em Castela[22].

Em 1625, Hugo Grotius desvenda a famosa fórmula jurídica de *"aut dedere aut punire"*[23]-[24], segundo a qual, perante um pedido de extradição, o Estado

---

ou *Jesus de Nazaré, Rei dos Judeus*. Jesus carregou a cruz até o lugar da execução e este trajeto público e penoso é chamado de *Via Crucis*. Para mais desenvolvimentos sobre o processo judicial de Jesus, vd. Valério Bexiga *"Processo Judicial de Jesus Nazareno, Reforma de Autos"*, Tomo I, *Enquadramento Geo/Cronográfico e Fontes Históricas"*, Juruá Editorial

[19] Os romanos já conheciam a extradição como ato administrativo (*Deditio*), representando, em face do Estado juridicamente independente, uma declaração de guerra condicional e, em face do Estado dependente, um exercício do Poder Soberano (*Mommsen*).

[20] Na Idade Média, em muitos países, vigoravam tratados sobre extradição de criminosos, mas as guerras causavam, frequentemente, ruturas nas relações, fazendo com que a prática da extradição tivesse escassa aplicação até fins do séc. XVII.

[21] Robert Zimmermann, cit., p. 1, nota de rodapé 4

[22] *"Decorria o ano de 1360, quando Pedro I de Castela e Pedro I de Portugal fizeram um acordo para a troca de certos nobres castelhanos, refugiados em Portugal, por alguns nobres portugueses foragidos em Castela. Pero Coelho e Álvaro Gonçalves (dois alegados assassinos de D. Inês de Castro) vieram a ser supliciados em Santarém, enquanto Diogo Lopes Pacheco conseguia fugir para Avinhão e escapar, assim, à cruel sorte dos outros dois. Em contrapartida, Pedro I de Castela recebeu e mandou matar os fidalgos castelhanos Pedro Nunes de Gusmão, Mem Rodrigues Tenório, Fernão Gudiel Toledo, e Fernão Sanches Caldeira."*

[23] *"The state in which he who has been found guilty dwells ought to do one of two things. When appealed to, it should either punish the guilty person as he deserves, or it should entrust him to the discretion of the party making the appeal. This latter course is rendition, a procedure more frequently mentioned in historical narratives (...) All these examples nevertheless must be interpreted in the sense that a people or king is not absolutely bound to surrender a culprit, but, as we have said, either to surrender or to punish him."* Hugo Grotius, *"De Jure Belli ac Pacis"*, Book II, chapter XXI, section IV (English translation by Francis W. Kelsey (Oxford/London: Clarendon Press/Humphrey Milford, 1925), pp. 527–529 at 527).

[24] Esta fórmula ainda é atual, como demonstra o *Final Report of the International Law Commission* de 2014, sobre *"The obligation to extradite or prosecute"*.

ESTADO DA ARTE

tinha duas possibilidades: extradita a pessoa ou reprime penalmente os factos que lhe são imputados[25].

Porém, apesar de ser considerada uma das mais antigas formas de relação internacional entre dois territórios soberanos, o modo de organização da antiga sociedade internacional e as relações entre as nações eram diferentes do que conhecemos atualmente, sendo a soberania dos territórios bem diversa da soberania dos Estados Modernos, de modo que a extradição tomou a forma atual somente com o advento do Estado Constitucional. A extradição é um ato de soberania estatal recorrente ao longo da história, ganhando força nos tempos atuais devido ao progressivo processo de integração de certas regiões que facilitou a livre circulação de pessoas, sendo um instituto que tem como objetivo principal evitar, mediante a cooperação internacional, que um indivíduo deixe de sofrer as consequências jurídico-penais de um crime cometido.

A história revelou-nos a passagem de um modelo baseado na cooperação bilateral entre Estados – restringida à atuação conjunta dos Estados Cooperantes – a uma cooperação multilateral ou regional, em que já não intervém apenas Estados Soberanos, mas também organizações internacionais com personalidade jurídica própria. Daqui resulta uma maior complexidade dos processos de cooperação nos nossos dias, devido ao número crescente de sujeitos implicados e, por outro lado, a premente necessidade de estabelecer mecanismos de cooperação mais abrangentes, de modo a responder a um mundo em que as fronteiras estão cada vez mais abertas. Nessa medida, o êxito de qualquer política depende essencialmente da articulação de um esforço comum. Acresce que as matérias objeto de cooperação que antes permaneciam no âmbito da política externa, atualmente têm por base outras matérias, mais vastas e complexas.

Para melhor se compreender a realidade atual, tendo uma dinâmica muito própria e em constante mutação, podem identificar-se dez níveis de cooperação (nacional – como modelo de referência -, bilateral, considerados os níveis de cooperação clássicos e depois por ordem de participação dos Estados Partes, ONU, CoE, OCDE, UE, Espaço Schengen, Ibero-americano,

---

[25] Para outros exemplos e uma bibliografia histórica completa, C. Blakesley (1991), p. 381-389 e ainda Catarina Sofia do Carmo Miguel, *"A abolição da dupla incriminação no mandado de detenção europeu"*, em particular Capítulo I, pp. 21 a 37, disponível em https://run.unl.pt/bitstream/10362/17140/1/Miguel_2015.pdf

CPLP e outras organizações espalhadas pelo Mundo, como são os casos do G8, G20, da interamericana...).

A América Latina foi pioneira na celebração de tratados de cooperação judiciária internacional civil (Tratados de Montevideo, em 1889 e Código Bustamante, em 1928), seguida apenas muito mais tarde pela Europa, na qual, numa fase inicial, as iniciativas de cooperação se restringiam aos processos criminais, evoluindo também para os processos cíveis.

Na segunda metade do século XX, com o auge de formas graves de delinquência associadas ao terrorismo, narcotráfico, tráfico de seres humanos e crime organizado em geral entra em crise a conceção do direito penal baseada na teoria clássica da soberania. Começam assim a surgir alianças, primeiro entre Estados de forma bilateral e posteriormente com contornos regionais, propiciando uma resposta supranacional para um problema de envergadura internacional. Estes factos constituíram uma alavancagem da cooperação, permitindo que a mesma se sustente em princípios que restringem objetivamente a soberania de cada país. Ficava assim ultrapassada a teoria clássica da soberania nacional, que baseada no princípio da territorialidade e de não intervenção, gerava a impunidade dos delitos internacionais. Neste sentido, a contribuição dos organismos internacionais e em particular da ONU, do CoE e da UE, foram decisivas e inestimáveis a estes fins. Ainda assim, os primeiros intentos da cooperação internacional em matéria penal baseados na via convencional resultaram num relativo fracasso, pois os mesmos não haviam superado plenamente a conceção da cooperação como ato de soberania. Com efeito, nessa altura, os Tratados contemplavam uma grande margem de discricionariedade política na concessão do auxílio, o que se traduzia necessariamente em maior dificuldade no cumprimento dos pedidos de cooperação. Esta situação foi experimentada no âmbito da UE, na qual a Convenção relativa ao procedimento simplificado da extradição[26] e a Convenção relativa à extradição entre os EM da UE[27] não chegaram a entrar em vigor e foram apenas de aplicação provisória para poucos Estados.

---

[26] Ato do Conselho, de 10 de março de 1995, adotado sobre a base do art. K.3 do TUE, pelo qual se estabelece a Convenção relativa ao procedimento simplificado de extradição entre os EM da UE (JO C 78 de 30.3.1995).

[27] Ato do Conselho, de 27 de setembro de 1996, adotado com apoio no art. K.3 do TUE, pelo qual se estabelece a Convenção relativa à extradição entre os EM da UE (JO C 313 de 23.10.1996).

ESTADO DA ARTE

Tal fracasso foi devido, entre outros motivos, ao ceticismo ocasionado pelas amplas margens de discricionariedade política que contemplavam.

O projeto Europeu constitui um exemplo paradigmático dessa evolução. Em traços gerais, as primeiras políticas desenvolvidas quanto a estas matérias e, que remontam aos anos sessenta do século XX, prendiam-se essencialmente com a luta contra o terrorismo e a criminalidade organizada. Surgiram aquelas na alçada da Cooperação Política Europeia (CPE), em que se integravam essencialmente os assuntos da Política Externa[28]. De facto, tal como resulta do art. 30.º do Ato único Europeu (AUE), em que se regulou pela primeira vez a CPE, esta definiu-se, de uma maneira genérica, como uma estrutura de coordenação da ação externa dos EM da Comunidade Europeia de forma a encontrar uma política externa europeia comum.

A Cooperação jurídica em assuntos da Justiça e Assuntos Internos (JAI) começou a ganhar certa substância dentro da própria CPE a partir do Conselho Europeu de Roma de 1975, em que se acordou que os Ministros do Interior e os seus homólogos se reunissem periodicamente para tratar das matérias de sua competência, essencialmente as relativas à ordem pública, dando assim origem ao Grupo *Trevi*[29]-[30]-[31]. A cooperação em matéria da jus-

---

[28] Neste sentido alertava Liñan Nogueras, *"Institutiones y Derecho de la Unión Europea"*, 5.ª ed., com Araceli Mangas, Madrid, 2005, p. 719: *"La cooperación política europea se había convertido en una estructura en la que por atracción se sumaban todos aquellos planos de colaboración entre los Estados miembros de las CCEE que no tenían cabida en los ámbitos competenciales comunitarios"*.

[29] As siglas significam que as políticas a debater são o terrorismo, radicalismo, extremismo e a violência internacional, a qual teve lugar com a iniciativa do Primeiro Ministro britânico na reunião do conselho Europeu de Roma (1975). A partir do mesmo formou-se um grupo de trabalho integrado pelos Ministros da Justiça e assuntos internos dos EM que na sua fase inicial tinha simplesmente como missão fazer frente ao terrorismo dos anos setenta mediante o intercâmbio de peritos e informação. Face à nova realidade, a cooperação avançou a partir de ações concretas mais adequadas às necessidades atuais, assim como o reforço da cooperação entre os serviços de polícia e segurança entre os EM, prevenção e repressão tanto do terrorismo como do tráfico de drogas, a imigração clandestina e acriminalidade internacional.

[30] A tal respeito veja-se B. Huber, *"La cooperación judicial y policial en Europa, Una visión general"*, Cuestiones del Derecho penal europeo, Madrid 2005, p.s 59 e ss., p. 62. A iniciativa partiu da Holanda, nesse sentido, J. Peek, *"International police cooperation within justified politial and juridical frameworks: five theses on Trevi"*, The Third Pillar of the European Union: cooperation in the fields of justice and home affairs", Bruxelas 1994, p.s 201 e ss., esp. p. 202

[31] Para uma consulta mais pormenorizada tanto da sua constituição como dos seus objetivos, veja-se S. Bonnefoi, *"Europe et securité interieure. TREVI. Union europeene. Schengen"*, Paris 1995, esp. p.s 21 e ss.

tiça apenas alcançou autonomia própria a partir do Tratado de Maastricht[32] em que se estabeleceu o terceiro pilar do TUE, incluído no Título V, em que se revogaram as disposições do AUE e se estabeleceu em seu lugar a Política Externa e de Segurança Comum (PESC), um desenvolvimento da PCE. Dessa forma, retiraram-se da matéria os assuntos relativos à cooperação no âmbito da JAI que passou a estar regulada no Título VI. Foi a primeira vez que a cooperação alcançava o seu próprio lugar na construção da UE, passando a ter o protagonismo necessário para ser levado recentemente a uma matéria "comunitarizada" pelo TL[33], passando a constituir parte do Direito supranacional da União.

A transformação que nos últimos tempos tem afetado a cooperação também teve reflexo na sua denominação. Se tradicionalmente se falava de cooperação judiciária, atualmente acentua-se o conceito de cooperação jurídica internacional. Por cooperação judiciária entendia-se aquela atividade de colaboração entre Estados com o objetivo de tornar efetivo o processo judicial de um deles. Assim sendo, o conceito tem por conteúdo os instrumentos adequados a facilitar o exercício do poder soberano nacional, favorecendo atividades como as de notificação de decisões judiciais, citações, etc. Na atualidade, a cooperação estende-se a âmbitos que, embora ainda relacionados com o processo, excedem o que se deve entender como cooperação judicial em sentido estrito. Com efeito, abrange também mecanismos dirigidos, não tanto ao favorecimento do processo (pois por judiciário não deve entender-se mais que aquilo que pertence ou é relativo ao processo), mas à concretização de outras atividades vinculadas ao processo, mas que estão fora do seu âmbito. Pensamos nas medidas vocacionadas para o intercâmbio espontâneo de informação, na criação dos registos de antecedentes criminais, na apreensão ou arresto de produtos e benefícios de origem criminal, na cobrança de multas e sanções, ou ainda na possibilidade de cooperar em matérias de natureza administrativa e sancionatória.

Na verdade, a realidade atual tende a aceitar e identificar mais o conceito de cooperação jurídica internacional em matéria penal do que cooperação judiciária, pois a primeira nomenclatura permite incorporar tudo aquilo que

---

[32] Tratado da UE (Tratado de Maastricht) (JO C 191 de 29.7.92).
[33] TL pelo qual se modificam o TUE e o Tratado Constitutivo da Comunidade Europeia, assinado em Lisboa em 13 de dezembro de 2007 (JO 2007/C 306/01).

diz respeito ao Direito Penal e não apenas à sua atividade jurisdicional[34]. Acresce que, quando se abordam as formas de cooperação em matéria penal devem distinguir-se dois planos ou dimensões, desdobrando-se um deles no ramo processual. Por um lado, a cooperação tende a abordar-se e desenvolver-se a partir de um ponto de vista prático, como é o caso dos instrumentos que favorecem e tornam possível o processo penal com um elemento estrangeiro. Por outro lado, a cooperação abarca os sujeitos que nela participam tendo em vista a criação de procedimentos comuns de natureza processual e substantiva, no domínio do Direito Penal. Esta segunda dimensão da cooperação, como advertia Hopfel, *"tem as suas raízes nos Direitos Humanos e no consenso internacional ao nível de determinadas sanções como é o caso do Direito Humanitário Internacional, a luta contra o terrorismo e recentemente a proteção do meio ambiente"*.[35] Daqui resulta, para alguns autores, que a harmonização dos sistemas penais nacionais pode entender-se como a única forma de se conseguir uma simplificação dos instrumentos da assistência propriamente judiciária, alcançando posições comuns sobre o tratamento de fenómenos criminais de natureza internacional.

Para atingir tal fim e em modo conclusivo, pode entender-se por cooperação jurídica internacional o conjunto de instrumentos legais de carácter supranacional que determinam as condições nas quais devem atuar em conjunto os Estados a fim de tornar efetiva a administração da justiça e, em última instância, assegurar o exercício do *ius puniendi*. Para tanto, através de tal cooperação se definem os pressupostos e as condições que tem de concorrer para lutar contra a criminalidade transnacional seja mediante a celebração de acordos bilaterais, regionais ou até mesmo globais. Não obstante,

---

[34] Com uma perspetiva diversa afirma Parra García, *"El nuevo régimen de las solicitudes de asistencia judicial en materia penal"*, Cuardernos de Derecho Judicial, núm. 13, 2003, pág. 4, que *"particularmente podemos aceptar que el auxilio o assitencia judicial se refiere a la cooperación judicial donde existen mayores dosis assitenciales por parte del sistema judicial (jueces y fiscales, principalmente), en tanto que la cooperación jurídica cmprenderia una versión más amplia del auxilio mutuo entre autoridades que abarcaría también la colaboracion con mayor orden de intervencion gubernativa como es lo caso de la extradición clásica, el traslado de condenados, transmisión de procedimientos., etc. Dicho de outra manera, este último concepto supone una faceta más presencial del Poder Ejecutivo en el proceso de remisión y cumplimentación de lo pedido, en tanto que el segundo representa una versión más "judicializada" de la cooperación. De esta misma manera, la "comisión rogatoria vendria asociada a una mayor intervención de las autoridades centrales, frente a la nomenclatura "solicitud de assitencia judicial" que podria ir unida a una mayor presencia de un régimen de comunicación direto entre las autoridades judiciales responsables"*.

[35] *"Nuevas formas de cooperación internacional en materia penal"*, CDJ, núm. 7, 2001, pág. 226.

tanto na legislação como na doutrina devem ambas as denominações ser tratadas indistintamente como se de sinónimos se tratassem[36].

No que concerne ao conteúdo (instrumentos, âmbito objetivo, subjetivo) e fundamento da cooperação e a sua evolução, sugere-se a leitura da obra do autor *"A Cooperação Judiciária Europeia em Matéria Penal: O Espaço Ibérico em Particular"*, Coimbra Editora, 2013, em concreto p.s 20 a 31.

2.1. Presente

Se existe algum aspeto que parece ter permanecido inalterado neste breve mas intenso processo de transformação que as políticas de cooperação observaram é, sem dúvida, o seu carácter fundamental de Direito Internacional público. Se retomarmos a definição de que partimos e a colocarmos neste contexto, encontramo-nos perante uma atividade desenvolvida de uma forma conjunta pelos Estados – apesar de já termos visto que na atualidade pode ser entre Estados e instituições de direito internacional – para alcançar a efetividade do direito penal e processual penal de algum dos Estados implicados. A fonte mais genuína dos mecanismos de cooperação jurídica em matéria penal foi sempre o Tratado[37] (sendo a UE exemplo paradig-

---

[36] Prova disso são as Leis processuais espanholas, assim como a LOPJ onde se faz referência à *"cooperación jurisdiccional"* (arts. 276-278), apesar que na LECrim se fala de *"cooperación judicial"* (vid. art. 177). Em qualquer caso, são muitas e muito diversas as denominações que esta matéria recebeu e assim se fala de cooperação jurídica, assistência mútua, cooperação judiciária, assistência judicial, auxílio judicial, assistência em matéria penal, etc, ou ainda a denominação dada à Rede de Cooperação *Jurídica e Judiciária* Internacional dos Países de Língua Portuguesa (vd. notas de rodapé 29 e 30).

[37] Emprega-se neste momento o termo "tratado" no seu sentido mais amplo, ou seja, como expressão genérica utilizada para fazer referência a todos os instrumentos vinculantes de direito internacional acordados entre entidades internacionais, independentemente da sua denominação formal. Não obstante, nas Convenções de Viena de 1969 e de 1986 confirma-se o uso genérico do termo. Assim, na Convenção de Viena de 1969 sobre o Direito dos Tratados se entende por tratado *"um acordo internacional celebrado por escrito entre Estados e regido pelo Direito Internacional, que já conste num instrumento único ou em dois ou mais instrumentos conexos qualquer que seja a sua denominação particular."*. Por outro lado, na Convenção de Viena do Direito de Tratados entre Estados e Organizações Internacionais ou entre Organizações Internacionais de 1986, amplia-se a definição para incluir os acordos internacionais que incluem organizações internacionais como partes. Assim pode ler-se na mesma que se entende por tratado *"um acordo internacional regido pelo Direito Internacional escrito: i) entre um ou vários Estados e uma ou várias organizações internacionais, ou ii) entre organizações internacionais, já*

ESTADO DA ARTE

mático dessa evolução). Não obstante, essa realidade tem vindo a alterar-se, cumprindo-se as previsões do TL[38] (com a "comunitarização" da matéria), pois podemos encontrar nesta matéria um Direito supranacional, que não verdadeiramente internacional, na medida em que a União reflita a vontade dos EM e dos seus cidadãos, dado que as suas competências emanam de tais Estados[39]. Até que tal momento chegue, uma breve aproximação à evolução da cooperação jurídica internacional pode levar-se a cabo através de uma divisão entre os distintos âmbitos (bilaterais e regionais) daqueles em que se desenvolveu este Direito Internacional.

A cooperação de âmbito multilateral ou regional não faz desaparecer a relevância da cooperação fundada em políticas intergovernamentais de âmbito bilateral. Contudo, podia dizer-se que o domínio bilateral constituiu uma melhoria das disposições de âmbito regional. Prova disso é, por exemplo, o art. 1.º, n.º2 da CE2000[40], o qual dispõe: *"2 – A presente Convenção não afeta a aplicação de disposições mais favoráveis constantes de acordos bilaterais ou multilaterais entre EM nem, tal como o previsto no n.º 4 do art. 26.º da Convenção Europeia de Auxílio Judiciário Mútuo, de convénios no domínio do auxílio judiciário mútuo em matéria penal baseados em legislação uniforme ou em regimes especiais que prevejam a aplicação recíproca de medidas de auxílio judiciário mútuo nos respetivos territórios"*[41].

Com tal instrumento, pondera-se o reconhecimento de que em determinadas situações as relações entre dois Estados derivadas dos seus vínculos históricos, políticos ou culturais podem ser suficientes para alcançar melhores instrumentos e práticas de cooperação. Ainda que a globalização e o 11

---

conste esse acordo num instrumento único ou em dois ou mais instrumentos conexos e qualquer que seja a sua denominação particular".

[38] Assinado em 13 de dezembro de 2007 pelos Chefes de Estado ou de Governo dos vinte e sete (JO 2007/C 306/01).

[39] O TL manteve, nesta matéria, não apenas as novidades recolhidas no Tratado Constitucional, quer porque desaparece a consideração da cooperação policial e judiciária em matéria penal como um pilar extracomunitário, mas sobretudo porque o considerará como uma competência da União; ainda que mantenha a exceção territorial para o Reino Unido, Irlanda e Dinamarca, numa situação idêntica ao anterior Tratado Constitucional.

[40] Ato do Conselho de 29 de maio de 2000 (JO C 197 de 12.7.2000).

[41] De facto, no art. 22.º do mesmo texto volta a reiterar-se que *"nenhuma das disposições do presente Título constituirá um obstáculo para possíveis acordos bilaterais ou multilaterais entre os EM, destinados a facilitar a exploração das possibilidades técnicas atuais e futuras no que respeita à interceção legal de telecomunicações"*.

de setembro de 2001 *(9.11)* tenham propiciado a luta conjunta dos Estados contra a criminalidade, não é menos certo que os instrumentos alcançados a partir de âmbitos regionais não podem equiparar-se, em termos de eficiência, às situações em que se pode recorrer a acordos bilaterais entre Estados que tenham entre si uma confiança plena nos seus ordenamentos jurídicos por terem evoluído historicamente na mesma direção. Em sentido diametralmente oposto pode dizer-se que os acordos bilaterais de cooperação subsistem também na atualidade porque em determinadas situações as diferenças entre Estados – sejam geográficas, históricas, políticas ou culturais – não permitem a integração num mesmo âmbito regional, de modo que a mais elementar forma de cooperação, como pode ser a extradição, provenha de acordos bilaterais[42].

Na UE e até à entrada em vigor da DEI, a obtenção e circulação da prova na UE era feita, essencialmente com base nas normas constantes da CAAS, da CE2000 e do respetivo protocolo 2001. Estes instrumentos complementam as Convenções sobre a matéria celebradas no CoE, subsidiriamente aplicáveis: i) CoE59, ii) Protocolo Adicional à Convenção Europeia Europeia de Auxílio Judiciário mútuo em matéria penal, n.º 099, iii) Segundo protocolo adicional à Convenção Europeia de Auxílio judiciário mútuo em matéria penal n.º 182 do COE (esta última posterior às Convenções celebradas no seio da UE).

Este modelo já previa a obrigação de "conceder mutuamente o mais amplo auxílio judiciário possível" (art. 1.º da CoE59) e dispunha de algumas características que divergem do clássico auxílio judiciário (por exemplo, a regra é o envio direito dos pedidos entre autoridades judiciárias), o mesmo, ainda assim, é regido pelo "modelo do pedido". Este modelo caracteriza-se pelo facto de um Estado pedir (roga, requerente) a outro Estado (rogado,

---

[42] Prova disso são por exemplo os inúmeros tratados bilaterais de extradição celebrados por Portugal e Espanha com diversos países: no caso de Portugal estão indicados em http://www.gddc.pt/pesquisa/pesquisa.asp; Espanha: o Tratado de extradição entre o Reino de Espanha e a República Popular da China, assinado em Madrid em 14 de novembro de 2005 (BOE de 28 de março de 2007); a Convenção de extradição entre o Reino de Espanha e a República da Coreia, assinado em Seul em 17 de janeiro de 1994 (BOE de 4 de fevereiro de 1995); o Tratado de extradição entre o Reino de Espanha e a República da Índia, assinado em Madrid em 20 de junho de 2002 (BOE de 27 de março de 2003) e a Convenção de extradição entre o Reino de Espanha e a República Islâmica da Mauritânia, assinado em 12 de setembro de 2006 (BOE de 8 de novembro de 2006).

ESTADO DA ARTE

requerido) que lhe providencie assistência para efeitos de prossecução penal num processo em curso no Estado requerente. O Estado requerido, quando recebe o pedido, pode recusar ou adiar a execução do mesmo, invocando razões, não necessariamente tipificadas em instrumentos internacionais e que podem ser, entre outros, motivos de oportunidade política (criminal ou outra). Na verdade, o sistema clássico de auxílio judiciário mútuo em matéria penal tem como características a natureza política da cooperação, a exigência de controlo da dupla incriminação, a ausência de consequências para os Estados que não concedam o auxílio[43], a inexistência de prazos para o cumprimentos dos pedidos.

Com os instrumentos de reconhecimento mútuo, sendo expoente máximo a recente Decisão Europeia de Investigacão (DEI), ocorreu uma modificação substancial do paradigma, passando a ter como características principais: *i)* a ausência (parcial) de controlo da dupla incriminação do facto, *ii)* maior rigidez quanto aos fundamentos/causas de recusa (mais limitados e tipificados), *iii)* a utilização de formulários[44], *iv)* o carácter de "ordem" ou decisão, dotada de coercibilidade e podendo a sua execução ser sindicada judicialmente, *v)* a existência de prazos de cumprimento e *vi)* a horizontalidade e judicialização da cooperação. Assim, já não estamos perante uma cooperação em que um Estado solicita assistência a outro Estado, mas perante

---

[43] As consequências poderão ter lugar apenas no plano diplomático podendo consistir, nomeadamente, na recusa do auxílio em sentido inverso (quando requerido pelo Estado que recusou ou não deu resposta ao pedido de auxílio), por motivos de falta de reciprocidade (cfr., na ordem interna, o art. 4.º da Lei n.º 144/99, de 31 de agosto).

[44] Para densificar esta possibilidade, a maioria dos instrumentos de reconhecimento mútuo e a DEI recorre a uma técnica comum na UE, ou seja o pedido circula mediante o recurso a um certificado ou formulário, comum a todos os EM. Estes instrumentos funcionam como passaportes da decisão da justiça, implicando que o Estado de emissão controle certos requisitos que visam a autenticação da validade da decisão da justiça na UE. Por outro lado, os Estados de execução não podem controlar as condições de validade internacional das decisões estrangeiras. Isto constitui um avanço enorme, pois, como é consabido, em direito penal internacional, não existem regras, sejam elas convencionais ou nacionais, ou mecanismos que permitam o reconhecimento ou execução de uma decisão penal estrangeira. De qualquer forma, não sendo uma característica obrigatória de tais instrumentos, também ao abrigo dos instrumentos de auxílio judiciário mútuo, foram elaboradas "cartas-rogatórias-tipo", da RJE e disponíveis no *CITIUS*, conforme Anexos a este Manual. O mesmo veio a suceder com diversos instrumentos de reconhecimento mútuo na UE, mormente após o Conselho Europeu de Tampere de 1999.

um Estado que ordena a execução de uma medida processual ou decisão penal no território de outro Estado e que, por princípio, este último deve reconhecer e executar, como se uma decisão sua se tratasse.

3. Modelos de instrumentos normativos de cooperação judiciária internacional em matéria penal[45]

Na evolução histórica, já salientamos que as formalidades a serem respeitadas no cumprimento do pedido de auxílio em matéria criminal, no plano internacional, dependem da existência de um acordo internacional regulamentando o modo de apresentação da solicitação. Quando os Estados envolvidos no pedido de cooperação não são partes de um acordo internacional, bilateral e/ou multilateral, as diligências requeridas, podem ser rejeitadas pelo Estado requerido, com fundamento na *comitas gentium*, no próprio anseio do Estado requerido em cumprir o pedido no âmbito de um processo interno, ou mesmo com fundamento na promessa de reciprocidade (a ausência de reciprocidade determina a recusa do pedido inicialmente). No entanto, a *praxis* internacional dita que a forma pela qual a cooperação judiciária em matéria penal se concretizará, inclusive no que concerne às diligências que os Estados concordam em assistir, deve constar de cláusulas estipuladas em tratados internacionais. O que explica essa *praxis* é justamente a necessidade de serem compatibilizadas as limitações à produção de prova existentes nos ordenamentos internos com o dever de os Estados colaborarem no combate à criminalidade internacional. A ponderação e equílibrio entre soberania e cooperação determina que os deveres dos Estados nesse plano estejam claramente definidos. Uma vez que um Estado se obriga a cooperar internacionalmente no combate à criminalidade, o princípio *pacta sunt servanda* impõe a criação de um quadro legal interno que possibilite dar cumprimento a essa obrigação. De acordo com o Direito Internacional, cabe ao ordenamento do Estado responsável pela execução do pedido regular a forma pela qual as diligências solicitadas deverão ser executadas, por se tratar de matéria de Direito Processual.

---

[45] A doutrina brasileira tem desenvolvido esta matéria, pelo que este ponto 3., com uma perspetiva mais atual e europeia, acompanha, em grande medida, o artigo de Luiz Fernando Voss Chagas Lessa, "*Esquemas e modelos de instrumentos normativos de cooperação internacional em matéria penal*", in Boletim Científico ESMPU, Brasília, a. 13 – n. 42-43, p. 117-144 – jan./dez. 2014.

Uma das soluções encontradas pela comunidade internacional foi a criação, pela ONU e pelo Secretariado da *Commonwealth*[46], de quadros normativos e tratados modelos, ou seja, instruções de elaboração (*guidelines*) e modelos de acordos internacionais destinados a compatibilizar as diversas medidas de cooperação internacional direta previstas pelo ordenamento internacional. Enquanto a ONU adotou, com base na experiência dos EUA, o *Model Treaty on Mutual Assistance in Criminal Matters* (Tratado Modelo sobre Auxílio Mútuo em Matérias Criminais) e o respetivo Protocolo Opcional sobre os Produtos do Crime, a Comunidade Britânica criou o *Scheme Relating to Mutual Assistance in Criminal Matters Within the Commonwealth* (Quadro relativo à Assistência em Matérias Criminais dentro da Comunidade Britânica).

3.1. O *Mutual Legal Assistance Treaty* (MLAT) – Modelo da ONU

Desde 1959 que a Europa dispõe de um tratado de auxílio em matéria penal, a CoE59, que, além das medidas tradicionais de cooperação internacional (v. g., carta rogatória, extradição), contém medidas de cooperação direta, como o auxílio mútuo entre autoridades com competências em matéria de investigação penal e mesmo entre autoridades judiciárias. No entanto, a expressão *mutual legal assistance* (conceito internacional) reporta-se às medidas de auxílio direto. A extradição e as cartas rogatórias já eram, há muitas décadas, institutos consolidados e objeto de inúmeros tratados internacionais, quando as atuais medidas de auxílio direto começaram a ser adotadas. Tal ocorreu como forma de dar resposta a necessidades que não eram supridas por aqueles instrumentos de cooperação internacional. Ante as dificuldades que caracterizam a celebração e a alteração de tratados e convenções multilaterais, a adoção de acordos bilaterais, regulando as medidas de auxílio direto em substituição ou acréscimo aos métodos tradicionais de cooperação, surgiu como a solução ideal.

---

[46] The Commonwealth Secretariat Home. Disponível em: <http://www.thecommonwealth. org/Internal/191086/191247/the_commonwealth/>.De acordo com o divulgado no seu sítio, o Commonwealth Secretariat foi inaugurado em 1965 e funciona como a principal agência intergovernamental da Comunidade Britânica, tendo por objetivo facilitar a cooperação e comunicação entre os governos e Estados que compõem a Comunidade. O Secretariado organiza encontros, reuniões, seminários e discussões políticas e técnicas, auxiliando no desenvolvimento de políticas públicas, além de providenciar assistência técnica no desenvolvimento social e econômico dos integrantes da Comunidade.

Os Estados Unidos, a partir de 1977, após o tratado assinado com a Suíça[47], passaram a utilizar os MLATs como modelo preferencial de acordos de cooperação internacional em matéria penal, justamente para substituir o modelo tradicional de cooperação. A opção norte-americana acabou por incentivar a formulação e a adoção de um acordo semelhante ao da ONU como forma preferencial de concretizar as medidas de auxílio direto. Como se extrai do próprio nome, o Tratado Modelo consiste num documento padrão, praticamente um contrato de adesão. É um documento elaborado para ser usado como uma base para a negociação de tratados bilaterais, como um modelo para os acordos celebrados pelos EM das Nações Unidas. Por isso mesmo, a sua redação é simplificada, e os elementos tidos como controversos ou de difícil concretização foram excluídos do seu texto.

Note-se que este modelo não é um tratado, mas um modelo de tratado e, como tal, a sua adoção não é vinculativa. A intenção das Nações Unidas, como se extrai dos números 1 a 6 da Resolução n.º 45/117 da Assembleia Geral da ONU, foi incentivar a adoção dos *Mutual Legal Assistance Treaties* – MLATs – (Tratados Bilaterais de Auxílio Mútuo em Matéria Penal) ao fornecer um guião para ajudar os Estados interessados em concluir tratados bilaterais sobre cooperação penal ou aperfeiçoar aqueles já em vigor (*Model Treaty on Mutual Assistance in Criminal Matters*).

Tendo atualmente 22 arts., o Tratado Modelo dispunha na sua redação original de 21 arts., além de um Protocolo Adicional. O art. 1.º contém três parágrafos. Dispõe o parágrafo 1.º que os Estados-Partes se obrigam a uma ampla cooperação em assuntos penais, desde que o pedido de auxílio recaia sobre matéria sujeita à sua jurisdição. O parágrafo 2.º do art. 1.º descreve as diligências que podem ser requeridas sobre o Tratado. O parágrafo 3.º retira do escopo de aplicação do Tratado a prisão para fins de extradição, a execução de decisões ou sentenças, com a exceção daquelas previstas no Protocolo Opcional, relativas ao confisco e perda de bens, a transferência de condenados presos para o cumprimento de sentenças e a transferência de julgamentos/transmissão de processos de uma jurisdição para outra. As hipóteses em que há recusa ao cumprimento do pedido feita com base no tratado são regidas pelo art. 4.º.

---

[47] *Mutual Legal Assistance Treaty With Switzerland 94-2, May 25, 1973,* disponivel em https://www.rhf.admin.ch/dam/data/rhf/strafrecht/rechtsgrundlagen/sr-0-351-933-6-e.pdf

ESTADO DA ARTE

A primeira causa de recusa prevista pelo modelo reside na possibilidade de a diligência solicitada ofender a soberania, a segurança, a ordem ou o interesse público do Estado requerido, regra que praticamente se tornou como cláusula de salvaguarda em todos os tratados internacionais e bilaterais que foram celebrados nesta matéria (ordem pública). A segunda causa para a recusa resulta do facto de o pedido de auxílio ser fundado em ilícito considerado político pelo Estado requerido. Em terceiro lugar, a recusa pode ocorrer quando houver elementos suficientes para acreditar que a ação penal foi instaurada por razões de preconceito de raça, etnia, origem ou em função de opinião política. Da mesma forma, o pedido deverá ser recusado se o Estado requerido acreditar que o suspeito será prejudicado por algum desses motivos. A quarta hipótese de recusa funda-se na ocorrência de litispendência ou caso julgado (*ne bis in idem*). Em quinto lugar, se a diligência solicitada implicar a adoção de medidas coercitivas consideradas ilegais pelo Estado requerido, o pedido poderá ser recusado. A sexta causa de recusa corresponde ao facto de o requerimento de auxílio ser fundado em ilícito militar[48].

O pedido de auxílio, no entanto, não poderá ser recusado com fundamento no sigilo bancário ou financeiro. A diligência requerida poderá ser adiada se a execução se mostrar prejudicial à investigação em curso no país requerido. Ao invés de recusar ou atrasar a execução dos requerimentos de auxílio, o Estado requerido poderá submeter a execução do pedido a determinadas condições. De qualquer modo, as razões do atraso ou da recusa deverão ser sempre explicadas ao Estado requerente.

As formalidades concernentes às solicitações de auxílio são regidas por arts. ao longo do texto do modelo. O art. 2.º do modelo consagra o respeito pelos acordos pré-existentes à celebração do MLAT. O art. 3.º trata da designação das autoridades centrais. O art. 5.º dispõe sobre o conteúdo dos requerimentos, enquanto o 6.º impõe a sua célere execução. O art. 7.º trata da devolução dos pedidos formulados, bem como de documentos e objetos que os tenham instruído. O art. 8.º limita a utilização do resultado das diligências aos processos que justificaram o requerimento de assistência, enquanto o art. 9.º dispõe sobre a preservação do sigilo das diligências requeridas. O art. 18.º, na sua redação original, tratava da dispensa de legalização/autenticação dos documentos de suporte dos pedidos de assistência, agora regida pelo

---

[48] Vd. exemplos constantes dos art. 2.º da CoE59 e arts. 6.º e 7.º da Lei n.º 144/99, de 31 de agosto

art. 19.º. O custo das diligências solicitadas, inicialmente regulado pelo art. 19.º, passou a ser abrangido pelo art. 20.º. O procedimento de consulta a ser realizado no caso de dúvida quanto à aplicação dos termos do tratado, anteriormente previsto pelo art. 20.º, está atualmente sujeito às disposições do art. 21.º e, por último, a forma de incorporação, data da vigência e denúncia do pacto, objeto da redação inicial do art. 21.º, estão atualmente contidos no texto do art. 22.º.

A partir do art. 10.º, o Tratado Modelo da ONU especifica o conteúdo das diligências arroladas no § 2.º do art. 1.º. Assim, o art. 10.º rege as medidas necessárias à notificação e citação. O art. 11.º trata da obtenção de provas, enquanto os arts. 13.º e 14.º regulam o auxílio de pessoas no processo penal, inclusive por meio do seu comparecimento pessoal para testemunhar. O art. 13.º regula especificamente o auxílio ao Estado requerente por pessoas cujos custos se mostram suportados. O art. 12.º regula aqueles casos em que, pela Lei do Estado requerido ou do requerente, a pessoa convocada para testemunhar pode recusar fazê-lo. O Modelo prevê ainda, no seu art. 15.º, a concessão de salvo-conduto às pessoas, custodiadas ou não, que venham a entrar no território do requerente a seu pedido, para ajudar na prossecução penal ou para testemunhar. O art. 16.º dispõe sobre a entrega de cópias de documentos e registros públicos e, por último, a busca e apreensão de provas é regida pelo art. 17.º do Modelo.

Com a adoção da Resolução n.º 53/112 pela Assembleia Geral, o Tratado Modelo foi emendado, vindo a sofrer, além de pequenas alterações na sua redação original, o aditamento de um novo art. 18.º, incorporando os dispositivos, até então no seu Protocolo Opcional, que regulavam, em seis parágrafos, a identificação, localização, arresto, sequestro, busca, apreensão, perda, confisco e recuperação do produto do crime. Os arts. 19.º a 21.º foram então renumerados, a fim de que o Tratado Modelo passasse a contar com 22 arts.

No final, a Resolução n.º 53/112 recomenda aos membros da ONU a alteração dos seus ordenamentos internos, a fim de viabilizar e agilizar a concretização de medidas de cooperação internacional direta. Além da adoção de um enquadramento legislativo que internalize a obrigação de cooperar, independentemente de ato normativo internacional, a ONU clama pela adoção de providências que facilitem a tramitação e a execução dos pedidos de cooperação, por via da adoção de técnicas modernas de comunicação, ou com autorização da substituição processual do Estado requerente pelo Estado requerido perante os tribunais nacionais. Para tal fim, a ONU exorta a adoção de normas que permitam a deslocação de testemunhas com

ESTADO DA ARTE

os custos suportados, punam o perjúrio e autorizem a prolação de decisões judiciais necessárias para a execução dos pedidos de auxílio, mesmo quando destinados a providências cautelares, como, por exemplo, a busca e apreensão (*Annex II Model Treaty on Mutual Assistance in Criminal Matters*).

A Resolução n.º 53/112 também enfatiza a necessidade de conclusão de novos tratados destinados a combater a criminalidade transnacional e a sua constante atualização. Num plano de maior concretização, a resolução incentiva a adoção de pactos internacionais destinados a regular a divisão dos bens e valores confiscados entre os EM. O produto dessas apreensões, por sua vez, deve ser destinado ao aperfeiçoamento da colaboração entre instituições e à formação dos agentes públicos envolvidos no combate à criminalidade internacional.

3.2. O Quadro relativo à Assistência em Matérias Criminais dentro da Comunidade Britânica

O *Scheme Relating to Mutual Assistance in Criminal Matters within the Commonwealth* (Quadro relativo à Assistência em Matérias Criminais dentro da Comunidade Britânica, doravante instrumento), assinado na capital do Zimbábue, Harare, em 1986, constitui um conjunto de recomendações sobre medidas legislativas que devem ser tomadas pelos Estados partes da Comunidade Britânica na área da cooperação judiciária internacional em matéria penal[49]. O instrumento contém 33 arts. e tem por objetivo o incremento da prática e da amplitude da cooperação em matéria penal pelos Estados que integram a Comunidade Britânica, regulando a cooperação entre as autoridades competentes do Estado requerente e do Estado requerido (Scheme, 1990, art. 1.º, §§ 1.º e 2.º). O instrumento não pretende suplantar os modelos de cooperação, oficiais ou não, já existentes, ao invés, procura complementá-los. Assim, os arts. 31.º e 32.º do instrumento preveêm a possibilidade de consulta entre os Estados a fim de solucionar dúvidas que surjam quando da sua aplicação e, inclusive, adotar, de comum acordo, após a consulta, outras medidas que não estejam ali previstas.

Os arts. 13.º e 14.º do diploma regulam os custos e as formalidades que devem ser observadas na formulação dos pedidos de auxílio, competindo ao art. 23.º regular a transmissão de documentos, registos ou bens necessá-

---

[49] David McClean, "*International cooperation in civil and criminal matters*", New York, Oxford University Press, 2002.

rios para o cumprimento do pedido de auxílio do Estado requerente para o Estado requerido e a sua posterior devolução. O art. 24.º rege a autenticação dos documentos que instruem o pedido e a resposta de auxílio em matéria penal. Já o art. 11.º salvaguarda o sigilo dos pedidos de auxílio, que apenas se poderão tornar públicos em juízo ou mediante autorização da Autoridade Central do outro Estado, enquanto o art. 12.º limita a utilização dos resultados das diligências à tramitação dos processos e dos crimes indicados no pedido de auxílio.

As principais formas de assistência em matéria criminal reguladas pelo instrumento são: a identificação e localização de pessoas; a notificação e a citação; a audição de testemunhas; a busca e apreensão; a obtenção de provas; a facilitação do depoimento pessoal de testemunhas; a transferência temporária de presos para a prestação do seu depoimento; a produção de registros judiciais ou oficiais; a localização, apreensão e confisco dos instrumentos e produtos do crime; e a preservação de dados telemáticos e informáticos. O diploma, de forma explícita, recusa a sua aplicabilidade a casos de extradição ou de prisão para os fins de extradição (Scheme, 1990, art. 1.º, §§).

O art. 2.º informa que este se aplica aos países da Comunidade Britânica, assim entendidos os Estados soberanos e independentes e seus respetivos territórios, bem como os territórios que, embora não sejam dotados de soberania, não sejam considerados como dependentes dos primeiros (Scheme, 1990, arts. 2.º e 33.º). O auxílio pode ser solicitado desde que o Estado requerente informe que existe uma ação penal em curso ou se constatar a prática de um ilícito penal que possivelmente desencadeará a instauração de uma ação penal. O diploma também tem por escopo regular o auxílio na existência de procedimentos cíveis ou criminais destinados a determinar a perda ou o confisco de bens e valores que, direta ou indiretamente, tenham servido de instrumentos do crime, ou sejam produto da atividade criminosa, inclusive para assegurar o pagamento de pena de multa (Scheme, 1990).

Os pedidos de quebra de sigilo telemáticos e dados informáticos são regulados pelo art. 4.º, enquanto o art. 5.º trata da designação das autoridades centrais. O art. 6.º determina que o pedido de auxílio pode ser emitido por qualquer autoridade dedicada ao combate ao crime, do MP ou da autoridade judicial competente, de acordo com a Lei interna. O pedido deverá ser transmitido à Autoridade Central, que deverá certificar-se de que este se enquadra no âmbito do instrumento para, posteriormente, encaminhá-lo ao Estado requerido. Recebido o pedido de auxílio, o Estado requerido deverá prestar os auxílios solicitados, cabendo à Autoridade Central zelar, junto das autori-

ESTADO DA ARTE

dades locais, pelo cumprimento do pedido. A Autoridade Central deve, de forma fundamentada, informar prontamente à Autoridade Central do Estado requerente, caso exista razão para a recusa do pedido, que este não poderá ser executado, no todo ou em parte, ou que haverá atraso na execução da solicitação. O Estado requerido pode, ainda, condicionar o pedido de auxílio à outorga de imunidade processual a determinada pessoa, ou ao exame, pela justiça do Estado requerente, sobre a existência de matéria de acesso confidencial, sigiloso ou privilegiado, isto é, cujo uso ou acesso em sede judicial deve ser restrito ou proibido (Scheme, 1990, arts. 2.º, 4.º a 7.º e 33.º).

O art. 8.º vai além dessas condições e especifica as causas que justificam a recusa do Estado requerido em cumprir o pedido de auxílio. O pedido poderá ser recusado quando: *i)* a conduta investigada não constituir crime para o Estado requerido; *ii)* tratar-se de ilícito de carácter político ou militar; *iii)* o acusado ou suspeito já tiver sido absolvido da mesma acusação no Estado requerido; *iv)* o conteúdo do pedido de cooperação for contrário à Constituição, à segurança, às relações internacionais ou ao interesse público do requerido; *v)* e quando houver motivos suficientes para acreditar que a prossecução penal se funda ou pode incentivar preconceito de raça, religião, nacionalidade ou opinião política. A recusa pode ser justificada ainda porque as medidas necessárias para dar cumprimento ao solicitado são consideradas ilegais pelo Estado requerido. O art. 9.º limita a adoção de medidas coercitivas àquelas previstas na legislação do Estado requerido, mas obriga o requerido a providenciar as medidas necessárias naqueles casos em que a pessoa objeto do pedido de cooperação voluntariamente se submeter às autoridades (Scheme, 1990, arts. 8.º e 9.º).

Os arts. 15.º a 30.º, na sua quase totalidade, versam sobre a concretização das formas de auxílio elencadas no § 3.º do art. 1.º. O art. 15.º regula os pedidos de preservação de dados informáticos e telemáticos; o art. 16.º dispõe sobre a localização e identificação de pessoas; o art. 17.º trata da citação e notificação; o art. 18.º dispõe acerca da inquirição de testemunhas; o art. 19.º regula os pedidos de busca e apreensão; o art. 20.º rege a obtenção de provas; o art. 22.º trata da obtenção de registos públicos e judiciais; o art. 25.º cuida do comparecimento pessoal das testemunhas no Estado requerido; o art. 26.º trata do comparecimento pessoal dos presos; e, por último, o diploma dispõe ainda sobre a identificação, busca, apreensão e disposição dos instrumentos frutos do crime (Scheme, 1990, arts. 15.º-30.º).

O § 4.º do art. 8.º explica que não será considerado crime político o ilícito previsto numa convenção internacional em que participem os Estados

MANUAL DE COOPERAÇÃO JUDICIÁRIA INTERNACIONAL EM MATÉRIA PENAL

requerente e requerido e que gere para ambos a obrigação de extraditar ou processar criminalmente o ofensor.

A transferência de presos e o comparecimento pessoal de testemunhas são objeto de particular atenção por parte do diploma. O art. 21.º isenta as testemunhas de depor nos casos em que a legislação do Estado requerente ou do requerido as desobriga, e o art. 27.º confere às mesmas imunidade processual, impedindo que sejam processadas ou presas enquanto estiverem no território do Estado requerente em execução do pedido de cooperação. Essas modalidades de cooperação justificam-se na medida em que a ausência da proteção conferida por essas normas implicaria a produção de prova ilícita, no primeiro caso, e de extradição indireta, no segundo.

3.3. As Convenções Europeias
A Europa não adotou um tratado ou esquema modelo, pois, com o crescimento da UE, tenderia a ser ultrapassada pela legislação editada pelo Parlamento Europeu e pelo próprio tratado da União. Em vez disso, o acervo comunitário nesta área dispõe de uma série de tratados firmados sob a égide da UE e do CoE, organização internacional que antecedeu e coexiste com a UE, além de outras organizações já extintas, como a Comunidade Económica Europeia e o Benelux.

Em matéria de cooperação judiciária internacional em matéria penal, os Estados europeus dispõem de diversos pactos internacionais, desde a CE sobre Extradição, de 1957, a CoE59 e posteriores protocolos adicionais, firmados em 1978, até, mais recentemente, tratados como o CAAS, de 1985, e a respetiva Convenção de implementação, de 1990, e, mais importante, a CE2000. Esta última veio acrescentar ao disposto nos tratados anteriores, que já regulavam uma série de medidas de cooperação, tanto aquelas tradicionais como a extradição e a carta rogatória, como as mais modernas técnicas de cooperação direta. A CE2000 ampliou o escopo do art. 6.º da CoE59, desburocratizando a formalização de registos, documentos e diligências, como se deu, por exemplo, com a autorização de envio postal de documentos processuais às pessoas visadas.

Indo além, a cooperação jurídica penal direta entre autoridades não judiciais foi ampliada, com a adoção expressa de medidas de troca informação espontânea, regulada pelos arts. 6.º e 7.º da CE2000. Mais importante, talvez, tenha sido a adoção de instrumentos modernos para a instrução criminal como a prestação de depoimentos via videoconferência ou conferência por telefone (arts. 10.º e 11.º), a possibilidade de utilização nos vários EM da

ESTADO DA ARTE

entrega controlada (art. 12.º), a utilização de agentes infiltrados em investigações criminais (art. 14.º), a interceção de telecomunicações (arts. 18.º-21.º) e a existência de provisão expressa sobre a formação de equipas conjuntas de investigação (art. 13.º). A Convenção da UE foi além da regulação do mero auxílio indireto ao tratar dos instrumentos de ação direta para o combate à criminalidade transnacional. Assim, ao contrário dos modelos da ONU e da Comunidade Britânica, os pactos europeus são Leis internacionais em vigor que regulam de forma concreta a cooperação regional em matéria criminal entre os seus Estados parte[50].

3.4. A conexão necessária entre os modelos internacionais e as convenções europeias

A análise do conteúdo do Modelo da ONU, do instrumento da Comunidade Britânica e dos pactos europeus revela duas preocupações comuns. A primeira é a criação de instrumentos ágeis de combate à criminalidade transnacional, sem, no entanto, sacrificar as formalidades necessárias a garantir a legitimidade da prova produzida. A segunda é criar um quadro jurídico comum para a cooperação penal internacional, permitindo que a comunidade internacional, com base em parâmetros normativos homogéneos, consiga aplicar de forma coerente e eficiente esses instrumentos.

Sem propósito de rigor científico, impõe-se a conclusão de que a causa dessa coincidência de desígnios é o facto de os Estados que integram a UE e o CoE, assim como os que compõem a Comunidade Britânica, serem todos partes da ONU, sendo certo, ainda, que muitos destes também integram as duas primeiras organizações internacionais. Acresce que, todos esses Estados, de uma forma ou de outra, são vítimas prementes da criminalidade transnacional, como, por exemplo, o tráfico de estupefacientes e de seres humanos no continente europeu ou o contrabando de diamantes africanos e de armas para a África, continente que conta com vários membros da Comunidade Britânica.

Por outro lado, cabe salientar que os modelos da ONU e da Comunidade Britânica foram construídos sobre a experiência dos Estados-Partes da CoE59 na aplicação desse instrumento convencional[51]. Essa experiência

---

[50] Para maior desenvolvimento vd. obra do autor: *"Cooperação Judiciária Europeia em matéria penal: o Espaço Ibérico em Particular"*, Coimbra Editora, 2013, págs. 74 a 100
[51] McClean, 2002, p. 196 e 214

gerou não só os instrumentos europeus posteriores, mas permitiu o desenvolvimento e a universalização das medidas dos modelos, os quais, diga-se, ressaltam expressamente o seu carácter suplementar aos demais acordos em vigor ou que venham a ser firmados sobre o tema, sejam estes bilaterais ou multilaterais. Isso permite uma maior flexibilidade na incorporação dos instrumentos de cooperação internacional, tendo em consideração a diversidade de sistemas penais e processuais penais adotados pelos Estados nacionais.

Um exame aos dois modelos revela diferenças formais e substanciais. O modelo da ONU é quase um formulário padrão, um contrato de adesão que, com poucas adaptações, como a identificação dos Estados-Partes e o início de sua vigência, pode ser utilizado por qualquer Estado interessado em celebrar um pacto formal de cooperação internacional em matéria criminal. O incentivo à adoção do Modelo visa evitar as discussões sobre pontos específicos de Direito que muitas vezes acabam por atrasar ou inviabilizar a adoção de um pacto internacional. Do mesmo modo, o Tratado Modelo visa dotar os vários Estados integrantes da ONU de instrumentos jurídicos compatíveis no combate à criminalidade transnacional. Por ser um tratado, o Modelo, ao ser adotado, vincula os Estados signatários, criando obrigações de Direito Internacional. Essa é, aliás, a conclusão que se extrai do art. 1.º do Modelo.

O instrumento da Comunidade Britânica, por sua vez, aparece como um conjunto de normas e definições destinadas a orientar a cooperação entre os integrantes da *Commonwealth*. Em vez de fornecer um documento padrão, ao contrário do Modelo MLAT, preocupa-se em homogeneizar a cooperação internacional entre os seus integrantes, fornecendo não só linhas gerais de atuação mas definindo uma série de institutos, como país, assuntos criminais, procedimentos de confisco, delito, informação de Estados partes, sistema de computadores, dados de computadores, dados de provedores, tráfego de dados e preservação de dados. Dessa forma, este instrumento fornece aos Estados integrantes uma interpretação unívoca das matérias reguladas. Os dois modelos contam, ainda, com o instituto da consulta, destinado a resolver dúvidas sobre a sua aplicação a um determinado caso concreto.

Ainda no que diz respeito às formalidades a serem observadas, ambos os modelos se preocupam em preestabelecer parâmetros sobre a forma de apresentação dos pedidos de auxílio, a certificação e autenticidade dos documentos enviados, bem como com o custo das diligências solicitadas. Tanto o Modelo MLAT da ONU como o instrumento da Comunidade distinguem as

ESTADO DA ARTE

despesas ordinárias, de responsabilidade do Estado requerido, das extraordinárias, que podem vir a ser custeadas pelo Estado requerente.

Uma leitura mais desatenta poderia levar à conclusão de que o instrumento seria um tratado multilateral, de aplicação obrigatória pelos Estados integrantes da Comunidade Britânica. Contudo, o texto do mesmo *"não cria obrigações internacionais vinculantes e não está registado sob o art. 102.º da Carta da ONU: ou seja, é um conjunto de recomendações acordadas para a implementação de alterações legislativas por cada governo"*[52]. O facto de o instrumento não estar registado junto ao Secretariado da ONU impede que qualquer dos Estados que o integram reclamem a aplicação dos seus dispositivos, nos termos do art. 102.º da Carta da ONU. Por razões óbvias, essa cláusula também se aplica àqueles tratados bilaterais, celebrados nos termos do Tratado Modelo. Esse facto gerou críticas de alguns Estados integrantes da Comunidade, especialmente da Jamaica, que anteviu a possibilidade de alguns membros da *Commonwealth* assumirem obrigações sem, no entanto, encontrar reciprocidade por parte dos demais integrantes. Essa flexibilidade do instrumento, porém, é vista como o seu grande mérito, por permitir que todos os Estados da Comunidade, de uma forma ou de outra, contribuam para o seu sucesso. Se é fácil encontrar divergências de forma e quanto aos efeitos no plano internacional dos dois modelos, substancialmente é possível encontrar vários pontos de convergência. Em primeiro lugar, é de salientar que a maioria dos Membros da Comunidade Britânica, se não todos, também integra a ONU. Logo, a cooperação internacional em matéria penal entre esses Estados está sujeita a ser regida por ambos os modelos. Na verdade, nada impede que dois Estados da Comunidade Britânica celebrem um tratado formal, seguindo o Modelo do MLAT da ONU, e a sua aplicação ocorra de acordo com as respetivas legislações internas, entretanto modificadas para atender ao modelo do instrumento britânico. Recorde-se que, enquanto o Modelo MLAT tem por intuito a homogeneização dos acordos bilaterais em matéria de auxílio penal, o instrumento teria por objetivo adequar o ordenamento interno dos Membros da *Commonwealth* a fim de viabilizar a cooperação. Em segundo lugar, ambos os Modelos expressamente preveem a possibilidade da adoção de outras formas de cooperação que não as por eles previstas. Ao invés de exclusivos, os modelos são complementares e, ao invés de serem exaustivos,

[52] McClean, 2002, p. 197-198

os modelos não esgotam todas as possibilidades de cooperação internacional em matéria penal.

Quanto ao escopo de sua aplicação, ambos os modelos excluem do quadro normativo as medidas relativas à extradição e restringem as medidas coercitivas àquelas consideradas válidas pela Lei interna. As causas de recusa do pedido de auxílio são idênticas, assim como as imunidades e salvaguardas concedidas às testemunhas e a preocupação com o sigilo e os limites impostos à utilização das informações e provas obtidas por meio do pedido de auxílio. Um ponto que, embora abordado pelo Modelo MLAT, é tratado de forma mais abrangente pelo instrumento, é o uso de informação privilegiada ou sujeita a sigilo, isto é, de informação cuja divulgação deva ser restrita ao máximo quando assim determinar o interesse público. Logo, não só as diligências requeridas devem ser mantidas em segredo pelo requerido, mas, quando necessário, esse segredo deve ser mantido pelo próprio Estado requerente.

As diligências que podem ser objeto de solicitação em ambos os Modelos são quase as mesmas: a notificação e a citação; a obtenção de prova em geral; a prova testemunhal, inclusive por meio do comparecimento pessoal de pessoas livres ou com os custos suportados; a busca e a apreensão dos produtos e instrumentos do crime; a identificação e a localização de pessoas; e a obtenção de documentos e registos públicos, entre outros meios. Tanto o § 2.º do art. 1.º do Modelo MLAT quanto o § 3.º do art. 1.º do instrumento empregam uma redação que deixa azo à adoção de outras medidas além daquelas previstas nos respetivos instrumentos[53]. Além disso, como expressamente previstos nos arts. 1.º, § 1.º, do instrumento e 2.º do Modelo MLAT, a adoção das regras desses instrumentos não exclui a de outros acordos ou convenções. Os dois modelos demonstram grande preocupação com a questão dos instrumentos e produtos do crime, prevendo de forma extensiva medidas destinadas a assegurar o seu confisco aos infratores. Ao contrário do Modelo MLAT, o instrumento da *Commonwealth* confere especial atenção à quebra e preservação do sigilo de dados de informática e telemáticos, tema abrangido por diversos dispositivos em todo o instrumento e, de forma mais específica, pelos arts. 4.º e 15.º. Por outro lado, enquanto o Modelo MLAT faz menção

---

[53] Assim, o § 3.º do art. 1.º do Ato dispõe que *"Assistência em matéria criminal para os efeitos deste diploma inclui:"* o § 2 do art. 1.º do MLAT Modelo preconiza que *"A assistência mútua a ser prestada na forma desse tratado pode incluir:"*

ESTADO DA ARTE

expressa à obtenção de dados e registos bancários[54], o instrumento ignora o tema. Nesse caso, a resposta parece residir no facto de as regras que regulam a matéria na Inglaterra e nos países da Comunidade Britânica que seguem a Common Law, como consubstanciadas no *Bankers' Books Evidence Act de 1879* e interpretada pela jurisprudência nos casos *Tournier v National Provincial and Union Bank of England, Parnell v Wood, South Staffordshire Tramways Co. v Ebbsmith, Waterhouse v Barker, Robertson v Canadian Imperial Bank of Commerce e Williams v Summerfield*, pelo menos desde 1876, sempre permitiram a produção desse tipo de prova, seja mediante a emissão de uma *subpoena duces tecum*, seja por meio do depoimento de funcionários de instituições financeiras ou pelo acesso direto da parte interessada aos registros bancários requeridos, entre outros meios de produção de prova[55].

Por seu lado, a preocupação do Modelo MLAT parece ter por intuito impedir que Estados considerados como paraísos fiscais venham a adotar os MLATs apenas para simular um suposto interesse em participar no combate à criminalidade transnacional e assim evitar sanções diplomáticas ou económicas.

As inovações trazidas pelas Convenções do CoE e da UE no campo da cooperação direta demonstram a seriedade com que o problema da criminalidade transnacional deve ser tratado. Ao contrário do Modelo MLAT, que nesse ponto é bastante vago, e do próprio instrumento da Commonwealth, é possível detetar uma preocupação crescente dos países europeus com a efetividade da ação penal pré-processual. O instrumento britânico e as Convenções Europeias também se preocupam com o emprego das modernas formas de telecomunicações e transmissão de dados e informações, matéria que escapa ao Modelo MLAT da ONU.

Numa ordem de maior para menor vinculação, as Convenções Europeias, por serem normas internacionais em vigor, encontram-se no topo da hierarquia, seguidas de longe pelo Modelo MLAT e pelo instrumento, que não são de adoção obrigatória. Por isso mesmo, ou apesar disso, as Convenções não dispõem de tantas causas de recusa justificada aos pedidos de assistência do que o instrumento e o Modelo MLAT[56].

---

[54] Alínea "g" do § 2.º do art. 1.º, § 2.º do art. 4.º e § 3.º do art. 18.º

[55] McClean, 2002, p. 266-267

[56] Para maior desenvolvimento e conforme já se salientou na nota de rodapé n.º 44, ver artigo de Luiz Fernando Voss Chagas Lessa, "*Esquemas e modelos de instrumentos normativos de cooperação internacional em matéria penal*", in Boletim Científico ESMPU, Brasília, a. 13 – n. 42-43, p. 117-144 – jan./dez. 2014

MANUAL DE COOPERAÇÃO JUDICIÁRIA INTERNACIONAL EM MATÉRIA PENAL

4. Sinopse do estado da arte

I – Instrumentos de primeira geração: baseados no princípio da soberania e em sociedades fechadas (cooperação entre Estados, pendor essencialmente político e pouco jurisdicional)
II – Instrumentos de segunda geração: baseados no sistema de autoridades centrais e convenções (cooperação entre autoridades centrais e mormente os Ministérios da Justiça, visando o equilíbrio de forças entre o poder politico e o poder jurisdicional)
III – Instrumentos de terceira geração: novas ferramentas baseadas na transmissão direta, apoiados por redes informais (cooperação direta entre autoridades judiciárias, com um pendor essencialmente jurisdicional), destacando-se nesta geração, o Reconhecimento mútuo (modelo pioneiro de vanguarda de cooperação judiciária europeia como materializador do processo de integração europeu).

I – Instrumentos de primeira geração: século XIX
Sistema fechado, aperfeiçoamento ativo, procurando o crime com foco nacional
Tecnologias de comunicação tradicionais
Abordagem política e não jurisdicional
Este contexto social, jurídico e económico cria as suas próprias ferramentas
Não há necessidade real para os mecanismos de cooperação efetivos e nenhum quadro legal
O princípio da reciprocidade: através de canais diplomáticos e decisão política

II – Instrumentos de segunda geração: século XX
Uma nova comunidade internacional: a formação de Estados independentes, sociedades abertas e fronteiras abertas
Novos desafios para a segurança nacional
Nova abordagem aos conflitos: declaração de direitos humanos, acesso à justiça, aumento do contencioso e do combate à criminalidade
A consolidação dos Estados nacionais e das fronteiras leva a um processo de criação de valores comuns e soberania partilhada: a era das organizações internacionais e a adoção de tratados em diferentes áreas, como um símbolo de confiança mútua

III – Instrumentos de segunda geração: século XX
O Conselho da Europa: as ações no domínio do A.J.M.
Convenção Europeia de Extradição de 1957 (e Protocolos subsequentes)
Convenção Europeia de Auxílio Judiciário Mútuo em Matéria Penal de 1959 (protocolos) e 2.º Protocolo
Outras convenções de cooperação em domínios específicos: o branqueamento de capitais, a corrupção, o terrorismo, a cibercriminalidade, a transferência de pessoas condenadas, o reconhecimento internacional das sentenças penais...
Todos os instrumentos são baseados no sistema de Autoridades Centrais: ainda focado na soberania nacional, mas permite procedimentos mais rápidos e reduz a incerteza quanto aos fundamentos de recusa e discricionariedade política

II.a – Instrumentos de segunda geração (problemas)
Autoridade Central constitui um valor acrescentado para os procedimentos de assistência jurídica: trata das solicitações e cuida para que estejam em conformidade com as Convenções, sendo que acumularam ao longo dos anos experiência e *know-how* de cooperação internacional imprescindíveis
Perda de controlo e acompanhamento dos pedidos, e desconexão entre o requerente Juiz/Procurador e a autoridade de execução no Estado requerido
As Convenções estavam focadas em medidas tradicionais: notificações, obtenção de provas (audiências e testemunhos) e medidas provisórias (congelamento e de confisco)

III.a – Instrumentos de terceira geração: para a justiça transnacional no século XXI
De sociedades agrícolas para as sociedades industriais e, finalmente, para a sociedade do conhecimento e de informação (Internet)
Isto implica uma multipolarização e deslocalização de atores e responsabilidades
Os novos instrumentos ultrapassam fronteiras, para estabelecer valores comuns e confiança mútua
Introduzem o conceito de rede para otimizar a cooperação e reforçar os seus resultados
Novo contexto social, no que respeita à criminalidade e o seu combate: o crime transnacional exige medidas específicas que investiguem o terrorismo internacional/novo conceito de segurança nacional relacionado com a segurança global...

Uma nova abordagem para a eficácia e qualidade dos serviços públicos
A necessidade de responder às necessidades reais da sociedade

IV – Três fases da cooperação judiciária europeia
1) O nascimento da cooperação (1975- 1990)
2) A emancipação progressiva (1990 a 1999)
3) A maturidade (1999 – ...)[57]

IV.a – As soluções na UE – Transmissão direta
Acelera os procedimentos, eliminando intermediários
Reduz consideravelmente os motivos de recusa a fatores estritamente jurídicos (sem intervenção administrativa ou política)
Responsabiliza os seus agentes imediatos, juízes e procuradores, pelo resultado do pedido de assistência
Permite o contacto direto entre autoridades judiciárias, a fim de transmitir as informações relativas ao pedido e obter um *feedback* da sua execução
Aplicar a Lei do país requerente (*lex fori*) facilita a utilização/admissibilidade das provas no processo penal original
Coloca no requerente o ónus de conhecer os procedimentos e os intrumentos juridicos relevantes
Sem a mediação da Autoridade Central, os sistemas jurídicos ao interagir podem causar atritos
A combinação de um quadro jurídico desafiador e criativo (28 EM, 31 sistemas jurídicos e 24 línguas oficiais) com uma série de mecanismos de apoio informais, criando um novo conceito e funcionamento da cooperação judiciária em matéria penal
Modus operandi: informalidade, capacidade de resposta, complementaridade com os procedimentos legais e convencionais, confiança mútua e atitude de pró-cooperação

---

[57] Daniel Flore, *"Droit Pénal Européen"*, 2e edition, Larcier, págs. 487 e ss. *"Les trois âges de la coopération judiciaire européenne: 1. L'Énfance de L'ídée; 2. L'Emancipation Progressive; 3. Une première Maturité"*.

V – Modelos de cooperação judiciária internacional em matéria penal
Modelo MLAT ONU
Instrumento da Comunidade Britânica
Convenções Europeias

V.a – Duas preocupações comuns quanto aos modelos
Fornecimento de instrumentos ágeis de combate à criminalidade transnacional, sem, no entanto, sacrificar as formalidades necessárias a garantir a legitimidade da prova produzida.
Criação de um quadro jurídico comum para a cooperação penal internacional, permitindo que a comunidade internacional, com base em parâmetros normativos homogéneos, consiga aplicar de forma coerente e eficiente esses instrumentos.

Capítulo II
Princípios da cooperação judiciária internacional em matéria penal

1. Princípios gerais

A cooperação surgiu como parte do direito internacional que era concebido como direito primitivo. Daí que, o seu fundamento originário tinha por base os princípios da *la comitas gentium ob reciprocam utilitaten* (cortesia internacional como causa de utilidade recíproca) e o *pact sunt servanda* (os pactos tem de ser cumpridos). Em última instância, através da cooperação nesta matéria não se procurava outro fim que não a realização do seu próprio direito. A cooperação judiciária era, em consequência, considerada como um fim em si mesma, perseguida pelos Estados soberanos para alcançarem um interesse próprio.

Com a evolução registada, o princípio fundamental que rege a cooperação judiciária internacional é o de que ela deve ser **a mais ampla possível**, dentro dos limites (excecionais) que devem ser observados[58]. Tais limites variam consoante o ordenamento jurídico em causa, mas como denominador comum, dividem-se em duas categorais principais: i) limites formais (de ordem mais ampla, como a ordem pública ou segurança do Estado até aos mais minuciosos, como os pedidos serem realizados por escrito, a língua a usar); ii) limites materiais (que podem ser invocados como obtstáculos a prestação da cooperação internacional em medidas processuais penais, ambos com cláusulas de salvaguarda onde se destacam os princípios penais

---

[58] Sérgio Fernando Moro, *"Cooperação Jurídica internacional em casos criminais: considerações gerais"* In José Paulo Baltazar Jr. e Luciano flores de Lim, *"Cooperação Jurídica Internacional em matéria Penal"*. Porto Alegre: Verbo Jurídico, 2010, p. 16.

democráticos; proteção da dignidade da pessoa humana; delimitação pelo bem jurídico em causa; a necessidade da pena; a intervenção mínima, a proporcionalidade e outras categorias lógico-objetivas. Um segundo princípio orientador é que a cooperação judiciária deve ser usada para **servir as pessoas**[59].

Por outro lado, a tarefa de elencar todos os princípios desenvolvidos pela doutrina é complicada, desde logo porque não há consenso quanto aos princípios aplicáveis em concreto.[60]

A matéria dos princípios encontra-se muito desenvolvida no direito sul--americano, mormente por alguns autores de referência, como é o caso de Raul Cervini[61]. Destaca este autor os seguintes princípios: **i) celeridade, ii) cumprimento com prioridade dos casos urgentes, iii) facilidade de comunicação, iv) limitação da admissibilidade da prova obtida, v) reserva das autoridades de investigação para efeitos de não frustar a efetividade da medida, vi) a entrega de documentos oficiais, vii) princípio do reconhecimento da diversidade dos sistemas jurídicos, viii) princípio do respeito pela ordem pública interna e internacional do Estado requerido; ix) princípio da responsabilidade pela Lei interna substantiva e processual, formas e garantias, x) princípio da reserva política, xi) princípio da responsabilidade e xii) o princípio da proteção dos sujeitos do processo.**

Ainda na égide do direito sul-americano, existe ainda outro exemplo paradigmático, constante do Código Modelo de Cooperacão Interjurisdicional para a Ibero América, em concreto no art. 2.º, o qual elenca um conjunto de princípios que devem nortear os Estados, na qualidade de requerente e de requerido.[62]

---

[59] Quando os Estados individualmente ou um conjunto de Estados vinculados multi ou bilateralmente em níveis de cooperação penal desconhecem o individuo como pessoa, se rompe uma estrutura lógica, objetiva, ficando seu acionar em mero exercício de poder que não e Direito, Cervini, Raul. *Principios de cooperação judicial penal internacional em Assuntos Penais.* Doutrina, Direito Comparado, pag. 44 apud Zaffaroni, Eugenio Raul. Manual del Derecho Penal. Parte Geral, 4 ed. Buenos Aires, Ediar, 1985, pag. 301

[60] Nesse sentido, ver Marianne L. Wade, "*General Principles of Transnationalised Criminal Justice? Exploratory Reflections*". Utrecht Law Review. Vol. 9, Issue 4, September 2013.

[61] "*Princípios de cooperação judicial penal internacional em Assuntos Penais.*" Doutrina, Direito Comparado, p. 23 e ss.

[62] "*I. Cláusula da ordem pública internacional: não será admitida a cooperação que se refira a atos contrários aos princípios fundamentais do Estado requerido ou que seja suscetível de conduzir a um resul-*

PRINCÍPIOS DA COOPERAÇÃO JUDICIÁRIA INTERNACIONAL EM MATÉRIA PENAL

Na égide do CoE e da UE, tendo em consideração o processo de elaboração da maior parte das Convenções, constatam-se: o princípio da **unanimidade**, – critério decisório a adotar pelo Conselho Europeu – o qual se traduz no facto das medidas a tomar pelo Conselho tem de ser por unanimidade, isto quanto às posições comuns, DQ, decisões e convenções; o princípio do *favor cooperationis* ou seja a vontade de facilitar todos os mecanismos de auxílio[63]. Tal mostra-se patente, desde logo, nas previsões relativas às diferentes formas de cooperação. O mesmo sucede na previsão de mecanismos de diálogo fixados e mediante as quais se pode dar execução ao pedido, para os casos de dificuldade no cumprimento de um pedido de assistência (vd. art. 4.º, n.º 3 e 4.º da CE2000 e art. 3.º, n.º 4 do Protocolo)[64]. Nesta matéria assumem particular relevância os princípios do *Locus Regit Actum e do Forum Regit Actum.* O primeiro estabelece que o Estado Requerido executa o pedido de acordo com o direito penal substantivo e processual do seu Estado. O segundo, por sua vez, dispõe que, desde que expressamente solicitado, o Estado requerido respeita as formalidades e procedimentos indicados pelo Estado requerente, com apenas duas exceções: a) quando exista disposição em contrário da pró-

---

tado incompatível com esses princípios. II. Respeito pelas garantias do devido processo legal no Estado requerente. III. Igualdade de tratamento entre nacionais e estrangeiros, residentes ou não, tanto no acesso aos tribunais quanto na tramitação dos processos nos Estados requerente e requerido, assegurando se a gratuidade de justiça aos necessitados IV. Não dependência da reciprocidade de tratamento, salvo previsão expressa neste Código; V. Publicidade processual, exceto nos casos de sigilo previstos na Lei do Estado requerente ou do Estado requerido; VI. Tradução e forma livres para os atos e documentos necessários a prestação jurisdicional transnacional, incluindo se os meios eletrônicos e videoconferência; VII. Existência de uma autoridade central para a receção e transmissão dos pedidos de cooperação, ressalvada a convalidação da receção ou transmissão que não tenham sido perante essa autoridade; VIII. Espontaneidade na transmissão de informações a autoridades do Estado requerente."

[63] Por outra parte, cabe advertir que quando foi mencionado o princípio da cooperação leal entre os Estados no TCE, concretamente no art. 10.º, n.º 1, o Tribunal de Justiça aumentou o seu alcance (para além dos assuntos de Justiça e da Administração Interna) por considerar que o mesmo estava implícito no art. 1.º do TUE. Segundo o critério manifestado pelo Tribunal, seria difícil que a União cumprisse eficazmente a sua missão *"se o princípio de cooperação leal, que supõe que os EM terão de adotar todas as medidas gerais e particulares apropriadas para assegurar o cumprimento das suas obrigações com base no Direito da UE, não se impusera também no âmbito da cooperação policial e judicial em matéria penal que, por outra parte, se baseia integralmente na cooperação entre EM e as Instituições"*, vd. Ac. Pupino já mencionado

[64] Neste sentido Parra Garcia, *"El nuevo régimen de las solicitudesde asistencia judicial en materia penal"*, Derecho Penal supranacional y cooperación jurídica internacional, Cuadernos de Derecho Judicial XIII-2003, Madrid 2004, p.s 109 e ss.

pria Convenção ou b) quando as formalidades e procedimentos indicados pelo Estado requerente forem contrários aos princípios fundamentais do Estado requerido. Esta regra é, porém, derrogada no art. 13.º, n.º3, alínea b) da própria Convenção, que prevê a aplicação da legislação interna do Estado requerido onde decorra a atuação de uma equipa de investigação conjunta; consagrado na CAAS (art. 54.º) o princípio *ne bis in idem* está também irrefutalvelmente presente na matéria da cooperação judiciária, estando pois vedado a um EM o exercício da ação penal contra determinada pessoa por factos que já tenham sido atendidos num procedimento criminal definitivamente julgado noutro EM[65]; princípio da **reciprocidade**, segundo o qual o Estado requerido apenas está obrigado a cumprir o pedido do Estado requerente se este conceder idêntica e correspetiva contrapartida ao pedido formulado por cada um dos Estados envolvidos. Este princípio implica o direito de igualdade e o respeito mútuo entre os Estados, servindo de base para atenuar a aplicação do princípio da territorialidade das Leis, cedendo todavia quando o requerimento possa contrariar os princípios fundamentais do Estado requerido.

Mais recentemente, ao nível da cooperação judiciária em matéria penal no âmbito da UE, desenvolveram-se dois eixos principais[66]. De um lado, o princípio do **reconhecimento mútuo de decisões judiciais em matéria penal**, por outro, **a aproximação da legislação e estabelecimento de regras mínimas.**

Quanto ao primeiro e apenas em traços gerais, já que esta matéria será desenvolvida no capítulo dedicado à UE (Capítulo II, ponto 11.3), o Conselho Europeu de Tampere declarou que o reconhecimento mútuo deve-

---

[65] No ac. de 11 de fevereiro de 2003, referente aos processos *Hüseyin Gözütok* (C-187/01) e Klaus Brügge (C-385/01) [Pedidos de decisão prejudicial: *Oberlandesgericht Köln* – Alemanha e *Rechtbank van eerste aanleg te Veurne* – Bélgica], o TJUE pronunciou-se expressamente, a título prejudicial, no sentido de que se deveria considerar *"definitivamente julgado por um tribunal"* a situação em que o procedimento criminal foi declarado extinto por o arguido ter cumprido as obrigações impostas pelo MP, e que por isso o caso não tenha chegado à fase de julgamento em Tribunal, disponível em http://curia.europa.eu/juris/liste.jsf?pro=&nat=&oqp=&dates=%2524type%253Dpro%2524mode%253Don%2524on%253D2003.02.11&lg=&language=pt&jur=C%2CT%2CF&cit=none%252CC%252CCJ%252CR%252C2008E%252C%252C%252C%252C%252C%252C%252C%252C%252Ctrue%252Cfalse%252Cfalse&td=ALL&pcs=O&avg=&page=1&mat=or&etat=clot&jge=&for=&cid=566197.

[66] De acordo com as fichas técnicas da UE, disponível in http://www.europarl.europa.eu/atyourservice/pt/displayFtu.html?ftuId=FTU_5.12.6.html

PRINCÍPIOS DA COOPERAÇÃO JUDICIÁRIA INTERNACIONAL EM MATÉRIA PENAL

ria transformar-se na pedra angular da cooperação judiciária em matéria penal. O princípio do reconhecimento mútuo veio a ser confirmado nos programas de Haia e de Estocolmo, dedicados ao ELSJ. Trata-se de um conceito fundamental para o espaço judicial europeu, uma vez que somente através do reconhecimento mútuo é possível ultrapassar as dificuldades criadas pelas diferenças entre os sistemas judiciários nacionais. Porém, este princípio só pode desenvolver-se se houver um elevado nível de confiança entre os EM.

Quanto ao segundo, o funcionamento do espaço judiciário da UE pode ser comprometido pelas diferenças entre as legislações penais nacionais, sendo que por aproximação do direito penal na UE se entende o ajustamento a uma norma mínima comum, e não uma unificação total. A criminalidade organizada, o tráfico de seres humanos, a exploração infantil e a pornografia infantil, o terrorismo, o crime financeiro (fraude, branqueamento de capitais, corrupção), a cibercriminalidade, a criminalidade ambiental, a contrafação, o racismo e a xenofobia são áreas em que foram adotados ou estão a ser negociados textos jurídicos, com vista ao estabelecimento de definições comuns e à harmonização do nível das sanções. O art. 83.º do TFUE estabelece que o Parlamento e o Conselho, através do processo legislativo ordinário, podem *"estabelecer regras mínimas relativas à definição das infrações penais e das sanções em domínios de criminalidade particularmente grave e com dimensão transfronteiriça que resulte da natureza ou das incidências dessas infrações, ou ainda da especial necessidade de as combater, assente em bases comuns".*

Em matéria de extradição, quer na forma clássica, quer no âmbito do MDE, assume particular relevância o princípio da **especialidade,** segundo o qual a pessoa extraditada não pode ser perseguida, julgada e condenada senão pelos crimes que derem lugar a extradição ou, no segundo caso, permitindo apenas à autoridade judiciária requerente do MDE acusar/perseguir o requerido do MDE, na matéria nele contida, a não ser que o requerido autorize expressamente o contrário. Este princípio/regra tem maior aplicação nos instrumentos de cooperação ditos clássicos, permitindo que a autoridade requerida estabeleça alguns limites à utilização por parte da autoridade requerente dos meios de prova enviados e executados no âmbito dos pedidos, não estando tão presente nos instrumentos de cooperação mais recentes, como é o caso da DEI.

Já no que concerne ao auxílio judiciário mútuo, encontramos os critérios orientadores na Lei nacional de cooperação judiciária internacional em matéria penal, Lei n.º 144/99, de 31.08, a qual reproduz, em grande medida os princípios enunciados nos instrumentos internacionais relevantes[67]. Por outro lado e além dessa Lei, importa ter presente a existência de legislação aplicável a domínios específicos de obtencão de prova em matéria penal. Na verdade, e como norma fundamental, a Lei n.º 144/99 ressalva expressamente a aplicacão de normas de convencões, tratados ou acordos que disponham noutro sentido, fazendo-o no art. 3.º, enquanto disposição geral e noutras normas relativas a aspetos concretos da cooperacão.

De acordo com o critério de reciprocidade em que assenta, os princípios aí inscritos são válidos, em regra, tanto para o auxílio a prestar, quanto para o auxílio a solicitar pelo Estado Português. Em conformidade com a natureza facultativa da cooperação praticada, sao princípios estruturantes do auxílio, a já mencionada **reciprocidade** (art. 4.º)[68], a **proporcionalidade** na ponderação do pedido (art. 10.º), que se afiguram igualmente extensíveis a emissão[69], e a possibilidade de recusa do pedido (tendo devidamente em

---

[67] Vd. Teresa Alves Martins, "*Um guia de auxílio judiciário mútuo em matéria penal*" Revista do MP, p.s 321 a 355, em concreto o ponto 3.1. dedicado aos princípios gerais (p.s 330 a 333).

[68] Nessa medida, e no que concerne ao princípio da reciprocidade, existindo um instrumento internacional vinculativo, a reciprocidade decorre do proprio fato da vinculação nos termos consagrados nesse instrumento. A reciprocidade pode respeitar, nao apenas ao compromisso de cooperar, mas as condicoes a que essa cooperacao é submetida (por exemplo, no caso da interceção de telecomunicacoes, em que um Estado declare subordinar o auxílio a condição de o ato visado no pedido ser admissivel num caso nacional semelhante e os outros Estados se reservem o mesmo direito no relacionamento com aquele).

[69] O princípio da proporcionalidade decorre também do art. 230.º, n.º 2 do CPP. O tema tem sido abordado nas instâncias pertinentes da UE, nomeadamente a propósito do MDE. Nesta matéria, ver os Critérios orientadores da emissão do MDE, constantes das p.s 23 e ss. do Manual de procedimentos relativos à emissão do mandado de detenção europeu, do GDDC da PGR, Revisto e atualizado em 2015.01.21: "*1. Tendo presentes as severas consequências da execução do MDE na restrição da liberdade física e de circulação da pessoa visada, afigura-se desejável que na de cisão de emitir um mandado se tenham em conta considerações de proporcionalidade, tendo presente o efeito útil a retirar do MDE. Assim, afigura-se de evitar a emissão de um Mandado quando a medida de coação indiciariamente proporcional, adequada e de aplicação previsível ao caso não for a prisão preventiva. Neste contexto, é, por exemplo, de evitar a emissão de um Mandado no caso em que, embora sendo admissível a prisão preventiva, se mostre previsível a imposição da medida de coação termo de ide ntidade e residência (TIR), ou outra medida de coação não detentiva, que redundará na imediata libertação da pessoa após o seu primeiro interrogatório judicial. Julga-se esta interpretação mais consentânea com diversas disposições do MDE e a filosofia geral do regime deste, no sentido de o MDE ser um instrum ento privilegiado de combate à criminalidade grave e organizada. É de notar que uma prisão no estrangeiro, por aplicação de um MDE que vier a dar lugar a uma libertação precipitada, por exemplo nas condições*

conta as finalidades do auxílio), quando o facto seja ou possa ser objeto de procedimento no Estado requerido ou por motivos humanitários (art. 18.º).

Relativamente ao regime processual, os princípios do auxílio respeitam a cooperacão na **medida legalmente admissível**, quando concorram casos de admissibilidade e inadmissibilidade do pedido (art. 9.º), a possibilidade de **cumulação do auxílio com outras formas de cooperação** (art. 15.º, n.º 1, b), a possibilidade de solicitar que o pedido e a concessão do mesmo se mantenham **confidenciais** (art. 149.º) e aos limites a utilizacão das informações recebidas fora do processo para o qual foram solicitadas, subordinando ao consentimento do Estado que as prestou (art. 148.º).

Constituem, ainda, princípios do auxílio a **comunicação tendencialmente direta entre autoridades competentes** para a tramitação do pedido (art. 152.º, ns. 1 e 5) e o **respeito das formalidades legalmente exigidas para o ato no Estado requerente**, de modo a salvaguardar a validade do ato e o efeito útil da cooperação, desde que não sejam incompatíveis com princípios fundamentais de direito do Estado requerido e não causem graves prejuízos aos intervenientes no processo (art. 146.º)[70].

No que se refere ao regime material do auxílio judiciário, estão essencialmente em causa os princípios de **salvaguarda da ordem pública** (art. 2.º), **de salvaguarda dos direitos constitucionalmente protegidos** e das **garantias do processo equitativo** (art. 6.º), de respeito pelos limites

---

acima descritas, poderá eventualmente dar lugar à demanda de Portugal nas instâncias internacionais por violação dos direitos humanos do arguido, com fundamento na desproporcionalidade da medida face ao resultado final que se pretendia obter."

[70] O princípio regra relativo a execução do pedido de auxílio judiciário penal e o de cumprimento do ato segundo a Lei do Estado requerido, desde logo por razões de proximidade com esse ordenamento jurídico. A regra tem sido observada em convenções mais recentes, em função do grau de integração atingido, de modo a atender aos interesses do Estado requerente e a garantir a validade do ato no processo onde o mesmo deve produzir efeitos (por exemplo, art. 4.º, n. 1, da CE2000; art. 8.º do Segundo Protocolo a CoE59; art. 18.º, n.º 17, da Convenção de Palermo). Sendo afirmado como a regra na UE, no Conselho da Europa o relatório explicativo do Segundo Protocolo a CoE59 exorta os Estados requerentes a fazerem um uso ponderado dessa possibilidade, pelo encargo que representa para o Estado requerido, limitando-a ao que for indispensável para as investigações (par. 67 – versão inglesa). Estarão neste caso, por exemplo, a obrigação de a policia informar o detido sobre os seus direitos e teor dessa informação ("regras de Miranda"), fórmulas legais e formalidades da notificação, casos em que a presença de advogado ou defensor esta legalmente prevista ou e obrigatória, requisitos da audição em contraditório (par. 65).

MANUAL DE COOPERAÇÃO JUDICIÁRIA INTERNACIONAL EM MATÉRIA PENAL

impostos pelo principio *ne bis in idem* (art. 8.º); de **salvaguarda do regime de segredo profissional, bancário ou de outra natureza;** bem como de **imunidades e privilégios** observáveis no caso (art. 11.º), de **imputação do período que durar a detenção noutro Estado em consequência da prestação de auxílio, na pena em que for condenada a pessoa em causa** (art. 155.º, n.º 4); de **dupla incriminação,** podendo o Estado requerido exigir, com relação a atos mais intrusivos como, por exemplo, as buscas e as apreensões, que o facto seja punível pelas Leis de ambos os Estados envolvidos (art. 147.º); e de **salvo conduto ou imunidade pessoal,** garantindo que quem comparece em ato processual, para o qual foi convocado, não seja restringido na sua liberdade ou dela privado por factos anteriores a saída do Estado requerido, ou seja diferentes dos que fundamentaram o pedido (art. 157.º).

A este conjunto de princípios, acresce a **reserva de consentimento do arguido** em ser ouvido com recurso a videoconferência e a proteção de dados pessoais, os quais foram introduzidos no ordenamento jurídico português por força do direito da UE. O regime da proteção de dados pessoais, obtidos em consequência de um ato de auxílio judiciário, consta do art. 23.º da CE2000, e foi seguido no art. 26.º do Segundo Protocolo da CoE59. Consta, também, de diversos instrumentos adotados ao abrigo do Titulo VI do TUE, na versão anterior ao TL[71][72].

Finalmente, encontramos ainda um princípio fundamental de cooperação no art. 230.º, n.º 2 do CPP, a **necessidade**[73]. Com efeito, o legislador ao dispor que a autoridade judiciária competente só emite as rogatórias às autoridades estrangeiras quando entender que são necessárias à prova de algum facto essencial para a acusação ou para a defesa, faz depender tal emissão de um crivo de necessidade.

No âmbito da troca de informações, o Programa da Haia estabeleceu o dia 1 de janeiro de 2008 como a data a partir da qual a troca de informações deverá reger-se pelo princípio da **disponibilidade**, o que significa que, se um agente da autoridade de um EM necessitar de informações para prosse-

---

[71] No Guia, encontra-se esta informação em: http://guiaajm.gddc.pt/Advertencias.html

[72] A matéria da proteção de dados pessoais será alvo de capítulo próprio neste manual (Capítulo V)

[73] Art. 230.º, n.º 2 – *As rogatórias às autoridades estrangeiras só são passadas quando a autoridade judiciária competente entender que são necessárias à prova de algum fato essencial para a acusação ou para a defesa.*

guir o seu trabalho, poderá obtê-las junto de outro EM (a informação será "disponibilizada").

A título subsidiário, podem ter relevância os princípios de direito penal substantivo (alguns deles já mencionados anteriormente) e processo penal adjetivo vigentes quer no Estado requerente quer no requerido. Em Portugal, e particularmente ao nível do processo penal, assumem destaque os princípios da **oficialidade, da legalidade, da acusação, do inquisitório, do contraditório, da suficiência, da vinculação temática, do juiz natural, da investigação ou da verdade material, da igualdade de oportunidades, da concentração, da livre apreciação da prova, *in dubio pro reo*, da publicidade, da oralidade, da imediação, da proibição da *reformatio in pejus*, da recorribilidade e da jurisprudência**[74].

2. Sinopse

A) Princípios de cooperação judiciária internacional em matéria penal clássicos

- **Amplitude (*favor cooperationis*)** – a cooperação judiciária em matéria penal entre Estados deve ser o mais ampla possível (dentro dos limites (excecionais) que devem ser observados).
- **Reciprocidade** – o Estado requerido apenas está obrigado a cumprir o pedido do Estado requerente se houver correspondência recíproca.

B) Princípios de obtenção de prova clássicos

- *Locus Regit Actum* – o Estado Requerido executa o pedido de acordo com o direito penal substantivo e processual do seu Estado.
- *Forum Regit Actum* – o Estado Requerido executa o pedido de acordo com o direito penal substantivo e processual do Estado requerente.

---

[74] Para maior desenvolvimento Paula Marques Carvalho, *"Manual Prático de Processo Penal"*, Almedina, 2017, p.s 13 a 34 ou ainda Germano Marques da Silva, *"DIREITO PROCESSUAL PENAL PORTUGUÊS"*, Volume I, Universidade Católica Editora, Lisboa, 2013 § 4.º PRINCÍPIOS FUNDAMENTAIS DO PROCESSO PENAL.

C) Princípios de obtenção de prova após o reconhecimento mútuo

- **Reconhecimento mútuo** – recíproco reconhecimento de decisões judiciais em matéria penal.
- **Proporcionalidade, adequação e necessidade** – em qualquer pedido, deve assegurar-se que o mesmo se mostra proporcional, adequado e necessário para os efeitos pretendidos.
- **Proibição de fraude a Lei** – apenas se pode solicitar a outro Estado a prova cuja obtenção no Estado requerente (Portugal) seria admissível.
- **Formalidade** – em todos os pedidos deve ser solicitado o cumprimento de formalidades essenciais à admissibilidade e validade da prova.
- **Inadmissibilidade da prova proibida (admissibilidade e validade)** – a prova obtida, a pedido ou espontaneamente, só pode ser utilizada se não violar proibições de prova de natureza constitucional da ordem jurídica do Estado requerente (Portugal) ou do Estado requerido, ou supranacionais.
- **Igual diligência**[75] – obriga a autoridade judiciária de execução a executar a medida de investigação com a mesma celeridade e prioridade dos processos nacionais semelhantes e, em todo o caso, dentro dos prazos previstos (inerente à Diretiva DEI, consagração do art. 12.º).
- **Disponibilidade** – o Estado requerido deve disponibilizar a informação solicitada pelos agentes de *law enforcement* dos outros EM e da Europol, para efeitos de prevenção, deteção e investigação de infrações penais.
- **Prova digital** – Integridade dos dados; Preservação da integridade dos dados; Assistência especializada; Formação; Legalidade.

---

[75] Usando aqui a feliz terminologia de André Klip, *"European Criminal Law. An Integrated Approach,"* Cambridge: Intersentia, 3rd edition 2016, p. 80.

Capítulo III
Níveis de Cooperação

1. Nacional (Quadro multilateral e bilateral)

1.1. Quadro anterior à nova organização judiciária
Em Portugal e como em qualquer outro Estado, e antes mesmo de surgir a cooperação judiciária internacional, desenvolveu-se a cooperação judiciária nacional, entre diferentes comarcas judiciais, sendo perfeitamente usual a utilização no léxico judiciário dos termos de "Tribunal deprecante" (o que requer) e de "Tribunal deprecado" (o que cumpre), em moldes idênticos ao que sucede atualmente com a cooperação judiciária internacional. Esta visão, ainda que mais simplificada, por se situar num plano nacional, com o mesmo ordenamento jurídico, acarreta alguns conceitos que são aplicados também na cooperação judiciária internacional em matéria penal. Com efeito, temos um pedido emitido no âmbito de um processo judicial penal, em qualquer fase processual, o qual deve ser devidamente fundamentado, as vias de comunicação e o cumprimento/satisfação do pedido, com algumas causas de não cumprimento, são também invocadas na cooperação judiciária internacional.

1.2. Âmbito espacial da Lei penal e processual penal portuguesa
Conforme se referiu anteriormente, umas das dimensões da cooperação é precisamente estarmos no domínio do direito penal e processual penal, pelo que se suscitam desde logo questões que se prendem com a aplicação da Lei processual penal portuguesa no espaço nacional e internacional. Na verdade, *prima facie* é necessário apurar se um determinado facto pode ser investigado

MANUAL DE COOPERAÇÃO JUDICIÁRIA INTERNACIONAL EM MATÉRIA PENAL

e depois julgado pelos tribunais portugueses, sendo certo que a jurisdição portuguesa se encontra delimitada pela aplicabilidade da Lei penal nacional.

Dessa forma, é admissível o julgamento de cidadãos portugueses ou estrangeiros por factos praticados no território português, mas também no estrangeiro nos termos previstos no CP (arts. 4.º a 7.º) ou em legislação avulsa (v.g. Lei do terrorismo – art. 8.º da Lei n.º 52/03, Lei de tráfico de estupefacientes – art. 49.º DL 15/93, crimes de violação do direito internacional humanitário – art. 5.º da Lei n.º 31/04, Lei de proteção de dados – art. 4.º, n.º3 da Lei n.º 67/98).

Mediante a subsunção às normas penais que permitem aplicar a Lei penal portuguesa, o tribunal português será internacionalmente competente. Se assim for, os intervenientes processuais serão, de forma legítima, submetidos ao processo penal nacional sem que isso impeça que em determinadas situações a decisão final seja sustentada no direito substantivo do país de origem do arguido (cfr. art. 6.º, n.º2 do CP[76]). Por outro lado, mesmo existindo competência internacional e reunidas as condições legais para um cidadão ser "submetido" ao processo penal português, a sua instauração ou a continuação pode ser delegada num Estado estrangeiro que o aceite, verificando-se os pressupostos previstos na LCJ (arts. 89.º a 93.º)[77].

Por outro lado, a inexistência de norma atributiva de jurisdição aos tribunais portugueses tem reflexos de índole processual. A ausência de norma que legitime a aplicabilidade de Lei penal portuguesa (ausência do pressuposto substantivo) funciona como pressuposto processual negativo impedindo a abertura de um processo. Não obstante, e caso o mesmo tenha sido iniciado, a incompetência internacional deve ser oportunamente declarada oficiosamente, exceção conhecida a todo o tempo e que implica a extinção do processo nos termos dos arts. 96.º e 97.º do CPC, "ex vi" do art. 4.º do CPP. Tal decisão produz vários efeitos processuais, como por exemplo a cessação da qualidade de arguido, a extinção de medidas de coação, de garantia patri-

---

[76] *"o facto é julgado segundo a Lei do país em que tiver sido praticado sempre que esta seja concretamente mais favorável ao agente. A pena aplicável é convertida naquela que lhe corresponder no sistema português, ou, não havendo correspondência direta, naquela que a Lei portuguesa prever para o facto."*
[77] Vd. CAPÍTULO II – Delegação num Estado estrangeiro da instauração ou continuação de procedimento penal

NÍVEIS DE COOPERAÇÃO

monial, apreensões e todos os atos processuais que tenham atingido a esfera pessoal e patrimonial dos intervenientes processuais[78].

Questão mais controversa é a tempestividade da decisão, ou seja, se a exceção de incompetência internacional apenas pode ser conhecida até ao trânsito em julgado da decisão condenatória ou se deve ser equiparada a uma condenação injusta, admitindo-se um recurso de revisão por analogia ou a reabertura de julgamento para esse efeito (também por aplicação analógica do art. 371.º-A do CPP). A doutrina tem entendido que o recurso ao poder punitivo estadual sem existência de jurisdição internacional corresponde a uma utilização abusiva e indevida do processo penal. Na verdade, a compressão de direitos fundamentais que emerge de um processo penal, por um Estado que não tem jurisdição sobre um cidadão deve ser considerada como uma intromissão arbitrária, desproporcional e indevida que não deve ser tolerada. Porventura estaremos perante um vício de inexistência *ab initio* já que inexistia norma habilitante para a instauração do procedimento criminal.

Como consequência, declarada a incompetência internacional e reconhecida a impossibilidade das autoridades portuguesas prosseguirem o processo penal, este deverá ser arquivado. A partir dessa declaração, para além da cessação/extinção de todo e qualquer ato processual limitativo de direitos de sujeitos e participantes processuais, naturalmente que não se podem praticar mais atos (com exceção dos necessários para arquivar os autos) que pressuponham uma competência que já não existe. Nessa medida, em matéria de cooperação internacional passa a inexistir legitimidade para "delegar" num Estado estrangeiro a continuação do procedimento criminal[79].

1.3. Princípio geral: a aplicação no espaço (territorialidade)
Questão distinta da analisada é o âmbito espacial (a territorialidade) de aplicação da Lei processual penal portuguesa. Mesmo quando se reconheça competência internacional para o procedimento criminal em Portugal, importa indagar qual o âmbito territorial de exequibilidade dos atos processuais. Esta matéria encontra-se regulada no art. 6.º do CPP. A regra é que o processo penal português (nomeadamente os deveres, ónus, limitações,

---

[78] Vd. ac. RL, 26.3.2015 (Relatora Margarida Vieira de Almeida), a propósito do levantamento da medida de apreensão das contas bancárias

[79] Vd. ac. TRP, 4.5.2011 (Relatora Maria Deolinda Dionísio)

MANUAL DE COOPERAÇÃO JUDICIÁRIA INTERNACIONAL EM MATÉRIA PENAL

obrigações a que sujeitam um arguido ou qualquer outro interveniente processual) apenas é exequível, exigível e praticável em território português (densificação do princípio da territorialidade corolário da soberania de um Estado – art. 1.º CRP). Consistindo o processo penal num conjunto de atos que visam o exercício do poder punitivo estadual com carácter repressivo e que impõe limitações de diversa índole aos cidadãos, este tem, pela sua própria natureza, de estar vinculado às suas fronteiras. Com efeito, a soberania apenas é exercitável em território nacional[80], que abrange terra, rios, lagos, mar territorial, subsolo, espaço aéreo, plataforma continental, navios e aviões portugueses. É assim legítimo um Estado rejeitar a prática de atos que consubstanciam o exercício de um poder punitivo "estrangeiro" no seu território. Em regra, nem atos processuais de países estrangeiros são vinculantes e exequíveis em território português, nem os atos "nacionais" podem ser impostos e executados fora dos limites fronteiriços. Na verdade, um Estado estrangeiro não pode praticar atos processuais no nosso país sem consentimento, nem vice-versa. Qualquer ameaça ou coação nesse sentido é considerado um ataque à soberania. Esta é a regra e a conceção clássica desta temática, a qual tem *nuances*, e que se desenvolvem no âmbito da cooperação judiciária internacional em matéria penal.

1.4. A tutela da aplicação no espaço (territorialidade) na UE

Considerando que o Estado português faz parte da UE, a dimensão da territorialidade também deve ser analisada neste prisma de análise. Conforme recente jurisprudência do TJUE os cidadãos de um EM da UE, salvo algumas exceções, têm direito a que lhe seja aplicada a Lei processual penal do "seu" território (sempre dependente da vontade e dos pressupostos penais e processuais penais desse "território"). Embora não configure a dimensão habitual do princípio da territorialidade (enquanto "limite espacial" do exercício

---

[80] O conceito território provém do latim "territorĭum" é consiste na parcela de terra pertencente a uma cidade, uma província, uma região, país, etc. O conceito é usado também para mencionar o local (solo, espaço) que uma organização ou que uma pessoa controla ou é o dono. Nacional, por outro lado, é um adjetivo que descreve o que pertence ou que está ligada a uma nação (soberania constituinte de um Estado ou a comunidade humana cujos membros compartilham características culturais comuns). O conceito de território nacional, portanto, refere-se a uma parcela de superfície que pertence a um determinado país e sobre a qual um Estado exerce soberania. Isto é não só um espaço de terra, mas também espaço aéreo e marítimo se o país em questão tem os lados.

NÍVEIS DE COOPERAÇÃO

do processo penal de um Estado), tem um alcance conexo. A prevalência atribuída a um cidadão da UE para ser investigado e julgado no território de origem não deixa de ser uma manifestação "ampliada" de territorialidade. Mas desta sorte relacionada com o direito a circular livremente pela UE que poderia ser restringido em caso de extradição para país terceiro sem existir a possibilidade do EM de origem manifestar intenção de submeter o "seu" cidadão ao "seu" processo penal. De o "convocar" ao "seu" território para ficar sobre a alçada do processo penal nacional. A propósito desta temática debruçou-se o ac. do TJUE (grande secção), de 6.9.2016, processo C-182/15 (*Aleksei Petruhhin*[81]), ao analisar a possibilidade de um EM da UE extraditar um cidadão europeu de outro EM[82] para um Estado terceiro. O Tribunal

---

[81] A final, o TJUE formulou a seguintes conclusões: *"1) Os arts. 18.º e 21.º TFUE devem ser interpretados no sentido de que, quando um EM para o qual se deslocou um cidadão da UE, nacional de outro EM, recebe um pedido de extradição de um Estado terceiro com o qual o primeiro EM celebrou um acordo de extradição, deve informar o EM da nacionalidade do cidadão e, sendo caso disso, a pedido desde último EM, entregar-lhe esse cidadão, em conformidade com as disposições da DQ 2002/584/JAI do Conselho, de 13 de junho de 2002, relativa ao mandado de detenção europeu e aos processos de entrega entre os EM, conforme alterada pela DQ 2009/299/JAI do Conselho, de 26 de fevereiro de 2009, desde que esse EM seja competente, à luz do seu direito nacional, para proceder criminalmente contra essa pessoa por atos praticados fora do seu território nacional.*

2) Na hipótese de um EM receber um pedido de um Estado terceiro para a extradição de um nacional de outro EM, o primeiro EM deve verificar se a extradição não viola os direitos consagrados no art. 19.º da Carta dos Direitos Fundamentais da UE."

[82] Resumo do ac.: a extradição é um processo que visa combater a impunidade de uma pessoa que se encontra num território diferente daquele em que cometeu a infração de que é acusado. Com efeito, se a não extradição dos nacionais é geralmente compensada pela possibilidade de o EM requerido julgar os seus próprios nacionais pelas infrações graves cometidas fora do seu território, esse EM é, em regra, incompetente para julgar esses fatos quando nem o autor nem a vítima da suposta infração têm a nacionalidade desse Estado. A extradição permite assim evitar que infrações cometidas no território de um Estado por pessoas que fugiram desse território fiquem impunes. Neste contexto, as regras nacionais que permitem responder favoravelmente a um pedido de extradição para efeitos de procedimento penal e de julgamento no Estado terceiro em que a infração foi supostamente cometida são adequadas para alcançar o objetivo pretendido. Todavia, na falta de regras de direito da União que regulem a extradição entre os EM e um Estado terceiro, importa, para combater o risco de impunidade e preservar, ao mesmo tempo, os nacionais da União de medidas suscetíveis de os privar dos direitos de livre circulação, apelar a todos os mecanismos de cooperação e de assistência mútua existentes em matéria penal em virtude do direito da União. Assim, há que privilegiar a troca de informações com o EM da nacionalidade do interessado, a fim de dar às autoridades desse EM, desde que sejam competentes, ao abrigo do respetivo direito

começa por admitir que a distinção entre nacionais e outros cidadãos da UE em matéria de extradição é uma restrição à liberdade de circulação, apenas admissível em situações justificadas, como seja o risco daquela pessoa ficar impune ao crime que praticou. Depois assinala que uma interpretação conforme ao direito comunitário impõe que antes de um EM extraditar um cidadão da UE para um país terceiro apure através dos mecanismos de cooperação judiciária internacional e troca de informações se o EM de origem daquele cidadão pretende proceder criminalmente contra aquele, nesse caso solicitando a entrega do mesmo, através do mecanismo do MDE (entre os dois EM envolvidos)[83]. Esta jurisprudência veio a ser sedimentada pelo ac. do TJUE [84] (grande secção), de 10.04.2018, processo C-191/16 (*Romano*

nacional, para proceder criminalmente contra essa pessoa por atos praticados fora do território nacional, a oportunidade de emitir um mandado de detenção europeu para fins de procedimento penal. Ao cooperar desse modo com o EM da nacionalidade do interessado e ao dar prioridade a esse eventual mandado de detenção no pedido de extradição, o EM de acolhimento atua de forma menos atentatória do exercício da livre circulação, evitando simultaneamente, na medida do possível, o risco de impunidade. Por outro lado, o Tribunal salienta que, segundo a Carta, ninguém pode ser afastado, expulso ou extraditado para um Estado onde corra sério risco de ser sujeito a pena de morte, a tortura ou a outros tratamentos ou penas desumanos ou degradantes. Daqui decorre que, na medida em que a autoridade competente do EM requerido disponha de elementos que comprovem a existência de um risco real de tratamentos desumanos ou degradantes das pessoas no Estado terceiro em causa, deve apreciar a existência desse risco no momento em que analisa o pedido de extradição (vd. para este efeito os recentes Acórdãos do TJUE C-404/15 *Aranyosi* e C-659/15PPU *Căldăraru*, ambos de 5 de abril de 2016). Para este efeito, a autoridade competente do EM requerido deve basear-se em elementos objetivos, fiáveis, precisos e devidamente atualizados. Estes elementos podem resultar, designadamente, de decisões judiciais internacionais, como acórdãos do TEDH, de decisões judiciais do Estado terceiro em causa, e de decisões, de relatórios e de outros documentos elaborados pelos órgãos do Conselho da Europa ou pertencentes ao sistema das Nações Unidas.

[83] Vd. nesta matéria a Divulgação n.º 62/2016 do CSM, de 13.09.2016, sobre a extradição de um nacional de um outro EM para um Estado Terceiro, efetuada pelo autor na qualidade de perito nacional destacado no Gabinete nacional da Eurojust

[84] A final, o TJUE formulou a seguintes conclusões: *1) O direito da União deve ser interpretado no sentido de que, num caso como o do processo principal, em que um cidadão da União que foi objeto de um pedido de extradição para os Estados Unidos da América foi detido, tendo em vista a eventual execução desse pedido, num EM diferente daquele de que é nacional, a situação desse cidadão está abrangida pelo âmbito de aplicação desse direito, desde que o referido cidadão tenha exercido o seu direito de circular livremente na UE e que o referido pedido de extradição tenha sido efetuado no âmbito do Acordo entre a UE e os Estados Unidos da América sobre extradição, de 25 de junho de 2003. 2) Num caso como o do processo*

NÍVEIS DE COOPERAÇÃO

Pisciotti) quando estava em causa um pedido de extradição de um cidadão italiano da Alemanha para os Estados Unidos da América, no âmbito do Acordo entre a UE e os Estados Unidos da América sobre extradição.

1.5. Extensão do âmbito espacial: cooperação judiciária internacional em matéria penal[85]

O princípio da territorialidade não é, nem pode ser, absoluto. Conforme se salientou na introdução, perante uma sociedade global, em que existe movimentação constante e diária de pessoas e bens a uma escala mundial[86], os países acolhem cidadãos de diversos quadrantes geográficos, a criminalidade é cada vez mais organizada e transnacional, os Estados necessitam de ceder parte da sua soberania em prol de um bem comum e superior: a justiça. Consoante os regimes políticos, a relação entre Estados, a sua localização, estabelecem-se entre diversos países do mundo, organizados por regiões, interesses político-económicos mais vastos ou de mera índole bilateral, várias convenções bilaterais e multilaterais com o fito de implementar mecanismos de cooperação internacional. Conforme já salientamos na introdução a este manual, atualmente podem identificar-se dez níveis de cooperação (nacional – como modelo de referência – e bilateral, considerados os níveis de cooperação tradicionais e clássicos e depois por ordem numérica de participação dos Estados Partes: ONU, CoE, OCDE, UE, Espaço Schengen, Ibero-americano, CPLP e outras organizações/redes de cooperação espalhadas pelo Mundo, como são os casos do G8, G20, da interamericana...). Dessa forma, permite-se que um processo penal que decorra num Estado soberano possa "estender" a sua "aplicabilidade" a um outro Estado soberano com o intuito de ditar a justiça no caso concreto, que de outro modo sairia frus-

---

principal, em que um cidadão da União que foi objeto de um pedido de extradição para os Estados Unidos da América, no âmbito do Acordo entre a UE e os Estados Unidos da América sobre extradição, de 25 de junho de 2003, foi detido num EM diferente daquele de que é nacional, tendo em vista a eventual execução desse pedido, os artigos 18.º e 21.º TFUE devem ser interpretados no sentido de que não se opõem a que o EM requerido estabeleça uma distinção, com fundamento numa norma de direito constitucional, entre os seus nacionais e os nacionais de outros EM e autorize essa extradição, apesar de não permitir a extradição dos seus próprios nacionais, desde que tenha previamente dado às autoridades competentes do EM de que é nacional esse cidadão a possibilidade de pedirem a sua entrega no âmbito de um mandado de detenção europeu e que este último EM não tenha tomado medidas nesse sentido.

[85] Considerações genéricas, sendo as matérias em causa desenvolvidas nos espaços respetivos

[86] A liberdade de circulação e de residência das pessoas na UE constitui a pedra angular da cidadania da União, estabelecida pelo Tratado de Maastricht em 1992

trada. Daqui resulta claramente que a cooperação internacional é assim um mecanismo essencial para a boa administração da justiça e prossecução dos fins do processo penal.

O legislador português, acompanhando a maioria do direito comparado europeu, reconhecendo que a eficácia do processo penal em crimes que têm pontos de conexão com outros territórios, quer na fase da investigação (v.g. obtenção de meios de prova, apreensão de bens), quer em outras fases processuais (v.g. notificações, execução de sentença), não se compadece com limites territoriais, alargou o âmbito espacial da Lei processual portuguesa a territórios estrangeiros nos termos "definidos pelos tratados, convenções e regras do direito internacional" (cfr. art. 6.º, 2.ª parte do CP e arts. 2.º e 3.º da LCJ). Assim, "expande-se" a exequibilidade da prática de atos processuais a outros territórios estrangeiros soberanos. A amplitude, âmbito, maior ou menor eficiência da colaboração assentam nos instrumentos de cooperação firmados entre Portugal e outros países de forma bilateral ou convenções multilaterais. Obviamente que tal também "depende" da "abertura" do Estado soberano, o que "introduz" variáveis relacionadas com fatores de diversa ordem, principalmente questões de âmbito político. Em tese, uma plena cooperação implica a existência de regimes democráticos com as mesmas perspetivas de direito penal e processual, com uma cultura e denominadores comuns. Não obstante, mesmo em países democráticos com processos penais semelhantes, a maior ou menor resistência à cooperação internacional muitas vezes está relacionado com a conceção interna de soberania do Estado.

As formas de cooperação judiciária internacional em matéria penal (extradição, transmissão de processos penais, execução de sentenças penais, transferência de pessoas condenadas a penas e medidas de segurança privativas da liberdade, vigilância de pessoas condenadas ou libertadas condicionalmente, auxílio judiciário mútuo em matéria penal[87]) encontram-se reguladas na LCJ. É contudo um diploma supletivo, já que existem diversas convenções multilaterais e bilaterais que estabelecem regras específicas de cooperação entre o Estado português e Estado estrangeiro, a que se deverá primeiramente atender, nos termos do art. 3.º da LCJ.

No âmbito nacional, importa destacar a cooperação em matéria penal na UE. Como é evidente na realidade atual para que subsista a UE é imperioso acautelar o pilar da segurança, dentro do ELSJ. Cientes desta necessidade

---

[87] Devidamente enunciadas nos quadros I a V da parte introdutória

os instrumentos de cooperação entre países da UE têm vindo a aumentar, essencialmente fundando-se no princípio de confiança mútua de decisões de índole penal. Todos os países da UE têm que confiar que os processos penais dos seus EM respeitam direitos fundamentais para que exista uma "exequibilidade" generalizada de atos processuais no espaço europeu. É reconhecido que ainda existem muitas resistências baseadas em fatores de soberania, culturais, políticas que impedem uma "circulação" "livre" de atos processuais entre países da UE. De todo o modo, saliente-se que no espaço temporal de quase 20 anos[88], têm-se registado um progresso assinalável. Desde logo em virtude de uma maior uniformização de legislação penal fruto da transposição para as ordens jurídicas nacionais de DQ e diretivas comunitárias, destacando-se o reconhecimento mútuo de um conjunto de direitos de arguidos e vítimas ou medidas para potenciar a investigação e intercâmbio de informações entre países da UE[89].

Por outro lado, o mecanismo do reenvio jurisprudencial e as decisões do TJUE tem contribuído, de forma crescente e decisiva, para interpretações mais conformes ao direito comunitário, dentro da esfera da CDFUE. Também a jurisprudência do TEDH tem desempenhado um importante papel

---

[88] Desde o Conselho Europeu de Tampere em 1999.

[89] v.g. Diretiva 2004/80/CE do Conselho, de 29 de abril de 2004, relativa à indemnização das vítimas da criminalidade, Diretiva (UE) 2016/343 do Parlamento Europeu e do Conselho de 9 de março de 2016 relativa ao reforço de certos aspetos da presunção de inocência e do direito de comparecer em julgamento em processo penal, Diretiva (UE) 2016/800 do parlamento europeu e do conselho de 11 de maio de 2016 relativa a garantias processuais para os menores suspeitos ou arguidos em processo penal, Diretiva 2010/64/UE do Parlamento Europeu e do Conselho, de 20 de outubro de 2010, relativa ao direito à interpretação e tradução em processo penal, Diretiva 2011/99/UE do Parlamento Europeu e do Conselho, de 13 de dezembro de 2011, relativa à decisão europeia de proteção, 11/01/2015, Diretiva 2012/13/UE do Parlamento Europeu e do Conselho de 22 de maio de 2012 relativa ao direito à informação em processo penal, Diretiva 2012/29/UE do Parlamento Europeu e do Conselho, de 25 de outubro de 2012, que estabelece normas mínimas relativas aos direitos, ao apoio e à proteção das vítimas da criminalidade e que substitui a DQ 2001/220/JAI, Diretiva 2013/48/UE do Parlamento Europeu e do Conselho, de 22 de outubro de 2013, relativa ao direito de acesso a um advogado em processo penal e nos processos de execução de mandados de detenção europeus, e ao direito de informar um terceiro aquando da privação de liberdade e de comunicar, numa situação de privação de liberdade, com terceiros e com as autoridades consulares, Diretiva 2014/41/UE de 3 de abril de 2014 relativa à decisão europeia de investigação em matéria penal, Diretiva 2014/42/UE do Parlamento Europeu e do Conselho de 3 de abril de 2014 sobre o congelamento e a perda dos instrumentos e produtos do crime na UE.

para uma interpretação europeia mais igualitária de normas processuais penais, dentro da esfera da CEDH. Tudo fatores que potenciam a exequibilidade de atos processuais portugueses em outros países da UE. "Esbate-se" deste modo um conceito de territorialidade entendido como submissão do cidadão de um território soberano "apenas" às Leis que ali são emanadas. Na verdade, muitas das normas processuais penais têm uma dimensão europeia por terem a sua "génese" em diretivas comunitárias. E as que têm apenas uma "matriz" nacional terão que estar em conformidade com a ordem jurídica europeia[90]. Nesta dimensão, a soberania nacional passa a ser partilhada na ordem jurídica europeia.

Em termos de exequibilidade de atos processuais em outros EM da UE deverá destacar-se o MDE (Lei n.º 65/2003, de 23 de agosto, alterada pela Lei n.º 35/2015, de 04.05[91]), o qual, pela sua singularidade, será alvo de desenvolvimento específico no presente manual (Capítulo III, ponto 4.2.), que permite através de um mecanismo mais ágil e célere deter e entregar um cidadão num dos países da UE para ser submetido ao processo penal em outro EM. Trata-se, pois, uma forma de extensão da territorialidade no âmbito da UE. Igualmente se destacam as recentes Leis que permitem executar medidas de proteção da vítima, medidas de coação, sentenças ou controlar o cumprimento de penas ou liberdade condicional em outros países da UE (Lei n.º 36/2015, de 4 de maio, Lei n.º 71/2015, de 20 de julho e Lei n.º 158/2015, de 17 de setembro). Permite-se não só combater a impunidade de crimes praticados no espaço europeu, ampliar a tutela da vítima, mas também zelar pelos direitos dos arguidos, que têm a possibilidade de regressar ao estado de origem, mas sujeitos a atos processuais do EM onde foi instaurado o processo. Não obstante todos os esforços, por vezes as diferenças existentes no sistema judicial dos vários países criam entraves de vária ordem. Nessa medida, tenhamos em consideração o exemplo do TIR e o facto de existirem EM cujos serviços postais não atestam a "prova de depósito" o que cria condicionantes na exequibilidade dessa medida. Nessa medida, consi-

---

[90] vd. nesta matéria o Ac. Pupino do TJUE – http://curia.europa.eu/juris/showPdf.jsf?text=&docid=59363&pageIndex=0&doclang=pt&mode=lst&dir=&occ=first&part=1&cid=30063

[91] Constituiu a primeira alteração à Lei n.º 65/2003, de 23 de agosto, que aprova o regime jurídico do mandado de detenção europeu, em cumprimento da DQ 2009/299/JAI, do Conselho, de 26 de fevereiro de 2009, que reforça os direitos processuais das pessoas e promove a aplicação do princípio do reconhecimento mútuo no que se refere às decisões proferidas na ausência do arguido.

NÍVEIS DE COOPERAÇÃO

deramos que o AFJ n.º 5/2014, 21.5.2014[92] acabou por ser contraditório com a "corrente" de um progressivo aprofundamento dos mecanismos de cooperação na UE ao fixar jurisprudência no sentido da impossibilidade de prestar TIR em território estrangeiro. O pedido de prestação de TIR, designadamente no âmbito da cooperação europeia afigura-se perfeitamente possível (v.g. solicitando, mediante carta rogatória ou agora mediante o anexo I (A) da decisão europeia de investigação, a entidade policial de um país europeu para o denunciado prestar TIR). Recorde-se que a regra estabelecida no art. 5.º, n.º 1 da CE2000, no que concerne ao envio e notificação de peças processuais, é o envio direto às pessoas visadas, sendo definidas as exceções no n.º2[93]. Se é verdade que, ao contrário dos serviços postais nacionais, os serviços postais estrangeiros não asseguram a prova de depósito, é admissível considerar o arguido notificado com a assinatura de aviso de receção através de uma interpretação por maioria de razão. Se uma pessoa fica ciente que será notificada naquela morada para efeitos de um processo penal português e que basta o depósito na sua caixa de correio, parece-nos perfeitamente defensável que se considere notificada com a assinatura de aviso de receção pelo próprio ou terceiro. Refira-se que em princípio o cumprimento dos atos é regido pela Lei do lugar em que forem praticados, a não ser que o Estado requerente expressamente indique forma diferente[94]. Não sendo possível a prova de depósito, nada impede que a notificação seja cumprida segundo

---

[92] Ac. n.º 5/2014: *"Ainda que seja conhecida a morada de arguido contumaz residente em país estrangeiro, não deve ser expedida carta rogatória dirigida às justiças desse país para ele prestar termo de identidade e residência, porque essa prestação não faz caducar a contumácia"* Maia Costa (Relator) DR 97 SÉRIE I de 2014-05-21

[93] Artigo 5.º
Envio e notificação de peças processuais
1 – Cada Estado membro enviará directamente pelo correio às pessoas que se encontrem no território de outro Estado membro as peças processuais que lhes sejam destinadas.
2 – As peças processuais só poderão ser enviadas por intermédio das autoridades competentes do Estado membro requerido, se:
a) O endereço da pessoa a que se destinam for desconhecido ou incerto; ou
b) A legislação processual aplicável do Estado membro requerente exigir uma prova, diferente da que pode ser obtida por via postal, de que o acto foi notificado ao respectivo destinatário; ou
c) Não tiver sido possível enviar a peça processual pelo correio; ou
d) O Estado membro requerente tiver motivos fundamentados para considerar que o envio pelo correio será ineficaz ou inadequado.
[94] Vd. art. 4.º da CE2000

a Lei do Estado requerido, considerando-se eficaz se for mais garantístico do que a Lei nacional. Por fim, note-se que o segmento coativo do TIR, que essencialmente se prende com a impossibilidade de se mudar ou se ausentar sem comunicar "ao processo" poderá ser "controlado" por outro país da UE. Por outro lado, afigura-se-nos ser enquadrável no art. 4.º, alínea a) da Lei n.º 36/2015, de 4.5, que abrange a medida de coação *obrigação de comunicar às autoridades competentes qualquer mudança de residência, especialmente para receber a notificação para comparecer em audiência ou julgamento durante o processo penal*".

1.6. Exceções e limitações ao princípio da territorialidade

Podem enunciar-se um conjunto de exceções e limitações ao princípio da territorialidade. Ou seja, casos em que existe competência internacional, mas verificam-se circunstâncias impeditivas para o exercício pleno da jurisdição. Situações em que a territorialidade se vê afastada por outros motivos atendíveis. Pode suceder que a jurisdição portuguesa segundo os critérios previstos na nossa Lei penal pudesse investigar e julgar um determinado facto criminoso. No entanto, caso se constate que esse facto já foi julgado em território estrangeiro deverão arquivar-se os autos. O *ne bis in idem,* conforme já se salientou no Capítulo dedicado aos princípios, é um princípio internacional reconhecido pelos Estados (entre outros, a título exemplificativo, arts. 54.º da CAAS, 4.º, n.º1 do protocolo adicional n.º 7 da CEDH ou Convenção entre os EM das Comunidades Europeias sobre a Aplicação do Princípio *"ne bis in idem"*). Um princípio geral segundo o qual seria injusto um cidadão ser perseguido criminalmente mais do que uma vez, e que também tem consagração na CRP (art. 29.º, n.º5), abrangendo todas as decisões estrangeiras que demonstram o exercício da ação penal em relação a determinado cidadão e em que foram apreciados os factos que são imputados em território nacional, impedindo o início, continuação ou finalização do processo em Portugal. O art. 29.º, n.º5 da CRP também abrange os casos em que os factos apenas estão a ser investigados no território estrangeiro (litispendência internacional). O princípio do *ne bis idem* internacional abrange o direito de não ser submetido a dois processos penais. Apurando-se a pendência de um processo em território estrangeiro anterior que está a investigar o mesmo crime deve ser arquivado o processo em território nacional (se isso não suceder antes de ser proferida acusação, pronúncia ou sentença deverá apurar-se se em território estrangeiro foi proferida decisão que colocou termo ao processo). Contudo, não é questão pacífica, existindo entendimento oposto, no sentido de que o *"princípio ne bis in idem não impede a instauração, num Estado, de um processo penal*

NÍVEIS DE COOPERAÇÃO

pelos mesmos factos que estão a ser investigados noutro Estado, nem implica o arquivamento de um processo penal no caso de os factos a ele respeitantes constituírem objeto de um processo penal em curso noutro Estado"[95].

Outra exceção ao princípio da territorialidade prende-se com a delegação do exercício de um processo penal, por crimes em que a jurisdição portuguesa seria competente, no TPI, atenta a gravidade do ilícito e a dimensão "universal" do bem jurídico que se pretende tutelar. O art. 7.º, n.º7 da CRP dispõe que *"Portugal pode, tendo em vista a realização de uma justiça internacional que promova o respeito pelos direitos da pessoa humana e dos povos, aceitar a jurisdição do Tribunal Penal Internacional, nas condições de complementaridade e demais termos estabelecidos no Estatuto de Roma".* A *"complementaridade do TPI estriba-se no facto de os crimes internacionais, em que é competente, não serem julgados no plano do Direito Interno ou, sendo-o, o resultado não ser considerado devidamente justo",* sendo que esta última situação "fere" a CRP, concretamente *"a proteção da independência do poder judicial e do princípio do caso julgado",* ao permitir que um outro tribunal se debruce sobre o mérito da decisão proferida em Portugal[96]. Caso se decida pela não entrega ao TPI, os factos, mesmo que praticados no estrangeiro, consistindo em crimes de genocídio, contra a humanidade, de guerra, incitamento à guerra, recrutamento de mercenários podem ser julgados em território português (art. 5.º, n.º 1 da Lei n.º 31/2004, de 22 de julho, norma atributiva de jurisdição que se encontra consagrada em outros ordenamentos jurídicos europeus, como são o casos da Alemanha e da Suécia).

Outras exceções são as imunidades, como são paradigmáticas as diplomáticas, consulares ou das Nações Unidas (previstas, respetivamente, na Convenção de Viena sobre Relações Diplomáticas de 1961, Convenção de Viena sobre Relações Consulares de 1963, Convenção sobre os Privilégios e Imunidades das Organizações Especializadas das Nações Unidas, adotada pela Assembleia Geral das Nações Unidas em 21 de novembro de 1947). Contemplam-se um conjunto de imunidades que impedem que as pessoas que delas beneficiam sejam sujeitas à jurisdição penal em Portugal (e se indevidamente for instaurado processo penal – v.g. por desconhecimento das funções – o mesmo deverá ser arquivado). As relações internacionais, valores de amizade e solidariedade entre os Estados, a importância das missões dos diplomatas, cônsules ou membros das Nações Unidas e a necessidade

---

[95] Vd. ac. RL, 4.3.2008 (Relator Emídio Santos)
[96] Jorge Bacelar Gouveia, 2006, pgs. 27 e ss.

MANUAL DE COOPERAÇÃO JUDICIÁRIA INTERNACIONAL EM MATÉRIA PENAL

de os proteger em relação a qualquer tipo de pressão, determinou que reciprocamente os Estados prescindissem ou condicionassem ao levantamento dessa imunidade do exercício do *ius puniendi* no seu território. Mas se no que se reporta aos diplomatas as imunidades são totais, já quanto a cônsules e membros das Nações Unidas apenas se circunscreve a comportamentos no exercício das suas funções. Pese embora todos os diplomas "afirmarem" que não se tratam de benefícios e privilégios os mecanismos para evitar abusos podem ser inócuos. A declaração de *persona non grata*, a renúncia às imunidades apenas pelos Estados acreditantes, a possibilidade de serem julgados no Estado de origem pode ser insuficiente para evitar impunidades. Principalmente nas imunidades diplomáticas em que a isenção ao *ius puniendi* pode ser total mesmo que nenhuma conexão exista com o exercício de funções. Deverá equacionar-se a não aplicabilidade das Convenções nos casos comprovados de fraude (utilização de funções falsamente para evitar detenções como em caso de agentes secretos infiltrados em outro país) ou em que foram praticados crimes sem quaisquer conexões com as funções, que tornem desproporcional a proteção das pessoas que "beneficiam" de uma imunidade convencional à luz dos direitos fundamentais da CRP. É que as normas convencionais são passíveis de interpretação. Essencialmente, perante um conflito entre o *ius puniendi* gerado pela investigação de um crime e a invocação da imunidade, é necessário apurar se a *ratio* da norma abarca a tutela do caso em concreto e se é conforme à CRP. Note-se que as convenções têm um valor infraconstitucional. Assim, quando uma determinada situação fáctica excede a esfera de proteção da norma convencional e desprotege intoleravelmente os bens jurídicos constitucionais deverá ponderar-se a "desaplicação" da imunidade, podendo o processo penal exercer o seu *ius puniendi*, investigando e julgando. Contudo, deverá reservar-se este "afastamento" para situações de extrema gravidade em que se revele absolutamente desproporcional a proteção das relações internacionais entre Estados soberanos confrontando com os direitos fundamentais lesados[97].

Outrossim, existem limitações no sentido de que o processo penal não pode ser aplicável na sua "totalidade" a determinadas pessoas em funções dos cargos que ocupam ou atividade que desenvolvem. Nesta matéria, existem prerrogativas que prevêem foros especiais, estabelecem condições para

---

[97] v.g. diplomata ou agente de estado estrangeiro que pratica um crime de extrema gravidade, ex: ato de terrorismo matando centenas de pessoas

NÍVEIS DE COOPERAÇÃO

detenções ou prisões em flagrante delito ou exercício do processo penal. A título de exemplo, beneficiam destas prerrogativas o Presidente da República (art. 130.º, n.º1, 2 e 4 CRP), os deputados (arts. 157.º CRP, 11.º, n.º 3, da Lei n.º 7/93 e Lei n.º 34/87), os candidatos a deputado (arts. 10.º, 50.º-A e 79.º-A, n.º 7 da Lei n.º 14/79), os membros do governo (arts.196.º, da CRP), os membros do Conselho de Estado (arts 14.º, n.º 1, e 13.º, da Lei n.º 31/84) ou Provedor de Justiça (art. 8.º, da Lei n.º 9/91), os juízes (arts. 15.º e 16.º do Estatuto dos Magistrados Judiciais) e os procuradores (arts. 91.º e 92.º do Estatuto do MP).

A futura procuradoria europeia, analisada no capítulo dedicado à UE (Capítulo II, ponto 11.15), tratando-se de uma entidade supranacional com competência para investigar um conjunto de crimes, relacionados com os interesses financeiros da UE e com competência em todos os territórios da UE, o que também consubstanciará, caso se venha a concretizar, uma exceção ao princípio da territorialidade.

2. A Extradição

A extradição, historicamente, como forma clássica de cooperação judiciária internacional em matéria penal, era regulada por tratados bilaterais que, limitando-se, pela sua natureza, a dispor sobre as relações jurídicas de extradição entre os dois Estados contratantes, são inteiramente omissos quanto ao processo aplicável à decisão do correspondente pedido. Caracterizava-se por uma prática administrativa, meramente discricionária, que não garantia à pessoa reclamada o exercício de quaisquer direitos, designadamente o de contrariar o pedido ou, sequer, o de interferir no processo; por outras palavras, não existia a mais elementar garantia do direito de defesa do extraditando[98].

Para responder a tais desafios e numa época legislativa[99] em que se procurou legislar em matérias não reguladas, surgiu o DL n.º 437/75, de 16 de agosto, do gabinete do Ministro da Justiça, o qual visou regular o regime jurídico da extradição. Através de tal diploma, procurou estruturar-se, no direito interno português, tal regime, definindo-se, por um lado, as condições de que ela fica a depender e regulando-se, por outro, o respetivo processo em termos não só de nele assegurar à pessoa reclamada eficaz intervenção para defesa da sua liberdade – designadamente, contradizendo o

---

[98] Vd. preâmbulo do DL n.º 437/75 de 16 de agosto que regula o regime juridico da extradição
[99] Pós 25 de abril

MANUAL DE COOPERAÇÃO JUDICIÁRIA INTERNACIONAL EM MATÉRIA PENAL

pedido e fazendo respeitar as condições de fundo e de forma da extradição –, mas também de tornar sempre dependente de decisão judicial a eventual entrega do extraditando.[100] Tal regime estava dividido em dois capítulos (I capítulo subordinado às condições da extradição e o II ao processo de extradição), desenvolvia-se ao longo de 50 arts. e distinguia claramente a fase administrativa da judiciária no âmbito do processo de extradição, definindo um processo muito mais garantístico para o extraditando (com realce para os arts. 31.º (audiência do extraditando), 32.º (oposição do extraditando), 33.º (produção e prova) e o 34.º (decisão final)[101].

O CPP continha apenas um reduzido número de regras de aplicação subsidiária relativamente a tratados e convenções.

2.1. O desenvolvimento em Portugal de outras formas de cooperação

Com a evolução natural, por um lado, dos mecanismos da cooperação judiciária em matéria penal, designadamente a transmissão de processos penais entre Estados, a execução de sentenças penais estrangeiras, a transferência de pessoas condenadas para o cumprimento de penas e medidas de segurança, a vigilância de pessoas condenadas ou libertadas condicionalmente e um reforço das formas de auxílio mútuo judiciário em geral, e por outro, o aumento exponencial de estrangeiros em processos penais do país, demonstraram que o regime jurídico da extradição se mostrasse claramente insuficiente, exigindo uma densificação legal nova e pioneira no país.

Encontrando como referência: *i)* a *Loi fédérale sur l'entraide en matiére pénale*, de 20 de março de 1981, da Confederação Helvética[102], *ii)* Código de Processo Penal Italiano[103]; *iii)* a Espanha preparava-se para legislar nessa

---

[100] Vd. preâmbulo do DL n.º 437/75 de 16 de agosto que regula o regime juridico da extradição

[101] Para uma análise aprofundada sobre a extradição à luz do direito português, europeu e internacional, vd: Miguel João Costa *"Dedere aut judicare?, a Decisão de extraditar ou julgar à luz do direito português, europeu e internacional"* – tese de mestrado, Instituto Juridico Faculdade de Direito, Universidade de Coimbra, junho 2014. Se se pretender a analise concreta ao DL n.º 437/75, de 16 de agosto, vd. Crônica de legislacao, J. Rodrigues Pereira, in https://portal.oa.pt/upl/%7B9562282b-9d26-4a6d-8a49-760705b98eb5%7D.pdf

[102] O qual conseguiu regular, num único texto, as diferentes formas de cooperação, todas subordinadas a um conjunto de principios e disposições gerais comuns.

[103] O qual dedicou no seu livro XI às relações jurisidicionais com autoridades estrangeiras, nele regulando as extradições, as rogatórias internacionais, a execução das sentenças penais estrangeiras, a execução, no estrangeiro, das sentenças penais italianas, e outras relações em matéria de administração da justiça penal.

NÍVEIS DE COOPERAÇÃO

matéria; *iv)* vários países da Europa de Leste manifestaram interesse pelos trabalhos do Conselho da Europa; *v)* Criminal Justice (international Cooperation) Act 1990, do Reino Unido[104], vi) o Código de Processo Penal Português de 1987[105]; vii) a celebração de tratados sobre transferência de pessoas condenadas[106]; *viii)* a assinatura, por parte da maior parte dos EM de um Acordo relativo à aplicação da Convenção do Conselho da Europa em matéria de transferência de pessoas condenadas; *ix)* a Convenção das Nações Unidas contra o tráfico de estupefacientes e sunstâncias psicotrópicas, de 1988, já assinada por Portugal[107], o legislador português entendeu que, a exemplo de outros Estados estrangeiros, passasse a dispor de uma Lei interna que, como aconteceu com o regime jurídico da extradição, permitisse regular as restantes formas de cooperação internacional em matéria penal.

Surgia, assim, o DL n.º 43/91, de 22 de janeiro. O mesmo abrangia diversas formas de cooperação, partindo dos postulados da moderna política criminal, que se dirigia tanto a uma eficaz aplicação da Lei penal como a facilitar a reinserção social do delinquente. Tal DL estruturava-se em seis títulos que reuniam, sucessivamente, *i)* as disposições gerais e as comuns a todas as formas de cooperação, *ii)* a extradição, *iii)* a transmissão de processos penais, *iv)* a execução de sentenças, *v)* a vigilância de pessoas condenadas ou libertadas condicionalmente e *vi)* o auxílio judiciário geral[108].

Após 1991, a matéria da cooperação judiciária internacional em matéria penal, em particular no âmbito da UE, registou avanços consideráveis[109]. Tais

---

[104] O qual regula, no seu capítulo 5, algumas formas de cooperação.

[105] Quando estabeleceu alguns principios e normas nestes dominios (arts. 229.º e ss.), com especial incidência na disciplina das rogatórias internacionais e na revisão e confirmação de sentenças penais estrangeiras.

[106] Reino da Tailândia, República da Hungria, Acordo com a República da Guiné-Bissau, este contemplando, além de outras, diversas formas de cooperação em matéria penal e de contraordenações, designadamente a extradição e sobre execução de sentenças penais estrangeiras

[107] A qual suscitava novas modalidades de cooperação, designadamente em matéria de auxilio judiciário, extradição e execução de decisões de perda de produtos de crime.

[108] Para mais desenvolvimentos, vd. *"Cooperação Judiciaria International em Matéria Penal. (Comentários) Decreto-Lei No.43/91, de 22 de janeiro. Extradição. Transmissão de Processos. Execução de Sentenças. Transferência de Pessoas Condenadas. Vigilância de Pessoas Libertadas Condicionalmente,* Manuel António Lopes Rocha; Teresa Alves Martins, Aequitas.

[109] Vd. Anabela Miranda Rodrigues e José Luís Lopes da Mota, *"Para uma Política Criminal Europeia – Quadro e instrumentos juridicos da cooperação judiciária em matéria penal no espaço da UE",* Coimbra Editora, em particular p.s 35 a 100.

MANUAL DE COOPERAÇÃO JUDICIÁRIA INTERNACIONAL EM MATÉRIA PENAL

avanços determinaram a necessidade de rever o DL 43/91, de 22 de janeiro, permitindo dotar o nosso país de um quadro jurídico adaptado, à data, às novas necessidades e exigências e a constituição de uma base legal interna eficaz de cooperação. Na génese do novo diploma esteve particularmente presente o quadro definido pelo novo Título VI do TUE[110], no que se refere à cooperação judiciária em matéria penal entre os EM.

2.2. A Lei de cooperação judiciária internacional em matéria penal – Lei n.º 144/99, de 31 de agosto

Em 1999, surge a Lei n.º 144/99, de 31 de agosto, Lei de cooperação judiciária internacional em matéria penal, a qual entrou em vigor no dia 1 de outubro de 1999. A aprovação da nova Lei levou basicamente em conta os seguintes fatores[111]:

i) os instrumentos internacionais convencionais adotados e ratificados por Portugal desde 1991, que vinculam internacionalmente o Estado Português;

ii) os desenvolvimentos da cooperação ao nível de diversas instâncias internacionais, em especial os desenvolvimentos verificados na UE;

iii) a evolução do direito interno português, resultante, essencialmente, da revisão constitucional de 1997[112] e das alterações do CPP[113] que entraram em vigor em 1 de janeiro de 1999; e finalmente,

iv) a necessidade, revelada pela prática judiciária, de se aperfeiçoarem aspetos do regime estabelecido pelo DL n.º 43/91 de 22 de janeiro, que anteriormente regia esta matéria.

Por outro lado e de forma sucinta, introduziu as seguintes inovações: a) institui a PGR como autoridade central para processamento dos pedidos de cooperação[114]; b) sendo o Ministro da Justiça competente para decidir

---

[110] Redação introduzida pelo TA, aprovado para ratificação pela Resolução da Assembleia da República n.º 7/99, de 19 de fevereiro de 1999 e ratificado pelo Decreto do Presidente da República n.º 65/99, da mesma data.

[111] Conforme Exposição de Motivos da Proposta de Lei n.º 251/VII, que aprova a Lei da Cooperação Judiciária Internacional em Matéria Penal, bem como a respetiva discussão parlamentar (Diário da Assembleia da República, I Série n.º 94 de 17 de junho de 1999, p.s 3391 e ss.

[112] Lei Constitucional n.º 1/97, de 20 de setembro (quarta revisão constitucional).

[113] Introduzida pela Lei n.º 59/98, de 25 de agosto

[114] Passando esta entidade a ter competência para centralizar e realizar os procedimentos necessários à receção dos pedidos formulados a Portugal e à transmissão dos pedidos de auto-

NÍVEIS DE COOPERAÇÃO

sobre a admissibilidade do pedido apresentado a Portugal e a formulação do pedido a outro Estado, é o PGR que organiza o processo e realiza as diligências necessárias à decisão; c) o Ministro da Justiça delegou ao PGR atos da sua competência[115], como são os casos da extradição de pessoa que aí se encontre e contra a qual exista processo pendente em tribunal português (art. 69.º, n.º1); de instauração de procedimento criminal ou continuação de procedimento criminal iniciado em Portugal por crime para cujo julgamento seja competente um tribunal português (art. 91.º, n.º 6 e 92.º); de execução de sentença penal proferida por um tribunal português (art. 107.º, n.º 1, 2 e 3); de transferência de pessoa condenada por um tribunal português para execução da sentença penal (art. 108.º, n.º 3 e 4); de vigilância de pessoa condenada ou libertada condicionalmente (art. 141.º, n.º 2);

A Lei passava a consagrar uma perspetiva global da cooperação internacional, assente em princípios fundamentais com consagração constitucional, contendo soluções para diferentes níveis de integração entre os Estados envolvidos, o espaço em que a cooperação é desenvolvida e a natureza da infração que fundamenta o ato de cooperação. Nesta conformidade, estabeleceu-se um princípio geral de grande amplitude relativamente à admissibilidade dos atos de cooperação, limitado por requisitos gerais negativos, que visam a proteção de valores humanitários e de direitos fundamentais das pessoas universalmente reconhecidos. Deste modo, estabeleceu-se uma regra que impõe a recusa do pedido de cooperação nas situações previstas no art. 6.º.

Outro capítulo que sofreu grandes inovações foi o dedicado ao auxílio judiciário mútuo (arts. 145.º e ss.), já consagrado, à data, como a principal forma de cooperação judiciária em matéria penal, acolhendo soluções inovadoras que refletem o sentido dos trabalhos, à data, mais recentes desenvolvidos em instâncias internacionais, nomeadamente a UE, CoE e ONU, por ordem de relevância para o nosso ordenamento jurídico. As inovações passaram, essencialmente, pelos seguintes aspectos: *i)* a possibilidade de audição de pessoas mediante o recurso a meios de telecomunicação em tempo real (art. 145.º, n.º3), de acordo com a Lei processual penal portuguesa, que

---

ridades portuguesas dirigidos a outros Estados, bem como efetuar as comunicações necessárias que digam respeito aos pedidos de cooperação

[115] Vd. art. 165.º, tornando-se prática habitual desde o ano 2000, com o Despacho do Ministro da Justiça n.º 2495/2000, de 18.01.2000, DR II Série n.º 26, de 01.02.2000

MANUAL DE COOPERAÇÃO JUDICIÁRIA INTERNACIONAL EM MATÉRIA PENAL

passou a admitir esta possibilidade a partir de 1998[116]; *ii)* o alargamento dos casos em que o auxílio pode ser prestado de acordo com o direito do Estado requerente, que passa a ser admitido por regra, salvo se contrariar os princípios fundamentais do direito português ou se causar graves prejuízos aos intervenientes no processo (art. 146.°, n.°1); *iii)* a admissibilidade de transferência temporária de detidos ou presos para fins de investigação (art. 156.°); *iv)* a possibilidade de notificação direta de pessoas a partir do Estado onde corre o processo, tendo por base o previsto no acordo, tratado ou convenção internacional (art. 153.°, n.°6); *v)* a transmissão direta dos pedidos de auxílio judiciário mútuo entre as autoridades judiciárias competentes ou entre autoridades de polícia criminal (art. 145.°, n.° 3, 7 e 10); vi) à agilização do regime de participação de autoridades judiciárias ou órgãos de polícia criminal em diligências processuais em Portugal ou no estrangeiro, consoante o caso (art. 145.°, n.° 8 e 9).

Esta Lei permitiu também ao país estar melhor preparado para conseguir responder, de uma forma cabaz, aos novos instrumentos jurídicos que foram surgindo na matéria[117]. A mesma já foi alterada por cinco vezes, pelas Leis n.° 104/2001, de 25/08[118], 48/2003, de 22/08[119], 48/2007, de 29/08[120] e 115/2009, de 12/10[121] e mantém-se em vigor.

Decorridos mais de dezoito anos de vigência, pese embora, em algumas matérias, a Lei mantenha toda a pertinência, nomeadamente quanto aos princípios de cooperação aplicáveis, em áreas mais avançadas de cooperação, na já anteriormente designada 3.ª geração de instrumentos, dominados

---

[116] Cfr. art. 318.°, n.° 5 e 6 do CPP, ou ainda a Lei n.° 93/99, de 14 de julho sobre a aplicação de medidas de proteção de testemunhas em processo penal.

[117] Para um melhor desenvolvimento dos aspetos mais significativos e relevantes da Lei, vd. José Luís Lopes da Mota *"A nova Lei de cooperação judiciária em matéria penal"*, Revista do MP, n.° 84, outubro/dezembro 2000, p.s 139-151.

[118] A qual introduziu na Lei 144/99, as novas técnicas de cooperação judiciária em matéria penal, introduzidas pela CE2000 e respetivo protocolo adicional de 2001, em concreto, as Entregas controladas ou vigiadas (vd. art. 160.°A), as ações encobertas (art. 160.°-B) e a Interceção de telecomunicações (art. 160.°-C). Nesta matéria, entre outros ver o meu livro e art. "novas técnicas de cooperação judiciária".

[119] A qual introduziu na Lei 144/1999 outra técnica inovadora de cooperação judiciária, as Equipas de investigação criminal conjuntas (art. 145.°-A e 145.° B).

[120] A qual adotou a Lei 144/1999 à alteração do CPP, decorrente da mesma Lei.

[121] A qual adotou a Lei 144/1999 ao novo Código da Execução das Penas e Medidas Privativas da Liberdade.

NÍVEIS DE COOPERAÇÃO

pelo princípio do reconhecimento mútuo, não é aplicável, o que determina que as autoridades judiciárias nacionais tenham de aplicar diretamente a legislação nacional avulsa (a maior parte dela que transpõe os instrumentos jurídicos europeus) e o acervo europeu, sem recorrer à sua legislação interna[122]-[123]-[124]. Se, por um lado, estranha-se tão longa vigência, por comparação

---

[122] Vd. nesta matéria o art. do autor: *"Os novos instrumentos legislativos nacionais em matéria de reconhecimento mútuo de decisões penais pre e post sentenciais no âmbito da UE"*, Revista Julgar n.º 28

[123] Por exemplo, só referindo o ano de 2015, foram transpostas: i) Lei n.º 35/2015, de 04.05 – constituiu a primeira alteração à Lei n.º 65/2003, de 23 de agosto, que aprova o regime jurídico do mandado de detenção europeu, em cumprimento da DQ 2009/299/JAI, do Conselho, de 26 de fevereiro de 2009, que reforça os direitos processuais das pessoas e promove a aplicação do princípio do reconhecimento mútuo no que se refere às decisões proferidas na ausência do arguido; ii) Lei n.º 36/2015, de 04.05, alvo da declaração de retificação n.º 23/2015, de 09.06 – estabelece o regime jurídico da emissão, do reconhecimento e da fiscalização da execução de decisões sobre medidas de coação em alternativa à prisão preventiva, bem como da entrega de uma pessoa singular entre EM no caso de incumprimento das medidas impostas, transpondo a DQ 2009/829/JAI do Conselho, de 23 de outubro de 2009; iii) Lei n.º 37/2015, de 05.05, alvo da declaração de retificação n.º 28/2015, de 15.06.2015 – estabelece os princípios gerais que regem a organização e o funcionamento da identificação criminal, transpondo para a ordem jurídica interna a DQ 2009/315/JAI, do Conselho, de 26 de fevereiro de 2009, relativa à organização e ao conteúdo do intercâmbio de informações extraídas do registo criminal entre os EM, e revoga a Lei n.º 57/98, de 18 de agosto; iv) Lei n.º 71/2015, de 20.07- estabelece o regime jurídico da emissão e transmissão entre Portugal e os outros EM da UE de decisões que apliquem medidas de proteção, transpondo a Diretiva n.º 2011/99/UE, do Parlamento Europeu e do Conselho, de 13 de dezembro de 2011, relativa à decisão europeia de proteção; v) Lei n.º 158/2015, de 17.09 – aprova o regime jurídico da transmissão e execução de sentenças em matéria penal que imponham penas de prisão ou outras medidas privativas da liberdade, para efeitos da execução dessas sentenças na UE, bem como o regime jurídico da transmissão e execução de sentenças e de decisões relativas à liberdade condicional para efeitos da fiscalização das medidas de vigilância e das sanções alternativas, transpondo as DQ 2008/909/JAI, do Conselho e 2008/947/JAI, do Conselho, ambas de 27 de novembro de 2008.

[124] Mesmo tratando-se de um ano especialmente produtivo nesta área (sendo de louvar a transposição destes instrumentos), a verdade é que tais alterações não estão isentas de reparo. Em primeiro lugar, pese embora duas dessas DQ tenham sido centrais nas prioridades da Presidência Portuguesa da UE, no 2.º semestre de 2007, os prazos de transposição foram muito ultrapassados Em segundo lugar, nas transposições, o legislador não teve em linha de conta a legislação entretanto aprovada na UE, cuja transposição é também obrigatória, em particular no que se refere à Diretiva 2013/48/UE, mas também a Diretiva 2010/64/UE e a Diretiva 2012/13/UE. Em último lugar, o legislador não ponderou uma proposta glo-

com os oito anos de vigência do DL n.º 43/91, de 22 de janeiro, justifica-dos precisamente pela necessidade, revelada pela prática judiciária, de se aperfeiçoarem aspetos do regime estabelecido por tal DL n.º 43/91 de 22 de janeiro, que anteriormente regia esta matéria, por outro, não se pode olvidar o facto de a realidade atual ser muito mais mutável, tendo existido clara-mente uma transferência do poder legislativo dos EM para os órgãos compe-tentes na UE, no âmbito do ELSJ, tendo determinado que os os EM, nesta, como noutras matérias, passassem a aplicar diretamente o acervo legislativo comunitário.

bal de transposição destes instrumentos, facilitadora da sua aplicação prática, talvez auto-nomizando apenas a Lei n.º 35/2015, de 04.05, face à sedimentação autónoma legislativa e jurisprudencial do MDE e a Lei n.º 37/2015, de 05.05, sobre a identificação criminal. Nesta matéria veja-se o exemplo do Reino de Espanha com a Lei n.º 23/2014, de 20.12 sobre "*o reconhecimento mútuo de sentenças penais na UE*" e que faz simultaneamente a transposição dos seguintes instrumentos jurídicos: a) DQ 2002/584/JAI do Conselho de 13.06.2002, rela-tiva ao mandado de detenção europeu e aos processos de entrega entre os Estados; b) DQ 2003/577/JAI do Conselho de 22.07.2003, relativa à execução na UE das decisões de con-gelamento de bens e provas; c) DQ 2005/214/JAI do Conselho, de 24.02.2005 sobre a apli-cação do princípio do reconhecimento mútuo às sanções pecuniárias; d) DQ 2006/783/JAI do Conselho, de 06.10.2006, com base no princípio do reconhecimento mútuo às decisões de confisco; f) DQ 2008/909/JAI do Conselho, de 27.11.2008, sobre o princípio do reco-nhecimento mútuo às sentenças em matéria penal que imponham penas ou outras medidas privativas de liberdade para efeitos da execução dessas sentenças na UE imposta; g) DQ 2008/947/JAI do Conselho, de 27.11.2008, sobre a aplicação do princípio do reconheci-mento mútuo às sentenças e decisões relativas à liberdade condicional para efeitos da fisca-lização das medidas de vigilância e sanções alternativas; h) DQ 2008/978/JAI do Conselho, de 18.12.2008 sobre o mandado europeu de obtenção de objetos, documentos e dados para utilização no âmbito de processos penais; i) DQ 2009/299/JAI do Conselho, de 26.02.2009, que altera a DQ 2002/584/2005/214, que altera as Decisões JAI do Conselho, 2006/783/JAI do Conselho, 2008/909/JAI e 2008/947/JAI do Conselho, que reforça os direitos proces-suais das pessoas e promove a aplicação do princípio do reconhecimento mútuo das decisões proferidas na sequência de um julgamento em que não compareçam pessoalmente; j) DQ 2009/829/JAI do Conselho de 23.10.2009, relativa à aplicação, entre os EM da UE, do prin-cípio do reconhecimento mútuo às decisões sobre medidas de controlo como alternativa à prisão preventiva; K) Diretiva 2011/99/UE, de 13.12.2011, do Parlamento Europeu e do Conselho relativa à decisão europeia de proteção.

3. A cooperação judiciária internacional em matéria penal e a nova organização judiciária portuguesa

3.1. Enquadramento da nova organização judiciária

No regime constitucional iniciado em Portugal com a CRP de 1976, os tribunais judiciais foram regidos pelas Leis Orgânicas dos Tribunais Judiciais n.º 82/77, de 6 de dezembro e n.º 38/87, de 23 de dezembro, a que se sucedeu a Lei de Organização e Funcionamento dos Tribunais Judiciais (LOFTJ), Lei n.º 3/99, de 13 de janeiro, e a Lei n.º 52/2008, de 28 de agosto (NLOFTJ), esta última em vigor apenas nas comarcas do Alentejo Litoral, Baixo Vouga e Grande Lisboa Noroeste e somente entre abril de 2009 e setembro de 2014. Como resulta do seu preâmbulo, a reorganização do sistema judiciário levada a cabo pela Lei de Organização do Sistema Judiciário (LOSJ), Lei n.º 62/2013, de 26 de agosto, assenta em três pilares fundamentais: o alargamento da base territorial das circunscrições judiciais, que passam a coincidir, em regra, com as centralidades correspondentes aos distritos administrativos (extintos), a instalação de jurisdições especializadas a nível nacional e a implementação de um novo modelo de gestão das comarcas. Estes três eixos não foram alterados pela Lei n.º 40-A/2016 de 22 de dezembro (1.ª alteração à nova organização judiciária)[125].

3.2. O modelo de gestão tripartida

Na esteira do modelo em vigor no regime das comarcas piloto, criou-se para cada tribunal judicial de primeira instância uma estrutura de gestão tripartida, procurando introduzir uma agilização na distribuição e tramitação processual, uma simplificação na afetação e mobilidade dos recursos humanos e uma autonomia das estruturas de gestão dos tribunais, permitindo a adoção de práticas gestionárias por objetivos, visando ganhos de eficácia e eficiência. O conselho de gestão é composto por um juiz presidente, um procurador coordenador e um administrador judiciário.

Mais recentemente e ao longo do ano de 2015 foram surgindo os primeiros regulamentos das comarcas judiciais e das Procuradorias de cada comarca.

---

[125] Para maior desenvolvimento, Salvador da Costa e Luís Filipe Brites Lameiras, *"A Lei de Organização do Sistema Judiciária Anotada"*, Almedina, 2017.

3.3. Quadro geral Português sobre cooperação judiciária em matéria penal

No que concerne à matéria da cooperação judiciária em matéria penal, em traços gerais, existia o seguinte quadro antes da entrada em vigor da LOSJ: do ponto de vista legislativo, existe a Lei de Cooperação Judiciária em Matéria Penal, Lei n.º 144/99, de 31 de agosto (sendo um dos poucos países europeus que dispõe de uma Lei interna para este efeito). Ao CEJ, através do seu Departamento de Relações Internacionais, cabem as atividades de planeamento, coordenação, informação e apoio técnico em matéria de formação judiciária que, no âmbito dos assuntos europeus e das relações internacionais e de cooperação, se inscrevem nas atribuições do CEJ ou em ações para as quais seja requerida a intervenção deste. À Procuradoria-Geral da República, através do Gabinete de Documentação e Direito Comparado (GDDC), cabe o desempenho, no essencial, das funções relacionadas com esta temática. Com efeito, tal gabinete, criado em 1980, funciona na dependência da PGR, tratando-se de um serviço de assessoria especializada a esta entidade e às magistraturas do MP e Judicial nas áreas de relações internacionais, da informação jurídica, da atividade editorial e da utilização das novas tecnologias da informação.

De acordo com a Lei da cooperação judiciária internacional em matéria penal, o GDDC presta ainda informação sobre o direito português aplicável em determinado processo penal (quer seja solicitada por uma autoridade judiciária estrangeira ou portuguesa sobre o direito estrangeiro [art. 161.º]). Além do mais, o GDDC é o órgão nacional de receção e transmissão de informação sobre o direito estrangeiro ao abrigo da Convenção Europeia no Âmbito da Informação sobre o Direito Estrangeiro. Para além disso, existe a representação nacional na Eurojust e a Lei 36/2003, de 22 de agosto, a qual prevê que podem ser designados correspondentes nacionais nos seguintes órgãos e serviços: PGR; Procuradorias-Gerais Distritais; Departamento Central de Investigação e Ação Penal (DCIAP); Departamentos de Investigação e Ação Penal (DIAP) nas sedes dos distritos judiciais; PJ e demais órgãos de polícia criminal; sendo que as funções de correspondente nacional para as matérias relacionadas com o terrorismo estão legalmente atribuídas ao diretor do DCIAP.

Por despacho do Sr. PGR de 15 de maio de 2003, foi o atual DCIAP, designado correspondente nacional da Eurojust para as questões relativas ao terrorismo. No que concerne à RJE, de acordo com a circular n.º 6/2000 da PGR foram indicados seis pontos de contacto nacionais, juntos respetivamente do DCIAP de Lisboa, DIAPS de Lisboa, Porto, Coimbra e Évora

NÍVEIS DE COOPERAÇÃO

e da Coordenadora da Divisão de Cooperação Judiciária da PGR. Para os mandados de detenção Europeu são competentes os Tribunais da Relação, conforme a área do domicílio do arguido, nos termos do art. 15.º da Lei n.º 65/2003, de 23 de agosto. Finalmente também o Ministério da Justiça, através do Departamento de Cooperação Judiciária Internacional da Direção--Geral da Administração da Justiça (DGAJ) tem intervenção nesta matéria. A este departamento compete acompanhar a execução das cartas rogatórias e outros atos de jurisdição estrangeira cujo cumprimento for solicitado e dos atos que, requeridos por tribunais portugueses, devam ser cumpridos fora do território nacional, nos termos de tratados ou convenções existentes em que a DGAJ seja intermediária.

Por sua vez, o art. 165.º da Lei n.º 144/99, de 31.08 identifica as competências da Sra. Ministra da Justiça que podem ser delegáveis na PGR, conforme foi efetivado pelo Despacho n.º 211/2013, de 28.12.2013 e no Despacho n.º 1246/2016, de 12.01[126].

---

[126] *Despacho n.º 1246/2016 – Diário da República n.º 17/2016, Série II de 2016-01-26*

1 – Nos termos do artigo 165.º da Lei n.º 144/99, de 31 de agosto, delego na Procuradora-Geral da República, Licenciada Maria Joana Raposo Marques Vidal, as seguintes competências:

a) Formular, ao abrigo do n.º 1 do artigo 69.º da Lei n.º 144/99, de 31 de agosto, o pedido de extradição de pessoa contra a qual exista processo pendente em tribunal português;

b) Apreciar a decisão transitada favorável do pedido de delegação num Estado estrangeiro da instauração ou continuação de procedimento penal instaurado em Portugal, bem como efetuar o respetivo pedido ao Estado estrangeiro, nos termos do n.º 6 do artigo 91.º e do artigo 92.º da Lei n.º 144/99, de 31 de agosto;

c) Decidir acerca de pedido de delegação da execução de sentença num Estado estrangeiro, nos termos dos n.os 1, 2 e 3 do artigo 107.º da Lei n.º 144/99, de 31 de agosto;

d) Apreciar o pedido de transferência de pessoa condenada para o estrangeiro, bem como solicitar as informações que considere necessárias, nos termos dos n.os 3 e 4 do artigo 118.º da Lei n.º 144/99, de 31 de agosto;

e) Praticar atos no âmbito de pedidos de cooperação formulados por Portugal, nos termos do n.º 2 do artigo 141.º da Lei n.º 144/99, de 31 de agosto;

f) Autorizar a deslocação de autoridades judiciárias e órgãos de polícia criminal estrangeiros com vista à participação em atos de caráter processual penal que devam realizar-se em território português, exceto quando a deslocação respeitar exclusivamente a autoridade ou órgão de polícia criminal, nos termos dos n.os 5 e 9 do artigo 145.º da Lei n.º 144/99, de 31 de agosto.

2 – O presente despacho produz efeitos a partir do dia 27 de novembro de 2015, considerando-se ratificados os atos compreendidos no n.º 1 praticados anteriormente à data da sua publicação.

12 de janeiro de 2016. – A Ministra da Justiça, Francisca Eugénia da Silva Dias Van Dunem.

MANUAL DE COOPERAÇÃO JUDICIÁRIA INTERNACIONAL EM MATÉRIA PENAL

Nos termos do art. 21.º do mesmo instrumento legal, a PGR foi designada autoridade central, para a receção e transmissão de pedidos de cooperação judiciária internacional em matéria penal. Compete-lhe tramitar os pedidos previstos e regulamentados naquele diploma legal, elaborados e apresentados com base em instrumento multilateral ou bilateral ou, quando admissível, na reciprocidade. No exercício dessas funções cabe-lhe verificar a conformidade dos pedidos com a Constituição e com a Lei, diligenciar pela sua correta instrução e tradução e pela sua transmissão.

As autoridades judiciárias continuam a ter definido o quadro genérico de competências nos arts. 229.º a 231.º do CPP. Esta intervenção enquadra-se num ambiente de cooperação tradicional, em que a intervenção de autoridades que representam o Estado é obrigatória. No espaço da UE, porém, o princípio que impera é o da confiança mútua, que possibilita a transmissão direta de pedidos, entre autoridades judiciárias. Assim, a detenção de pessoas é realizada através da emissão e execução de mandados de detenção europeus e a transmissão de pedidos de auxílio deve realizar-se diretamente entre autoridades judiciárias localmente competentes, princípio que uniformemente se aplica às Decisões apoiadas no reconhecimento mútuo.

A UE tem vindo a desenvolver mecanismos e a identificar entidades que possam apoiar os Magistrados nos procedimentos de cooperação judiciária direta. Destacam-se a Eurojust (Unidade Europeia de Cooperação Judiciária, sobre a qual recaiu a Circular 7/06) e a RJE (sobre a qual recaiu a Circular 6/00, cujos pontos de contacto, oferecem intermediação ativa neste tipo de procedimentos). Fora do espaço da UE e com idênticos propósitos de melhoria do nível de cooperação foram criadas a Iberred e a Rede Lusófona, das quais a PGR é ponto de contacto.

Para apoio dos Magistrados foi desenvolvido um conjunto de instrumentos que visam apoiar e facilitar a sua intervenção em procedimentos de cooperação. Nesse quadro, foi desenvolvido o Manual de Procedimentos sobre o MDE, o Guia sobre o Auxílio Judiciário Mútuo em matéria penal, o Manual sobre o Reconhecimento Mútuo das sanções pecuniárias e o Manual sobre Transferência de Pessoas Condenadas no espaço da CPLP.

Mais recentemente surgiram duas novidades, a primeira referente à criação de magistrados do MP de cooperação em cada uma das 23 comarcas, que exercem funções de elo de ligação com a RJE e a Eurojust, a segunda, e por forma a dar cumprimento à sexta avaliação de Portugal no âmbito da Decisão Eurojust e da RJE, foi colocado no Gabinete nacional da Eurojust um juiz, na qualidade de perito nacional destacado[127] e foi criado no CSM, o ponto de contacto da Rede Judiciária Europeia em matéria penal[128]. Em 6 de fevereiro de 2018, o Plenário do CSM nomeou novo ponto de contacto[129].

3.4. A cooperação judiciária em matéria penal no âmbito do Ministério Público

As bases da cooperação judiciária internacional em matéria penal encontram-se fixadas na Lei n.º 144/99, de 31.08 que, no seu art. 165.º, identifica as competências da Ministra da Justiça que podem ser delegáveis na PGR, como efetivado pelo Despacho n.º 1246/2016, de 12.01:

a) Formular, ao abrigo do n.º 1 do artigo 69.º da Lei n.º 144/99, de 31 de agosto, o pedido de extradição de pessoa contra a qual exista processo pendente em tribunal português;
b) Apreciar a decisão transitada favorável do pedido de delegação num Estado estrangeiro da instauração ou continuação de procedimento penal instaurado em Portugal, bem como efetuar o respetivo pedido ao Estado estrangeiro, nos termos do n.º 6 do artigo 91.º e do artigo 92.º da Lei n.º 144/99, de 31 de agosto;
c) Decidir acerca de pedido de delegação da execução de sentença num Estado estrangeiro, nos termos dos n.os 1, 2 e 3 do artigo 107.º da Lei n.º 144/99, de 31 de agosto;
d) Apreciar o pedido de transferência de pessoa condenada para o estrangeiro, bem como solicitar as informações que considere necessárias, nos termos dos n.os 3 e 4 do artigo 118.º da Lei n.º 144/99, de 31 de agosto;
e) Praticar atos no âmbito de pedidos de cooperação formulados por Portugal, nos termos do n.º 2 do artigo 141.º da Lei n.º 144/99, de 31 de agosto;
f) Autorizar a deslocação de autoridades judiciárias e órgãos de polícia criminal estrangeiros com vista à participação em atos de caráter processual penal que devam realizar-se em território português, exceto quando a deslocação respeitar exclusivamente a autoridade ou órgão de polícia criminal, nos termos dos n.os 5 e 9 do artigo 145.º da Lei n.º 144/99, de 31 de agosto.

Nos termos do art. 21.º do mesmo instrumento legal, a PGR foi designada autoridade central, para a receção e transmissão de pedidos de cooperação

---

[127] Deliberação do Plenário do CSM realizado em 15.09.2015 (DSQNJ).

[128] Deliberação n.º 525/2017 do CSM, Diário da República, 2.ª série – N.º 114 – 14 de junho de 2017.

[129] Deliberação (extrato) n.º 316/2018 do CSM de 01.03.2018, DR. 2. série – N.º 53 – 15 de março de 2018.

judiciária internacional em matéria penal. Compete-lhe tramitar os pedidos previstos e regulamentados naquele diploma legal, elaborados e apresentados com base em instrumento multilateral ou bilateral ou, quando admissível, em reciprocidade. No exercício dessas funções cabe-lhe verificar a conformidade dos pedidos com a Constituição e com a Lei, diligenciar pela sua correta instrução e tradução e pela sua transmissão.

Esta intervenção enquadra-se num ambiente de cooperação tradicional, em que a intervenção de autoridades que representam o Estado é obrigatória. No espaço da UE, porém, o princípio que impera é o da confiança mútua, que possibilita a transmissão direta de pedidos, entre autoridades judiciárias. Assim, a detenção de pessoas é realizada através da emissão e execução de MDE a transmissão de pedidos de auxílio deve realizar-se diretamente entre autoridades judiciárias localmente competentes, princípio que uniformemente se aplica às Decisões apoiadas no reconhecimento mútuo.

Como já salientamos, a UE tem vindo a desenvolver mecanismos e a identificar entidades que possam apoiar os Magistrados nos procedimentos de cooperação judiciária direta. Destacam-se a Eurojust (Unidade Europeia de Cooperação Judiciária) e a Rede Judiciária Europeia (sobre a qual recaiu a Circular 6/00, cujos pontos de contactos, oferecem intermediação ativa neste tipo de procedimentos)[130]. Atualmente e por forma a dar cumprimento à sexta avaliação de Portugal no âmbito da Decisão Eurojust e da RJE[131], foi colocado no Gabinete nacional da Eurojust um juiz, na qualidade de perito nacional destacado e criado no CSM, o ponto de contacto da RJE[132]. Em 6 de fevereiro de 2018, o Plenário do CSM nomeou novo ponto de contacto da RJE[133].

---

[130] Para consulta das Diretivas, instruções e ordens consultar: http://www.ministeriopublico.pt/pagina/documentos-hierarquicos

[131] "EVALUATION REPORT ON THE SIXTH ROUND OF MUTUAL EVALUATIONS" sobre o *The practical implementation and operation of the Council Decision 2002/187/JHA of 28 February 2002 setting up Eurojust with a view to reinforcing the fight against serious crime and of the Council Decision 2008/976/JHA on the European Judicial Network in criminal matters*

[132] Deliberação (extrato) n.º 525/2017 do CSM de 04.09.2017, DR 2.ª série – N.º 114 – 14 de junho de 2017

[133] Deliberação (extrato) n.º 316/2018 do CSM de 01.03.2018, DR 2. série – N.º 53 – 15 de março de 2018

Fora do espaço da UE e com idênticos propósitos de melhoria do nível de cooperação foram criadas a IberRed e a Rede Lusófona, das quais a PGR é ponto de contacto.

Para apoio dos Magistrados foi desenvolvido um conjunto de instrumentos que visam apoiar e facilitar a sua intervenção em procedimentos de cooperação. Nesse quadro, foi desenvolvido o Manual de Procedimentos relativos à emissão do MDE, o Guia sobre Auxílio Judiciário Mútuo em matéria penal, o Manual sobre o Reconhecimento Mútuo das sanções pecuniárias e o Manual sobre Transferência de Pessoas Condenadas no espaço da CPLP.[134]

3.5. Gabinete de Documentação e Direito Comparado[135]

Criado em 1980, o GDDC, que funciona na dependência da Procuradoria--Geral da República, é um serviço de assessoria especializada a esta entidade e à magistratura do MP nas áreas das relações internacionais, da informação jurídica, da atividade editorial e da utilização das novas tecnologias da informação.

O art. 48.º da Lei n.º 60/98, de 27 de agosto (Estatuto do MP), atribui ao GDDC competência para:

– Prestar assessoria jurídica, recolher, tratar e difundir informação jurídica, especialmente nos domínios do direito comunitário, direito estrangeiro e direito internacional, e realizar estudos e difundir informação sobre sistemas comparados de direito, sem prejuízo das atribuições de outros serviços do Ministério da Justiça;
– Cooperar na organização e no tratamento de documentação emanada de organismos internacionais;
– Apoiar o MP no âmbito da cooperação jurídica e judiciária internacional;
– Participar em reuniões internacionais, por intermédio de magistrados ou funcionários para o efeito designados, apoiar os peritos nomeados para nelas participar e prestar colaboração aos representantes do País em organizações internacionais;
– Preparar, editar e distribuir publicações organizadas ou dirigidas pela Procuradoria-Geral da República ou pelo Procurador-Geral da República;

---

[134] http://www.ministeriopublico.pt/pagina/cooperacao-judiciaria-internacional-em-materia-penal

[135] http://www.gddc.pt. A partir de 2 maio de 2018 o GDDC da Procuradoria-Geral da República tem um novo espaço no Portal do Ministério Público: http://gddc.ministeriopublico.pt/

MANUAL DE COOPERAÇÃO JUDICIÁRIA INTERNACIONAL EM MATÉRIA PENAL

- Colaborar na divulgação, no estrangeiro, do sistema jurídico português, designadamente entre os EM da Comunidade dos Países de Língua Portuguesa;
- Desenvolver projetos de informática jurídica e de gestão, no âmbito das atribuições da PGR, segundo planos aprovados pelo Ministério da Justiça;
- Exercer outras funções que lhe sejam conferidas em matéria documental e de informação jurídica.

De acordo com a Lei da cooperação judiciária internacional em matéria penal (Lei n.º 144/99, de 31 de agosto), o GDDC presta ainda informação sobre o direito português aplicável em determinado processo penal que seja solicitada por uma autoridade judiciária estrangeira ou sobre o direito estrangeiro, a pedido de autoridade judiciária portuguesa (art. 161.º). Além do mais, o GDDC é o órgão nacional de receção e transmissão de informação sobre o direito estrangeiro ao abrigo da Convenção Europeia no Âmbito da Informação sobre o Direito Estrangeiro.

De acodo com o *site* da internet, nas instalações do GDDC encontra-se à disposição do público uma biblioteca especializada em matéria de direito internacional e comparado, direitos humanos e direito comunitário, contendo cerca de 12000 monografias e 300 títulos de publicações periódicas. Aí se garante ainda o acesso a informação jurídica disponível na Internet e nas bases de dados constantes da Intranet do GDDC e a consulta de CD--ROMs em matéria jurídica.

No âmbito da sua atividade editorial, o GDDC assegura ainda a publicação do Boletim do Ministério da Justiça e do Boletim de Documentação e Direito Comparado, podendo as mesmas ser consultadas no sítio da internet[136].

3.6. Consulta de tratados internacionais[137]
TRATADOS constitui uma compilação dos instrumentos bilaterais ou multilaterais celebrados por Portugal com outros Estados ou com Organizações Internacionais, regidos pelo Direito Internacional.

No momento presente, encontram-se disponíveis para consulta os dados e textos relativos aos instrumentos internacionais publicados em DR desde

[136] http://www.gddc.pt/apresentacao/quem-somos.html
[137] http://www.gddc.pt/siii/tratados.html

NÍVEIS DE COOPERAÇÃO

1960. A informação relativa aos anos anteriores será posta à disposição de forma progressiva.

Os textos a que poderá ter acesso, não constituem versão oficial, apenas fazendo fé os que se encontram publicados no DR.

Poderá utilizar TRATADOS consultando a lista de temas, de países ou organizações internacionais com os quais foram celebrados (no caso de instrumentos bilaterais) ou de organizações internacionais sob a égide das quais foram adotados. Caso pretenda informação específica, utilize o módulo de pesquisa de instrumentos.

3.7. Cooperação internacional[138]

Este instrumento de consulta constitui uma compilação dos instrumentos multilaterais e bilaterais celebrados por Portugal, de cooperação judiciária em matéria civil e comercial e de cooperação judiciária e policial em matéria penal. Os instrumentos multilaterais são apresentados consoante as organizações internacionais sob a égide das quais foram adotados.

Os instrumentos bilaterais são apresentados de acordo com o país celebrante a que respeitam, discriminados por continente.

Em relação aos instrumentos multilaterais, além dos correspondentes instrumentos de aprovação, pode consultar os relatórios explicativos, caso existam, e a listagem dos Estados Parte.

Os textos a que poderá ter acesso não constituem versão oficial, apenas fazendo fé os que se encontram publicados no DR.

Para informação mais detalhada sobre cada instrumento internacional, pode ser consultada, neste *site*, a base de dados TRATADOS, desenvolvida pelo GDDC.

---

[138] http://www.gddc.pt/cooperacao/cooperacao.html. **Cooperação Judiciária Internacional**. Na presente secção, poderá encontrar informação sobre as modalidades e instrumentos jurídicos que regulam esta cooperação, bem como informação adicional relativa à cooperação judiciária em matéria civil e comercial.

O utilizador poderá ter acesso a informação sobre os instrumentos internacionais e legislação portuguesa aplicáveis, bem como sobre os organismos facilitadores da cooperação judiciária internacional em matéria penal, bem como a informação específica sobre cada modalidade de cooperação – desde as clássicas (extradição, auxílio judiciário mútuo e transferência de pessoas condenadas) às típicas da UE (MDE, reconhecimento mútuo e cooperação entre gabinetes de recuperação de ativos). Uma outra secção fornece informação sobre o enquadramento jurídico e mecanismos facilitadores da cooperação em matéria civil e comercial: http://gddc.ministeriopublico.pt/pagina/cooperacao-judiciaria-internacional?menu=cooperacao-internacional"

3.8. Guia de auxílio judiciário mútuo em matéria penal[139]

O Guia contém informação legislativa e prática, disponibilizada em suporte eletrónico, relativa à forma específica de cooperação judiciária internacional designada auxílio judiciário mútuo em matéria penal. No âmbito da UE relevam, também, formas específicas de cooperação em matéria penal baseadas no reconhecimento mútuo das decisões judiciárias

O Guia referencia normas da Lei interna e de instrumentos convencionais, cujo objeto é circunscrito àquela temática ou, sendo mais vasto, inclui a referida temática no quadro do combate a certas atividades criminosas como sejam o crime organizado, a corrupção, os casos de tráfico (pessoas, órgãos, droga, etc).

Na p. *O que procura?* encontrará perguntas que o direcionam mais rapidamente para alguns conteúdos específicos deste site.

3.8.1. Objetivos

Com a elaboração do Guia procurou-se potenciar a consulta de fontes abertas, promover um conhecimento integrado dos instrumentos existentes e uma maior utilização de instrumentos legislativos e práticos aplicáveis, com particular destaque, por razões de inserção geográfica, dos instrumentos de âmbito europeu e bilateral.

Embora dirigido a qualquer tipo de utilizador, especializado ou não, o Guia está especialmente orientado para a prestação de informações tendentes a apoiar os magistrados competentes na formulação de pedidos de auxílio judiciário em matéria penal e a impulsionar a criação de boas práticas nessa área.

3.8.2. Âmbito

A cooperação de que o Guia se ocupa é suscitada no quadro de investigações penais pela prática de crimes, implicando, essencialmente, autoridades judiciárias de dois Estados envolvidos na formulação e na execução do pedido.

Anote-se, porém, que normas convencionais mais recentes, nomeadamente europeias, e a Lei interna, estendem o auxílio judiciário a processos relativos a contraordenações e infrações de natureza análoga.

---

[139] http://guiaajm.gddc.pt/default.htm. A partir de 2 de maio de 2018, http://gddc.ministeriopublico.pt/perguntas-frequentes/instrumentos-classicos-de-cooperacao?menu=cooperacao-internacional

Por último, conforme prevê a referida Lei interna, as informações prestadas aproveitam, com as devidas adaptações, à cooperação com entidades judiciárias internacionais. Esta dispõe, porém, de um regime jurídico específico.

3.8.3. Entidades facilitadoras[140]

Para facilitar a apresentação ou o cumprimento do pedido ou os contactos com as autoridades destinatárias, pode recorrer às seguintes entidades:

A) **Autoridade Central** para a cooperação judiciária internacional em matéria penal, a qual em Portugal é a PGR.
B) No âmbito da UE, a RJE e a Eurojust.

Rede Judiciária Europeia (RJE)

A Decisão 2008/976/JAI do Conselho, de 16 dezembro de 2008, veio reforçar a Rede Judiciária Europeia (RJE), criada pela Ação Comum 98/428/JAI, de 1998.

A RJE é uma rede de *pontos de contacto* judiciários, estabelecidos em cada um dos EM e vocacionados para a intermediação ativa no âmbito da cooperação judiciária penal, nomeadamente, através de contactos diretos com os pontos de contacto de outro EM, por forma a facilitar e potenciar a cooperação.

Encontra mais informação sobre a RJE, os Pontos de Contacto nacionais e Boas Práticas do Auxílio Judiciário Mútuo em Matéria Penal na Circular n.º 6/2000.

Eurojust[141]-[142]

A Eurojust é um órgão da UE, com sede na Haia, criado pela Decisão 2002/187/JAI do Conselho, de 28 de fevereiro de 2002, com vista a reforçar a luta contra as formas graves de criminalidade organizada, a qual veio ser revista e atualizada com a Decisão 2009/426/JAI.

---

[140] http://guiaajm.gddc.pt/entidades_enderecos.html. A partir de 2 de maio de 2018: http://gddc.ministeriopublico.pt/perguntas-frequentes/materia-penal?menu=cooperacao-inter nacional

[141] http://www.ministeriopublico.pt/pagina/o-ministerio-publico-e-eurojust

[142] Para saber mais sobre o Gabinete nacional na Eurojust consultar o guia que se encontra em anexo no Manual

Neste momento, encontra-se ainda a ser finalizada no âmbito do Parlamento Europeu e em sede de discussões tripartidas (Parlamento Europeu, Comissão e Conselho) a Proposta de Regulamento do Parlamento Europeu e do Conselho que cria a Agência Europeia para a Cooperação Judiciária Penal (Eurojust)[143], a qual, quando vier a ser publicada, acarreterá consequências a nível interno da organização da Eurojust, bem como na ordem jurídica dos EM.

Órgão dotado de flexibilidade para se integrar nos sistemas penais nacionais dos EM, tem por objeto a cooperação em matéria penal entre as autoridades judiciárias nacionais do espaço comunitário e como objetivos:

– Estimular, promover e melhorar a coordenação entre essas autoridades no âmbito das investigações e da ação penal envolvendo dois ou mais EM.

– Melhorar a cooperação entre as autoridades judiciárias competentes de dois ou mais EM, facilitando o funcionamento do auxílio judiciário mútuo e a execução de MDE ou de outros instrumentos que aplicam o princípio do reconhecimento mútuo.

– Apoiar as autoridades judiciárias nacionais, tendo em vista reforçar a eficácia das investigações e da ação penal em que estejam envolvidos dois ou mais EM e, também, da cooperação com Estados não membros da UE.

Nos termos do art. 4.º da Decisão 2009/426/JAI do Conselho, de 16 de dezembro de 2008, a competência material da Eurojust inclui as formas graves de criminalidade, especialmente quando organizada, designadamente a criminalidade da competência da Europol, que é, em síntese, a seguinte:

– Organização criminosa e terrorismo
– Tráfico de seres humanos, armas, droga, órgãos e tecidos, veículos, documentos administrativos, bens culturais e espécies animais e vegetais ameaçadas
– Corrupção
– Burla e fraude (fiscal, na obtenção de subsídios, informática, etc.)
– Contra os interesses financeiros da UE
– Homicídio voluntário, ofensas corporais graves, rapto, sequestro, tomada de reféns, racismo, xenofobia
– Roubo, burla e extorsão

---

[143] COM (2013) 535 final, disponível em http://www.europarl.europa.eu/meetdocs/2014_2019/plmrep/AUTRES_INSTITUTIONS/COMM/COM/2017/10-09/COM_COM20130535_PT.pdf

NÍVEIS DE COOPERAÇÃO

– Contrafação e falsificação de moeda e documentos administrativos
– Criminalidade informática
– Crimes contra o ambiente
– Branqueamento
– Infrações conexas com as anteriores

Segundo os seus objetivos, pode ainda atuar relativamente a outros crimes não incluídos na competência da Europol, a pedido das autoridades dos EM. É constituída por 28 Membros Nacionais, destacados pelos EM, que devem ser juízes, procuradores ou oficiais de polícia com prerrogativas equivalentes, dependendo da especificidade do respetivo sistema jurídico.

Os Membros Nacionais são coadjuvados por um ou mais adjuntos ou assistentes, cabendo a cada Estado fixar e assegurar a respetiva representação.

Além de estabelecer as normas de execução da Decisão Eurojust, a Lei n.º 36/2003, de 22 de agosto, regula o estatuto e competências do Membro Nacional de Portugal: os cargos de Membro Nacional e de seu adjunto e assistente são exercidos por magistrados do MP – nomeados por despacho dos membros do Governo responsáveis pelas áreas dos negócios estrangeiros e da justiça, em comissão de serviço, de quatro anos, renováveis por idênticos períodos – que dependem diretamente do PGR quando exercem competências de autoridade judiciária. A partir de outubro de 2015 foi colocado na Eurojust um juiz, na qualidade de perito nacional destacado[144]. Quanto à atual composição do Gabinete nacional pode consultar-se o site do MP[145] e a notificação da REPER ao Conslho Europeu[146].

Tendo em vista a necessidade de assegurar o pleno funcionamento da Eurojust e a sua integração nos sistemas nacionais, cada EM designa um ou mais correspondentes nacionais, que constituem os pontos de contacto privilegiados do Membro Nacional.

São correspondentes nacionais da Eurojust em Portugal:

– Um magistrado do MP que exerça funções na divisão de apoio jurídico e cooperação judiciária da PGR, designado pelo PGR;
– O diretor do DCIAP, para as matérias relativas ao terrorismo.

---

[144] Deliberação do Plenário do CSM realizado em 15.09.2015 (DSQNJ)
[145] http://www.ministeriopublico.pt/pagina/o-ministerio-publico-e-eurojust
[146] Doc. 5877/18 do Conselho Europeu

Com a entrada em vigor do Regulamento do Parlamento Europeu e do Conselho que cria a Agência Europeia para a Cooperação Judiciária Penal (Eurojust)[147], poderão ocorrer alterações no Gabinete nacional e nos correspondentes nacionais da Eurojust.

O ENCS (SNCE – Sistema Nacional de Coordenação da Eurojust)
O SNCE tem duas funções principais: 1) assegurar a coordenação dos trabalhos efetuados pelos vários Correspondentes/Pontos de Contacto/Especialistas estabelecidos na luta contra o crime, incluindo o correspondente Nacional da RJE e até três Pontos de Contacto da RJE; e 2) facilitar a realização de tarefas da Eurojust nos EM. Quando são designados vários correspondentes para a Eurojust, um deles será responsável pelo funcionamento do SNCE.

Ao SNCE estão confiadas, entre outras, as tarefas de 1) assegurar que o "Sistema de Gestão de Casos da Eurojust" recebe informações relacionadas com o EM em causa de forma eficiente e fiável, 2) auxiliar as autoridades judiciárias nacionais e os profissionais a determinar se um caso poderá beneficiar da assistência da Eurojust ou da RJE e 3) auxiliar os membros nacionais da Eurojust identificando as autoridades competentes para a execução dos pedidos de cooperação judiciária e instrumentos de reconhecimento mútuo.

O SNCE já se encontra em pleno funcionamento em Portugal, tendo pelo menos uma reunião anual com os seus elementos integrantes.

Quanto aos magistrados do Ministério Publico de cooperação existentes nas 23 comarcas, foi proposto um modelo de colaboração com o Gabinete nacional da Eurojust.

4. Formas de cooperação em Portugal

Extradição – MDE
Transmissão de processos
Execução de sentenças
Transferência de pessoas condenadas a penas e medidas de segurança privativas da liberdade

---

[147] À data de abril de 2018, as negociações tripartidas (Comissão/Parlamento Europeu/Conselho) prosseguem no Parlamento Europeu

Vigilância de pessoas condenadas ou libertadas condicionalmente
Auxílio judiciário mútuo: constituição e interrogatório de arguidos, obtenção de meios de prova, revistas, buscas, apreensões, exames, perícias, inquirição de testemunhas **Decisão Europeia de Investigação**

4.1. Extradição

Para além do que já foi mencionado na evolução histórica desta matéria no ordenamento jurídico português, esta forma de cooperação encontra-se atualmente regulada na Lei n.º 144/99, de 31.08.

A extradição constitui uma das formas de cooperação internacional em matéria penal, mediante a qual um Estado (requerente) solicita a outro Estado (requerido) a entrega de uma pessoa que se encontre no território deste, para efeitos de procedimento penal ou para cumprimento de pena ou de medida de segurança privativas de liberdade, por crime cujo julgamento seja da competência dos tribunais do Estado requerente. As condições em que é admissível e pode ser concedida a extradição, quando Portugal seja Estado requerido (extradição passiva), são fixadas primeiramente pelas disposições constantes de tratados internacionais, multilaterais ou bilaterais sobre extradição em que Portugal seja parte, e, em geral, pelas disposições, substantivas e processuais, fixadas o regime jurídico relativo á cooperação internacional em matéria penal (Lei n.º 144/99, de 31 de agosto – LCIMP).

Embora a solução resultasse já do princípio da prevalência do direito internacional, consagrado no art. 8.º da CRP, o art. 229.º do CPP afirma expressamente que a extradição (bem como outras formas de cooperação internacional relativamente à administração da justiça penal) é regulada pelos tratados e convenções internacionais, e só na sua falta ou insuficiência intervém o disposto em Lei especial. É o que também, dispõe o art. 3.º n.º 1 do LCIMP. Em termos jurisprudenciais, destaca-se nesta matéria o acordão do STJ de 13.04.2005[148].

Nesta matéria, revela-se mais importante analisar a extradição passiva, seguindo muito de perto as orientações e notas de procedimento do MP no

---

[148] Disponível in http://www.dgsi.pt/jstj.nsf/954f0ce6ad9dd8b980256b5f003fa814/8c3db3 8c717e92f3802570290044fac8?OpenDocument

MANUAL DE COOPERAÇÃO JUDICIÁRIA INTERNACIONAL EM MATÉRIA PENAL

Tribunal da Relação de Lisboa, para o qual remetemos[149]. Tal documento debruça-se sobre sete pontos fundamentais:

1. Convenções aplicáveis (com prevalência sobre a Lei 144/99 – art. 3.º)
2. Regras especiais do processo em casos de detenção antecipada (detenção provisória e detenção não diretamente solicitada). Prazos
3. Regras especiais do processo em casos de detenção antecipada (cont.). Regras especiais do processo. Aplicação de medida não detentiva. Duração. Duração do processo. Procedimentos do MP
4. Prazos de detenção no processo de extradição – art. 52.º da Lei 144/99
5. Prazos de entrega/remoção de extraditado. Contagem (Lei 144/99, Convenção Europeia de Extradição, Convenção de Extradição da CPLP e Convenção Simplificada de Extradição de 1995 da UE)
6. Refugiados. Concessão de asilo e de proteção subsidiária
7. Recusa de extradição – art. 6.º, n.º 1, al. a), da Lei n.º 144/99. Tortura.

Considerando o desenvolvimento das matérias indicadas no documento referido, apenas indicaremos quais as convenções aplicáveis, com prevalência sobre a Lei n.º 144/99 (art. 3.º), sendo os demais pontos remetidos para o documento mencionado.

---

[149] COOPERAÇÃO JUDICIÁRIA INTERNACIONAL EM MATÉRIA PENAL, ORIENTAÇÕES E NOTAS DE PROCEDIMENTO DO MP NO TRIBUNAL DA RELAÇÃO DE LISBOA – Ref: CJIMP/TRL v. 07, julho de 2017 – *Orientações e notas práticas adotadas por acordo dos Procuradores-Gerais Adjuntos (PGAs) na Relação de Lisboa em funções na área da cooperação judiciária internacional em matéria penal, no seguimento da reunião de trabalho de 29 de janeiro de 2013. Constituem um documento vivo que procura refletir a evolução da legislação, da jurisprudência e da prática judiciária. A presente versão recolhe os resultados das reuniões de PGAs no tribunal da Relação de 18 de junho de 2014, 17 de junho de 2015 e 3 de dezembro de 2015. Alterações introduzidas nesta versão, relativamente à versão 5, de fevereiro de 2016: pontos 2.1.b, 2.1.d, 2.5, 12.12, 14 e 24 (correção de lapsos e aditamentos nos pontos 14 e 24).Nesta versão foram acrescentados os pontos D (sobre reconhecimento de sentenças e transferência de condenados no espaço da UE) e E (anexo contendo a jurisprudência mais recente do Tribunal de Justiça da UE), da responsabilidade do autor do documentoDisponível in* http://www.pgdlisboa.pt/docpgd/doc_mostra_doc.php?nid=285&doc=files/doc_0285.html, http://www.pgdlisboa.pt/docpgd/files/285d9__07_julho_2017_orientacoes_e_notas_de_procedimento.pdf

NÍVEIS DE COOPERAÇÃO

1. Nos processos com EM do Conselho da Europa (exceto EM da UE)

Aplicam-se a Convenção Europeia de Extradição de 1957, do Conselho da Europa, e respetivos protocolos adicionais de 1975 e de 1978.

A convenção e os protocolos adicionais foram substituídos pelo regime mandado de detenção europeu (DQ 2002/584/JAI de 13.6.2002; Lei n.º 65/2003, de 23 de agosto) nas relações entre os EM da UE.

A Convenção continua a aplicar-se nas relações com os seguintes Estados:

- EM do CoE: Albânia, Andorra, Arménia, Azerbaijão, Bósnia e Herzegovina, Islândia, Liechtenstein, Moldávia, Mónaco, Montenegro, Noruega, Rússia, San Marino, Sérvia, Suíça, ex-República Jugoslava da Macedónia, Turquia e Ucrânia.
- Estados não-membros do CoE: África do Sul, Israel e República da Coreia.

O primeiro protocolo adicional (de 1975) continua a aplicar-se nas relações com os mesmos EM do Conselho da Europa, exceto San Marino, Turquia e Israel. Aplica-se ainda nas relações com a República da Coreia e a África do Sul. O segundo protocolo adicional (de 1978) continua a aplicar-se nas relações com os mesmos EM do Conselho da Europa, exceto Andorra, Liechtenstein, San Marino e Israel. Aplica-se ainda nas relações com a República da Coreia e a África do Sul.

2. Nos processos com a Islândia e Noruega

Em caso de consentimento na extradição é aplicável a Convenção Relativa ao Processo simplificado de Extradição entre os EM da UE de 10 de março de 1995 (ratificação: DPR n.º 41/97 e RAR n.º 41/97, de 18 de junho) e o disposto nos arts. 74.º e 75.º da Lei n.º 144/99 – processo simplificado de extradição.

Nos termos da Decisão 2003/169/JAI do Conselho, de 27.2.2003 (que determina quais as disposições da Convenção de 1995 relativa ao processo simplificado de extradição entre os EM da UE e da Convenção de 1996 relativa à Extradição entre os EM da UE que constituem um desenvolvimento do acervo de Schengen na aceção do Acordo relativo à associação da República da Islândia e do Reino da Noruega à execução, à aplicação e ao desenvolvimento do acervo de Schengen (JO L 67 de 12.3.2003)), aplicam-se nas relações com a Islândia e a Noruega:

- A Convenção, estabelecida com base no art. k.3 do TUE, relativa ao processo simplificado de extradição entre os EM da UE (Bruxelas,

MANUAL DE COOPERAÇÃO JUDICIÁRIA INTERNACIONAL EM MATÉRIA PENAL

10.3.1995) (supra), que constitui um desenvolvimento das disposições do acervo de Schengen, e em especial do art. 66.º da Convenção de Schengen.
– Os arts. 2.º, 6.º, 8.º, 9.º e 13.º da Convenção estabelecida com base no art. K.3 do Tratado da UE relativa à extradição entre os EM da UE (Dublin, 27.91996) (ratificação: DPR 40/98 e RAR 40/98, de 5 de setembro), bem como o seu art. 1.º na medida em que tiver relevância para estes arts., os quais constituem um desenvolvimento das disposições do acervo de Schengen, e em especial do art. 61.º, dos n.ºs 1 e 2 do art. 62.º e dos arts. 63.º e 65.º da Convenção de Schengen.

3. *Nos processos com a Suíça*
Em caso de consentimento na extradição é aplicável a Convenção Relativa ao Processo simplificado de Extradição entre os EM da UE de 10 de março de 1995 (ratificação: DPR n.º 41/97 e RAR n.º 41/97, de 18 de junho) e o disposto nos arts. 74.º e 75.º da Lei n.º 144/99 – processo simplificado de extradição.

Nos termos do Acordo entre a UE, a Comunidade Europeia e a Confederação Suíça relativo à associação da Confederação Suíça à execução, à aplicação e ao desenvolvimento do acervo de Schengen – Anexo B (n.º 2 do art. 2.º) (JO L 53, de 27.2.2008), aplicam-se nas relações com a Suíça:

– As disposições da Convenção de 1995 relativa ao processo simplificado de extradição entre os EM da UE (Bruxelas, 10.3.1995) (ratificação: DPR e RAR DPR n.º 41/97 e RAR n.º 41/97, de 18 de junho), que constitui um desenvolvimento das disposições do acervo de Schengen, e em especial do art. 66.º da Convenção de Schengen) e,
– Os arts. 2.º, 6.º, 8.º, 9.º e 13.º da As e da Convenção de 1996 relativa à extradição entre os EM da UE (JO C 313 de 23.10.1996, p. 12) (Dublin, 27.91996) (ratificação: DPR 40/98 e RAR 40/98, de 5 de setembro), bem como o seu art. 1.º na medida em que tiver relevância para estes arts., os quais constituem um desenvolvimento das disposições do acervo de Schengen, e em especial do art. 61.º, dos n.ºs 1 e 2 do art. 62.º e dos arts. 63.º e 65.º da Convenção de Schengen, referidas na Decisão 2003/169/JAI do Conselho, de 27 de fevereiro de 2003, que determina quais as disposições da Convenção de 1995 relativa ao processo simplificado de extradição entre os EM da UE e da Convenção de 1996 relativa à extradição entre os EM da UE, que constituem um desenvolvimento

NÍVEIS DE COOPERAÇÃO

do acervo de Schengen na aceção do Acordo relativo à associação da República da Islândia e do Reino da Noruega à execução, à aplicação e ao desenvolvimento do acervo de Schengen (JO L 67 de 12.3.2003).

4. *Nos processos com o Liechtenstein*

Em caso de consentimento na extradição é aplicável a Convenção Relativa ao Processo simplificado de Extradição entre os EM da UE de 10 de março de 1995 (ratificação: DPR n.º 41/97 e RAR n.º 41/97, de 18 de junho) e o disposto nos arts. 74.º e 75.º da Lei n.º 144/99 – processo simplificado de extradição.

Nos termos do art. 2.º do Protocolo entre a UE, a Comunidade Europeia, a Confederação Suíça e o Principado do Liechtenstein relativo à adesão do Principado do Liechtenstein ao Acordo entre a UE, a Comunidade Europeia e a Confederação Suíça relativo à associação da Confederação Suíça à execução, à aplicação e ao desenvolvimento do acervo de Schengen (JO L 160 de 18.6.2011, p. 21), anexo à Decisão do Conselho 2011/350/UE (JO L 160 de 18.6.2011, p. 19), aplicam-se nas relações com o Liechtenstein:

– As disposições da Convenção de 1995 relativa ao processo simplificado de extradição entre os EM da UE (Bruxelas, 10.3.1995) (ratificação: DPR e RAR DPR n.º 41/97 e RAR n.º 41/97, de 18 de junho), que constitui um desenvolvimento das disposições do acervo de Schengen, e em especial do art. 66.º da Convenção de Schengen) e

– Os arts. 2.º, 6.º, 8.º, 9.º e 13.º da As e da Convenção de 1996 relativa à extradição entre os EM da UE (JO C 313 de 23.10.1996, p. 12) (Dublin, 27.91996) (ratificação: DPR 40/98 e RAR 40/98, de 5 de setembro), bem como o seu art. 1.º na medida em que tiver relevância para estes arts., os quais constituem um desenvolvimento das disposições do acervo de Schengen, e em especial do art. 61.º, dos n.ºs 1 e 2 do art. 62.º e dos arts. 63.º e 65.º da Convenção de Schengen, referidos na Decisão 2003/169/JAI do Conselho, de 27 de fevereiro de 2003, e no Anexo B do Acordo entre a UE, a Comunidade Europeia e a Confederação Suíça relativo à associação da Confederação Suíça à execução, à aplicação e ao desenvolvimento do acervo de Schengen, aprovado pela Decisão do Conselho 2008/149/JAI de 28 de janeiro de 2008 respeitante à celebração, em nome da UE, do Acordo entre a UE, a Comunidade Europeia e a Confederação Suíça relativo à associação da Confederação Suíça à execução, à aplicação e ao desenvolvimento do acervo de Schengen (JO L 53, de 27.2.2008).

5. Nos processos com os EM da CPLP

Aplica-se a Convenção de Extradição entre os EM da Comunidade de Países de Língua Portuguesa, de 23.11.2005 (ratificação: RAR 49/2008 e DPR 67/2008, DR I, 178, de 15.9.2008).

Ratificada por todos os Estados da CPLP (Portugal, Brasil, Cabo Verde, São Tomé e Príncipe, Angola, Moçambique e Timor-Leste), exceto Guiné--Bissau e Guiné Equatorial.

Sobre ratificação: cfr. Aviso n.º 183/2011 do MNE, DR 1, 154, de 11.8.2011. Ratificação por Cabo Verde: a Convenção foi ratificada por Cabo Verde – Resolução da Assembleia Nacional da República de Cabo Verde n.º 98/VIII/2014, de 21 de fevereiro, B.O. de Cabo Verde I Série, n.º 12, de 21.2.2014 (aviso do MNE ainda não publicado no DR).

6. Nos processos com EM da Conferência de Ministros de Justiça dos Países Ibero-Americanos (COMJIB)

Acordo sobre Extradição Simplificada entre a República Argentina, a República Federativa do Brasil, o Reino de Espanha e a República Portuguesa, assinado em Santiago de Compostela, em 3 de novembro de 2010 (ratificação: RAR n.º 15/2015 e DPR n.º 14/2015, DR 1, 27, de 9.2.2015). Aberto à adesão de outros EM da COMJIB.

6. Instrumentos bilaterais (exceto EUA)

Argélia, Botswana, Marrocos, Tunísia, Argentina, Bolívia, México, China, Hong Kong, Índia, Austrália – ver *site* do GDDC (http://gddc.ministeriopu blico.pt/)

7. Nas relações com os Estados Unidos da América

Instrumento entre a República Portuguesa e os EUA conforme o n.º 2 do art. 3.º do Acordo entre a UE e os EUA sobre Extradição (25.6.2003), e o seu Anexo (ratificação: DPR n.º 96/2007 e RAR n.º 46/2007, de 10 de setembro), que altera e completa a Convenção de Extradição de 1908.

8. Nas relações com outros Estados

Na falta de convenção, acordo ou tratado, aplica-se a Lei n.º 144/99, de 31 de agosto, com base no princípio da reciprocidade (art. 4.º).

9. Canadá

Todos os pedidos de cooperação judiciária em matéria penal, mormente em matéria de extradição, devem ser dirigidos à autoridade central do Canadá:

International Assistance Group
Litigation Branch, Criminal Law Division
Department of Justice Canada
284 Wellington Street, 2nd Floor
Ottawa, ON K1A 0H8
Telefone: 613-957-4832
Fax: 613-957-8412
e-mail: cdncentralauthority@justice.gc.ca

Para além da autoridade central, o Canadá dispõe de um oficial em Bruxelas para facilitar os pedidos efetuados pelos Estados da Europa:

Counsellor of International Criminal Operations
Canadian Mission to the European Union
Avenue de Tervuren 2
1040 Brussels, Belgium
Telephone: + 32 (0)2 741 07 71
Fax: + 32 (0)2 741 06 29

Além do mais, o Departamento da Justiça Canadiano disponibilizou um guia de cooperação judiciária em matéria penal, com indicação de 12 aspetos a considerar nos pedidos de cooperação judiciária e modelos de pedidos a seguir[150].

De destacar nesta matéria a seguinte Jurisprudência relevante sobre a Convenção Europeia de Extradição[151]:

---

[150] http://www.justice.gc.ca/eng/cj-jp/emla-eej/mlaguide-guideej.pdf
[151] Texto integral disponível em: http://www.dgsi.pt/jstj.nsf/954f0ce6ad9dd8b980256b5f00 3fa814/9d80b868c44b255c80257f4f00379d64?OpenDocument
Sumário:
"I – O TEDH, desde o acórdão Soering c. Reino Unido, de 7-07-1989, considera que os Estados podem incorrer em responsabilidade se decidirem extraditar uma pessoa que corra o risco de ser sujeita a tratamentos desumanos no Estado requerente, jurisprudência que reafirmou posteriormente em muitos outros acórdãos, neste domínio devendo ser de ponderar a qualidade da garantia do Estado requerente de que os

MANUAL DE COOPERAÇÃO JUDICIÁRIA INTERNACIONAL EM MATÉRIA PENAL

direitos do extraditando serão respeitados e a confiança que merece a prática seguida pelas autoridades requerentes.

II – Tendo em vista apreciar da existência desse risco, o Tribunal pondera as consequências previsíveis do reenvio do extraditando para o Estado requerente, tendo em vista a situação geral no país e das circunstâncias específicas do requerente, sendo que, quanto às circunstâncias gerais no país, o Tribunal atribui relevância a relatórios recentes oriundos de associações internacionais independentes de defesa dos direitos do homem ou de fontes governamentais, mas sem que se deva entender em si contrária ao mencionado direito a mera possibilidade de abuso resultante de condições instáveis num país, recaindo sobre o requerente o ónus de produzir os elementos de prova suscetíveis de demonstrar que há razões sérias para crer que, se a decisão autorizando a extradição for executada, ele ficará exposto a um risco real de sofrer tratamentos contrários aos previstos no art. 3.º da Convenção.

III – No caso de o Estado requerente oferecer garantias diplomáticas, assegurando o respeito dos direitos humanos relativamente ao extraditando, as mesmas constituem um fator pertinente a que o Tribunal atende, embora possam não ser suficientes para garantir uma proteção satisfatória contra o risco de maus tratos, sendo necessário verificar se as mesmas preveem na sua aplicação prática, uma garantia bastante de que o extraditando se mostra protegido do risco de maus tratos, sendo o valor a atribuir a tais garantias dependente das circunstâncias específicas de cada caso e em cada momento.

IV – Não se verifica com a decisão de extradição, uma violação da reserva efetuada por Portugal à Convenção Europeia de Extradição, ao disposto no art. 1.º da CRP e ao protocolo n.º 13 à CEDH, relativo à abolição da pena de morte, se consta da decisão recorrida que, no caso concreto, não se provam fatos que conduzam à conclusão de que o extraditando será sujeito a um processo que não oferece garantias jurídicas de um procedimento penal respeitador das condições internacionalmente reconhecidas como indispensáveis à salvaguarda dos direitos do homem ou que o cumprimento da respetiva pena ocorrerá em condições desumanas, e além disso, a República da Ucrânia no pedido que efetua presta expressamente a garantia de que nos termos das normas legais internacionais, o extraditando beneficiará de todos os instrumentos de defesa, incluindo advogados, e não será submetido a torturas nem a penas e tratamentos desumanos ou degradantes (art. 3.º da CEDH) e bem assim afirma que garante que o pedido de extradição não visa a acusação do extraditando por motivos políticos, étnicos, de confissão religiosa, nacionalidade ou opiniões políticas, não existindo assim, razão objetiva alguma para descrer da veracidade ou honestidade intelectual da prestação destas garantias, face à ratificação pela República da Ucrânia da Convenção Europeia de Extradição, imbuída esta como está do respeito pelos direitos fundamentais da pessoa humana, não se verificando este fundamento para denegar a impetrada extradição.

V – Sendo o pedido de extradição fundado na prática de crime comum, grave, de que resultou a morte de uma pessoa, cometido mais de dez anos antes da deflagração do conflito, em Donetsk, na Ucrânia, e não havendo qualquer alegação de que, posteriormente, o recorrente tivesse integrado ou apoiasse qualquer das forças beligerantes de onde pudesse haver um risco acrescido de sofrer maus tratos, o risco do requerente não é maior do que outros casos de extradição para este país.

VI – Improcede o recurso do recorrente quanto à alegada violação da reserva aposta por Portugal à Convenção Europeia de Extradição, constante da al. b) do art. 1.º, do n.º 3 da Resolução da AssembLeia da República 23/89, e às demais normas supostamente violadas, bem como, atenta a jurisprudência do TEDH, na interpretação que faz das normas convencionais, não se descortinando fundamento de recusa,

NÍVEIS DE COOPERAÇÃO

4.2. Mandado de detenção europeu

O Mandado de detenção europeu (MDE), regulado pela Lei n.º 65/2003, de 23 de agosto, alterada pela Lei n.º 35/2015, de 04.05[152], permite através de um mecanismo mais ágil e célere deter e entregar um cidadão num dos países da UE para ser submetido ao processo penal em outro EM.

Nesta matéria, voltaremos a seguir muito de perto as orientações e notas de procedimento do MP no Tribunal da Relação de Lisboa, para o qual remetemos[153]. Tal documento debruça-se sobre dezoito pontos fundamentais:

1. Detenção, comunicação da detenção, controlo pelo MP e procedimentos subsequentes – art. 18.º, n.ºs 1, 2 e 3 da Lei n.º 65/2003

2. A promoção da execução (diligências prévias; forma e conteúdo da promoção) – art. 16.º, n.ºs 1 a 4, da Lei n.º 65/2003

3. Controlo de execução; o despacho liminar de verificação da forma e conteúdo do MDE – art. 16.º, n.º 2, da Lei n.º 65/2003

4. Pressupostos da validação da detenção; sua relação com a regularidade formal e substancial do MDE enquanto decisão judiciária – art. 1.º, n.º 1, e 18.º, n.º 3, da Lei n.º 65/2003

5. Manutenção da detenção; sua relação com o princípio do reconhecimento mútuo – arts. 1.º, n.º 2, 18.º, n.º 3, e 26.º, n.º 4, da Lei n.º 65/2003

6. A possibilidade de aplicação da medida de coação, em substituição da detenção – arts. 18.º, n.º 3, e 24.º, n.º 1, al. a), da Lei n.º 65/2003

7. Princípio da especialidade; "alargamento" do MDE a novos crimes; art. 7.º. da Lei n.º 65/2003 (art. 27.º da DQ)

8. Transferência temporária e audição da pessoa procurada enquanto se aguarda a decisão sobre a execução do MDE – art. 6.º da Lei n.º 65/2003

---

por desrespeito às exigências da CEDH, nomeadamente dos seus arts. 3.º (Proibição da tortura) e 6.º (Direito a um processo equitativo), como previsto na al. a) do art. 6.º da Lei 144/99, de 31-08."

[152] Constituiu a primeira alteração à Lei n.º 65/2003, de 23 de agosto, que aprova o regime jurídico do mandado de detenção europeu, em cumprimento da DQ 2009/299/JAI, do Conselho, de 26 de fevereiro de 2009, que reforça os direitos processuais das pessoas e promove a aplicação do princípio do reconhecimento mútuo no que se refere às decisões proferidas na ausência do arguido.

[153] Vd. documento citado na nota de rodapé n.º 152.

MANUAL DE COOPERAÇÃO JUDICIÁRIA INTERNACIONAL EM MATÉRIA PENAL

9. Motivos de não execução com base em procedimento pendente ou condenação pelos mesmos factos; prestação e obtenção de informações; entrega condicional e diferida; transferência temporária – 11.º, al. b), 12.º, n.º 1, al. b), c), d), f) e h), e 31.º da Lei n.º 65/2003
10. Motivo de recusa de execução com base na residência – art. 12.º, n.º 1, al. g), da Lei n.º 65/2003
11. Decisões proferidas na sequência de um julgamento no qual o arguido não tenha estado presente – art. 12.º-A da Lei n.º 65/2003, introduzido pela Lei n.º 35/2015, de 4 de maio, que transpõe o art. 2.º da DQ 2009/299/JAI, de 26.2.2009, que altera a DQ 2002/584/JAI
12. Recusa de execução do MDE com base na nacionalidade ou residência (cont.) – arts. 12.º, n.ºs 1, al. g), 3 e 4, e 13.º, n.º 2, da Lei n.º 65/2003 e art. 25.º da DQ 2008/909/JAI, de 27.11.2008
13. Causa de recusa de execução obrigatória – *ne bis in idem* – arts. 11.º, al. b), da Lei n.º 65/2003 e 3.º, n.º 2, da DQ relativa ao MDE
14. Impossibilidade de recusa em caso de incumprimento de medida de coação reconhecida em Portugal que motivou a emissão do MDE – Lei 36/2015, de 4 de maio
15. Cumprimento dos prazos de entrega; comunicação de atrasos à Eurojust – art. 26.º, n.º 5, da Lei n.º 65/2003
16. Prazos de decisão e de entrega; libertação do detido – arts. 26.º, 29.º e 30.º da Lei n.º 65/2003 e 17.º e 23.º da Decisão relativa à Eurojust
17. Entrega ou extradição posterior – interpretação do art. 28.º da DQ (art. 8.º da Lei 65/2003)
18. Jurisprudência do Supremo Tribunal de Justiça sobre o MDE

Nesta matéria, serão de realçar ainda três instrumentos muito relevantes para a prática judiciária, o sítio do GDDC dedicado a matéria, o Manual de Procedimentos Relativos à Emissão do MDE, por ora revisto e atualizado a 21.01.2015[154], a versão revista do Manual Europeu para a emissão do

---

[154] http://mandado.gddc.pt/final.html Atenta a entrada em vigor da Lei 35/2015, de 4 de maio, o Manual de Procedimentos Relativos à Emissão do Mandado de Detenção Europeu será objeto de revisão pelo que o acesso ao mesmo ficará temporariamente indisponível. Tendo em vista contribuir para um melhor conhecimento do seu regime, procede-se à criação, nesta p., de uma área específica sobre o MDE que reúne o acervo informativo existente: documentação de apoio produzida no âmbito da PGR e no GDDC, jurisprudência nacional e do Tribunal de Justiça (U.E.), dados estatísticos disponíveis e referências bibliográficas. Desta forma, são

NÍVEIS DE COOPERAÇÃO

MDE[155] e ainda duas outras obras de referência, do mesmo autor, do Sr. Juiz Conselheiro Henriques da Graça, o livro *"O Regime Jurídico do Mandado de Detenção Europeu"*,[156] e a Coletânea *"Jurisprudência do Supremo Tribunal de Justiça na execução do regime relativo ao Mandado de Detenção Europeu"*[157]. Sobre a matéria da dupla incriminação no MDE, existe o livro *"O Mandado de Detenção Europeu e a Dupla Incriminação"*, de Ricardo Jorge Bragança de Matos e outros artigos[158-159]. Ainda no âmbito da UE, existem mais dois documentos relevantes, a lista de pontos de contacto da UE sobre o MDE e o relatório final de 4.ª avaliação mútua sobre a aplicação do MDE e procedimentos de entrega entre EM[160].

Conforme salientamos, mais recentemente a Comissão Europeia publicou uma versão atualizada do Manual sobre a emissão e a execução de um mandado de detenção europeu (Documento C (2017) 6389 final)[161].

---

facultadas às autoridades judiciárias competentes, em particular aos Magistrados do MP, ferramentas de apoio que se espera sejam úteis para uma efetiva aplicação daquele instrumento, de decisiva importância para a construção do espaço europeu de segurança e justiça.

[155] doc. 17195/1/10 REV 1 de 17.12.2010 do Conselho Europeu.

[156] Obra na qual se explicita o regime legal, a observar em Portugal, relativo ao mandado de detenção emitido no – e para o – espaço da UE, (e por isso, se denomina mandado de detenção europeu), por qualquer EM, destinado a detenção e entrega de uma pessoa, procurada por um dos EM, para efeitos de procedimento criminal ou para cumprimento de uma pena ou medida de segurança privativas da liberdade. O mandado de detenção europeu veio substituir no espaço judiciário da UE, o processo de extradição, por um sistema de entrega entre autoridades judiciárias. Anota-se, em breve comentário, o conteúdo das normas legais atinentes. Transmite-se a posição do Supremo Tribunal de Justiça em casos decididos, em recurso, sobre a execução de mandado de detenção europeu, face à respetiva Lei, à oposição da pessoa procurada, no exercício do seu direito de defesa, e a valores normativo-constitucionais de soberania.

[157] Disponível in: http://www.stj.pt/ficheiros/estudos/piresdagraca-direitoeuropeu.pdf

[158] Ricardo Jorge Bragança de Matos *"O mandado de detenção europeu e a dupla incriminação, legalidade e territotialidade no espaço de liberdade, segurança e justiça"* Editora Reis dos Livros, 2013

[159] Mário Elias Soltoski Júnior, *"O controlo da dupla incriminação e o mandado de detenção europeu"*, Revista Portuguesa de Ciência Criminal, ano 16, n.º 3, págs. 475 a 494 e ainda Ricardo Jorge Bragança de Matos, *"O princípio do reconhecimento mútuo e o mandado de detenção europeu"*, na Revista Portuguesa de Ciência Criminal, ano 14, n. .º 3, págs. 325 a 367 e Catarina Sofia do Carmo Miguel, *"A abolição da dupla incriminação no mandado de detenção europeu"*, disponível em https://run.unl.pt/bitstream/10362/17140/1/Miguel_2015.pdf

[160] Vd. Docs. Conselho 5360/6/13 REV 6 e 8302/4/09 REV 4, respetivamente.

[161] O mesmo encontra-se disponível para download em PDF nas 24 línguas oficiais da UE, no seguinte link: https://e-justice.europa.eu/content_european_arrest_warrant-90-en.do

Em síntese, a criação e implementação do MDE é, nesse sentido, um *case study* de sucesso inequívoco, cujo êxito tem sido reconhecido em diversas instâncias e que serviu de inspiração a diversos instrumentos futuros baseados no reonhcimento mútuo[162].

4.3. Lei n.º 36/2015, de 04.05, alvo da declaração de retificação n.º 23/2015, de 09.06

Este diploma regula o regime jurídico da emissão, do reconhecimento e da fiscalização da execução de decisões sobre medidas de coação em alternativa à prisão preventiva, bem como a entrega de uma pessoa singular entre EM, no caso de incumprimento das medidas impostas, transpondo a DQ 2009/829/JAI do Conselho, de 23 de outubro de 2009. Visa estabelecer um regime de

---

[162] Salienta-se, da vasta doutrina sobre o MDE, pela sua relevância, em Portugal, Anabela Miranda Rodrigues, *"O Mandado de Detenção Europeu – na via da construção de um sistema penal europeu: um passo ou um salto?"* RPCC, Ano 13, n.º 1 janeiro março de 2003, p. 28 ou ainda Anabela Miranda Rodrigues, *"Judicial cooperation in criminal matters. The principle of proportionality and the effectiveness of the european arrest warrant",* Cahiers de Defense Sociale. Joachim Vogel in memoriam, 2013, p. 87s. Entre os vários estudos sobre a implementação e execução do MDE na Europa salienta-se o estudo do Comité das Liberdades e Segurança do Parlamento Europeu, de janeiro de 2009, PE410.617 *"Implementation of the European Warrant and Joint Investigation Teams at EU and National Level",* disponível em http://www.europarl.europa.eu/RegData/etudes/etudes/join/2009/410671/IPOLLI BE_ET(2009)410671_EN.pdf. Para saber a legislacão em concreto de cada EM sobre a implementacão da DQ do MDE, deve ser consultada esta página e aí surge o link para a legislacão interna e depois procura-se as autoridades competentes (disponível só em ingles, embora se possa tentar outra língua, depois só aparece escrito em inglês): https://www.ejn-crimjust.europa.eu/ejn/EJN_Library_Status OfImpByCat.aspx?CategoryId=14
– Para ser mais direto, mas existindo a necessidade de confirmar na legislação interna de cada EM, porque estas fichas são feitas pelos pontos de contacto da Rede (a ficha referente a Portugal está correta), devem ser consultadas as fichas belgas, escolher medidas de reconhecimento mútuo, depois colocar MDE (medida 901), o EM em causa e aí está identificado a autoridade judiciária de execucão (só disponível em inglês, embora se possa tentar outra língua, depois só aparece escrito em inglês): https://www.ejn-crimjust.europa.eu/ejn/EJN_FichesBelges.aspx
Caso português: https://www.ejn-crimjust.europa.eu/ejn/EJN_FichesBelgesResult.aspx?measure=901&country=352&other=-1
Finalmente neste link, tem-se acesso a um documento prático de quase todos os EM, com essa indicação (aqui disponível em inglês e francês, número de referencia 112), a nossa também vai em anexo: https://www.ejn-crimjust.europa.eu/ejn/libadvancedsearch.aspx

NÍVEIS DE COOPERAÇÃO

reconhecimento e fiscalização de decisões que apliquem medidas de coação, que não a prisão preventiva, emitidas por outros EM, no quadro do processo penal, bem como o correspondente processo de emissão do pedido de reconhecimento e fiscalização por outro EM de decisões que apliquem medidas de coação em processos penais a decorrer na jurisdição interna.

Assim, segundo a exposição de motivos, pretende-se permitir a pessoa residente num EM, arguida em processo penal, noutro EM, ser supervisionada pelas Autoridades do Estado onde reside, enquanto aguarda julgamento, autorizando que os movimentos do arguido sejam controlados, garantindo a proteção do público em geral e permitindo que a aplicação de medidas diferentes da prisão preventiva seja possível, porque a fiscalização das mesmas, ainda que fora do território nacional do EM onde decorre o processo, passa a ser também possível.

O articulado prevê: um Capítulo I, com as disposições gerais, definições, âmbito de aplicação, tipos de medidas de coação, autoridade competente e autoridade central, consultas e comunicações entre as autoridades competentes, audição do arguido, entrega do arguido, Línguas utilizadas, encargos e a Legislação aplicável; um Capítulo II referente à emissão e transmissão de decisões em matéria penal que imponham medidas de coação; um Capítulo III sobre o reconhecimento e execução de decisões em matéria penal que imponham medidas de coação; um Capítulo IV com as disposições transitórias e finais e dois anexos, um primeiro referente à certidão que deve acompanhar o envio a outro EM de uma decisão que aplique medidas de coação (art. 13.º, n.º 1) e outro referente a um formulário com a notificação a outro EM (art. 24.º, n.º 4).

O art. 2.º contém as definições, levantando-se desde logo a questão, aquando da aplicação prática do diploma, relacionada com a amplitude do pedido de cooperação, ou seja, se só nos casos em que a medida aplicada, for em substituição da prisão preventiva, ou numa interpretação mais ampla de cooperação e abarcar situações em que as medidas de coação sejam aplicadas ainda que não o sejam como "alternativa" à prisão preventiva. Tendemos para que seja a segunda, tendo em linha de conta um dos considerandos da própria DQ[163]. O art. 3.º da Lei contém o elenco dos

---

[163] *"A DQ tem por objetivo a promoção, quando adequado, do uso de medidas não privativas de liberdade em alternativa à prisão preventiva, mesmo quando, segundo a Lei do EM em questão, não possa ser imposta ab initio a prisão preventiva".*

crimes cometidos no Estado onde decorreu a infração, aos quais se pretende aplicar o regime proposto, desde que punidos nesse Estado com pena privativa da liberdade de duração superior a 3 anos. Nesta matéria, o legislador português optou por manter a regra da dupla incriminação para as infrações não elencadas, opção que nos parece acertada. O art. 4.º estabelece o elenco das medidas de coação às quais se pretenda aplicar a legislação proposta, tendo em comum o facto de serem medidas menos gravosas que a prisão preventiva, mas implicarem, em todo o caso, o controlo e a vigilância dos movimentos do arguido. As primeiras seis medidas são obrigatórias a todos os EM, correspondem às medidas que acompanham as restrições de movimentos de arguidos sujeitos a medidas cautelares ou de coação mas que estão em liberdade. Para além destas o Estado Português indicou mais quatro medidas (as indicadas nas alíneas g) a j) alargando assim o âmbito de aplicação deste tipo de cooperação a outras medidas de coação (faculdade permitida pelo n.º 2 do art. 8.º da DQ). O art. 5.º estabelece como autoridade competente para efeitos de receção de pedidos de reconhecimento e acompanhamento da execução de medidas de coação provenientes de outros EM da UE, o juízo central de instrução criminal, ou nas áreas não abrangidas por tais secções, o juízo de competência genérica local ou, em caso de desdobramento, o juízo criminal local, por referência ao tribunal de 1.ª instância da comarca da residência ou da última residência conhecida do arguido ou, se não for possível determiná-las, ao juízo criminal local do tribunal judicial da comarca de Lisboa. Nesta matéria respeitou-se a obrigatoriedade de aquela autoridade ser sempre uma autoridade judiciária. A Autoridade Central designada para assistir a autoridade judiciária foi a Direção-Geral de Reinserção e Serviços Prisionais, respeitando também o organismo nacional com competência legal para o efeito.

Três outras questões se levantam ainda sobre a aplicação da Lei. A primeira prende-se com o facto de faltar na Lei norma habilitante que determine em que casos Portugal pode aceitar o reconhecimento e execução de medidas de coação diferentes da prisão preventiva referentes a arguido que não reside habitual e legalmente em Portugal. Outra questão prende-se com a emissão, pelas autoridades portuguesas, de certidões dirigidas a outros EM solicitando o reconhecimento e execução de Termo de Identidade e Residência (TIR). Finalmente a questão da possibilidade de entrega de um cidadão a quem tenha sido aplicada uma medida de controlo ao abrigo do regime

NÍVEIS DE COOPERAÇÃO

do MDE, mas sem aplicação do n.º 1, do art. 2.º, da DQ 2002/584/JAI, transposto pelo art. 2.º, n.º 1, da Lei n.º 65/2003, de 23.8[164].

4.4. Transmissão de processos e execução de sentenças

Nesta matéria, voltaremos a seguir muito de perto as orientações e notas de procedimento do MP no Tribunal da Relacão de Lisboa, para o qual remetemos[165]. Tal documento debruça-se sobre sete pontos fundamentais:

Transferência de condenado e revisão de sentença
1. Convenções aplicáveis. Aplicação da Lei n.º 158/2015, de 17 de setembro, nas relações com os EM da UE
2. Expediente vindo da PGR; aceitação do pedido; despacho de admissibilidade (MJ) – art. 120.º, n.º 1, da Lei n.º 144/99; delegação de competência na PGR (Despacho 1246/2016)
3. Promoção do MP; forma e conteúdo; referência às convenções – arts. 3.º e 120.º, n.º 2, da Lei n.º 144/99
4. Verificação por agente consular – arts. 120.º, n.º 4, da Lei n.º 144/99, e 3.º, n.º 2, das Convenções CoE 1983 e CPLP
5. Desistência pelo condenado do pedido de transferência para Portugal
6. Revisão e confirmação da sentença estrangeira; execução de sentença penal estrangeira; condições e requisitos; inobservância e poderes da Relação – arts. 96.º, 99.º, n.º 4, e 100.º da Lei n.º 144/99 e 9.º e 10.º da Convenção CoE 1983

---

[164] Com particular relevância sobre a Proposta de Lei que veio dar a origem à Lei n.º 36/2015, vejam-se os pareceres *"Parecer sobre as Propostas de Lei n.º 271/XII e 272/XII" do Centro de Investigação em Direito Penal e Ciências Criminais/Instituto de Direito Penal e Ciências Criminais da Faculdade de Direito da Universidade de Lisboa,* disponível em:
http://app.parlamento.pt/webutils/docs/doc.pdf?path=6148523063446f764c324679
626d56304c334e706447567a4c31684a5355786c5a793944543030764d554e425130
524d5279394562324e31625756756447397a5357357059326c6864476c3259554e e766
2576c7a633246764c324e6b597a6c694c694d4526a4c5468684d6a4d744e444d354d69303
4595451304c574a684e6a4e6b4f4467304d544a6a4e5335775a47593d&fich=cdc9b04c-
8a23-4392-8a44-ba63d88412c5.pdf&Inline=true
e do C.S.M.P., disponível em:
http://app.parlamento.pt/webutils/docs/doc.pdf?path=6148523063446f764c3246795a58
68774d546f334e7a67774c336470626d6c7561574e7059585270646d467a4c31684a53533
9305a58683062334d76663484273474d6a63794c56684a535638304c6e426b5a673d3d&fich=
ppl272-XII_4.pdf&Inline=true

[165] Vd. documento citado na nota de rodapé n.º 152.

7. Revisão de sentença estrangeira. Procedimento. Citação do condenado.

1. Convenções aplicáveis

1. Convenção relativa à Transferência de Pessoas Condenadas de 21.3.1983, do Conselho da Europa

Estados-Partes da Convenção:

– Todos os EM do CoE, exceto Montenegro.

– Estados não-membros do CoE (18): Austrália, Bahamas, Bolívia, Canadá, Chile, Costa Rica, Equador, Estados Unidos da América, Honduras, Israel, Japão, Maurícia, México, Panamá, República da Coreia, Tonga, Trindade e Tobago, e Venezuela.

Nas relações entre os EM da UE, esta Convenção foi substituída pela DQ 2008/909/JAI do Conselho, de 27 de novembro de 2008, relativa à aplicação do princípio do reconhecimento mútuo às sentenças em matéria penal que imponham penas ou outras medidas privativas de liberdade para efeitos da execução dessas sentenças na UE, transposta para o direito interno pela Lei n.º 158/2015, de 17 de setembro, que entrou em vigor no dia 16.12.2015.

A aplicação deste novo diploma suscita questões resultantes, essencialmente, da ausência de normas processuais relativas ao reconhecimento, que serão objeto de análise em separado.

2. Convenção sobre a Transferência de Pessoas Condenadas entre os EM da Comunidade dos Países de Língua Portuguesa (CPLP) de 23.11.2005

Estados-Partes: todos os EM da CPLP, exceto Guiné-Bissau e Guiné Equatorial (Aviso n.º 182/2011 do MNE, DR 1, 153, de 10.8.2011).

A Convenção foi ratificada por Cabo Verde – Resolução da Assembleia Nacional da República de Cabo Verde n.º 96/VIII/2014, de 21 de fevereiro, B.O. de Cabo Verde I Série, n.º 12, de 21.2.2014 (aviso do MNE ainda não publicado no DR).

4.5. Transferência de pessoas condenadas a penas e medidas de segurança privativas da liberdade e Vigilância de pessoas condenadas ou libertadas condicionalmente

Estas duas matérias são reguladas no ordenamento jurídico nacional pela Lei n.º 158/2015, de 17.09 – aprova o regime jurídico da transmissão e execução de sentenças em matéria penal que imponham penas de prisão ou outras

NÍVEIS DE COOPERAÇÃO

medidas privativas da liberdade, para efeitos da execução dessas sentenças na UE, bem como o regime jurídico da transmissão e execução de sentenças e de decisões relativas à liberdade condicional para efeitos da fiscalização das medidas de vigilância e das sanções alternativas, transpondo as DQ 2008/909/JAI, do Conselho, e 2008/947/JAI, do Conselho, ambas de 27 de novembro de 2008.

No regime legal anterior às DQ e respetivas transposições, existiam oito situações distintas a ponderar:

1) A execução de sentença penal estrangeira em Portugal dependia da verificação das condições previstas na Lei n.º 144/99, de 31.08:

i) o condenado esteja em território português,

ii) quando seja transferido para Portugal, para cumprimento de pena,

iii) nas situações em que Portugal extradita, ou entrega, o condenado em execução de MDE, na condição de este ser devolvido a Portugal para cumprimento de pena aplicada no estrangeiro (arts. 96.º e 32.º, n.º 2, da Lei n.º 144/99 e 12.º, n.º 1, g), da Lei n.º 65/2003). De notar que, nos termos do art. 96.º, n.º 6, da Lei n.º 144/99, a execução da sentença em Portugal tem lugar quando tiver sido concedida a extradição de cidadãos portugueses, para efeitos de procedimento criminal, com a garantia de que estes serão devolvidos a Portugal para cumprimento da pena, ou medida aplicada, após revisão e confirmação da sentença condenatória (arts. 32, n.ºs 2, e 3 da Lei 144/99), independentemente da verificação das condições previstas no art. 96.º, n.º 1.)

2) A possibilidade de extradição de cidadãos nacionais mediante a prestação de garantia de devolução para cumprimento de pena em Portugal, encontrava-se prevista na Convenção de 27.09.1996, relativa à extradição entre os EM da UE (Dublin, 1996), que completava e facilitava a aplicação dos instrumentos convencionais relativos à extradição no âmbito das relações entre os EM da UE, e nos respetivos instrumentos de ratificação (DPR e RAR 40/98, de 5.9).

3) Estes instrumentos deixaram de se aplicar no âmbito das relações entre os EM da UE, a partir de 01.01.2004, sendo substituídos pelo sistema de entrega do MDE (cf. arts. 40.º da Lei 65/2003 e 31.º da DQ sobre o MDE, não transposto para o direito interno) – A transposição do n.º 6 do art. 4.º da DQ sobre o MDE pelo art. 12.º, n.º 1, al. g), da Lei n.º 65/2003, que se limita a transcrever o texto daquele preceito, não teve a intenção nem continha

MANUAL DE COOPERAÇÃO JUDICIÁRIA INTERNACIONAL EM MATÉRIA PENAL

a potencialidade de afastar a aplicação do regime do art. 96.º, n.º 6, da Lei 144/99 às situações em que passou a ser utilizado o MDE em substituição do regime de extradição.

4) A execução em Portugal de sentença condenatória estrangeira na sequência da transferência de pessoa condenada para Portugal rege-se pelos arts. 114.º a 116.º, 122.º e 123.º da Lei n.º 144/99 e pelas Convenções relativas à transferência de pessoas condenadas (Convenção do Conselho da Europa de 1983 e Convenção da C.P.L.P.), havendo lugar a revisão e confirmação de sentença estrangeira para que a sentença tenha força executiva.

5) Na falta de instrumento internacional (art. 3.º da Lei n.º 144/99), a revisão e confirmação da sentença estrangeira processa-se exclusivamente de acordo com o regime estabelecido nos arts. 234.º a 240.º do CPP (art. 100.º da Lei 144/99), sendo necessária a verificação dos seguintes requisitos (art. 237.º CPP):

a) Que a sentença possa ter força executiva, por Lei acordo ou convenção (Lei n.º 144/99 e Convenções citadas);
b) Dupla incriminação;
c) Pena não proibida pela Lei portuguesa;
d) Assistência do arguido por defensor e por intérprete (no caso de ignorar a língua do processo);
e) Que a sentença não respeite a crime contra a segurança do Estado, salvo tratado ou convenção em contrário;

6) Em caso de revisão e confirmação no âmbito de um processo de transferência ao abrigo da Convenção do Conselho da Europa sobre a Transferência de Pessoas Condenadas, de 21.3.1983, não há que aplicar o art. 100.º, n.º 1, da Lei n.º 144/99, em toda a sua extensão, por força do art. 3.º deste mesmo diploma, dado que Portugal se obrigou a rever e confirmar as sentenças condenatórias proferidas pelos tribunais dos Estados-Partes da Convenção nos termos do respetivo art. 9.º, al. a), e da RAR n.º 8/93, de 20.4.1993, que aprovou a Convenção para ratificação, sendo, por conseguinte, este o regime aplicável quanto aos requisitos da revisão e confirmação.

7) Nos demais casos, quando a revisão e confirmação tiver lugar fora do âmbito de um processo de transferência, ao abrigo da Convenção do Conselho da Europa de 1983, haverá que observar o disposto no art. 237.º, n.º 1, do CPP. A ratificação da Convenção do Conselho da Europa sobre o Valor Internacional das Sentenças Penais, de 1970, eliminaria esta incoerente diversidade de procedimentos.

NÍVEIS DE COOPERAÇÃO

8) No caso de revisão e confirmação de sentença no âmbito de um processo de transferência ao abrigo da Convenção sobre a Transferência de Pessoas Condenadas entre os EM da Comunidade dos Países de Língua Portuguesa, ratificada pela RAR 48/2008, de 15.9.2008, observa-se o disposto no art. 9.º, n.º 2, da Convenção, restringindo-se igualmente o âmbito de aplicação do art. 100.º, n.º 1, do CPP no que se refere aos respetivos requisitos.[166]

4.6. Reconhecimento de sentenças e transferência de condenados na UE (Lei n.º 158/2015, de 17.09)

Conforme resulta da epígrafe da própria Lei, a mesma pretende regular o regime jurídico da transmissão e execução de sentenças em matéria penal que imponham penas de prisão, ou outras medidas privativas da liberdade, para efeitos da execução dessas sentenças na UE, bem como o regime jurídico da transmissão e execução de sentenças e de decisões relativas à liberdade condicional para efeitos da fiscalização das medidas de vigilância e das sanções alternativas, transpondo as DQ 2008/909/JAI, do Conselho e 2008/947/JAI, do Conselho, ambas de 27 de novembro de 2008.

Como primeira nota, realçar que a transposição das duas DQ em causa é realizada de forma tardia, pois a primeira devia ter ocorrido até 05.12.2011 e a segunda até 06.12.2011, pelo que existiu um atraso de quase quatro anos. Nesta matéria, e a título de exemplo, devia ter sido considerada, pela sua relevância para a cooperação judiciária em matéria penal, a transposição da Decisão Europeia de proteção da vítima (Diretiva 2011/99/UE de 13.12.2011), cuja transposição deveria ocorrer até 11.01.2015 e a DEI (Diretiva 2014/41/UE de 03.04.2014), cuja transposição só veio a ocorrer com a Lei n.º 88/2017, de 21 de agosto.

Como segunda nota, concorda-se que a transposição implica que se afaste a necessidade de revisão e confirmação de sentença penal estrangeira,

---

[166] Vd. documento citado na nota de rodapé n.º 152 e Juiz Conselheiro José Luís Lopes da Mota; *"Revisão de sentenças penais estrangeiras"*, Juiz Conselheiro, Presidente do Supremo Tribunal de Justiça, Dr. António Henriques Gaspar, *"Cooperação Judiciária Internacional em Matéria Penal"*, Coimbra Editora, 2014, p.s 343 e ss; *"Revisão e confirmação de Sentença Penal Estrangeira"*, Procurador-Geral Adjunto, Dr. Gilberto da Silva Seabra, 31.05.2004,disponível in: http://www.pgdlisboa.pt/textos/tex_mostra_doc.php?nid=17&doc=files/tex_0017.html, e numa perspetiva mais dogmática, Inês Horta Pinto *"A Harmonização dos sistemas penais na Europa: finalidades, obstáculos, realizações e perspetivas de futuro"*, Coimbra Editora, 1.ª Edição, 2013 e Anabela Rodrigues *"O Direito Penal Europeu Emergente"*, Coimbra Editora, 2008.

passando a aplicar-se a estes casos um procedimento específico mais simples e célere, ainda que plenamente garantístico dos direitos individuais.

O articulado proposto prevê: um Título I, com as disposições gerais, um Título II, sobre a emissão e execução de sentenças em matéria penal que imponham penas ou outras medidas privativas de liberdade (transposição da DQ 2008/909/JAI), onde se inserem o Capítulo I sobre a emissão, conteúdo e transmissão, por parte das autoridades portuguesas; Capítulo II sobre o reconhecimento e execução, em Portugal, de tais sentenças, Capítulo III sobre detenção e transferência de pessoas condenadas; Título III (e não II, como por lapso consta da proposta de Lei) sobre a emissão e execução de sentenças e decisões relativas à liberdade condicional, para efeitos da fiscalização das medidas de vigilância e das sanções alternativas (transposição da DQ 2008/947/JAI), onde se inserem o Capítulo I sobre disposição geral, Capítulo II, sobre emissão, conteúdo e transmissão, por parte das autoridades portuguesas, de sentenças ou de decisões relativas à liberdade condicional, Capítulo III sobre o reconhecimento e execução de sentenças ou de decisões relativas à liberdade condicional emitidas por outro EM e um Título IV (e não III, como por lapso consta da proposta de Lei) sobre disposições finais, e os respetivos Anexos.

No essencial, a Lei procurou dar cumprimento aos arts. 29.º da DQ 2008/909/JAI e 25.º da DQ 2008/947/JAI, ou seja, tomar as medidas necessárias para transpor as decisões no ordenamento jurídico português.

Dessa forma, mais de 90% do articulado da Lei segue, de forma muito similar, o articulado das duas DQ (assim procurando densificar as obrigações da transposição)[167].

Apesar de se proceder à articulação com a legislação interna, em particular com a Lei de cooperação judiciária em matéria penal (Lei n.º 144/99, de 31 de agosto) e com a Lei do MDE (Lei n.º 65/2003 de 23 de agosto), de salientar, de sinal negativo, não fazer a competente "ponte" com o CP (ao nível das penas privativas de liberdade e liberdade condicional), CPP (liquidação da pena) e principalmente com o Código da Execução das Penas e Medidas Privativas da Liberdade.

---

[167] Ver nesta matéria Tabela de correspondência colocada no parecer da A.S.J.P., disponível em: http://app.parlamento.pt/webutils/docs/doc.pdf?path=6148523063446f764c3246795 a5868774d546f334e7a67774c336470626d6c7561574e7059585270646d467a4c31684a535 339305a58683062334d76634842734d7a4d334c56684a535638784c6e426b5a673d3d&fic h=ppl337-XII_1.pdf&Inline=true

NÍVEIS DE COOPERAÇÃO

Com efeito, para salvaguarda da unidade e coerência do nosso sistema jurídico, a transposição obrigaria a legislação sobre um conjunto de normas procedimentais/processuais e de outras que substituam, alterem ou derroguem, consoante o caso, pelo menos na parte e âmbito aplicáveis aos EM destinatários das duas DQ em análise, as atualmente aplicáveis na Lei 144/99 (L.C.J.I.), no CPP, no C.E.P.M.P.L. (Lei 115/2009) e na Lei do MDE (Lei 65/2003).

Na verdade, verifica-se uma ausência de regulamentação de aspetos procedimentais (processuais e para-administrativos) e na inexistência de dispositivos legais diretamente conexionados ou remissivos tendo em conta as implicações da PL em parte dos textos em vigor das Leis do MDE (L 65/03), do CPP, do C.E.P.M.P.L. (L 115/09) e da L.C.J.I. (L 144/99).

Por outro lado, ao longo do texto faz-se alusão a *"autoridades competentes"*, sendo por vezes difícil perceber quem são essas autoridades e respetivas "competências", sendo certo que nem sempre coincidem, pelo que teria sido útil concretizá-las mais detalhadamente. A título de exemplo, notem-se os casos em que o Tribunal da Relação reconhece sentenças e decisões mas as executa também, o que é ineficaz e não vai de encontro à tradição de competências dos Tribunais da Relação em matéria de cooperação judiciária internacional.

De qualquer forma, constata-se que ao longo do articulado, as obrigações principais a que se tinha de dar resposta (acima mencionadas) foram cumpridas.

Com efeito, do ponto de vista positivo:

a) As definições (art. 2.º) mostram-se corretas;

b) O âmbito de aplicação (art. 3.º) é adequado;

c) Mostram-se salvaguardadas a amnistia, a perda e revisão de sentença (art.º4.º);

d) Consagração adequadas das autoridades competentes e da definição do estabelecimento prisional (arts. 13.º e 14.º);

e) Consagra-se o princípio da especialidade (art. 25.º);

f) Procede-se à articulação com a legislação interna, em particular com a Lei de cooperação judiciária em matéria penal (Lei 144/99, de 31 de agosto – art. 7.º e 28.º) e com a Lei do mandado de detenção europeu (Lei 65/2003 de 23 de agosto – art. 25.º e 26.º);

g) O prazo estabelecido (art. 37.º) respeita as Decisões-Quadro;

h) Os motivos de recusa (arts. 17.º e 36.º) estão bem densificados;

MANUAL DE COOPERAÇÃO JUDICIÁRIA INTERNACIONAL EM MATÉRIA PENAL

i) A emissão, conteúdo e trânsito das sentenças ou decisões relativas à liberdade condicional está bem densificada (arts. 28.º a 30.º);

j) O reconhecimento e execução foram previstos de forma adequada (art. 34.º e 35.º);

k) Os deveres de informação ao Estado de Emissão e ao Estado de Execução garantem a boa execução do pedido (arts. 11.º, 21.º e 43.º);

l) A relação com outros instrumentos jurídicos (art. 45.º) está de acordo com as DQ;

m) Os anexos previstos contemplam as possibilidades desenvolvidas ao longo do articulado e que estão consagradas nas DQ;

Por outro lado e do ponto de vista negativo:

a) Falta de referência ou de distinção das sentenças que apliquem penas não privativas de liberdade no art. 1.º;

b) Inadequação das referências a "pedidos" de revisão e de reconhecimento;

c) O desmembramento dos arts. 4.º e 5.º da DQ 2008/909/JAI pode colocar dificuldades de compreensão e suscitar mesma a duvida sobre a sua integral transposição;

d) Não foi criada a regulamentação interna necessária à sua aplicação, designadamente os arts. 10.º, 14.º, 16.º, 19.º, 20.º, 22.º, 23.º, 24.º, 25.º, 29.º e 32.º;

e) Insuficiência das normas sobre atribuição de competências para a emissão e transmissão de sentenças, quer quanto aos tribunais competentes quer quanto à repartição das competências entre o tribunal e o MP para a emissão e transmissão de sentenças, nos arts. 7.º, 13.º, 28.º e 34.º;

f) A Lei não define a língua, sendo que deveria estabelecer que apenas a língua portuguesa poderá ser aceite no processo em que Portugal intervém como Estado de Execução (vd. art. 92.º do C.P.P., sem prejuízo dos acordos internacionais existentes com Espanha e França na matéria da cooperação judiciária em matéria penal[168]);

g) A Lei transforma em obrigatórios todos os motivos de recusa que a DQ 2008/909/JAI estabelece como facultativos, sendo que apenas devem constituir motivo obrigatório de recusa de execução as situações que se oponham ao direito interno (o art. 17.º não respeita esta matéria);

[168] http://guiaajm.gddc.pt/emissao_pedido.html

NÍVEIS DE COOPERAÇÃO

Autoridade judiciária portuguesa transmissora de sentença a um EM da UE

A Lei substitui a aplicação das disposições correspondentes das Convenções do Conselho da Europa relativas à transferência de pessoas condenadas (1983) e à vigilância de pessoas condenadas ou libertadas condicionalmente (1964) e algumas disposições da CAAS (1991) nas relações entre os EM da UE, a partir de 16 de dezembro de 2015.

a) Partes do preâmbulo e do articulado da DQ 2009/909/JAI relevantes para a interpretação e aplicação de disposições da Lei n.º 158/2015: *"Não obstante a necessidade de assegurar à pessoa condenada as devidas garantias, a sua participação no processo deve deixar de ser predominante, passando a não ser necessário o seu consentimento de cada vez que uma sentença é transmitida a outro Estado-Membro para efeitos do seu reconhecimento e da execução da condenação imposta"* (preâmbulo, 5).

O novo regime introduz uma alteração profunda no regime anteriormente em vigor (convenção CoE de 1983), que fazia depender a transferência (e a necessária revisão e confirmação da sentença) de pedido e consentimento da pessoa condenada. Porém, devem ser asseguradas as devidas garantias processuais da pessoa condenada reconhecidas pela CEDH e pela CDFUE (art. 6.º do Tratado da União Europeia), nomeadamente, o direito ao processo, a um tribunal e ao recurso, e os direitos a defensor, interpretação e tradução.

A Lei n.º 158/2015 não reflete a exigência de assegurar as devidas garantias do condenado no processo de emissão e no processo de execução.

A presente DQ deverá ser aplicada de forma a permitir o respeito pelos princípios gerais da igualdade, da equidade e da razoabilidade (preâmbulo, 6). O respeito por estes princípios implica a obrigação do Estado de condenação (de emissão) de averiguar se a pessoa deve ou não ser transferida para o Estado de nacionalidade ou residência, de acordo com o critério e condições estabelecidos no art. 4.º da DQ, de modo a realizar-se o objetivo de reinserção visado pelo novo regime (objetivo que se identifica com a finalidade das penas no sistema penal português). A transmissão da sentença para execução no Estado de nacionalidade ou residência não depende do consentimento da pessoa condenada (art. 6.º da DQ). A Lei 158/2015 não reflete este princípio, podendo induzir a ideia de que a transmissão da sentença depende de pedido do Estado de execução ou do condenado (art. 9.º, n.º 5).

A execução da condenação no Estado de execução deverá aumentar a possibilidade de reinserção social da pessoa condenada. Para se certificar de que a execução da condenação pelo Estado de execução contribuirá para facilitar a reinserção social da pessoa condenada, a autoridade competente do Estado de emissão deverá atender a elementos como, por exemplo, a ligação da pessoa ao Estado de execução e o facto de o considerar ou não como o local onde mantém laços familiares, linguísticos, culturais, sociais, económicos ou outros (preâmbulo, 9).

Na apreciação da realização do objetivo de reinserção, o Estado da condenação deve levar em conta os fatores mencionados neste ponto do preâmbulo, para fundamentar a sua decisão de transmissão da sentença. A Lei 158/2015 não dá expressão a esta intenção da DQ.

A presente DQ tem por objetivo estabelecer as regras segundo as quais um EM, tendo em vista facilitar a reinserção social da pessoa condenada, reconhece uma sentença e executa a condenação imposta (art. 3.º, n.º 1).

A DQ limita-se a estabelecer as regras para reconhecimento e execução da condenação com base na sentença transmitida pelo Estado de emissão (de condenação) acompanhada da certidão do modelo anexo. Como se salienta nas notas ao articulado, estas regras não têm a devida expressão processual na Lei 158/2015.

A opinião da pessoa condenada, a se refere o n.º 3 do art. 6.º, poderá ser útil, principalmente no que diz respeito à aplicação do n.º 4 do art. 4.º. O termo «especialmente» destina-se a contemplar também os casos em que a opinião da pessoa condenada inclua informações que possam ser relevantes para efeitos de recusa do reconhecimento e da execução. O disposto no n.º 4 do art. 4.º e no n.º 3 do art. 6.º não constitui motivo de recusa com base na reinserção social (preâmbulo, 10).

Em síntese, a autoridade judiciária portuguesa deverá atender ao preenchimento dos seguintes requisitos (vd. arts. 7.º, 8.º, 9.º, 10.º e 11.º da Lei n.º 158/2015, de 17 de setembro):

1) é aconselhável que exista consulta prévia entre as autoridades judiciárias envolvidas;
2) a pena a transmitir não se mostrar prescrita;
3) se a DQ 2009/909/JAI foi transposta em ambos os EM envolvidos[169];
4) se existe consentimento do arguido em cumprir a pena no EM para onde se pretende transferir a sentença;

---

[169] Informação disponível em: https://www.ejn-crimjust.europa.eu/ejn/EJN_Library_Status OfImpByCat.aspx?CategoryId=36

NÍVEIS DE COOPERAÇÃO

5) se se mostram salvaguardados os princípios da igualdade, da equidade e da razoabilidade e finalmente os efeitos ressocializadores das penas, que aconselham que o arguido cumpra a pena junto do local onde se mostra inserido sócio-profissionalmente;

6) é aconselhável que a autoridade judiciária requerida se tenha comprometido (por sua iniciativa ou por iniciativa do EM requerente em diligenciar pela execução da sentença);

7) ser preenchida a certidão constante do Anexo I a que alude o art. 8.º, n.º1 da Lei n.º 158/2015, sendo aconselhável que o preenchimento da mesma seja efetuada na supervisão do juiz do tribunal da condenação;

8) após trânsito da decisão de transmissão, nos termos do art. 7.º da Lei n.º 158/2015, de 17 de setembro, deve ser deixada certidão nos autos da condenação, e extraida certidão do despacho que profere a decisão de transmissão, da sentença de condenação, com nota de trânsito em julgado e da certidão/formulário devidamente preenchido, tudo devidamente e previamente traduzido para uma das línguas reconhecidas e aceites pelo EM requerido[170];

9) em seguida deverá a certidão ser entregue ao MP para que diligencie pela sua execução;

10) o processo de execução da pena no EM requerido deverá ser acompanhado no âmbito dos autos da condenação, até existir informação certificada que foi declarada extinta a pena a cumprir pelo arguido.

Autoridade judiciária portuguesa requerida da transmissão de sentença de outro EM da UE

A tramitação do processo ocorre nos Tribunais da Relação territorialmente competentes de acordo com a localização do requerido. Considerando que muitos aspetos carecem de regulamentação processual, que até á data não ocorreu, levantando sérios problemas na *praxis* judiciária, resta à jurisprudência resolver tais problemas. De qualquer forma, e no que concerne a aspetos particulares, deve acompanhar-se de perto as considerações indicadas no ponto D. RECONHECIMENTO DE SENTENÇAS E TRANS-

---

[170] Vd. http://guiaajm.gddc.pt/qcoop_paises. html

MANUAL DE COOPERAÇÃO JUDICIÁRIA INTERNACIONAL EM MATÉRIA PENAL

FERÊNCIA DE CONDENADOS NO ESPAÇO DA UE – LEI 158/2015, para o qual remetemos[171].

De qualquer forma, a análise do articulado da Lei mostra-se mais desenvolvida, sendo levantadas diversas questões de ordem prática e de técnica legislativa, em alguns pareceres[172][173].

4.7. Auxílio judiciário mútuo
Guia de auxílio judiciário mútuo em matéria penal http://gddc.ministe riopublico.pt/[174]

O Guia é um instrumento fundamental de consulta e orientação no auxílio judiciário mútuo em matéria penal. Contém informação legislativa e prática respeitante a tal matéria, referenciando normas internas e normas internacionais pertinentes.

4.8.1. Finalidades
Com o Guia, pretende-se facilitar o acesso e o conhecimento dos instrumentos internacionais, dos mecanismos e das ferramentas informáticas que os

---

[171] Nesta parte, acompanha-se de perto, por concordância, o ponto D. RECONHECIMENTO DE SENTENÇAS E TRANSFERÊNCIA DE CONDENADOS NO ESPAÇO DA UE – LEI 158/2015 COOPERAÇÃO JUDICIÁRIA INTERNACIONAL EM MATÉRIA PENAL, documento ORIENTAÇÕES E NOTAS DE PROCEDIMENTO DO MP NO TRIBUNAL DA RELAÇÃO DE LISBOA – Ref: CJIMP/TRL v. 07, julho de 2017

[172] Com particular relevância sobre a Proposta de Lei que veio dar origem à Lei n.º 158/2015, vejam-se os pareceres da ASJP, com notas gerais, tabela de correspondência entre os articulados da Lei e das DQ análise específica ao articulado, disponível em:
http://app.parlamento.pt/webutils/docs/doc.pdf?path=6148523063446f764c3246795a58 68774d546f334e7a67774c336470626d6c7561574e7059585270646d467a4c31684a53533 9305a58683062334d76634842734d7a4d334c56684a535638784c6e426b5a673d3d&fich= ppl337-XII_1.pdf&Inline=true
E o da P.G.R., em particular uma nota informativa elaborada pelo Sr. Procurador-Geral Adjunto Dr. José Luís Lopes da Mota, disponível em:
http://app.parlamento.pt/webutils/docs/doc.pdf?path=6148523063446f764c3246795a58 68774d546f334e7a67774c336470626d6c7561574e7059585270646d467a4c31684a53533 9305a58683062334d76634842734d7a4d334c56684a535638324c6e426b5a673d3d&fich= ppl337-XII_6.pdf&Inline=true

[173] Nesta matéria e para mais desenvolvimentos, ver o art. do autor, *"Os novos instrumentos legislativos nacionais em matéria de reconhecimento mútuo de decisões penais pre e post sentenciais no âmbito da UE"*, in Julgar n.º 28

[174] Teresa Alves Martins: *Um guia de auxílio judiciário mútuo em matéria penal* Revista do MP, n.º 128: outubro: dezembro 2011, no qual esta parte do Manual segue de forma muito aproximada

NÍVEIS DE COOPERAÇÃO

operacionalizam, promovendo a sua utilização e a criação de boas práticas nesta área.

Pretende-se, igualmente, promover uma apreciação integrada desses instrumentos, o que se revelará útil para a cooperação, nas situações em que Portugal e o outro Estado sejam partes em diferentes instrumentos existentes sobre a mesma matéria. Embora orientado para apoiar magistrados, na formulação de pedidos de auxílio judiciário, a informação constante do Guia é dirigida a todos os potenciais interessados.

4.8.2. Estrutura e conteúdos

O Guia está estruturado em tópicos, que pretendem abordar os diferentes planos da temática da cooperação.

Partindo da primeira p. inicial[175], é possível aceder aos seguintes conteúdos:

– Introdução, onde se descreve e caracteriza o objeto do Guia;
– Quadro de cooperação – onde se encontra uma p. de entrada para diferentes quadros de cooperação e para as normas subsidiárias da Lei interna, bem como p.s interiores, respetivamente relativas a:
  "Instrumentos" – onde são referenciados os instrumentos jurídicos adotados em diferentes quadros de cooperação relevantes para Portugal (CoE, UE, ONU, instrumentos bilaterais e convenção da Comunidade de Países de Língua Portuguesa) e são prestadas informações complementares,
  "Por país" – onde existe, para cada EM da UE e Estado associado a Schengen, uma chamada com informação jurídica e prática, por remissão para outras fontes, sobre as medidas de investigação que podem ser objeto de um pedido de auxílio, os instrumentos que constituem o quadro jurídico de referência, a forma e formulários do pedido, a tradução, a via de transmissão do pedido, as entidades facilitadoras e outras observações;
  "Quadro Geral" – onde se encontra uma tabela, que sintetiza as bases jurídicas de cooperação de Portugal com outros países e se fornece informação de base com vista à emissão do pedido;

---

[175] http://guiaajm.gddc.pt/

Emissão do pedido, onde se retoma o conteúdo da Circular da PGR no 4/2002, sobre cartas rogatórias, atualizando-as em função dos trabalhos ulteriores das instâncias comunitárias e internacionais;
Formulários, onde se referenciam e/ou disponibilizam versões eletrónicas utilizadas ou utilizáveis na emissão do pedido.
Ligações, sugerindo *sites* de instituições judiciárias, instituições nacionais, internacionais e estrangeiras.
Entidades facilitadoras, onde se informa sobre as estruturas que podem apoiar as autoridades judiciárias portuguesas emitentes do pedido, bem como sobre a respetiva competência.

4.8.3. Como usar
O guia pode ser abordado de diferentes modos, em função do objetivo da pesquisa: efetuando uma pesquisa direta, no caso de se desejar obter uma informação específica cuja localização se conhece, selecionando uma das perguntas da p. "O que procura?", que o direciona mais rapidamente para a informação que pretende obter caso desconheça o local onde a mesma se encontra.

4.8.4. Instrumentos Jurídicos
Esta página remete para os vários quadros internacionais de cooperação em que Portugal está integrado. Relembra-se, nesse contexto, que as disposições convencionais vigentes na ordem jurídica portuguesa são completadas pelas disposições da Lei interna aplicável, nomeadamente no que respeita à definição das autoridades competentes e à tramitação do processo de cooperação em Portugal.

Inspirado no modelo desenvolvido no GDDC, pretende-se agora atualizar o quadro legislativo nacional na sequência das últimas transposições ocorridas. Assim: as normas subsidiárias internas constam, essencialmente, dos arts. 229.º a 233.º do CPP e da Lei 144/99, de 31.8, Lei de cooperação judiciária internacional em matéria penal, em particular os arts. 20.º a 30.º e 145.º a 152.º, bem como, no que respeita a modalidades específicas de auxílio no combate à cibercriminalidade, a Lei 109/2009, de 15 de setembro, em particular os arts. 20.º a 26.º.

Aquelas regras e princípios devem, ainda, atender às normas de direito interno que com elas se encontrem numa relação de especialidade, como sucede, nomeadamente, com as que implementam instrumentos pertinentes da UE e com as disposições da mencionada Lei 109/2009, de 15 de setem-

NÍVEIS DE COOPERAÇÃO

bro, nomeadamente adaptando o direito interno à Convenção sobre Cibercrime do Conselho da Europa e às suas disposições.

a. Conselho da Europa[176]

Nesta p., selecionam-se os instrumentos convencionais elaborados no âmbito do Conselho da Europa, que abordam as matérias de auxílio judiciário penal e de perda e apreensão de bens, estabelecendo-se ligação para os respetivos textos e para a informação correlativa existente no GDDC (entre outra, entrada em vigor, instrumentos de ratificação por Portugal):

- A CoE59 – de enunciado muito simples, caracteriza o objeto do auxílio judiciário penal em termos gerais. Constitui o instrumento de "primeira geração", que permanece a matriz do auxílio judiciário penal no âmbito europeu. É ela que regula os requisitos e línguas do pedido, bem como os fundamentos de recusa e caracteriza as autoridades competentes, nos dois últimos casos com as modificações introduzidas pelas normas da Convenção de Schengen e outras normas da UE, adiante referidas.
- O Segundo Protocolo à CoE59, que amplia e moderniza o sistema da Convenção, entretanto complementado pelas disposições do Protocolo de 1978. O Segundo Protocolo, de 2001, inspira-se em soluções adotadas no âmbito da UE, que estende a um número de destinatários mais vasto. São os Estados não pertencentes à UE, membros do Conselho da Europa ou Estados terceiros, que podem ser convidados a tornar-se parte nas convenções desta organização.
- A Convenção do Conselho da Europa relativa ao Branqueamento, Deteção e Apreensão de Produtos do Crime, de 8 de novembro de 1990.

Um dos objetivos desta Convenção é o de completar a Convenção de 1959, nomeadamente quanto ao auxílio que visa a apreensão de bens para decretamento da sua perda. Nessa medida, é dotado de um quadro específico de cooperação internacional relativa à identificação, localização, apreensão e perda de bens, informado por critérios de exigibilidade, que permitam uma ampla cooperação, a transmissão proativa de informações e a superação das diferenças entre sistemas internos dos EM em matéria de perda, colocando no mesmo plano, do ponto de vista da cooperação internacional, a perda de

---

[176] Quadro de instrumentos mencionados no GDDC, agora atualizados pelo autor neste Manual

MANUAL DE COOPERAÇÃO JUDICIÁRIA INTERNACIONAL EM MATÉRIA PENAL

instrumentos, objetos e produtos do crime, direta ou indiretamente derivados da infração e a perda do respetivo valor.

– A Convenção sobre o Cibercrime. Esta Convenção inclui normas de cooperação internacional no combate a infrações penais cometidas através da Internet ou em ambiente informático, nomeadamente com vista à preservação e recolha de prova digital. O auxílio preconizado neste diploma é realizado em conformidade com os princípios e limites contemplados em convenções de auxílio judiciário penal e na Lei do Estado requerido. No plano interno, a Lei 109/2009, de 15 de setembro, que transpõe para a ordem jurídica interna a DQ 2005/222/JAI, de 24 de fevereiro de 2005, relativa a ataques contra sistemas de informação e adapta o direito interno à Convenção, contém normas sobre cooperação internacional no seu capítulo IV – arts. 20.º a 26.º, nomeadamente relativas à preservação e revelação expedita de dados informáticos, ao acesso transfronteiriço a esses dados, quando publicamente disponíveis ou com consentimento e à interceção de comunicações.

Entre os instrumentos convencionais, merecem destaque a CAAS, a CE2000 e o seu Protocolo, de 16 de outubro de 2001.

Entre as principais inovações da Convenção, encontram-se a consagração do contacto direto entre autoridades judiciárias como regra, o cumprimento do pedido tendencialmente de acordo com os formalismos exigidos pela Lei do Estado requerente, a transmissão espontânea de informações e o alargamento do auxílio judiciário, com a previsão expressa de novos tipos de atos de auxílio. No caso do Protocolo, prevê-se, nomeadamente, o auxílio judiciário com vista à obtenção de informações bancárias e sobre movimentos bancários. Ambos completam e desenvolvem as normas da CoE59 e seu Protocolo Adicional de 2001.

Dado que nem todos os EM da UE participam, nos mesmos termos, no acervo de Schengen e que há Estados associados que não são membros da UE, na Convenção e no Protocolo são expressamente identificadas as normas que desenvolvem as disposições de Schengen, sendo as ditas normas aplicáveis, também, aos Estados que se encontram vinculados à execução, aplicação e desenvolvimento do acervo de Schengen, atualmente, a Islândia, a Noruega, a Suíça e o Liechtenstein[177].

---

[177] Para maior desenvolvimento desta matéria e do sistema espanhol existente na cooperação judiciária em matéria penal, vd. obra do autor: *"A Cooperação Judiciária Europeia em matéria penal: o espaço ibérico em particular"*, Coimbra Editora, 2013, págs. 49 e ss.

NÍVEIS DE COOPERAÇÃO

Por último, importa referir os acordos internacionais em que é parte a UE, por força das competências para a celebração de acordos com países terceiros, a que aludiremos adiante, a propósito da cooperação no plano bilateral.

– instrumentos não convencionais

No que se refere aos atos típicos da UE, estão em causa decisões e DQ (art. 34.º, n. 2 TUE, antes do TL), diretivas e, eventualmente, regulamentos (v.g. arts. 82.º e 86.º TFUE), bem como as normas internas que lhes dão implementação.

Destacaremos, aqui, as seguintes decisões e DQ, a maioria das quais se encontra implementada por Portugal (e diversos outros EM).

– A DQ 2003/577/JAI do Conselho, de 22 de julho de 2003, relativa à execução na UE das decisões de congelamento de bens ou de provas, que visa obter o rápido congelamento ou apreensão de bens e de instrumentos e produtos do crime, de modo a impedir a sua destruição, transformação, deslocação, transferência ou alienação. Os ativos apreendidos destinam-se a constituir prova ou a serem objeto de declaração de perda num processo penal. Foi implementada pela Lei n. 25/2009, de 5 de junho. Esta DQ não dispensa, por conseguinte, um pedido ulterior de auxílio judiciário (agora mediante o anexo I da DEI[178]), para obter a transferência do elemento de prova para o Estado de emissão. Contudo, cabe notar que a execução da decisão de apreensão se pretende célere e quase automática, sem controlo da dupla incriminação relativamente a infrações constantes do art. 3.º, n. 2 (art. 3.º, n. 1 da Lei n. 25/2009), com previsão de prazos curtos de resposta e com limitação dos motivos de recusa essencialmente a situações de manifesta impossibilidade de dar satisfação aos pedidos ulteriores, por exemplo, em virtude da regra *ne bis in idem*[179].

---

[178] A Lei n.º 25/2009 (apreensão de bens ou de elementos de prova) foi entretanto revogada pela Lei n.º 88/2017, de 21 de agosto no que concerne aos pedidos de obtenção de prova, permanecendo válida para os pedidos de apreensão

[179] O procedimento para a apreensão de produtos de crime localizados em EM da UE vai depender da finalidade principal decorrente dessa apreensão. Se estiver em causa uma função processual probatória, deverá a autoridade judiciária competente preencher e emitir uma DEI (Decisão Europeia de Investigação, na sequência da Diretiva 2014/41/UE, de 3 de abril de 2014 e nos termos da Lei de transposição nacional n.º 88/2017, de 21 de agosto). Se, pelo contrário, esse fim probatório não existe, prosseguindo apenas a apreensão uma finalidade conservatória (preparar uma eventual futura declaração de perda em favor do Estado), a DEI

– A DQ 2006/783/ JAI do Conselho, de 6 de outubro de 2006, relativa à aplicação do princípio do reconhecimento mútuo às decisões de perda de bens, na redação que lhe foi dada pela DQ 2009/299/JAI do Conselho, de 26 de fevereiro de 2009. Esta DQ visa a efetivação da perda de bens e de instrumentos e produtos do crime, incluindo para restituição à vítima de infração penal no ou nos EM onde os bens se encontrarem. Foi implementada pela Lei 88/2009, de 31 de agosto. A autoridade de execução reconhece a decisão de perda estrangeira sem qualquer formalidade e toma de imediato as medidas necessárias à sua execução, sem prejuízo da possibilidade de invocar os motivos de recusa ou de adiamento a que haja lugar (art. 7.º). Também neste instrumento é dispensado o controlo da dupla incriminação em relação às infrações constantes da lista do art. 3.º, n. 2, devendo a decisão, que se pretende fazer executar, ser acompanhada de uma certidão (formulário multilingue) devidamente preenchida, que contém os elementos do pedido. Convém sublinhar a articulação deste instrumento com a DQ 2005/212/JAI, de 24 de janeiro de 2005, relativa à perda de produtos, instrumentos e bens relacionados com o crime, que preconizou a consagração, na Lei dos EM, de formas de perda tradicional e de novas formas de perda ampliada, das quais algumas, como a perda independente de uma condenação penal foram previstas a título facultativo. Contudo, da conjugação de ambas é possível concluir que a DQ processual tem menor alcance do que a substantiva, porquanto é possível recusar o reconhecimento e execução de uma decisão nos casos abrangidos pela segunda, relativos à aplicação de uma forma diferente de perda ampliada no âmbito de um processo penal ou de uma forma de perda ampliada não admitida pelo ordenamento jurídico do Estado onde a decisão deva ser executada.

– A Decisão 2007/845/JAI, de 6 de dezembro de 2007, relativa à cooperação entre os gabinetes de recuperação de bens dos EM no domínio da deteção e identificação de produtos ou outros bens relacionados com o crime, a estabelecer em cada EM (um ou mais gabinetes, consoante a organização interna de cada EM). Em Portugal, a decisão foi implementada pela Lei 45/2011, de 24 de junho, que cria o Gabinete de Recuperação de Ativos na dependência da PJ.

---

não é o instrumento adequado. Esse instrumento pode ser encontrado na Lei n.º 25/2009, de 5 de junho, (revogada apenas pela Lei n.º 88/2017, de 21 de agosto no que concerne aos pedidos de recolha de prova), bem como na Decisão Quadro n.º 2003/577/JAI, do Conselho, de 22 de julho.

NÍVEIS DE COOPERAÇÃO

– Os instrumentos relativos à comunicação de informações constantes do registo criminal, tendo em vista aprofundar as disposições dos arts. 13.º e 22.º da CoE59, na redação em vigor.

– A Decisão 2005/876/JAI do Conselho, de 21 de novembro de 2005, que primeiro desenvolveu as normas dessa Convenção, foi, entretanto, revogada e substituída pela DQ 2009/315/JAI, de 26 de fevereiro. Os pedidos continuam a ser emitidos de acordo com o formulário multilingue anexo à Decisão de 2005, tramitando em regra entre as Autoridades Centrais designadas pelos EM e indicadas no Manual de Procedimentos relativo à mesma Decisão.

– A DQ 2009/315/JAI do Conselho, de 26 de fevereiro de 2009, veio definir a organização e o intercâmbio, entre os EM, das informações constantes do registo criminal (condenações e inibições profissionais) e as correspondentes obrigações foram impostas medidas de inibição decorrentes de condenação por crimes sexuais contra crianças, possam ocultar esse facto noutro EM e aí continuar a ter crianças sob a sua responsabilidade profissional.

– As normas relativas à criação e funcionamento das Equipas de Investigação Conjuntas (EIC). Podem ser constituídas EIC na UE, as quais podem integrar funcionários de organismos comunitários e de países terceiros. Estas equipas podem ser formadas no âmbito de investigações criminais pendentes num EM que, pela sua complexidade, tenham implicações noutros deles, ou no caso de procedimentos penais paralelos em diferentes EM, mostrando-se necessária uma ação coordenada e concertada entre eles. O mecanismo da EIC foi consagrado na CE2000, que estabeleceu o respetivo quadro jurídico de referência (art. 13.º, completado pelos arts. 15.º e 16.º). Na pendência da ratificação da Convenção pelos EM, o Conselho adotou a DQ 2002/465/JAI de 13 de junho de 2002, com objeto idêntico ao daqueles normativos. A conjugação dos dois instrumentos faz-se por via do art. 5.º da DQ, nos termos do qual a mesma deixará de produzir efeitos quando a Convenção tiver entrado em vigor em todos os EM. A legislação interna portuguesa relativa às EIC consta do art. 145.º da Lei 144/99, de 31.8 (com a introdução de um novo no 6) e dos arts. 145.º-A e 145.º-B da mesma Lei, preceitos aditados pela Lei n.º 48/2003, de 22 de agosto. Quase todos os EM, bem como a Noruega, estão legalmente habilitados a participarem nessas equipas.

Em Portugal, existem dois pontos de contacto para a Rede de EIC (cujo secretariado se situa junto da Eurojust), ao nível judiciário e policial, situados respetivamente no DCIAP e na PJ.

Além do mais, existe também na matéria a Circular n.º1/2012 da PGR, de 18.01.2012, com vista ao estabelecimento de procedimentos uniformes de atuação na constituição de tais equipas, determinando-se, nos termos do art. 12.º, n.º 2 al. b) do Estatuto do Ministério Público algumas regras de procedimento aos magistrados do MP[180].

Quadro legislativo nacional de referência mais recente

– Lei n.º 35/2015, de 04.05[181] – constituiu a primeira alteração à Lei n.º 65/2003, de 23 de agosto, que aprova o regime jurídico do mandado de detenção europeu, em cumprimento da DQ 2009/299/JAI, do Conselho, de 26 de fevereiro de 2009, que reforça os direitos processuais das pessoas e promove a aplicação do princípio do reconhecimento mútuo no que se refere às decisões proferidas na ausência do arguido.

– Lei n.º 36/2015, de 04.05, alvo da declaração de retificação n.º 23/2015, de 09.06 – estabelece o regime jurídico da emissão, do reconhecimento e da fiscalização da execução de decisões sobre medidas de coação em alternativa à prisão preventiva, bem como da entrega de uma pessoa singular entre EM no caso de incumprimento das medidas impostas, transpondo a DQ 2009/829/JAI do Conselho, de 23 de outubro de 2009.

---

[180] *"1 – Sempre que os senhores magistrados entendam ser justificada a criação de uma equipa de investigação conjunta, envolvendo o Ministério Público e as autoridades de um ou mais Estados Membros da União Europeia, deverão solicitar o apoio do Membro nacional da Eurojust, seja para intermediação dos contactos com as autoridades estrangeiras, seja para a elaboração do plano operacional e do acordo de constituição, ou ainda para eventual recurso a mecanismos de financiamento comunitários.*
2 – Na elaboração do acordo de constituição os senhores magistrados deverão ter em consideração o modelo aprovado pela Resolução do Conselho de 26 de fevereiro de 2010, (2010/C 70/01), publicado no JO C-71, de 19.03.2010.
3 – Sempre que o plano operacional inclua ou preveja a prática de atos a autorizar pelo Ministro da Justiça, nos termos do disposto nos arts. 145.º, n.º 5, 145-A, n.º 4 e 5 , ou uma troca de informações nos termos do n.º 7 al. b), do mesmo art. 145.º-A, todos da Lei 144/99, de 31 de agosto, o respetivo pedido de autorização deve ser devidamente fundamentado e concretizado e encaminhado, por via hierárquica, para a Procuradoria Geral da República.
4 – Independentemente da inclusão ou previsão no plano operacional dos atos referidos no número anterior, a constituição da equipa será sempre submetida a autorização prévia do Procurador-Geral da República, com apresentação do projeto de acordo e da fundamentação para a constituição da equipa e, bem assim, com informação sobre as previsíveis implicações em matéria de custos inerentes ou decorrentes da formação da equipa."
[181] Estas Leis, por serem mais recentes, ainda não estão indicadas no guia do GDDC

NÍVEIS DE COOPERAÇÃO

– Lei n.º 37/2015, de 05.05, alvo da declaração de retificação n.º 28/2015, de 15.06.2015 – estabelece os princípios gerais que regem a organização e o funcionamento da identificação criminal, transpondo para a ordem jurídica interna a DQ 2009/315/JAI, do Conselho, de 26 de fevereiro de 2009, relativa à organização e ao conteúdo do intercâmbio de informações extraídas do registo criminal entre os EM, e revoga a Lei n.º 57/98, de 18 de agosto.

– Lei n.º 71/2015, de 20.07- estabelece o regime jurídico da emissão e transmissão entre Portugal e os outros EM da UE de decisões que apliquem medidas de proteção, transpondo a Diretiva n.º 2011/99/UE, do Parlamento Europeu e do Conselho, de 13 de dezembro de 2011, relativa à decisão europeia de proteção.

– Lei n.º 158/2015, de 17.09 – aprova o regime jurídico da transmissão e execução de sentenças em matéria penal que imponham penas de prisão ou outras medidas privativas da liberdade, para efeitos da execução dessas sentenças na UE, bem como o regime jurídico da transmissão e execução de sentenças e de decisões relativas à liberdade condicional para efeitos da fiscalização das medidas de vigilância e das sanções alternativas, transpondo as DQ 2008/909/JAI, do Conselho, e 2008/947/JAI, do Conselho, ambas de 27 de novembro de 2008.

– Lei n.º 30/2017 de 30 de maio – Transpõe a Diretiva 2014/42/UE, do Parlamento Europeu e do Conselho, de 3 de abril de 2014, sobre o congelamento e a perda dos instrumentos e produtos do crime na UE.

– Lei n.º 46/2017 de 5 de julho – Estabelece os princípios e as regras do intercâmbio transfronteiriço de informações relativas ao registo de veículos, para efeitos de prevenção e investigação de infrações penais, adaptando a ordem jurídica interna às DQ 2008/615/JAI e 2008/616/JAI.

– Lei n.º 67/2017, de 9 de agosto – Regula a identificação judiciária lofoscópica e fotográfica, adaptando a ordem jurídica interna às DQ 2008/615/JAI e 2008/616/JAI do Conselho, de 23 de junho de 2008.

– Lei n.º 83/2017 de 18 de agosto, estabelece medidas de combate ao branqueamento de capitais e ao financiamento do terrorismo, transpõe parcialmente as Diretivas 2015/849/UE, do Parlamento Europeu e do Conselho, de 20 de maio de 2015, e 2016/2258/UE, do Conselho, de 6 de dezembro de 2016, altera o Código Penal e o Código da Propriedade Industrial e revoga a Lei n.º 25/2008, de 5 de junho, e o DL n.º 125/2008, de 21 de julho: *i)* regula a troca automática de informações obrigatória relativa a decisões fiscais prévias transfronteiriças e a acordos prévios sobre preços de transferência e no domínio da fiscalidade, transpondo as Diretivas (UE) 2015/2376, do Conselho, de 8 de dezembro de 2015, e (UE) 2016/881, do Conselho, de 25 de maio de 2016, e procedendo à alteração de diversos diplomas (Decreto n.º 160/XIII); *ii)* estabelece medidas de combate ao branqueamento de capitais e ao financiamento do terrorismo, transpõe parcialmente as Diretivas 2015/849/UE, do Parlamento Europeu e do Conselho, de 20 de maio de 2015, e 2016/2258/UE, do Conselho, de 6 de dezembro de 2016, altera o Código Penal e o Código da Propriedade Industrial e revoga a Lei n.º 25/2008, de 5 de junho, e o Decreto-Lei n.º 125/2008, de 21 de julho (Decreto n.º 161/XIII); *iii)* aprova o Regime Jurídico do Registo Central do Beneficiário Efetivo, transpõe o capítulo III da Diretiva (UE) 2015/849, do Parlamento Europeu e do Conselho, de 20 de maio de 2015, e procede à alteração de Códigos e outros diplomas legais (Decreto n.º 162/XIII).

– Lei n.º 88/2017, de 21 de agosto, transpõe a Diretiva 2014/41/UE (DEI), do Parlamento Europeu e do Conselho, de 3 de abril de 2014, e revoga a Lei n.º 25/2009, de 5 de junho.

– Lei n.º 90/2017, de 22 de agosto – Segunda alteração à Lei n.º 5/2008, de 12 de fevereiro, que aprova a criação de uma base de dados de perfis de ADN para fins de identificação civil e criminal, e primeira alteração à Lei n.º 40/2013, de 25 de junho, que aprova a Lei de organização e funcionamento do conselho de fiscalização da base de dados de perfis de ADN.

4.9. Congelamento e perda dos instrumentos e produtos do crime (recuperação de ativos)

A Diretiva 2014/42/UE do Parlamento Europeu e do Conselho, de 3 de abril de 2014, sobre o congelamento e a perda dos instrumentos e produtos do crime na União Europeia foi transposta para a ordem jurídica portuguesa pela Lei n.º 30/2017, de 30 de maio que entrou em vigor em 31 de maio de 2017.

A Lei n.º 30/2017, de 30 de maio alterou:

a) A Lei n.º 5/2002, de 11 de janeiro, que estabelece medidas de combate à criminalidade organizada e económico-financeira;
b) A Lei n.º 34/2009, de 14 de julho, que estabelece o regime jurídico aplicável ao tratamento de dados referentes ao sistema judicial;
c) A Lei n.º 45/2011, de 24 de junho, que cria, na dependência da PJ, o Gabinete de Recuperação de Ativos;
d) O Decreto-Lei n.º 54/75, de 12 de fevereiro, que remodela o atual sistema de registo da propriedade automóvel;

NÍVEIS DE COOPERAÇÃO

e) O Código Penal, aprovado pelo Decreto-Lei n.º 400/82, de 23 de setembro;

f) O Código do Registo Predial, aprovado pelo Decreto-Lei n.º 224/84, de 6 de julho;

g) O Código do Registo Comercial, aprovado pelo Decreto-Lei n.º 403/86, de 3 de dezembro;

h) O Código de Processo Penal, aprovado pelo Decreto-Lei n.º 78/87, de 27 de fevereiro;

i) O Regime Geral das Instituições de Crédito e Sociedades Financeiras, aprovado pelo Decreto-Lei n.º 298/92, de 31 de dezembro;

j) A Lei geral tributária, aprovada em anexo ao Decreto-Lei n.º 398/98, de 17 de dezembro;

k) O Decreto-Lei n.º 164/2012, de 31 de julho, que aprova a orgânica do Instituto de Gestão Financeira e Equipamentos da Justiça, I.P.[182][183].

4.10. Cibercrime

A cibercriminalidade, cuja Lei nacional é a Lei n.º 109/2009 (Lei do Cibercrime), de 15 de setembro, não se esgota neste diploma legal, acolhendo todos os dias outros tipos de crimes, ditos comuns, que passaram a praticar-se em ambiente digital. Na perspetiva judiciária, esta área nova e de difícil compreensão, criou a necessidade de se aprofundarem, consolidarem e sedimentarem entendimentos quanto às diversas problemáticas jurídicas aportadas pelas novas práticas criminosas e por essa via, ao desenvolvimento dos mecanismos de cooperação judiciária em matéria penal.

---

[182] Para uma análise aprofundada desta matéria e consequências da Lei n.º 30/2017, de 30 de maio para o ordenamento jurídico português, vd. Conclusões do Colóquio sobre recuperação de ativos da Procuradoria Geral Distrital do Porto, 08.11.2017, disponível em https://www.pgdporto.pt/proc-web/news.jsf?newsItemId=1107

[183] Para maior desenvolvimento dos mecanismos nacionais e internacionais em matéria de recuperação de ativos deve consultar-se o art. de João Conde Correia, *"Cooperação judiciária internacional em matéria de recuperação de ativos"*, em vias de publicação, com as seguintes matérias: *I. Introdução, II. Breve história do confisco hodierno, III. Elementos para a história da cooperação judicial em matéria de recuperação de ativos; IV. Cooperação internacional em matéria de investigação de ativos; V. Cooperação judicial internacional para apreensão de ativos; VI. Cooperação judiciária internacional para efeitos de confisco*

O Gabinete de Coordenação da Atividade do Ministério Público na área da Cibercriminalidade (Gabinete Cibercrime)[184] tem sede na PGR, de quem é diretamente dependente. Tem como escopo geral a coordenação interna, do MP, em tal área da criminalidade, a formação específica nesta matéria e o genérico estabelecimento de canais de comunicação com fornecedores de serviço de acesso às redes de comunicação, que permitam facilitar a sua colaboração na investigação criminal. O Gabinete foi criado por Despacho do PGR, a 7 de dezembro de 2011. É coordenado por um Procurador da República.

Entre outros, o Gabinete Cibercrime tem como propósitos a coordenação, a formação específica de magistrados do MP, a interação com o setor privado e os órgãos de polícia criminal e, residualmente, o acompanhamento de processos concretos. A investigação criminal atual recorre frequentemente a diligências de obtenção de prova em suporte digital que supõem a colaboração de entidades privadas (por exemplo, de fornecedores de serviço Internet). Tais entidades – em regra sociedades comerciais – são as únicas detentoras de importante informação, muitas vezes determinante para a descoberta da verdade.

De acordo com a página de apresentação, na atualidade, as investigações criminais com utilização das redes de comunicações, havendo necessidade de recolha de prova eletrónica, estão disseminadas pelos diversos órgãos de polícia criminal – com exceção da PJ, todos os restantes órgãos de polícia criminal têm uma experiência nesta área mais recente.

Os objetivos gerais descritos – e em particular aqueles que se referem às vertentes de coordenação – supõem a ligação com o mundo real dos processos referentes a crimes praticados nas redes de comunicações. São essas investigações e a respetiva resolução eficaz que constituem o motivo último do Gabinete Cibercrime. Por isso, está entre os propósitos do Gabinete conhecer as tendências gerais do fenómeno criminógeno, que pode passar, em certos casos, pelo acompanhamento de processos pendentes, quer numa forma mais ampla e genérica, quer, se os contornos do caso concreto exigirem uma abordagem especial e direta, num acompanhamento processual mais próximo, nos termos do Estatuto do Ministério Público.

O Gabinete Cibercrime mantém uma rede de pontos de contacto em todo o território nacional (pelo menos, um magistrado por cada uma das Comar-

---

[184] http://cibercrime.ministeriopublico.pt/

NÍVEIS DE COOPERAÇÃO

cas). Aos pontos de contacto da rede compete estabelecer a comunicação do Gabinete Cibercrime com os colegas da sua Comarca, partilhando, num sentido, as questões referentes a cibercrime e a obtenção de prova digital que se suscitarem nos processos concretos; no outro, o resultado dos debates que se forem suscitando. Nalgumas Comarcas, o ponto de contacto é assegurado pelos magistrados a quem são distribuídos os inquéritos desta área (crimes previstos na Lei do Cibercrime e burlas informáticas) e os inquéritos em que haja particulares exigências na obtenção de prova digital ou em que se investiguem factualidades particularmente complexas, práticas com o uso de tecnologias. Nas restantes comarcas, sendo os pontos de contacto igualmente magistrados especializados nestas temáticas ou particularmente sensibilizados ou interessados nelas, são também um embrião de uma futura especialização na distribuição de processos deste tipo.

O Gabinete disponibiliza ainda uma ferramenta que permite apresentar denúncias, consultar legislação[185] e diversos *links* com as organizações internacionais que lidam com a matéria[186], em particular o CoE, a Eurojust, a Europol e diversos MP de outros países.

No âmbito do Gabinete cibercrime são também organizadas diversas iniciativas, como são os casos das reuniões do Fórum cibercrime[187], con-

---

[185] http://cibercrime.ministeriopublico.pt/iframe/legislacao-cibercrime

[186] http://cibercrime.ministeriopublico.pt/pagina/ligacoes

[187] O Fórum Cibercrime é a reunião informal de especialistas dos Ministérios Públicos lusófonos vocacionados para o combate ao cibercrime, criada pelo XIV Encontro de Procuradores-Gerais da Comunidade de Países de Língua Portuguesa (o qual se realizou em Lisboa, em outubro de 2016). Participam no evento representantes dos Ministérios Públicos de todos os países da CPLP: Angola, Brasil, Cabo Verde, Guiné Bissau, Moçambique, São Tomé e Príncipe, Timor-Leste e Macau – este último, como observador. Constitui objetivo geral deste Fórum a partilha de informação sobre os quadros jurídicos dos diversos países lusófonos, no âmbito da cibercriminalidade. Pretende-se também facilitar o intercâmbio de experiências e boas práticas processuais, tendo em vista a agilização das formas e dos canais de cooperação entre as diversas autoridades judiciárias. Temas como a formação nos domínios da cibercriminalidade e da obtenção de prova digital, bem como a adequação das legislações existentes aos desafios criados por estas novas realidades estão, igualmente, em debate. A reunião tem como propósitos finais o reforço da capacidade de combate ao cibercrime nos países lusófonos e o aumento da eficácia na recolha, preservação e utilização de prova digital, em processo penal. A realização da reunião foi apoiada pela UE pelo Conselho da Europa, através do Projeto GLACY+. Este programa inovador do CoE pode ser consultado em https://www.coe.int/en/web/cybercrime/glacy.

ferências internacionais sobre a matéria[188], reuniões da Ciberrede/Ciber Red[189].

Finalmente destaca-se ainda na atividade deste Gabinete, os protocolos, notas práticas e outras publicações[190].

No âmbito nacional, merece também destaque o Centro Nacional de Cibersegurança (CNCS), o qual tem por missão principal contribuir para que Portugal use o ciberespaço de uma forma livre, confiável e segura, através da melhoria contínua da cibersegurança nacional e da cooperação internacional[191]. O CNCS atua como coordenador operacional e autoridade nacional especialista em matéria de cibersegurança junto das entidades do

---

[188] Participam na conferência representantes dos Ministérios Públicos de Portugal e de todos os restantes países da CPLP (Angola, Brasil, Cabo Verde, Guiné Bissau, Moçambique, São Tomé e Príncipe, Timor-Leste e Macau – este último, como observador) bem como de 18 países ibero-americanos (Argentina, Bolívia, Brasil, Colômbia, Chile, Costa Rica, Cuba, Equador, El Salvador, Espanha, Guatemala, Honduras, México, Panamá, Paraguai, Perú, República Dominicana e Uruguai). No decurso dos trabalhos, magistrados e outros especialistas dos vários países, vão debater a criação de unidades especializadas dos Ministérios Públicos no combate ao cibercrime. Também o aprofundamento da cooperação internacional, em especial entre os países dos espaços lusófono e ibero-americano, está no topo da agenda deste evento. Esta iniciativa conta também com o apoio do Conselho da Europa, e a sua realização conta com o apoio do Projeto GLACY+ do Conselho da Europa.

[189] Rede ibero-americana de Ministérios Públicos especializados em cibercrime. Participam nesta reunião representantes de Portugal e de outros 18 países ibero-americanos (Argentina, Bolívia, Brasil, Colômbia, Chile, Costa Rica, Cuba, Equador, El Salvador, Espanha, Guatemala, Honduras, México, Panamá, Paraguai, Perú, República Dominicana e Uruguai). A CiberRede/*CiberRed*, Rede Ibero-Americana de Ministérios Públicos Especializados em Cibercrime foi constituída na XXIV Assembleia Geral da Associação Ibero-Americana de Ministérios Públicos (realizada em Lisboa, em outubro de 2016).

[190] http://cibercrime.ministeriopublico.pt/protocolos-nacionais

[191] Vd. https://www.cncs.gov.pt/.

O Centro Nacional de Cibersegurança (CNCS) tem por missão contribuir para que o país use o ciberespaço de uma forma livre, confiável e segura, através da promoção da melhoria contínua da cibersegurança nacional e da cooperação internacional, em articulação com todas as autoridades competentes, bem como da implementação das medidas e instrumentos necessários à antecipação, à deteção, reação e recuperação de situações que, face à iminência ou ocorrência de incidentes ou ciberataques, ponham em causa o funcionamento das infraestruturas críticas e os interesses nacionais.

Neste sentido, o CNCS atua junto dos operadores de serviços essenciais, dos prestadores de serviços digitais e das entidades do Estado na medida em que estes são cruciais para o bom funcionamento da sociedade portuguesa.

NÍVEIS DE COOPERAÇÃO

Estado, operadores de serviços essenciais e prestadores de serviços digitais, garantindo que o ciberespaço é utilizado como ELSJ, para proteção dos setores da sociedade que materializam a soberania nacional e o Estado de Direito Democrático.

4.11. Criminalidade Económica-Financeira[192]

4.11.1. Paraísos fiscais, "offshores" e praças financeiras
Breve enquadramento histórico e definição de conceitos (Paraíso Fiscal, Offshores e praças financeiras)

Na prossecução da sua missão, o CNCS possui as seguintes competências, a desempenhar no quadro da Estratégia de Segurança Nacional de Segurança do Ciberespaço, aprovada pela Resolução de Conselho de Ministros n.º 36/2015, de 12 de junho:

Exercer os poderes de autoridade nacional competente em matéria de cibersegurança, relativamente ao Estado e aos operadores de infraestruturas críticas nacionais.

Assegurar a produção de referenciais normativos em matéria de cibersegurança.

Desenvolver as capacidades nacionais de prevenção, monitorização, deteção, reação, análise e correção destinadas a fazer face a incidentes de cibersegurança e ciberataques.

Contribuir para assegurar a segurança dos sistemas de informação e comunicação do Estado e dos Operadores de serviços essenciais e Prestadores de serviços digitais.

Promover a formação e a qualificação de recursos humanos na área da cibersegurança, com vista à formação de uma comunidade de conhecimento e de uma cultura nacional de cibersegurança.

Promover e assegurar a articulação e a cooperação entre os vários intervenientes e responsáveis nacionais na área da cibersegurança.

Apoiar o desenvolvimento das capacidades técnicas, científicas e industriais, promovendo projetos de inovação e desenvolvimento na área da cibersegurança.

Assegurar o planeamento da utilização não militar do ciberespaço em situação de crise ou de conflito armado, no âmbito do planeamento civil de emergência;

Coordenar a cooperação internacional em matérias da cibersegurança, em articulação com o Ministério dos Negócios Estrangeiros;

Coordenar a transposição da Diretiva (UE) n.º 2016/1148 do Parlamento Europeu e do Conselho, de 6 de julho de 2016 relativa a medidas destinadas a garantir um elevado nível comum de segurança das redes e da informação em toda a União, para o ordenamento jurídico interno.

O CNCS atua também em articulação e estreita cooperação com as estruturas nacionais responsáveis pela ciberespionagem, ciberdefesa e cibercrime e ciberterrorismo, devendo comunicar à Polícia Judiciária, os factos de que tenha conhecimento relativos à preparação e execução de crimes.

[192] Considerando a relevância atual desta área jurídica e as crescentes necessidades de cooperação judiciária, mostra-se de todo pertinente ter um capítulo específico.

a) Breve enquadramento histórico

Os autores têm dificuldades em situar quando começaram os primeiros paraísos fiscais. Alguns afirmam que no século II a. C. apareceram as primeiras zonas francas oficiais, no Mediterrâneo oriental. A partir de 166 a. C., e durante perto de um século, a ilha de Delos pratica um comércio isento de taxas, de impostos e direitos alfandegários. Pela sua posição geográfica privilegiada, a ilha torna-se um centro de comércio e de trocas muito importante por onde transitam o marfim, os tecidos, o vinho, o trigo e as especiarias.

O mesmo princípio é retomado na Idade Média em diferentes cidades ("vilas francas"), mas também nos portos e nas feiras, que beneficiam de um princípio de extra territorialidade comercial e fiscal. A franquia conhece, no caso das cidades, um limite geográfico, e, no caso das feiras, um limite temporal (que vai de alguns dias a algumas semanas). A primeira feira franca aparece assim no século VII com a feira dita do Lendit, em Saint-Denis, instituída pelo rei Dagobert, instituída em nome das relíquias da Paixão. Entre os séculos XII e XIV, as grandes feiras de Lyon, de Brie, de Beaucaire ou ainda de Champagne beneficiaram do mesmo tratamento de favor.

O caso da cidade de Marselha é interessante: desde o início da era cristã, Marselha é uma república independente que dispõe de um porto franco que atrai navios e produtos de todo o Mar Mediterrâneo. Foi somente a partir de 1481, quando o Rei de França ocupou a cidade, que o estatuto do porto é posto em causa. Manterá contudo uma parte dos seus privilégios até 1817.

A partir do século XVI, é em torno dos entrepostos coloniais que se vão desenvolver atividades bancárias *offshore* ligadas às operações comerciais. Em 1910, com uma proibição americana, é que aparece no vocabulário o termo de branqueamento ou lavagem de dinheiro: para reintroduzir os proveitos ilegais que provêm do tráfego do álcool, os criminosos investiram "em casas de lavagem", as lavandarias com máquinas de moedas, que lhes permitiam branquear o dinheiro no sentido preciso da palavra. Mais tarde, em 1920, aparece uma nova geração de paraísos fiscais: zonas como as Bahamas, a Suíça ou o Luxemburgo começam a desenvolver legislações que permitem nomeadamente aos estrangeiros virem depositar os seus capitais para escapar aos impostos.

Muitos destes territórios, após a Segunda Guerra Mundial, pertencem *"aos esquecidos do Plano Marshall"*. Para financiarem o seu desenvolvimento, alguns deles especializaram-se nos pavilhões de conveniência enquanto outros adotaram uma estratégia de integração na ordem mundial pela desregulação e pelo segredo bancário.

NÍVEIS DE COOPERAÇÃO

O número de paraísos fiscais desde então não deixou de crescer, graças à liberalização financeira e ao desenvolvimento dos meios de comunicação telemáticos e informáticos que facilitam os movimentos rápidos de capitais, o que parece paradoxal numa primeira análise. Poder-se-ia imaginar que a atração dos paraísos fiscais poderia perder importância durante os anos 80/90 devido à desregulamentação financeira. Contudo, as práticas de atração fiscal articuladas com ofertas de opacidade e de competência asseguraram o seu desenvolvimento e a sua especialização. Os paraísos fiscais oferecem além dos privilégios fiscais uma série completa de serviços, muitos de elevado nível, na banca (em especial a gestão privada no Luxemburgo), nos seguros e puseram em marcha produtos financeiros mais sofisticados (*Hedge Funds*). As Ilhas Caimão constituem o exemplo de uma oferta offshore completa e integrada à finança mundial. Em alguns anos, este território britânico de 40 000 habitantes tornou-se um ator incontornável dos mercados financeiros internacionais com cerca de 600 bancos, 500 companhias de seguros, 50 000 IBC (*Internacional Business Company*), 25 000 trusts e quase 5 000 fundos de investimento.

O primeiro relatório oficial a alertar para os potenciais efeitos nocivos dos paraísos fiscais foi elaborado nos Estados Unidos em 1981, mas a aplicação de medidas severas contra as atividades dos paraísos fiscais começou a ser implementada apenas com a promulgação do Código de Conduta de Fiscalidade das Empresas da UE, em 1997, e com a publicação do relatório da OCDE sobre Concorrência Fiscal Prejudicial, em 1998. A Diretiva de Tributação da Poupança da UE, introduzida em 2005, foi o grande marco que se seguiu. Com efeito, foi a primeira tentativa de garantir a obtenção de informação sobre os paraísos fiscais de uma forma sistemática e abrangente.

Todavia, o desenvolvimento mais importante deu-se em 2008. A crise financeira global que irrompeu nesse ano fez das receitas fiscais o bem mais escasso à disposição dos governos da maior parte do mundo ocidental, com a consequência de que muitos mergulharam num profundo défice financeiro. À medida que os bancos do Reino Unido, Estados Unidos e Europa continental iam soçobrando em rápida sucessão, a opção de atribuir ao lado mais negro e associado aos paraísos fiscais do setor dos serviços financeiros a culpa por tudo o que tinha corrido mal teve o mérito de ser mais popular e, pelo menos, parcialmente justificável. Esse sentimento marcou a cimeira do G20 em abril de 2009, em Londres. Na comunicação final dizia-se: «*Hoje (...) emitimos uma declaração, "Reforço do Sistema Financeiro". Mais precisamente, acordamos (...) tomar medidas contra jurisdições não cooperantes, incluindo os paraísos fis-*

cais. Estamos preparados para aplicar sanções que protejam as nossas finanças públicas e os sistemas financeiros. A era do secretismo bancário chegou ao fim.» Foi uma afirmação ousada, sugerindo que os paraísos fiscais estavam fora do *mainstream* do sistema financeiro e que não cooperavam com outros Estados-nação nos domínios da regulamentação e gestão do risco financeiro; tornou claro que, da perspetiva dos governos que emitiram a declaração, o secretismo era o cerne do problema, sugerindo ainda que a aplicação de sanções a alvos específicos poderia resolver os problemas emergentes. Todas as ideias eram interessantes, mas a proposta de solução que nasceu dessa cimeira estava essencialmente errada. Como sustenta Richard Murphy,[193] poderá afirmar-se que um dos êxitos do secretismo dos paraísos fiscais foi o facto de o modo de funcionamento dos paraísos fiscais ter sido tão mal compreendido, sendo que, quando o mundo despertou para os abusos que estes permitiam, não fazia a mínima ideia de como especificar os problemas que criaram – ou, por conseguinte, o modo como os abordar. Por outro lado, embora o secretismo das operações bancárias seja uma característica inerente a alguns paraísos fiscais, não se trata de uma característica universal e não tem de o ser, uma vez que o sigilo dos paraísos fiscais foi e continuará a ser garantido de muitas outras formas.

b) Definição de conceitos (Paraíso Fiscal, Offshores e praças financeiras)

Para a Organização para a Cooperação e Desenvolvimento Económico (OCDE)[194], o conceito de "paraíso fiscal" (*tax haven*), no sentido clássico, refere-se a um país que impõe um imposto baixo ou inexistente, e é usado pelas sociedades para evitar impostos que de outra forma seriam pagos num país de alta tributação. Tem as seguintes características-chave: nenhum imposto ou imposto meramente nominal, falta de troca efetiva de informações, de transparência no funcionamento das disposições legislativas ou administrativas.

Para André Beauchamp[195], trata-se de *«um país ou um território que atribua a pessoas, físicas ou coletivas, vantagens fiscais suscetíveis de evitar a tributação no seu*

---

[193] *"O Livro Negro dos Offshores"*, Clube do Autor, 2017
[194] *Glossary of Tax Terms*, 2017
[195] *Guide Mondial des Paradis Fiscaux*, Ed. Grasset, Paris, 1981, p. 39

NÍVEIS DE COOPERAÇÃO

país de origem ou de beneficiar de um regime fiscal mais favorável do que o desse país, sobretudo em matéria de impostos sobre o rendimento e sobre sucessões».

No âmbito do direito comparado surgem pelo menos duas aceções do mesmo conceito: *"regime fiscal privilegiado"* (França), ou *"país submetido a um regime de tributação notavelmente mais vantajoso"* (Bélgica).

É uma prática generalizada os beneficiários (*beneficial owners*) da criminalidade tributária respaldarem-se em sociedades domiciliadas num paraíso fiscal e, não menos importante, aonde possam estar protegidos por uma maior confidencialidade, exponenciada pela prestação de serviços fiduciários e pelo sigilo bancário e fiscal. O que incrementa as dificuldades na averiguação (*disclosing*) das operações tituladas por sociedades *offshore* e seus intervenientes. Existem situações em que a propriedade ou controlo são exercidos através de uma cadeia de propriedade ou através de outra forma de controlo que não seja o controlo direto. Entre a entidade e a pessoa singular que detém a propriedade ou o seu controlo são interpostas uma ou várias outras entidades que podem, por sua vez, estar domiciliadas em várias jurisdições. Com o intuito de manter, quanto à estrutura societária, a confidencialidade (ou opacidade) relativamente à pessoa singular que, na verdade, detém a propriedade ou o seu controlo (*ultimate beneficial owner*).

Por sua vez, mercado de valores mobiliários (também designado por praça financeira) é um "espaço" ou "organização" onde é efetuado o encontro entre a oferta e a procura de valores mobiliários ou de outros instrumentos financeiros. No mercado de valores mobiliários podem ser distinguidos o mercado a contado e o mercado a prazo. Enquanto no mercado a contado as operações são liquidadas num prazo reduzido (até três dias úteis após a transação), num mercado a prazo, a liquidação ocorre num prazo mais alargado e correspondente a uma data pré-fixada em cada contrato negociado. No passado, os mercados de valores mobiliários funcionavam em grandes salas onde os corretores transmitiam com o auxílio de gestos e sinais, as ordens dadas pelos seus clientes. A entidade que geria o mercado registava as diversas ordens de compra e de venda (as chamadas ordens de bolsa), calculava a cotação de cada valor mobiliário e dava como realizadas as operações, promovendo a sua liquidação. Atualmente a negociação realiza-se através de sistemas eletrónicos – os corretores atuam à distância, introduzindo as ordens dadas pelos seus clientes nos sistemas informáticos de negociação no mercado; quando se encontram duas ofertas de sentido inverso (uma de venda e outra de compra), o sistema realiza a operação de compra e venda e informa os corretores que as enviaram que as ofertas foram executadas.

Definição e características dos paraísos fiscais e judiciários

Definição: Os paraísos fiscais são territórios que podem ser Estados soberanos ou dependências mais ou menos autónomas de outros países (Ilhas Jersey, Ilhas Caimão, etc.). Estes territórios partilham vários elementos:

- segredo bancário rigoroso (oponível nomeadamente ao juiz estrangeiro);
- reduzida ou nenhuma carga fiscal, quer sejam sobre os rendimentos, os lucros ou sobre os patrimónios, particularmente para os não residentes;
- grande facilidade de instalação e de criação de sociedades, com pouco formalismo, frequentemente com Leis sobre trusts (ou dando efeito aos trusts estrangeiros) muito liberais;
- cooperação judicial internacional limitada.

Esta definição mais larga que a retida habitualmente pelos fiscalistas internacionais tem em conta um conjunto de critérios que vão para além do simples aspeto fiscal.

Características

A – Rigoroso sigilo bancário
B – Nível reduzido da carga fiscal
C – Condições de instalação de sociedades fictícias para os particulares assim como para as empresas fictícias
D – Ausência de cooperação judicial efetiva
E – Nível de estabilidade económico e político dos PFJ

Processos Mediáticos

- *Panama Papers – http://ministeriopublico.gob.pa/papeles/*
- *Lux Leaks – https://www.icij.org/investigations/luxembourg-leaks/*
- *Malta Leaks – https://projects.icij.org/swiss-leaks/countries/mlt*
- *Football Leaks – https://footballleaks2015.wordpress.com/*
- *Paradise Papers – https://www.icij.org/investigations/paradise-papers/*

Com o surgimento dos casos mediáticos, designadamente os *Panama Papers, Lux Leaks, Malta Leaks, Football Leaks* e *Paradise Papers*, quem opta por esquemas fiscais agressivos sabe que a probabilidade de vir a ser descoberto passou a ser real – é a grande novidade para todos os *deal makers* deste tipo de processos. Quando um cliente pergunta agora a um banqueiro, advogado

NÍVEIS DE COOPERAÇÃO

ou consultor se lhe garantem absoluta confidencialidade nos processos que lhes aconselharam, alguém pode responder com seriedade a essa questão? Não pode, porque os *leaks* vieram para ficar.

Estatísticas

Em Portugal, em 2016, só considerando os contribuintes residentes, empresas e particulares, enviaram cerca de 416 milhões de euros para paraísos fiscais que a UE colocou na lista negra. O grosso dos valores transferidos teve dois destinos: Emirados Árabes Unidos e Macau, que receberam 206,2 milhões de euros e 185,5 milhões de euros, respetivamente.

Os residentes em Portugal realizaram ainda operações com o Panamá, enviando 23 milhões de euros, Barbados, Trinidad e Tobago e Santa Lucia, embora os montantes transferidos para estes três destinos sejam residuais. Os números são retirados das estatísticas divulgadas pela Autoridade Tributária e Aduaneira das transferências feitas para *offshores* em 2016. Considerando a totalidade das operações comunicadas pelos bancos, e incluindo portanto entidades e singulares não residentes, no ano passado saíram para jurisdições da lista negra europeia 1.408 milhões de euros, de um total movimentado de 8,6 mil milhões de euros. A grande diferença nos valores por destino entre residentes e não residentes explica-se, sobretudo, pelo Panamá que, no caso dos não residentes, recebeu 661 milhões de euros no ano passado. Por outro lado, constata-se que as transferências feitas por contribuintes nacionais para Macau são mais expressivas do que aquelas que são efetuadas por não residentes[196].

Se forem analisados os motivos comunicados pelos bancos para estas operações, verificamos que à semelhança do que acontece com a generalidade das operações para offshores a categoria que justifica mais dinheiro movimentado é a da gestão de tesouraria, uma classificação genérica que encaixa em vários tipos de operação. Estes números cruzam os destinos que a UE considerou não cooperantes em matéria de controlo e combate à evasão fiscal com as transferências comunicadas pelos bancos portuguesas relativas a operações feitas no ano passado. Não existem dados atualizados sobre os valores totais que estão guardados por contribuintes portugueses nos cha-

---

[196] https://infogram.com/valores-enviados-de-portugal-em2016-para-offshores-da-lista-negra-da-uniao-europeia1hnp27npo8xy4gq

mados paraísos fiscais. A UE divulgou em 5 de dezembro de 2017[197] uma lista negra de 17 países não cooperantes depois de ter passado meses a avaliar os sistemas fiscais destes destinos e a negociar condições e compromissos com as respetivas autoridades.

Algumas jurisdições conseguiram escapar para já à lista negra, ficando numa lista cinzenta, por terem dado garantias de que iam tomar medidas para cumprir as exigências de cooperação e transparência da UE. Apesar da lista comum da UE ser muito mais reduzida do que a portuguesa, que tem mais de 80 jurisdições – e voltará a crescer com o regresso de Jersey, Ilha de Man e Uruguai votado no Orçamento do Estado de 2018 –, há países que não estão na classificação portuguesa. São os casos da Mongólia, Namíbia, Coreia do Sul, Tunísia e Macau. Mas, no caso do antigo território português, os bancos já comunicam ao fisco as operações feitas para a Macau, para o qual existe recomendação de vigilância reforçada em matéria de prevenção e combate ao branqueamento de capitais.

As autoridades internacionais que monitorizam as medidas que cada país adota para responder ao risco de branqueamento de capitais consideram que o maior risco de Macau resulta da utilização da indústria do jogo, a maior do mundo, para lavagem do dinheiro gerado com crimes como corrupção, fraude, entre outros. O território tem tomado medidas para controlar esses riscos, mas que ainda são consideradas insuficientes.

4.11.2. Controlo do branqueamento de capitais

De acordo com Jeffrey Robinson *«O branqueamento do dinheiro é todo presti-digitação. Um truque de magia para a criação da riqueza. É, possivelmente, o mais próximo que alguém já chegou da alquimia.»*[198].

Segundo alguns autores, a expressão jornalística "branqueamento de capitais" apareceu na década de 1920 nos Estados Unidos da América, como referência às práticas contabilísticas de Meyer Lansky, contabilista de Al Capone. Tal especialista financeiro, utilizando estações de lavagem de automóveis, conseguia dissimular o dinheiro que a organização criminosa chefiada por Al Capone, obtinha através das mais diversas práticas criminosas,

---

[197] Em 5 de dezembro de 2017, o Conselho Europeu chegou a acordo para a publicação da Lista de jurisdições não cooperantes para efeitos fiscais, a qual será publicada proximamente no Jornal Oficial da UE – Doc. 15429/17

[198] Os Branqueadores de Dinheiro – citado por Januário Lourenço, Solicitador, em *"Branqueamento de Capitais"* – Verbo Jurídico – 2002.

NÍVEIS DE COOPERAÇÃO

relevando-se os ganhos através de "sindicatos" que garantiam uma certa paz nos locais onde se implementavam, o jogo ilícito, tráfico de armas e álcool, etc. Outros autores referem que "branqueamento de capitais" tem de facto o mesmo local de nascimento, mas porque os contabilistas da referida organização criminosa usavam não estações de serviço automóvel mas sim lavandarias, o que levou a esta expressão mais próxima de "lavagem".

Em Portugal usa-se a designação "branqueamento de capitais"; Espanha adota *"blanqueo de capitales"*; França *"blanchiment d'argent"*; Itália segue a designação *"riciclaggio di denaro"*; os países com língua inglesa empregam *"money laundering"*; Brasil e alguns países africanos de língua oficial portuguesa, após ponderação política do termo, por questões raciais, usam *"lavagem de dinheiro"*, o mesmo acontecendo em alguns países de língua castelhana da América de Sul que optam por *"lavado de ativos"*.

Todas estas expressões dizem respeito à mesma prática ou atividade, que corresponde ao comportamento de encobrimento ou dissimulação, através de um conjunto de operações praticadas através do sistema económico, com primordial presença do financeiro, da origem ilícita ou criminosa dos bens obtidos. Por conseguinte, sendo este o seu objetivo primordial pode dizer--se que o branqueamento de capitais é o *"processo por meio do qual se pretende ocultar a origem ilícita dos bens resultantes de uma determinada atividade criminosa, permitindo a manutenção do controle sobre o seu produto, e oferecendo uma cobertura legal para as diversas fontes criminosas de rendimento".*

Para a maioria dos países, o branqueamento de capitais e o financiamento do terrorismo colocam questões importantes relativas à prevenção, à deteção e ao procedimento penal. As sofisticadas técnicas utilizadas para branquear capitais e para financiar o terrorismo contribuem para aumentar a complexidade destas questões. Estas técnicas são sofisticadas ao ponto de envolverem diferentes tipos de instituições financeiras; múltiplas operações financeiras; intermediários, tais como consultores financeiros, contabilistas, empresas de fachada e outros prestadores de serviços; transferências para, através de e provenientes de diferentes países; e diversos instrumentos financeiros e outros tipos de ativos que podem acumular dividendos. Não obstante, o branqueamento de capitais é, fundamentalmente, um conceito simples.

Trata-se do processo pelo qual os produtos de uma atividade criminosa são dissimulados para ocultar a sua origem ilícita. Em suma, o branqueamento de capitais envolve os produtos derivados de bens obtidos de forma criminosa e não propriamente esses bens.

O financiamento do terrorismo também é um conceito fundamentalmente simples. É o apoio financeiro, por qualquer meio, ao terrorismo ou àqueles que incentivam, planeiam ou cometem atos de terrorismo. No entanto, é mais difícil definir o conceito de terrorismo, pois o termo pode ter implicações importantes de natureza política, religiosa e nacional de um país para outro. O branqueamento de capitais e o financiamento do terrorismo apresentam muitas vezes características operacionais semelhantes relacionadas, na sua maioria, com a ocultação e a dissimulação.

Os branqueadores de capitais enviam fundos ilícitos através de canais legais com o objetivo de ocultar a sua origem criminosa, enquanto os financiadores do terrorismo transferem fundos, que podem ter origem lícita ou ilícita, de modo a ocultar a sua origem e uso final, que se traduz no apoio ao terrorismo. Mas o resultado é o mesmo – a recompensa.

Quando os capitais são branqueados, os criminosos lucram com as suas ações; são recompensados ao ocultar o ato criminoso que gera os produtos ilícitos e ao dissimular as origens do que aparentam ser produtos legítimos.

Da mesma forma, aqueles que financiam o terrorismo são recompensados ao ocultar as origens dos seus fundos e ao dissimular o apoio financeiro à execução dos seus estratagemas e ataques terroristas.

O branqueamento de capitais pode ser definido de várias maneiras. A maioria dos países partilha a definição adotada pela Convenção das Nações Unidas contra o Tráfico Ilícito de Estupefacientes e Substâncias Psicotrópicas (1988) (*Convenção de Viena*) e pela Convenção das Nações Unidas contra a Criminalidade Organizada Transnacional (2000) (*Convenção de Palermo*):

✓ A conversão ou a transferência de bens, quando o autor tem o conhecimento de que esses bens são provenientes de qualquer infração ou infrações [de tráfico de drogas] ou da participação nessa ou nessas infrações, com o objetivo de ocultar ou dissimular a origem ilícita desses bens ou de ajudar qualquer pessoa envolvida na prática dessa ou dessas infrações a furtar-se às consequências jurídicas dos seus atos;

• A ocultação ou a dissimulação da verdadeira natureza, origem, localização, disposição, movimentação, propriedade de bens ou direitos a eles relativos, com o conhecimento de que provêm de uma infração ou infrações ou da participação nessa ou nessas infrações; e

✓ A aquisição, a detenção ou a utilização de bens, com o conhecimento, no momento da sua receção, de que provêm de qualquer infração ou infrações ou da participação nessa ou nessas infrações

NÍVEIS DE COOPERAÇÃO

De comum em todas estas definições é que o branqueamento de capitais é: um processo; que tem como objetivo a ocultação de bens, capitais ou produtos; com a finalidade de lhes dar uma aparência final de legitimidade.

Enumeração e desenvolvimento dos instrumentos internacionais

ONU
- Convenção da ONU contra o Tráfico Ilícito de Estupefacientes e Substâncias Psicotrópicas (1988) (Convenção de Viena),
- Convenção da ONU para a Eliminação do Financiamento do Terrorismo (1999)
- Convenção da ONU contra a Criminalidade Organizada Transnacional (2000) (Convenção de Palermo)
- Lei Modelo da Organização das Nações Unidas sobre o Branqueamento, Perda e Cooperação Internacional Relativos aos Produtos do Crime (1999)
- Lei Modelo da Organização das Nações Unidas sobre o Branqueamento de Capitais e os Produtos do Crime (2000)

FATF/GAFI
- As Quarenta Recomendações sobre o branqueamento de capitais
- Recomendações Especiais sobre o Financiamento do Terrorismo (Recomendações Especiais)

Organização dos Estados Americanos
- Organização dos Estados Americanos, com o seu Regulamento Modelo sobre Delitos de Branqueamento Relacionados com o Tráfico Ilícito de Drogas e Outros Delitos Graves (1999) (Regulamento Modelo da OEA)

Conselho da Europa
- Convenção do Conselho da Europa relativa ao branqueamento, deteção, apreensão e perda dos produtos do crime e ao financiamento do terrorismo – CETS 198 – 2005

Quadro da UE
- Diretiva 91/308/CEE do Conselho, de 10.06.1991, relativa à prevenção da utilização do sistema financeiro para efeitos de branqueamento de capitais (JO L 166 de 28.06.1991)

- Decisão-Quadro de 26.06.2001 relativa ao branqueamento de capitais, à identificação, deteção, congelamento, apreensão e perda dos instrumentos e produtos do crime (JO L 182 de 05.07.2001)
- Diretiva 2001/97/CE do Parlamento Europeu e do Conselho de 4.12.2001 que altera a Diretiva 91/308/CEE do Conselho relativa à prevenção da utilização do sistema financeiro para efeitos de branqueamento de capitais (JO L 344 de 28.12.2001)
- Diretiva 2005/60/CE do Parlamento Europeu e do Conselho de 26.10.2005 relativa à prevenção da utilização do sistema financeiro para efeitos de branqueamento de capitais e de financiamento do terrorismo (JO L 309 de 25.11.2005)
- Decisão-Quadro 2005/222/JAI do Conselho de 24.02.2005 relativa a ataques contra os sistemas de informação (JO L 69 de 16.03.2005) – substituída pela diretiva de 12.08.2013
- Diretiva sobre a criminalização do branqueamento de capitais (2015/849)

Por sua vez, a UE decidiu legislar novamente sobre esta matéria. Assim, a Diretiva sobre a criminalização do branqueamento de capitais foi adotada em 20 de maio de 2015 (2015/849), visa complementar a quarta diretiva sobre combate ao branqueamento de capitais: o Conselho Europeu apelou, em dezembro de 2015, à revisão e ao reforço da legislação da UE contra o branqueamento de capitais e o financiamento do terrorismo. A Comissão Europeia publicou a proposta de alteração da quarta diretiva em 5 de julho de 2016, sendo que esta faz parte do plano de ação, de 2016, da Comissão Europeia para reforçar a luta contra o financiamento do terrorismo. O Conselho adotou conclusões sobre esse plano em 12 de fevereiro de 2016.

As principais alterações propostas à quarta diretiva relativa ao branqueamento de capitais são:
- dão resposta às eventuais ameaças ligadas à utilização das novas tecnologias em transações financeiras
- reforçam e harmonizam o controlo dos fluxos financeiros provenientes de países terceiros de risco elevado
- aumentam a transparência
- conferem mais poderes às unidades nacionais de informação financeira.
- as novas regras não criarão obstáculos à utilização normal do sistema financeiro e incluem salvaguardas adequadas para as liberdades económicas e os direitos fundamentais, nomeadamente a proteção de dados

NÍVEIS DE COOPERAÇÃO

- visa implementar padrões internacionais, v.g. Convenção de Varsóvia de 2005 (CoE) e recomendações do FATF (Financial Action Task Force on Money Laundering) (G7, 36 Membros)
- abordagem geral do Conselho alcançada em junho de 2017 (Doc. 9718/17)

Em breve: negociações com o PE e depois conversações tripartidas no âmbito do processo legislativo ordinário.

Em 5 de dezembro de 2017, o Conselho Europeu chegou a acordo para a publicação da Lista de jurisdições não cooperantes para efeitos fiscais[199].

Para responder de forma coordenada e eficaz, as principais organizações mundiais desenvolveram ferramentas:

Organização das Nações Unidas
- O Grupo de Ação Financeira sobre o Branqueamento de Capitais
- O Comité de Basileia de Supervisão Bancária
- Associação Internacional dos Supervisores de Seguros
- Organização Internacional das Comissões de Valores
- Grupo Egmont de Unidades de Informação Financeira

Grupos de trabalho/missão:
- **ONU – Global Programme against Money-Laundering, Proceeds of Crime and the Financing of Terrorism**
  https://www.unodc.org/unodc/en/money-laundering/index.html?ref=menuside
- **Conselho da Europa – *Moneyval* – Committee of Experts on the Evaluation of Anti-Money Laundering Measures and the Financing of Terrorism**
  https://www.coe.int/en/web/moneyval/home?
- **Conselho Europeu: Luta contra o branqueamento de capitais e o financiamento do terrorismo**
  http://www.consilium.europa.eu/en/policies/fight-against-terrorism/fight-against-terrorist-financing/
- **Comissão Europeia**
  https://ec.europa.eu/taxation_customs/fight-against-tax-fraudtax-evasion_

---

[199] Doc. 15429/17

Princípios gerais de cooperação internacional para o combate ao branqueamento de capitais[200]

De acordo com os padrões internacionais, os princípios gerais abaixo indicados devem ser aplicados pelos países para assegurar a existência de dispositivos eficazes para a troca de informações e para facultar a cooperação internacional em cada estádio da investigação do branqueamento de capitais ou do financiamento do terrorismo:

- ✓ Quando uma autoridade no país A tem informações oficialmente pedidas por uma autoridade no país B, a autoridade que recebeu o pedido no país A deve estar autorizada a fornecer rapidamente as informações à autoridade que fez o pedido no país B.
- ✓ Quando uma autoridade no país A tem informações que, segundo o seu conhecimento, seriam úteis para uma autoridade no país B, a autoridade no país A deve estar autorizada a fornecer as informações espontânea e rapidamente à autoridade no país B.
- ✓ Quando uma autoridade no país A recebe um pedido de uma autoridade no país B, relativo à obtenção de informações ou de um documento, ou à realização de uma investigação ou de um inquérito, ou à execução de uma determinada ação específica no contexto de uma análise, investigação ou processo de branqueamento de capitais, a autoridade que recebe o pedido no país A deve estar autorizada a executar a ação pedida (naturalmente, se esta ação for permitida, de acordo com as regras aplicáveis à execução das suas funções a nível nacional).

Esta troca de informações ou a prestação de assistência e cooperação a uma autoridade estrangeira não devem estar sujeitas a condições indevidamente restritivas. No entanto, é geralmente aceite que a autoridade que recebe o pedido possa aplicar certas condições à prestação de assistência. Por exemplo, a autoridade que recebe o pedido poderia sujeitar a sua assistência às condições abaixo indicadas e estipular que a autoridade que faz o pedido:

---

[200] Para maior desenvolvimento, vd: Paul Allan Schott, *"Guia de Referência Anti-Branqueamento de Capitais e de Combate ao Financiamento do Terrorismo"*, Segunda Edição e Suplemento sobre a Recomendação Especial IX, Capítulo VIII, Cooperação Internacional.

NÍVEIS DE COOPERAÇÃO

✓ Desempenhe funções similares às da autoridade que recebe o pedido (princípio da **especialidade**);

✓ Descreva, no seu pedido, os fins e o âmbito da utilização da informação, sendo que a informação, após ser transmitida pela autoridade que recebe o pedido, deverá ser utilizada pela autoridade que o apresentou conforme o âmbito indicado no seu pedido (**transparência**);

✓ Esteja sujeita a disposições de confidencialidade semelhantes às aplicáveis à autoridade que recebe o pedido (**confidencialidade**); e

✓ Esteja, ela própria, autorizada a trocar informações com a autoridade que recebe o pedido (**reciprocidade**).

A ligação entre o branqueamento de capitais e o financiamento do terrorismo

As técnicas utilizadas para branquear capitais são essencialmente as mesmas utilizadas para ocultar as origens e os fins do financiamento do terrorismo. Os fundos utilizados para apoiar o terrorismo podem ter origem em fontes legítimas, em atividades criminosas ou em ambas. De qualquer forma, é importante dissimular a fonte do financiamento do terrorismo, quer esta seja lícita quer ilícita. Se for possível ocultar a fonte, esta continua disponível para atividades de financiamento do terrorismo no futuro. Da mesma forma, para os terroristas, é igualmente importante ocultar a utilização dos fundos, para que a atividade de financiamento continue sem ser detetada.

Diagrama[201]:

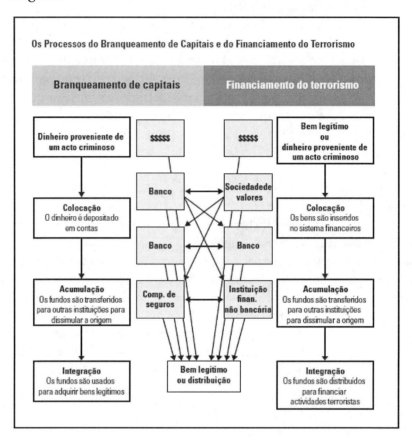

Para além dos instrumentos convencionais, tem assumido particular protagonismo a nível internacional, a *Financial Action Task Force* (FATF) ou Grupo de Ação Financeira (GAFI).

A FATF ou GAFI é um organismo intergovernamental que foi criado em 1989, na reunião da Cimeira dos Países do Grupo dos 7 (G7) em Paris, e tem como objetivo desenvolver e promover políticas, nacionais e internacionais, de combate ao branqueamento de capitais e ao financiamento do terrorismo. Em abril de 1990, o GAFI emitiu 40 Recomendações de combate ao branqueamento de capitais, que se viriam a tornar nos padrões mundiais

---

[201] Paul Allan Schott, obra citada, p. 29

das medidas antibranqueamento de capitais e a base para qualquer avaliação das políticas de prevenção e de combate ao Branqueamento, as quais foram reconhecidas pelas ONU, pelo CoE e pela UE. O GAFI promove padrões internacionais e a aplicação efetiva das medidas legais, regulamentares e operacionais necessárias para combater o branqueamento de capitais, o financiamento do terrorismo e outras ameaças à integridade do sistema financeiro internacional.

O GAFI *i)* emite recomendações destinadas a prevenir e a reprimir esses crimes (consideradas standards internacionais nestas matérias), *ii)* promove a avaliação mútua da observância desses *standards iii)* determina contramedidas relativamente às jurisdições com deficiências relevantes e *iv)* identifica novos riscos e metodologias de combate a estas atividades criminosas.

Em fevereiro de 2012, após a conclusão do terceiro ciclo de avaliações mútuas a que foram sujeitos os países membros do GAFI, este reviu novamente as suas Recomendações, tendo em vista reforçar as obrigações nas situações de risco mais elevado e permitir aos países reduzirem a intensidade dessas obrigações em situações de risco manifestamente baixo, as quais estão disponíveis na área de legislação e documentação relevante.

Portugal é membro do GAFI desde 1990. O GAFI procede, três vezes por ano, à identificação dos países com frágeis medidas de combate ao BC/FT ("jurisdições de elevado risco e não cooperantes"), em dois documentos públicos que divulga na sua p. na internet: http://www.fatf-gafi.org/home/ Portugal foi avaliado com nota máxima no sistema de prevenção e combate ao branqueamento de capitais e ao financiamento do terrorismo. A classificação foi atribuída num plenário do FATF, que se realizou entre 1/3 de novembro de 2017, em Buenos Aires. http://www.fatf-gafi.org/publications/fatfgeneral/documents/outcomes-plenary-november2017.html#MEXICO_PORTUGAL

Unidades de Informação Financeira[202]

O Grupo Egmont de Unidades de Informação Financeira (Grupo Egmont), que é a organização que define os padrões normativos internacionais para as UIFs, adotou a seguinte definição de UIF em novembro de 1996:

---

[202] Para maior desenvolvimento, vd: Paul Allan Schott, *"Guia de Referência Anti-Branqueamento de Capitais e de Combate ao Financiamento do Terrorismo"*, Segunda Edição e Suplemento sobre a Recomendação Especial IX, Capítulo VII, A Unidade de informação financeira.

MANUAL DE COOPERAÇÃO JUDICIÁRIA INTERNACIONAL EM MATÉRIA PENAL

- Uma agência central nacional com responsabilidade pela receção (e, quando permitida, a solicitação), análise e difusão, às autoridades competentes, de informações financeiras divulgadas *i)* respeitantes aos produtos suspeitos do crime, ou *ii)* exigidas pela legislação ou regulamentação nacional para combater o branqueamento de capitais.

A Convenção das Nações Unidas contra a Criminalidade Organizada Transnacional (2000) (Convenção de Palermo) adotou esta definição, declarando que *"Cada Estado Parte... considerará a possibilidade de criar um serviço de informação financeira que funcione como centro nacional de recolha, análise e difusão de informação relativa a eventuais atividades de branqueamento de capitais".*

Alargando esta definição, o GAFI requer que os países estabeleçam uma UIF, que tenha estas três funções essenciais, ou seja, recolher ou "guardar" as informações comunicadas, analisá-las e trocar informações financeiras, com o objetivo de detetar e combater o branqueamento de capitais e o financiamento do terrorismo. O GAFI tem também como exigência geral a de que todas as autoridades nacionais troquem informações e cooperem com as suas homólogas nacionais e internacionais.

Em 2004, o Grupo Egmont reviu a sua definição de UIF para incluir especificamente o combate ao financiamento do terrorismo. A definição atual de uma UIF é a seguinte:

- Uma agência central nacional com responsabilidade pela receção (e, quando permitida, a solicitação), análise e difusão, às autoridades competentes, de informações financeiras divulgadas: i) respeitantes aos produtos suspeitos do crime e o potencial financiamento do terrorismo, ou ii) exigidas pela legislação ou regulamentação nacional para combater o branqueamento de capitais e o financiamento do terrorismo.

Como resultado, a definição do Grupo Egmont para uma UIF é totalmente coerente com *As Quarenta Recomendações*.

PACED

O Projeto de Apoio à Consolidação do Estado de Direito (PACED) pretende contribuir para prevenir e lutar eficazmente contra a corrupção, o branqueamento de capitais e a criminalidade organizada, especialmente o tráfico de estupefacientes, através da melhoria das capacidades humanas e institucionais, nos Países Africanos de Língua Oficial Portuguesa (PALOP) e Timor-Leste.

O PACED desenvolve um conjunto de atividades que visam contribuir para a melhoria da capacidade dos países parceiros para prevenir e lutar contra a corrupção, o branqueamento de capitais e a criminalidade organizada, em particular o tráfico de estupefacientes.
Site relevante: http://www.paced-paloptl.com.

Enumeração e desenvolvimento dos instrumentos nacionais
Em Portugal, muito recentemente foi adotado novo pacote legislativo:
– Lei n.º 83/2017 de 18 de agosto, estabelece medidas de combate ao branqueamento de capitais e ao financiamento do terrorismo, transpõe parcialmente as Diretivas 2015/849/UE, do Parlamento Europeu e do Conselho, de 20 de maio de 2015, e 2016/2258/UE, do Conselho, de 6 de dezembro de 2016, altera o Código Penal e o Código da Propriedade Industrial e revoga a Lei n.º 25/2008, de 5 de junho, e o Decreto -Lei n.º 125/2008, de 21 de julho:

- ✓ Regula a troca automática de informações obrigatória relativa a decisões fiscais prévias transfronteiriças e a acordos prévios sobre preços de transferência e no domínio da fiscalidade, transpondo as Diretivas (UE) 2015/2376, do Conselho, de 8 de dezembro de 2015, e (UE) 2016/881, do Conselho, de 25 de maio de 2016, e procedendo à alteração de diversos diplomas (Decreto n.º 160/XIII).
- ✓ Estabelece medidas de combate ao branqueamento de capitais e ao financiamento do terrorismo, transpõe parcialmente as Diretivas 2015/849/UE, do Parlamento Europeu e do Conselho, de 20 de maio de 2015, e 2016/2258/UE, do Conselho, de 6 de dezembro de 2016, altera o Código Penal e o Código da Propriedade Industrial e revoga a Lei n.º 25/2008, de 5 de junho, e o Decreto-Lei n.º 125/2008, de 21 de julho (Decreto n.º 161/XIII).
- ✓ Aprova o Regime Jurídico do Registo Central do Beneficiário Efetivo, transpõe o capítulo III da Diretiva (UE) 2015/849, do Parlamento Europeu e do Conselho, de 20 de maio de 2015, e procede à alteração de Códigos e outros diplomas legais (Decreto n.º 162/XIII)

Problemas: Violação do segredo profissional entre advogado e cliente? – http://boletim.oa.pt/oa-04/capa
O art. 368.º-A, do Código Penal vê o seu campo de aplicação alargado, pois constituem "delito antecedente" (*predicate offence*) *i)* as condutas previstas e punidas por aquele preceito legal; *ii)* a aquisição, a detenção ou a utilização de bens, com conhecimento, no momento da sua receção, de que

provêm de uma atividade criminosa ou da participação numa atividade dessa natureza; e *iii)* a participação e a associação em qualquer um dos referidos atos, a tentativa e a cumplicidade na sua prática, a facilitação da sua execução ou o aconselhamento da sua prática. São ainda criados novos delitos: divulgação ilegítima de informação, revelação e favorecimento da descoberta de identidade, e desobediência. A vulneração dos deveres e obrigações previstos na nova Lei constitui um amplo leque de contraordenações que, no limite, podem ascender a €5.000.000,00 (no caso de uma pessoa coletiva ou entidade equiparada) e a €1.000.000,00 (tratando-se de pessoas singulares), limites máximos que poderão mesmo ser elevados para o dobro caso se demonstre um benefício financeiro superior a € 500.000,00.

O Regime Jurídico do Registo Central do Beneficiário Efetivo (RCBE) tem como objetivo impedir que o sistema financeiro seja utilizado como meio para práticas de branqueamento de capitais e para financiar o terrorismo. O RCBE consiste numa base de dados, com informação suficiente, exata e atual sobre a pessoa ou as pessoas singulares que, ainda que de forma indireta ou através de terceiro, detêm a propriedade ou o controlo efetivo das entidades a ele sujeitas, sendo gerido pelo Instituto de Registos e Notariado. Para efeitos de aplicação deste regime, haverá que recorrer ao conceito de beneficiário efetivo, previsto na Lei n.º 83/2017, de 18 de agosto, que estabelece as medidas de combate ao branqueamento de capitais e ao financiamento do terrorismo, considerando-se como tal as seguintes pessoas:

✓ A pessoa ou pessoas singulares que, em última instância, detêm a propriedade ou o controlo, direto ou indireto, de uma percentagem suficiente de ações ou dos direitos de voto ou de participação no capital de uma pessoa coletiva;

✓ A pessoa ou pessoas singulares que exercem controlo por outros meios sobre essa pessoa coletiva;

✓ A pessoa ou pessoas singulares que detêm a direção de topo, se, depois de esgotados todos os meios possíveis e na condição de não haver motivos de suspeita, não tiver sido identificada nenhuma pessoa ou subsistirem dúvidas de que a pessoa ou pessoas identificadas sejam os beneficiários efetivos.

No entanto, quando o cliente for uma entidade societária, para os efeitos de aferição da qualidade de beneficiário efetivo, as entidades obrigadas:

NÍVEIS DE COOPERAÇÃO

✓ Consideram como indício de propriedade direta a detenção, por uma pessoa singular, de participações representativas de mais de 25% do capital social do cliente;
✓ Consideram como indício de propriedade indireta a detenção de participações representativas de mais de 25% do capital social do cliente por entidade societária que esteja sob o controlo de uma ou várias pessoas singulares ou várias entidades societárias que estejam sob o controlo da mesma pessoa ou das mesmas pessoas singulares;
✓ Verificam a existência de quaisquer outros indicadores de controlo e das demais circunstâncias que possam indiciar um controlo por outros meios.

Por último, também se consideram como beneficiários efetivos dos fundos fiduciários:

✓ O fundador, o administrador ou administradores fiduciários de fundos fiduciários, o curador, os beneficiários ou, se os mesmos não tiverem ainda sido determinados, a categoria de pessoas em cujo interesse principal o fundo fiduciário foi constituído ou exerce a sua atividade, ou qualquer outra pessoa singular que detenha o controlo final do fundo fiduciário através de participação direta ou indireta ou através de outros meios.

Uma nota especial quanto aos atos notariais, processuais ou outros que contenham factos sujeitos a registo, que deverão conter, sempre que esteja em causa o pagamento de uma quantia, a indicação do momento em que tal ocorre e do meio de pagamento utilizado. Caso o pagamento ocorra antes ou no momento da celebração do ato, deve ser consignado no instrumento: tratando-se de pagamento em numerário, a moeda utilizada; tratando-se de pagamento por cheque, o seu número e a entidade sacada; tratando-se de pagamento através da realização de uma transferência de fundos, a identificação da conta do ordenante e da conta do beneficiário ou a menção do identificador único da transação ou do número do instrumento de pagamento utilizado e do respetivo emitente.

1. Âmbito de aplicação
Estão sujeitas ao RCBE as seguintes entidades:

✓ As associações, cooperativas, fundações, sociedades civis e comerciais, bem como quaisquer outros entes coletivos personalizados, sujeitos ao direito português ou ao direito estrangeiro, que exerçam atividade ou pratiquem ato ou negócio jurídico em território nacional que determine a obtenção de um número de identificação fiscal em Portugal;

✓ As representações de pessoas coletivas internacionais ou de direito estrangeiro que exerçam atividade em Portugal;

✓ Outras entidades que, prosseguindo objetivos próprios e atividades diferenciadas das dos seus associados, não sejam dotadas de personalidade jurídica;

✓ Os instrumentos de gestão fiduciária registados na Zona Franca da Madeira (*trusts*);

✓ As sucursais financeiras exteriores registadas na Zona Franca da Madeira.

✓ Os fundos fiduciários e os outros centros de interesses coletivos sem personalidade jurídica com uma estrutura ou funções similares, sempre que o respetivo administrador fiduciário, o responsável legal pela respetiva gestão ou a pessoa ou entidade que ocupe posição similar seja uma entidade obrigada na aceção da Lei de Combate ao Branqueamento de Capitais; aos mesmos seja atribuído um NIF pela Autoridade Tributária e Aduaneira; estabeleçam relações de negócio ou realizem transações ocasionais com entidades obrigadas.

No que concerne ao mecanismo de prevenção e do combate ao branqueamento de capitais e ao financiamento do terrorismo:

A *AT – Autoridade Tributária e Aduaneira* pode solicitar informações no âmbito da prevenção e do combate ao branqueamento de capitais e ao financiamento do terrorismo e aceder aos mecanismos, procedimentos, documentos e informações relativos aos deveres de identificação, diligência efetiva e conservação quanto aos beneficiários efetivos, de molde a assegurar o bom funcionamento da troca automática de informações obrigatória no domínio da fiscalidade.

O *DCIAP – Departamento Central de Investigação e Ação Penal* passa a poder aceder diretamente, mediante despacho, a toda a informação necessária aos procedimentos de averiguação preventiva subjacentes aos delitos em causa, com reforço das medidas já existentes em sede de cooperação internacional entre autoridades judiciárias e órgãos de polícia criminal.

Comissão de Coordenação de Políticas de Combate ao BC/FT

A Comissão de Coordenação de Políticas de Prevenção e Combate ao Branqueamento de Capitais e ao Financiamento do Terrorismo (BC/FT) foi criada através da Resolução do Conselho de Ministros n.º 88/2015, de 06.10, e tem como missão acompanhar e coordenar a identificação, avaliação e resposta aos riscos de BC/FT a que Portugal está ou venha a estar exposto, contribuindo para a melhoria contínua da conformidade técnica e da eficácia do sistema nacional de combate ao BC/FT.

A existência de uma autoridade ou mecanismo de coordenação das políticas nacionais de combate ao BC/FT é um imperativo desde a revisão das Recomendações do GAFI em 2012 e da publicação da Diretiva (UE) n.º 2015/849, do Parlamento Europeu e do Conselho, de 20 de maio de 2015 (art. 7.º).

A Comissão de Coordenação funciona na dependência do Ministério das Finanças. É presidida por um Secretário de Estado, designado pelo membro do Governo responsável pela área das Finanças, e é composta pelas seguintes pessoas e entidades:

- Ministério das Finanças
- Ministério dos Negócios Estrangeiros
- Ministério da Administração Interna
- Ministério da Justiça
- Ministério da Economia
- Ministério da Solidariedade, Emprego e Segurança Social
- Procuradoria-Geral da República
- Secretário-Geral do Sistema de Segurança Interna
- Polícia Judiciária
- Guarda Nacional Republicana
- Polícia de Segurança Pública
- Serviço de Informações de Segurança do Sistema de Informações da República Portuguesa
- Banco de Portugal
- Comissão do Mercado de Valores Mobiliários
- Autoridade de Supervisão de Seguros e Fundos de Pensões
- Autoridade de Segurança Alimentar e Económica
- Instituto de Registos e Notariado, I. P.
- Instituto dos Mercados Públicos, do Imobiliário e da Construção, I. P.
- Serviço de Regulação e Inspeção de Jogos do Turismo de Portugal, I. P.
- Autoridade Tributária e Aduaneira

- Ordem dos Advogados
- Ordem dos Revisores Oficiais de Contas
- Ordem dos Contabilistas Certificados
- Ordem dos Solicitadores e dos Agentes de Execução
- Coordenador da delegação portuguesa ao GAFI

Avaliação Nacional de Risco

Em junho de 2015 foi concluída a primeira avaliação nacional dos riscos de branqueamento de capitais e de financiamento do terrorismo (ANR), elaborada pelo Grupo de Trabalho constituído pelo Despacho n.º 9125/2013, de 12 de julho, do Ministro de Estado e das Finanças. Esta ANR teve em vista colocar Portugal em conformidade com os novos padrões internacionais de luta contra o BC/FT (em especial, as recomendações do GAFI), e dotar as suas autoridades de um instrumento essencial para utilizar, de forma mais eficaz, os escassos recursos disponíveis e para poder aplicar medidas preventivas proporcionais à natureza dos riscos, otimizando dessa forma os seus esforços.

Portal BC/FT: http://www.portalbcft.pt/pt

Estatísticas

Em 2016, de acordo com o relatório anual de segurança interna de 2016, foram instaurados 183 inquéritos pelo crime de branqueamento de capitais e findaram 174[203]. Esta área de criminalidade continua a ser uma prioridade[204].

---

[203] 13 por acusação, 92 por arquivamento, 69 por outros motivos, sendo que foi aplicado o instituto da suspensão provisória do processo em 2 processos. Branqueamento de capitais: o maior número de inquéritos iniciados teve lugar no DCIAP (51) e nas comarcas de Lisboa (43), Porto (19), Braga (9) e Faro (8). O maior número de inquéritos findos teve lugar no DCIAP (74) e nas comarcas de Lisboa (25), Porto (15), Faro e Santarém (7). Foram deduzidas acusações pela prática deste crime no DCIAP (3) e em seis comarcas, designadamente, Lisboa (3), Coimbra e Santarém (2), Faro, Lisboa Oeste e Porto (1).

[204] *O fenómeno do branqueamento de capitais continua a exigir uma atenção reforçada atentas as estratégias ditas 'empresariais' adotadas pelas estruturas do crime organizado (ocultando a utilização de fluxos financeiros ilegítimos nas atividades económicas de aparente legalidade que desenvolvem). Neste domínio, em 2016, a estratégia que se revelou fundamental para antecipar a emergência de novos desafios securitários e ampliar o conhecimento sobre os principais agentes de ameaça passou, a nível da cooperação nacional, pelos trabalhos desenvolvidos pela Comissão de Coordenação das Políticas de Prevenção e Combate ao Branqueamento de Capitais e ao Financiamento do Terrorismo, devidamente enquadrados no quarto ciclo de avaliações mútuas do Grupo de Ação Financeira (GAFI) – e ao nível internacional (bilateral*

NÍVEIS DE COOPERAÇÃO

As operações de prevenção de branqueamento de capitais levadas a cabo na sequência de informação veiculada pelas entidades financeiras e não financeiras, a que se referem os arts. 3.º e 4.º da Lei n.º 25/2008, de 5 de junho, destinam-se à prevenção e investigação dos crimes de branqueamento de vantagens de proveniência ilícita, financiamento do terrorismo e dos crimes tributários.

Foram iniciados 5.172 procedimentos de prevenção de branqueamento de capitais. Foram efetuadas 179 comunicações ao abrigo do art. 17.º da citada Lei, tendo sido judicialmente confirmadas 45 situações de suspensão de operações bancárias envolvendo os montantes totais de 23.924.235 euros e 4.147.470 dólares americanos.

Por sua vez, na Unidade Nacional Europol, foram abertos 91 processos sobre branqueamento de capitais[205].

4.11.3. Cooperação policial e judiciária internacional[206]

A cooperação internacional entre as autoridades judiciais é de particular importância para qualquer sistema que ambicione ser amplo e eficaz contra as atividades de branqueamento de capitais. Na prática, nenhum processo de branqueamento de capitais pode ter êxito sem o apoio de uma jurisdição estrangeira numa determinada etapa da investigação[207]. A cooperação internacional depende da assinatura e ratificação de todas as Convenções relevantes aprovadas pela ONU e outras organizações internacionais e regionais. De facto, estas convenções fornecem muitas vezes o fundamento jurídico necessário para a troca de informação com autoridades judiciais estrangeiras e a realização de ações em nome destas autoridades.

Devido à diferente natureza da cooperação judiciária internacional, foram estabelecidos vários princípios adicionais e/ou inteiramente especí-

---

e multilateral) pela cooperação com outros Serviços de Informações. – relatório anual de segurança interna de 2016, p. 80

[205] Relatório anual de segurança interna de 2016, p. 182

[206] Para maior desenvolvimento, vd: Paul Allan Schott, *"Guia de Referência Anti-Branqueamento de Capitais e de Combate ao Financiamento do Terrorismo"*, Segunda Edição e Suplemento sobre a Recomendação Especial IX, Capítulo VIII, Cooperação Internacional

[207] Para maior desenvolvimento vd. artigo de Euclides Dâmaso Simões, *"A importância da cooperação judiciária internacional no combate ao branqueamento de capitais"*, na Revista Portuguesa de Ciência Criminal, ano 16, n.º 3, págs. 423 a 473.

ficos nesta área. Estes princípios são originários das várias Convenções da ONU, assim como das Recomendações do GAFI.

Importa destacar que os vários requisitos constitucionais devem ser respeitados e abordados aquando da negociação de acordos entre autoridades judiciárias soberanas. Além disso, deve ter-se muito cuidado para não permitir que os suspeitos procurem refúgio na categoria não extraditável de "crimes políticos" nos casos BC/FT, especialmente quando estes envolvam pessoas influentes.

1. Princípios básicos

As Leis e os procedimentos devem incentivar e facilitar o auxílio judiciário mútuo nos assuntos relacionados com a aplicação das Leis BC/FT, especialmente no que concerne à utilização de medidas de coação. Entre estas figuram o fornecimento de documentos pelas instituições financeiras e outras pessoas; a revista de pessoas e a busca em instalações; a localização e a identificação de bens; além da apreensão de bens e a recolha de provas para utilização nas investigações e nos processos BC/FT e em ações conexas em curso em jurisdições estrangeiras. As Leis e os procedimentos adequados devem prever o auxílio judiciário mútuo efetivo nas investigações ou processos BC/FT, em que a jurisdição solicitante requeira: 1) o fornecimento ou a apreensão de informações, documentos ou provas (incluindo registos financeiros) das instituições financeiras, outras entidades ou pessoas singulares; 2) buscas em instituições financeiras, outras entidades e domicílios; 3) a tomada de declarações de testemunhas; e 4) a localização, identificação, congelamento, apreensão e perda dos bens branqueados ou destinados a ser branqueados, dos produtos do branqueamento de capitais e dos bens utilizados ou destinados a ser utilizados para o financiamento do terrorismo, assim como dos instrumentos de tais infrações, ou de bens de valor equivalente.

Devem celebrar-se tratados ou outros acordos formais (e mecanismos informais) para apoiar a cooperação internacional; como por exemplo, através do auxílio judiciário mútuo bilateral ou multilateral. Os acordos institucionais e de outro tipo devem permitir que as autoridades policiais troquem informações com as suas homólogas internacionais relativamente ao objeto das investigações; estes acordos devem basear-se nos acordos em vigor e em outros mecanismos de cooperação. Além disso, as autoridades nacionais devem registar o número, a origem e a finalidade dos pedidos de tais trocas de informação, assim como a satisfação desses pedidos.

Os países devem dotar as suas autoridades policiais e judiciárias com recursos financeiros, humanos e técnicos adequados para que possam assegurar uma vigilância adequada, realizar investigações e reagir pronta e plenamente aos pedidos de assistência recebidos de outros países.

2. Princípios adicionais

Na medida do possível, os diferentes padrões vigentes nas jurisdições requerentes e requeridas, no que respeita ao elemento "intenção" da infração nos termos das Leis nacionais, não devem afetar a capacidade de prestar o auxílio judiciário mútuo. A assistência deve ser prestada nas investigações e nos processos em que as pessoas tenham cometido quer a infração de branqueamento quer as infrações subjacentes, assim como nas investigações e nos processos em que as pessoas tenham cometido apenas a infração de branqueamento de capitais. As autoridades devem ser autorizadas a realizar investigações (incluindo a divulgação controlada de informações confidenciais) em cooperação com as autoridades competentes de outros países; deverá ser assegurada a garantia da existência de salvaguardas adequadas. Os acordos devem permitir a coordenação transnacional efetiva da apreensão e da perda, incluindo, quando permitida, a autorização para a partilha, com outros países, dos bens declarados perdidos, quando a perda resulta direta ou indiretamente de ações policiais coordenadas.

Finalmente, os procedimentos devem permitir a extradição dos indivíduos acusados de branqueamento de capitais, de financiamento do terrorismo ou de infrações conexas, ou prever o julgamento do acusado num determinado país, quando este não puder ser extraditado.

Em geral, os países devem garantir que as suas autoridades competentes prestem a mais ampla cooperação internacional às suas homólogas estrangeiras. Com efeito, os países têm o direito de impor certas condições antes de prestar auxílio, embora tenham de evitar a imposição de condições indevidamente restritivas a esse auxílio. Uma condição que pode ser imposta ao auxílio judiciário mútuo ou à extradição é a dupla incriminação, embora os países sejam incentivados a facultar a ajuda mesmo quando este requisito não estiver verificado. Certos países não criminalizam determinadas infrações fiscais, tais como a evasão fiscal, como infrações subjacentes ao branqueamento de capitais e, por conseguinte, é possível que estejam impedidos de prestar a assistência requerida por outro país no contexto de um inquérito sobre o branqueamento dos produtos de um crime fiscal. No entanto, quando as questões fiscais são apenas uma parte do pedido e este apresenta uma componente não fiscal, sempre que a componente fiscal inclua uma infração subjacente ao branqueamento de capitais, o país que recebe o pedido deve prestar a assistência requerida.

Recomendações específicas aos Estados sobre cooperação policial e judiciária[208]

Instrumentos internacionais
Os países devem adotar medidas imediatas para serem signatários e implementarem completamente a Convenção de Viena (1988), a Convenção de Palermo (2000), a Convenção das Nações Unidas contra a Corrupção (2003), e a Convenção Internacional para a Supressão do Financiamento do Terrorismo (1999). Onde for aplicável, os países também serão incentivados a ratificarem e implementarem outras convenções internacionais importantes, como a Convenção do Conselho da Europa sobre o Crime Cibernético (2001), a Convenção Interamericana contra o Terrorismo (2002) e a Convenção do Conselho da Europa sobre Branqueamento, Busca, Apreensão e Confisco de Produtos de Crimes e sobre o Financiamento do Terrorismo (2005).

Assistência Jurídica Mútua
Os países devem prestar, de maneira rápida, construtiva e efetiva, a mais ampla assistência jurídica mútua possível com relação a investigações, processos e procedimentos relacionados ao branqueamento de capitais, aos crimes precedentes e ao financiamento do terrorismo. Os países devem ter uma base legal adequada para prestar assistência e, quando apropriado, devem ter em vigor tratados, acordos ou outros mecanismos para fortalecer a cooperação.

Em particular, os países:

a) Não devem proibir ou impor condições que restrinjam de forma desnecessária ou indevida a prestação de assistência jurídica mútua.

b) Devem garantir que possuem processos claros e eficientes para a priorização e execução oportuna dos pedidos de assistência jurídica mútua. Os países devem utilizar uma autoridade central ou outro mecanismo oficial estabelecido para a efetiva transmissão e execução dos pedidos. Deveria ser

---

[208] Para maior desenvolvimento nas recomendações 36 a 40 das recomendações do GAFI.

NÍVEIS DE COOPERAÇÃO

mantido um sistema de gestão de casos para se monitorar o progresso dos pedidos.

c) Não devem recusar-se a atender a um pedido de assistência jurídica mútua tendo como única justificação o facto de o crime envolver também questões fiscais.

d) Não devem recusar-se a atender a um pedido de assistência jurídica mútua alegando que as Leis internas exigem que as instituições financeiras mantenham sigilo ou confidencialidade.

e) Devem manter a confidencialidade dos pedidos de assistência jurídica mútua recebidos e as informações neles contidas, sujeitos aos princípios fundamentais de direito interno, com o objetivo de proteger a integridade da investigação ou do inquérito. Se o país requerido não puder cumprir com as exigências de confidencialidade, deve informar imediatamente ao país requerente.

Os países devem oferecer assistência jurídica mútua, mesmo na ausência da dupla incriminação, se a assistência não envolver ações coercitivas. Os países devem considerar adotar tais medidas conforme necessário para que possam prestar um amplo escopo de assistência na ausência da dupla incriminação.

Quando a dupla incriminação for necessária para a assistência jurídica mútua, esse requisito deveria ser considerado cumprido independentemente de ambos os países classificarem o crime na mesma categoria de delitos ou o denominarem com a mesma terminologia, uma vez que ambos os países criminalizam a conduta subjacente ao delito.

Os países devem garantir que, dentro dos poderes e técnicas de investigação exigidos na Recomendação 31, e quaisquer outros poderes e técnicas de investigação disponíveis para as suas autoridades competentes a) todos aqueles relacionados com a produção, busca e apreensão de informações, documentos ou provas (inclusive registros financeiros) de instituições financeiras ou outras pessoas, e depoimentos de testemunhas; e b) uma grande variedade de outros poderes e técnicas investigativas; também estejam disponíveis para serem utilizados em resposta a pedidos de assistência jurídica mútua e, se for consistente com os seus sistemas internos, em resposta a pedidos diretos de autoridades judiciais ou policiais estrangeiras a homólogos domésticos.

Para evitar conflitos de jurisdição, deve ser considerada a conceção e a aplicação de mecanismos para determinar o melhor local para processar os arguidos nos interesses da justiça nos casos transfronteiros.

Os países devem, ao realizar pedidos de assistência jurídica mútua, fazer os melhores esforços para fornecer informações factuais e legais completas, que permitirão que os pedidos sejam atendidos de maneira oportuna e eficiente, inclusive nos casos de urgência, e devem enviar os pedidos por meios céleres. Antes do envio dos pedidos, os países devem atender às exigências e formalidades legais para obter a assistência. As autoridades responsáveis pela assistência jurídica mútua (por exemplo, a autoridade central) devem possuir recursos financeiros, humanos e técnicos adequados. Os países devem ter processos para garantir que os funcionários dessas autoridades mantenham alto padrão profissional, inclusive padrão de confidencialidade, além de terem integridade e serem devidamente qualificados.

Assistência jurídica mútua: congelamento e confisco

Os países devem assegurar que possuem a autoridade para adotar ações rápidas em resposta a pedidos de outros países para identificar, bloquear, apreender e confiscar bens branqueados; produtos da lavagem de dinheiro, dos crimes precedentes e do financiamento do terrorismo, instrumentos utilizados ou pretendidos de serem utilizados no cometimento desses crimes; ou bens de valor correspondente. Essa autoridade deve incluir a capacidade de responder a pedidos feitos com base nos procedimentos de confisco sem condenação criminal prévia e medidas cautelares relacionadas, exceto se for inconsistente com os princípios fundamentais de direito interno. Os países também devem possuir mecanismos efetivos para administrar tais bens, instrumentos ou bens de valor correspondente, e acordos para coordenar procedimentos de apreensão e confisco, inclusive a divisão de bens confiscados.

Extradição

Os países devem responder de maneira construtiva e efetiva a pedidos de extradição relacionados com o branqueamento de capitais e financiamento do terrorismo sem atrasos indevidos. Os países devem também adotar todas as medidas possíveis para garantir que não sejam refúgios para pessoas acusadas de financiamento do terrorismo, de atos terroristas ou organizações terroristas. Em particular, os países:

(a) devem garantir que o branqueamento de capitais e o financiamento do terrorismo sejam crimes sujeitos à extradição;

(b) devem garantir que possuem processos claros e eficientes para a execução rápida de pedidos de extradição, inclusive a priorização

NÍVEIS DE COOPERAÇÃO

quando apropriado. Deverá ser mantido um sistema de acompanhamento de casos para monitorizar o progresso dos pedidos;

(c) não devem impor condições que restrinjam de forma desnecessária ou indevida a execução dos pedidos; e

(d) devem garantir que possuem um sistema legal adequado para a extradição. Os países devem extraditar seus próprios cidadãos, ou, no caso de que não o fazem apenas com base na nacionalidade, tais países deveriam, a pedido do país que solicita a extradição, submeter, sem demora, o caso a suas autoridades competentes para fins de persecução penal dos crimes declarados no pedido. Tais autoridades devem tomar suas decisões e conduzir esses processos da mesma maneira que o fariam caso se tratasse de qualquer outro crime grave de acordo com as Leis domésticas do país. Os países envolvidos devem cooperar entre si, especialmente nos aspetos processuais e comprobatórios, para garantir a eficiência das persecuções penais.

Quando a dupla incriminação for necessária para a extradição, essa exigência deveria ser atendida, independentemente de ambos os países definirem o crime da mesma maneira ou o denominarem usando a mesma terminologia, uma vez que ambos os países criminalizam a conduta subjacente ao delito.

De acordo com os princípios fundamentais de direito interno, os países devem possuir mecanismos simplificados de extradição, tais como permitir a transmissão direta dos pedidos de prisão temporária entre as autoridades apropriadas, extraditar pessoas apenas com base em mandados de prisão ou julgamentos, ou introduzir processos simplificados de extradição de pessoas que, voluntariamente, aceitem renunciar ao processo formal de extradição. As autoridades responsáveis pela extradição devem dispor de recursos financeiros, humanos e técnicos adequados. Os países devem ter processos para garantir que os funcionários dessas autoridades mantenham alto padrão profissional, inclusive padrão de confidencialidade, além de terem integridade e serem devidamente qualificados.

Outras formas de cooperação internacional

Os países devem assegurar que suas autoridades competentes possam fornecer, de maneira rápida, construtiva e eficiente, a mais ampla variedade de cooperação internacional com relação a lavagem de dinheiro, crimes antecedentes e financiamento do terrorismo. Os países devem cooperar tanto espontaneamente quanto a pedido, e deveria haver uma base legal para se prestar cooperação. Os países devem autorizar as suas autoridades competentes a usar os meios mais eficientes para cooperar. Caso uma autoridade competente necessite de acordos ou arranjos bilaterais ou multilaterais, tais como Memorandos de Entendimentos (MOU), os mesmos devem ser negociados e assinados de maneira célere com a maior quantidade de homólogos estrangeiros.

As autoridades competentes devem usar canais ou mecanismos claros para a transmissão e execução efetiva de pedidos de informação ou outros tipos de assistência. Essas autoridades devem ainda possuir processos claros e eficientes para a priorização e rápida execução de pedidos, bem como para salvaguardar as informações recebidas.

Ao nível da cooperação policial e judiciária internacional nesta matéria, destacam-se ainda as seguintes entidades:

Policial
- Interpol – https://www.interpol.int/
- Europol – https://www.europol.europa.eu/

Judicial
- UNODC – Gabinete das Nações Unidas no combate ao tráfico de estupefacientes e crime internacional – https://www.unodc.org/
- Comité de peritos do Conselho da Europa no domínio da cooperação internacional em matéria penal – https://www.coe.int/en/web/transnational-criminal-justice-pcoc
- Eurojust – http://www.eurojust.europa.eu/Pages/home.aspx
- Rede judiciária Europeia – https://www.RJE-crimjust.europa.eu/RJE/
- IberRed – https://iberred.org/pt/node/2
- Rede de Cooperação Jurídica e Judiciária Internacional dos Países de Língua Portuguesa (Rede Judiciária da CPLP) – http://www.rjcplp.org/sections/pagina-inicial

Quanto aos instrumentos internacionais de cooperação policial e judiciária existentes no quadro nacional:

Policial
- GNI – Gabinete nacional da Interpol (Polícia Judiciária)

- Europol Liaison Bureau Portugal – Gabinete nacional na Europol
- Ponto único de contacto para a cooperação policial internacional (PUC –CPI) (DL n.º 49/2017, de 24 de maio e Decreto Regulamentar n.º 7/2017 de 7 de agosto)

Judicial
- Eurojust Portuguese Desk – Gabinete nacional na Eurojust
- Cooperação judiciária internacional em matéria penal – http://www.ministeriopublico.pt/pagina/cooperacao-judiciaria-internacio nal-em-materia-penal
- Autoridade central portuguesa – http://www.ministeriopublico.pt/pagina/gabinete-de-documentacao-e-direito-comparado
- GDDC – http://www.gddc.pt/
- DCIAP – http://dciap.ministeriopublico.pt/ (Departamento Central de Investigação e Ação Penal com competência para as medidas de natureza preventiva e repressiva de combate ao branqueamento de vantagens de proveniência ilícita e ao financiamento do terrorismo (art. 63.º da Lei n.º 25/2008, de 5 de junho). De salientar ainda o Despacho n.º 11076/2016, Diário da República, 2.ª série – n.º 178 – 15 de setembro de 2016, em que o Diretor do DCIAP subdelega noutros magistrados do MP tais competências.

4.12. Terrorismo e Contraterrorismo
Para além do financiamento do terrorismo já assinalado, mostra-se necessário desenvolver, dada a sua pertinência atual, a matéria do contraterrorismo.

Apesar do combate ao terrorismo esteja na agenda da ONU há décadas, os ataques contra os Estados Unidos em 11 de setembro de 2001 levaram o Conselho de Segurança a adotar a resolução 1373, que estabeleceu pela primeira vez o Comité de Contraterrorismo (CTC).

Decorridos cinco anos, todos os EM da Assembleia Geral concordaram pela primeira vez em definir um quadro estratégico comum para combater o flagelo do terrorismo: a Estratégia Global contra o Terrorismo da ONU. A Estratégia é um instrumento único para aumentar os esforços da comunidade internacional para combater o terrorismo em quatro pilares:

1. Condições de adaptação tendentes ao combate à propagação do terrorismo;
2. Prevenir e combater o terrorismo;

3. Fortalecer a capacidade dos EM para prevenir e combater o terrorismo e fortalecer o papel da ONU a esse respeito;
4. Assegurar o respeito pelos direitos humanos para todos e o estado de direito como a base fundamental para combater o terrorismo.

Quando a Estratégia foi adotada, a Assembleia Geral também endossou a *Counter Terrorism Implementation Task Force* (CTITF)[209], que havia sido estabelecida pelo Secretário-Geral em 2005 no Departamento de Assuntos Políticos. Composta por 38 entidades da ONU e organizações afiliadas, a CTITF trabalha para promover a coordenação e coerência dentro da ONU sobre o contraterrorismo e para prestar assistência aos EM.

Estabelecido em 2011, o Centro de Contraterrorismo da ONU (UNCCT) fornece assistência de capacitação aos EM e realiza projetos de contraterrorismo em todo o mundo, alinhados com os quatro pilares da Estratégia Global.

No âmbito do ONODC, organização que será desenvolvida em Capítulo próprio (Capítulo II, ponto 8), foram criadas e desenvolvidas ferramentas sobre a prevenção do terrorismo[210], onde se podem consultar todos os instrumentos, manuais e guidelines sobre a matéria[211].

Tal como a ONU, a UE tem abordado a ameaça do terrorismo quer numa dimensão política quer jurídica. Com efeito, as preocupações com o terrorismo na Europa são prévias ao 11.9, sendo que as primeiras iniciativas remontam a 1976 com a criação do Grupo TREVI, "a primeira plataforma para a cooperação europeia em matéria de contraterrorismo". A adoção em 1977 da Convenção para a Supressão do Terrorismo do Conselho da Europa marca o primeiro instrumento legal para o efeito, servindo como um meio para promover a cooperação e facilitar a extradição de terroristas[212].

---

[209] https://www.un.org/counterterrorism/ctitf/

[210] http://www.unodc.org/unodc/en/terrorism/index.html

[211] http://www.unodc.org/unodc/en/terrorism/technical-assistance-tools.html

[212] Para maior desenvolvimento da matéria do terrorismo e contraterrorismo na ONU e na UE vd: Joana Araújo Lopes, *"O terrorismo e o contraterrorismo: A influência da ONU e União Europeia no combate à radicalização na França e no Reino Unido (2001-2017)",* disponível em https://run. unl.pt/bitstream/10362/29974/1/TESE%20-%20ALUNO%2037721_Joana%20Lopes_2017. pdf

4.13. Decisão Europeia de Investigação

Em 2010, o Conselho Europeu, no seu plano estratégico quinquenal (2010/2014) destinado a fortalecer e consolidar a segurança no espaço da UE – Programa de Estocolmo – considerou que deviam *"ser prosseguidos os trabalhos com vista à criação de um sistema global de obtenção de provas nos casos com dimensão transfronteiras, com base no princípio do reconhecimento mútuo*[213]*"*. Entendiam os líderes europeus que *"os instrumentos existentes no domínio da cooperação judiciária em matéria penal constituíam um regime fragmentário, mostrando-se necessária uma nova abordagem baseada no princípio do reconhecimento mútuo, que mantivesse a flexibilidade do sistema tradicional de auxílio judiciário mútuo, mas que unificasse os instrumentos de intervenção, cobrindo o maior número possível de tipos de prova"*.

Dando execução a este programa, a Diretiva 2014/41/UE veio criar, efetivamente, um instrumento único para a cooperação judicial penal adaptado à obtenção de qualquer meio de prova e que apenas não é utilizável no contexto das equipas de investigação conjuntas.

No entanto, o desafio de substituir um sistema fragmentário de obtenção de provas em casos de dimensão transfronteiras por um quadro legal único e totalmente novo só parcialmente foi alcançado, já que a exclusão voluntária da Dinamarca e da Irlanda obrigará à manutenção de um sistema dual de cooperação, com a manutenção do sistema convencional em vigor nas relações com estes dois países.

O quadro seguinte procura sintetizar a evolução de medidas especiais de cooperação desde a CoE59, até à atual Diretiva, passando, naturalmente, pela CE2000 e seus protocolos:

---

[213] Conselho Europeu, Programa de Estocolmo (2010/C 115/01) 3.1.1 – Direito Penal – http://eur-lex.europa.eu/legal-content/PT/TXT/PDF/?uri=CELEX:52010XG0504(01)&

CoE 59 + dois protocolos adicionais	CE 2000 e seus Protocolos	Diretiva DEI
▪ Realização de atos de instrução ou a transmissão de elementos de prova, autos ou documentos (art. 3.º, n.º 1) ▪ Entrega de documentos/ notificações (art. 7.º) ▪ Registo criminal (art. 13.º) ▪ Transferência temporária (art. 11.º)	▪ Envio direto de documentos/notificações (art. 5.º) ▪ Intercâmbio espontâneo de informação (art. 7.º) ▪ Transferência temporária (art. 9.º) ▪ Audições por videoconferência (art. 10.º) ou conferência telefónica (art. 11.º) ▪ Entregas controladas (art. 12.º) ▪ EIC (art. 13.º) ▪ Ações encobertas (art. 14.º) ▪ Interceção de telecomunicações (arts. 17.º-22.º) ▪ Informação relativa a contas bancárias (Protocolo de 2001)	▪ Quaisquer medidas de investigação com exceção das EIC e da obtenção de prova no âmbito dessas equipas ▪ Transferência temporária (arts. 22.º, 23.º) ▪ Audições por videoconferência (art. 24.º) ou por conferência telefónica (art. 25.º) ▪ Informação relativa a contas bancárias e operações financeiras (arts. 26.º, 27.º) ▪ Obtenção de prova em tempo real (arts. 28.º, 29.º) ▪ Investigações encobertas (art. 29.º) ▪ Interceção de telecomunicações (arts. 30.º e 31.º) ▪ Medidas provisórias (art. 32.º)

Assim, em 3 de abril de 2014 a Diretiva 2014/41/UE referente à DEI em matéria penal foi aprovada após um longo processo de negociação. O seu principal objetivo é facilitar e acelerar a obtenção e transferência dos meios de prova em matéria penal entre os EM da UE e harmonizar os procedimentos processuais existentes nos mesmos Estados. A Diretiva constitui um grande avanço na cooperação judiciária em matéria penal, pois passa a existir apenas um instrumento jurídico para a obtenção de provas no estrangeiro, conseguindo assim, e sendo esse o seu desiderato principal, ultrapassar a lentidão e ineficiência do sistema baseado na emissão de cartas rogatórias transmitidas de acordo com as convenções internacionais, bem como com o pouco eficiente e utilizado mandado europeu de obtenção de provas[214]-[215].

[214] Para maior desenvolvimento da Diretiva e obrigações de transposição vd. Luís Lemos Triunfante, *Decisão Europeia de Investigação em matéria penal*, Revista do MP, n.º 147, p.s 73 e ss.
[215] DQ 2008/978/JAI do Conselho, de 18 de dezembro de 2008, relativa a um mandado euro-

NÍVEIS DE COOPERAÇÃO

Conforme resulta do Manual de boas práticas de negociação, transposição e aplicação da legislação da UE[216], para que os resultados ou objetivos estabelecidos nas diretivas produzam efeitos ao nível dos seus destinatários, os legisladores nacionais adotam um ato que proceda à sua transposição para o direito interno, como uma lei, decreto-lei ou decreto legislativo regional.

As diretivas estabelecem uma data-limite para que a transposição seja efetuada, devendo os EM adotar as disposições legislativas, regulamentares e administrativas necessárias para garantir a conformidade com as diretivas dentro do prazo nelas fixado.

Por outro lado, o prazo de transposição de diretivas não deve ser visto apenas como um ato formal. O seu cumprimento significa que, a jusante, em determinadas áreas, os EM disporão de ordenamentos jurídicos harmonizados, garantindo o funcionamento mais eficiente da UE e do Mercado Interno.

Os diplomas adotados pelos EM que integrem as disposições da diretiva no ordenamento jurídico nacional designam-se «*medidas nacionais de execu-*

---

peu de obtenção de provas destinado à obtenção de objetos, documentos e dados para utilização no âmbito de processos penais (JO L 350 de 30.12.2008, p. 72). Quanto ao estado de implementação da DQ, com atualização dos dados a 08.02.2016, ver http://www.RJE--crimjust.europa.eu/RJE/RJE_Library_StatusOfImpByCat.aspx?CategoryId=40. Embora Portugal surja com o sinal positivo de transposição, não é conhecida ainda a Lei interna. Face à sua ineficácia, este instrumento foi recentemente alvo de revogação, juntamente com outros instrumentos de cooperação judiciária em matéria penal, por ser considerado obsoleto, ainda que com norma transitória, pois os mandados europeus de obtenção de provas executados por força da DQ 2008/978/JAI continuam a ser regidos por essa DQ até que os correspondentes processos penais estejam concluídos mediante decisão transitada em julgado. Nesta matéria o considerando 11 do Regulamento é muito claro quando refere: A DQ 2008/978/JAI do Conselho (2), relativa ao mandado europeu de obtenção de provas (MEOP), foi substituída pela Diretiva 2014/41/UE do Parlamento Europeu e do Conselho (3) relativa à decisão europeia de investigação (DEI), dado que o âmbito de aplicação do MEOP era demasiadamente limitado. Uma vez que a DEI se aplica entre 26 EM e o MEOP só continuaria aplicável entre os dois EM que não participam na DEI, o MEOP perdeu, portanto, a sua utilidade como instrumento de cooperação em matéria penal e deverá ser revogado (vd. art. 1.º e 2.º do Regulamento (UE) 2016/95 do Parlamento Europeu e do Conselho de 20 de janeiro de 2016 que revoga certos atos no domínio da cooperação policial e da cooperação judiciária em matéria penal, JO L 26/9 de 02.202.2016)

[216] Disponível em: http://www.dgpj.mj.pt/sections/informacao-e-eventos/2014/negociacao-transposicao/downloadFile/file/Manual_DGAE_Transposicao_de_diretivas.pdf?nocache=1412330484.33

ção». Estas medidas são obrigatoriamente notificadas à Comissão Europeia, através da plataforma eletrónica criada para o efeito pela própria Comissão Europeia. A notificação é assegurada pela Direção-Geral dos Assuntos Europeus (DGAE) com base na informação prestada pelo(s) ministério(s) competente(s) em razão da matéria, na sequência de prévia articulação com os organismos responsáveis pela coordenação sectorial dos assuntos europeus, os quais têm assento a nível técnico na Comissão Interministerial para os Assuntos Europeus (CIAE).

A notificação das medidas nacionais de execução feita pela DGAE na referida plataforma incluirá ainda as correspondentes tabelas de transposição sempre que tal seja obrigatório e nos casos em que os organismos responsáveis pela coordenação sectorial dos assuntos europeus em cada ministério considerem oportuno.

Após a notificação, a Comissão Europeia avalia a compatibilidade da legislação nacional com a diretiva e, se houver dúvidas, informa o EM do resultado de tal avaliação.

O processo de transposição implica para os EM o cumprimento de uma obrigação de resultado, o que significa que estes têm discricionariedade para escolher a forma (isto é, o ato jurídico) através da qual procedem à transposição da diretiva.

Tal Diretiva foi transposta em Portugal pela Lei n.º 88/2017, de 21 de agosto, a qual aprova o regime jurídico da emissão, transmissão, reconhecimento e execução de decisões europeias de investigação em matéria penal e revoga a Lei n.º 25/2009, de 5 de junho.

Considerando a relevância do diploma e por forma a poder consultar-se o processo legislativo da transposição e dos diversos pareceres que foram efetuados, aconselha-se a consulta do sítio da Assembleia da República.[217]

A Lei é composta por 50 arts. e oito Capítulos.

4.13.1. Aspetos principais

– Instrumento único de recolha e obtenção de prova para os EM da UE, com exceção da Irlanda e da Dinamarca
– Clarificação e definição de alguns conceitos, prazos e procedimentos

---

[217] http://www.parlamento.pt/ActividadeParlamentar/Paginas/DetalheIniciativa.aspx?BID =41192

NÍVEIS DE COOPERAÇÃO

- Um sistema relativamente complexo de motivos e recusas de reconhecimento
- Uma transposição/implementação relativamente lenta
- A incerteza do conceito de "disposições correspondentes"

Objeto

A Lei estabelece o regime jurídico da emissão, transmissão e do reconhecimento e execução de decisões europeias de investigação, transpondo para a ordem jurídica interna a Diretiva 2014/41/UE do Parlamento Europeu e do Conselho, de 3 de abril de 2014, relativa à DEI.

Natureza

A DEI é uma decisão emitida ou validada por uma autoridade judiciária de um EM da UE para que sejam executadas noutro EM uma ou várias medidas de investigação específicas, tendo em vista a obtenção de elementos de prova em conformidade com a presente Lei.

A DEI é executada com base no princípio do reconhecimento mútuo, nos termos da presente Lei e em conformidade com a Diretiva 2014/41/UE do Parlamento Europeu e do Conselho, de 3 de abril de 2014.

Âmbito de aplicação

A DEI abrange qualquer medida de investigação, com exceção da criação de equipas de investigação conjuntas e da obtenção de elementos de prova por essas equipas.

A DEI abrange também as medidas de investigação destinadas à realização dos objetivos de uma equipa de investigação conjunta, a executar num EM que nela não participa, por decisão da autoridade judiciária competente de um dos EM que dela fazem parte.

A DEI aplica-se à obtenção de novos elementos de prova e à transmissão de elementos de prova na posse das autoridades competentes do Estado de execução, em todas as fases do processo.

Nesta matéria, há que atender às diferenças entre os sistemas jurídicos de investigação nos EM: 1) os EM em que a investigação é dirigida pelo Ministério Público (PT, IT, NL, DE, AT, SK, HR, CZ, PL, HU, BG, RO, EE, LT, LV, SE, MT, CY); os EM em que é dirigida pela autoridade policial (FI, RU) e 3) os EM que conservam a figura do juiz de investigação (ES, FR, BE, LU, EL), e os EM que tem a figura do juiz das liberdades (direitos, liberdades e garantias) (PT, IT).

Na matéria do princípio/regra da especialidade, ao invés do que sucedia na CE2000 (vd. por exemplo, os arts. 23.º ou 7.º, n.º 2) ou a DQ sobre o MDE (vd. art. 27), a Diretiva DEI não prevê quaisquer disposições que estabeleçam ou regulamentem a regra da especialidade. Neste contexto de obtenção de novos elementos de prova e à transmissão de elementos de prova na posse das autoridades competentes do Estado de execução, em todas as fases do processo, considerando que a execução e obtenção da prova ocorre no território do Estado de execução, era natural que a autoridade de execução imponha condições sobre a utilização das provas recolhidas no seu território através da execução de uma Carta Rogatória. No contexto da DEI, passamos a ter um regime algo distinto (vd. art. 1.º, n.º2 e 9.º[218] da Diretiva), devendo a autoridade de execução: i) reconhecer a DEI em conformidade com a Diretiva sem impor outras formalidades, ii) garantir a sua execução nas condições que seriam aplicáveis se a medida de investigação em causa tivesse sido ordenada por uma autoridade nacional do Estado de execução, salvo se essa autoridade decidir invocar um dos motivos de não reconhecimento ou de não execução ou um dos motivos de adiamento previstos na presente diretiva, iii) respeitar as formalidades e os procedimentos expressamente indicados pela autoridade de emissão, salvo disposição em contrário da presente diretiva e desde que não sejam contrários aos princípios fundamentais do direito do Estado de execução.

Outro aspeto muito relevante prende-se com a inexistência de Diretiva sobre admissibilidade probatória na UE, sendo, por muitos considerada uma das principais "oportunidades perdidas" da Diretiva DEI ao não impor qualquer obrigação de admissibilidade mútua de provas. Por conseguinte, continua a ser importante que, de acordo com a abordagem clássica do auxílio mutuo judiciário, devendo as autoridades de execução respeitar, tanto quanto possível, as formalidades e procedimentos expressamente indicados pelas autoridades emissoras (art. 9.º, n.º 2). É assim perfeitamente legítima

---

[218] *Artigo 9.º Reconhecimento e execução 1. A autoridade de execução deve reconhecer uma DEI transmitida em conformidade com a presente diretiva, sem impor outras formalidades, e garante a sua execução nas condições que seriam aplicáveis se a medida de investigação em causa tivesse sido ordenada por uma autoridade do Estado de execução, salvo se essa autoridade decidir invocar um dos motivos de não reconhecimento ou de não execução ou um dos motivos de adiamento previstos na presente diretiva.*
2. A autoridade de execução respeita as formalidades e os procedimentos expressamente indicados pela autoridade de emissão, salvo disposição em contrário da presente diretiva e desde que não sejam contrários aos princípios fundamentais do direito do Estado de execução.

a conlusão que a "livre circulação de provas criminais" ainda não existe e mostra-se algo longíqua. Em consequência, os EM devem ser flexíveis e dispostos a aplicar – na maior medida possível – normas estrangeiras (formalidades) quando solicitadas, evitando que as provas obtidas neste contexto sejam declaradas não admissíveis por não respeitarem os requisitos impostos pela *lex fori* ou serem cumpridas apenas de acordo com a *lex loci*.

Autoridade de emissão

A Diretiva define autoridade de emissão como sendo o juiz, o tribunal, o juiz de instrução ou o magistrado do MP competente no processo em causa. Para além disso, podem também emitir DEI quaisquer outras autoridades como tal consideradas pelo direito interno do Estado de emissão quando atuem no caso concreto como autoridades de investigação com competência para a recolha de prova, estando, porém, as DEI assim emitidas sujeitas a validação por autoridade judiciária.

A exigência de validação resulta da própria natureza da DEI, definida, no art. 1.º da Diretiva, como sendo uma *"uma decisão judicial emitida ou validada por uma autoridade judiciária"*, e funciona como um mecanismo de salvaguarda num instrumento que se quis aglutinador de modelos e tradições jurídicas diferentes, permitindo a determinados EM designar os seus organismos policiais (ou administrativos) como autoridades de emissão, sem pôr em causa a natureza judiciária da DEI.

No contexto do direito da UE, *"o conceito de «autoridade judiciária» deve ser entendido no sentido de que designa as autoridades que participam na administração da justiça penal dos Estados-Membros, com exclusão dos serviços de polícia"*[219]-[220].

---

[219] Vd. ac. TJUE Caso **Poltorak** (processo C-452/16 PPU), Considerando (38), http://curia.europa.eu/juris/document/document.jsf?text=&docid=185246&pageIndex=0&doclang=PT&mode=lst&dir=&occ=first&part=1&cid=1145542

[220] A propósito do conceito de *"autoridade judiciária"* enquanto conceito autónomo do direito da União Europeia, ver a jurisprudência do Tribunal de Justiça da União Europeia no já citado caso **Poltorak** (processo C-452/16 PPU) em que o Tribunal decidiu, no âmbito do MDE, que um serviço de polícia *"não se enquadra no conceito de «autoridade judiciária de emissão"*, e também, a título de exemplo, nos casos **Kovalkovas** (processo C-477/16 PPU), em que o Tribunal decidiu, também no âmbito de um MDE, que um órgão do poder executivo, como o Ministério da Justiça, não pode ser designado como *autoridade judiciária de emissão* http://curia.europa.eu/juris/document/document.jsf?text=&docid=185243&pageIndex=0&doclang=PT&mode=lst&dir=&occ=first&part=1&cid=1147239 e **Özçelik** (processo

No entanto, podendo a *autoridade de emissão* ser o juiz, o tribunal, o juiz de instrução ou o magistrado do MP competente no processo em causa, importa estabelecer com rigor qual o alcance da expressão *"competente no processo em causa"*[221].

A intenção do legislador europeu terá sido, claramente, encontrar uma definição de autoridade de emissão suficientemente aberta para impedir bloqueios resultantes de regras processuais de competência diferentes, de perceções diversas do que deva ser a reserva judicial de proteção de direitos fundamentais ou simplesmente de distintas repartições de competências entre as autoridades judiciárias competentes para a investigação.

Nesta perspetiva, saliente-se o facto de a Diretiva não atribuir ao Estado de execução quaisquer poderes genéricos de verificação desta matéria, limitando-se o seu art. 9.º, n.º 3, a permitir a devolução de uma DEI emitida por uma autoridade que não reúna as qualidades funcionais referidas no art. 2.º, al. c)[222]. Assim, a *competência no processo em causa* resultará sempre da aplicação de normas de direito interno, as quais, devem ser conhecidas das autoridades judiciárias do Estado de emissão, mas, em regras, desconhecidsas às autoridades judiciárias a de execução.

A Lei portuguesa de transposição, no preceito que contém as definições, estabelece que a autoridade de emissão é *"o juiz, o tribunal, o juiz de instrução ou magistrado do Ministério Público, cada um relativamente aos atos processuais da sua competência"*[223], utilizando, assim, como referencial para emissão de uma decisão a competência da autoridade judiciária para a prática dos concretos atos processuais em questão.

C-453/16 PPU) em que o Tribunal afirma *"que uma decisão de um Ministério Público, como a que está em causa no processo principal, é abrangida pelo conceito de decisão judiciária"* http://curia.europa.eu/juris/document/document.jsf?text=judicial%2Bauthority&docid=18 5253&pageIndex=0&doclang=PT&mode=req&dir=&occ=first&part=1&cid=1145542#ctxl

[221] Na versão inglesa temos *"competent in the case concerned"*, em francês *"compétent(e) dans l'affaire concernée"* e em espanhol *"competente en el asunto de que se trate"*.

[222] Nem o art. 9.º (Reconhecimento e execução) nem o art. 11.º da Diretiva (motivos de não reconhecimento ou não execução) preveem a rejeição de uma DEI com fundamento na falta de competência interna da autoridade de emissão para a prática do ato concretamente ordenado. A validade de uma DEI assim emitida será discutida dentro do processo, no Estado de emissão, e não fora dele, no Estado de execução.

[223] art. 3.º, alínea c), subalínea i), da Lei n.º 88/2017, de 21 de agosto.

NÍVEIS DE COOPERAÇÃO

Por outro lado, no art. 12.º, n.º 1, sob a epígrafe "Autoridades nacionais de emissão", o legislador nacional vem dizer que: *"É competente para emitir uma DEI a autoridade judiciária nacional com competência para a direção do processo na fase em que ele se encontra"* acrescentando, no número seguinte, que o que se acaba de dizer *"não prejudica as competências do juiz de instrução para autorizar ou ordenar a prática de atos na fase de inquérito"*.

Para além disso, o art. 11.º, n.º 1, al. b), da mesma Lei, transpondo o art. 6.º, n.º 1, al. b) da Diretiva, acrescenta que uma DEI só pode ser emitida quando a medida ou medidas de investigação indicadas pudessem ter sido ordenadas, nas mesmas condições, em processos nacionais semelhantes.

Perante este quadro normativo, a interpretação mais adequada parece ser que o legislador português quis manter o sistema dual que vigorava no modelo de auxílio judiciário mútuo, atribuindo a cada autoridade judiciária a competência genérica para a emissão de DEI durante as fases processuais que titulem, mas sem alterar o equilíbrio entre as necessidades de eficácia da investigação e a proteção dos direitos da defesa, nomeadamente no que se refere à garantia judiciária de proteção de direitos fundamentais.

Esta leitura é conforme à própria natureza da DEI: *uma ordem de uma autoridade judiciária para que sejam executadas noutro Estado-Membro uma ou várias medidas de investigação específicas, tendo em vista a obtenção de elementos de prova.*

Concluindo, durante o inquérito, o MP poderá emitir DEIs que caibam dentro do seu leque de competências ou quando se encontre para tanto autorizado pelo juiz de instrução. Por sua vez, os atos que, nos termos do CPP, tenham de ser ordenados – não apenas autorizados – por um juiz de instrução durante o inquérito, consideramos que só podem ser objeto de DEI emitida por um juiz de instrução.

Assim, quando estiverem em causa medidas de investigação distintas, umas da competência do MP e outras da competência do JIC, deverão ser emitidas duas DEIs, abrangendo as medidas de investigação da competência de cada autoridade (por exemplo deverá ser emitida uma DEI pelo MP para que se execute a constituição de um suspeito como arguido e interrogatório e outra DEI pelo JIC para que se execute uma busca domiciliária).

Dessa forma, quando estão em causa diferentes medidas, tudo dependerá sempre do caso concreto e se uma descrição pode abranger tudo o que é solicitado ou se é preferível descrições específicas, em casos muito complexos, talvez mais adequadas.

Tipos de processos

A DEI pode ser emitida:

a) Em processos penais instaurados por uma autoridade judiciária, ou que possam ser instaurados perante uma tal autoridade, relativamente a uma infração penal, ao abrigo do direito interno do Estado de emissão;

b) Em processos instaurados pelas autoridades judiciárias referentes a factos ilícitos puníveis ao abrigo do direito interno do Estado de emissão, desde que as respetivas decisões admitam recurso para um órgão jurisdicional competente, nomeadamente em matéria penal;

c) Em processos instaurados por entidades administrativas relativamente a factos ilícitos puníveis ao abrigo do direito interno do Estado de emissão, designadamente por infrações que constituam ilícito de mera ordenação social, cujas decisões admitam recurso para um órgão jurisdicional competente, nomeadamente em matéria penal;

d) Em conexão com os processos referidos nas alíneas anteriores, relativos a crimes ou outros atos ilícitos pelos quais uma pessoa coletiva possa ser responsabilizada ou punida no Estado de emissão.

Objeto e condições de emissão (art. 11.º)

1 – A DEI só pode ser emitida ou validada se estiverem reunidas as seguintes condições:

a) Se for **necessária, adequada e proporcional**, para efeitos dos processos a que se refere o art. 5.º; tendo em conta os direitos do suspeito ou do arguido; e

b) Se a medida ou medidas de investigação solicitadas na DEI pudessem ter sido ordenadas, nas mesmas condições, no âmbito de processos nacionais semelhantes.

2 – As condições referidas no número anterior são avaliadas, caso a caso, pela autoridade nacional de emissão.

3 – A DEI indica, se for caso disso, as formalidades e procedimentos particularmente exigidos na obtenção ou produção do meio de prova, de acordo e com referência às disposições legais aplicáveis, solicitando o seu cumprimento à autoridade de execução, de modo a garantir a validade e eficácia da prova.

4 – A autoridade de emissão pode decidir retirar a DEI se, na sequência de contactos estabelecidos pela autoridade de execução, esta considerar que não se encontram preenchidas as condições estabelecidas no n.º 1.

NÍVEIS DE COOPERAÇÃO

Reconhecimento e execução pelas autoridades nacionais (art. 18.º)

1 – A autoridade de execução reconhece sem formalidades adicionais, nos termos da presente Lei, a DEI emitida e transmitida pela autoridade competente de outro EM, e garante a sua execução, com base no princípio do reconhecimento mútuo, nas condições que seriam aplicáveis se a medida de investigação em causa tivesse sido ordenada por uma autoridade nacional, sem prejuízo do disposto nos arts. 22.º e 24.º

2 – A autoridade de execução respeita as formalidades e os procedimentos expressamente indicados pela autoridade de emissão, salvo disposição em contrário da presente Lei e desde que se respeitem os pressupostos e requisitos do direito nacional em matéria de prova no âmbito de processos nacionais semelhantes.

3 – A autoridade de execução pode consultar a autoridade de emissão, pelos meios que considerar adequados, para facilitar a aplicação do presente artigo.

4 – Se necessário, a autoridade nacional de execução solicita o apoio do membro nacional da EUROJUST no âmbito das competências deste órgão, especialmente quando a DEI requerer execução coordenada com a autoridade de emissão ou com medidas de investigação noutros EM ou em Estados que tenham celebrado acordos de cooperação com a EUROJUST, nos termos do disposto na Lei n.º 36/2003, de 22 de agosto, alterada pela Lei n.º 20/2014, de 15 de abril.

10 – A DEI transmitida às autoridades nacionais é traduzida para a língua oficial do Estado de execução ou para outra língua oficial dos EM da UE que Portugal tiver declarado aceitar, em conformidade com o n.º 3 do art. 6.º

Competência na execução (art. 19.º)

Ao invés do que sucede com a autoridade de emissão, a Diretiva não recorre ao conceito de autoridade judiciária para definir o que seja a autoridade de execução, limitando-se a dizer, no seu art. 2.º, al. d), que se trata de uma autoridade com competência para reconhecer a DEI e garantir a sua execução de acordo com a própria Diretiva e com a Lei nacional do Estado de execução.

Pode-se assim concluir que competirá a cada EM determinar, de acordo com o seu direito interno, que tem competência para executar uma DEI.

Em Portugal, como regra geral, é competente para reconhecer e executar uma DEI a autoridade judiciária que, de acordo com a lei processual

MANUAL DE COOPERAÇÃO JUDICIÁRIA INTERNACIONAL EM MATÉRIA PENAL

penal, seja competente para praticar os atos ou medidas de investigação em questão.

A Lei – art. 19.º da Lei n.º 88/2017 – enumera, em seguida, uma série de situações para as quais fixa regras específicas, em linha, aliás, com as normas do CPP, do Estatuto do Ministério Público e da Lei de Organização Judiciária que estabelecem regras de competência.

Motivos de não reconhecimento ou de não execução (art. 22.º)

O reconhecimento ou a execução de uma DEI podem ser recusados se alíneas a) a h) do n.º1 do art. 22.º se verificarem.

Transferência dos elementos de prova (art. 23.º)

1 – Após a execução da DEI, a autoridade de execução transfere para as autoridades competentes do Estado de emissão os elementos de prova obtidos ou já na posse das autoridades do Estado de execução.

2 – Sempre que solicitado na DEI, se possível de acordo com a Lei do Estado de execução, os elementos de prova são imediatamente transferidos para as autoridades competentes do Estado de emissão que assistam na execução da DEI, nos termos do art. 27.º

3 – A transferência dos elementos de prova pode ser suspensa até ser proferida decisão sobre o recurso que tenha sido interposto nos termos do n.º 4 do art. 45.º, a menos que a autoridade de emissão indique na DEI que a transferência imediata é essencial para o desenvolvimento da investigação ou para a preservação de direitos individuais.

4 – A transferência é suspensa se for suscetível de causar danos graves e irreversíveis à pessoa em causa.

5 – Ao transferir os elementos de prova obtidos, a autoridade de execução indica se pretende que estes sejam devolvidos logo que deixem de ser necessários no Estado de emissão.

6 – Podem ser transferidos temporariamente para o Estado da emissão os objetos, documentos ou dados pertinentes para outros processos nacionais, na condição de serem devolvidos assim que deixarem de ser necessários no Estado de emissão, ou em qualquer outra altura ou ocasião acordada entre as autoridades competentes.

Prazos (art. 26.º)

1 – A decisão sobre o reconhecimento a que se refere o art. 18.º é proferida com a mesma celeridade e prioridade dos processos nacionais semelhantes

NÍVEIS DE COOPERAÇÃO

e, em todo o caso, não ultrapassando o prazo máximo de 30 dias a contar da receção da DEI pela autoridade de execução.

2 – Sem prejuízo do disposto do número seguinte, inexistindo motivo de adiamento ou estando os elementos de prova na posse das autoridades nacionais, a DEI é executada no prazo de 90 dias a contar da data da decisão referida no número anterior.

Legislação nacional aplicável à execução (art. 31.º)

A DEI é executada nos termos da presente Lei, de acordo com o n.º 2 do art. 2.º, sendo subsidiariamente aplicável, na sua falta ou insuficiência, o disposto no CPP e na legislação complementar relativa a medidas de investigação específicas, bem como o disposto na legislação aplicável às contraordenações a que a DEI diz respeito.

4.13.2. Guia de aplicação da DEI (âmbito da obtenção da prova)[224]

Âmbito de aplicação

Âmbito de aplicação (a partir de 22.05.2017 – 22.08.2017 em Portugal) – processo penal (+tutelar educativo[225]) e processo administrativo sancionatório, cível, se a sentença puder justificar a instauração de ação penal (art. 4.º Diretiva, art. 5.º Lei n.º 88/2017) – todos os EM, menos Irlanda e Dinamarca[226].

Autoridades judiciárias ou sujeitos processuais (arguido, assistente, vítima[227]) – art. 1.º da Diretiva e art. 12.º, n.º 4 da Lei n.º 88/2017.

---

[224] Desenvolvimento do guia constante do artigo do autor *"Admissibilidade e validade da prova na Decisão Europeia de Investigação"*, JULGAR online, abril de 2018, disponível em http://julgar.pt/wp-content/uploads/2018/04/20180421-ARTIGO-JULGAR-Admissibilidade-e--validade-da-prova-na-Decisão-Europeia-de-Investigação-Luís-Lemos-Triunfante-v2.pdf

[225] Pensamos ser admissível a utilização da DEI nos processos tutelares educativos no âmbito do art. 4.º, alínea c) da Diretiva e art. 5.º, alínea b) da Lei n.º 88/2017, de 21 de agosto

[226] Estado de implementação a 7.11.2017 – https://www.RJE-crimjust.europa.eu/RJE/RJE_Library_StatusOfImpByCat.aspx?CategoryId=120

[227] Enquanto a Diretiva, no art. 1.º, n.º 3, estipula uma novidade no Direito da UE: *"[a] emissão de uma DEI pode ser requerida por um suspeito ou por um arguido, ou por um advogado em seu nome, no quadro dos direitos da defesa aplicáveis nos termos do processo penal nacional."*, o legislador português foi, e bem, mais longe, ao mencionar, no art. 12.º, n.º 4, que "[a] DEI é emitida por iniciativa da autoridade judiciária ou a pedido dos sujeitos processuais, nos termos em que estes podem requerer a obtenção ou produção de meios de prova, de acordo com a Lei processual penal".

Tipo de medidas – todas (exceto JIT (EIC) – art. 3.º Diretiva; art. 4.º (novos elementos de prova e elementos de prova na posse das autoridades do Estado de execução) e 32.º e ss.

Capítulo IV da Diretiva (arts. 22.º a 31.º) e da Lei n.º 88/2017 (arts. 32.º a 43.º)

- Transferência temporária de dados para efeitos de investigação
- Audições por videoconferência ou conferência telefónica
- Entregas vigiadas
- Investigações encobertas
- Interceção de telecomunicações (vd. Anexo III)
- Informações e controlo sobre contas e operações financeiras
- Proteção de testemunhas
- Medidas provisórias (art. 44.º da Lei n.º 88/2017) – vd. Secção B do Anexo I

Elenco não é taxativo – desde que a medida esteja prevista no direito interno pode ser solicitada.

Os EM só estão obrigados a prever e executar as medidas incluídas no art. 10.º, n.º2 Diretiva (cf. art. 21.º, n.º 2 da Lei n.º 88/2017)[228].

Para execução de medidas de investigação/produção de prova com vista a obtenção de prova ou obtenção de prova preexistente para qualquer fase processual – art. 4.º da Lei n.º 88/2017: **Competência para a emissão (vd.**

Dessa forma, acaba por consagrar o regime interno do CPP (ex vi art. 47.º da DEI), mormente aos arts. 61.º, n.º1, alínea g) (arguido); 69.º, n.º2, alínea a) (assistente) e 67.º-A, n.º5 (vítima). De qualquer forma, se por um lado, esta disposição interna não confere aos sujeitos processuais o direito de emitir DEI, mas sim requerer à autoridade judiciária competente a sua emissão, nos termos do art. 12.º, n.º1 da Lei n.º 88/2017, por outro, o não deferimento de uma DEI a pedido dos sujeitos processuais acarreta um especial dever de fundamentação.

[228] *a) À obtenção de informações ou de elementos de prova que já estejam na posse da autoridade de execução e, de acordo com o direito do Estado de execução, essas informações ou elementos de prova possam ter sido obtidos no âmbito de processos penais ou para efeitos da DEI*

b) À obtenção de informações contidas nas bases de dados detidas pela polícia ou pelas autoridades judiciárias e às quais a autoridade de execução pode ter acesso direto no âmbito de processos penais

c) À audição de testemunhas, peritos, vítimas, suspeitos ou arguidos, ou terceiros, no território do Estado de execução

d) A medidas de investigação não intrusivas previstas na Lei do Estado de execução

e) À identificação de pessoas que tenham uma assinatura de um número de telefone ou um endereço IP específicos

arts. 3.º, alíneas i) e e); 4.º, n.º3 e 12.º da Lei 88/2017): a) Inquérito: MP (263.º, 267.º a 275.º CPP); Juiz de instrução (arts. 268.º e 269.º)[229] (b) Instrução: Juiz de instrução (288.º, 290.º e 292.º CPP), c) Julgamento: juiz do julgamento (340.º, n.º1 CPP), d) Recurso – juiz desembargador (art. 423.º, n.º2 e 430.º CPP) e e) Pós-sentença/acórdão – juiz da condenação (art. 492.º, n.º2 e 495.º, n.º2 CPP).

A DEI não pode ser usada:
- Envio e notificação de peças processuais (art. 5.º da CE2000) – notificações (art. 2.º, n.º1 Diretiva; art. 2.º, n.º1, 3.º, alínea e) e 4.º, n.º3 da Lei n.º 88/2017) – CE2000, Protocolo 2001 e convenções do CoE.
- Intercâmbio espontâneo de informações (art. 7.º da CE2000);
- Transferência de procedimentos criminais (art. 21.º da CoE59 e da Convenção do Conselho da Europa de 1972 relativa à transferência de procedimentos);
- Restituição de objetos (art. 8.º da CE2000 e art. 12.º do Segundo Protocolo Adicional à CoE59) incluindo a apreensão para este fim específico;
- Intercâmbio de informações relativas a registos criminais (DQ 2009/315/JAI – ECRIS), com a exceção do art. 13 da CoE59 que não tendo sido substituído por esta DQ, quando se refira à obtenção de registos criminais para efeitos de prova, poderá sê-lo pela Diretiva;
- Pedido de consentimento para utilizar como prova informação já recebida por canais policiais de cooperação (art. 1.º, n.º 4 da DQ 2006/960/JAI relativa à simplificação do intercâmbio de dados e informações entre as autoridades de aplicação da Lei dos EM da UE e art. 39.º, n.º 2 da CAAS);

---

[229] Conjugando o teor da alínea i) do art. 3.º da Lei n.º 88/2017, nomeadamente que o juiz de instrução é competente relativamente aos atos processuais da sua competência, do art. 12.º, n.º1 e 2, dos arts. 268.º e 269.º do CPP e o facto da DEI consistir na decisão que ordena a execução das medidas de investigação, considero que, em sede de inquérito, nas situações previstas nos arts. 268.º e 269.º do CPP, o juiz de instrução é a autoridade judiciária competente para emitir a DEI. Quando estiverem em causa medidas de investigação distintas, umas da competência do MP e outras da competência do JIC, deverão ser emitidas duas DEIs, abrangendo as medidas de investigação da competência de cada autoridade (por exemplo deverá ser emitida uma DEI pelo MP para que se execute a constituição de um suspeito como arguido e interrogatório e outra DEI pelo JIC para que se execute uma busca domiciliária).

MANUAL DE COOPERAÇÃO JUDICIÁRIA INTERNACIONAL EM MATÉRIA PENAL

- Medidas de cooperação policial transfronteiriça como, por exemplo, vigilâncias e perseguições nos termos dos arts. 40.º e 41.º da CAAS. Relativamente a estas medidas, o considerando 9 do Preâmbulo da Diretiva diz, claramente, que *"A presente diretiva não se deverá aplicar à vigilância transfronteiras referida na Convenção de Aplicação do Acordo de Schengen".*
- A DEI não deve ser usada para medidas de congelamento e/ou confisco de instrumentos e produtos do crime. As autoridades portuguesas devem continuar a emitir as respetivas ordens de congelamento ou confisco. Se forem necessárias outras medidas de investigação abrangidas pela DEI, estas deverão ser enviadas num formulário DEI separado[230].

- Anexo I – Emissão da DEI (arts. 6.º, n.º1, 14.º, n.º1, 20.º, n.º2 e 25.º, n.º3, alínea a) da Lei n.º 88/2017)
- Anexo II – Confirmação da receção da DEI (art. 35.º, n.º1 da Lei n.º 88/2017)
- Anexo III – Notificação sobre interceção de telecomunicações sem assistência técnica (art. 43.º, n.º2 da Lei n.º 88/2017)
- Anexo IV – Categorias de infrações (art. 22.º, n.º1, alínea a) da Lei n.º 88/2017)

A Comissão está a preparar um Anexo para a obtenção da prova digital (*e-evidence Annex*) e um guia prático para preenchimento dos anexos[231].

---

[230] O procedimento para a apreensão de produtos de crime localizados em EM da UE vai depender da finalidade principal decorrente dessa apreensão. Se estiver em causa uma função processual probatória, deverá a autoridade judiciária competente preencher e emitir uma DEI (Decisão Europeia de Investigação, na sequência da Diretiva 2014/41/UE, de 3 de abril de 2014 e nos termos da Lei de transposição nacional n. 88/2017, de 21 de agosto). Se, pelo contrário, esse fim probatório não existe, prosseguindo apenas a apreensão uma finalidade conservatória (preparar uma eventual futura declaração de perda em favor do Estado), a DEI não é o instrumento adequado. Esse instrumento pode ser encontrado na Lei n.º 25/2009, de 5 de junho, (revogada apenas pela Lei n. 88/2017, de 21 de agosto no que concerne aos pedidos de recolha de prova), bem como na Decisão Quadro n.º 2003/577/JAI, do Conselho, de 22 de julho.

[231] O Conselho da UE, no documento n.º 5908/18, de 07.02.2018, divulgou informação prestada pelos serviços da Comissão Europeia relativamente ao estado de transposição da Diretiva 2014/41/EU do Parlamento Europeu e do Conselho relativa à DEI adotada a 3 de abril de 2014, publicada no Jornal Oficial de 1 de maio de 2014 (L 130, p. 1). Assim, reportada à

NÍVEIS DE COOPERAÇÃO

Nessa medida, a Comissão criou um grupo de trabalho visando criar uma plataforma que permita a transmissão e o acesso transfronteiriço a provas eletrónicas. Para esse efeito, apresentou no dia 17 de abril de 2018 um pacote legislativo (proposta de Regulamento)[232]-[233] (para maior desenvolvimento da matéria ver Capítulo III, ponto 11.17).

Requisitos de emissão – âmbito de aplicação

O critério de relevância probatória deve ser exatamente o mesmo que utilizaríamos caso a prova estivesse localizada em Portugal (necessidade, adequação[234], proporcionalidade[235], permitida em casos nacionais seme-lhantes, vd. art. 6.º, n.º1, alínea a) da Diretiva e 11.º, n.º1, alínea a) da Lei n.º

situação verificada a 6 de fevereiro do corrente ano, 21 EM haviam notificado a Comissão nos termos do artigo 36.º, n.º 3: BE, CZ, DE, EE, EL, FR, HR, IT, CY, LV, LT, HU, MT, NL, PT, RO, SI, SK, FI, SE, UK (cfr. para informação mais compreensiva o endereço http://eur-lex.europa. eu/legal-content/EN/NIM/?uri=CELEX:32014L0041&qid=1494840733405).

Mais se refere no mesmo documento que a Comissão se encontra a desenvolver uma plata-forma baseada em tecnologia e-CODEX que irá permitir a transferência eletrónica de Car-tas Rogatórias e DEI bem como das provas recolhidas em formato eletrónico. Nesse âmbito, foram acordados com os representantes dos EM as especificações técnicas do sistema a imple-mentar, cuja primeira versão se espera estar disponível no final de 2019.

[232] https://ec.europa.eu/info/strategy/justice-and-fundamental-rights/criminal-justice/ e-evidence_en

[233] http://europa.eu/rapid/press-release_IP-18-3343_pt.htm (Comunicado de imprensa em português)

[234] O legislador português aditou a adequação aos critérios de necessidade e proporciona-lidade, que resultavam da Diretiva. E, no nosso entender, fê-lo bem, pese embora algumas críticas que foram apresentadas, mormente por consideraram que, por essa via, o número de DEI emitidas e recebidas será menor em Portugal. Na verdade, a necessidade já resultava do art. 230.º, n.º2 do CPP e do art. 152.º, n.º 7 da Lei n.º 144/99, de 31.08 e a proporcionalidade é aflorada no art. 10.º da Lei n.º 144/99, de 31.08. A adequação pode ser entendida como um subcritério da proporcionalidade, mas na atualidade, vai mais longe, pois para além da DEI se mostrar necessária e proporcional, deve ser emitida pensando nos meios que a sua emissão e execução envolvem.

[235] Existem autores que têm defendido que os critérios da necessidade/proporcionalidade conflituam com um dos aspetos essenciais do reconhecimento mútuo: o de que a autoridade de execução não avalia a decisão de emitir uma DEI tomada pela autoridade de emissão: "[a] autoridade de execução deve reconhecer uma DEI (...), sem impor outras formalidades" (art. 9.º, n.º1 da Diretiva). Não concordo com essa sustentação, pois para além dos critérios em causa já serem utilizados em instrumentos anteriores, como é o caso da DQ referente ao MDE, temos de atender que a temática da DEI é sobre a recolha de prova e perante a inexistência de um ins-

88/2017, texto introdutório do Anexo I) – as autoridades judiciárias de emissão devem cumprir escrupulosamente o art. 6.º da Lei n.º 88/2017.

Na prática, a opção de não se recolher prova fora de Portugal não deverá ser seguida, pois tal pode consubstanciar: *i)* violação de princípio da legalidade da investigação; *ii)* preterição dos direitos dos sujeitos processuais (arguido e vitima); *iii)* não efetividade da prossecução penal (pode consubstanciar violação de vários normativos nacionais e internacionais).

A regra é a confidencialidade (vd. texto introdutório do Anexo I).

O ato tem de ser válido ao abrigo do DPP interno

✓ Entidade com competência para ordenar o ato
✓ Respeito dos procedimentos formais para o efeito
✓ Respeito dos pressupostos materiais para ordenar o ato aferido caso a caso (relevância para a prova – várias intensidades; proporcionalidade em sentido amplo; admissibilidade da medida no caso)

O ato tem de ser válido ao abrigo do direito UE:

✓ Diretiva 2014/41/UE
✓ Tratados e CDFUE e Diretivas dos Direitos cf. art. 1.º, n.º 4 e 6.º, n.º1 e 2 e todo o regime da Diretiva.

Requerer a execução de formalidades essenciais à validade da prova (Ex. presença/participação do advogado do arguido (garantias de contraditório); advertências a arguido ou testemunhas; formalidades do reconhecimento ou interceção de comunicações; execução de medidas por parte das autoridades policiais e não simplesmente pelo correio, etc.) (arts. 11.º, n.º 3 e 18.º, n.º 2 da Lei n.º 88/2017) – Secção I do Anexo I.

A expressão *"se for caso disso"* (art. 11.º, n.º3 da Lei n.º 88/2017) não significa *"se a autoridade de emissão entender adequado ou conveniente"* mas antes *"se for uma condição para a validade ou eficácia da prova"* – arts. 9.º, n.º 2 Diretiva.

---

trumento europeu sobre a admissibilidade e validade da prova, tal tarefa continua atribuída aos EM

Assegurar que a autoridade de execução vai compreender

✓ O que é solicitado
✓ Porque é solicitado (explicação sintética do objeto da investigação ou processo, da relevância para prova e da necessidade, adequação e proporcionalidade e porque não pode ser usado meio diferente ou menos intrusivo – vd. Secção C: 1. do Anexo I)

Se forem requeridas formalidades da Lei portuguesa é ainda mais essencial a explicação e deverá ponderar-se o contacto direto com a autoridade de execução, a utilização de entidades facilitadoras (RJE, Pontos de Contacto, Eurojust) para garantir a execução adequada (eficiente e rápida).

Se a importância do caso o justificar – poderá ser solicitada a deslocação ao EM de execução das autoridades Portuguesas (art. 9.º, n.º 4 Diretiva e art. 15.º da Lei n.º 88/2017).

Sugestões de preenchimento do Anexo I (A) (autoridades de emissão)[236]

Considerando que as autoridades de emissão e de execução tem sentido dificuldades no preenchimento dos formulários, em particular quando estão em causa medidas simples e se mostra sempre necessário o envio da totalidade do formulário (Anexo I (A)), aconselho as autoridades judiciárias de emissão a fazerem constar no ofício de remessa da DEI à autoridade judiciária de execução: *i)* um pequeno resumo (referindo qual a medida de investigação pretendida(s)) e *ii)* quais as secções que foram preenchidas, o que permitirá à autoridade de execução ir diretamente ao solicitado[237].

Essencial – Tradução de qualidade.

Motivos de recusa

Fundamentos gerais de recusa aplicáveis a todas as medidas (art. 11.º, n.º 1 Diretiva)

---

[236] Para sugestões desenvolvidas, consultar formulário Anexo I (A) que se encontra em anexo deste Manual

[237] Funcionando quase como um índice do formulário. Veja-se o exemplo de um pedido de videoconferência, estando em causa o preenchimento das Secções A, C, E, F, G, H2, J e K, permitirá a autoridade de execução identificar qual o pedido e as Secções efetivamente preenchidas.

- imunidade, privilégio ou normas que reduzam a responsabilidade penal no domínio da liberdade de imprensa
- pedido suscetível de lesar interesses essenciais de segurança nacional
- processos que não tenham natureza penal
- princípio *ne bis in idem*
- extraterritorialidade associada a dupla criminalidade
- incompatibilidade com deveres decorrentes de direitos fundamentais

Motivos adicionais de recusa de determinadas medidas (art. 10.º, n.º 1 Diretiva)
- ausência de dupla criminalidade (art. 22.º, n.º 1 alínea a), exceto uma lista de crimes graves, vd. Anexo D)
- impossibilidade de executar a medida (medida de investigação inexistente ou indisponível em casos nacionais semelhantes, não existindo alternativa)

As medidas de investigação devem ser executadas pelo EM da UE requerido com a mesma celeridade e o mesmo grau de prioridade aplicáveis em casos nacionais semelhantes (art. 12.º da Diretiva e 18.º e 26.º da Lei n.º 88/2017).[238]

As medidas de investigação devem igualmente ser executadas «com a maior brevidade possível». A diretiva fixa prazos (máximo de 30 dias para decidir reconhecer e executar o pedido e de 90 dias para a execução efetiva).

Causas de não execução de medidas específicas

No que concerne à execução de medidas específicas de investigação, para além de poder ser recusada por qualquer dos motivos de recusa de reconhecimento ou de execução previstos no art. 11.º (art. 22.º da Lei n.º 88/2017), pode sê-lo ainda por qualquer dos seguintes:

- ausência de consentimento da pessoa visada pela medida (arts. 22.º, n.º 2, al. a), 23.º, n.º 2, 24.º, n.º 2, al. a), da Diretiva, e 32.º, n.º 2, 33.º, n.º 2, 35.º, n.º 3, al. a), da Lei n.º 88/2017);
- não prolongamento de situação detentiva da pessoa transferida (arts. 22.º, n.º 2, al. b) da Diretiva e 32.º, n.º 2, al. b), da Lei n.º 88/2017);

---

[238] Vd. Princípio da igual diligência

NÍVEIS DE COOPERAÇÃO

– a execução for contrária aos princípios fundamentais do direito do Estado de execução (arts. 24.º, n.º 2, al. b) da Diretiva e 35.º, n.º 3, al. b));
– a execução não ser possível no âmbito do de investigação interna (arts. 26.º, n.º 6, 27.º, n.º 5, 28.º, n.º 1, in fine, 29.º, n.º 3, al a), 30.º, n.º 5, 31.º, n.º 3 da Diretiva e 38.º, n.º 6, 39.º, n.º 5, 40.º, n.º 2, 41.º, n.º 3, al. a), 42.º, n.º 5, 43.º, n.º 3, da Lei n.º 88/2017);
– ausência de acordo entre autoridades judiciárias (arts. 29.º, n.º 3, al. b), da Diretiva e 41.º, n.º 3, al. b), da Lei n.º 88/2017).

Competência para o reconhecimento e execução

1. Para prova pré-existente – autoridade judiciária titular do processo em causa – art. 19.º, n.º 6 da Lei n.º 88/2017 – vd. Anexo II

2. Autoridades judiciárias nacionais com competência para ordenar o ato em Portugal (MP, JIC ou Juízo Local Criminal consoante a fase de processo e tipo de ato) – art. 19.º, n.º1 Lei n.º 88/2017

3. Territorial – art. 19.º, n.º2 da Lei n.º 88/2017.
– Domicílio da pessoa singular ou coletiva se para audição
– Local da execução da medida
– Dispersão territorial
– Fase de julgamento – 1.º juízo local a receber se na mesma comarca – art. 19.º, n.º 4; comarcas diferentes do mesmo distrito – juízo local da sede do Tribunal da Relação – 19.º, n.º 5; alínea d); comarcas diferentes distritos diferentes – TRL – 19.º, n.º 5, alínea c)
– Fase de inquérito ou instrução – DCIAP (ou TCIC) – 19.º, n.º 5, alínea a) da Len.º 88/2017; DIAP distrital (19.º, n.º5, alínea b) Lei n.º 88/2017)

4. Processos Contraordenação – MP do tribunal competente para impugnação de contraordenações reconhece; execução por Autoridades administrativas – art. 19.º, n.º 6 da Lei n.º 88/2017

5. MN Eurojust (art. 19.º, n.º 10 da Lei n.º 88/2017; art. 8.º , n.º 3 e 4 da Lei n.º 36/2003)

Relevância dos arts. 18.º e 31.º da Lei n.º 88/2017 – a legislação aplicável à execução é a legislação portuguesa.

A execução material dos atos tem lugar nos termos do CPP, i.e. por OPC, MP, JIC ou Tribunal (art. 18.º, n.º1 parte final, 19.º, n.º 4 parte final Lei n.º 88/2017).

A não ser que a autoridade de emissão tenha pedido a execução por autoridade diferente e tal não prejudique os princípios fundamentais do Direito Português, designadamente "respeitem os pressupostos e requisitos do direito nacional em matéria de prova no âmbito de processos nacionais semelhantes" – art. 9.º, n.º 2 da Diretiva e art. 18.º, n.º2 parte final da Lei n.º 88/2017.

1. Regularidade formal e substancial, sem incluir os fundamentos materiais para emissão (arts. 5.º, 6.º, n.º 2, 9.º, n.º 1, primeira parte, n.º 3, Diretiva; art. 20.º n.º 1 a 4 da Lei n.º 88/2017 + específicos) – nota: especial atenção à verificação da proporcionalidade e legalidade no Estado de execução nos termos do art. 6.º, n.º2 da Diretiva – não está na Lei mas é imposta pelos direitos fundamentais, a falta de tradução é apenas causa de devolução, mas não de recusa (art. 20.º, n. 3), a falta de tradução é apenas causa de devolução, mas não de recusa (art. 20.º, n.º 3) – Portugal aceita DEI em Português (art. 33.º, n.º1, alínea b) da Diretiva).

2. Motivos de recusa (arts. 11.º Diretiva; 22.º Lei n.º 88/2017)

3. Motivos de adiamento (arts. 15.º Diretiva; 24.º Lei n.º 88/2017)

4. Medidas alternativas (arts. 10.º Diretiva; 21.º da Lei n.º 88/2017)

– Por não existirem (ou não existem num processo semelhante) – só para medidas não previstas no art. 10.º n.º 2 Diretiva.

– Por poder-se chegar a outro resultado com medida menos intrusivo.

Relevância da consulta entre autoridades de emissão e de execucão (art. 9.º n.º 6 da Diretiva e art. 7 da Lei n.º 88/2017).

Impugnação
- Quem possa impugnar o ato a nível interno (art. 14.º, n.º 1 Diretiva, art. 45.º, n.º1 da Lei n.º 88/2017)
- Obrigação de informar direitos de impugnação (art. 14.º, n.º 3 Diretiva, art. 45.º, n.º 5 da Lei n.º 88/2017)
- Meios de impugnação determinados a nível interno (problema atos de inquérito) mas têm de ser efetivos (art. 19.º, n.º 1 TUE e 47.º CDFUE e 14.º, n.º3 e 4 Diretiva)
- No estado de execução pode ser impugnado
- ✓ Tudo o que não sejam "fundamentos materiais" relativos à emissão (relevância probatória e preenchimento dos pressupostos para emissão) – (art. 14.º, n.º 1 Diretiva, art. 45.º, n.º 2 da Lei n.º 88/2017)
- ✓ Cumprimento das normas da Diretiva no Estado de emissão e Estado de execução

NÍVEIS DE COOPERAÇÃO

✓ Cumprimento das normas internas no Estado de emissão e no Estado de execução
- Fase de julgamento – recurso (art. 399.º e ss CPP)
- Fase de instrução – reclamação (art. 291.º, n.º2 do CPP); sindicar validade em fase de julgamento das proibições de prova (art. 310.º CPP)
- Fase de inquérito – nulidades/irregularidades
- Atos do JIC – recurso (arts. 399.º e ss CPP)
- Atos do MP – reclamação para JIC se afetarem DLGs (art. 268.º, n.º1, alínea f) e 32.º, n.º 4 CRP); senão, só sindicáveis na fase de instrução ou julgamento

Relevância da informação sobre recursos – art. 14.º, n.º 5 da Diretiva e art. 45.º, n.º 6 da Lei n.º 88/2017 – Secção J do Anexo I
Efeitos da Impugnação
- efeito devolutivo quanto a execução, mas pode ter efeito suspensivo se o mesmo tiver previsto em processos nacionais semelhantes – art. 14.º, n.º 6 Diretiva
- efeito devolutivo quanto à transmissão para a autoridade de emissão, mas pode ser determinado o efeito suspensivo, que será em qualquer caso aplicável se possam resultar "danos graves e irreversíveis à pessoa em causa" – art. 13.º, n.º 2 Diretiva; art. 23.º, n.º 3 e 4 da Lei n.º 88/2017

4.13.3. Papel da Eurojust[239]-[240]

Diretiva
Considerando 13
Art. 7.º, n.º 5

---

[239] Para maior desenvolvimento vd: *EL PAPEL DE EUROJUST EN LA ORDEN EUROPEA DE INVESTIGACIÓN. LA TRANSPOSICIÓN DE LA DIRETIVA EN ESPAÑA/ O papel da Eurojust na Decisão Europeia de Investigação/A transposição da Decisão Europeia de Investigação em Espanha, Francisco Jiménez-Villarejo,* Miembro Nacional de España en Eurojust. Ponencia presentada en el Marketing Seminar de Eurojust en Portugal, Auditório da Faculdade de Direito da Universidade de Lisboa, 3 de novembro de 2017 e do meu autor *Orden Europea de Investigación,* Cooperación Jurídica Penal, Memento/Experto, Francis Lefebvre, págs. 387 e ss..
[240] Consultar também o guia de intervenção da Eurojust, em anexo ao presente manual

Lei n.º 88/2017, de 21 de agosto

- Art. 12.º, n.º 3 – MN autoridade de emissão
- Art. 13.º, n.º 5 – Auxílio à autoridade judiciária de emissão na identificação da autoridade competente para a execução
- Art. 13.º, n.º 6 – dever de informação ao MN por parte da autoridade de emissão quando estiverem envolvidos mais de dois EM
- Art. 18.º, n.º 4 – MN para execução coordenada
- Art. 19.º, n.º 10 – MN como autoridade de execução da DEI
- Art. 21.º, n.º 6 – Auxílio às autoridades de emissão e de execução no caso de substituição da medida

    +

- Papel de aconselhamento (art. 16.º, n.º2 da DQ do MDE)
- Papel de suporte às autoridades nacionais (art. 10.º, n.º 2 do Protocolo adicional de 2001)
- Papel de monitorização (art. 17.º, n.º 7 da DQ MDE)

A intervenção do gabinete nacional da Eurojust pode mesmo iniciar--se antes da emissão da DEI, mormente quando se pondera ainda a sua viabilidade, a sua adequação às necessidades do processo, fase em que se pode analisar se esse instrumento se revela o mais adequado às finalidades pretendidas.

Com efeito, se o envolvimento do gabinete nacional na Eurojust ocorrer nessa fase, permitirá, igualmente, às autoridades nacionais, beneficiarem, se assim o entenderem, da experiência que a Eurojust vem acumulando nesta matéria, a nível Europeu, com monitorização permanente, com uma casuística diversa e significativa.

Nesta sede, a Eurojust pode desempenhar um papel relevante no apoio às autoridades nacionais envolvidas, cumprindo os objetivos que lhe são traçados no sentido de contribuir para a melhoria *da cooperação entre as autoridades competentes dos Estados-Membros, facilitando, em particular, a execução de pedidos de cooperação judiciária e de decisões nesta matéria, nomeadamente no que se refere aos instrumentos que aplicam o princípio do reconhecimento mútuo*[241].

---

[241] Decisão do Conselho relativa ao reforço da Eurojust e que altera a Decisão 2002/187/JAI do Conselho relativa à criação da Eurojust a fim de reforçar a luta contra as formas graves de criminalidade, texto consolidado disponível em:http://www.eurojust.europa.eu/doclibrary/ Eurojustframework/ejdecision/Consolidated%20version%20of%20the%20Eurojust%20 Council%20Decision/Eurojust-Council-Decision2009Consolidated-PT.pdf

Assim, podem destacar-se nesta possível intervenção:
- A execução de algumas das medidas depende da existência de acordo entre as autoridades envolvidas[242], revelando-se aqui fundamentais as tarefas de coordenação e assistência que os gabinetes nacionais da Eurojust podem prestar às autoridades nacionais;
- Poderá ser necessário apurar algum elemento relacionado com a legislação ou formalidade especial de outro EM[243].

5. Portugal como Estado requerente

5.1. Modalidades de pedido

Para alcançar e compreender esta matéria, aconselha-se que se siga de muito perto a matéria desenvolvida no sítio do GDDC (matéria do auxílio judiciário mútuo[244], assinalado em itálico), agora devidamente atualizada neste Manual com a Lei n.º 88/2017, de 21 de agosto, com a transposição da Diretiva sobre a DEI, no espaço judiciário da UE, com exceção da Irlanda e da Dinamarca, EM aos quais não se aplica a DEI.

Para se compreender o alcance do texto do GDDC, mostra-se necessário articular tais tipos de pedidos[245] com as notas explicativas[246] e com a lista de abreviaturas[247], no âmbito do quadro geral[248], os quais se encontram no Anexo do presente Manual.

Por facilidade de exposição, optou-se apenas por mencionar o tipo de pedido específico, a sua descrição e as novidades introduzidas pela Lei de transposição da DEI, as quais são aplicáveis após 22 de agosto de 2017 à matéria da obtenção da prova na UE (na parte respeitante aos EM, com exceção da Irlanda e da Dinamarca, EM aos quais não se aplica a DEI), sendo o remanescente (normas, práticas judiciárias, papel da autoridade central e outras redes de ligação e jurisprudência pertinente) consultados diretamente no sítio do GDDC.

---

[242] É o caso dos arts. 32.º, n.º 7, 33.º, n.º 2, 35.º, n.os 4 e 5, 36.º, n.º 1, al. b), 37.º, n.º 3, 40.º, n.º 4, 41.º, n.os 3, al. b), e 6, e 42.º, n.º 7.

[243] Cfr. os arts. 35.º, n.º 4, al. b), e 36.º, n.º 1, als. e) e f).

[244] http://guiaajm.gddc.pt/menu_actos_e_principios.htm

[245] http://guiaajm.gddc.pt/menu_atos_e_principios.htm

[246] http://guiaajm.gddc.pt/notas_explicativas_quadro_geral.html

[247] http://guiaajm.gddc.pt/lista_abreviaturas.html

[248] http://guiaajm.gddc.pt/quadro_geral.html

Notificação de atos/entrega de documentos

Descrição: *Na sua modalidade clássica e habitual, a autoridade competente requerida procede à convocação para atos processuais (v.g., notificação para julgamento) ou à notificação de decisões (v.g., despacho de acusação ou arquivamento, despacho que designa data para a realização de julgamento ou notificação de sentença) que lhe forem enviadas, para o efeito, pela autoridade estrangeira requerente.*

Normas: *CEAJM/CoE: art. 7.º*

P1/CoE : art. 3.º

P2/CoE : art. 15.º, 16.º

CBranq : art. 21.º

C 2000/UE: art. 5.º

CAAS/UE: art. 52.º

C-Viena/ONU: art. 7.º, n.2, b)

C-Palermo/ONU: art. 18.º, n.3, b)

C-Mérida/ONU: art. 46.º, n.3, b)

CPLP/AJM: art. 11.º

Lei 144/99: art. 145.º, n.2, a), 153.º, 154.º

Lei n.º 88/2017, de 21.08 – Por não se tratar de medida de investigação esta modalidade não está abrangida pela DEI (art. 3.º, alínea e) e 4.º)

Notificação e audição de suspeitos, arguidos, testemunhas ou peritos

Descrição: *Esta modalidade visa a recolha de material probatório assente na prestação de depoimentos e declarações, incluindo no que respeita a prova pericial. Mediante pedido formalizado em carta rogatória, a autoridade requerente solicita à autoridade requerida que, em seu nome, convoque diferentes participantes processuais a fim de proceder à respetiva audição sobre questões especificadas no pedido.*

Normas: *CEAJM/CoE: art. 3.º*

P1/CoE :art. 3.º

P2/CoE : art. 15.º, 16.º

CBranq : art. 21.º

C 2000/UE: art. 5.º

CAAS/UE: art. 52.º

C-Viena/ONU: art. 7.º, n.2, a)

C-Palermo/ONU: art. 18.º,n.3, b)

C-Mérida/ONU: art. 46.º,n.3, b)

CPLP/AJM: art. 1.º, n.2, d)

Lei 144/99: art. 145.º, n.2, d), 153.º

Lei n.º 88/2017, de 21.08 – arts. 3.º, alínea e) e 4.º e anexo I, Secção C)

NÍVEIS DE COOPERAÇÃO

Comparência no Estado requerente de testemunha, arguido, lesado, responsável civil ou perito

Descrição: *Neste tipo de pedido, uma pessoa é notificada no Estado requerido, através da intervenção da autoridade competente desse Estado, e informada de que é necessária a sua presença no Estado requerente para intervir em diligência processual no âmbito de um processo pendente nesse Estado.*

Normas: *CEAJM/CoE: art. 8.º-10.º, 12.º*
C-Viena/ONU: art. 7.º, n. 2, a), n.4 e n.18
C-Palermo/ONU: art. 18.º, n. 3, a)
C-Mérida/ONU: art. 46.º, n. 3, a)
CPLP/AJM: art. 12.º
Lei 144/99: art. 145.º, n.2, 154.º, 157.º
Lei n.º 88/2017, de 21.08 – arts. 3.º, alínea e) e 4.º e anexo I, Secção C)

Entrega temporária de detidos ou presos ao Estado requerente

Descrição: *Neste tipo de pedido, uma pessoa que se encontre privada de liberdade no Estado requerido é notificada, através da intervenção da autoridade competente desse Estado, de que é necessária a sua presença no Estado requerente para intervir em diligência processual no âmbito de um processo pendente nesse Estado.*

Normas: *CEAJM/CoE: art. 3.º, 11.º, 12.º, 20.º*
P1/CoE :
P2/CoE : art. 3.º, 5.º
CBranq :
C 2000/UE: art.
CAAS/UE: art.
C-Viena/ONU: art. 7.º, n. 4 e n. 18
C-Palermo/ONU: art. 18.º, n. 10-12
C-Mérida/ONU: art. 46.º, n. 10-12
CPLP/AJM: art. 13.º
Lei 144/99: art. 155.º, 157.º
Lei n.º 88/2017, de 21.08 – arts. 3.º, alínea e) , 4.º, 32.º e anexo I, Secção C)

Transferência temporária de detidos ou presos para o Estado requerido para efeitos de investigação

Descrição: *Neste tipo de pedido, é solicitada a cooperação da autoridade competente do Estado requerido para viabilizar a transferência, para o território desse Estado, de pessoa detida ou presa no Estado requerente à ordem de um determinado processo,*

MANUAL DE COOPERAÇÃO JUDICIÁRIA INTERNACIONAL EM MATÉRIA PENAL

a fim de intervir em diligência de investigação a realizar no âmbito desse processo (ex: reconhecimento de pessoas, reconstituição de factos).

Normas: *CEAJM/CoE: art. 3.º, 11.º, 12.º, 20.º (ver também art. 3.º, 5.º do Segundo Protocolo à Convenção)*
P2/CoE : art. 13.º
C 2000/UE: art. 9.º
C-Viena/ONU:
C-Palermo/ONU: art. 18.º, n.10-12
C-Mérida/ONU: art. 46.º, n.10-12
CPLP/AJM: art. 13.º, n.6
Lei 144/99: art. 156.º, 157.º
Lei n.º 88/2017, de 21.08 – arts. 3.º, alínea e) , 4.º, 32.º e anexo I, Secção C e Secção H1)

Inquirição por telefone

Descrição: *Através deste tipo de pedido é possível recolher, por via telefónica, depoimentos e declarações prestados por pessoas que se encontrem no território do Estado requerido, quando a sua comparência no Estado requerente não for oportuna ou possível.*
Ressalva-se a audição de suspeitos e arguidos, que não é possível por esta via.

Normas: *P2/CoE : art. 10.º*
C 2000/UE: art. 11.º
Lei n.º 88/2017, de 21.08 – arts. 3.º, alínea e) , 4.º, 37.º e anexo I, Secção C e Secção H2).

Videoconferência

Descrição: *Nesta modalidade procede-se à audição de pessoas recorrendo a um meio de telecomunicação em tempo real como é a videoconferência.*

Normas: *CEAJM/CoE: art. 3. e recomendação R(85) 10, de 28 de junho*
P2/CoE : art. 9.º
C 2000/UE: art. 10.º
C-Viena/ONU: art. 7.º, n.3 (cláusula genérica)
C-Palermo/ONU: art. 18.º, n.18; art. 24.º, n.2, b) – proteção de testemunhas
C-Mérida/ONU: art. 46.º, n.18; art. 32.º, n.2, b) – proteção de testemunhas
CPLP/AJM: art. 1.º, n.3
Lei 144/99: art. 145.º, n.3 e 11
Lei n.º 88/2017, de 21.08 – arts. 3.º, alínea e) , 4.º, 35.º e anexo I, Secção C e Secção H2) – No espaço da UE, devem seguir-se as indicações

NÍVEIS DE COOPERAÇÃO

que estão nas págs. 8 e ss. (aspetos práticos) e 23 e ss. (matéria penal) do guia sobre videoconferência em ações judiciais transfronteiriças do Conselho Europeu[249].

Interceções telefónicas e de outras comunicações

Descrição: *Através deste tipo de pedido é solicitada a colaboração de uma autoridade judiciá-ria estrangeira com vista à obtenção de prova por meio da interceção de telecomu-nicações, ou por outros meios legalmente equiparados.*

Normas: *CEAJM/CoE: art. 3.º; Recomendações do Comité de Ministros (ver notas)*
C 2000/UE: art. 17.º a 22.º
C-Viena/ONU:*
C-Palermo/ONU: art.20.º, n.1 e 2
C-Mérida/ONU: art. 50.º
Lei 144/99: art. 160.º – C
Lei n.º 88/2017, de 21.08 – arts. 3.º, alínea e) , 4.º, 42.º e anexo I, Secção C e Secção H7)

Realização de entregas controladas ou vigiadas

Descrição: *Através deste tipo de pedido, é solicitada a colaboração da autoridade judiciária requerida por forma a autorizar a não atuação, no seu território, dos funcionários de investigação criminal no âmbito de investigações transfronteiriças relativas a crimes passíveis de extradição, tendo em vista, mediante a colaboração com a autoridade competente do Estado ou dos Estados estrangeiros, a identificação e responsabilização criminal do maior número de agentes da infração.*

Normas: *P2/CoE : art. 18.º*
C 2000/UE: art. 12.º, 15.º e 16.º
C-Viena/ONU: art. 11.º
C-Palermo/ONU: art. 20.º
C-Mérida/ONU: art. 50.º
Lei 144/99: art. 160.º – A
Lei n.º 88/2017, de 21.08 – arts. 3.º, alínea e) , 4.º, 40, n.º 1, alínea b) e anexo I, Secção C)

---

[249] Disponível em http://www.consilium.europa.eu/media/30607/qc3012963ptc.pdf

Agentes infiltrados/ Ações encobertas

Descrição: *Através deste tipo de pedido, pretende-se que funcionários de investigação criminal participem ou colaborem, com ocultação da sua identidade, na realização de investigações criminais noutro Estado, no âmbito de ações encobertas previstas na legislação desse Estado (cfr. Lei 101/2001, de 25 de agosto).*

Normas: *P2/CoE : art. 19.º*
C 2000/UE: art. 14.º, 15.º, 16.º
C-Palermo/ONU: art. 20.º
C-Mérida/ONU: art. 50.º
Lei 144/99: art. 160.º – B
Lei n.º 88/2017, de 21.08 – arts. 3.º, alínea e) , 4.º, 41.º e anexo I, Secção C e Secção H6)

Equipas de investigação conjuntas

Descrição: *Esta modalidade tem como principal objetivo obter informações e provas, de forma mais célere e flexível, quando, no âmbito de investigação criminal de um Estado estrangeiro, houver necessidade de realizar investigações de especial complexidade com implicações em Portugal ou noutro Estado, ou quando vários Estados realizem investigações criminais que careçam de coordenação ou concertação nos Estados envolvidos.*

Normas: *P2/CoE : art. 20.º*
C 2000/UE: art. 13.º, 15.º e 16.º
C-Viena/ONU: art. 9.º
C-Palermo/ONU: art. 19.º
C-Mérida/ONU: art. 49.º
Lei 144/99: art. 145.º, 145.º-A, 145-B
Circular da PGR n.º 1/2012
Lei n.º 88/2017, de 21.08 – esta modalidade não está abrangida pela DEI (art. 3.º, alínea e) e 4.º, n.º1

Revistas, exames, perícias

Descrição: *Através deste tipo de pedido é solicitada a intervenção da autoridade judiciária estrangeira, para recolha de prova por meio de exames das pessoas, dos lugares e das coisas, incluindo, nos casos e dentro dos pressupostos previstos na Lei, em locais reservados e não acessíveis ao público. Podem, ainda, realizar-se exames e perícias médicas e científicas, de que são exemplo as perícias médico-legais e psiquiátricas.*

Normas: *CEAJM/CoE: art. 3.º, 5.º*
CAAS/UE: art. 51.º

NÍVEIS DE COOPERAÇÃO

C-Viena/ONU: art. 7.º, n. 2
C-Palermo/ONU: art. 18.º, n. 3
C-Mérida/ONU: art. 46.º, n. 3
CPLP/AJM: art. 1.º, n. 2, c)
Lei 144/99: art. 145.º, n. 2, e 147.º
Lei n.º 88/2017, de 21.08 – arts. 3.º, alínea e), 4.º e anexo I, Secção C)

Deslocação de polícias e magistrados para participarem na audição no Estado requerido (art. 145.º, ns. 5, 7, 9 e 10)
Lei n.º 88/2017, de 21.08 – arts. 3.º, alínea e), 4.º, 28.º e anexo I, Secção C)

Buscas e apreensões

Descrição: *Através deste tipo de pedido pretende-se a colaboração das autoridades competentes de um outro Estado para que procedam à deteção e à apreensão de bens que se encontrem no território desse Estado e sejam relevantes para utilização como prova no processo instaurado no Estado requerente, ou que aí possam ser declarados perdidos a favor do Estado ou para restituição a quem de direito (por ex, à vítima do crime cometido).*

Se for o caso, poderá ainda ser solicitado às autoridades competentes do mesmo Estado requerido que dêem execução às decisões que vierem a decretar a perda dos bens apreendidos em virtude do ato de auxílio judiciário.

Normas: *CEAJM/CoE: art. 3.º, 5.º*
PI/CoE : art. 2.º
CBranq : art. 11.º, 12.º
CAAS/UE: art. 51.º
C-Viena/ONU: art. 5.º, 7.º
C-Palermo/ONU: art. 13.º, 18.º
C-Mérida/ONU: art. 46.º, 54.º, n. 2, 55.º
CPLP/AJM: art. 1.º, n.2, c), art 2.º, n.2
Lei 144/99: art. 147.º, 151.º, b), 153.º
Lei n.º 88/2017, de 21.08 – arts. 3.º, alínea e) , 4.º, e anexo I, Secção C)

Perda e restituição de bens

Descrição: *Através deste tipo de pedido pretende-se a colaboração das autoridades competentes de um outro Estado para que dêem cumprimento à decisão que decrete a perda de produtos do crime, proferida pelo tribunal estrangeiro, a favor do Estado ou para restituição a quem de direito (por ex, à vítima do crime cometido).*
Normas: *CEAJM/CoE: art. 3.º, 6.º*

P2/CoE : art. 12.º
CBranq : art. 13.º, 14.º (e segs)
C 2000/UE: art. 8.º
C-Viena/ONU: art. 5.º
C-Palermo/ONU: art. 13.º, 14.º
C-Mérida/ONU: art. 55.º, 57.º
CPLP/AJM: art. 16.º
Lei 144/99: art. 160.º
Lei n.º 88/2017, de 21.08 – esta modalidade não está abrangida pela DEI (art. 3.º, alínea e) e 4.º, n.º1)

Pedido de trânsito de pessoas

Descrição: *Através deste tipo de pedido é obtida a colaboração de um Estado terceiro relativamente aos Estados envolvidos no auxílio judiciário, o qual autoriza a passagem pelo seu território de pessoa detida num daqueles Estados e que deva deslocar-se ao outro, em consequência do referido auxílio, como sucede, por exemplo, no caso de pessoa detida no Estado requerido que deva comparecer no Estado requerente, em virtude de ter aceitado cumprir a notificação de uma autoridade judiciária, para depor como testemunha num processo instaurado no Estado requerente.*

Normas: *CEAJM/CoE: art. 11.º, n. 2 e n. 3*
P2/CoE: art. 3.º
C 2000/UE: art. 6.º, n. 8, a)
C-Viena/ONU: art. 7.º, n. 1 e n. 2
C-Palermo/ONU: art. 18.º, n. 1 e n. 3
C-Mérida/ONU: art. 46.º, n. 1 e n. 3
Lei 144/99: art. 158.º
Lei n.º 88/2017, de 21.08 – arts. 3.º, alínea e), 4.º e 32.º e anexo I, Secção C)

Informações sobre antecedentes criminais

Descrição: *Através deste tipo de pedido é solicitada a comunicação de informações constantes do registo criminal, relativamente a suspeitos, arguidos e condenados, bem como de cópias de sentenças ou medidas posteriores que tenham sido inscritas no registo criminal.*

Normas: *CEAJM/CoE: art. 13.º, 22.º*
P1/CoE: art. 4.º
C 2000/UE: art. 6.º, n. 8, b)
C-Viena/ONU: art. 7.º, n. 1 e n. 2

C-Palermo/ONU: art. 18.º, n. 1 e n. 3, art. 22.º
C-Mérida/ONU: art. 41.º, 46.º, n. 1 e n. 3
CPLP/AJM: art. 1.º, n.2, f), art. 17.º
Lei 144/99: art. 162.º e 163.º
Lei n.º 88/2017, de 21.08 – esta modalidade não está abrangida pela DEI
(art. 3.º, alínea e) e 4.º, n.º1)

Denúncias para procedimento penal

Descrição: *Nesta modalidade de auxílio, a autoridade judiciária de um Estado efetua denúncia junto das autoridades competentes de outro Estado, para efeitos de instauração de procedimento penal.*

Normas: *CEAJM/CoE: art. 21.º*
C 2000/UE: art. 6.º
Lei n.º 88/2017, de 21.08 – esta modalidade não está abrangida pela DEI
(art. 3.º, alínea e) e 4.º, n.º1)

Intercâmbio espontâneo de informações

Descrição: *Nesta modalidade de auxílio, a autoridade judiciária de um Estado toma a iniciativa de transmitir às suas congéneres estrangeiras, independentemente de pedido, informações que considere relevantes para efeitos de investigações ou procedimentos a instaurar ou pendentes no Estado estrangeiro ou, ainda, para formulação de pedidos de cooperação.*

Normas: *P2/CoE : art. 11.º*
CBranq : art. 10.º
C 2000/UE: art. 7.º
C-Viena/ONU: art. 9.º, n. 1
C-Palermo/ONU: art. 18.º, n. 4 e 5
C-Mérida/ONU: art. 46.º, n. 4 e 5, art. 56.º
CPLP/AJM: art. 8.º
Lei n.º 88/2017, de 21.08 – esta modalidade não está abrangida pela DEI
(art. 3.º, alínea e) e 4.º, n.º1)

Transmissão e receção de denúncias e queixas de particulares

Descrição: *Nesta modalidade, as autoridades competentes de um Estado recebem, para efeitos de instauração de procedimento penal, as denúncias e queixas de particulares, relativamente a crimes praticados no seu território, que lhes forem transmitidas pelas autoridades competentes do Estado onde residem as pessoas em causa.*

Normas: *Lei 144/99: art. 154.º-A*

Lei n.º 88/2017, de 21.08 – esta modalidade não está abrangida pela DEI (art. 3.º, alínea e) e 4.º, n.º1)

Informação sobre direito português ou estrangeiro

Descrição: *Neste tipo de pedido está em causa a obtenção de informações sobre o direito de outro país que se mostrem relevantes no âmbito de um determinado processo ou com vista à preparação de um pedido de cooperação judiciária internacional (ex, apurar da admissibilidade de um ato processual no Estado requerido antes de emitir a correspondente carta rogatória, ou conhecer as disposições penais relevantes quando for de aplicar a Lei penal estrangeira).*

Normas: *CEAJM/CoE: art. 1.º, n. 1*

CBranq : art. 7.º, n. 1, 27.º, n. 1, d)

C 2000/UE: art.

CAAS/UE: art.

C-Viena/ONU: art. 7.º, n. 1 e n. 2

C-Palermo/ONU: art. 18.º, n. 1 e n. 3

C-Mérida/ONU: art. 46.º, n. 1 e n. 3

CPLP/AJM: art. 1.º, n. 2, e)

Lei 144/99: art. 161.º

Lei n.º 88/2017, de 21.08 – esta modalidade não está abrangida pela DEI (art. 3.º, alínea e) e 4.º, n.º1)

Informações sobre contas bancárias e outras contas financeiras

Normas: *CEAJM/CoE: art. 3.º, 6.º*

P2/CoE : art. 12.º

CBranq : art. 13.º, 14.º (e segs)

C 2000/UE: Protocolo Adicional: arts. 2.º e 3.º

C-Viena/ONU: art. 5.º

C-Palermo/ONU: art. 13.º, 14.º

C-Mérida/ONU: art. 55.º, 57.º

CPLP/AJM: art. 16.º

Lei n.º 88/2017, de 21.08 – arts. 3.º, alínea e), 4.º e 32.º e anexo I, Secção C e Secção H4)

5.2. Emissão do pedido

Circular da PGR n.º 4/2002[250]

A Circular da PGR n.º 4/2002, de 1 de março de 2002 contém orientações e informações sobre os procedimentos a observar relativos à formulação e à transmissão do pedido.

O presente texto retoma as informações aí transmitidas, alterando-as ou atualizando-as em função dos trabalhos ulteriores das instâncias comunitárias e internacionais, desenvolvidos neste domínio.

Critérios de emissão do pedido

Atualmente vai existindo progressiva facilitação da colaboração de autoridades judiciárias de outro país para a recolha de prova em processos penais, em especial com relação a formas de criminalidade mais grave, de que são exemplos a criminalidade económico-financeira e os tráficos, de pessoas, droga, armas, entre outros.

Contudo, o direito processual penal português e o direito internacional advogam uma especial ponderação da decisão de emitir o pedido. Essa ponderação resulta da aplicação de critérios de:

- Necessidade: nos termos do art. 230.º, n.º 2 do CPP, é requisito de admissibilidade do pedido ser a diligência necessária para a prova de facto essencial para a acusação ou para a defesa;
- Proporcionalidade: este critério é um pressuposto do anterior, sendo aplicável a diferentes mecanismos de cooperação judiciária internacional em matéria penal, desde logo, em matéria de MDE – embora não conste expressamente dos textos convencionais, tem sido apresentado como uma boa prática de cooperação no âmbito dos trabalhos internacionais, desenvolvidos nomeadamente no âmbito da UE.

Encontra-se um afloramento deste critério no art. 10.º da Lei 144/99, que permite a recusa de cooperação no caso de a infração ser de reduzida importância.

Adequação: pode ser entendida como um subcritério da proporcionalidade, mas na atualidade, vai mais longe, pois para além da DEI se mostrar necessária e proporcional, deve ser emitida pensando nos meios que a sua

---

[250] http://guiaajm.gddc.pt/emissao_pedido.html

emissão e execução envolvem. Assim, agora com DEI, e nos termos conjugados dos arts. 6.º, n.º1, alínea a) da Diretiva e 11.º, n.º1, alínea a) da Lei n.º 88/2017, texto introdutório do Anexo I, passamos a ter como critérios de emissão da DEI a necessidade, adequação[251], proporcionalidade[252].

Identificação da base jurídica do pedido

O pedido de auxílio deve identificar o quadro jurídico no âmbito do qual é formulado, invocando o instrumento internacional aplicável ou exclusivamente a legislação interna portuguesa, por aplicação da regra de reciprocidade.

Essa identificação pode ser feita em termos gerais, mediante a simples indicação do instrumento convencional aplicável ou, na sua falta, da Lei 144/99.

O aprofundamento da cooperação internacional tem conduzido à multiplicação de convenções no quadro de diferentes organizações internacionais, quer de âmbito geral quer circunscritas a determinada área da criminalidade ou a determinado tipo de pedido de auxílio judiciário, todas contendo normas de auxílio judiciário mútuo em matéria penal. Portugal pode, pois, dispor de diversos instrumentos jurídicos multilaterais aplicáveis nas relações com um outro país, sem excluir a existência de tratado bilateral.

---

[251] O legislador português aditou a adequação aos critérios de necessidade e proporcionalidade, que resultavam da Diretiva. E, no nosso entender, fê-lo bem, pese embora algumas críticas que foram apresentadas, mormente por consideraram que, por essa via, o número de DEI emitidas e recebidas será menor em Portugal. Na verdade, a necessidade já resultava do art. 230.º, n.º2 do CPP e do art. 152.º, n.º 7 da Lei n.º 144/99, de 31.08 e a proporcionalidade é aflorada no art. 10.º da Lei n.º 144/99, de 31.08. A adequação pode ser entendida como um subcritério da proporcionalidade, mas na atualidade, vai mais longe, pois para além da DEI se mostrar necessária e proporcional, deve ser emitida pensando nos meios que a sua emissão e execução envolvem.

[252] Existem autores que têm defendido que os critérios da necessidade/proporcionalidade conflituam com um dos aspetos essenciais do reconhecimento mútuo: o de que a autoridade de execução não avalia a decisão de emitir uma DEI tomada pela autoridade de emissão: "[a] *autoridade de execução deve reconhecer uma DEI (...), sem impor outras formalidades"* (art. 9.º, n.º1 da Diretiva). Não concordo com essa sustentação, pois para além dos critérios em causa já serem utilizados em instrumentos anteriores, como é o caso da DQ referente ao MDE, temos de atender que a temática da DEI é sobre a recolha de prova e perante a inexistência de um instrumento europeu sobre a admissibilidade e validade da prova, tal tarefa continua atribuída aos EM

Assim, a escolha do instrumento aplicável deverá ser enunciada no pedido, de modo a satisfazer as exigências de clareza do mesmo e a permitir à autoridade judiciária requerida/ de execução identificar rapidamente o quadro jurídico de referência aplicável.

Para determinar a existência de base jurídica convencional aplicável pode consultar:

"TRATADOS", que contém uma listagem atualizada de instrumentos bilaterais e multilaterais em vigor para o nosso país;

"COOPERAÇÃO INTERNACIONAL", que contém informação complementar sobre instrumentos bilaterais e multilaterais em matéria penal e em matéria civil e comercial;

"LEGISLAÇÃO EM PORTUGUÊS", que referencia legislação portuguesa sobre cooperação judiciária internacional em matéria penal

Para saber mais vá para Quadro de Cooperação.

Previsibilidade da execução da medida de cooperação no Estado requerido:

declarações e reservas

A fim de garantir a admissibilidade do pedido, sendo aplicável convenção multilateral importa consultar as reservas e/ou declarações eventualmente formuladas pelo Estado do qual se pretende obter cooperação.

Através das mesmas, esse Estado pode circunscrever o âmbito material da convenção nas suas relações com os demais, mediante formulação de reserva ou, mediante aposição de declaração, informar como aplicará a norma visada ou prestar as informações previstas na mesma (identificação da Autoridade Central, língua do pedido, etc).

No que concerne à DEI, devem observar-se os requisitos a que alude o art. 6.º e 8.º da Lei 88/2017.

Informação sobre o direito estrangeiro

Na preparação do pedido, pode ter interesse conhecer previamente as condições de admissibilidade da medida no Estado requerido e as disposições legais relevantes.

A autoridade judiciária portuguesa tem à sua disposição um conjunto de mecanismos que facilitam o acesso à referida informação:

– No âmbito da UE, a consulta das "fichas belgas". Trata-se de uma ferramenta prática desenvolvida no quadro da RJE, que disponibiliza informação sobre as medidas de investigação previstas em cada EM e sua admissibilidade, tanto no plano interno quanto no da cooperação internacional

– Para mais esclarecimentos, pode recorrer-se aos pontos de contacto da RJE (ver circular 6/2000), ou ao membro nacional Eurojust (ver circular 7/2006), pela maneira mais informal possível, por correio eletrónico, telefone ou fax.

Entidades Facilitadoras

– Nos demais casos, poderá consultar-se a PGR/Autoridade Central
– Para informações de natureza legislativa, poderá ser endereçado solicitada a colaboração do GDDC da PGR, conforme prevê o art. 161.º da Lei 144/99, de 31.8., fazendo-o para o endereço eletrónico www.gddc. pt, para o telefone 213820300 ou para o fax 213820301. O GDDC é, também, órgão de receção e órgão de transmissão no âmbito da Convenção do Conselho da Europa no domínio da informação sobre direito estrangeiro.

Requisitos de forma

O pedido de auxílio judiciário reveste, em regra, a forma de carta rogatória ou DEI.

O formalismo a que obedece a formulação de um pedido de auxílio judiciário nas normas convencionais mais relevantes encontra-se descrito nas seguintes disposições: art. 14.º da CoE 59, completado, na UE, pelas normas correspondentes a pedidos de auxílio específico na CE2000; art. 7.º, n.º10 da Convenção das Nações Unidas contra o Tráfico Ilícito de Estupefacientes e Substâncias Psicotrópicas, de 13 de dezembro de 1989; art. 18.º, n.º15 da Convenção das Nações Unidas contra a Criminalidade Transnacional Organizada, de 15 de novembro de 2000; e art. 46.º, n.15 da Convenção contra a Corrupção, das Nações Unidas, de 31 de outubro de 2003.

No plano interno, o formalismo a que deve obedecer a elaboração de uma carta rogatória encontra-se descrito nos arts. 23.º e 151.º da Lei 144/99 de 31.8., que incorpora no ordenamento jurídico interno as normas convencionais pertinentes.

O enunciado da carta rogatória deve pautar-se pela simplicidade e clareza, por forma a que a autoridade estrangeira, destinatária do pedido, possa facilmente enquadrar-se na questão de fundo, compreender claramente a natureza da diligência que lhe é solicitada e levá-la a cabo da forma mais adequada.

Atualmente com os formulários da DEI, devem ser preenchidas as Secções relevantes, com a utilização de uma linguagem clara e concisa, de forma a permitir às autoridades requeridas compreender o que é pretendido.

Em síntese

a. Devem identificar-se as autoridades judiciárias, requerente e requerida.

A identificação da autoridade requerida deve fazer-se em conformidade com o instrumento aplicável e por recurso à Autoridade Central, ou, na UE, ao Atlas Judiciário Europeu, aos pontos de contacto portugueses da RJE, ou ao Membro Nacional Eurojust.

À exceção da cooperação praticada no âmbito da UE, quando não for possível a identificação concreta da autoridade requerida, deverá a mesma fazer-se sob a forma "Competentes Autoridades Judiciárias do Estado X".

No que respeita à autoridade requerente, além do nome e endereço, é conveniente indicar também o número de telefone e de fax e o endereço de correio eletrónico.

b. Devem enunciar-se, de forma sucinta, os factos que justificam a formulação do pedido.

O envio de cópias de peças processuais, cuja tradução encarece o pedido e cuja compreensão nem sempre é facilmente alcançável pela autoridade da execução, deve ser reservado para casos excecionais (v.g. quando se mostra necessário analisar ou reconhecer documentos).

c. O pedido deve ser enunciado de forma compreensível e, se possível, destacada

Deve identificar-se claramente, caso se trate de diligência de interrogatório, inquirição ou peritagem, o nome e morada da pessoa a ouvir, bem como instruir o pedido com uma lista de questões que se deseja sejam colocadas à pessoa cuja audição se requer.

d. No caso de pedido de notificação, deve indicar-se o nome e residência do destinatário ou outro local em que o mesmo possa ser notificado, mencionar-se a sua qualidade processual e especificar a natureza do documento a notificar.

Na UE, por força do art. 5.º da CE2000, a regra é a do envio direto, por via postal, das peças processuais que forem destinadas à pessoa a notificar.

As exceções a essa regra constam do n.º 2, alíneas a-d) daquele art. 5.º e respeitam a casos: de endereço desconhecido ou incerto; em que a legislação do EM requerente exigir outra prova da notificação do ato ao destinatário, de que é exemplo, a notificação pessoal; em que não tiver sido possível enviar a peça processual pelo correio; ou em que o EM requerente tiver motivos fundamentados para considerar que o envio pelo correio será ineficaz.

e. Deverá esclarecer-se qual a qualificação jurídica dos factos que motivam o procedimento, juntando cópia das normas legais pertinente

f. Quando tal se justifique, deverá fazer-se constar as especialidades a que alude o art. 151.º als. b) e c) da Lei 144/99 de 31.8.

Nos casos de revista, busca, apreensão, entrega de objetos ou valores, exames e perícias, previstos na alínea b), deverá juntar-se cópia certificada das disposições da Lei portuguesa que admitem essas medidas (cfr. art. 147.º da Lei 144/99).

Essa formalidade resulta de a admissibilidade da carta rogatória para fins de buscas e apreensões exigir tradicionalmente a verificação da dupla incriminação. Veja-se, por todos, o art. 5.º da CoE59.

Contudo, no âmbito da UE, o art. 51.º da CAAS diminuiu o nível de exigência desse requisito, tanto na Lei do Estado requerente quanto na do Estado requerido. E a DQ 2003/577/JAI do Conselho, de 22 de julho, (implementada, entre nós, pela Lei 25/2009, de 5 de junho) dispensou o controlo da verificação do requisito não só para efeitos de reconhecimento e execução de decisões de apreensão respeitantes a factos puníveis com pena privativa de liberdade de máximo igual ou superior a três anos, correspondentes a infrações previstas no art. 3.º, n1, tal como tipificadas na Lei do Estado de emissão, como também com respeito ao pedido de auxílio judiciário subsequente que visa a transferência do elemento de prova apreendido (art. 7.º, n.º 5).

Nos casos da alínea c), trata-se, nomeadamente, da informação de que a partir de determinada data deixará de interessar o cumprimento da carta rogatória ou da necessidade de ser respeitada a confidencialidade do pedido e seu conteúdo.

g. Deve solicitar-se, quando necessário e com vista a salvaguardar o valor probatório e a legalidade do ato a praticar pela autoridade estrangeira, que o mesmo seja praticado observando os termos prescritos pela Lei portuguesa, remetendo-se cópia da legislação processual penal pertinente (Lei 144/99, art. 151.º, c).

Nesse quadro, é desejável ponderar a descrição ou explicação das formalidades solicitadas, por forma a garantir a preservação do valor probatório dos elementos recolhidos.

No que concerne à DEI, deve ser preenchido rigorosamente o formulário correspondente ao Anexo I, respeitando as formalidades a que aludem os arts. 6.º e 11.º da Lei n.º 88/2017.

Tradução do pedido

Conforme estabelece o art. 20.º da Lei n.º 144/99 de 31.8 os pedidos são acompanhados de tradução na língua oficial do Estado a que são dirigidos, salvo convenção ou acordo em contrário ou se o Estado requerido a dispensar.

Para este último efeito, devem ser consultadas as declarações que os Estados tenham feito ao abrigo do instrumento convencional relevante ou em sede de implementação de instrumentos da UE.

No que a esta matéria diz respeito Portugal celebrou com a República Francesa, em 14 de setembro de 1955, um Acordo por Troca de Notas segundo o qual são dispensadas as traduções das cartas rogatórias e dos atos judiciários em matéria penal.

De igual modo celebrou, em 19 de novembro de 1997, um Acordo com o Reino de Espanha, relativo à cooperação judiciária em matéria penal e cível, publicado no Diário da República I-Série A, de 27 de maio de 1998, em cujo art. primeiro se prevê a dispensa de tradução dos pedidos de auxílio judiciário mútuo em matéria penal e cível.

A prática demonstra, porém, que o envio de uma tradução na língua do Estado requerido é de molde a permitir mais rápida e adequada execução do pedido.

Em matéria penal, as traduções, quando não facultadas pelo interveniente processual que requereu a formulação do pedido, devem ser solicitadas diretamente pelo Tribunal requerente a tradutores que prestam compromisso de honra e cujos serviços serão remunerados pelo orçamento do Tribunal.

No que concerne à DEI, a mesma deve ser traduzida pela autoridade de emissão para a língua oficial do Estado de execução ou para uma das línguas oficiais dos EM da UE que este tiver declarado aceitar, nos termos dos arts. 5.º, n.º3 da Diretiva e 6.º, n.º3 da Lei 88/2017[253].

Transmissão do pedido

A Lei n.º 144/99 de 31.8, no seu art. 21.º, definiu como Autoridade Central, para efeitos de receção e transmissão dos pedidos de cooperação abran-

---

[253] https://www.ejn-crimjust.europa.eu/ejn/EJN_StaticPage.aspx?Bread=10001

MANUAL DE COOPERAÇÃO JUDICIÁRIA INTERNACIONAL EM MATÉRIA PENAL

gidos por aquele diploma legal, ou seja, em matéria de cooperação judiciária internacional em matéria penal, a PGR.

Assim, os pedidos de auxílio judiciário mútuo, nomeadamente as cartas rogatórias, devem ser endereçados à PGR, para transmissão para o exterior.

Acontece, porém, que as convenções internacionais vêm progressivamente defendendo o recurso à transmissão direta como regra, pelo que importa consultar as normas relativas à transmissão do pedido, quando se procede à elaboração deste.

Concretamente em matéria de auxílio judiciário, também a Lei n.º 144/99 de 31.8. prevê, nos seus arts. 21.º n.º 4 e 152.º n.º 1, a possibilidade de transmissão direta do pedido entre autoridades judiciárias competentes.

Transmissão direta na UE

A CAAS prevê, no art. 53.º, que os pedidos de auxílio judiciário, maxime cartas rogatórias, podem ser diretamente remetidos pelas autoridades judiciárias e respondidos pela mesma via. Esta norma tem plena aplicação na cooperação com os EM que ainda não ratificaram a CE2000.

A transmissão direta entre autoridades judiciárias localmente competentes está hoje estabelecida, como regra, na CE2000 (art. 6.º).

Conforme dispõe o seu art. 3.º, a CE2000 é também aplicável a pedidos de auxílio relativos a factos qualificados como infrações a disposições regulamentares passíveis de recurso judicial, de que são exemplo paradigmático as contraordenações no direito português. Nesses casos, o pedido pode tramitar entre autoridades de diferente natureza nos Estados requerente e requerido (art. 6.º, n.6).

Por último, a Convenção estabelece um regime excecional e transitório para a Irlanda e o Reino Unido, os quais podem declarar que os pedidos e comunicações que lhes são destinados sejam dirigidos à respetiva autoridade central (art. 6.º, n. 3).

O mesmo se passa com a DEI, com exceção dos EM da Irlanda e Dinamarca, mormente com os arts. 7.º da Diretiva e 13.º da Lei n.º 88/2017.

Sinopse da tramitação do pedido de auxílio a outro EM da UE

• Na generalidade dos pedidos no âmbito da UE: o pedido deve ser transmitido diretamente à autoridade judiciária localmente competente, identificada mediante consulta do Atlas Judiciário

• Pedidos de transferência temporária ou de trânsito de pessoas detidas: o pedido deve tramitar através da PGR

NÍVEIS DE COOPERAÇÃO

• Pedidos de informações constantes do registo criminal: o pedido tramita através da Autoridade Central Portuguesa competente para receber este tipo de pedidos, a Direção dos Serviços de Identificação Criminal (esta solução corresponde à prática tendencialmente observada na cooperação realizada, neste domínio, entre os EM da UE, ainda que as normas aplicáveis permitam a utilização de outras formas de transmissão)

• Pedido de comunicação de cópias de sentenças ou medidas posteriores, que tenham sido inscritas no seu registo criminal: o pedido tramita através da Direção de Serviços de Identificação Criminal, podendo ser transmitido diretamente à autoridade competente se for subsequente ao pedido de informações constantes do registo criminal

• Cooperação solicitada em matéria de contraordenações: o pedido tramita através da PGR. Quando for conhecida a autoridade destinatária de outro EM, e independentemente da natureza desta, o pedido pode ser-lhe diretamente transmitido pela autoridade administrativa portuguesa competente (NB: se Portugal for o Estado requerido, o pedido proveniente de outro EM deve ser dirigido à PGR, que o remete à autoridade judiciária ou administrativa portuguesa competente).

Identificação da autoridade a quem endereçar o pedido na UE
No âmbito da UE é possível identificar a autoridade competente, consoante a medida, a quem transmitir diretamente o pedido, mediante consulta do Atlas Judiciário Europeu. Trata-se de uma ferramenta informática desenvolvida no âmbito da RJE[254].

Em caso de dúvida ou dificuldade, ou para mais esclarecimentos, pode recorrer-se aos pontos de contacto da RJE ou ao membro nacional Eurojust, que facilitam a identificação e o contacto entre as autoridades judiciárias diretamente envolvidas.

Transmissão direta noutros quadros internacionais
No Conselho da Europa, o Segundo Protocolo Adicional à CoE59 contempla a possibilidade de transmissão direta no seu art. 4.º. Esta norma aplica-se, assim, entre os Estados que forem parte nesse Protocolo.

---

[254] Vd. https://www.ejn-crimjust.europa.eu/ejn/AtlasChooseCountry.aspx

MANUAL DE COOPERAÇÃO JUDICIÁRIA INTERNACIONAL EM MATÉRIA PENAL

Meios de transmissão

Além da transmissão direta por via postal, podem utilizar-se meios expeditos como, por exemplo, o telefax ou o correio eletrónico, nos termos previstos em convenção ou na Lei 144/99, arts. 22.º e 29.º.

O mesmo se passa com a DEI, referindo a expressão por *qualquer meio que permita conservar um registo escrito e em condições que permitam determinar a sua autenticidade*, mormente com os arts. 7.º da Diretiva e 13.º da Lei n.º 88/2017.

Pedido de natureza urgente

Tanto as normas convencionais, nomeadamente as do art. 15.º n.º2 e 5 da CoE59 e do art. 6.º, n.º 4 da CE2000, como o art. 29.º da Lei n.º 144/99 de 31.8, preveem uma tramitação específica, para os casos de pedidos urgentes.

Nestes casos, os pedidos deverão ser transmitidos através da INTERPOL – Gabinete Nacional Interpol.

No âmbito da UE, pode, ainda, recorrer-se à Europol – Unidade Nacional Europol, especialmente no caso de carta rogatória que der seguimento a cooperação policial prévia (cfr. art. 6.º, n.4 parte final, da CE2000 e art. 3.º da "Decisão Europol" – Decisão 2009/371/JAI do Conselho, de 6 de abril, que comete à Europol o apoio às autoridades judiciárias).

Para além dos prazos acima referidos, a Diretiva DEI fixa um prazo de 24 horas para a autoridade de execução decidir e comunicar tal decisão quando estejam em causa medidas provisórias nos termos dos arts. 32.º da Diretiva e 44.º da Lei 88/2017 destinadas a *"impedir provisoriamente a destruição, transformação, deslocação, transferência ou alienação de um elemento que possa servir de prova"*.

Nesta sede, a Eurojust pode desempenhar um papel importante no apoio às autoridades nacionais envolvidas, cumprindo os objetivos que lhe são traçados.

Contactos subsequentes à formulação do pedido

Conforme referido acima (4.a), os pedidos deverão identificar o magistrado que o formula e o número de telefone ou fax através do qual poderá ser contactado pela autoridade estrangeira, caso haja qualquer dúvida no cumprimento do mesmo.

A ocorrência de contactos no decurso da tramitação do pedido, seja diretamente seja por recurso a mecanismos facilitadores pode revelar-se importante para a adequada satisfação dos pedidos, nomeadamente, contribuindo para esclarecer aspetos de terminologia jurídica das traduções ou de apa-

NÍVEIS DE COOPERAÇÃO

rente falta de dupla incriminação, ou para clarificar o alcance de institutos jurídicos menos conhecidos do Estado requerido.

Com a DEI, estão expressamente previstos os contactos diretos e as consultas entre a autoridade de emissão e a autoridade de execução, conforme prevêem os arts. 13.º, n.º3 e 4 e 20.º, n.º2 da Lei n.º 88/2017, de 21 de agosto.

Formas de transmissão de informação de carácter penal

Independentemente da formulação de pedido, as autoridades judiciárias portuguesas podem transmitir às suas congéneres estrangeiras informações que considerarem relevantes.

A transmissão destas informações pode consistir nas seguintes modalidades:

– Denúncia para efeitos de instauração de procedimento criminal no Estado destinatário, nos termos previstos no art. 21.º da CoE59 completada, na UE, pelo disposto no art. 6.º, n.º1, 2ª parte da CE2000.

Esta situação ocorre, habitualmente, quando a autoridade judiciária portuguesa verifica que não tem competência para o procedimento penal pelos factos em causa. Nesses casos, é efetuada a denúncia, juntando-se cópia das peças processuais relevantes.

A comunicação pode efetuar-se diretamente entre autoridades competentes. Este mecanismo simplificado não se confunde com a delegação do procedimento penal em autoridade estrangeira, prevista nos arts. 89.º a 94.º da Lei 144/99, a qual obedece a requisitos de admissibilidade e tramitação próprios.

– Transmissão espontânea de informações obtidas no âmbito dos seus próprios processos, se considerarem que essas informações são relevantes para ajudarem o Estado destinatário a desencadear ou a prosseguir investigações ou procedimentos, ou para formularem um pedido de auxílio judiciário. Estas formas de transmissão encontram-se previstas, nomeadamente, nos seguintes instrumentos multilaterais:

Segundo Protocolo Adicional à Convenção de Auxílio Judiciário Mútuo, de 2001, art. 11.º; Convenção das Nações Unidas contra a Criminalidade Organizada Transnacional, art. 18.º, ns. 4 e 5; Convenção contra a Corrupção, de 2003, art. 46.º, n. 4 e 5.

A autoridade que transmite a informação pode estabelecer condições para a utilização da mesma no Estado a quem foi transmitida.

A comunicação pode efetuar-se diretamente entre autoridades competentes.

Novas formas de cooperação na UE

Mais recentemente, o Conselho da UE adotou DQ que regulam, entre outras, questões de auxílio judiciário mútuo em matéria penal.

Essas DQ, que se baseiam no princípio do reconhecimento mútuo de sentenças e decisões judiciárias, representam um novo paradigma de cooperação entre os EM, assente na confiança recíproca nos respetivos sistemas jurídicos e no contacto direto entre autoridades judiciárias de emissão e de execução do pedido.

Além daquelas, foram também adotadas decisões nesse domínio.

Dada a ausência de efeito direto daqueles instrumentos jurídicos, prevista no art. 34.º, n.2 do Tratado da UE na versão anterior à do vigente Tratado de Lisboa, aplicam-se as normas da Lei interna de cada Estado que lhes dão cumprimento ou execução. Com respeito às DQ, mesmo inexistindo essas normas importa, ainda assim, recordar a decisão do TJUE no caso Pupino (processo C-105/03, acórdão de 16 de junho de 2005), da qual decorre uma obrigação do tribunal nacional de interpretação conforme do direito nacional à luz do teor e finalidade da DQ, tendo como limite o respeito pelos princípios gerais de direito do EM em causa.

Em anexo aos referidos instrumentos e para formular os pedidos a que os mesmos respeitam, foram aprovados formulários multilingues, consoante os casos, sob a forma de "mandado", de "certidão" que acompanha a decisão a reconhecer e executar ou de "pedido de informações".

Com o Tratado de Lisboa, nos domínios da cooperação judiciária em matéria penal o Parlamento Europeu e o Conselho, em codecisão, adotam diretivas através do processo legislativo ordinário nos termos e com as especialidades constantes dos arts. 82.º e 83.º do Tratado sobre o Funcionamento da UE. Em casos específicos podem adotar regulamentos.

Nesta matéria, realce novamente para a DEI, sendo que a Diretiva 2014/41/UE veio a ser transposta em Portugal pela Lei n.º 88/2017, de 21 de agosto, a qual aprova o regime jurídico da emissão, transmissão, reconhecimento e execução de decisões europeias de investigação em matéria penal, transpõe a Diretiva 2014/41/UE, do Parlamento Europeu e do Conselho, de 3 de abril de 2014 e revoga a Lei n.º 25/2009, de 5 de junho.

Destaque ainda para dois instrumentos de trabalho fundamentais:

1) Lista de EM da UE (ordem alfabética) + Islândia, Liechtenstein, Noruega e Suíça, com indicação do tipo de pedido, ato de auxílio, quadro jurídico de instrumentos de âmbito geral, mecanismos espe-

NÍVEIS DE COOPERAÇÃO

cíficos de apreensão e perda, forma do pedido/formulários, tradução do pedido, autoridade requerida de execução, entidades facilitadoras, observações, disponível no guia de auxílio judiciário mútuo[255].

2) No que concerne à DEI, com referência aos EM da UE, encontra-se disponível na RJE a listagem de autoridades de emissão, autoridades de validação, autoridades de receção, autoridades de execução, autoridade central/autoridades específicas, línguas aceites, entrada em vigor, com atualização a 22.03.2018.[256]

6. Portugal como Estado requerido

As autoridades judiciárias portuguesas quando atuam na qualidade de Estado requerido devem seguir os mesmos princípios e orientações que foram desenvolvidas em capítulos próprios.

Nas mesmas circunstâncias, as autoridades judiciárias portuguesas tem de procurar cumprir o pedido desde que salvaguardadas as garantias legais.

Conforme já se salientou, estabeleceu-se um princípio geral de grande amplitude relativamente à admissibilidade dos atos de cooperação, limitado por requisitos gerais negativos, que visam a proteção de valores humanitários e de direitos fundamentais das pessoas universalmente reconhecidos. Deste modo, estabeleceu-se uma regra que impõe a recusa do pedido de cooperação nas situações previstas no art. 6.º da Lei n.º 144/99, de 31.08. Esta Lei passava a consagrar uma perspetiva global da cooperação internacional, assente em princípios fundamentais com consagração constitucional, contendo soluções para diferentes níveis de integração entre os Estados envolvidos, o espaço em que a cooperação é desenvolvida e a natureza da infração que fundamenta o ato de cooperação.

Assim, e consoante a forma de cooperação em causa, o grau de cooperação existente, que se reflete nos instrumentos jurídicos aplicáveis, Portugal deverá satisfazer o pedido, salvaguardados os requisitos gerais negativos.

Na prática e perante determinado pedido, numa primeira fase, as autoridades judiciárias deverão verificar se os pressupostos da cooperação existem, se não se verificam requisitos gerais negativos que obstaculizem o cumprimento do pedido, apelando aos princípios gerais de cooperação, aos instru-

---

[255] Disponível em: http://guiaajm.gddc.pt/lista_paises.html
[256] Disponível em: https://www.ejnforum.eu/cp/registry-files/3339/Competent-authorities-and-languages-accepted-EIO-22-March-2018.pdf

mentos internacionais aplicáveis e finalmente a legislação interna. Ultrapassada essa fase, as autoridades judiciárias deverão cumprir o pedido de acordo com as competências materiais estabelecidas pela Lei n.º 144/99, de 31.08, pelo CPP ou ainda pelas Leis de transposição internas dos diversos instrumentos jurídicos em causa (em regra Diretivas e DQ).

No que concerne à decisão europeia de investigação e no quadro dos EM, as normas e princípios foram assinalados no capítulo próprio.

Quanto à DEI, e em particular quando as autoridades judiciárias portuguesas atuam como autoridades de execução (vd. arts. 18.º a 31.º da Lei n.º 88/2017 Anexo II), ver capítulo respetivo.

7. Sinopse

Requerente
Autoridade judiciária competente
Direito aplicável
Língua utilizada (os casos de Espanha, França e outros países)
Vias de transmissão/receção
Via diplomática
Autoridades Centrais
Via direta (fax, correio eletrónico, correio tradicional)
Outras vias (Interpol, Europol, SIS/Schengen, Oficiais e magistrados de ligação; RJE, Eurojust)
Casos de urgência
Prevalência dos tratados, convenções e acordos internacionais (art. 3.º, da Lei 144/99, de 31 de agosto)
As formas de cooperação regem-se pelas normas dos tratados, convenções e acordos internacionais que vinculem o Estado Português e, na sua falta ou insuficiência, pelas disposições da Lei 144/99.
São subsidiariamente aplicáveis as disposições do CPP.

A emissão dos pedidos de cooperação deve ter em atenção os seguintes princípios
Necessidade – art. 230.º, n.º 2, do CPP

Proporcionalidade – art. 10.º, da Lei no 144/99, de 31 de agosto

Necessidade, adequação e proporcionalidade (DEI) – art. 11.º, n.º1, alínea a) da Lei n.º 88/2017, de 21 de agosto

---

Requisitos do pedido

Arts. 23.º e 151.º, da Lei 144/99, de 31 de agosto, que incorpora no ordenamento jurídico interno as pertinentes normas convencionais
Arts. 6.º, 8.º, 11.º e 12.º da Lei n.º 88/2017

"Na elaboração de qualquer pedido devemos «colocarmo-nos no lugar» da autoridade rogada, no sentido de tornar claro para o rogado – que comunica noutra língua e tem ordenamento jurídico diferente – aspetos que, em situação simétrica, nos seriam de difícil compreensão." (vd. p. do DIAP, Informação n.º 88/2006, de 13 de março)

Os pedidos de cooperação devem indicar

No âmbito da carta rogatórias tradicionais, o nome e os contactos (e-mail /números de telefone e de fax), do magistrado responsável pela emissão desses mesmos pedidos, o objeto e motivos do pedido, a identificação do suspeito/arguido e das pessoas cujo depoimento se pretende, a qualificação jurídica dos factos que motivam o procedimento, a narração dos factos, incluindo o lugar e o tempo da sua prática, o texto das disposições legais aplicáveis no ordenamento jurídico nacional, quaisquer documentos relativos ao facto que possam auxiliar no cumprimento do pedido
No âmbito da DEI, preencher de forma rigorosa o Anexo I da DEI

Nos termos do art. 20.º, da Lei 144/99, de 31 de agosto, «o pedido de cooperação é acompanhado de tradução na língua oficial do Estado a quem é dirigido, salvo convenção ou acordo em contrário ou se aquele Estado a dispensar»

O Reino de Espanha e a República Francesa dispensam a relativo à cooperação judiciária em matéria penal e civil, assinado em Madrid em 19 de novembro de 1997 (Decreto n.º 14/98, de 27 de maio)/e o Acordo por troca de notas entre as Repúblicas Portuguesa e Francesa, de 14 de setembro de 1955

O Acordo celebrado entre Portugal e Espanha aprovado pelo decreto n.º 14/98, de 27 de maio, não abrange o MDE, que, assim, carece de tradução.

Vias de transmissão

A Procuradoria Geral da República foi designada como Autoridade Central, para efeitos de receção e de transmissão dos pedidos de cooperação judiciária internacional em matéria penal (art. 21.º, da Lei 144/99, de 31 de agosto)

MANUAL DE COOPERAÇÃO JUDICIÁRIA INTERNACIONAL EM MATÉRIA PENAL

Entre os EM (exceto Reino Unido e Irlanda), em regra, a cooperação judiciária é feita diretamente entre a entidade requerente e a entidade requerida (cfr. art. 53.º, do Acordo de Schengen de 14 de junho de 1985 – ratificado pelo DPR n.º 55/93 e aprovado para adesão pela RAR n.º 35/93, de 25.11.93-; e art. 6.º da CE2000 -ratificada pelo DPR n.º 53/2001 e aprovada pela RAR n.º 63/2001, de 16.10.2001)

Os pedidos de cooperação de natureza urgente podem ser enviados através da Interpol (cfr. arts. 29.º, da Lei 144/99, de 31 de agosto, e art. 15.º, n.s 2 e 5 da CoE59)

Nos termos dos arts. 9.º B, da Decisão 2009/426/JAI (relativa ao reforço da Eurojust), e 8.º, n.º 2, alínea a), da Lei n.º 36/2003, na redação introduzida pela Lei n.º 20/2014, de 15 de abril, o membro nacional tem competência para receber, transmitir, dar seguimento e prestar informações no que concerne à execução de pedidos de cooperação

Notificação de despachos: entre os Estados da UE será de proceder ao envio direto pelo correio
No âmbito da DEI, para todos os EM com exceção da Irlanda e da Dinarmarca, por *qualquer meio que permita conservar um registo escrito e em condições que permitam determinar a sua autenticidade*, mormente com os arts. 7.º da Diretiva e 13.º da Lei n.º 88/2017.

O pedido de cooperação só se justificará se
o endereço da pessoa visada for desconhecido ou incerto
a legislação processual aplicável exigir uma prova diferente da que pode ser obtida por via postal, de que o ato foi notificado ao respetivo destinatário,
não tiver sido possível enviar a notificação pelo correio ou houver fundamento para considerar que o envio pelo correio será ineficaz ou inadequado.
Caso haja razões para crer que o destinatário da notificação não conhece a língua portuguesa, deverá ser traduzida para a língua do EM em cujo território se encontra ou para outra língua que se saiba que aquele compreenda.
– (cfr. art. 50.º, do Acordo de Schengen de 14 de junho de 1985, e art. 5.º, n.s 2 e 3 da CE2000)
Caso se mostre necessária a deslocação de Magistrados ou de Agentes de Autoridade ao estrangeiro, para acompanhamento da execução das diligências rogadas, há que ter presente que:
A deslocação simultânea de magistrados e de agentes de autoridade ou órgãos de polícia criminal portugueses ao estrangeiro, depende de autorização da PGR (cfr. arts. 145.º, nos 5, 8 e 10, e 165.º, da Lei 144/99, de 31.08 e do Despacho n.º 211/2013, do Ministro da justiça – DR, 2.a série, no4, de 7 de janeiro),

NÍVEIS DE COOPERAÇÃO

Quando a deslocação se referir apenas a agentes da autoridade, a mesma deverá ser autorizada pelo Diretor Nacional da PJ (cfr. arts. 145.º, nos 5 e 8, e 165.º, da Lei 144/99, de 31.08 e do Despacho n.º 210/2013 da Ministra da Justiça – DR, 2.a série, n.º 4, de 7 de janeiro)

Neste último caso, importa que o pedido de cooperação faça menção expressa dessa deslocação (com indicação do nome e categoria dos respetivos agentes) e que seja instruído com a respetiva autorização.

Da valoração da prova obtida através da execução de pedidos de cooperação em sede de julgamento (arts. 355.º e 356.º, do CPP)

Para que essa prova possa ser considerada em sede de julgamento, importa que, consoante no caso concreto:

requeira expressamente que a pessoa visada seja ouvida (inquirida/interrogada) perante autoridade judiciária e com a presença de defensor, assegurando o contraditório;

ou então que, além das concretas questões a colocar a respeito dos factos em investigação, se adicione uma outra questionando a pessoa visada sobre a sua disponibilidade para comparecer a julgamento e/ou para ser inquirida por videoconferência no local onde se encontra.

Caso a pessoa manifeste disponibilidade para comparecer a julgamento ou para ser ouvida por videoconferência, deverá dar-se conhecimento disso, fazendo constar expressamente na prova a indicar na acusação.

Quadro legislativo atual relevante para a cooperação policial e judiciária em matéria penal

Constituição – arts. 8.º e 33.º

Tratados e Convenções internacionais

Leis ordinárias

- Lei 144/99, de 31 de agosto

- Lei 65/2003, de 23 de agosto (MDE), com as alterações introduzidas pela Lei 35/2015, de 4 de maio, conforme DQ 2009/299/JAI, do Conselho, de 26 de fevereiro

- Lei 25/2009, de 5 de junho (apreensão de bens ou de elementos de prova), entretanto revogada pela Lei n.º 88/2017, de 21 de agosto, quando estiverem em causa pedidos de obtenção de prova, permanecendo válida para os pedidos de apreensão

MANUAL DE COOPERAÇÃO JUDICIÁRIA INTERNACIONAL EM MATÉRIA PENAL

- Lei 88/2009, de 31 de agosto (decisões de perda de instrumentos, produtos e vantagens do crime)
- Lei 109/2009, de 15 de setembro (Lei do Cibercrime) – CPP – arts. 229.º a 240.º
Lei n.º 35/2015, de 04.05 – constituiu a primeira alteração à Lei n.º 65/2003, de 23 de agosto, que aprova o regime jurídico do mandado de detenção europeu, em cumprimento da DQ 2009/299/JAI, do Conselho, de 26 de fevereiro de 2009, que reforça os direitos processuais das pessoas e promove a aplicação do princípio do reconhecimento mútuo no que se refere às decisões proferidas na ausência do arguido.
Lei n.º 36/2015, de 04.05, alvo da declaração de retificação n.º 23/2015, de 09.06 – estabelece o regime jurídico da emissão, do reconhecimento e da fiscalização da execução de decisões sobre medidas de coação em alternativa à prisão preventiva, bem como da entrega de uma pessoa singular entre EM no caso de incumprimento das medidas impostas, transpondo a DQ 2009/829/JAI do Conselho, de 23 de outubro de 2009.
Lei n.º 37/2015, de 05.05, alvo da declaração de retificação n.º 28/2015, de 15.06.2015 – estabelece os princípios gerais que regem a organização e o funcionamento da identificação criminal, transpondo para a ordem jurídica interna a DQ 2009/315/JAI, do Conselho, de 26 de fevereiro de 2009, relativa à organização e ao conteúdo do intercâmbio de informações extraídas do registo criminal entre os EM, e revoga a Lei n.º 57/98, de 18 de agosto.
Lei n.º 71/2015, de 20.07- estabelece o regime jurídico da emissão e transmissão entre Portugal e os outros EM da UE de decisões que apliquem medidas de proteção, transpondo a Diretiva n.º 2011/99/UE, do Parlamento Europeu e do Conselho, de 13 de dezembro de 2011, relativa à decisão europeia de proteção.
Lei n.º 158/2015, de 17.09 – aprova o regime jurídico da transmissão e execução de sentenças em matéria penal que imponham penas de prisão ou outras medidas privativas da liberdade, para efeitos da execução dessas sentenças na UE, bem como o regime jurídico da transmissão e execução de sentenças e de decisões relativas à liberdade condicional para efeitos da fiscalização das medidas de vigilância e das sanções alternativas, transpondo as DQ 2008/909/JAI, do Conselho, e 2008/947/JAI, do Conselho, ambas de 27 de novembro de 2008.
Lei n.º 30/2017 de 30 de maio – Transpõe a Diretiva 2014/42/UE, do Parlamento Europeu e do Conselho, de 3 de abril de 2014, sobre o congelamento e a perda dos instrumentos e produtos do crime na UE
Lei n.º 46/2017 de 5 de julho – Estabelece os princípios e as regras do intercâmbio transfronteiriço de informações relativas ao registo de veículos, para efeitos de prevenção e investigação de infrações penais, adaptando a ordem jurídica interna às DQ 2008/615/JAI e 2008/616/JAI

NÍVEIS DE COOPERAÇÃO

Lei n.º 67/2017, de 9 de agosto – Regula a identificação judiciária lofoscópica e fotográfica, adaptando a ordem jurídica interna às DQ 2008/615/JAI e 2008/616/JAI do Conselho, de 23 de junho de 2008

Lei n.º 83/2017 de 18 de agosto – estabelece medidas de combate ao branqueamento de capitais e ao financiamento do terrorismo, transpõe parcialmente as Diretivas 2015/849/UE, do Parlamento Europeu e do Conselho, de 20 de maio de 2015, e 2016/2258/UE, do Conselho, de 6 de dezembro de 2016, altera o Código Penal e o Código da Propriedade Industrial e revoga a Lei n.º25/2008, de 5 de junho, e o DL n.º 125/2008, de 21 de julho

Lei n.º 88/2017, de 21 de agosto – transpõe a Diretiva 2014/41/UE (DEI), do Parlamento Europeu do Conselho, de 3 de abril de 2014 e revoga a Lei n.º 25/2009, de 5 de junho

Lei n.º 90/2017, de 22 de agosto – Segunda alteração à Lei n.º 5/2008, de 12 de fevereiro, que aprova a criação de uma base de dados de perfis de ADN para fins de identificação civil e criminal, e primeira alteração à Lei n.º 40/2013, de 25 de junho, que aprova a Lei de organização e funcionamento do conselho de fiscalização da base de dados de perfis de ADN

Instrumentos atuais de obtenção de prova no estrangeiro no ordenamento jurídico português

CoE 59 + dois protocolos adicionais	CE 2000 e seus Protocolos	Diretiva DEI
▪ Realização de atos de instrução ou a transmissão de elementos de prova, autos ou documentos (art. 3.º, n.º1) ▪ Entrega de documentos/ notificações (art. 7.º) ▪ Registo criminal (art. 13.º) ▪ Transferência temporária (art. 11.º)	▪ Envio direto de documentos/ notificações (art. 5.º) ▪ Intercâmbio espontâneo de informação (art. 7.º) ▪ Transferência temporária (art. 9.º) ▪ Audições por videoconferência (art. 10.º) ou conferência telefónica (art. 11.º) ▪ Entregas controladas (art. 12.º) ▪ EIC (art. 13.º) ▪ Ações encobertas (art. 14.º) ▪ Interceção de telecomunicações (arts. 17.º-22.º) ▪ Informação relativa a contas bancárias (Protocolo de 2001)	▪ Quaisquer medidas de investigação com exceção das EIC e da obtenção de prova no âmbito dessas equipas ▪ Transferência temporária (arts. 22.º, 23.º) ▪ Audições por videoconferência (art. 24.º) ou por conferência telefónica (art. 25.º) ▪ Informação relativa a contas bancárias e operações financeiras (arts. 26.º, 27.º) ▪ Obtenção de prova em tempo real (arts. 28.º, 29.º) ▪ Investigações encobertas (art. 29.º) ▪ Interceção de telecomunicações (arts. 30.º e 31.º) ▪ Medidas provisórias (art. 32.º)

1) Âmbito geral nacional
• Lei n.º 144/99, de 31.08 (arts. 145.º e ss)
• CPP – arts. 229.ºss (e regras do CPP sobre prova)
2) Âmbito ONU
• Convenção das Nações Unidas contra a Criminalidade Organizada Transnacional, de 15 de novembro de 2000 – Convenção de Palermo, nomeadamente art. 18.º
• Convenção contra a Corrupção, de 31 de outubro de 2003 – Convenção de Mérida nomeadamente art. 46.º

NÍVEIS DE COOPERAÇÃO

- Convenção das Nações Unidas contra o Tráfico Ilícito de Estupefacientes e Substâncias Psicotrópicas, Viena, 20 de dezembro de 1988 nomeadamente art. 7.º

3) Âmbito Conselho da Europa

- Convenção Europeia de Auxílio Judiciário Mútuo em Matéria Penal, de 20 abril 1959

- Protocolo adicional à Convenção Europeia de Auxílio Judiciário Mútuo em Matéria Penal, de 17 março 1978

- Segundo Protocolo adicional à Convenção Europeia de Auxílio Judiciário Mútuo em Matéria Penal, de 8 de novembro 2001

- Convenção do Conselho da Europa relativa ao Branqueamento, Deteção e Apreensão dos Produtos do Crime, de 8 novembro 1990

- Convenção sobre o Cibercrime, de 23 de novembro de 2001

A Lei 109/2009, de 15 de setembro, que adapta o direito interno à Convenção, contém normas sobre cooperação internacional no seu capítulo IV – arts. 20.º a 26.º, nomeadamente relativas à preservação e revelação expedita de dados informáticos, ao acesso transfronteiriço a esses dados, quando publicamente disponíveis ou com consentimento e à interceção de comunicações

- Convenção do Conselho da Europa Relativa ao Branqueamento, Deteção, Apreensão e Perda dos Produtos do Crime e ao Financiamento do Terrorismo, de 16 maio de 2005

4) Âmbito da UE

- Decisão Europeia de Investigação (qualquer medida de investigação, com exceção de JIT (EIC) e da obtenção de elementos de prova por estas equipas, a DEI pode ser também usada para congelamento provisório de provas) – Lei n.º 88/2017, de 21.08 (arts. 2.º, 4.º, 48.º e 49.º) (Diretiva 2014/41/UE).

- Prova Digital – Diretiva 2014/41/UE (DEI), mas aplicam-se disposições mais favoráveis à cooperação previstas na Convenção Cibercrime e o que não está regulado na DEI – Convenção Cibercrime CoE e Lei n.º 109/2009 (Anexo para prova digital em elaboração na UE – *e-evidence*).

- Art. 29.º da DQ sobre o MDE e 32.º da Lei n.º 65/2003, de 23.08 (entrega de bens)

- Convenção 2000 + Protocolo de 2001 para JIT (EIC).

- Convenção Schengen para vigilâncias transfronteiriças

- Lei n.º 37/2015, de 5 de maio – registo criminal (arts. 25.º a 35.º) (DQ 2009/315/JAI e Decisão 2009/316/JAI ECRIS)

- Lei n.º 36/2003, de 22 de agosto – Eurojust

MANUAL DE COOPERAÇÃO JUDICIÁRIA INTERNACIONAL EM MATÉRIA PENAL

- Lei n.º 30/2017 de 30 de maio – congelamento e a perda dos instrumentos e produtos do crime na UE.

- Lei n.º 67/2017, de 9 de agosto – identificação judiciária lofoscópica e fotográfica, adaptando a ordem jurídica interna às DQ 2008/615/JAI e 2008/616/JAI do Conselho, de 23 de junho de 2008.

- Lei n.º 83/2017, de 18 de agosto – medidas de combate ao branqueamento de capitais e ao financiamento do terrorismo.

- Lei n.º 89/2017, de 21 de agosto – regime jurídico do registo central do beneficiário efetivo.

- Lei n.º 90/2017, de 22 de agosto – Recolha de ADN (art. 21.º)

- Lei n.º 74/2009, de 12 de agosto – intercâmbio de informações policiais (DQ 2006/960/JAI).

- Lei n.º 46/2017, de 5 de julho- intercâmbio transfronteiriço de informações relativas ao registo de veículos, para efeitos de prevenção e investigação de infrações penais, adaptando a ordem jurídica interna às DQ 2008/615/JAI e 2008/616/JAI.

- DL n.º 49/2017, de 24 de maio – ponto único de contacto para a cooperação policial internacional (PUC –CPI) (Decreto Regulamentar n.º 7/2017 de 7 de agosto).

- Aplicação às infrações administrativas – DEI – art. 4.º, als. b), c) e d), mas com possibilidade de recusa de execução – art. 11.º, al. c), da Diretiva (arts. 5.º, alínea d) e 22.º, n.º1, alínea d) da Lei n.º 88/2017; Convenção 2000 (art. 3.º), CAAS (cf. o art. 51.º); RGCO; CPP (art. 41.º do RGCO) e todos os diplomas que regulam as autoridades administrativas.

5) Âmbito da CPLP

- Convenção de Auxílio Judiciário em Matéria Penal entre os EM da Comunidade dos Países de Língua Portuguesa, de 23 de novembro de 2005

6) Âmbito bilateral[4]

8. Organização das Nações Unidas (ONU) (193 EM)

A Organização das Nações Unidas (ONU) foi, desde a sua origem, a maior organização internacional existente[258], pelo que o desenvolvimento das políticas sobre cooperação jurídica internacional em matéria penal é uma das suas principais preocupações. O trabalho da ONU, procurando ir mais além

---

[257] Consulta em: http://guiaajm.gddc.pt/Bilaterais.html e ver anexo do presente Manual.

[258] Atualmente conta com 193 EM, praticamente a totalidade dos países reconhecidos internacionalmente

NÍVEIS DE COOPERAÇÃO

dos interesses particulares de cada Estado, tem logrado chegar a bom porto em numerosas ocasiões, conseguindo que nos últimos tempos se tenha aprovado e entrado em vigor um considerável número de convenções multilaterais cujo objetivo tem sido combater as manifestações mais graves da criminalidade organizada (terrorismo, narcotráfico e crime organizado em geral) e lutar contra a internacionalização das atividades criminais com carácter geral. Para tanto, desenvolveu as políticas de cooperação em cada uma das suas convenções.

De facto, a primeira definição contida num tratado do que deve entender-se por "assistência judicial" surgiu na Convenção das Nações Unidas contra o tráfico de estupefacientes e substâncias psicotrópicas de 20 de dezembro de 1988. No seu art. 7.º reproduz-se uma exaustiva definição das modalidades de cooperação, deixando de lado a extradição que está contemplada no art. 6.º. Pois bem, esta definição, pese embora a sua amplitude, serviu de inspiração para múltiplas convenções bilaterais e regionais relativas à assistência judicial em matéria penal que apareceram mais tarde[259]. Para tanto, o seu objetivo principal é impedir a impunidade de qualquer atividade criminosa de caráter internacional, incentivando para isso a cooperação judicial entre os Estados. Assim, sob a alçada da ONU foram ratificadas numerosas convenções que pretenderam, em última instância, favorecer a cooperação jurídica internacional em matéria penal para lutar contra a criminalidade internacional.

No âmbito da ONU surgiu o UNODC (*United Nations Office Drugs and Crime*). Este gabinete da ONU é o líder global na luta contra as drogas ilícitas e a criminalidade internacional. Fundada em 1997 através de uma fusão

---

[259] O teor literal do art. 7.º, n.º2 da Convenção das Nações Unidas contra o tráfico de estupefacientes e substâncias psicotrópicas de 20 de dezembro de 1988, debaixo da rubrica "auxilio judiciário mútuo", dispõe: "*O auxílio judiciário mútuo a conceder de acordo com o presente art. pode ser solicitado para os seguintes efeitos:*

a) Recolha de testemunhos ou declarações;

b) Comunicação de atos judiciais;

c) Realização de buscas e apreensões;

d) Exame de objetos e lugares;

e) Fornecimento de informações e elementos de prova;

f) Fornecimento de originais ou de cópias autenticadas de documentos e registos pertinentes, incluindo documentação bancária, financeira, social e comercial;

g) Identificação ou detenção de produtos, bens, instrumentos ou outras coisas para efeitos de prova.

entre o Programa das Nações Unidas para o Controlo da Droga e o Centro para a Prevenção Internacional do Crime, o UNODC opera em todas as regiões do mundo através de uma vasta rede de gabinetes e contactos. O UNODC depende de contribuições voluntárias, principalmente de governos, representando 90% do seu orçamento. O UNODC tem o mandato de auxiliar os EM na luta contra as drogas ilícitas, a criminalidade e o terrorismo. Na Declaração do Milénio, os EM também decidiram intensificar os esforços para combater a criminalidade transnacional em todas as suas dimensões, redobrar os esforços para implementar o compromisso de combater o problema mundial da droga e tomar medidas concertadas contra o terrorismo internacional.

Os três pilares do programa de trabalho do UNODC são:

1) Projetos de cooperação técnica destinados a reforçar a capacidade dos EM para combater as drogas ilícitas, a criminalidade e o terrorismo;
2) Investigação e trabalho analítico para aumentar o conhecimento e a compreensão das questões relacionadas com as drogas e o crime e expandir a base de provas para decisões políticas e operacionais;
3) Atividade normativa para auxiliar os Estados na ratificação e implementação dos tratados internacionais pertinentes, o desenvolvimento da legislação nacional sobre drogas, crime e terrorismo e prestação de serviços de secretaria e substantivos aos órgãos de governo.

O UNODC opera em mais de 150 países em todo o mundo através da sua rede de Gabinetes[260]. Esta organização trabalha em estreita colaboração com os governos e a sociedade civil no sentido de construir segurança e justiça para todos.

O *site* dedicado a cooperação judiciária internacional em matéria penal: https://www.unodc.orgParte inferior do formulário

Declaração de El Salvador sobre Estratégias Compreensivas para os Desafios Globais: Prevenção do Crime e Sistemas de Justiça Criminal e o seu Desenvolvimento num Mundo em Mudança[261]

---

[260] http://www.unodc.org/unodc/en/field-offices.html?ref=menutop
[261] *Draft Salvador Declaration on Comprehensive Strategies for Global Challenges: Crime Prevention and Criminal Justice Systems and Their Development in a Changing World*

Os tratados de combate ao tráfico de drogas fornecem a base jurídica para a ação contra os crimes relacionados com a droga, o crime organizado transnacional e a corrupção e permitem refletir como tais questões podem ser abordadas pela comunidade internacional de forma eficaz através da colaboração de todos os Estados afetados ou envolvidos.

Para facilitar a implementação efetiva destes ideais, o UNODC desenvolveu uma variedade de ferramentas legais para os profissionais com assistência prática e informações.

8.1. O software de pesquisa Omnibus
(Ferramenta de autoavaliação abrangente)

O software de pesquisa Omnibus[262] é uma ferramenta eficiente e *user friendly*, interativa e concebida para simplificar obrigações de comunicação vis-à-vis a Convenção das Nações Unidas contra o Crime Organizado Transnacional e seus Protocolos, e os EM da Convenção Unidas contra a Corrupção.

Concebido como uma lista de verificação de autoavaliação, o software de pesquisa Omnibus permite:

- Avaliar a legislação nacional para o cumprimento dos Tratados e seus Protocolos
- Identificar as necessidades de assistência técnica e jurídica
- Usar as melhores práticas
- Partilhar guias legislativos à UNODC e os seus protocolos

Trata-se assim de um guia útil para os Estados na interpretação e aplicação efetiva do controlo internacional do tráfico de estupefacientes e na pesquisa de tratados e Leis para ajudar as jurisdições a preparar, implementar e atualizar os seus quadros legislativos por forma a cumprir com o controle internacional de drogas.

Guia de formação prático para autoridades judiciárias

Um guia de formação de referência *user-friendly* para ajudar os Estados a fazer pedidos e autoridades nacionais competentes que têm a responsabili-

---

[262] Para aceder ao software de pesquisa Omnibus e para mais informações, por favor visite nosso website: www.unodc.org/unodc/en/treaties/assessmentof-the-implementation-of-the -convention.html

dade de receber e responder aos pedidos previstos no art. 17.º da Convenção das Nacões Unidas contra o Tráfico Ilícito de Estupefacientes e Psicotrópicas Substâncias de 1988. Inclui uma série de anexos que fornece orientações sobre prática implementação, enquadramento jurídico e material de referência. O mesmo foi pensado para fornecer aos profissionais uma base jurídica para a extradição e auxilio judiciário mutuo em matéria penal.[263]

Os relatórios do grupo de peritos

Os relatórios elaborados pelos especialistas que identificam as melhores práticas nacionais, melhores práticas internacionais e guias práticos e para os profissionais de assistência jurídica mútua, confisco de bens e tratamento de casos de tráfico de estupefacientes.

8.2. Mutual Legal Assistance Request Tool

A *Mutual Legal Assistance Request Tool* (Ferramenta de MLA)[264] foi desenvolvido pelo UNODC para ajudar os Estados na elaboração de pedidos com vista a facilitar e reforço da cooperação internacional.

A ferramenta MLA:

- não requer virtualmente nenhum conhecimento ou experiência prévia de elaboração dos pedidos de auxílio mútuo;
- Ajuda a evitar pedidos incompletos de assistência jurídica mútua e, portanto, minimiza o risco de atraso ou recusa;
- É facilmente ajustável ao direito material e processual de qualquer país;
- Permite que o usuário obtenha informações essenciais sobre os tratados e a legislação nacional;
- Apresenta um sistema de acompanhamento de gestão de casos integrado para a entrada e saída de pedidos.

Passo a passo, a ferramenta de MLA orienta o usuário no tratamento de casos através do pedido para cada tipo de assistência mútua, usando uma

---

[263] www.unodc.org/UNODC/en/legal-tools/Model.html

[264] Para mais informações entre em contacto com a Secção de Apoio à Conferência, Crime Organizado e ilícitas Ramo Tráfico, Divisão de Assuntos do Tratado Email: Untoc.cop@unodc.org

NÍVEIS DE COOPERAÇÃO

série de modelos. Antes progredindo de uma página para a outra, o redator é solicitado se foi omitida informação essencial.

A ferramenta consolida todos os dados inseridos e gera automaticamente uma solicitação correta, completa e eficaz para a edição final e assinatura.

A Ferramenta de MLA está atualmente disponível em Inglês, Francês, Espanhol, Russo, Árabe, Português, Bósnio, Croata e Sérvio e Montenegro[265]-[266].

---

[265] É possível traduzir a ferramenta MLA para outros idiomas. Todas as traduções disponíveis foram feitas possível por fundos extraorçamentais ou esforços dos Estados para traduzir a ferramenta para as suas línguas. Para solicitar uma conta de usuário e para mais informações, por favor visite nosso website: www.unodc.org/mla/index.html

[266] Perguntas frequentes retirado do sítio da internet:

Por que devo usar a ferramenta de MLA? (tradução livre)

A Ferramenta de MLA orienta os profissionais da justiça penal para elaborar pedidos de assistência jurídica mútua, utilizando uma série de modelos

A Ferramenta de MLA abrange todos os tipos padrão MLA de assistência derivados das melhores práticas internacionais.

A Ferramenta de MLA funciona para todo o seu tratamento de casos direito penal.

A Ferramenta de MLA foi desenvolvido, testado e aceite por praticantes para praticantes.

Esta ferramenta de MLA pode ser adaptado às exigências nacionais?

Sim, pode facilmente ajustar a ferramenta de MLA a qualquer momento para a sua legislação e prática nacional, acrescentando ou editando os dados do modelo através do Menu Principal.

Quanto é que a ferramenta MLA me dizer sobre sistemas e exigências legais de outros países?

A Ferramenta de MLA dá-lhe detalhes e elementos de contato completos de para onde enviar o seu pedido para outros Estados.

A Ferramenta de MLA também inclui links para sites legislação úteis de outros países.

A ferramenta de MLA não responde ainda às exigências legais do sistema de outros países, porque ainda não é possível reunir e manter informações precisas e atualizadas globalmente. Há uma série de autoridades nacionais e regionais que fornecem resumos sucintos e manuais. Esses recursos complementam a ferramenta de MLA.

A Ferramenta de MLA é gratuita.

A Ferramenta de MLA é um ficheiro "zipado" (= comprimido de modo a reduzir o tempo de download da p. da web) e precisa ser descompactuado (= não-comprimido, a fim de convertê-lo de volta para o formato original antes de trabalhar com ele) . A fim de "descomprimir" o arquivo, um software chamado "Winzip" é necessário. Winzip é parte da maioria dos Windows-PCs padrão. Se este não for o caso, Winzip para Windows pode ser baixado sem custo em http://www.winzip.com

A conexão com a Internet é necessária para o download da ferramenta de MLA (e Winzip para Windows), mas não é obrigatório para executar a Ferramenta de MLA em si. No entanto,

8.3. Biblioteca legal *on-line*

A biblioteca legal *on-line* permite um acesso à legislação adotada pelos Estados e territórios em todo o mundo para colocar em prática o Controlo Inter-

recomenda-se ter conexão de internet confiável, a fim de obter informações importantes através de links de internet fornecidos na ferramenta de MLA.

Preciso de conexão à Internet para executar a Ferramenta de MLA?

Não. Se você tem acesso on-line, você pode recuperar informações chave através de links de internet embutidos, mas você não precisa da internet para executar a Ferramenta de MLA. Ele será executado a partir do seu disco rígido ou servidor, se você faz parte de um computador de rede (LAN), mas não da própria internet.

Quão seguro é a ferramenta de MLA?

A Ferramenta de MLA é tão seguro como o seu sistema de computador (um servidor/rede ou unidade de disco rígido/PC individual). A segurança do computador é sua responsabilidade. ameaças de segurança possíveis são computador-vírus, bem como o acesso de pessoas não autorizadas. A Ferramenta de MLA não é criptografado. Por favor, note que os programas de criptografia podem influenciar a formatação de alguns dos programação subjacente na ferramenta de MLA.

Existe um limite de armazenamento na ferramenta MLA?

Não, você pode armazenar tantos pedidos, como seu sistema de computador permite que você. O sistema de computador mais rápido e mais avançado você é, mais pedidos você pode armazenar e quanto mais rápido a ferramenta MLA pode ser executado. Alguns dos campos de preenchimento-in da Ferramenta de MLA são limitados pelo número de carateres. O Manual do Utilizador lista esses campos.

É a ferramenta MLA disponível em todas as línguas?

Atualmente, você pode baixar em Inglês, Francês, Espanhol, Russo, Bósnios, montenegrino, Português e versões sérvias. A versão em Português, foi iniciado e financiado pelos Ministérios da Justiça do Brasil e de Portugal e da versão montenegrina foi iniciado e financiado pela Missão da OSCE em Montenegro.

Estão em fase de execução versões em albanês, árabe e macedónio.

Por favor, note que é possível traduzir a ferramenta de MLA para outras línguas principais. Se você deseja iniciar essa tradução, o crime organizado do UNODC e da Secção Criminal Justice pode ajudá-lo.

a ferramenta de MLA pode traduzir automaticamente as solicitações para outros idiomas?

Não, a Ferramenta de MLA em si não traduz o pedido, mas você sempre pode traduzir o documento final do pedido MLA para outros idiomas, conforme necessário. Cada versão MLA da ferramenta só cria pedidos de auxílio mútuo em um idioma, usando suas entradas, o que você fez nesta língua. Por exemplo, a versão em espanhol MLA da ferramenta só cria pedidos de auxílio mútuo espanhóis, e todas as entradas devem ser feitas em espanhol. Para saber os requisitos linguísticos, verifique os tratados pertinentes MLA, ou se, contactar necessário, com o Estado requerido em que línguas são aceitas por eles para seu pedido MLA. Faça o pedido de MLA com a ferramenta, quer no seu próprio idioma ou um que você é proficiente

NÍVEIS DE COOPERAÇÃO

nacional de Drogas e as Convenções das Nações Unidas sobre o Combate ao Crime Organizado Transnacional e seus protocolos.

Um recurso único de informação para as bases de dados legislativas, a biblioteca jurídica contém Leis e regulamentos em Inglês, Francês e Espanhol de mais 150 Estados que remontam a 1948.[267]

8.4. Diretório de Autoridades Nacionais competentes

A Biblioteca Legal de pesquisa das Autoridades Nacionais competentes no Diretório *Mutual Legal Assistance Request.*

O Diretório UNODC das autoridades nacionais competentes proporciona fácil acesso às informações de contacto das autoridades nacionais competentes designados para lidar com os pedidos ao abrigo da Convenção das Nações Unidas contra o Crime Organizado Transnacional de 1988 e nos seus protocolos. Contém as informações de contacto de mais de 600 autoridades judiciárias nacionais autorizadas a receber, responder e processar os pedidos para:

- Extradição
- Transferência de pessoas condenadas
- Assistência jurídica mútua em matéria penal

em. Envie o pedido final MLA na língua que você criou-lo, juntamente com uma tradução juramentada para o idioma especificado pelo Estado requerido. Outras versões linguísticas da ferramenta também pode ser baixado para ajudar seus tradutores com termos técnicos na língua exigida pelo Estado requerido. No caso de a ferramenta de MLA ainda não está disponível na sua língua, nem um que você é proficiente em, escreva o pedido no seu próprio idioma, seguindo a estrutura proposta identificado no Manual, e ter o documento final traduzido para o idioma desejado.

[267] Para aceder a biblioteca e para mais informações, por favor visite o site: www.unodc.org/enl. Para manter a biblioteca até à data, os Estados são convidados a rever o legislação on-line e apresentar novas legislações para:
Escritório das Nações Unidas UNODC
Seção de Apoio à Conferência
Crime organizado e Ilícito Ramo Tráfico
Divisão de Assuntos do Tratado
Centro Internacional de Viena
Edifício dos correios box 500
1400 Viena
Áustria
Email: legal@unodc.org
Fax: 0043 + 1 26.060-74.344

- Tráfico ilegal de estupefacientes por via marítima
- O contrabando de migrantes por mar
- Tráfico de armas de fogo

O Diretório *on-line* é continuamente atualizado e acessível às autoridades e agências governamentais competentes com uma conta de usuário. Os membros recebem a mais recente publicação do Diretório duas vezes por ano e podem baixar o diretório em formatos .pdf e .rtf.

Com o objetivo de facilitar a comunicação e resolução de problemas entre autoridades nacionais competentes, a nível inter-regional, o Diretório contém informações essenciais sobre:

- Requisitos legais e processuais nacionais para fazer pedidos
- Uso das convenções internacionais como a base jurídica dos pedidos
- *Links* para Leis e sites nacionais
- Indicação de pedidos que podem ser feitas através da Interpol

Umas das ps. mais interessantes é a dedicada às relações internacionais e onde se podem consultar com base em diretórios e *links* com todos os instrumentos, ferramentas disponíveis nesta área, também por área criminal: http://www.unodc.org/unodc/en/international-cooperation/index.html.

8.5. Quadro de instrumentos jurídicos relevantes da ONU

Convenção das Nações Unidas contra a Criminalidade Organizada Transnacional, de 15 de novembro de 2000 – Convenção de Palermo
Convenção contra a Corrupção, de 31 de outubro de 2003 – Convenção de Mérida
Convenção das Nações Unidas contra o Tráfico Ilícito de Estupefacientes e Substâncias Psicotrópicas, Viena, 20 de dezembro de 1988 – Convenção de Viena

Além das normas das referidas Convenções, existem disposições em matéria de auxílio judiciário, nomeadamente relativas a causas de recusa do pedido e à obtenção de certos elementos de prova, em diversas outras convenções adotadas no quadro desta organização internacional, por exemplo, no domínio do combate ao terrorismo.

Para mais informações, pode ser consultada a Coleção de Tratados das Nações Unidas, em especial os capítulos VI (estupefacientes) e XVIII (matérias penais), na p. do UNODC.

NÍVEIS DE COOPERAÇÃO

Destacam-se ainda os instrumentos da ONU na matéria da corrupção:
– *A Practical Guide for Collective Action against Corruption*[268]
– *The United Nations Convention against Corruption – A Strategy for Safeguarding against Corruption in Major Public Events*[269]
- *Business against Corruption – a framework for action*[270]
– *Promoting Anti-Corruption Collective Action through Global Compact Local Networks*[271]
– *State of implementation of the United Nations Convention against Corruption: Criminalization, law enforcement and international cooperation*[272]
– *Legislative guide for the implementation of the United Nations Convention against Corruption: Second revised edition 2012*[273]
– *THE GLOBAL PROGRAMME AGAINST CORRUPTION: UN ANTI-CORRUPTION TOOLKIT*[274].

8.6. Multi-Agency Task Force

Um dos instrumentos que mais destaque tem tido prende-se com a *Multi-Agency Task Force (MATF)*, a qual, tendo bor base o UNODC, estabelece programas de cooperação em diferentes regiões, envolvendo peritos de diferentes agências e organizações envolvidas na matéria da cooperação judiciária e policial internacional em matéria penal[275].

---

[268] http://opj.ces.uc.pt/e-learning/moodle/file.php/42/ONU/A_Practical_Guide_for_Collective_Action_against_Corruption.pdf

[269] http://opj.ces.uc.pt/e-learning/moodle/file.php/42/ONU/A_Strategy_for_Safeguarding_against_Corruption_in_Major_Public_Events.pdf

[270] http://opj.ces.uc.pt/e-learning/moodle/file.php/42/ONU/Business_against_corruption_a_framework_for_action.pdf

[271] http://opj.ces.uc.pt/e-learning/moodle/file.php/42/ONU/Promoting_Anti-Corruption_Collective_Action_through_Global_Compact_Local_Networks.pdf

[272] http://opj.ces.uc.pt/e-learning/moodle/file.php/42/ONU/State_of_implementation_of_the_convention_against_corruption.pdf

[273] http://opj.ces.uc.pt/e-learning/moodle/file.php/42/ONU/UNCAC_Legislative_Guide.pdf

[274] http://opj.ces.uc.pt/e-learning/moodle/file.php/42/ONU/UN_anticorruption_toolkit.pdf

[275] A título meramente exemplifciativo: *Global Project on Strengthening the legal regime against Forein Terrorist Figthers in the Medale Eats and North Africa – Regional Coordination Workshop of the Multi-Agency Task Force (MATF) in the Middle East and North Africa Region*

8.7. Interpol

A Interpol é a maior organização policial internacional do mundo, com 192 países membros, razão pela qual, atenta a sua dimensão, é colocada no capítulo dedicado à ONU. O papel principal da Interpol é permitir que a polícia em coordenação mundial trabalhe em conjunto para tornar o mundo mais seguro. Dispõe de uma infraestrutura de alta tecnologia de suporte técnico e operacional para enfrentar os crescentes desafios da luta contra a criminalidade no século XXI.

O *site* relevante da Interpol: https://www.interpol.int/About-INTER-POL/Overview, o qual pode ser consultado em quatro línguas, inglês, francês, espanhol e árabe.

Todas as menções à Interpol expressamente indicadas nas convenções internacionais e o papel que pode desempenhar na cooperação estão devidamente divulgadas no site da instituição[276].

Para além da ser uma ferramenta fundamental na cooperação judiciária e policial internacional em matéria penal, é ainda de destacar os projetos que se encontra atualmente a desenvolver: a possibilidade de vias de comunicação de pedidos de cooperação judiciária entre Estados apenas por via eletrónica (e-MLA, e-extradition, etc)[277].

9. O Conselho da Europa (47 EM)

A origem da cooperação judiciária internacional em matéria penal na Europa resulta do labor realizado pelo CoE ao longo da segunda metade do século XX. Na verdade, esta organização logrou definir as bases do posterior desenvolvimento das políticas de cooperação da UE. De facto, grande parte dos instrumentos elaborados no seu seio constituem atualmente os pilares em que se assenta a colaboração entre os Estados da Europa. Os seus textos constituíram a primeira manifestação da vontade de cooperar a nível europeu, superando assim a tradicional colaboração baseada nas convenções bilaterais. Apesar de terem sido muitos os textos aprovados no seio do CoE relativos à cooperação jurídica internacional, três em particular constituíram as bases que marcaram o antes e o depois na cooperação europeia e que merecem uma breve referência.

---

[276] https://www.interpol.int/About-INTERPOL/Legal-materials/Conventions-mentioning-INTERPOL

[277] https://rm.coe.int/168048bce5 e *BACKGROUND PAPER ON TRANSMISSION-RELATED ASPECTS OF MUTUAL LEGAL ASSISTANCE (MLA)* – e-MLA Initiative

NÍVEIS DE COOPERAÇÃO

Assim, e há mais de cinquenta anos, que uma série de tratados foram negociados no CoE, os quais estabelecem uma base comum para a cooperação em questões criminais em toda a Europa e e algumas matérias além desse espaço geográfico[278]. Estes tratados abrangem mecanismos de cooperação tais como a extradição, o auxílio judiciário mútuo e a transferência de pessoas condenadas, mas também abordam formas específicas de criminalidade que, com maior frequência do que outras, têm uma dimensão transfronteiriça, como o crime organizado, o terrorismo e o cibercrime.

A primeira das grandes convenções de cooperação judiciária em matéria penal sob a alçada do CoE foi a relativa à "cooperação maior", a extradição. A Convenção de Extradição de 1957 introduziu três grandes avanços nesta matéria. Em primeiro lugar, suprimiu o sistema de catálogo de crimes substituindo-o por um sistema de dupla incriminação. Em segundo lugar, fez desaparecer o denominado princípio da *prima facie* e finalmente, substituiu os canais diplomáticos pela comunicação direta entre ministérios da Justiça, dotando de maior agilidade a tramitação dos pedidos. Deste modo, a Convenção sobre extradição constituiu um grande avanço em relação às tradicionais convenções bilaterais sobre a matéria, pois dispôs obrigações internacionais com carácter geral e não faculdades discricionárias. Não obstante, não se puderam evitar as cláusulas de salvaguarda como as de ordem pública[279], o que não é mais do que o reflexo de que a cooperação seguia, nesse momento, ancorada no conceito de soberania nacional e, por conseguinte, na conceção da cooperação como um ato político em última instância.

A segunda grande Convenção constitui a CoE59 que, apesar de nascer com a vocação de facilitar a aplicação da Convenção Europeia de Extradição de 1957, passa, em seguida, a ter autonomia própria, ao prever a possibilidade de aceitação por um importante número de Estados, dado que constituía uma Convenção de ampla aplicação. Esta mudança na sua projeção revelou-se acertada, pois nos nossos dias continua a ser um dos Tratados de maior transcendência prática. O seu âmbito de aplicação fazia menção unicamente às infrações penais, com exclusão dos delitos fiscais, políticos e militares. Em tal Convenção regulavam-se três modalidades diversas de cooperação. A primeira das quais, e a mais importante, era referente às cartas rogatórias para atos de instrução. A segunda compreendia a denominada

---

[278] Muitos tratados foram abertos à adesão de outros países fora da Europa.
[279] Vd. Capítulo I, ponto 3, sobre os modelos de instrumentos.

cooperação menor, ou seja, aquela que se referia a atos de notificação de peritos e testemunhas. Em terceiro lugar contemplava-se a notificação de antecedentes criminais, que podia articular-se para casos concretos ou então mediante o envio de remessas anuais dos Registos Centrais de cada Estado em relação a condenações impostas aos seus nacionais num Estado Parte. É necessário assinalar que nesta Convenção contemplou-se pela primeira vez a possibilidade das comunicações serem realizadas diretamente entre autoridades judiciárias através da Interpol para aquelas cartas rogatórias que fossem urgentes, evitando assim a mediação dos ministérios da Justiça. Tal como na Convenção de Extradição, foram estabelecidas obrigações jurídicas dos Estados Parte, de modo a não poderem negar a cooperação a não ser por razões de ordem pública, soberania ou segurança nacional, causas de recusa que na prática podem e foram interpretadas de forma ampla.

Finalmente, deve ser destacada a Convenção sobre transferências de pessoas condenadas, mediante o qual um estrangeiro condenado num Estado parte pode solicitar cumprir a sua pena no Estado do qual é nacional ou em algum Estado com que tem vínculos estreitos. Contempla-se assim o direito a solicitar a transferência (direito objetivo), que não pode confundir-se com a existência de um direito subjetivo do condenado. Após a transferência será aplicada a legislação do Estado de cumprimento, ainda que os Estados intervenientes possam conceder a amnistia, o indulto ou a comutação da pena. Em qualquer caso, para poder proceder à transferência é necessário o consentimento do condenado, não sendo possível uma transferência de caráter coercivo. Nesta Convenção não se contemplam, como ocorria noutras Convenções, obrigações jurídicas, pois de facto nem se pretendia que o Estado requerido motivasse a sua decisão (aceitação ou negação). Dessa forma, parece que falamos mais de um ato de soberania que um verdadeiro mecanismo de cooperação jurídica.

A importância destes textos provenientes do CoE radica no facto de, não sendo convenções universais, pois em princípio apenas se encontram abertos à ratificação de todos os Estados Parte do CoE, o Comité de Ministros poder convidar Estados terceiros, inclusivamente não europeus, que venham a ser partes. Através deste mecanismo foi possível ampliar o seu âmbito inicial, melhorando assim a eficácia dos instrumentos previstos nos mesmos.

Se a amplitude resultante da possibilidade de incorporação de Estados terceiros às Convenções do CoE teve a ver com o acerto do seu sistema de cooperação judicial, a sua debilidade foi não contar a este nível com um órgão judicial com características semelhantes ao TJUE, pois os conflitos

NÍVEIS DE COOPERAÇÃO

interpretativos e aplicativos não têm solução judicial possível, pelo que para os resolver deve recorrer-se à sempre complexa e delicada via diplomática.

9.1. Quadro de instrumentos jurídicos relevantes do CoE[280]

Forma de cooperação	Instrumentos jurídicos do Conselho da Europa
Auxílio judiciário em matéria penal	Convenção Europeia de Auxílio Judiciário Mútuo em Matéria Penal, de 20 abril 1959
	Protocolo Adicional à Convenção Europeia de Auxílio Judiciário Mútuo em Matéria Penal, de 17 março 1978
	Segundo Protocolo adicional à Convenção Europeia de Auxílio Judiciário Mútuo em Matéria Penal, de 8 novembro 2001
Extradição para fins de procedimento criminal ou de execução de uma pena	Convenção Europeia de Extradição, de 13 de dezembro 1957
	Protocolo Adicional à Convenção Europeia de Extradição, de 15 de outubro 1975
	Convenção Europeia para a repressão do Terrorismo, de 27 de janeiro de 1975
	Segundo Protocolo Adicional à Convenção Europeia de Extradição, de 17 de março 1978
	Protocolo à Convenção Europeia para a repressão do Terrorismo, de 15 maio 2003
	Convenção do Conselho da Europa para a prevenção do Terrorismo, de 16 maio 2010
	Terceiro Protocolo Adicional à Convenção Europeia de Extradição, de 10 de novembro 2010
	Quarto Protocolo Adicional à Convenção Europeia de Extradição, de 20 de setembro 2012
Transmissão de procedimentos	Convenção Europeia sobre a transmissão de procedimentos repressivos, de 15 maio 1972
Transmissão de execução de penas	Convenção Europeia sobre o valor internacional dos julgamentos condenatórios, de 28 maio 1970

---

[280] Daniel Flore: *"Droit Pénal Européen"*, 2.ª Edição, Larcier p.s 484 e 485

Forma de cooperação	Instrumentos jurídicos do Conselho da Europa
Transferência de pessoas condenadas	Convenção sobre a transferência de pessoas condenadas, de 21 março 1983
	Protocolo Adicional à Convenção sobre a transferência de pessoas condenadas, de 18 dezembro 1997
Vigilância de pessoas condenadas	Convenção Europeia para a vigilância de pessoas condenadas ou libertadas condicionalmente, de 30 novembro 1964
Execução de decisões de confisco	Convenção Europeia sobre a transmissão de procedimentos repressivos, de 15 maio 1972
	Convenção do Conselho da Europa relativa ao Branqueamento, Deteção e Apreensão dos Produtos do Crime, de 8 novembro 1990
	Convenção do Conselho da Europa Relativa ao Branqueamento, Deteção, Apreensão e Perda dos Produtos do Crime e ao Financiamento do Terrorismo, de 16 maio 2005
Execução de multas	Convenção Europeia sobre o valor internacional dos julgamentos condenatórios, de 28 maio 1970
Execução de decisões de inibição e privação de direitos	Convenção Europeia sobre o valor internacional dos julgamentos condenatórios, de 28 maio 1970

Os *sites* relevantes do CoE:
https://www.coe.int/en/web/portal/home
https://www.coe.int/t/DGHL/STANDARDSETTING/PC-OC/

Para consulta de tratados:
https://www.coe.int/en/web/conventions/

Outra matéria onde o CoE tem desempenhado uma papel fundamental é na área do cibercrime. Para além da Convenção sobre Cibercrime (ETS n.º 185), Convenção de Budapeste[281], tem desenvolvido diversas ferramentas e programas de apoio à formação.

Site relevante: https://www.coe.int/en/web/cybercrime

---

[281] Pode ser encontrado nest Link o texto, o protocolo em xenofobia e racismo e várias *guidelines:* https://www.coe.int/en/web/cybercrime/the-budapest-convention

NÍVEIS DE COOPERAÇÃO

9.2. Comité de peritos sobre o funcionamento das Convenções Europeias relativas à cooperação em matéria penal (PC-OC)

O Comité de Peritos do Conselho da Europa sobre a Operação das Convenções Europeias sobre Cooperação em Matéria Penal (PC-OC/Termos de referência) é o fórum no qual, desde 1981, especialistas de todos os Estados e organizações membros e observadores se reúnem para definir/debater formas de melhorar a cooperação internacional em matéria penal e identificar soluções para os problemas práticos encontrados na aplicação das convenções do CoE neste domínio.

Pode-se dirigir perguntas ao PC-OC?

As perguntas relativas à aplicação ou interpretação dos instrumentos do CoE no domínio da cooperação judiciária em matéria penal são sempre bem vindas, na medida em que irão ajudar o PC-OC a continuar a desenvolver estes instrumentos. As questões podem ser apresentadas ao representante nacional do PC-OC no país respetivo.

Quaisquer questões sobre o funcionamento e as atividades do PC-OC poderão ser enviadas por correio eletrónico ao Secretariado, para o seguinte endereço: Dg1.tcj@coe.int.

Apoiar e desenvolver a cooperação judiciária em matéria penal

A cooperação judiciária em matéria penal assenta em três princípios fundamentais:
– Espírito de cooperação;
– Conhecimento dos instrumentos legais aplicáveis;
– Uso adequado das ferramentas que podem facilitar a cooperação.

O Comité denominado PC-OC (Comité de peritos sobre o funcionamento das Convenções Europeias relativas à cooperação em matéria penal) desempenha um importante papel nos procedimentos de cooperação internacional em matéria penal.

O que é o PC-OC?

O PC (Problemas Criminais)-OC *(Operation of Conventions)* é um Comité de peritos do CoE no domínio da cooperação internacional em matéria penal. Desenvolve a sua atividade sob a dependência do Comité Europeu para os Problemas Criminais (CDPC).

O PC-OC controla a aplicação das convenções do Conselho da Europa relacionadas com a cooperação internacional em matéria penal (especialmente extradição, auxílio judiciário mútuo e transferência de condenados) e propõe novos instrumentos nesta área. Prepara também instrumentos úteis, tais como informação sobre ordenamentos jurídicos por Estado, modelos de formulários, guias práticos etc., destinados aos profissionais que têm de utilizar esses instrumentos.

O Comité é composto por representantes das autoridades centrais dos 47 EM do CoE e por observadores.

Os profissionais nacionais podem beneficiar da experiência do Secretariado do PC-OC e dos peritos nacionais respetivos.

Site Internet

Foi criado um *site* Internet[282] que contém informações úteis e documentação relativa à cooperação. Os profissionais de todos os Estados Parte nas Convenções do Conselho da Europa em matéria de cooperação internacional em matéria penal estão convidados a consultar o *site* do PC-OC.

O site do PC-OC inclui:

– Informações sobre a atividade do PC-OC, nomeadamente sobre as suas reuniões e outros eventos passados e futuros;
– Normas padrão e documentos de referência destinados aos profissionais (informação nacional por Estado e ferramentas para a sua aplicação) nas principais áreas de atividade do PC-OC;
– Jurisprudência pertinente do Tribunal Europeu dos Direitos Humanos;
– Arquivo das atividades realizadas, estudos, relatórios e publicações com interesse;
– Ligações úteis para outros sites relacionados com as atividades do PC-OC.

9.3. O Tribunal Europeu dos Direitos Humanos na cooperação judiciária em matéria penal

Constituído em 1959, o TEDH é um tribunal internacional competente para se pronunciar sobre queixas individuais ou estaduais que aleguem violações dos direitos civis e políticos consagrados na CEDH.

---

[282] https://www.coe.int/t/DGHL/STANDARDSETTING/PC-OC/

NÍVEIS DE COOPERAÇÃO

Desde 1998, o Tribunal reúne-se de forma permanente, qualquer pessoa pode recorrer diretamente ao Tribunal.

Em quase meio século, o Tribunal já proferiu mais de 10 mil sentenças. As suas sentenças são vinculativas para os Estados em causa e levam os governos a alterar a sua legislação e as suas práticas administrativas em muitos domínios. A jurisprudência do Tribunal fez da Convenção um instrumento dinâmico e poderoso para responder aos novos desafios e consolidar o Estado de direito e a democracia na Europa.

O Tribunal tem a sua sede em Estrasburgo, no Palácio dos Direitos do Homem projetado em 1994 pelo arquiteto britânico Lord Richard Rogers. É neste edifício, cuja imagem é conhecida em todo o mundo, que o Tribunal assegura o cumprimento dos direitos humanos de 800 milhões de europeus nos 47 EM do CoE que ratificaram a Convenção[283].

Nesta matéria, mais do que uma análise teórica, que pela sua relevância, merece tratamento autónomo, caberá destacar alguns documentos essenciais na matéria[284], em concreto: i) *"Case Law by the European Court of Human Rights of Relevance for the Application of the European Conventions on International Co-Operation in Criminal Matters"*, documento que representa um levantamento dos principais acórdãos do TEDH sobre as principais Convenções do Conselho da Europa na área da cooperação judiciária em matéria penal, sendo apresentada uma tabela com a apresentação das palavras chaves, a referência do acórdão e o número em causa e depois tendo por referência cada instrumento internacional; ii) no âmbito nacional, vd. Jurisprudência internacional constitucional penal processual penal, do CEJ, documento que contém um levantamento dos principais acórdãos do TEDH e do TJUE em matérias relacionadas com o Direito Penal e Processual Penal.

---

[283] http://www.echr.coe.int/Pages/home.aspx?p=court/courtinbrief

[284] Nesta matéria ver: *"Case Law by the European Court of Human Rights of Relevance for the Application of the European Conventions on International Co-Operation in Criminal Matters"*, Strasbourg, 30 January 2017 PC-OC (2011) 21 REV 10 [PC-OC/Documents 2011/ PC-OC(2011) 21 rev10] http://www.coe.int/tcj/. Este documento representa um levantamento dos principais acórdãos do TEDH sobre as principais Convenções do Conselho da Europa na área da cooperação judiciária em matéria penal, sendo apresentada uma tabela com a apresentação das palavras chaves, a referência do acórdão e o número em causa e depois tendo por referência cada instrument internacional. No âmbito nacional, vd. JURISPRUDÊNCIA INTERNACIONAL CONSTITUCIONAL PENAL PROCESSUAL PENAL, Coleção de formação contínua, CEJ, maio de 2015 (parte referente ao TEDH a p.s 13 e ss.)

MANUAL DE COOPERAÇÃO JUDICIÁRIA INTERNACIONAL EM MATÉRIA PENAL

Ainda nesta matéria, destaca-se o *site* do TEDH, onde se podem consultar o Guia prático sobre a admissibilidade[285] e ainda o site do GDDC, o qual prevê um capítulo sobre *"Como apresentar uma queixa individual ao Tribunal Europeu dos Direitos do Homem por Violação de Direitos Humanos?"*[286].

Mais recentemente o TEDH e CEJ desenvolveram em colaboração uma *newsletter* mensal sobre a jurisprudência mais relevante[287].

10. OCDE (35 EM)

A Organização para a Cooperação e Desenvolvimento Económico (OCDE) é uma organização internacional de 35 países que aceitam os princípios da democracia representativa e da economia de livre mercado, que procura fornecer uma plataforma para comparar políticas económicas, solucionar problemas comuns e coordenar políticas domésticas e internacionais. A maioria dos membros da OCDE é composta por economias com um elevado PIB *per capita* e Índice de Desenvolvimento Humano e são considerados países desenvolvidos.

Teve origem em 1948 como a Organização para a Cooperação Económica (OECE), liderada por Robert Marjolin da França, para ajudar a gerir o Plano Marshall para a reconstrução da Europa após a Segunda Guerra Mundial. Posteriormente, a sua adesão foi estendida a estados não-europeus. Em 1961, a Convenção sobre a Organização para a Cooperação e Desenvolvimento Económico reformou a OECE e deu lugar à OCDE.

Na matéria da cooperação judiciária em matéria penal, a OCDE têm-se dedicado à luta anticorrupção, tendo negociado e concluído duas convenções principais: i) *Convention on Combating Bribery of Foreign Public Officials in International Business Transaction*s[288]; ii) *Declaration on the Fight Against Foreign Bribery – Towards a New Era of Enforcement*, datado de 16.03.2016[289]. Neste âmbito emitiram ainda quatro recomendações: i) *Recommendation of the Council for Development Cooperation Actors on Managing the Risk of Corruption,*

---

[285] http://www.echr.coe.int/Pages/home.aspx?p=caselaw/analysis&c=#n1347458601286_ pointer – onde se podem consultar todos os guias existentes no âmbito do TEDH

[286] http://www.gddc.pt/direitos-humanos/sist-europeu-dh/cons-europa-queixa-tedh.html

[287] Newsletter TEDH/CEJ

[288] http://opj.ces.uc.pt/e-learning/moodle/file.php/42/GRECO/OCDE/ConvCombatBribery_ENG.pdf

[289] http://webnet.oecd.org/OECDACTS/Instruments/ListBySubjectView.aspx – link com todas as recomendações e instrumentos da OCDE.

248

NÍVEIS DE COOPERAÇÃO

datada de 16 November 2016 – C(2016)156; ii) *Recommendation of the Council for Further Combating Bribery of Foreign Public Officials in International Business Transactions*, datada de 26.11.2009 – C(2009)159/REV1/FINAL, revisto em 18.02.2010 – C(2010)19, iii) *Recommendation of the Council on Tax Measures for Further Combating Bribery of Foreign Public Officials in International Business Transactions*, datada de 25.05.2009 – C(2009)64 e iv) *Recommendation of the Council on Bribery and Officially Supported Export Credits*, datada de 14.12.2006 – C(2006)163.

Por outro lado, editou vários Manuais e relatórios sobre a mesma matéria:

- *Anti-Corruption Ethics and Compliance Handbook for Business*[290]
- *EXPORTING CORRUPTION, Progress Report 2015: Assessing Enforcement of the OECD Convention on Combatting Foreign Bribery*[291]
- *BOOSTING INTEGRITY, FIGHTING CORRUPTION*[292]
- *Illicit Financial Flows from Developing Countries:Measuring OECD Responses*[293]
- *OECD Working Group on Bribery*[294]

Rede Anti-Corrupção (ACN) – Anti-Corruption Network for Transition Economies[295]

A Rede Anti-Corrupção (ACN) é um programa regional de divulgação do Grupo de Trabalho sobre Corrupção da OCDE.

---

[290] http://opj.ces.uc.pt/e-learning/moodle/file.php/42/GRECO/OCDE/Anti-Corruption EthicsComplianceHandbook.pdf

[291] http://opj.ces.uc.pt/e-learning/moodle/file.php/42/GRECO/OCDE/2015_Exporting Corruption_OECDProgressReport_EN.pdf

[292] http://opj.ces.uc.pt/e-learning/moodle/file.php/42/GRECO/OCDE/Boosting_integrity. pdf

[293] http://opj.ces.uc.pt/e-learning/moodle/file.php/42/GRECO/OCDE/Illicit_Financial_ Flows_from_Developing_Countries.pdf

[294] http://opj.ces.uc.pt/e-learning/moodle/file.php/42/GRECO/OCDE/WGB-AB-Ann-Rep2014-EN.pdf

[295] http://www.oecd.org/corruption/acn/. Esta Rede está ligada a United Nations Office on Drugs and Crime (UNODC), United Nations Development Programme (UNDP), Council of Europe Group of States Against Corruption (GRECO), the Organisation for Security and Cooperation in Europe (OSCE), the World Bank, the European Bank for Reconstruction and Development (EBRD), Transparency International and others.

O ACN está aberto a países da Europa Oriental e Ásia Central. As principais contrapartes são os governos nacionais e as autoridades anticorrupção dos países participantes. A sociedade civil, o setor empresarial, as organizações internacionais e as instituições financeiras internacionais, bem como outros países, participam ativamente na ACN.

O ACN foi criado em 1998. O seu principal objetivo é apoiar os países membros nos seus esforços para prevenir e combater a corrupção. Fornece um fórum regional para a promoção de atividades anticorrupção, intercâmbio de informações, elaboração de melhores práticas e coordenação de doadores. O ACN opera através de reuniões gerais e conferências, iniciativas sub-regionais e projetos temáticos.

Um dos principais instrumentos na matéria é o *MUTUAL LEGAL ASSISTANCE AND OTHER FORMS OF COOPERATION BETWEEN LAW ENFORCEMENT AGENCIES*[296], cujo principal objetivo foi analisar os instrumentos que regulam a cooperação das agências de aplicação da Lei na região GUAM (Países do GUAM – Geórgia, Ucrânia, Azerbaijão e Moldávia) e outros instrumentos aplicáveis nesses países no contexto de casos de corrupção e branqueamento de capitais, identificar as instituições que podem ser utilizadas na prática e fornecer recomendações metodológicas breves para aplicação dos profissionais desses quatro países. A visão geral também inclui conclusões e recomendações de natureza geral desenvolvidas com o propósito de melhorar o quadro de tratados internacionais dos países membros do GUAM. As recomendações metodológicas para os profissionais e as recomendações baseadas nos resultados podem ser úteis para profissionais e governos nacionais de outros países da Europa Oriental e da Ásia Central.[297]

---

[296] http://www.oecd.org/corruption/acn/lawenforcement/MLAandOtherFormsCooperationLawEnforcementAgencies_ENG.pdf, uma lista com todos os documento da Rede está disponível neste endereço: http://www.oecd.org/corruption/acn/publicationsdocuments/

[297] http://www.anticorruptionnet.org and http://www.spai-rslo.org.
EFFECTIVE INTER-AGENCY CO-OPERATION IN FIGHTING TAX CRIME AND OTHER FINANCIAL CRIMES
Convention on Combating Bribery of Foreign Public Officials in International Business Transactions
Country Contact Points for International Cooperation
June 2016
Effective international cooperation between countries is crucial for the successful investigation, prosecution and sanction of international corruption offences. Published in June 2016,

NÍVEIS DE COOPERAÇÃO

11. UE (28 EM)

A UE representa atualmente um quadro jurídico desafiador e criativo (28 EM, 31 sistemas jurídicos e 24 línguas oficiais[298]) com uma série de mecanismos de apoio formais e informais, criando um novo conceito e funcionamento da cooperação judiciária em matéria penal. É, muito provavelmente, a organização internacional que mais desenvolveu esta matéria a nível mundial.

11.1. Quadro representativo dos 28 EM da UE

28 EM	31 Sistemas jurídicos	24 Línguas oficiais
Alemanha Deutschland DE		Alemão
Áustria Österreich AT		Alemão
Bélgica België/Belgique/Belgien BE		Neerlandês + francês + alemão
Bulgária България BG		Búlgaro
Chipre Κύπρος CY		Grego
Croácia Hrvatska HR		Croata
Dinamarca Danmark DK		Dinamarquês
Eslováquia Slovensko SK		Eslovaco
Eslovénia Slovenija SI		Esloveno
Espanha España ES		Espanhol
Estónia Eesti EE		Estónio
Finlândia Suomi/Finland FI		Finlandês
França France FR		Francês
Grécia Ελλάδα GR		Grego
Hungria Magyarország HU		Húngaro

this document contains a list of country contact points for Parties to the Anti-Bribery Convention. This list can be used to obtain information from the relevant authorities for the purposes of: Consultation – Article 4(3); Mutual Legal Assistance – Article 9; and, Extradition requests – Article 10.

[298] Com o Brexit, passamos a ter 27 EM, 27 sistemas jurídicos e 24 línguas oficiais

28 EM	31 Sistemas jurídicos	24 Línguas oficiais
Irlanda Éire IE		Gaélico
Itália Italia IT		Italiano
Letônia Latvija LV		Letão
Lituânia Lietuva LT		Lituano
Luxemburgo Luxembourg LU		Frâncês + Alemão
Malta Malta MT		Maltês
Países Baixos Nederland NL		Neerlandês
Polónia Polska PL		Polaco
Portugal Portugal PT		Português
Reino Unido United Kingdom GB[299]	Inglaterra, Escócia, País de Gales, Irlanda do Norte.	Inglês
República Checa Česká republika CZ		Checo
Romênia România RO		Romeno
Suécia Sverige SE		Sueco

11.2. Breve enquadramento histórico

Desde a instauração da Política Europeia relativa à Cooperação JAI – inaugurada de forma expressa pelo TUE[300] – até à atualidade, tem sido muitos os avanços e mudanças produzidas, sem que o processo de desenvolvimento da mesma tenha terminado. Com efeito, apesar de já estar ultrapassado com o TL, o Tratado Constitucional para a Europa[301] modificava substancialmente o panorama da altura, tanto do ponto de vista formal como material. Na verdade, desencadeou um avanço no processo evolutivo, no tempo da unifica-

---

[299] Pelo menos até ao Brexit se concretizar.

[300] Tratado assinado em 7 de fevereiro de 1992 e objeto de publicação no Diário Oficial das Comunidades Europeias (UE) de 29 de julho de 1992, n.º C 191, p.s 1 e ss. A versão consolidada do mesmo encontra-se publicada no JO de 24 de dezembro de 2002, n.º C 325, p.s 1 e ss.

[301] Tratado assinado em Roma no dia 29 de outubro de 2004 e publicado no JO de 16 de dezembro de 2004, n.º C 310, p.s 1 e ss.

NÍVEIS DE COOPERAÇÃO

ção normativa dos instrumentos jurídicos comunitários de carácter constitucional que regulam este âmbito, mas também a atual noção de "cooperação judicial" se substituiu pela criação de um "espaço de liberdade, segurança e Justiça"[302], utilizando um concieto comum para os domínios civil e penal.

Sem prejuízo do ora mencionado, conforme o ordenamento existente na atualidade para a presente matéria, verifica-se uma diferença substancial entre os âmbitos judiciais civil e penal. Apesar do primeiro ser já objeto de regulamentação desde as instâncias europeias, o segundo ainda se encontrava à mercê das negociações acordadas entre os EM. Tal traduzia-se em termos jurídicos ditados por cada tipo de legislação adotado para cada uma delas, pois enquanto a regulação da política judicial civil produzia-se mediante normas estritamente comunitárias – regulamentos e diretivas[303] – pelo contrário, a política judicial penal era ainda contemplada pelo Direito Internacional Clássico, sendo todavia prejudicial a característica de intergovernamentalidade a respeito dos seus instrumentos jurídicos[304] (substancialmente DQ devido ao anterior relativo insucesso das Convenções[305]). Tais diferenças jurídicas entre a cooperação judicial civil e penal derivam sem dúvida da integração de cada qual no primeiro e no terceiro pilares respetivamente e a PESC junto do segundo pilar, este último fruto do anterior TM, ao qual se deve a famosa articulação em pilares comunitários que se

---

[302] Capítulo IV do Título III da Parte correspondente às Politicas da União (Parte III), concretamente os arts. III-257 a III-277 TeCE com a o título *Espaço de liberdade, Segurança e Justiça* do Tratado que estabelecia uma Constituição para a Europa. Uma compilação das suas normas e um breve comentário é realizado por AZPARREN LUCAS, A., GUTIEREZ ZARZA, A. Lopes da Mota, J. L. o Espaço judicial Europeu. Cooperação Judicial civil e penal: Código de Normas, Madrid 2004

[303] Art. 249.º Tratado Constitutivo da Comunidade Europeia. Sobre este tema, GUTIEREZ ZARZA, A. *"Fuentes comunitárias del Derecho Procesal espanõl, Diario de La Ley, 13 de março de 2002, n.º 5501, p.s 1 e ss.*

[304] Art. 34.º, n.º2 do TUE. Com uma perspetiva recente, veja-se por exemplo, DONANTI, F. *"Le fonti del diritto dell'Unione"*, Diritto dell'Unione Europea 2005, n.º3, p.s 611 e ss. assim como, mais sumariamente, CANNIZZARO, E, *"gerachia e competenza nel sistema dell fonti dell'Unione europea"*, Diritto dell'Unione Europea 2005, n.º4, p.s 651 e ss.

[305] Nesse sentido, por exemplo, as Convenções de extradição de 10 de março de 1995 e de 27 de setembro de 1996 perante o escasso número de ratificações apresentadas e daí a substituição de ambos pelo vigente mandado de detenção europeu.

entendeu comparável à arquitetura do templo grego[306]. Não obstante a atual distinção entre uma e outra política judicial em função da sua pertinência e colocação em diferentes pilares comunitários, de igual forma a matéria da cooperação judiciária penal e policial não permaneceu imutável no espaço europeu desde a sua origem pois é o resultado de uma evolução. O exame da mesma – se calhar breve[307] – tornou-se mais necessário para compreender o panorama atual. A base da política presente de cooperação judicial assim como a criação do ELSJ não é senão a consagração do princípio do reconhecimento mútuo criado de forma oficial no Conselho Europeu de Tampere (1999)[308], podendo ser encontrado um precedente anterior ainda que de forma específica para o âmbito penal no Conselho Europeu de Cardiff (1998)[309]. Este princípio assumiu a responsabilidade de ser a pedra angular

---

[306] Para este fim a explicação dada por MANGAS MARTIN, A. *"El espacio penal y judicial europeo en el marco general del Tratado de La Unión Europea y la perspetiva de su reforma en 1996", Politica común de Justicia e Interior en Europa, Cuadernos de Derecho Judicial, Madrid 1995*, p.s 65 y ss., esp.pp. 68 y sss; segundo a autora, o frontispício vinha constituído pelo Título I do TUE assente nos três pilares, um central que é o propriamente comunitário, integrado pelos três Tratados constitutivos revistos (Títulos I, III e IV) e os dois já mencionados de caráter intergovernamental (Títulos V e VI), todos eles dispostos sobre uma base composta pelas disposições finais do Título VII (arts. L-S). Da mesma autora, com caráter geral sobre esta matéria, *"Instituciones y Derecho de La Unión Europea"*, com LINÃN NOGUERAS, D.J., 5.ª edição, Madrid 2005, p.s 717 e ss.

[307] Uma análise mais detalhada assim como as diferenças existentes entre um e outro pilar comunitário ocorre em JIMENO BULNES, M. *"La cooperación judicial y policial en el âmbito de La Unión Europea"*, Revista del Poder Judicial 1998, n.º 50, p. 79 e ss. Nesse sentido, entre outros trabalhos mais recentes, com caráter geral, GIMENEZ SÁNCHEZ, I. *"Cooperácion judicial: la integración de sistemas jurídicos en el âmbito de la Unión Europea"*, Livro de homenagem a D. Eduardo Font Serra, t.I, Madrid 2004, p.s 361 e ss. e ELSEN, C.,"From Maatricht to the Hague: the politics of judicial and police cooperation", ERA Forum 2007, n.º 8, p.s 13 e ss.

[308] Conclusão n.º 33 da Presidência do Conselho Europeu de Tampere celebrado nesta cidade finlandesa nos dias 15 e 16 de outubro de 1999, adotadas sobre a rubrica geral *"Para uma União de liberdade, segurança e justiça: os dizeres de Tampere"*. Sobre o resultado alcançado neste Conselho Europeu veja-se ELSEN, C. *"L'esprit et les ambitions de Tampere: une ére nouvelle pour la cooperation dans le domaine de la justice et des affaires inteérieures?"*, Revue du Marché commun et de L'Union européenne 1999, n.º 433, p.s 659 e ss.

[309] Veja-se a conclusão n.º 39 da Presidência do Conselho Europeu celebrado nesta cidade nos dias 15 e 16 de junho de 1998 e assim a aplicação da política do reconhecimento mútuo das decisões judiciais entre EM como forma de luta contra a criminalidade transnacional (*cross-border* crime). Não obstante, a primeira alusão ao reconhecimento mútuo realiza-se pelo então Secretário do Interior e Ministro dos Negócios Estrangeiros, Jack Straw, no âmbito de

NÍVEIS DE COOPERAÇÃO

tanto em matéria civil como penal pese embora as substanciais diferenças – num e noutro âmbito, continuando a vigência na agenda comunitária no Programa de Haia (2005)[310] ou Tampere II ao tempo que tem lugar o Projeto Constitucional Europeu[311].

Se bem que o conceito de cooperação judiciária e policial é próprio do TUE, a mesma encontra origem em momentos anteriores. Assim podemos indicar um antecedente de carácter escrito como é o AUE de 1986, igual a outros momentos antecedentes ainda mais remotos derivados de certas práticas habituais que vinham desenvolvendo os EM. Contudo, em ambos os casos trata-se, não de cooperação judiciária e policial *stricto sensu*, mas de uma cooperação de natureza mais ampla como é a cooperação política.

Dessa forma, pode-se afirmar que as maiores cotas de desenvolvimento das políticas de cooperação foram conseguidas, sem qualquer tipo de dúvida, sob a alçada da UE pois, o facto dos diferentes Estados se terem constituído numa comunidade, favoreceu o processo. Com efeito, só num contexto de integração e confiança, se podem desenvolver plenamente as mesmas.

um almoço oficial oferecido em março de 1998 durante a Presidência britânica da UE. Nesta linha, NILSSON, H.G. "*Mutual trust or mutual mistrust*", La confiance mutuelle dans l'espace penal européen/Mutual trust in the European Criminal Area, Institut d'Etudes Européenes, Bruxelas 2005, p.s 29 e ss, esp. 1.ª p.

[310] Comunicação do Conselho sobre a "*consolidação da liberdade, segurança e justiça na UE*" (JO de 3 de março de 2005, n.º C 53, p.s 1 e ss) e o resultado do Conselho Europeu celebrado em Bruxelas nos dias 4 e 5 de novembro de 2004. Tal programa é conhecido extraoficialmente como Tampere II dada a revisão neste caso do programa estabelecido cinco anos antes no Conselho Europeu de Tampere e depois contemplado com o Plano de Ação do Conselho e da Comissão para ele criado e publicado no JO de 12 de agosto de 2005, n.º C 198, p.s 1 e ss., no qual se estabelece um programa de medidas legislativas e não legislativas a adotar nos cinco anos seguintes. Veja-se também a este respeito a comunicação da Comissão ao Conselho e ao Parlamento Europeu "*Programa de Haia: dez prioridades para os próximos cinco anos. Uma associação para a renovação europeia no âmbito da liberdade, segurança e justiça*" apresentada em Bruxelas no dia 10 de março de 2005, DOC COM (2005) 184 final, disponível em http://eur--lex.europa.eu/LexUriServ/LexUriServ.do?uri=COM:2005:0184:FIN:PT:PDF. Sobre o Programa de Haia em particular, DE ZWAAN, J.w. e GOUDAPEL, F.A.N.J. (eds), The Hague 2006 e em Espanha por exemplo GOMIS CATALÁ, L. "*Ejecución del programa de La Haya: el camino a seguir*", Union Europea Aranzadi, n.º 8, p.s 21 e ss. Sobre a avaliação da execução do programa e do Plano de Ação ver COM (2009) 263 final, de 10.06.2009, disponível em http://eur-lex. europa.eu/LexUriServ/LexUriServ.do?uri=COM:2009:0263:FIN:PT:PDF

[311] Arts. III-269 e III-270 para os âmbitos civil e penal respetivamente

No âmbito da UE o grau mais elevado de desenvolvimento das políticas de cooperação judiciária ocorre no TA, pois foi no mesmo que se contemplou, pela primeira vez, a construção do ELSJ. Este Tratado previa uma alavancagem substancial a respeito da regulação desta matéria contida no denominado terceiro Pilar. De um lado, foram fixados objetivos: o reforço da cooperação policial e judicial com o fim de evitar a impunidade e a insegurança dos cidadãos. Pretendia-se assim a construção de um ELSJ em que se garante a livre circulação de pessoas, também se assegurando a prevenção e luta eficaz contra a criminalidade. E, de outro modo, incorporava-se um novo instrumento, a DQ, que podia substituir as convenções interestaduais[312]. Estas novidades revelaram-se mais teóricas que práticas, pois as DQ, segundo dispunha o art. 34.º, n.º2 do TUE, para serem aprovadas requeriam unanimidade no seio do Conselho, pelo que eram mais difíceis de adotar e, por conseguinte, menos frequentes na prática. Para além disso, na medida em que as DQ apenas vinculavam os EM no que concerne aos resultados, deixando à disposição dos EM a forma e métodos para alcançá-los, assim se lograva a desejada função de aproximação legislativa e regulamentar para que foram definidas (apesar do acórdão do TJUE no conhecido caso "Pupino"[313] em que se referia que o direito nacional devia ser interpretado conforme as DQ, procurando alcançar, assim, a função harmonizadora de tais instrumentos legais).

Foi a consagração do princípio do reconhecimento mútuo como base para a construção do ELSJ dos Conselhos Europeus de Cardiff (1998) e de Tampere (1999), que realmente pesou no âmbito da União e determinou a superação dos critérios e regras tradicionais das cooperações mais próprias da assistência jurídica internacional[314]. Através deste princípio pretendeu-

---

[312] Recorde-se que as matérias que fazem parte do Terceiro Pilar caracterizam-se por constituírem normas intervogernamentais do Título VI da UE, o que significa que se desenvolvem através de Decisões e Acordos intergovernamentais. Logo, encontramo-nos perante políticas nas quais os EM estão de acordo em cooperar, de modo que mantêm o poder último de decisão através do Conselho, ficando para um segundo plano o resto das instituições comunitárias. Deste modo, no desenvolvimento destas matérias, o protagonismo é dos EM, ficando a Comissão, o Parlamento e o Tribunal de Justiça num segundo plano.

[313] Acc. do TJUE (Grande Secção) de 16 de junho de 2005, processo n.º 105/03 (Coletânea de jurisprudência, 2005 I-05285). O seu texto pode consultar-se em http://curia.europa.eu/juris/liste.jsf?language=pt&jur=C,T,F&num=105/03&td=ALL

[314] Na conclusão número 33 da Presidência do Conselho de Tampere, pode ler-se que "*um melhor reconhecimento mútuo das decisões e sentenças judiciais e a necessária aproximação das legislações*

NÍVEIS DE COOPERAÇÃO

-se caminhar para instrumentos de cooperação que favorecessem processos mais expeditos e eficientes e em que desaparecessem os elementos de natureza política e em condições de aleatoriedade a que eram conduzidos os processos baseados em assistência mútua. Para tal, era preciso alcançar uma certa harmonização ou aproximação das legislações penais e processuais penais dos EM, motivo pelo qual se aprovaram numerosos instrumentos legais tendentes a consegui-lo[315]. Em qualquer caso, é de realçar que o emprego de novos mecanismos de cooperação não pressupôs o desaparecimento total das políticas de cooperação intergovernamentais entre os EM[316].

Toda esta evolução marca a cooperação judiciária em matéria penal no espaço da UE[317].

---

facilitaria a cooperação entre autoridades e a proteção judicial dos direitos individuais. Por conseguinte, o Conselho Europeu faz seu o princípio do reconhecimento mútuo, que, deve constituir a pedra angular da cooperação judiciária em matéria civil e penal na União. O princípio deve aplicar-se tanto à sentenças como a outras decisões das autoridades judiciais" (O texto integral das conclusões pode consultar-se em www.europarl.europa.eu/summits/tam_pt.htm).

[315] Prova disso é, por exemplo, a substituição do tradicional procedimento de extradição – lento e complexo quanto à sua tramitação – pela decisão introduzida pela DQ 2002/584/JAI do Conselho de 13 de junho de 2002 (JO L 190 de 18.7.2002), estabelecendo um procedimento mais rápido e eficaz, no qual se suprime todo o procedimento politico e administrativo em favor do procedimento judicial. Assim pode ler-se na mesma que *"o mandado de detenção europeu proposto pela Comissão tem por objeto sibstituir o sistema atual de extradição impondo a cada autoridade judicial nacional (autoridade judicial de execução) reconhecer, ipso fato, e com controles minimos o pedido de entrega de uma pessoa formulada pela autoridade judicial de outro EM (autoridade judicial de emissão)"*. Para maior desenvolvimento da matéria vd. Christine Janssens, *"The Principle of Mutual Recognition in EU Law"*, Oxford Studies in European Law, 2013 e Annika Suominen, *"The Principle of Mutual Recognition in Cooperation in Criminal Matters"*, Intersentia, 2011.

[316] Seguindo com o exemplo anterior, pode ler-se na DQ do Conselho de 13 de junho de 2002 relativa ao mandado de detenção europeu e aos procedimentos de entrega entre EM, que *"a partir de 1 de janeiro de 2004 a DQ deverá substituir todos os textos existentes na matéria tais como: a Convenção europeia de extradição de 1957 assim como a Convenção europeia para a repressão do terrorismo de 1978 no que se refere à extradição; o Acordo de 26 de maio de 1989 entre os 12 EM relativo à simplificação da transmissão dos pedidos de extradição; a Convenção sobre a extradição simplificada de 1995; a Convenção sobre a extradição de 1996; as disposições do acordo de Schengen que fazem referência a esta matéria. Sem prejuízo dos EM continuarem livres para aplicar e concluir acordos bilaterais ou multilarais na medida em que facilitem ou simplifiquem os procedimentos. A aplicação destes acordos não deve em nenhum caso prejudicar as relações com outros EM que não fazem parte do acordo"*.

[317] Vd. Anabela Miranda Rodrigues e José Luis Lopes da Mota, *"Para uma Politica Criminal Europeia"*, Coimbra Editora, 2002.

MANUAL DE COOPERAÇÃO JUDICIÁRIA INTERNACIONAL EM MATÉRIA PENAL

Para a construção do ELSJ implementaram-se não apenas mecanismos legais mas também mecanismos institucionais, assim se podendo falar em toda uma política de cooperação institucional em matéria penal. Criaram-se instituições europeias para coordenar a atividade europeia de persegui-ção penal como a Europol[318], agência central de coordenação das polícias europeias. Por outro lado, a Eurojust[319] nasce como órgão da UE com o obje-tivo de intensificar a eficácia das autoridades competentes dos EM na luta contra as formas graves de criminalidade organizada e transnacional. Estas entidades têm por finalidade facilitar uma adequada coordenação a respeito das investigações e atuações judiciais, por vezes prestar apoio aos EM para dar uma maior eficácia às suas investigações e atuações. Também se criou a Organização de Luta contra a Fraude (OLAF)[320] cuja missão é proteger os interesses financeiros da UE, combater a fraude, a corrupção e qualquer outra atividade irregular, designadamente as irregularidades dentro das ins-tituições europeias.

Pois bem, este panorama da cooperação que até ao momento se havia tra-duzido numa política de harmonização dos sistemas nacionais – através das DQ – e uma política de cooperação institucionalizada – mediante a criação de instituições colaboradoras – parecia sofrer uma nova transformação no Tratado Constitucional da União[321], em que finalmente se comunitarizava esta matéria. Sem prejuízo, o seu fracasso fez com que durante algum tempo o ELSJ continuasse a ser um espaço criado através da regulação do traba-lho conjunto das autoridades nacionais na luta contra a criminalidade. Esta situação experimentou uma grande transformação com a entrada em vigor do TL[322].

---

[318] Ato do Conselho de 26 de julho de 1995, relativo ao estabelecimento da Convenção pela qual se cria uma Polícia Europeia (Convenção Europol).

[319] Decisão 2002/187/JAI do Conselho de 28 de fevereiro de 2002 (JO L 63 de 6.3.2002), modificada pela Decisão 2003/659/JAI do Conselho, de 18 de junho de 2003 (JO L 245 de 29.9.2003).

[320] Criada pela Decisão 1999/352/CE, EURATOM da Comissão (JO L 136 de 31.5.1999, p. 20).

[321] Tratado pelo qual se estabelece uma Constituição para Europa (JO 2004/C 310/01).

[322] TL pelo qual se modificam o TUE e o Tratado constitutivo da Comunidade Europeia, assi-nado em Lisboa em 13 de dezembro de 2007, (JO 2007/C 306/01) e que entrou em vigor em 1 de dezembro de 2009, segundo o disposto no seu art. 6.º. Em relação às alterações que são introduzidas por este Tratado vid. SOBRINO HEREDIA, *"El Tratado de Lisboa o la capacidad de Europa para reinventarse constantemente"*, *Revista General de Derecho Europeo*, núm. 19, 2009, págs. 1-16.

NÍVEIS DE COOPERAÇÃO

Na matéria do ELSJ, desempenhou, desempenha e continuará a desempenhar um papel fundamental o CATS (*Coordinating comitte in the área of police and judicial cooperation in criminal matters*). Este Comité de coordenação debate, partindo de uma perspetiva estratégica, temas na área de cooperação policial e judiciária dos grupos de trabalho relevantes do Conselho, antes dos temas serem submetidos ao Comité de Representantes Permanentes (Coreper). O CATS é composto por diretores e diretores gerais nos ministérios da justiça e assuntos internos.

Em síntese, o direito penal europeu esteve, na sua origem e com os primeiros desenvolvimentos, mais ligado ao interesse de punir dos EM e menos à proteção dos direitos fundamentais. Nesta altura, o direito penal europeu e por essa via a cooperação judiciária em matéria penal, está a dar sinais inequívocos de que está mais ligado aos direitos processuais e portanto ao serviço do arguido, da vítima e do condenado. Pretende-se, assim, construir, não apenas um ordenamento de segurança, mas um ordenamento de liberdade[323].

11.3. O reconhecimento mútuo: um modelo autosuficiente de cooperação judiciária na UE

Este tema assume particular relevância, na medida em que se procura responder à questão/afirmação do reconhecimento mútuo como o método central de cooperação judiciária penal na UE. Mas responder a esta questão passará, inevitavelmente, por reconhecer, *a priori*, que o reconhecimento mútuo é um verdadeiro modelo de cooperação judiciária penal. Como pressuposto, a cooperação judiciária é sustentada por objetivos e imperativos específicos na construção europeia, que são a definição do espaço judiciário europeu e a livre circulação das decisões europeias entre os juízes nacionais. Em síntese,

---

[323] Para maior desenvolvimento vd. Anabela Miranda Rodrigues, *Direito Penal Europeu pós-Lisboa – um Direito Penal Funcionalista*, in *Os novos desafios da cooperação judiciária e policial na União Europeia e da implementação da Procuradoria Europeia*, Centro Interdisciplinar em Direitos Humanos, Escola de Direito, Universidade do Minho, dezembro de 2017, págs. 11 e ss., disponível em http://www.dh-jusgov.uminho.pt/publicacoes/os_novos_desafios_cooperacao_jud_e_policial_ue_implementacao_da_pe/. No âmbito europeu, particular destaque para a obra de André Klip, "*European Criminal Law*", An Integrative Aproach, 3rd Edition, Intersentia, 2016, mormente a "PART II. CRIMINAL LAW IN THE EUROPEAN UNION
CHAPTER 5. EUROPEAN SUBSTANTIVE CRIMINAL LAW (p. 173)
CHAPTER 6. EUROPEAN CRIMINAL PROCEDURE (p. 247)
CHAPTER 7. EUROPEAN SENTENCING AND PENITENTIARY LAW (p. 351)

o modelo de cooperação judiciária europeia é um modelo que materializa o processo de integração europeu.

A matéria do reconhecimento mútuo de decisões judiciais assumiu um protagonismo ímpar no espaço judicial da UE. A ideia subjacente é a de que apesar de outro Estado poder não tratar determinada matéria da mesma forma, ou até de forma semelhante, os resultados devem ser tais, que possam ser aceites como equivalentes à decisão de um certo Estado.

Este princípio, cuja génese se encontra em áreas jurídicas muito distantes da cooperação judiciária em matéria penal, começou a ser desenhado pelo TJUE em 1979, no caso 120/78 – *Cassis de Dijon*, que constituiu *"não apenas a contribuição judicial mais robusta para o mercado único, mas também o exemplo mais perfeito de interpretação teleológica, conscientemente dirigida a promover a integração do mercado e a remover a estagnação política e o euro-pessimismo"*.

Vinte anos mais tarde, em outubro de 1999 e já na sequência da entrada em vigor o TA, o Conselho Europeu de Tampere, ao debruçar-se sobre o espaço europeu de justiça, concluiu que *"um maior reconhecimento mútuo das sentenças e decisões judiciais e a necessária aproximação da legislação facilitariam a cooperação entre as autoridades e a proteção judicial dos direitos individuais.*

O princípio do reconhecimento mútuo deveria tornar-se *"a pedra angular da cooperação judiciária na União Europeia, tanto em matéria civil como penal"* e aplicar-se quer às sentenças quer às outras decisões das autoridades judiciais[324].

O TFUE veio estabelecer em 2012, no seu art. 82.º, n.º 1, que *"a cooperação judiciária em matéria penal na União assenta no princípio do reconhecimento mútuo das sentenças e decisões judiciais e inclui a aproximação das disposições legislativas e regulamentares dos Estados-Membros"* nos domínios do terrorismo, tráfico de seres humanos, exploração sexual de mulheres e crianças, tráfico de estupefacientes, tráfico de armas, branqueamento, corrupção, falsificação de meios de pagamento, cibercrime e crime organizado.

A aplicação efetiva deste princípio teve reflexos profundos nos instrumentos mais recentes de cooperação judiciária entre os EM da UE, sendo a

---

[324] Particularmente interessante neste contexto é o parágrafo 36 das conclusões da Presidência: *"O princípio do reconhecimento mútuo deverá ainda aplicar-se aos despachos judiciais proferidos antes da realização dos julgamentos, em especial aos que permitam às autoridades competentes recolher rapidamente as provas e apreender os bens que facilmente podem desaparecer; as provas legalmente obtidas pelas autoridades de um Estado-Membro deverão ser admissíveis perante os tribunais dos outros Estados--Membros, tendo em conta as normas neles aplicáveis".*

NÍVEIS DE COOPERAÇÃO

DQ relativa ao mandado de detenção europeu, porventura, o exemplo mais paradigmático desta nova realidade.

Apesar de o reconhecimento mútuo ser considerado, desde Tampere, a pedra angular da cooperação judiciária em matéria penal na UE, e de diversos instrumentos de cooperação encontrarem aqui o seu fundamento[325], a verdade é que não existe uma definição legal deste conceito. Para a Comissão Europeia, o conceito assenta numa perspetiva de equivalência entre decisões internas e externas e alicerça-se na confiança recíproca entre os EM, de tal modo que *"uma decisão adotada por uma autoridade de um Estado--Membro poderia ser aceite como tal noutro Estado-Membro, mesmo que neste nem sequer existisse uma autoridade comparável ou, caso existisse, que tal autoridade não fosse competente para adotar decisões do mesmo tipo ou adotasse uma decisão inteiramente distinta num caso semelhante".*

Esta ideia de equivalência alicerçada na confiança mútua que permite a um EM reconhecer uma decisão de outro EM tem como consequência necessária a aceitação de que tal decisão seja executada e produza efeitos num caso concreto noutro Estado – o Estado de execução – sem que ela ali tenha tido origem. Esta exequibilidade não é, naturalmente, direta e imediata, já que o reconhecimento passa por uma tramitação própria no Estado

---

[325] DQ 2002/584/JAI relativa ao mandado de detenção europeu e aos processos de entrega entre os Estados-membros;

DQ 2003/577/ JAI relativa à execução na U.E. das decisões de apreensão de bens ou de provas;

DQ 2005/214/JAI relativa à aplicação do princípio do reconhecimento mútuo às sanções pecuniárias;

DQ 2006/783/JAI relativa à aplicação do princípio do reconhecimento mútuo às decisões de perda;

DQ 2008/675/JAI relativa à tomada em consideração das decisões de condenação nos Estados-Membros da União Europeia por ocasião de um novo procedimento penal;

DQ 2008/947/JAI relativa à aplicação do princípio do reconhecimento mútuo às sentenças e decisões relativas à liberdade condicional para efeitos da fiscalização das medidas de vigilância e das sanções alternativas;

DQ 2008/909/JAI relativa à aplicação do princípio do reconhecimento mútuo às sentenças em matéria penal que imponham penas ou outras medidas privativas de liberdade para efeitos da execução dessas sentenças na União Europeia;

DQ 2009/829/JAI relativa à aplicação, entre os Estados-Membros da União Europeia, do princípio do reconhecimento mútuo às decisões sobre medidas de controlo, em alternativa à prisão preventiva;

Diretiva 2011/99/UE relativa à decisão europeia de proteção.

de execução, mas os motivos de não reconhecimento estão sujeitos a uma regra de taxatividade e são razoavelmente limitados.

Assim, o princípio do reconhecimento mútuo constituiu, por um lado, uma alternativa eficaz às tensões uniformizadoras do direito processual penal dos EM e, por outro lado, contribuiu claramente para o reforço da eficácia dos mecanismos de cooperação, operando uma mudança de paradigma sem todavia provocar uma revolução.

O reconhecimento mútuo tem como consequência o reforço da coordenação entre os juízes nacionais dentro de um objetivo comum de eficácia do sistema penal.

Ainda assim, impõe-se determinar se o reconhecimento mútuo é autossuficiente dentro da cooperação judiciária europeia. Para o efeito, identificam-se quatro questões: i) o método da harmonização encontra-se intrinsecamente ligado ao reconhecimento mútuo? ii) o reconhecimento mútuo baseia-se num mecanismo que ele próprio ou o princípio orientador se reporta a mecanismos judiciários já existentes?; iii) o reconhecimento mútuo na cooperação judiciária em matéria penal é responsável pelo aumento da lógica de rede nesta área?; iv) o reconhecimento mútuo fornece os elementos suficientes para alcançar um modelo europeu de cooperação judiciário em matéria penal?

O primeiro elemento que sobressai resulta dos textos europeus, ou seja, do direito primário, em concreto do TL, consagrando o princípio do reconhecimento mútuo. Esta "constitucionalização", imposta pela dinâmica legislativa europeia da última década resultou da prática judiciária que sempre acreditou num novo mecanismo de circulação das decisões da justiça em matéria penal. O reconhecimento mútuo era assim consagrado como *"driving force"* ou *"pierre angulaire"* do modelo europeu de cooperação judiciária.

O segundo elemento localiza-se dentro dos requisitos que estruturam o princípio do reconhecimento mútuo no domínio judiciário. O conceito (não jurídico) de confiança mútua a que fazem referência, de forma sistemática, as instituições europeias, quando abordam a cooperação judiciária, pode ser tido como um dos componentes do reconhecimento mútuo. De qualquer forma, mesmo quem entenda que a confiança mútua não é uma componente direta do reconhecimento mútuo, deve sempre integrar a autossuficiência que este princípio terá no modelo de cooperação judiciária penal.

A demonstração da força do reconhecimento mútuo no modelo de cooperação judiciária europeia repousa em fatores intrínsecos mas também em fatores extrínsecos, e dada a sua relevância, devem ser analisados.

Os fatores intrínsecos de um modelo autossuficiente de cooperação judiciária na UE

O campo de aplicação do princípio do reconhecimento mútuo foi aumentando ao longo dos anos, não deixando órfã qualquer matéria a que pudesse ser aplicado outro mecanismo de cooperação judiciária. Na verdade, a livre circulação das decisões foi estendida à matéria penal, o que ilustra bem a imagem de *"noveau crédo"* da cooperação judiciária europeia.

A extensão do campo de aplicação do reconhecimento mútuo à cooperação judiciária penal

Toda e qualquer decisão penal pode ser objeto, sem qualquer limitação, de reconhecimento mútuo no espaço judiciário da UE. O primeiro passo foi dado com o MDE, com a exclusão da regra da dupla incriminação, razão pela qual, o campo de aplicação do novo modelo de cooperação judiciária é caracterizado por um verdadeiro afastamento do modelo clássico de direito penal internacional. Para o efeito foi criada um catálogo de mais de trinta categorias de infrações para as quais as decisões estrangeiras poderão circular livremente sem a verificação da dupla incriminação.

Por outro lado, o alargamento decorrente da adoção do conceito de "decisão de justiça" permitiu grandes avanços na definição do princípio do reconhecimento mútuo em matéria penal. Trata-se de um conceito amplo, que se aplica a todas as decisões, tendo a virtualidade de definir o campo de aplicação do reconhecimento mútuo em matéria penal. Assim, neste âmbito, estão em causa decisões pré-sentenciais, sentenciais e pós-sentenciais. Esta nomenclatura, pese embora desprovida de técnica jurídica, permite ao princípio do reconhecimento mútuo ultrapassar as diferenças entre os sistemas nacionais dos EM. Tal como noutras matérias, a neutralidade de conceitos é a primeira qualidade/característica utilizada no vocabulário europeu, mas constitui também o seu principal inconveniente, pela falta de rigor jurídico. Com efeito, se o objeto do reconhecimento mútuo foi corretamente definido, ainda assim, não foi suficientemente caracterizado tendo por base a noção de ato jurisdicional apto a produzir as consequências jurídicas visadas pelo modo de circulação das decisões de justiça. Os atos jurisdicionais traduzidos na aplicação do direito pelo juiz a uma situação concreta abrangem quer as decisões de fundo/mérito quer as decisões de forma/processuais. As decisões que não decidem de fundo têm o mesmo valor, pressupondo apenas que se encontrem transitadas em julgado.

A técnica jurídica inovadora do novo mecanismo de cooperação judiciária europeia

O princípio do reconhecimento mútuo veio consagrar em direito penal a livre circulação das decisões da justiça. Para densificar esta possibilidade, as decisões penais circulam mediante o recurso a um certificado ou formulário, comum a todos os EM. Estes instrumentos funcionam como passaportes da decisão da justiça, implicando que o Estado de emissão controle certos requisitos que visam a autenticação da decisão da justiça na UE. Por outro lado, os Estados de execução não podem controlar as condições de validade internacional das decisões estrangeiras. Isto constitui um avanço enorme, pois, em direito penal internacional, não existem regras, sejam elas convencionais ou nacionais, ou mecanismos que permitam o reconhecimento ou execução de uma decisão penal estrangeira. Na verdade, fora do espaço penal da UE, a extradição permanece como um procedimento híbrido, de caráter essencialmente administrativo. Já no que concerne ao auxílio judiciário mútuo *stricto sensu*, o qual abrange as cartas rogatórias internacionais, não se exige como pré-requisito a existência de uma decisão de justiça nacional. Em direito penal internacional esta eficácia extraterritorial não se encontra consagrada, sendo poucas as convenções que permitem a execução ou o reconhecimento das decisões estrangeiras. Donde resulta a não existência de um mecanismo que assegure, em direito penal internacional, a circulação das decisões penais estrangeiras.

A configuração da cooperação judiciária penal clássica assenta em dois eixos fundamentais, a soberania e a territorialidade. Para fazer face a um espaço judiciário europeu sem fronteiras internas, a UE teve de criar um mecanismo que permitisse a livre circulação das decisões da justiça, assim densificando o processo de integração europeia. Nesta conceção e como sucede aliás nos processos dos mandados de detenção europeu, o juiz nacional do EM de execução, não deverá analisar a conformidade da decisão estrangeira com a sua ordem legal, pois, pressupõe-se que tal controle já foi feito pelo EM de emissão, mas sim assegurar unicamente que tal decisão respeita os valores comuns dos EM, erigidos como regras do espaço penal europeu. Note-se, contudo, que a proteção dos direitos fundamentais constitui o problema central no modelo de cooperação judiciária baseado na livre circulação de decisões penais.

Nesta matéria assumiu particular destaque o Programa de Haia, aprovado pelo Conselho Europeu de 4 e 5 de novembro de 2004, dos quais se destacavam os seguintes instrumentos: mandado de detenção europeu; reconhe-

NÍVEIS DE COOPERAÇÃO

cimento mútuo de sanções pecuniárias, mandado europeu de obtenção de provas, ordem europeia de execução (transferência de pessoas condenadas); reconhecimento mútuo de medidas de coação não detentivas e reconhecimento e supervisão de sanções alternativas à pena de prisão e suspensão da condenação (probation), isto é, de penas suspensas e regime de prova.

No que concerne aos instrumentos relativos a decisões *pre e post* sentenciais, destacavam-se: *i)* a DQ 2009/829/JAI do Concelho, de 23.10.2009, relativa à aplicação, entre os EM da UE, do princípio do reconhecimento mútuo às decisões sobre controlo, em alternativa à medida de prisão, também conhecida como ESO (*European Supervision Order*) e Decisão Europeia de Controlo Judicial; *ii)* a DQ n.º 2008/947/JAI do Conselho, de 27.11.2008, relativa à aplicação do princípio do reconhecimento mútuo às sentenças e decisões respeitantes à liberdade condicional para efeitos de fiscalização das medidas de vigilância e das sanções alternativas, também conhecida como "*Probation*" e *iii)* a DQ n.º 2008/909/JAI, de 27.11.2008, relativa à aplicação do princípio do reconhecimento mútuo às sentenças em matéria penal que imponham penas ou outras medidas privativas de liberdade para efeitos de execução dessas sentenças na UE.

Por sua vez, o quadro legal estabelecido pelo Conselho da Europa anterior às DQ era composto:

i) Convenção para a vigilância de pessoas condenadas, ou libertadas, em liberdade condicional, de 30.11.1964, que entrou em vigor em 22.08.1975

ii) Convenção Europeia Relativa à Transferência de Pessoas Condenadas, de 21.03.1983 e respetivo Protocolo Adicional, de 18.12.1997, que entrou em vigor em 01.06.2000 e foi ratificado por 16 EM do Conselho da Europa

iii) Convenção Europeia sobre o Valor Internacional das Sentenças Penais, de 28.05.1970

iv) Título III, capítulo 5, da Convenção, de 19.06.1990, de Aplicação do Acordo de Schengen de 14.06.1985, relativo à Supressão Gradual dos Controlos nas Fronteiras Comuns

v) Convenção entre os EM das Comunidades Europeias relativa à Execução de Condenações Penais Estrangeiras, de 13.11.1991.

Em síntese, o objetivo da Convenção sobre liberdade condicional era que as pessoas pudessem abandonar o território do país e que se tivesse transitado a sentença que impusera uma pena em regime de liberdade condicional e estabelecesse a sua residência num outro EM, com vigilância adequada por parte das autoridades competentes. Baseava-se numa solução de consenso, ou seja, só podia haver transferência de uma pessoa condenada mediante consentimento desta e com o acordo dos Estados interessados. Prevalecia ainda o princípio da reciprocidade, ou seja, na prática só mediante o expresso consentimento pelos Estados Partes sobre alguns problemas particulares, se conseguia o reconhecimento das decisões, levando ainda à abolição do tradicional requisito da dupla incriminação, a referência à cláusula de ordem pública ou procedimento de *"exequatur"*.

Os fatores extrínsecos do modelo "autosuficiente" de cooperação judiciária na UE

O reconhecimento mútuo das decisões da justiça, pela sua relevância, constitui uma verdadeira política da UE. Neste sentido, esta política consegue abranger elementos exteriores que, embora não façam parte da sua construção inicial, acabam por encontrar a sua razão de ser no reconhecimento mútuo. Tal é o caso da confiança mútua. De outro prisma, também a subsidiariedade do método de harmonização das legislações nacionais ou ainda o desenvolvimento do modelo de cooperação judiciária fazem parte do reconhecimento mútuo.

A subsidiariedade do método de harmonização das legislações nacionais

Em direito penal, malgrado a dificuldade em definir o conceito de harmonização, a doutrina maioritária considera este método como: *"consiste à établir entre les systèmes normatifs des analogies ou des similitudes en fonction d'un objectiv concerte en è liminant celles de leurs divergences qui sont incompatibles"*, ou seja procura estabelecer entre os sistemas normativos analogias ou semelhanças num objetivo comum que visa eliminar as diferenças que são incompatíveis entre si.

As ligações entre o reconhecimento mútuo e a harmonização das legislações nacionais colocam-se a diversos níveis. Com efeito, e numa fase inicial, a essência normativa do princípio do reconhecimento mútuo visa afastar toda e qualquer forma de harmonização das legislações nacionais. Numa fase mais avançada de desenvolvimento do processo de integração europeu no mercado interno, o relacionamento entre os dois métodos alterou--se de acordo com uma nova abordagem da construção europeia, a qual se baseia no conceito de aproximação sistemática das legislações nacionais para facilitar o reconhecimento mútuo. De outra forma, a harmonização passou a ser considerada em direito penal europeu como um processo de cooperação judiciária relevante , sustentada no objetivo comum de eliminar as diferenças existentes entre as ordens jurídicas nacionais a fim de facilitar a livre circulação das decisões penais. Ora, o reconhecimento mútuo respeita, em teoria, precisamente, as diferenças entre sistemas nacionais, tanto mais que abandonou a condição de dupla incriminação. Esta matéria teve também enquadramento na jurisprudência do TJUE, mediante a referência às "identidades constitucionais", constituindo o limite/barreira inultrapassável a qualquer método europeu.

Outra distinção necessária é entre método principal e secundário ou acessório da cooperação judiciária europeia. O TA avançou com uma configuração da harmonização como um método acessório, a qual veio a ser confirmada pelo TL nos arts. 82.º, § 1 e 83.º, § 2 do TFUE. Logo, a harmonização não é um método de cooperação judiciária limitado ao nível europeu, mas sim um método complementar facultativo ao método principal do reconhecimento mútuo. Por outro lado, e para que se fale verdadeiramente em "autossuficiência" do método do reconhecimento mútuo, tal teria também de ser sustentado no método de harmonização minima, ou seja, numa aproximação mínima das legislações dos EM. O efeito colateral do reconhecimento mútuo, descrito pelos autores como harmonização indireta, está claramente demonstrado na DQ de 2006 sobre os confiscos.

Em conclusão, ainda que a harmonização das legislações nacionais não seja uma componente ou sequer consequência do reconhecimento mútuo, acaba por constituir um fator exterior da autossuficiência deste último. O desenvolvimento de mecanismos europeus de cooperação judiciária insere-se numa lógica similar.

O desenvolvimento dos mecanismos de cooperação judiciária

Conforme já assinalamos, após a alavancagem ocorrida em 1999, o reconhecimento mútuo passou a ser a "pedra basilar" da construção do espaço penal europeu. Para sedimentar esta construção surgiram vários organismos/instrumentos. Em primeiro lugar, a Eurojust, à qual foram dadas competências iniciais, depois consagradas no TL permitindo o desenvolvimento do mecanismo de livre circulação das decisões penais. Cabe a este organismo europeu uma função de árbitro/facilitador na resolução dos conflitos entre os EM, sempre numa perspetiva de tornar mais eficaz a livre circulação das decisões penais. Outros mecanismos relevantes são a RJE, o sistema de Informação Schengen (SIS), baseado nos acordos Schengen, ou mais recentemente, a criação de um sistema europeu sobre os registos criminais (ECRIS). A nova divisão da jurisdição sancionatória apela a uma reflexão sobre a repartição de competências no campo penal e na concorrência dos juízes, nas suas diferentes facetas, nacional, europeu e internacional, devendo os juízes estar preparados para este contexto complexo.

Com efeito, passamos de uma realidade iminentemente nacional, para um quadro naturalmente dividido em ordens penais diferenciadas: *i)* a jurisdição nacional, a qual continua a ser considerada com a "ordem jurídica natural"; *ii)* a jurisdição internacional, a qual corresponde, na sua essência, ao espaço penal ocupado pelas diferentes jurisdições internacionais; *iii)* um espaço ou ordem intermédia, de aparição mais recente, a qual se denominou de jurisdições penais híbridas. Esta última, igualmente conhecida como jurisdição de terceira geração ou de jurisdição mista, distingue-se das jurisdições internacionais, respondendo a lógicas internacionais de funcionamento e de organização distintas.

Esta reflexão passa, pela sua especial relevância, por duas áreas ou contextos distintos: *i)* no âmbito universal, a demanda por princípios/regras que possam orientar a distinção que terá de existir sobre os diferentes patamares e em segundo lugar, *ii)* no âmbito regional/europeu, pelo seu pioneirismo e vanguardismo, a análise do princípio do reconhecimento mútuo, "pedra angular" da cooperação judiciária em matéria penal na UE.

O reconhecimento mútuo, pese embora alguns entraves ou entropias identificadas, constitui um modelo "autosuficiente" de cooperação judiciária, cabendo às autoridades judiciárias nacionais, em concreto aos juízes nacionais, mediante a "confiança mútua" entre diferentes ordenamentos jurídicos, colaborarem na construção do espaço judiciário europeu em matéria penal. O acervo no domínio da justiça penal, *maxime* na cooperação penal, corresponde hoje a um conjunto de instrumentos – muitos já objeto de esclarecida e pioneira jurisprudência do TJUE[326] – que têm enquadramento nas fases clássicas de um processo penal: denúncia, investigação, promoção penal, julgamento, execução de sanções, incluindo a recuperação de

---

[326] Jorge Costa, "*Cooperação judiciária penal na UE: entre a desintegração e o desafio do federalismo*, disponível em http://www.unio.cedu.direito.uminho.pt/Uploads/UNIO%20PT/UNIO%20 0%20-%20Jorge%20Costa_pt.pdf

ativos. Uma análise crítica surpreende já um forte e consolidado *acquis* de linhas orientadoras de uma política criminal europeia.

De acordo com o princípio da subsidiariedade vemos uma União empenhada em atuar em quatro eixos fundamentais: *i)* investigar e reprimir o crime mais grave que assola o território da UE, mormente o terrorismo, o tráfico de seres humanos, o tráfico de droga, o branqueamento de capitais, a corrupção; *ii)* exercer essa atividade investigatória e outras como a da execução das penas com o respeito e até aprofundamento das garantias processuais dos suspeitos e arguidos nos processos penais e a melhoria da sua reinserção social; *iii)* defender e proteger a vítima; *iv)* promover a recuperação de ativos.

Relativamente ao primeiro eixo, são de mencionar como instrumentos valiosos e entre outros, o MDE, a RJE e o papel coordenador da Eurojust, bem como a ação deste no que se prende com a abertura de investigações ou procedimentos penais, sem esquecer os instrumentos concernentes à harmonização de definições e de sanções penais.

Mais recentemente e imbuído do mesmo espírito do reconhecimento mútuo de decisões judiciais, surgiu a Diretiva 2014/41/UE, sobre a DEI, com particular significado na obtenção de prova no espaço judiciário dos EM.

Quanto ao segundo eixo, importa destacar o acervo já aprovado, na sequência do *road map* da presidência sueca, sobre as garantias de tradução de documentos e de interpretação e de nomeação de defensor. Sem esquecer três novas medidas que contêm soluções que pretendem melhorar a situação dos suspeitos e arguido ou condenados, como são a DQ relativa à transferência de pessoas condenadas, a DQ *«Probation»* e a DQ relativa à aplicação do reconhecimento mútuo a medidas de coação.

No que diz respeito ao terceiro eixo (proteção das vítimas) aí estão, entre outras medidas, a Ordem Europeia de Proteção, a diretiva que estabelece normas mínimas relativas aos direitos, ao apoio e à proteção das vitimas, bem como a anterior decisãoquadro sobre o estatuto da vítima, e na qual Portugal desempenhou papel de relevo.

Finalmente quanto ao quarto eixo, o da recuperação de ativos, são inúmeros os instrumentos aplicáveis quer à fase de simples apreensão quer à fase de declaração de perda (confisco) – com tradução já em Leis nacionais – estando em curso os trabalhos de adoção de uma diretiva global sobre a matéria.

A história sobre a criação de um Procurador Europeu para a proteção dos interesses financeiros remonta à inovadora proposta do *Corpus Juris*, elaborada, a convite da Comissão Europeia, por um conjunto de peritos internacionais do qual sobressai o nome de Mireille Delmas-Marty. Tal estudo contemplava regras processuais, substantivas e organizativas relativamente ao que poderia ser o primeiro instrumento europeu de conceção e atuação "federal".

Numa feliz síntese conclusiva, com a qual se concorda, Pedro Caeiro[327] sustenta o seguinte:

- *A harmonização do direito penal substantivo tem pouco impacto no reconhecimento mútuo convocado pela cooperação judiciária.*
- *A harmonização do direito penal substantivo pode ter um impacto significativo na assimilação nacional de um ne bis in idem europeu.*
- *A harmonização do direito processual penal pode ter um forte impacto sobre o reconhecimento mútuo convocado pela cooperação judiciária.*
- *Em qualquer caso, a harmonização parece constituir sempre um mecanismo de acomodação do reconhecimento mútuo, e não um seu requisito ou pressuposto.*

11.4. Quadro Legal na UE[328]

Forma de criminalidade ou política da União	Instrumento	Base Jurídica
Criminalidade organizada	Ação Comum 98/733/JAI de 21.12.1998 adotada pelo Conselho sobre a base do art. K.3 do Tratado da UE, relativa à incriminação da participação de uma organização criminal nos EM da UE (JO L 351 de 29.12.1998), revogada em 11.11. 2008	Art. K.3, parágrafo 2, b) do antigo TUE

---

[327] Pedro Caeiro, *"Reconhecimento mútuo, harmonização e confiança mútua (primeiro esboço de uma revisão, Os novos desafios da cooperação judiciária e policial na União Europeia e da implementação da Procuradoria Europeia"*, Centro Interdisciplinar em Direitos Humanos, Escola de Direito, Universidade do Minho, dezembro de 2017, págs. 35 e ss., disponível em http://www.dh-jusgov. uminho.pt/publicacoes/os_novos_desafios_cooperacao_jud_e_policial_ue_implementacao_da_pe/. Para conhecer os desafios do Direito Penal Europeu, vd. André Klip, *"European Criminal Law"*, An Integrative Aproach, 3rd Edition, Intersentia, 2016, mormente PART IV. THE CHALLENGES FOR EUROPEAN CRIMINAL LAW
CHAPTER 10. RETHINKING EUROPEAN CRIMINAL LAW (p. 525)
[328] Para consulta mais pormenorizada de todos os instrumentos citados, aconselha-se a leitura de duas compilações de legislação: -Compilação dos Instrumentos da União Europeia

	DQ 2008/841/JAI do Conselho de 24.10.2008, relativa à luta contra a criminalidade organizada (acordo político ao conselho JAI de 27-28.04 de 2006 (JO L 300 de 11.11.2008 (prazo de transposição 11.05.2010)	Arts. 29.º, 31.º, n.º1, e) e 34.º, n.º2, b) do antigo TUE
Terrorismo	DQ 2002/475/JAI do Conselho de 13.06.2002 relativa à luta contra o terrorismo (JO L 164 de 22.06.2002) DQ 2008/919/JAI do Conselho de 28.11.2008 2008 que altera a DQ 2002/475/JAI (JO L 330 de 09.12.2008 prazo de transposição 09.12.2010)	Arts. 31.º, n.º1 e) e 34.º, n.º2, alínea b) do antigo TUE
Tráfico de estupefacientes	DQ 2004/757/JAI do Conselho de 25.10.2004 referente ao estabelecimento de regras mínimas relativas às infrações penais e às sanções aplicáveis no domínio do Tráfico de estupefacientes (JO L 335 de 11.11.2004)	Arts. 29.º, 31.º, n.º1 e) e 34.º, n.º2 b) do antigo TUE
Racismo e xenofobia	Ação Comum 96/443/JAI de 15.07.1996 adotada pelo Conselho sobre a base do art. k.3 do TUE, referente à ação contra o racismo e a xenofobia (JO L 185 de 24.07.1996) – revogado em 6.12.2008	Arts. 31.º, n.º1 e) e 34.º, n.º2 b) do antigo TUE
Tráfico de seres humanos e exploração sexual das mulheres e das crianças	DQ 2008/913/JAI do Conselho de 28.11.2008 sobre a luta contra certas formas de manifestação de racismo e de xenofobia através do direito penal (JO L 328 de 06.12.2008)	Art. k.3, parágrafo 2, b) antigo TUE Arts. 29.º, 31.º e 34.º, n.º2, b) do antigo TUE
	Ação comum 97/154/JAI de 24.02.1997 adotado pelo Conselho sobre a base do art. k.3 do TUE, relativa à luta contra o tráfico de seres humanos e de exploração sexual das crianças (JO L 63 de 04.03.1997) – revogado parcialmente em 01.08.2002	Art. k.3, parágrafo 2, b) antigo TUE

no domínio da área penal e textos relacionados contendo todos os textos originais, na língua inglesa, publicada em setembro de 2017 pela Secretaria-Geral do Conselho Europeu, disponível em: http://www.consilium.europa.eu/en/documentspublications/publications/2017/european-union-instruments/. PART III. EUROPEAN CO-OPERATION AND EUROPEAN ENFORCEMENT.
CHAPTER 8. BILATERAL CO-OPERATION IN CRIMINAL MATTERS (p. 371)
CHAPTER 9. MULTI-LATERAL CO-OPERATION AND DIRECT ENFORCEMENT (p. 481)
– Compilação de Instrumentos Jurídicos de Direito Penal da União Europeia, na língua portuguesa, publicada em dezembro de 2017, pelo Centro de Investigação Interdisciplinar em Direitos Humanos (DH-CII) da Escola de Direito da Universidade do Minho, disponível em: https://www.dropbox.com/s/uwop3ez385503zq/Compilacao_de_Instrumentos_Juridicos_de_Direito_Penal_da_UE_dezembro_2017.pdf?dl=0. No âmbito académico, realce para a obra de André Klip, "*European Criminal Law*", An Integrative Aproach, 3rd Edition, Intersentia, 2016, mormente

MANUAL DE COOPERAÇÃO JUDICIÁRIA INTERNACIONAL EM MATÉRIA PENAL

	DQ 2002/629/JAI do Conselho de 19.07.2002 relativa à luta contra o tráfico de seres humanos (JO L 203 de 01.08.2002) – substituído pela Diretiva de 15.04.2011	Arts. 29, 31.º, n.º1 e) e 34.º, n.º2 b) do antigo TUE
	DQ 2004/68/JAI do Conselho de 22.12.2003 relativa à luta contra a exploração sexual das crianças e da pornografia infantil (JO L 13 de 20.01.2004) – substituída pela Diretiva de 15.04.2011	Arts. 29.º, 31.º, n.º1 e) e 24.º, n.º2 b) do antigo TUE
	Diretiva 2011/36/UE do Parlamento Europeu e do Conselho de 5 de abril de 201 relativa à prevenção e luta contra o tráfico de seres humanos e à proteção das vítimas, e que substitui a DQ 2002/629/JAI do Conselho (JO L 101 de 15.04.2011) (prazo de transposição: 06.04.2013)	Arts. 82.º, n.º2 e 83.º, n.º1 do TFUE
	Diretiva 2011/92/UE do Parlamento Europeu e do Conselho de 13.12.2011 relativa à luta contra o abuso sexual e a exploração sexual de crianças e a pornografia infantil, e que substitui a DQ 2004/68/JAI do Conselho (JO L 335 de 17.12.2011) (prazo de transposição: 18.12.2013)	Arts. 82.º, n.º2 e 83.º, n.º1 do TFUE Art. 95.º, n.º1, antigo TUE
	Diretiva 2008/51/CE do Parlamento Europeu e do Conselho de 21.05.2008 que altera a Diretiva 91/477/CEE do Conselho relativa ao controlo da aquisição e da detenção de armas (JO L 179 de 08.07.2008)	Art. k.3, parágrafo 2, c) antigo TUE
Tráfico ilícito de armas	Convenção estabelecida sobre a base do art. k.3, parágrafo 2, alínea c) do TUE, relativa à luta contra a corrupção dos funcionários das Comunidades Europeias e dos funcionários dos EM da EU (JO C 195 de 25.06.1997)	Art. k.3, parágrafo 2, c) antigo TUE Arts. 29.º, 31.º, n.º1 e) e 34.º, n.º2 antigo TUE
	Protocolo à Convenção relativa à proteção dos interesses financeiros das Comunidades Europeias de 27.09.1996 (JO C 313 de 23.10.1996)	Art. k.3, parágrafo 2, c) antigo TUE
	DQ 2003/568/JAI do Conselho de 22.07.2003 relativa á luta contra a corrupção no setor privado (JO L 192 de 31.07.2003)	
Corrupção	Convenção estabelecida sobre a base do art. k.3 do TUE, relativa á proteção dos interesses financeiros das Comunidades Europeia (JO C 316 de 27.11.1995) Base Jurídica	
Fraude sobre os interesses	DQ 2000/383/JAI do Conselho, de 29.05.2000, sobre o reforço da proteção contra a contrafação de moe-	Arts. 31.º e 34.º, n.º2, b) do antigo TUE

NÍVEIS DE COOPERAÇÃO

financeiros da União	da na perspetiva da introdução do euro (JO L 140 de 14.06.2000) – substituída pela diretiva de 15.05.2014	Art. 34.º, n.º2, b) do antigo TUE
Contrafação de meios de pagamento	DQ 2001/413/JAI do Conselho, de 28.05.2001relativa ao combate à fraude e à contrafação de meios de pagamento que não em numerário (JO L 149 de 02.06.2001)	Art. 83.º, n.º1, TFUE
	Diretiva 2014/62/UE do Parlamento e do Conselho de 15.05.2014 relativa à proteção penal do euro e de outras moedas contra a contrafação e que substitui a DQ 2000/383/JAI do Conselho (JO L 151 de 21.05.2014) (prazo de transposição 23.05.2016)	Arts. 57.º, n.º2, primeira e terceira fases e 100.º A do antigo TCEE Arts. 31.º, n.º1 a), c) e e) e 34.º, n.º2 b) do antigo TUE
Branqueamento de capitais	Diretiva 91/308/CEE do Conselho, de 10.06.1991, relativa à prevenção da utilização do sistema financeiro para efeitos de branqueamento de capitais (JO L 166 de 28.06.1991)	Arts. 47.º, n.º2 primeiro e terceiro parágrafos e 95.º do antigo TCE
	DQ de 26.06.2001 relativa ao branqueamento de capitais, à identificação, deteção, congelamento, apreensão e perda dos instrumentos e produtos do crime (JO L 182 de 05.07.2001)	Arts. 47.º, n.º2 primeiro e terceiro parágrafos e 95.º do antigo TCE
	Diretiva 2001/97/CE do Parlamento Europeu e do Conselho de 4.12.2001 que altera a Diretiva 91/308/CEE do Conselho relativa à prevenção da utilização do sistema financeiro para efeitos de branqueamento de capitais (JO L 344 de 28.12.2001)	Arts. 29.º, 30.º, n.º1, 31.º, n.º1 e) e 34.º, n.º2, b) antigo TUE
	Diretiva 2005/60/CE do Parlamento Europeu e do Conselho de 26.10.2005 relativa à prevenção da utilização do sistema financeiro para efeitos de branqueamento de capitais e de financiamento do terrorismo (JO L 309 de 25.11.2005)	Art. 83.º, n.º1 do TFUE Art. 61.º, a) e 63.º, n.º3, b) do antigo TCE
Criminalidade informática	DQ 2005/222/JAI do Conselho de 24.02.2005 relativa a ataques contra os sistemas de informação (JO L 69 de 16.03.2005) – substituída pela diretiva de 12.08.2013	Arts. 29.º, 31.º, n.º1, e) e 34.º, n.º2 b) do antigo TUE Art. 63.º, n.º3, b) antigo TCE
	Diretiva 2013/40/UE do Parlamento Europeu e do Conselho de 12.08.2013 relativa a ataques contra os sistemas	Arts. 29.º, 31.º, n.º1 e) e 34.º, n.º2, b)

MANUAL DE COOPERAÇÃO JUDICIÁRIA INTERNACIONAL EM MATÉRIA PENAL

	de informação e que substitui a DQ 2005/222/JAI do Conselho (JO L 218 de 14.08.2013)	do antigo TUE
Imigração ilegal	Diretiva 2002/90/CE do Conselho de 28.11.2002 relativa à definição do auxílio à entrada, ao trânsito e à residência irregulares (JO L 328 de 05.12.2002)	Art. 175.º, n.º1 antigo TUE
	DQ 2002/946/JAI: do Conselho, de 28.11.2002, relativa ao reforço do quadro penal para a prevenção do auxílio à entrada, ao trânsito e à residência irregulares (JO L 328 de 05.12.2002)	Arts. 31.º, n.º1 e) e 34.º, n.º2 b) antigo TArt. 80.º, n.º2, TFUE
	Diretiva 2009/52/CE do Parlamento Europeu e do Conselho de 18.06.2009 que estabelece normas mínimas sobre sanções e medidas contra os empregadores de nacionais de países terceiros em situação irregular (JO L 168 de 30.06.2009) (prazo de transposição 26.12.2010)	Art. 80.º, n.º2 antigo TUE
Ambiente	DQ 2003/80/JAI do Conselho, de 27.01.2003 relativa à proteção do ambiente através do direito penal (JO L 29 de 05.02.2003) anulada pelo acórdão do TJUE de 13.09.2005 (C-176/03)	Art. 80.º, n.º2 do TFUE
	Diretiva 2008/99/CE, do Parlamento Europeu e do Conselho, de 19.11.2008, relativa à proteção do ambiente através do direito penal (JO L 328 de 06.12.2008) (prazo de transposição 26.12.2010)	Art. 83.º, n.º2 do TFUE
Poluição marítima	DQ 2005/667/JAI do Conselho de 12.07.2005 destinada a reforçar o quadro penal para a repressão da poluição por navios (JO L 255 de 30.09.2005), anulada pelo acórdão do TJUE de 23.10.2007 (C-440/05)	
	Diretiva 2005/35/CE do Parlamento Europeu e do Conselho de 7.09.2005 relativa à poluição por navios e à introdução de sanções em caso de infrações (JO L 255 de 30.09.2005)	
	Diretiva 2009/123/CE do Parlamento Europeu e do Conselho de 21.10.2009 que altera a Diretiva 2005/35/CE relativa à poluição por navios e à introdução de sanções em caso de infrações (JO L 280 de 27.10.2009) (prazo de transposição 16.10.2010)	
Abuso de mercado	Diretiva 2014/57/UE do Parlamento Europeu e do Conselho de 16.04.2014 relativa às sanções penais aplicáveis ao abuso de informação privilegiada e à manipulação de mercado (abuso de mercado) (JO L 173 de 12.06.2014) (prazo de transposição 03.07.2016	

NÍVEIS DE COOPERAÇÃO

11.5. Síntese na UE sobre Cooperação judiciária em matéria penal[329]

Atualmente, cada vez mais pessoas viajam, trabalham, estudam e vivem no estrangeiro, incluindo os criminosos. A criminalidade tornou-se um fenómeno sofisticado e internacional.Temos que desenvolver um espaço de justiça penal europeia comum, onde exista confiançamútua e apoio entre as autoridades policiais nacionais. O ponto de partida é o respeito por um dos nossos princípios mais cruciais: o reconhecimento mútuo das decisões judiciais emtodos os EM da UE. O TL passou a fornecer uma base mais forte para o desenvolvimento de um espaço de justiça penal, consagrando novos poderes para o Parlamento Europeu.

A cooperação judiciária em matéria penal baseia-se no princípio do reconhecimento mútuo das sentenças e decisões judiciais e inclui medidas para aproximar as legislações dos EM em diversos domínios. O TL passou a fornecer uma base mais forte para o desenvolvimento de um espaço de justiça penal, consagrando novos poderes para o Parlamento Europeu.

Base Legal
Arts. 82.º a 86.º do TFUE

Objetivos
A supressão progressiva dos controlos nas fronteiras da UE facilitou consideravelmente a livre circulação dos cidadãos europeus, tendo, porém, simultaneamente facilitado a atividade dos criminosos a nível transnacional. A fim de dar resposta ao desafio colocado pela criminalidade transfronteiriça, o espaço de liberdade, segurança e justiça inclui medidas para promover a cooperação judiciária em matéria penal. O ponto de partida é o princípio do reconhecimento mútuo. Foram adotadas medidas específicas para combater a criminalidade transnacional e garantir a proteção dos direitos das vítimas, dos suspeitos e dos reclusos em toda a União.

Realizações

a.Quadro institucional
1. O TL

---

[329] http://www.europarl.europa.eu/atyourservice/pt/displayFtu.html?ftuId=FTU_5.12.6.html

Nos termos do antigo «terceiro pilar» (cooperação policial e judiciária em matéria penal), o Parlamento Europeu era somente consultado. Com o TL, que introduz mais eficácia, responsabilização e legitimidade no espaço de liberdade, segurança e justiça (ELSJ), o seu papel saiu reforçado. O TL generalizou (com algumas exceções) o método comunitário, baseado na codecisão (atualmente processo legislativo ordinário) entre o Parlamento e o Conselho (em que a votação por maioria substituiu a unanimidade). A antiga estrutura de pilares desapareceu. No que se refere a acordos internacionais prevê-se um novo processo, a «aprovação». A abolição do antigo «terceiro pilar» conduziu à harmonização dos instrumentos legislativos. Em vez de DQ, decisões e convenções, mesmo no domínio do direito penal a UE adota os instrumentos convencionais da União (regulamentos, diretivas e decisões).

O papel do TJUE também saiu reforçado do TL: aplicam-se os processos ordinários aos recursos prejudiciais e aos processos de incumprimento instaurados pela Comissão, prevendo-se acordos transitórios, até 1 de dezembro de 2014, para atos já em vigor nos domínios da cooperação policial e judiciária em matéria penal.

Os EM ainda podem propor medidas legislativas, mas agora uma iniciativa requer o apoio de um quarto dos EM. Estão previstas medidas especiais no que respeita à cooperação reforçada, às opções de autoexclusão e ao chamado «travão de emergência». A CDFUE está incluída no TL e é juridicamente vinculativa na UE (assim como nas suas instituições e organismos) e nos EM quando aplicam a legislação da UE.

Orientações estratégicas no espaço de liberdade, segurança e justiça[330]

Na sequência dos programas de Tampere (de outubro de 1999) e Haia (de novembro de 2004), o Conselho Europeu aprovou, em dezembro de 2009, o programa plurianual no ELSJ para o período 2010-2014: o Programa de Estocolmo. Nas suas conclusões de junho de 2014, o Conselho Europeu definiu as orientações estratégicas para o planeamento legislativo e operacional para os próximos anos no quadro do ELSJ, em conformidade com o art. 68.º do TFUE. Um dos objetivos principais é desenvolver a cooperação judicial em matéria penal na UE. Em 2017 realizou-se uma revisão intercalar das orientações.

---

[330] http://www.europarl.europa.eu/atyourservice/pt/displayFtu.html?ftuId=theme5.html

b. Auxílio judiciário mútuo em matéria penal

Em 29 de maio de 2009, o Conselho de Ministros da UE aprovou a Convenção relativa ao auxílio judiciário mútuo em matéria penal, que visa incentivar a cooperação entre autoridades judiciárias, policiais e aduaneiras no seio da União, complementando as disposições contidas em instrumentos jurídicos já existentes, e respeitando, ao mesmo tempo, a CEDH. Foram aprovados vários acordos por organizações internacionais, tais como a CoE59.

c. Reconhecimento mútuo de decisões judiciais em matéria penal

O Conselho Europeu de Tampere declarou que o reconhecimento mútuo deveria transformar-se na pedra angular da cooperação judiciária em matéria penal. O princípio do reconhecimento mútuo foi confirmado nos programas de Haia e de Estocolmo. Trata-se de um conceito fundamental para o espaço judicial europeu, uma vez que somente através do reconhecimento mútuo é possível ultrapassar as dificuldades criadas pelas diferenças entre os sistemas judiciários nacionais. Porém, o princípio só pode desenvolver-se plenamente se houver um elevado nível de confiança entre os EM.

d. Mandado de detenção europeu

A DQ do Conselho, de 13 de junho de 2002, relativa ao MDE revolucionou o sistema de extradição tradicional com a adoção de regras inovadoras: por exemplo, a delimitação dos fundamentos para a recusa de execução, a transferência da decisão das autoridades políticas para as autoridades judiciárias, a possibilidade de entrega de nacionais do Estado de execução e os prazos claros para a execução de cada MDE. Surgiram algumas dificuldades na aplicação do MDE tanto a nível da UE como a nível nacional, e a DQ foi alterada uma vez, em 2009, no que respeita às normas aplicáveis aos julgamentos por contumácia. A Europol, a Eurojust e a Rede Judiciária Europeia podem dar um importante contributo no domínio do auxílio judiciário mútuo e dos pedidos de MDE. Em 27 de fevereiro de 2014, o Parlamento aprovou uma resolução que incluía recomendações dirigidas à Comissão sobre a revisão do MDE. Ainda no âmbito da UE, existem mais dois documentos relevantes, a lista de pontos de contacto da UE sobre o MDE e o relatório final de 4.ª avaliação mútua sobre a aplicação do MDE e procedimentos de entrega entre EM[331].

---

[331] Vd. Docs. Conselho 5360/6/13 REV 6 e 8302/4/09 REV 4, respetivamente. Para maior de-

e. Aproximação da legislação e estabelecimento de regras mínimas

O funcionamento do espaço judiciário da UE pode ser comprometido pelas diferenças entre as legislações penais nacionais. A aproximação do direito penal na UE, que pode contribuir para superar estas dificuldades, sobretudo no que respeito a crimes particularmente graves de dimensão transfronteiriça, implica a adaptação a uma norma mínima comum, e não a uma unificação total. A criminalidade organizada, o tráfico de seres humanos, a exploração infantil e a pornografia infantil, o terrorismo, o crime financeiro (fraude, branqueamento de capitais, corrupção), a cibercriminalidade, a criminalidade ambiental, a contrafação, o racismo e a xenofobia são áreas em que foram adotados ou estão a ser negociados textos jurídicos, com vista ao estabelecimento de definições comuns e à harmonização do nível das sanções. O art. 83.º do TFUE estabelece que o Parlamento e o Conselho, através do processo legislativo ordinário, podem «*estabelecer regras mínimas relativas à definição das infrações penais e das sanções em domínios de criminalidade particularmente grave e com dimensão transfronteiriça que resulte da natureza ou das incidências dessas infrações, ou ainda da especial necessidade de as combater, assente em bases comuns*».

f. A Eurojust, a Rede Judiciária Europeia, as Equipas de Investigação Conjuntas e a Procuradoria Europeia

A Eurojust é um organismo da UE que foi criado em 2002 por uma decisão do Conselho, posteriormente alterada em dezembro de 2008. A Eurojust incentiva e melhora a coordenação de investigações e das ações penais entre as autoridades competentes nos EM, designadamente facilitando a prestação de auxílio judiciário mútuo transfronteiriço e a execução de pedidos de extradição e de MDE. O TL dispõe que «*a fim de combater as infrações lesivas dos interesses financeiros da União, o Conselho, por meio de regulamentos adotados de acordo com um processo legislativo especial, pode instituir uma Procuradoria Europeia a partir da Eurojust*», ao mesmo tempo que prevê a possibilidade de aumentar os poderes da Procuradoria Europeia, numa fase posterior, de modo a englobarem a criminalidade grave com dimensão transfronteiriça. Em 17 de julho de 2013, a Comissão apresentou propostas legislativas para instituir uma Procuradoria Europeia e proceder a uma reforma da Eurojust, que se transformará na Agência da UE para a Cooperação Judiciária Penal.

---

desenvolvimento da matéria do MDE na UE, vd. Massimo Fichera, "*The Implementation of the European Arrest Warrant in the European Union: law, policy and practice*", Intersentia, 2011.

As negociações revelaram-se bastante complexas e, em abril de 2017, 16 EM anunciaram a sua intenção de pôr em marcha a cooperação reforçada para criar a Procuradoria Europeia.

Em junho de 1998, foi criada a RJE em matéria penal, com vista a melhorar a cooperação judiciária entre os EM. A RJE destina-se a ajudar os juízes e procuradores nacionais a procederem a investigações e ações penais transfronteiriças.

O Conselho Europeu de Tampere apelou à criação de equipas de investigação conjuntas (EIC), com vista a combater o tráfico de droga e de seres humanos, bem como o terrorismo. A Convenção de Auxílio Judiciário Mútuo em Matéria Penal, de maio de 2000, também prevê a criação das EIC. Em junho de 2002, o Conselho aprovou uma DQ nesta matéria. Dois ou mais EM podem criar uma EIC, que também pode incluir representantes da Europol e da Eurojust. Trata-se, no entanto, de um instrumento que ainda não foi totalmente desenvolvido.

g. Direitos processuais

O direito dos arguidos e acusados a um julgamento justo é reconhecido como um direito fundamental. A proposta inicial de DQ do Conselho relativa às garantias processuais no âmbito dos processos penais, apresentada pela Comissão Europeia em 2004, foi bloqueada devido a pontos de vista divergentes das delegações nacionais. Em novembro de 2009, o Conselho adotou um roteiro para o reforço dos direitos processuais dos suspeitos ou acusados em processos penais e convidou a Comissão a apresentar propostas *ad hoc*. O roteiro identificava seis grandes áreas nas quais eram desejáveis iniciativas legislativas ou outras: tradução e interpretação; informação sobre direitos e sobre a acusação; apoio e aconselhamento jurídico; comunicação com familiares, empregadores e autoridades consulares; concessão de garantias especiais a suspeitos ou acusados vulneráveis; e a proposta de elaboração de um Livro Verde sobre a prisão preventiva. Em outubro de 2010, o Parlamento e o Conselho adotaram a Diretiva 2010/64/UE relativa aos direitos à interpretação e à tradução no âmbito do processo penal. Em maio de 2012, o Parlamento e o Conselho adotaram a Diretiva 2012/13/UE sobre o direito à informação em processo penal (a chamada «Declaração de Direitos»). Em outubro de 2013, o Parlamento e o Conselho adotaram a Diretiva 2013/48/UE relativa ao direito de acesso a um advogado em processo penal e ao direito de comunicação após a detenção. Em junho de 2011, a Comissão publicou um Livro Verde sobre a aplicação da legislação penal da UE no domínio da detenção. O Parlamento Europeu está atualmente a trabalhar num relatório de iniciativa sobre os sistemas prisionais e as condições nas prisões na UE. Em dezembro de 2011, o Parlamento Europeu aprovou uma resolução em que solicitava a adoção de normas comuns para as condições de detenção no território da União. Em 27 de novembro de 2013, a Comissão apresentou um pacote de propostas legislativas no sentido de completar o roteiro sobre garantias processuais. Em março de 2016, o Parlamento e o Conselho adotaram a Diretiva (UE) 2016/343 relativa ao reforço de certos aspetos da presunção de inocência e do direito de comparecer em tribunal em processo penal. Em maio de 2016, o Parlamento e o Conselho adotaram a Diretiva (UE) 2016/800 relativa a garantias processuais para os menores suspeitos ou arguidos em processo penal. Em outubro de 2016, o Parlamento Europeu e o Conselho adotaram a Diretiva (UE) 2016/1619 relativa ao apoio judiciário para suspeitos e arguidos em processo penal e para as pessoas procuradas em processos de execução de mandados de detenção europeus.

h. Rumo a uma política da UE em matéria penal

Em setembro de 2011, a Comissão Europeia publicou uma comunicação intitulada «Rumo a uma política da UE em matéria penal: assegurar o recurso ao direito penal para uma aplicação efetiva das políticas da UE». Esta comunicação procura explicar o modo como a aplicação de normas mínimas de direito penal em toda a UE pode servir para proteger melhor os cidadãos contra a criminalidade e define certos princípios que contribuirão para garantir a homogeneidade e a coerência da legislação da UE em matéria de direito penal.

O papel do Parlamento Europeu

O TL introduziu uma maior eficácia e responsabilização no domínio da justiça penal, generalizando (com algumas exceções, como o Procurador Europeu) o método comunitário com base na codecisão e na votação por maioria no Conselho. A antiga estrutura de pilares desapareceu. A CDFUE está incluída no TL e é juridicamente vinculativa na União (assim como nas suas instituições e organismos) e nos seus EM, quando aplicam a legislação da UE. No que respeita aos acordos internacionais, foi introduzido um novo processo, a chamada «aprovação».

O Parlamento Europeu adotou resoluções sobre várias questões no domínio da cooperação judiciária em matéria penal, tais como sobre a prevenção e resolução de conflitos de competência em ações penais, as medidas de con-

NÍVEIS DE COOPERAÇÃO

trolo como alternativa à prisão preventiva, as medidas de controlo após o processo, a transferência de processos, o mandado de detenção europeu e o mandado europeu de obtenção de provas, a Eurojust, a RJE, as decisões tomadas na ausência do acusado, os crimes ambientais, o terrorismo, o crime organizado, a justiça eletrónica, o tráfico de seres humanos, a exploração sexual de crianças e a pornografia infantil, a decisão europeia de proteção, as normas mínimas sobre os direitos e o apoio e a proteção das vítimas da criminalidade. Em maio de 2009, o Parlamento aprovou uma resolução (que também continha uma recomendação ao Conselho) sobre o desenvolvimento de um espaço de justiça penal na UE. Em maio de 2012, o Parlamento aprovou, com base num relatório de iniciativa, uma resolução sobre uma abordagem da UE ao direito penal, na qual são abordadas questões como quais os critérios a utilizar para decidir sobre a necessidade de elaborar legislação comunitária em matéria de direito penal e de que forma podem ser garantidas a coerência e a qualidade do direito penal. Em outubro de 2013, o Parlamento aprovou uma resolução sobre a criminalidade organizada, a corrupção e o branqueamento de capitais, tendo por base as recomendações da sua comissão especial nesta matéria (CRIM). O Parlamento aprovou recentemente resoluções que aprovam as propostas de diretivas sobre o congelamento e o confisco de produtos do crime, sobre o abuso de informação privilegiada e a manipulação de mercado, sobre a proteção do euro contra a falsificação e sobre a prevenção da utilização do sistema financeiro para efeitos de branqueamento de capitais e de financiamento do terrorismo. O Parlamento está neste momento a analisar algumas propostas importantes da Comissão sobre temas como a reforma da Eurojust, a instituição da Procuradoria Europeia, a luta contra a fraude lesiva dos interesses financeiros da União através do direito penal, e sobre a luta contra o terrorismo. Tal como prevê o TL, o Parlamento deve participar na avaliação e supervisão do espaço de liberdade, segurança e justiça, incluindo no domínio da justiça penal. O art. 85.º do TFUE estipula que o Parlamento Europeu e os Parlamentos nacionais estejam associados à «avaliação das atividades da Eurojust»; tais mecanismos serão determinados por meio de novos regulamentos adotados pelo Parlamento e pelo Conselho de acordo com o processo legislativo ordinário.

Seguem, infra, duas tabelas, a primeira referente aos direitos processuais dos arguidos e suspeitos de processos criminais e a segunda referente às vítimas.

Direitos mencionados no roteiro	Realizações e projetos em curso Diretiva 2010/64/UE do Parlamento Europeu e do Conselho de 20.10.2010 relativa ao direito à interpretação e tradução em processo penal
Tradução e interpretação	Resolução do Conselho e dos representantes dos governos dos EM, reunidos no seio do Conselho, em favor da execução pelos EM do direito à interpretação e á tradução no quadro de processos penais (proposta aprovada em 23.10.2009)
Informação relativa aos direitos e à acusação	Diretiva 2012/13/UE de 22.05.2012 relativo ao direito à informação no quadro de processos penais
Assistência de um advogado e apoio judiciário	Diretiva 2013/48/UE do Parlamento e do Conselho de 22.10.2013 relativa ao direito de acesso a um advogado em processo penal e nos processos de execução de mandados de detenção europeus, e ao direito de informar um terceiro aquando da privação de liberdade e de comunicar, numa situação de privação de liberdade, com terceiros e com as autoridades consulares
Comunicação com parentes, entidades patronais ou autoridades consulares	Diretiva (UE) 2016/1919 do Parlamento Europeu e do Conselho de 26.10.2010 relativa ao apoio judiciário para suspeitos e arguidos em processo penal e para as pessoas procuradas em processos de execução de mandados de detenção europeus
Garantias particulares para os suspeitos ou as pessoas vulneráveis perseguidas	Diretiva 2013/48/UE Proposta de Diretiva do Parlamento Europeu e do Conselho relativa a garantias processuais para os menores suspeitos ou arguidos em processo penal
Livro verde sobre a detenção preventiva	Livro verde de 14.06.2011 "Reforçar a confiança mútua no espaço judiciário europeu – Livro Verde sobre a aplicação da legislação penal da UE no domínio da detenção"
Direitos mencionados no roteiro	Realizações e projetos em curso
Uma Diretiva substituindo a DQ 2001/220/JAI do Conselho de 15.03.2001 relativa ao Estatuto das vítimas no quadro dos processos penais	Diretiva 2012/29/UE do Parlamento Europeu e do Conselho, de 25.10.2012, que estabelece normas mínimas relativas aos direitos, ao apoio e à proteção das vítimas da criminalidade e que substitui a DQ 2001/220/JAI do Conselho
Reexame da Diretiva 2004/80/CE do Conselho de 29.04.2004 relativa à indemnização das vítimas da criminalidade	Sem realização ou projeto em curso
Necessidades específicas das vítimas	Diretiva 2012/29/UE do Parlamento Europeu e do Conselho, de 25.10.2012, que estabelece normas mínimas relativas aos direitos, ao apoio e à proteção das vítimas da criminalidade e que substitui a DQ 2001/220/JAI do Conselho

11.6. Eurojust[332]-[333]

A Eurojust foi instituída pela Decisão do Conselho 2002/187/JAI, alterada pela Decisão do Conselho 2009/426/JAI, de 16 de dezembro de 2008.

A missão da Eurojust é reforçar a eficácia das autoridades nacionais responsáveis pela investigação e pelo exercício da ação penal na luta contra as formas graves de criminalidade transfronteiriça e a criminalidade organizada, bem como submeter os criminosos a julgamento de forma célere e eficaz. O objetivo que a Eurojust se propõe alcançar é o de desempenhar um papel principal e de ser o centro de peritos a nível judiciário com vista a uma ação efetiva contra a criminalidade organizada transnacional na União Europeia.

A Eurojust foi instituída em 2002 para apoiar e reforçar a coordenação e a cooperação entre as autoridades nacionais na luta contra as formas de criminalidade grave transnacional que afetam a União Europeia.

Cada um dos 28 EM nomeia o seu representante para a Eurojust, sedeada na Haia. Estes representantes são magistrados ou investigadores com larga experiência.

Em conjunto, cumprem o mandato conferido à Eurojust de coordenar as autoridades nacionais em todas as fases da investigação ou do exercício da ação penal, vencendo os desafios e problemas práticos suscitados pelos diferentes sistemas jurídicos dos Estados-Membros.

Os Membros Nacionais são coadjuvados por Adjuntos, Assistentes e Peritos Nacionais Destacados. Nos casos em que a Eurojust celebrou acordos de cooperação com Estados Terceiros, os Magistrados de Ligação desses Estados Terceiros poderão trabalhar junto da Eurojust. Atualmente, existem Magistrados de Ligação da Noruega, dos Estados Unidos da América e da Suíça destacados na Eurojust. Legislação comunitária recentemente aprovada prevê, igualmente, que a Eurojust possa destacar Magistrados de Ligação em Estados Terceiros.

A Eurojust acolhe, igualmente, os secretariados da RJE, da Rede de Pontos de Contacto relativa a pessoas responsáveis por genocídio, crimes contra a humanidade e crimes de guerra, bem como da Rede de EIC.

---

[332] http://www.ministeriopublico.pt/pagina/o-ministerio-publico-e-eurojust
[333] Para saber mais sobre o Gabinete português na Eurojust consultar o guia que se encontra em anexo no Manual

MANUAL DE COOPERAÇÃO JUDICIÁRIA INTERNACIONAL EM MATÉRIA PENAL

A Eurojust é apoiada por cerca de 300 funcionários, que garantem resposta imediata a pedidos de assistência das autoridades nacionais e de outros órgãos da UE.

As funções da Eurojust

Anualmente, a Eurojust trata de, aproximadamente, 2500 casos e realiza cerca de 250 reuniões de coordenação, que contam com a participação de autoridades judiciárias e órgãos de polícia criminal dos EM e, eventualmente, de Estados Terceiros. Nestas reuniões são discutidas questões relacionadas com os casos e desenvolvidos planos de ações operacionais como detenções e buscas simultâneas.

Nas reuniões de coordenação são abordadas questões específicas relacionadas com os crimes identificados como prioritários pelo Conselho da UE: terrorismo, tráfico de estupefacientes, tráfico de seres humanos, fraude, corrupção, cibercriminalidade, branqueamento de capitais e outras atividades ilícitas relacionadas com a presença de grupos criminosos organizados na economia.

A Decisão Eurojust enuncia uma lista de atribuições fundamentais e competências atribuídas à Eurojust. A título exemplificativo, a Eurojust responde a pedidos de auxílio apresentados pelas autoridades nacionais competentes dos EM. Em contrapartida, a Eurojust pode solicitar aos Estados-Membros que investiguem ou exerçam a ação penal relativamente a factos específicos.

A Eurojust presta, igualmente, assistência na resolução de conflitos de jurisdição nos casos em que mais do que uma autoridade nacional se encontra em posição de investigar ou exercer a ação penal num determinado caso. A Eurojust facilita a execução de instrumentos judiciários internacionais tais como o MDE, e presta auxílio financeiro e logístico às EIC.

Os parceiros da Eurojust

O trabalho da Eurojust baseia-se na estreita relação com os seus parceiros, que podem ser tanto as autoridades nacionais como órgãos da UE, tais como a RJE, a Europol, o OLAF (relativamente a crimes que afetam os interesses financeiros da UE), Frontex, a Sitcen, a CEPOL e a Rede de Formação Judiciária Europeia, para além de outros órgãos competentes por força das disposições dos Tratados.

A Eurojust trabalha no sentido de garantir que as parcerias estabelecidas com vista à luta contra a criminalidade transnacional (de que o intercâm-

NÍVEIS DE COOPERAÇÃO

bio de informação entre as autoridades competentes é parte fundamental) sejam desenvolvidas com vista a alcançar a melhor coordenação e cooperação possíveis, para garantir uma área de liberdade, segurança e justiça para todos os cidadãos da UE.

Documentos

Relatório Anual da Eurojust
Quadro Legal
• Decisão 2009/426/JAI do Conselho de 16 de dezembro de 2008 relativa ao reforço da Eurojust
• Decisão 2003/659/JAI do Conselho de 18 de junho de 2003 que altera a Decisão 2002/187/JAI
• Decisão 2002/187/JAI do Conselho de 28 de fevereiro de 2002 relativa à criação da Eurojust a fim de reforçar a luta contra as formas graves de criminalidade
• Documentos relacionados com a atividade processual da Eurojust[334]

Instância Comum de Controlo
• Funções da Instância Comum de Controlo do Eurojust
• Conheça os seus direitos

Neste momento, encontra-se ainda a ser finalizada no âmbito do Parlamento Europeu e em sede de discussões tripartidas (Parlamento Europeu, Comissão e Conselho) a Proposta de Regulamento do Parlamento Europeu e do Conselho que cria a Agência Europeia para a Cooperação Judiciária Penal (Eurojust)[335], a qual, quando vier a ser publicada, acarretará consequências a nível interno da organização da Eurojust, bem como na ordem jurídica dos EM[336].

---

[334] http://www.eurojust.europa.eu/doclibrary/Eurojust-framework/Pages/casework.aspx
[335] COM(2013)535final,disponivelemhttp://www.europarl.europa.eu/meetdocs/2014_2019/plmrep/AUTRES_INSTITUTIONS/COMM/COM/2017/10-09/COM_COM20130535_PT.pdf
[336] Pese embora se trate de um Regulamento e portanto com eficácia direta nas ordens jurídicas dos EM, o novo diploma acarretará, necessarimante, alterações aos diplomas internos dos EM que transpuseram para as legislações internas as Decisões Eurojust acima mencionadas.

Não existindo a pretensão de ser exaustivo, diria que o Regulamento terá um triplo propósito: *i)* alterar a natureza e enquadramento orgânico-institucional da Eurojust, passando de unidade a agência europeia; *ii)* rever a competência da Eurojust relativamente aos crimes PIF e ao seu relacionamento com a Procuradoria Europeia, sendo certo que nem todos os EM que constituem a UE e participam da Eurojust vieram a aderir à Procuradoria Europeia, por via da cooperação reforçada; *iii)* a opção sobre a natureza da entidade que há de controlar e inspecionar o cumprimento pela Eurojust e seus gabinetes das normas europeias de proteção de dados, bem como quanto à acessibilidade a estes por parte de quem nisso possa demonstrar ter interesse.

Em síntese, o propósito do Regulamento é dotar a Eurojust de uma organização interna na mesma lógica/enquadramento de outras agências europeias, mormente dotar a Eurojust de um *Executive boarding*.

O que pode a Eurojust fazer por si?

Se necessitar de assistência da Eurojust, deverá contactar o seu gabinete nacional na Eurojust. Para mais informações, consulte o *site* da Eurojust:

http://eurojust.europa.eu/Pages/home.aspx

A Eurojust pode proporcionar um largo espetro de modalidades de assistência prática:

• Facilitar a cooperação judiciária

A Eurojust presta apoio às autoridades nacionais através dos Membros Nacionais e dos seus Gabinetes, os quais estão em posição de facilitar o contacto entre as autoridades judiciárias em assuntos complexos ou em casos de urgência ou, ainda, em situações onde outros canais de cooperação não se revelam apropriados ou suscetíveis de produzir resultados dentro dos prazos necessários.

A Eurojust pode auxiliar na obtenção de informações sobre o estado da execução de uma carta rogatória ou de instrumentos que aplicam o princípio do reconhecimento mútuo quando outros canais de comunicação (ou seja, contacto direto entre as autoridades nacionais ou outros canais de comunicação) não tenham sido bem sucedidos.

A Eurojust também pode fornecer assistência nos casos em que se pretende a execução urgente de um pedido de auxílio judiciário mútuo ou de um instrumento de reconhecimento mútuo. Devido à sua função primordial no domínio da facilitação da cooperação judiciária, a Eurojust dispõe de canais alternativos para a troca de informações policiais e "intelligence".

A Eurojust recebe informações sobre investigações em curso e procedimentos penais nos EM. Sempre que tais informações lhe tenham sido enviadas, a Eurojust poderá informar as autoridades nacionais sobre casos relevantes pendentes noutros EM.

A Eurojust também pode apoiar as autoridades judiciárias na fase preliminar da cooperação, desde logo analisando os projetos de pedidos de auxílio judiciário mútuo («revisão e aconselhamento»).

- **Ajudar a evitar ou resolver conflitos de jurisdição**

Nos casos em que mais do que um EM tem jurisdição sobre uma determinada atividade criminosa, a Eurojust pode ser consultada para emitir um parecer não vinculativo sobre qual o EM que está em melhor posição para iniciar uma investigação ou para proceder criminalmente contra os respetivos autores, assim contribuindo para a prevenção e para a resolução de eventuais conflitos – positivos ou negativos – de jurisdição.

- **Coordenar as investigações ou processos penais**

Devido à sua estrutura e nível de experiência em cooperação judiciária, a Eurojust está numa posição privilegiada para auxiliar as autoridades nacionais nos casos em que as investigações em curso em dois ou mais EM precisem ser coordenadas através da troca de informações operacionais relevantes. A Eurojust também pode ajudar a determinar se os EM envolvidos devem continuar com as respetivas investigações separadas, ou se devem concentrá-las, bem como aos respetivos processos, num ou em apenas alguns desses Estados.

Além disso, a Eurojust presta auxílio aos EM envolvidos, sobre como, quando ou onde realizar uma ação conjunta ou proceder criminalmente.

- **Organizar e apoiar as reuniões de coordenação e os centros de coordenação**

A Eurojust pode organizar reuniões de coordenação entre os investigadores, procuradores e juízes de instrução de diferentes EM, em Haia ou noutro local. As reuniões de coordenação também incluem, por vezes, representantes das autoridades judiciárias ou policiais de Estados terceiros, da Europol e do OLAF.

As reuniões de coordenação são ferramentas muito úteis que permitem às autoridades judiciárias envolvidas (e representantes dos órgãos de policia criminal que as apoiam) a troca de informações, na sua própria língua, relativas a investigações paralelas ou conexas, bem como o planeamento de ações conjuntas. Questões que poderiam consumir tempo e recursos consideráveis, se resolvidas no âmbito dos regimes de cooperação tradicionais, podem muitas vezes ser rapidamente resolvidas durante essas reuniões.

Atualmente a Eurojust cobre os custos de alojamento em Haia e despesas de viagem para dois participantes de cada EM.

A Eurojust também pode organizar centros de coordenação, que visam apoiar e coordenar ações conjuntas (muitas vezes acordadas durante as reuniões de coordenação) que têm de ser realizadas simultaneamente em diferentes EM. Os centros de coordenação asseguram a transmissão de informações de forma coordenada e em tempo real entre as autoridades competentes durante uma ação conjunta, como acontece, por exemplo, quando há necessidade de realizar buscas simultâneas a domicílios em diferentes países. Os centros de coordenação também permitem a resolução de possíveis problemas que surjam durante a execução de MDEs ou de buscas e apreensões, já que permitem facilitar e acelerar a correção ou substituição desses instrumentos de cooperação.

- **Facilitar e apoiar equipas de investigação conjuntas**

A Eurojust pode ajudar e facilitar a criação, funcionamento e avaliação de equipas de investigação conjuntas (EIC). A Eurojust pode identificar casos apropriados para o estabelecimento de EICs, pode fornecer aconselhamento jurídico e informações práticas úteis, designadamente no que respeita aos ordenamentos jurídicos nacionais, aos obstáculos que, na prática, se levantam, e às melhores práticas que se foram consolidando nesta matéria, e pode fornecer assistência na elaboração de acordos para o estabelecimento de EIC e de planos de ação operacional. Caso seja considerado útil, os membros nacionais da Eurojust também podem participar em EICs.

A Eurojust pode também fornecer apoio financeiro para cobrir parte das despesas decorrentes do funcionamento de EICs e/ou equipamentos, tais como telefones móveis. Consulte o seguinte web-site para obter mais informações:

http://eurojust.europa.eu/Practitioners/Eurojust-Support-JITs/JITs/
Pages/history.aspx

- **Coordenar e facilitar os pedidos de cooperação judiciária de e para Estados fora da UE**

Se precisar de contactar uma autoridade nacional de um Estado fora da UE, pode contactar o seu Gabinete nacional na Eurojust.

A Eurojust tem Pontos de Contacto em cerca de quarenta e dois Estados terceiros.

A Eurojust tem, para além disso, acordos de cooperação com a Noruega, EUA, Islândia, Suíça, a antiga República Jugoslava da Macedónia e o Liechtenstein. Tais acordos também podem incluir a troca de dados pessoais. Além disso, estão colocados na Eurojust Magistrados de ligação da Noruega, Suíça e Estados Unidos.

Em 2018, a Eurojust alterou a sua organização interna a nível operacional e passou a ter cinco grupos de trabalho principais:

i. Counter-Terrorism Team – O Grupo de trabalho de contraterrorismo é um Centro especializado em cooperação judiciária que oferece aos interessados aconselhamento especializado, informação, serviços e produtos baseados nos documentos da Eurojust sobre questões de combate ao terrorismo e suas ligações com o crime organizado

ii. Economic Crime Team – O Grupo de trabalho de Crimes Económicos é um centro especializado em cooperação judiciária que oferece aos interessados aconselhamento especializado, informação, serviços e produtos baseados nos documentos da Eurojust sobre crimes económicos, as ligações com o crime organizado e a apreensão e confisco dos produtos do crime.

iii. Anti-Trafficking Team – O Grupo de trabalho Anti-Tráfico é um Centro especializado em cooperação judicial que oferece aos interessados assessoria especializada, informação, serviços e produtos baseados no trabalho da Eurojust na luta contra o tráfico, e suas ligações ao crime organizado e à proteção das crianças.

iv. Cybercrime Team – O Grupo de trabalho em crimes Cibernéticos é um Centro especializado em cooperação judiciária que oferece aos interessados aconselhamento especializado, informação, serviços e produtos baseados nos casos da Eurojust sobre cibercriminalidade, criminalidade cibernética e investigações criminais no ciberespaço, e as ligações ao crime organizado e à proteção das crianças

v. Judicial Cooperation Instruments Team – O Grupo de trabalho de Instrumentos de Cooperação Judiciária é um Centro especializado em instrumentos de cooperação judiciária e instrumentos de reconhecimento mútuo que oferece aos interessados aconselhamento especializado, informação, serviços e produtos baseados nos casos da Eurojust nesta área.

Mais informações estão disponíveis no *site* da Eurojust em: http://www.eurojust.europa.eu/doclibrary/Eurojust-framework/Pages/agree ments-concluded-by-eurojust.aspx

O ENCS (SNCE – Sistema Nacional de Coordenação da Eurojust)

O SNCE está atualmente a ser implementado nos EM. O SNCE tem duas funções principais: 1) assegurar a coordenação dos trabalhos efetuados pelos vários Correspondentes/Pontos de Contacto/Especialistas estabelecidos na luta contra o crime, incluindo o correspondente Nacional da RJE e até três Pontos de Contacto da RJE; e 2) facilitar a realização de tarefas da Eurojust nos EM. Quando são designados vários correspondentes para a Eurojust, um deles será responsável pelo funcionamento do SNCE.

Ao SNCE estão confiadas, entre outras, as tarefas de 1) assegurar que o "Sistema de Gestão de Casos da Eurojust" recebe informações relacionadas com o EM em causa de forma eficiente e fiável, 2) auxiliar as autoridades judiciárias nacionais e os profissionais a determinar se um caso poderá beneficiar da assistência da Eurojust ou da RJE e 3) auxiliar os membros nacionais daEurojust identificando as autoridades competentes para a execução dos pedidos de cooperação judiciária e instrumentos de reconhecimento mútuo.

Sítio geral: http://www.eurojust.europa.eu/Pages/home.aspx

11.7. Rede Judiciária Europeia

A RJE (EJN)[337] é uma rede de Pontos de Contacto nacionais para facilitação da cooperação judiciária em matéria penal.

Os Pontos de Contacto Nacionais são procuradores ou juízes que lidam com assuntos relacionados com a cooperação internacional. Os pontos de Contacto Nacionais são designados por cada EM a partir de autoridades cen-

---

[337] EJN – European Judicial Network

trais ou outras que levam a cabo cooperação judiciária internacional, tanto em geral como para determinadas formas graves de criminalidade, tais como o crime organizado, corrupção, tráfico de droga e terrorismo. A RJE é composta por mais de 300 Pontos de Contacto nacionais através dos 28 EM. De entre os Pontos de Contacto, cada EM designa um Correspondente Nacional da RJE. É também designado por cada EM um Correspondente Operacional para lidar com os assuntos relacionados com as ferramentas eletrónicas da RJE.

O Secretariado da RJE, localizado em Haia, é o órgão administrativo da RJE. Para assegurar a estreita interação entre a Eurojust e a RJE, o Secretariado faz parte do pessoal da Eurojust, mas funciona como uma unidade separada. O Secretariado da RJE é responsável, entre outras coisas, por fornecer suporte para os Pontos de Contacto nacionais no cumprimento das suas tarefas, por configurar, manter e melhorar o web-site da RJE e as suas e-ferramentas operativas e pela administração global da RJE.

Informações mais detalhadas sobre o Secretariado da RJE podem encontrar-se em http://www.ejn-crimjust.europa.eu/EJN/EJN_Secretariat.aspx ou contactando o Secretariado da RJE pelo email ejn@eurojust.europa.eu.

O que a RJE pode fazer por si?

Se necessitar de assistência da RJE, deve contactar os Pontos de Contacto no seu país ou um Ponto de Contacto no país envolvido no caso. Informações mais detalhadas sobre os Pontos de Contacto podem ser encontradas numa área restrita do web-site da EJN-http://www.ejn-crimjust.europa.eu/EJN/ O acesso pode ser obtido através das autoridades nacionais do seu país.

A RJE deverá ser usada nas seguintes situações:

- **Para identificar as autoridades competentes no exterior de modo a permitir a comunicação direta**

No *site* da RJE, www.EJN-crimjust.europa.eu, poderá encontrar um Atlas eletrónico para pedidos de auxílio judiciário mútuo (AJM) e um Atlas de Mandato de Detenção Europeu (MDE). Ambos estes Atlas irão ajudá-lo a obter os endereços e números de telefone/fax das autoridades competentes no estrangeiro. As secções principais destes Atlas estão traduzidas em todas as línguas oficiais da UE. No caso de não conseguir encontrar no Atlas as informações de contacto requeridas, poderá pedir a um Ponto de Contacto da RJE no seu EM para as fornecer de imediato. A lista de pontos de contacto da RJE está protegida por senha por razões de segurança – mas é acessível aos Pontos de Contacto da RJE do seu próprio EM. Portanto, se necessitar de assistência para estabelecer contactos com a RJE noutro EM, a melhor maneira de o fazer é dirigir-se a um dos seus Pontos de Contacto nacionais da RJE.

- **Para facilitar a cooperação judicial**

Se precisar de informações sobre as condições para receber assistência de outro EM num caso específico, pode abordar os Pontos de Contacto no seu EM ou usar as secções relevantes do web-site da RJE:

- ao emitir uma Carta rogatória – CR para obter informações mais detalhadas sobre as exigências legais estabelecidas pela Lei do EM requerido ou para discutir formalidades especiais na aplicação do art. 4.º da CE2000. O compêndio do *site* da RJE oferece a possibilidade de criar eletronicamente uma CR;
- ao emitir uma DEI para obter prova no espaço judiciário da UE, com exceção da Dinamarca e Irlanda. No que concerne à DEI, com referência aos EM da UE, encontra-se disponível na RJE a listagem de autoridades de emissão, autoridades de validação, autoridades de receção, autoridades de execução, autoridade central/autoridades específicas, línguas aceites, entrada em vigor, com atualização a 22.03.2018.[338]
- na fase de execução de uma CR, para obter informações complementares ou para permitir a correta execução da solicitação;
- em caso de atraso ou falta de execução de uma CR, para verificar o estado de execução no EM requerido e/ou acelerar a execução através da intervenção de um Ponto de Contacto nacional; ou
- ao emitir um MDE, pode usar o formulário fornecido na seção MDE do site da RJE, onde também pode encontrar informações sobre o status de implementação do MDE, informações práticas relacionadas com os formulários, declarações e notificações dos diferentes EM;
- quando se necessita urgentemente de informações sobre casos de MDE ou AJM com um prazo muito curto.

---

[338] Disponivel em: https://www.ejnforum.eu/cp/registry-files/3339/Competent-authorities-
-and-languages-accepted-EIO-22-March-2018.pdf

NÍVEIS DE COOPERAÇÃO

– quando é necessário obter informação sobre o status de implementação dos instrumentos jurídicos da UE na cooperação judiciária em matéria penal, ou em documentos práticos relevantes (por exemplo, notificações, manuais, relatórios de avaliação), através da biblioteca da RJE em: http://www.ejn-crimjust.europa.eu/EJN/libcategories.aspx.

- **Para facilitar o intercâmbio de informações entre as autoridades judiciárias**

Na sua qualidade de magistrados do MP e juízes, os Pontos de Contacto da RJE são frequentemente capazes de compartilhar rápida e informalmente informações sobre as investigações ou processos em curso e os seus resultados, pessoas detidas, períodos de detenção e de decisões judiciais em casos específicos. Este tipo de intercâmbio de informações às vezes pode evitar a necessidade de enviar um pedido formal. Se tais informações são exigidas durante o seu próprio inquérito ou processo, especialmente em situações de urgência, e se a sua legislação permite tal inquérito, entre em contacto com um Ponto de Contacto da RJE, indique a razão porque precisa dessas informações e forneça uma breve descrição de seu próprio inquérito ou processo.

- **Para obter informações sobre medidas da investigação**

O *site* da RJE disponibiliza, nas suas "Fiches Belges", uma visão geral da legislação nacional pertinente sobre medidas de investigação no campo do AJM. Se precisar de mais informações, pode sempre endereçar as suas perguntas para os Pontos de Contacto nacionais da RJE.

Sítio geral: https://www.ejn-crimjust.europa.eu/EJN/

No âmbito da UE ainda existem quatro redes a operar:

1. **Rede europeia de pontos de contacto de pessoas responsáveis por genocídio, crimes contra a humanidade e crimes de guerra** (Decisão 2002/494/JAI do Conselho, de 13 de junho de 2002)

Com vista a reforçar a cooperação com o Tribunal Penal Internacional e a combater a impunidade em relação aos crimes mais graves, cada EM designa um ponto de contacto para o intercâmbio de informações sobre a investigação de casos de genocídio, crimes contra a humanidade e crimes de guerra (tais como os referidos nos arts. 6.º, 7.º e 8.º do Estatuto de Roma do Tribunal Penal Internacional). Também com base no princípio da comunicação direta entre pontos de contacto, a sua função consiste em fornecer, quando solicitado e em conformidade com as disposições correspondentes entre os EM e a legislação nacional em vigor, todas as informações de que disponham que possam ser relevantes no contexto dos inquéritos Em casos de genocídio, crimes contra a humanidade e crimes de guerra, e cooperar com as autoridades nacionais competentes. Os pontos de contacto reúnem-se uma vez por ano na sede da Eurojust, o que também significa que estão próximos da sede do Tribunal Penal Internacional (também em Haia).

2. Rede europeia de cooperação entre os gabinetes de recuperação de bens dos EM no domínio do controlo e da identificação dos produtos do crime e de outros bens relacionados com o crime (Decisão 2007/845/JAI do Conselho, de 6 de dezembro de 2007)

Com base nas DQ 2003/577/JAI do Conselho, de 22 de julho de 2003, sobre a execução na UE de decisões de congelamento de bens ou de provas e 2005/212/JAI, de 24 de fevereiro de 2005, E os bens, que tratam de certos aspetos da cooperação judiciária em matéria penal no domínio da apreensão preventiva e do confisco de produtos, instrumentos e outros bens relacionados com a criminalidade, ea fim de completar a rede CARIN, cada EM cria/ designa um ou dois, dependendo da sua estrutura nacional), a fim de facilitar a monitorização e identificação do produto de atividades criminosas e outros bens relacionados com a criminalidade que possam ser objeto de um mandado de apreensão preventiva, confisco ou embargo emitido por Um órgão jurisdicional competente no decurso de um processo penal ou, na medida em que o direito nacional do EM em causa o permita, Processo. A sua principal função é o intercâmbio de informações e boas práticas entre organismos análogos da União.

3. Rede europeia de combate à corrupção – Iniciativa alemã tendo em vista a criação de uma rede de pontos de contacto contra a corrupção que, em 24 de outubro de 2008, surgiu como Decisão do Conselho (2008/852/ JAI).

Com a adoção da presente decisão, o Conselho pôs em prática as conclusões adotadas pelos EM em novembro de 2004 durante a conferência AGIS

NÍVEIS DE COOPERAÇÃO

sobre o reforço da cooperação operacional no combate à corrupção na UE. No art. 1.º, a rede está plenamente associada à Comissão Europeia, à Europol e à Eurojust, podendo o primeiro nomear representantes na rede. A Europol e a Eurojust podem participar nas atividades da Rede, se estas forem abrangidas pelas respetivas competências. As principais funções da Rede são criar um fórum para o intercâmbio de informação entre os seus membros e favorecer assim a cooperação.

4. Rede Europeia de Prevenção da Criminalidade (EUCPN – REPC)[339], Decisão 2009/902/JAI do Conselho, de 30 de novembro de 2009, que cria uma Rede Europeia de Prevenção da Criminalidade e revoga a Decisão 2001/427/JAI

A Rede prossegue objetivos de promoção de ações em matéria de prevenção criminal e criação de uma plataforma para o intercâmbio de boas práticas neste domínio. Através do Despacho n.º 9404/2016 de 22 de julho, emanado dos Gabinetes das Exmas. Ministras da Administração Interna e da Justiça, a representação de ambos os Ministérios é alternada e numa base anual.

A representação nacional de 2017, nomeada pela Ex.ª Sr.ª Ministra da Justiça, fica a cargo do Diretor da Unidade de Informação de Investigação Criminal da Polícia Judiciária, Dr. Veríssimo Milhazes.

Para mais informações sobre o âmbito e atividades desenvolvidas pela REPC, consultar: EUCPN.ORG. Contacto nacional: REPC@pj.pt.

A REPC prossegue os seus objetivos da seguinte forma:

- Através da facilitação de cooperação, contacto e troca de informações e de experiências entre os agentes de prevenção criminal;
- Recolhe, avalia e comunica as informações, incluindo as boas práticas relativas às ações de prevenção da criminalidade;
- Presta assistência especializada ao Conselho Europeu e à Comissão Europeia, sempre que solicitada;
- Elabora e executa um programa de trabalho baseado numa estratégia que tenha em conta a identificação e a resposta às ameaças relevantes da criminalidade;

---

[339] https://www.policiajudiciaria.pt/rede-europeia-prevencao-da-criminalidade-repc/

- Realiza uma conferência anual sobre boas práticas, na qual é atribuído o "Prémio Europeu de Prevenção da Criminalidade" com o objetivo de promover os objetivos da REPC e divulgar, a nível europeu, as iniciativas que a ele se candidatam.

A REPC é constituída pelos representantes nacionais de cada EM, sendo suportada/apoiada por um Secretariado, sediado em Bruxelas.

Cada semestre é presidido por um dos EM, escolhendo uma temática sobre a qual incidirá a atividade da REPC.

11.8. Equipa de Investigação Conjunta

O que é a EIC?

A EIC é uma equipa de investigação criada por acordo entre dois ou mais EM e/ou outras partes, com uma finalidade específica e por tempo determinado.

Na caixa adiante é feita uma breve exposição das vantagens gerais da EIC sobre as formas tradicionais de aplicação da Lei e de cooperação judiciária à escala internacional, tais como as investigações "em espelho" ou "paralelas" e as cartas precatórias. Além dessas vantagens gerais, o trabalho nas EIC apresentará muitas outras vantagens específicas, consoante as circunstâncias pontuais de cada caso concreto.

Vantagens do recurso à EIC: os membros da EIC podem trocar informações diretamente, dispensando a carta precatória Os membros da equipa podem pedir recíproca e diretamente medidas de investigação, dispensando a carta rogatória; o mesmo acontece com os pedidos de medidas coercivas. Os membros da equipa podem estar presentes em buscas domiciliárias, entrevistas, etc., em todas as jurisdições abrangidas, ajudando a ultrapassar as barreiras linguísticas nas entrevistas, etc. É possível a coordenação dos esforços no terreno, bem como o intercâmbio informal de conhecimentos especializados. É incentivada a criação de confiança mútua entre os profissionais de diferentes jurisdições e ambientes de trabalho. A EIC constitui a melhor plataforma para escolher as melhores estratégias de investigação e procedimento penal. A Europol e a Eurojust podem participar diretamente com apoio e assistência. É possível requerer o financiamento disponível da UE, da Eurojust ou da Europol. A participação na EIC sensibiliza para os aspetos de gestão e melhora a realização das investigações internacionais. Atualmente, o Secretariado das EIC, sediado na Eurojust, desenvolve um novo modelo de EIC, e procura constituir em cada EM um ponto de contacto, dotando de maior especilizacao e possibilidade de centralizar os contactos e pedidos entre as autoridades nacionais e o Secretariado das EIC, junto da Eurojust. Para além disso, desenvolve um documento de trabalho que possa servir de guia e suporte às autoridades nacionais no âmbito das reuniões de coordenação que tem lugar na Eurojust.

11.9. Europol (Serviço Europeu de Polícia)

A Europol é uma agência cuja responsabilidade é criar uma Europa mais segura melhorando a cooperação entre os serviços policiais e os serviços responsáveis pela aplicação da Lei dos países da UE. Tem por missão ajudar os países da UE a prevenir e a combater a criminalidade internacional e o terrorismo. Tem sede em Haia (Países Baixos). A Europol iniciou as suas atividades em 1 de julho de 1999.

As disposições do Tratado relativas à Europol são abrangidas pelo Tratado sobre o Funcionamento da UE (art. 88.º, Título V – Espaço de liberdade, segurança e justiça).

A Europol tem por objetivo:

- apoiar os serviços responsáveis pela aplicação da Lei facilitando as trocas de informações, realizando análises criminais e assistindo e coordenando as operações transfronteiriças;
- tornar-se o centro de informação em matéria penal da UE através da identificação das falhas de informação comuns e das prioridades em matéria de investigação;
- desenvolver-se como centro da UE de especialização em aplicação da Lei através da utilização de novas técnicas pioneiras e da promoção da partilha de conhecimentos e da formação de qualidade em áreas especializadas, tais como o terrorismo, a droga e a falsificação do euro.

O seu objetivo consiste em melhorar a eficácia e a cooperação entre os EM no domínio da prevenção e do combate a formas graves de criminalidade organizada de dimensão internacional.

A Europol tem por objetivo melhorar a eficácia e a cooperação entre os serviços competentes dos EM da UE no domínio da prevenção e combate ao crime organizado nas seguintes áreas:

- Criminalidade relacionada com tráfico ilícito de estupefacientes;
- Terrorismo;

- Atentados à vida; à integridade física ou à liberdade das pessoas; incluindo imigração clandestina; tráfico de seres humanos; rapto; sequestro; pornografia infantil; tráfico ilícito de órgãos e tecidos humanos, assim como racismo e xenofobia.
- Atentados ao património e aos bens públicos; incluindo fraude; roubo organizado; extorsão; tráfico ilícito de bens culturais; contrafação e mercadorias – pirataria; falsificação de moeda e de outros meios de pagamento; falsificação de documentos administrativos e respetivo tráfico, criminalidade informática e corrupção;
- Comércio ilegal e atentados ao ambiente; incluindo tráfico ilícito de armas; criminalidade relacionada com material nuclear e radioativo; tráfico ilícito de espécies ameaçadas de fauna e flora; crimes contra o ambiente e tráfico de substâncias hormonais e outros fatores de crescimento;
- Atividades ilícitas de branqueamento de capitais provenientes dos crimes supramencionados.

A Europol dispõe ainda de um sistema seguro de troca de informação (SIENA – *Secure Information Exchange Network Application*).

11.10. OLAF (Organismo Europeu de Luta Antifraude)

O Organismo Europeu de Luta Antifraude (OLAF) foi criado em 1999 com o objetivo de investigar casos de corrupção e faltas graves no âmbito das instituições da UE, assim como casos de fraude lesiva do orçamento da UE.

O OLAF investiga os órgãos da UE no sentido de detetar fraudes, corrupção e outras atividades ilegais lesivas dos interesses financeiros da União. Averigua ainda questões relacionadas com o exercício de atividades profissionais que não afetem os interesses financeiros da UE.

Além disso, investiga organizações ou indivíduos externos com o intuito de detetar fraudes ou outros comportamentos irregulares (nomeadamente, no funcionamento de programas de financiamento da UE ou fraude aduaneira), frequentemente em cooperação com as autoridades dos países da UE e, por vezes, com as autoridades de países não pertencentes à União.

Em 2013, surgiram novas Leis das quais resultou uma maior independência do OLAF e numa maior eficácia dos procedimentos de trabalho.

Desde 2012, o OLAF recomendou a recuperação de um total de 686,8 milhões de euros por parte das autoridades competentes.

NÍVEIS DE COOPERAÇÃO

Com a implentação da Procuradoria Europeia, este organismo ganhará novo protagonismo.

11.11. A Decisão Europeia de Investigação em matéria penal

Em 3 de abril de 2014 a Diretiva 2014/41/UE referente à Decisão Europeia de Investigação em matéria penal foi aprovada após um longo processo de negociação. O seu principal objetivo é facilitar e acelerar a obtenção e transferência dos meios de prova em matéria penal entre os EM da UE e harmonizar os procedimentos processuais existentes nos mesmos Estados. A Diretiva constitui um grande avanço na cooperação judiciária em matéria penal, pois passa a existir apenas um instrumento jurídico para a obtenção de provas no estrangeiro, conseguindo assim, e sendo esse o seu desiderato principal, ultrapassar a lentidão e ineficiência do sistema baseado na emissão de cartas rogatórias transmitidas de acordo com as convenções internacionais, bem como com o pouco eficiente e utilizado mandado europeu de obtenção de provas. Depois da análise da DEI na perpetiva nacional, com a Lei de transposição n.º 88/2017, de 21 de agosto[340], pretende-se agora fazer a análise dos considerandos e do articulado da Diretiva, numa perpetiva mais geral, da UE.

Enquadramento histórico

O Conselho Europeu de Tampere de 1999 constitui o *"starting point"* nesta matéria, em concreto a 36.ª conclusão que resultou desse Conselho. A partir desse momento, a Comissão e o Conselho têm trabalhado e negociado intensamente – por via de iniciativas legislativas ou cooperações reforçadas.

Em 2001, surge o programa de medidas destinadas a aplicar o princípio do reconhecimento mútuo das decisões em matéria penal, nos quais a recolha e obtenção de elementos de prova assumem particular destaque. Nesta matéria surgiu o Programa de Haia, aprovado pelo Conselho Europeu de 4 e 5 de novembro de 2004, dos quais se destacavam os seguintes instrumentos: mandado de detenção europeu; reconhecimento mútuo de sanções pecuniárias, mandado europeu de obtenção de provas, ordem europeia de execução (transferência de pessoas condenadas); reconhecimento mútuo de medidas não detentivas e reconhecimento e supervisão de sanções alternativas à pena de prisão e suspensão da condenação (probation), isto é, de penas

---

[340] Vd. Capítulo III, ponto 4.12

suspensas e regime de prova. Nesse pacote, surge a DQ sobre o mandado europeu de obtenção de provas, sendo que o seu âmbito de aplicação limitado já permitia prever a sua escassa aplicação prática.

No Programa de Estocolmo, aprovado pelo Conselho Europeu de 10 e 11 de dezembro de 2009, o Conselho Europeu considerou que os trabalhos para a criação de um sistema global de obtenção de elementos de prova nos processos penais de dimensão transfronteiriça, com base no princípio do reconhecimento mútuo, devem ser prosseguidos. Resultava ainda do Programa que os instrumentos existentes neste domínio constituíam um regime fragmentário e que era necessária uma nova abordagem baseada no princípio do reconhecimento mútuo mas tendo em conta a flexibilidade do sistema tradicional de auxílio judiciário mútuo. Por conseguinte, o Conselho apelou à criação de um sistema global, destinado a substituir todos os instrumentos existentes neste domínio, incluindo a DQ 2008/978/JAI, que abrangesse tanto quanto possível todos os tipos de elementos de prova, que contivesse prazos de execução e que limitasse, tanto quanto possível, os motivos de recusa.

Em abril de 2010, surge a cooperação reforçada de sete EM. Seguiu-se, em 11.11.2009, o Livro verde sobre a obtenção de provas em matéria penal entre EM e a garantia de admissibilidade dessas provas, o qual tinha por desiderato consultar os EM e o conjunto das partes interessadas sobre algumas questões com relevância na matéria da recolha de provas admissíveis em matéria penal num contexto transfronteiriço. Visava-se uma cooperação mais estreita neste domínio, por forma a contribuir para a eficácia das investigações e ações penais na UE, tencionando a Comissão, à data, adotar novas medidas para incentivar esse tipo de cooperação.

Esta nova abordagem devia assentar: *i)* num instrumento único, denominada DEI; *ii)* devia ser emitida uma DEI para que uma ou várias medidas específicas de investigação fossem realizadas no Estado que executa a DEI («Estado de execução») tendo em vista a recolha de elementos de prova; *iii)* a execução devia incluir a obtenção de elementos de prova que já estejam na posse da autoridade de execução; *iv)* devia ter um âmbito horizontal, aplicando-se, por conseguinte, a todas as medidas de investigação que visam recolher elementos de prova.

Todavia, a criação de equipas de investigação conjuntas e a recolha de elementos de prova por essas equipas requerem regras específicas que seria melhor tratar separadamente.

NÍVEIS DE COOPERAÇÃO

III. Análise da Diretiva 2014/41/UE

A Diretiva é composta por 46 considerandos, 39 arts., VII Capítulos e 4 Anexos, seguindo uma técnica legislativa comum às últimas diretivas, num articulado próximo da iniciativa dos EM de 24.06.2010, pese embora tenham sido acrescentadas matérias novas e dois novos anexos.

III. a) Dos considerandos

Os considerandos 1.º e 2.º dedicam-se aos objetivos da Diretiva, designadamente o desenvolvimento de um espaço de liberdade, segurança e justiça assente, no que concerne à cooperação judiciária em matéria penal, no princípio do reconhecimento mútuo das sentenças e decisões judiciais, consagrando o art. 82.º, n.º1 do TFUE.

Os considerandos 3.º a 5.º descrevem os instrumentos jurídicos existentes sobre a recolha da prova e a necessidade de uma nova abordagem.

Os considerandos 6.º a 9.º descrevem o âmbito de aplicação da DEI, pela positiva e pela negativa.

O considerando 10.º consagra três regras importantes que vêm a ser adotadas no articulado: i) a autoridade de emissão é a mais bem colocada para decidir da medida de investigação a utilizar, devendo a DEI centrar-se na execução dessa medida (posição da autoridade de emissão); ii) a autoridade de execução deve recorrer, sempre que possível, a outro tipo de medidas de investigação, caso a medida indicada não exista no seu direito nacional ou não esteja disponível em processos penais semelhantes (posição da autoridade de execução); iii) a autoridade de execução deverá ser autorizada a recorrer a outro tipo de medidas que conduza ao mesmo resultado que a medida de investigação indicada na DEI mas utilize meios que impliquem uma menor interferência nos direitos fundamentais da pessoa em causa (salvaguarda dos direitos fundamentais).

O considerando 11.º consagra os princípios da proporcionalidade e adequação ao caso concreto.

O considerando 12.º assegura o respeito pelo art. 48.º da CDFUE.

O considerando 13.º privilegia o sistema de comunicações securizado da RJE e da Eurojust.

O considerando 14.º estabelece a regra de minimus linguae no regime linguístico (mínimo duas línguas a utilizar na DEI).

O considerando 15.º define a necessidade de harmonização legislativa, devendo ser respeitadas as Diretivas 2010/64/UE; 2012/13/UE e 2013/48/UE.

O considerando 16.º procura definir o conceito de "medidas não intrusivas".

O considerando 17.º consagra o princípio do *ne bis in idem*.

O considerando 18.º consagra a obrigação de respeito pelos direitos fundamentais e os princípios fundamentais indicados no art. 6.º do TUE.

O considerando 19.º estabelece a regra da recusa da execução de uma DEI, se houver motivos substanciais para supor que a execução de uma medida de investigação se traduziria na violação de um direito fundamental da pessoa visada.

O considerando 20.º estabelece a regra da possibilidade de recusa de uma DEI quando a sua execução implicar a violação de uma imunidade ou privilégio do Estado de execução.

O considerando 21.º refere que os prazos para cumprimento de uma DEI devem ser rápidos, eficazes e coerentes.

O considerando 22.º consagra a regra do direito ao recurso contra uma DEI, pelo menos numa situação idêntica aos processos nacionais contra a medida de investigação em causa.

O considerando 23.º define a regra de que o Estado de execução da DEI suporta as despesas decorrentes da sua execução, com uma exceção, no caso de implicar custos elevados, sendo possível ultrapassar tal questão na fase de consultas.

O considerando 24.º consagra que são necessárias regras adicionais e específicas para a transferência temporária de pessoas detidas, a audição por videoconferência ou conferência telefónica, a obtenção de informações relacionadas com contas ou operações bancárias, entregas vigiadas e investigações encobertas.

O considerando 25.º amplia o âmbito de aplicação da DEI à fase de julgamento, razão pela qual o âmbito de aplicação da Diretiva estende-se desde a fase de investigação à fase de julgamento.

O considerando 26.º consagra novamente os princípios da proporcionalidade e adequação, traduzido no facto de ser emitida a DEI, quando não se revelar eficaz a utilização de outros mecanismos, como são os MDE ou a videoconferência.

Os considerandos 27.º a 29.º definem as condições em que uma DEI pode ser emitida para obter informação bancária.

Os considerandos 30.º a 33.º definem as condições em que a interceção de telecomunicações deverá ocorrer.

O considerando 34.º define o que se pretende com o conceito de "medidas provisórias".

O considerando 35.º define a regra da precedência da diretiva sobre as Convenções do Conselho da Europa que vinculem EM.

O considerando 36.º consagra que os tipos de infração enumerados no Anexo D deverão ser interpretados de forma coerente e consentânea com a interpretação dada pelos instrumentos existentes em matéria de reconhecimento mútuo.

O considerando 37.º define regras para a transposição da diretiva.

O considerando 38.º densifica o princípio da subsidiariedade consagrado no art. 5.º do TUE.

O considerando 39.º consagra o respeito pelos direitos fundamentais.

Os considerandos 40.º a 42.º consagram a proteção das pessoas singulares quanto ao processamento de dados.

Os considerandos 43.º a 45.º regerem a posições especiais do Reino Unido, Irlanda e Dinamarca.

O considerando 46.º refere que a Autoridade Europeia para a Proteção de Dados ofereceu parecer sobre a Diretiva.

III.b) Do articulado

O Capítulo I (arts. 1.º 8.º) define as regras e condições para ser emitida uma DEI por parte do Estado de Emissão.

NÍVEIS DE COOPERAÇÃO

Assim, o art. 1.º define o conceito de decisão europeia de investigação e em que condições pode ser emitida.

O art. 2.º contém as definições necessárias para efeitos de aplicação da Diretiva.

O art. 3.º define o âmbito e aplicação da DEI.

O art. 4.º enumera os tipos de processos para os quais pode ser emitida uma DEI.

O art. 5.º dispõe sobre o conteúdo e forma da DEI, aqui essencialmente remetendo para o formulário constante do Anexo A.

O Capítulo II (arts. 6.º a 8.º) define os procedimentos e garantias no Estado de Emissão.

Assim, o art. 6.º estabelece as condições de emissão e de transmissão de uma DEI.

O art. 7.º define as condições de transmissão da DEI.

O art. 8.º dispõe sobre as condições em que deve ser emitida uma DEI em complemento de uma anterior.

O Capítulo III (arts. 9.º a 21.º) define os procedimentos e garantias no Estado de Execução.

Assim, o art. 9.º menciona em que condições a autoridade de execução deve reconhecer e executar uma DEI.

O art. 10.º define as condições em que a autoridade de execução pode recorrer a um tipo diferente de medida de investigação pedida na DEI.

O art. 11.º define os motivos que podem sustentar o não reconhecimento ou não execução de uma DEI.

O art. 12.º estabelece quais os prazos de reconhecimento ou execução, impondo a regra de tratamento igual da DEI com qualquer processo nacional semelhante e definindo prazos curtos para o seu cumprimento.

O art. 13.º dispõe sobre as condições de transferência dos elementos de prova.

O art. 14.º define as condições de recurso, impondo a regra de aplicação de vias de recurso equivalentes às existentes em processos nacionais semelhantes.

O art. 15.º enumera os motivos de adiamento do reconhecimento ou da execução da DEI.

O art. 16.º estabelece as condições em que a obrigação de informação por parte do Estado de execução ao Estado de emissão ocorre.

O art. 17.º prevê a responsabilidade penal dos agentes do Estado de emissão que atuam no Estado de execução para cumprimento de uma DEI.

O art. 18.º prevê a responsabilidade civil dos agentes do Estado de emissão que atuam no Estado de execução para cumprimento de uma DEI.

O art. 19.º dispõe sobre a confidencialidade da investigação.

O art. 20.º consagra a proteção de dados pessoais.

O art. 21.º prevê a responsabilidade das despesas na execução de uma DEI.

O Capítulo IV (arts. 22.º a 29.º) contém as disposições específicas relativas a determinadas medidas de investigação.

Assim, o art. 22.º dispõe sobre a transferência temporária para o Estado de emissão de pessoas detidas para efeito de levar a cabo uma medida de investigação.
O art. 23.º dispõe sobre a transferência temporária para o Estado de execução de pessoas detidas para efeito de levar a cabo uma medida de investigação.
O art. 24.º define o regime para realização de audição por videoconferência ou outros meios de transmissão audiovisual.
O art. 25.º define o regime da audição por conferência telefónica.
Os art. 26.º e 27.º estabelecem o regime para obtenção de informações sobre contas bancárias e outras contas financeiras, e ainda outras operações financeiras.
O art. 28.º estabelece o regime em que as medidas de investigação podem recorrer a recolha de elementos de prova em tempo real, de forma ininterrupta e durante um determinado período.
O art. 29.º define o regime das investigações encobertas.
O Capítulo V (arts. 30.º e 31.º) contém as disposições referentes à interceção de telecomunicações.
Assim o art. 30.º define o regime que se verifica a interceção de telecomunicações com assistência técnica de outro EM.
O art. 31.º define o regime em que se verifica a notificação do EM onde se encontra o sujeito que é alvo da interceção e cuja assistência técnica não é necessária.
O Capítulo VI (art. 32.º) contém o regime das medidas provisórias.
O Capítulo VII (arts. 33.º a 39.º) contém as disposições finais.
Assim, o art. 33.º refere as notificações que cada EM tem de efetuar à Comissão.
O art. 34.º estabelece a relação da Diretiva com outros instrumentos jurídicos, acordos e convénios.
O art. 35.º contém as disposições transitórias até 22.05.2017, data limite da transposição para os EM.
O art. 36.º estabelece as regras da transposição.
O art. 37.º impõe a obrigatoriedade de realização de um relatório sobre a aplicação da Diretiva.
O art. 38.º define a data da entrada em vigor da Diretiva.
O art. 39.º define os destinatários da Diretiva.

A Diretiva constitui um grande avanço na cooperação judiciária em matéria penal, pois passa a existir apenas um instrumento jurídico para a obtenção de provas no estrangeiro, conseguindo assim, e sendo esse o seu desiderato principal, ultrapassar a lentidão e ineficiência do sistema baseado na emissão de cartas rogatórias transmitidas de acordo com as convenções internacionais, bem como com o pouco eficiente mandado europeu de obtenção de provas.

O uso de formulários facilita a emissão, reconhecimento e execução da DEI. Resulta da prática judiciária que uma das principais críticas ao modelo

NÍVEIS DE COOPERAÇÃO

clássico de cooperação (cartas rogatórias) é a sua demora na execução/ cumprimento, por vezes, meses ou até mesmo anos, pelo que obter provas mediante canais mais rápidos e eficientes é essencial para o sucesso das investigações criminais. Antes de emitir uma DEI, a autoridade judiciária deve verificar se o pedido de elemento de prova ou medida de investigação requerida é necessária, adequada e proporcional para a investigação criminal em curso.

Ainda assim o desafio principal continuará a ser conseguir um sistema que proteja efetivamente os direitos fundamentais dos arguidos ou acusados nos processos criminais transfronteiriços.

Na verdade e tendo sido essa a preocupação com a consagração do princípio do reconhecimento mútuo, é consabido que este opera essencialmente a favor da investigação ou acusação, pois a defesa ainda não tem as mesmas oportunidades que a autoridade de investigação no pedido de obtenção de provas no estrangeiro e isto tem como consequência um impacto negativo no princípio de igualdade de armas. De qualquer forma, salienta-se que estas consequências ditas negativas não podem ser assacadas à Diretiva, face à faculdade concedida aos arguidos ou acusados em solicitarem a emissão de uma DEI para recolha de prova essencial à defesa. Este equilíbrio, que se deseja, poderá vir a ser alcançado mediante a participação atempada, na sua área de competência, da Eurojust, mediante as ferramentas que dispõe e *know-how* adquirido na coordenação e articulação entre autoridades judiciárias, a que, cada vez mais, certamente se juntará a defesa.

Na matéria da obtenção de prova e como já assinalamos, há que atender às diferenças entre os sistemas jurídicos de investigação nos EM: 1) os EM em que a investigação é dirigida pelo Ministério Público (PT, IT, NL, DE, AT, SK, HR, CZ, PL, HU, BG, RO, EE, LT, LV, SE, MT, CY); os EM em que é dirigida pela autoridade policial (FI, RU) e 3) os EM que conservam a figura do juiz de investigação (ES, FR, BE, LU, EL), e os EM que tem a figura do juiz das liberdades (direitos, liberdades e grantias) (PT, IT).

A Comissão está a preparar um Anexo para a obtenção da prova digital (*e-evidence Annex*) e um guia prático para preenchimento dos anexos[341].

---

[341] O Conselho da UE, no documento n. 5908/18, de 07.02.2018, divulgou informação prestada pelos serviços da Comissão Europeia relativamente ao estado de transposição da Diretiva 2014/41/EU do Parlamento Europeu e do Conselho relativa à DEI adotada a 3 de abril de 2014, publicada no Jornal Oficial de 1 de maio de 2014 (L 130, p. 1). Assim, reportada à situação verificada a 6 de fevereiro do corrente ano, 21 EM haviam notificado a Comissão nos

Por outro lado, será que a Diretiva constitui um avanço na implementação do princípio do reconhecimento mútuo ou um retrocesso? A resposta a esta questão depende do ponto de vista que se pretenda assumir, se comparado com o mandado europeu de obtenção de provas (pese embora a sua relativa ineficácia até à data, dada a falta de transposição de tal instrumento em vários EM, situação que veio a determinar a sua revogação por se tratar de ato obsoleto, ainda que com norma transitória), a Diretiva é claramente menos ambiciosa ou mais cautelosa, se preferirem, com referência ao princípio do reconhecimento mútuo. Mas se for comparado com o modelo atual de obtenção de prova baseado no sistema clássico de emissão de cartas rogatórias, a Diretiva constitui um significativo avanço na implementação no princípio do reconhecimento mútuo.

De qualquer forma, caberá um papel decisivo aos EM quando transpuserem a Diretiva (existindo diversas normas cuja regulamentação nacional será essencial) e o papel que se consagrar ao TJUE na interpretação da Diretiva e no estabelecimento dos "checks and balances", ou seja, no equilíbrio necessário entre o poder de investigação ou acusação e os direitos da defesa[342].

Conclusões das reuniões plenárias da RJE no que se refere à aplicação prática da DEI[343]-[344]

termos do artigo 36.º, n.º 3: BE, CZ, DE, EE, EL, FR, HR, IT, CY, LV, LT, HU, MT, NL, PT, RO, SI, SK, FI, SE, UK (cfr. para informação mais compreensiva o endereço http://eur-lex.europa.eu/legal-content/EN/NIM/?uri=CELEX:32014L0041&qid=1494840733405).

Mais se refere no mesmo documento que a Comissão se encontra a desenvolver uma plataforma baseada em tecnologia e-CODEX que irá permitir a transferência eletrónica de Cartas Rogatórias e DEI bem como das provas recolhidas em formato eletrónico. Nesse âmbito, foram acordados com os representantes dos EM as especificações técnicas do sistema a implementar, cuja primeira versão se espera estar disponível no final de 2019.

[342] Para maior desenvolvimento da Diretiva e obrigações de transposição vd. Luís Lemos Triunfante, *Decisão Europeia de Investigação em matéria penal*, Revista do MP, n.º 147, p.s 73 e ss. e Francisco Jiménez-Villarejo Fernández, *"Orden Europea de Investigacíon",* in Cooperación Jurídica Penal Internacional, Memento Experto, Francis Lefebvre, 2016, págs. 387 a 441

[343] Disponíveis em versão original inglesa: https://www.ejnforum.eu/cp/registry-files/3373/ST-15210-2017-INIT-EN-COR1.pdf sendo as ora descritas uma tradução para português, não disponível no *site* da RJE

[344] Como a única versão existente se encontra redigida em inglês, a tradução para português é da nossa responsabilidade

NÍVEIS DE COOPERAÇÃO

I Parte: Conclusões da 48ª reunião plenária da RJE (Malta, junho de 2017)

II Parte: Conclusões da 49ª reunião plenária da RJE (Tallinn, novembro de 2017)[345]

I Parte: sumário das conclusões da 48ª reunião plenária da RJE (Malta, junho de 2017)

1. Período de transição

Em alguns EM, vários pontos de contacto declararam que, em antecipação da transposição tardia da Diretiva DEI em alguns EM, a legislação do seu EM prevê disposições que permitiriam a aplicação das convenções do auxílio judiciário mútuo (MLA) aos EM que não transpuseram a diretiva. Nos EM em que tais disposições não foram incluídas, os profissionais começaram a aplicar a mesma abordagem pragmática.

Os EM que ainda não transpuseram a Diretiva DEI devem respeitar o regime da DEI na medida do possível, p. ex. em relação aos prazos, ao executar um pedido de um EM que transpôs a diretiva.

2. Âmbito da Diretiva DEI

No que diz respeito ao art. 34.º da Diretiva DEI que trata das relações com outros instrumentos, tratados e convenções jurídicas, os participantes concordaram que o significado de "disposições correspondentes" substituídas pela Diretiva DEI está adequadamente descrito na Nota elaborada pela Eurojust e pela RJE[346]. Esta Nota enumera satisfatoriamente as medidas que devem ser excluídas do âmbito de aplicação da Diretiva DEI.

3. Preenchimento do formulário (Anexos) DEI

– Os participantes reconheceram várias dificuldades ao preencher o formulário DEI, como, por exemplo, quando se trata de várias pessoas ou se várias autoridades competentes a nível regional estariam envolvidas no EM de execução. Os participantes concordaram que é responsabilidade do EM

---

[345] Doc. 15210/17 do Conselho da UE, 08.12.2017

[346] Council doc 9936/17 LIMITE, Annex II – Note on the meaning of "corresponding provisions" and the applicable legal regime in case of delayed transposition of the EIO Directive

de execução garantir que todas as autoridades nacionais relevantes sejam oportunamente envolvidas em conformidade com a Lei desse Estado.

– Em princípio, foi acordado que, quando forem solicitadas múltiplas medidas, os profissionais devem incluir todas numa DEI.

– Também foi esclarecido que, em caso de congelamento e/ou confisco de instrumentos e produtos do crime, os profissionais devem continuar a emitir as respetivas ordens de congelamento ou confisco. Se forem necessárias outras medidas de investigação abrangidas pela DEI, estas deverão ser enviadas num formulário DEI separado.

4. Em caso de urgência

Os participantes discutiram a possibilidade de agir imediatamente como uma autoridade de execução quando abordada pela autoridade de emissão, enquanto esta aguarda que a DEI seja finalizada e enviada. Diferentes opiniões foram expressas sobre este assunto, ou seja:

– enviar um pedido antecipadamente, não ficaria vinculado a nenhum formulário (por exemplo, por e-mail ou mesmo no telefone). Embora esta opção não esteja prevista na diretiva, os participantes sublinharam que a diretiva visa melhorar a cooperação internacional e não torná-la menos eficiente;
– usando canais informais de aplicação da Lei. Esta opção seria rápida, mas pode suscitar problemas informais em relação à admissibilidade da prova numa fase posterior;
– nenhuma possibilidade de atuação antes da DEI ser emitida.

5. Regime linguístico

Aceitar a DEI apenas num idioma foi identificado como um problema potencial. Para evitar atrasos relacionados à tradução de documentos, os participantes solicitaram aos EM que incluíssem mais de uma língua aceite nas suas disposições nacionais, reconhecendo que o inglês seria a melhor solução, por ser a língua mais utilizada entre os praticantes. Uma série de Pontos de Contacto da RJE interpretam o art. 5.º (2) da Diretiva DEI como obrigando o EM de execução a aceitar outras línguas da UE para além das suas.

Os participantes consideraram que uma DEI enviada sem tradução deveria ser vista como "incompleta" na aceção do n.º 2 do art. 16.º. Assim, a autoridade de execução deve informar a autoridade de emissão em vez de enviar o formulário de volta ou tratá-lo como não existente.

6. Apoio da RJE e da Eurojust

O apoio da RJE e da Eurojust, de acordo com o respetivo mandato, é crucial para a aplicação efetiva da Diretiva DEI, como no caso de outros procedimentos de cooperação judiciária em matéria penal.

7. Papel da RJE

Considerando as novidades introduzidas pelo regime de DEI, os participantes nos *workshops* concluíram que a RJE deveria estar preparada para aumentar o seu apoio, a fim de evitar atrasos desnecessários na emissão e execução de DEIs. Particularmente, recomenda-se que, ao preencher a DEI, os profissionais devem entrar em contacto com os Pontos de Contacto da RJE e/ou com a autoridade competente de execução para resolver dúvidas antes de enviar a DEI. Por conseguinte, é previsível um aumento da carga de trabalho dos Pontos de Contacto da RJE até que o *know-how* sobre a DEI seja amplamente divulgado nos EM e através do site da RJE.

Para facilitar o trabalho dos praticantes, o Secretariado da RJE deve compilar informações sobre as autoridades emissoras e de validação nos EM. Além disso, os Pontos de Contacto da RJE devem enviar informações sobre problemas relacionados à aplicação prática da DEI, bem como experiências positivas para o Secretariado da RJE, para garantir que os profissionais sejam informados sobre o desenvolvimento deste instrumento. Quando possível, uma compilação de melhores práticas também seria uma mais valia.

8. Ações específicas relativas ao *site* da RJE

– Área de DEI designada: o *site* da RJE deve conter uma secção específica contendo informações práticas sobre a DEI (por exemplo, uma compilação de autoridades de emissão e validação, melhores práticas, FAQ etc.).

– Situação da implementação: o *site* da RJE fornece o *status* de implementação de todos os instrumentos legais relacionados com a cooperação judiciária internacional em matéria penal. É particularmente importante que a informação sobre a transposição da Diretiva DEI seja precisa, uma vez que esta informação é necessária diariamente para decidir qual instrumento utilizar.

– *Fiches Belges:* As fichas belgas foram reconhecidas como uma ferramenta essencial para a informação, por exemplo sobre o escopo da DEI e informações práticas legais. Os EM devem manter a informação tão completa e precisa quanto possível.

9. Próximos passos

– Orientações: os participantes sublinharam a necessidade urgente de orientações, tanto a nível da UE como a nível nacional. Essas diretrizes devem ser práticas, claras e concisas.

– Formulário anexo eletrónico da DEI: a iniciativa da Comissão Europeia de fornecer um formulário eletrónico para a DEI, com orientação sobre como preenchê-lo foi bem aceite. No entanto, os participantes sublinharam que a opção de usar o Compêndio RJE como uma ferramenta para elaborar um DEI deve ser mantida. Os participantes enfatizaram que os comentários dos Pontos de Contacto da RJE devem ser reunidos antes que o modelo eletrónico seja tornado público.

– Formação para praticantes: a organização da formação, incluindo sessões práticas, foi considerada essencial, tanto para os Pontos de Contacto da RJE quanto para outros profissionais, para que possam desempenhar a sua função de forma eficiente.

II Parte: Sumário das conclusões da 49ª reunião plenária da RJE (Tallinn, novembro de 2017

1. Âmbito da Diretiva DEI

Devido à interpretação diversificada do que se entende por "disposições correspondentes" das convenções mencionadas no n.º 1 do art. 34.º da Diretiva DEI, a substituir por este novo instrumento jurídico, o âmbito da Diretiva DEI ainda está em discussão. A RJE compilou os pontos de vista da RJE sobre esta questão no documento "DEI – Implicações jurídicas e práticas". Além disso, a RJE trabalhou em conjunto com a Eurojust para a elaboração da "Nota sobre o significado das" disposições correspondentes "e do regime jurídico aplicável em caso de transposição tardia da Diretiva DEI"[347].

Ao discutir o escopo da Diretiva DEI, os Pontos de Contacto da RJE tiveram diferentes pontos de vista sobre se a emissão de uma DEI para audição do acusado por videoconferência durante um julgamento e permitir que a pessoa acusada esteja presente através do julgamento por videoconferência é possível. Alguns EM declararam que, de acordo com a legislação nacional, só podem aceitar a utilização de videoconferência para reunir provas.

---

[347] Ambos os documentos disponíveis em Council Doc 9936/17 LIMITE

NÍVEIS DE COOPERAÇÃO

Contudo, várias diligências foram mencionadas pelos participantes como não abrangidas pelo escopo do instrumento. Em primeiro lugar, os participantes concordaram que, se o pedido não for sobre a recolha de provas, não é abrangido pela DEI. Em segundo lugar, todos concordaram que a notificação de documentos sai, em princípio, fora do escopo da DEI, exceto quando faz parte da medida de investigação solicitada numa DEI. No entanto, nenhum problema particular se suscitou na prática a este respeito. Finalmente, também foi argumentado que as disposições relativas às medidas de cooperação policial são substituídas pela DEI quando estas são utilizadas para cooperação judiciária.

No que diz respeito à relação entre a DEI e o MDE, os Pontos de Contacto da RJE concluíram que se era possível no âmbito do MLA deveria ser possível no âmbito da DEI. Os considerandos 25 e 26 da diretiva DEI podem ser úteis a este respeito.

2. Aplicabilidade da "regra da especialidade"

Além do seu papel específico na extradição e transferência de sentenças de condenados, a "regra de especialidade" também se aplica tradicionalmente às cartas rogatórias para reunir provas, vd. por exemplo, art. 23.º da CE2000. No entanto, a diretiva DEI não regula expressamente esta regra.

Os Pontos de Contacto da RJE discutiram se a prova obtida após uma DEI está sujeita à regra da especialidade ou não e, no caso afirmativo, ela só se aplicaria a situações em que a dupla incriminação precisasse de ser verificada. O art. 19 da diretiva que prevê disposições em matéria de confidencialidade foi apresentado como argumento para a aplicação da norma de especialidade. Também foi argumentado que a DEI é emitida em relação a processos específicos e a utilização de provas obtidas em outros processos não deve ser automaticamente possível, pois outros motivos de recusa podem ocorrer no último. Em conclusão, os participantes tiveram diferentes posições sobre esta matéria.

Também foi mencionado que, para garantir que não ocorrem problemas, um pedido deve ser feito, de preferência usando o formulário DEI antes de usar a prova para outros fins que o que foi indicado na DEI original.

3. DEI em questões urgentes

A Diretiva DEI não regula a necessidade de tomar medidas provisórias antes da emissão de uma DEI. No que diz respeito ao envio de um *e-mail* ou outro pedido informal antes de enviar o DEI, os Pontos de Contacto expli-

MANUAL DE COOPERAÇÃO JUDICIÁRIA INTERNACIONAL EM MATÉRIA PENAL

caram no *workshop* que, em alguns EM, os pedidos de e-mail ou telefone são aceites em casos urgentes antes de receber a DEI real. O art. 7.º "Troca de informações espontâneas" da CE2000 poderia ser uma solução em algumas situações. Os pontos de contacto assinalaram que medidas mais coercivas podem ser consideradas difíceis de lidar antes que a DEI seja recebida.

Em situações urgentes, alguns EM podem estar dispostos a agir com base numa DEI antes de terem sido traduzidas para uma das línguas aceites.

No que diz respeito à validação, em algumas situações urgentes, especialmente durante feriados ou fins de semana, pode não ser possível obter a assinatura manuscrita da autoridade de validação. A questão discutida pelos Pontos de Contacto da RJE foi se esse problema pode ser atenuado por uma confirmação por *e-mail* da autoridade de validação competente ou, pelo menos, com uma assinatura eletrónica, que poderia ser aceite por alguns EM. Foi sugerido pelos participantes que os Pontos de Contacto da RJE poderiam intervir em circunstâncias como estas ajudando em situações em que a autoridade de validação não está disponível para assinar a DEI, por exemplo, atestando a identidade e a decisão do seu colega nacional.

4. Autoridades emissoras competentes

No que diz respeito à verificação se a autoridade de emissão ou validação de uma DEI é competente, tornou-se claro durante as discussões que normalmente as autoridades nacionais se baseiam na confiança mútua, no entanto, as verificações são feitas de forma aleatória.

No que se refere à avaliação se a DEI recebida foi emitida ou validada por uma autoridade competente, os Pontos de Contacto da RJE confirmaram que o documento "Autoridades competentes e línguas aceites" elaborado pelo Secretariado da RJE e publicado na área de DEI do *site* da RJE era útil.

5. Identificação das autoridades competentes de execução/receção

De acordo com os Pontos de Contacto da RJE, não há dificuldades especiais para as autoridades de emissão encontrarem a autoridade de execução/receção competente de uma DEI. A informação disponível no Atlas RJE foi considerada muito útil e a adaptação atempada do Atlas à Diretiva DEI é de grande importância assim que a Diretiva DEI é transposta no respetivo EM.

Para efeitos do Atlas, a Diretiva DEI coexiste com outros instrumentos jurídicos como base jurídica potencial, dependendo do estado da implementação da Diretiva DEI e em relação à Dinamarca e à Irlanda.

A importância de manter o Atlas atualizado e o papel crucial dos Correspondentes de Ferramentas da RJE a este respeito foi sublinhado.

6. Prazos

Como outros instrumentos de reconhecimento mútuo, a Diretiva DEI estabelece prazos para reconhecimento e execução. Este é um dos mais importantes elementos em comparação com o sistema MLA "tradicional". Do ponto de vista prático, os Pontos de Contacto da RJE não evidenciaram problemas específicos quanto ao cumprimento dos prazos para o reconhecimento ou a execução da DEI.

7. Proporcionalidade/Necessidade

Os pontos de contacto da RJE foram convidados a avaliar a forma como a questão da proporcionalidade e necessidade tinha sido tratada na prática até ao momento e quais seriam as consequências se a autoridade de execução considerar que o requisito de proporcionalidade e necessidade não é respeitado pela autoridade emissora, tendo em consideração que este não é um motivo de recusa de acordo com a diretiva DEI.

Concordaram que, se esse requisito não fosse respeitado, tecnicamente não poderia ser visto como motivo de recusa. Em caso de dúvida, a autoridade de execução deve solicitar uma explicação e informações adicionais da autoridade emissora. No entanto, reconheceu-se que a execução poderia ser recusada em casos excecionais.

Um dos motivos para a qual a autoridade de execução pode suscitar a questão da proporcionalidade e da necessidade é que a descrição da infração às vezes não é suficientemente detalhada ou a medida de investigação solicitada é muito ampla e difícil de justificar ou não descrita concretamente para fazer uma avaliação adequada. Os EM sublinharam que a medida solicitada deve ser relevante e não são permitidas *expedições de phishing*.

Problemas adicionais na avaliação da proporcionalidade e da necessidade podem ser gerados por diferentes palavras usadas para "necessárias" em outras versões linguísticas da Diretiva DEI. Os Pontos de Contacto da RJE admitiram que, por vezes, os problemas tinham sido levantados pela tradução das palavras "proporcionalidade" e "necessidade" em algumas línguas. Foi acordado que, em caso de dúvida, os profissionais devem verificar a versão em inglês da Diretiva DEI.

8. Pedidos anteriores de auxílio judiciário mútuo

Os Pontos de Contacto da RJE discutiram a possível interpretação do art. 35 (1) da Diretiva DEI, nomeadamente numa situação em que ambos os EM que colaboraram na transposição da diretiva, mas têm um caso pendente que começou antes de ambos transporem a Diretiva DEI e, portanto, estão a lidar com os pedidos do MLA entre si. A questão levantada era se um EM pode enviar um pedido de MLA adicional como continuação de um pedido de MLA anterior, depois dos Estados cooperantes transpuseram a Diretiva DEI.

Os Pontos de Contacto da RJE compartilhavam a visão de que uma DEI deveria ser emitida em vez de continuar com MLA complementar.

9. Outros problemas na aplicação prática da DEI

Além dos aspetos acima mencionados da aplicação prática do DEI, os Pontos de Contacto foram convidados a destacar qualquer outro problema encontrado. Problemas que foram mencionados:

- Novas autoridades de execução competentes em comparação com o quadro do MLA, em alguns casos.
- Situações quando uma decisão nacional no EM emissor é exigida pelo EM de execução, embora a DEI normalmente seja considerada como a "decisão nacional" (por exemplo, nos casos de pedido de interceção de telecomunicações).

Os Pontos de Contacto da RJE também compartilharam opiniões sobre como lidar com essas questões. Uma das soluções destacadas foi um documento sobre Perguntas Frequentes (FAQ) para responder a questões específicas das autoridades nacionais de um EM sobre a aplicação prática da Diretiva DEI.

10. DEI no *site* da RJE

A informação no *site* da RJE sobre a DEI foi considerada muito útil, desde que seja atualizada regularmente. O papel importante dos Correspondentes de Ferramentas RJE em relação à atualização do *site* foi sublinhado. Uma das sugestões feitas pelos participantes foi a criação de uma FAQ como um recurso adicional para a secção DEI. Alternativamente, as informações adequadas para uma FAQ podem ser fornecidas nas *Fiches Belges*.

11. Período de transição

A questão levantada foi a forma como as autoridades requeridas/execução de um EM, que não transpôs a Diretiva DEI, tratam uma DEI enviada de um EM que transpôs a diretiva.

A maioria dos EM, que não transpuseram ainda a Diretiva DEI, tratam as DEI como pedidos de MLA.

Também foi observado que, em alguns casos, as autoridades judiciárias dos EM que transpuseram a Diretiva DEI, ainda emitem pedidos de MLA. Essa prática deve ser evitada e as autoridades de execução são encorajadas a não executar tais pedidos de MLA, pois isso poderia, em fase posterior, criar problemas de admissibilidade de provas no EM emissor.

Os Pontos de Contacto da RJE sublinharam a importância da formação relevante e da informação atualizada sobre a Diretiva DEI.

A DEI e a análise casuística na Eurojust[348]

A avaliação geral que as autoridades nacionais fazem da DEI é muita positiva. Os formulários disponíveis em todos os idiomas é visto como uma mudança positiva em comparação com as cartas rogatórias, sendo também relevante a fixação de prazos de validação e execução das DEI, ao contrário do que sucedia com as cartas rogatórias.

Umas das questões que se colocaram prendia-se com a necessidade da decisão do tribunal ser anexada à DEI, tendo a maioria das autoridades judiciárias, considerado que tal não seria necessário e não deveria ser solicitado.

No que concerne à informação que a DEI deve conter, as autoridades tem revelado algumas dúvidas, devendo pelo menos a mesma ser preenchida com a informação relevante que permita a autoridade de execução cumprir o pedido e as diligências de prova, sem prejuízo da consulta que poderá ter sempre lugar.

Um dos problemas acentuados tem sido o facto de os EM terem implementado a Diretiva em diferentes datas e por essa via não disporem de legislações internas de transposição, consideradas para além de obrigatórias, fundamentais para a boa aplicação da Diretiva.

Foram levantadas questões quanto aos critérios que devem pautar a análise da proporcionalidade, designadamente relacionadas com a possibilidade

---

[348] Este é um processo em desenvolvimento, tendente à organização do Seminário DEI que terá lugar na Eurojust em setembro de 2018.

da autoridade de execução propor uma medida de execução menos intrusiva que a proposta pela autoridade de emissão.

No que diz respeito às Caixas de seleção dos Anexos, algumas autoridades tem perguntado a razão pela qual não existe uma caixa de seleção específica para algumas medidas frequentes, por exemplo buscas.

O preenchimento da DEI tem levantado alguns problemas quando estão em causa diferentes medidas, sendo defendida a posição maioritária que tudo dependeria do caso concreto e se a uma descrição pudesse abranger tudo o que é solicitado ou se é preferível descrições específicas, em casos muito complexos, talvez mais adequadas.

Outra questão prendeu-se com a possível divulgação aos advogados de defesa das DEI, não tendo sido possível alcançar um consenso nessa matéria.

Quanto às autoridades de execução competentes, foi identificado um problema relacionado com o facto de alguns EM terem atribuído tal competência às autoridades centrais, tornando a execução mais morosa do que anteriormente sucedia com as cartas rogatórias, por estas serem executadas por todas as autoridades judiciárias territorialmente competentes (num caso envolvendo dois EM, foi decidido criar uma EIC em vez de emitir uma DEI, pelo facto da execução deste última, num dos EM, ser atribuída à autoridade central, o que complicaria o "contacto direto" das autoridades competentes envolvidas no caso).

Quanto ao regime de transição, mormente qual a via a seguir após o envio de uma carta rogatória antes de 22 de maio de 2017, devendo, por se tratar de um pedido novo, ser emitida uma DEI, fazendo menção ao pedido anterior, e não ser seguido o modelo anterior das cartas rogatórias.

No que concerne ao congelamento e ao confisco, para algumas autoridades, era necessário esclarecer que a DEI diz respeito apenas pedidos de congelamento de provas e não pedidos de congelamento de ativos/bens.

A qualidade da tradução, tal como já sucedia com as cartas rogatórias, continua a ser um problema no âmbito da DEI.

NÍVEIS DE COOPERAÇÃO

11.12. Tabela dos principais instrumentos jurídicos da UE em cooperação judiciária em matéria penal[349]

Formas de cooperação	Instrumentos de reconhecimento mútuo
Auxílio judiciário em matéria penal	DQ 2003/577/JAI do Conselho, de 22 de julho de 2003, relativa à execução na UE das decisões de congelamento de bens ou de provas
	DQ 2008/978/JAI do Conselho, de 18 de dezembro de 2008, relativa a um mandado europeu de obtenção de provas destinado à obtenção de objetos, documentos e dados para utilização no âmbito de processos penais
	Diretiva 2014/41/UE de 3 de abril de 2014 relativa à decisão europeia de investigação em matéria penal Diretiva 2014/41/UE de 3 de abril de 2014 relativa à decisão europeia de investigação em matéria penal
Entrega para fins de procedimento criminal ou de execução de uma pena	DQ 2002/584/JAI do Conselho, de 13 de junho de 2002, relativa ao mandado de detenção europeu e aos procedimentos de entrega entre EM
Vigilância pré-sentencial	DQ 2009/829/JAI do Conselho, de 23 de outubro de 2009, relativa à aplicação, entre os EM da UE, do princípio do reconhecimento mútuo às decisões sobre medidas de controlo, em alternativa à prisão preventivaDecisão-Quadro 2009/829/JAI do Conselho, de 23 de outubro de 2009, relativa à aplicação, entre os Estados-Membros da União Europeia, do princípio do reconhecimento mútuo às decisões sobre medidas de controlo, em alternativa à prisão preventiva
Transmissão de procedimentos	–

[349] Para consulta mais pormenorizada de todos os instrumentos citados, aconselha-se a leitura de duas compilações de legislação:

– Compilação dos Instrumentos da União Europeia no domínio da área penal e textos relacionados contendo todos os textos originais, na língua inglesa, publicada em setembro de 2017 pela Secretaria-Geral do Conselho Europeu, disponível em: http://www.consilium.europa.eu/en/documentspublications/publications/2017/european-union-instruments/

– Compilação de Instrumentos Jurídicos de Direito Penal da União Europeia, na língua portuguesa, publicada em dezembro de 2017, pelo Centro de Investigação Interdisciplinar em Direitos Humanos (DH-CII) da Escola de Direito da Universidade do Minho, disponível em: https://www.dropbox.com/s/uwop3ez385503zq/Compilacao_de_Instrumentos_Juridicos_de_Direito_Penal_da_UE_dezembro_2017.pdf?dl=0.

MANUAL DE COOPERAÇÃO JUDICIÁRIA INTERNACIONAL EM MATÉRIA PENAL

Formas de cooperação	Instrumentos de reconhecimento mútuo
Transferência da execução de uma pena ou medida privativa de liberdade	DQ 2008/909/JAI do Conselho, de 27 de novembro de 2008, relativa à aplicação do princípio do reconhecimento mútuo às sentenças em matéria penal que imponham penas ou outras medidas privativas de liberdade para efeitos da execução dessas sentenças na EU
Transferência da pessoa condenada	DQ 2008/909/JAI do Conselho, de 27 de novembro de 2008, relativa à aplicação do princípio do reconhecimento mútuo às sentenças em matéria penal que imponham penas ou outras medidas privativas de liberdade para efeitos da execução dessas sentenças na EU
Decisões relativas à liberdade condicional para efeitos da fiscalização das medidas de vigilância e das sanções	DQ 2008/947/JAI do Conselho, de 27 de novembro de 2008, respeitante à aplicação do princípio do reconhecimento mútuo às sentenças e decisões relativas à liberdade condicional para efeitos da fiscalização das medidas de vigilância e das sanções
Execução de decisões de perda	DQ 2006/783/JAI do Conselho, de 6 de outubro de 2006, relativa à aplicação do princípio do reconhecimento mútuo às decisões de perda
Decisões de sanções pecuniárias	DQ 2005/214/JAI do Conselho, de 24 de fevereiro de 2005, relativa à aplicação do princípio do reconhecimento mútuo às sanções pecuniárias
Execução de decisões de inibição de direitos	–
Proteção das vitímas	Diretiva 2011/99/UE de 13 de dezembro de 2011 referente à decisão de proteção europeia (DPE) – aplicável a partir de janeiro de 2015

NÍVEIS DE COOPERAÇÃO

11.13. Tabela de instrumentos da UE em matéria de troca de informações[350]

Forma de troca de informações	Instrumentos jurídicos
Troca bilateral, espontânea ou mediante pedido, entre autoridades nacionais	Decisão 2006/960/JAI do Conselho de 18 de dezembro de 2006 relativa à simplificação do intercâmbio de dados e informações entre as autoridades de aplicação da Lei dos EM da UE ("Decisão Sueca")Decisão-Quadro 2006/960/JAI do Conselho de 18 de dezembro de 2006 relativa à simplificação do intercâmbio de dados e informações entre as autoridades de aplicação da lei dos Estados-Membros da União Europeia
Ações automatizadas com base em dados nacionais	Decisão 2008/615/JAI do Conselho de 23 de junho 2008 relativa ao aprofundamento da cooperação transfronteiriça, nomeadamente na luta contra o terrorismo e a criminalidade transfronteiriça e a DQ 2008/616/JAI, do Conselho de 23 de junho 2008 sobre a base de dados em causa (Decisão Prüm)
Concretização e acesso às bases de dados policiais europeias	Decisão 2007/533/JAI do Conselho de 12.6.2007 que criou o SIS II (Sistema de Informação Schengen de segunda geração)
	Decisão 2009/371/JAI do Conselho criando a unidade de Polícia Europeia (Europol)

[350] Para consulta mais pormenorizada de todos os instrumentos citados, aconselha-se a leitura de duas compilações de legislação:
– Compilação dos Instrumentos da União Europeia no domínio da área penal e textos relacionados contendo todos os textos originais, na língua inglesa, publicada em setembro de 2017 pela Secretaria-Geral do Conselho Europeu, disponível em:
http://www.consilium.europa.eu/en/documentspublications/publications/2017/european-union-instruments/
– Compilação de Instrumentos Jurídicos de Direito Penal da União Europeia, na língua portuguesa, publicada em dezembro de 2017, pelo Centro de Investigação Interdisciplinar em Direitos Humanos (DH-CII) da Escola de Direito da Universidade do Minho, disponível em:
https://www.dropbox.com/s/uwop3ez385503zq/Compilacao_de_Instrumentos_Juridicos_de_Direito_Penal_da_UE_dezembro_2017.pdf?dl=0.

Forma de troca de informações	Instrumentos jurídicos
Acesso a outras bases de dados europeias públicas	Decisão 2009/917/JAI do Conselho de 30 de novembro de 2009 relativa à utilização da informática no domínio aduaneiro
	Decisão 2008/633/JAI do Conselho de 23 de junho 2008 relativa ao acesso para consulta ao Sistema de Informação sobre Vistos (VIS) por parte das autoridades designadas dos EM e por parte da Europol para efeitos de prevenção, deteção e investigação de infrações terroristas e outras infrações penais graves
	Regulamento n.º 603/2013 do Parlamento Europeu e do Conselho de 26 de junho de 2013 relativo à criação do sistema «Eurodac» de comparação de impressões digitais para efeitos da aplicação efetiva do Regulamento (UE) n.º 604/2013, que estabelece os critérios e mecanismos de determinação do EM responsável pela análise de um pedido de proteção internacional apresentado num dos EM por um nacional de um país terceiro ou um apátrida, e de pedidos de comparação com os dados Eurodac apresentados pelas autoridades responsáveis dos EM e pela Europol para fins de aplicação da Lei e que altera o Regulamento (UE) n.º 1077/2011 que cria uma Agência europeia para a gestão operacional de sistemas informáticos de grande escala no espaço de liberdade, segurança e justiça (reformulação)

Forma de troca de informações	Instrumentos jurídicos
Acesso às bases de dados privadas	Diretiva 2006/24/CE do Parlamento Europeu e do Conselho de 15 de março de 2006 relativa à conservação de dados gerados ou tratados no contexto da oferta de serviços de comunicações eletrónicas publicamente disponíveis ou de redes públicas de comunicações, e que altera a Diretiva 2002/58/CE
	Diretiva (UE) 2016/681 do Parlamento e do Conselho de 27 de abril de 2016 relativa à utilização dos dados dos registos de identificação dos passageiros (PNR) para efeitos de prevenção, deteção, investigação e repressão das infrações terroristas e da criminalidade grave Acordo de 8 de dezembro 2011 entre os EUA e a UE sobre a utilização dos dados dos passageiros e a sua transferência ao Ministério americano da segurança interna, entrado em vigor em 1 de julho 2012 Acordo de 29 de setembro 2011 entre a UE e a Austrália sobre o tratamento e a transferência de dados do registo de identificação dos passageiros (PNR) pelas transportadoras aéreas para o Serviço Aduaneiro e de Proteção das Fronteiras australiano Decisão do Conselho de 18 de julho de 2005 relativa à celebração de um acordo entre a Comunidade Europeia e o Governo do Canadá sobre o tratamento dos dados API/PNR (2006/230/CE) – Acordo de 03.10.2005
	Acordo entre a UE e os EUA sobre o tratamento e transferência dos dados financeiros da UE aos EUA para fins do programa de vigilância do financiamento do terrorismo, entrado em vigor em 01.08.2010 (TFTP)

11.14. O Tribunal de Justiça da União Europeia na cooperação judiciária em matéria penal

Desde a sua criação, em 1952, a missão do TJUE (na altura Tribunal das Comunidades Económicas e Europeias) consiste em garantir *"o respeito do direito na interpretação e aplicação"* dos Tratados. No âmbito desta missão, o TJUE: i) fiscaliza a legalidade dos atos das instituições da UE; ii) assegura o respeito, pelos EM, das obrigações decorrentes dos Tratados, e iii) interpreta o direito da União a pedido dos juízes nacionais. O Tribunal de Justiça constitui assim a autoridade judiciária da UE e vela, em colaboração com os órgãos jurisdicionais dos EM, pela aplicação e a interpretação uniformes do direito da União. Com o acórdão *"van Gend & Loos"* o TCEE criou uma nova ordem jurídica em benefício da qual os EM limitaram os seus direitos soberanos e cujos sujeitos compreendiam também os seus nacionais[351]. Esta decisão foi equiparada a uma "declaração de independência do direito da UE face à autoridade dos EM[352], inaugurando um processo impar de transformação de um conjunto de instrumentos jurídicos de direito internacional numa ordem jurídica autónoma, de onde emanam direitos que podem ser invocados em juízo pelos particulares. Este processo teve na sua origem o TJUE, sendo frequentemente caricaturado como uma espécie de "herói solitário da integração europeia"[353]. O papel dos tribunais nacionais neste processo revelar-se-ia decisivo ao incorporar a jurisprudência do TJUE nas respetivas ordens jurídicas, bem como, em simultâneo, ao influenciar e limitar o seu contéudo[354]. Os sucessivos aprofundamentos da ordem jurídica da União foram, em larga medida, ao abrigo do art. 267.º do TFUE, que se convola, no essencial, numa contínua "negociação" sobre a interpretação de normas jurídicas[355].

O TJUE, com sede no Luxemburgo, é composto por duas jurisdições: o Tribunal de Justiça e o Tribunal Geral (criado em 1988). O Tribunal da Função Pública, criado em 2004, cessou as suas atividades em 1 de setembro de 2016 depois de ter transferido para o Tribunal Geral as suas competências no contexto da reforma da arquitetura jurisdicional da União[356].

Desde 1 de dezembro de 2014, o TJUE tem plena competência para os instrumentos jurídicos adotados no domínio da justiça penal da UE. Qualquer tribunal pode agora submeter ao TJUE, no âmbito do processo de reen-

---

[351] Ac. de 5 de fevereiro de 1963, "van Gend & Loos", 26/62, Coletânea, 1962-1964, p. 210.

[352] Miguel Poiares Maduro, "*Contrapunctual Law: Europe's Constitucional Pluralism in Action*", Sovereignity in Transition, Neil Walker (coordenador), Hart, Oxford, 2003, p. 504.

[353] Lisa Conant, "*Justice Contained – Law and Politics in the European Union*", Cornell University Press, Ithaca, 2002, p. xiii, ou Miguel Poiares Maduro, "*A Constituição Plural*", Principia, Estoril, 2006, p. 9.

[354] Daniel Sarmiento, "*Poder Judicial y integración europea*", Civitas, Madrid, 2004, p. 46, alude a este propósito, à existência de uma relação de "mútua necessidade" entre os tribunais nacionais e o TJUE.

[355] Karen Alter, *Establishing the Supremacy of European Law – The Making of na International Rule of Law in Europe*, Oxford University Press, Oxford, 2011, p. 38; para maior desenvolvimento do caso Português, Francisco Pereira Coutinho, *Os Tribunais Nacionais na Ordem Jurídica da UE*, O Caso Português, Coimbra Editora, junho de 2013.

[356] http://curia.europa.eu/jcms/jcms/Jo2_6999/pt/

NÍVEIS DE COOPERAÇÃO

vio prejudicial, uma questão sobre questões de justiça penal, independentemente de uma declaração formal do EM[357].

Ao longo do tempo, o número de reenvios prejudiciais tem vindo a aumentar[358]. Para se ter uma noção aproximada da realidade, neste momento, cerca de 65% dos casos totais submetidos ao TJUE dizem respeito a reenvios prejudiciais, em matérias como os impostos, a imigração e o asilo a cooperação judiciária em matéria civil e comercial e mais recentemente a cooperação judiciária em matéria penal, as políticas públicas sociais da UE e os direitos dos consumidores. Mais recentemente, depois de o direito do ambiente ter dominado no passado, atualmente são as questões de imigração e asilo (em particular depois da denominada "crise de refugiados"), dentro do ELSJ que mais demandam o TJUE. Dentro da tramitação prejudicial urgente (arts. 107.º e ss. do regulamento de processo do TJUE), cerca de 95% dizem respeito a casos de detenção do requerente ou de rapto/retirada ilegal de crianças[359].

Nesta matéria, mais do que uma análise teórica, que pela sua relevância, merece tratamento autónomo, caberá destacar alguns documentos/obras essenciais na matéria[360].

Se numa fase inicial, o TJUE foi chamado a pronunciar-se essencialmente no âmbito do MDE[361], atualmente tem sido chamado à colação para outros

---

[357] Para um estudo mais aprofundado sobre o sistema jurídico do TJUE, vd. Ana Maria Guerra Martins, *"Manual de Direito da União Europeia – Após o Tratado de Lisboa"*, mormente a Parte IV – O sistema jurídico da União Europeia, Almedina 2018

[358] Pese embora a duração média de um reenvio prejudicial no TJUE seja entre 16 a 18 meses, dada a tramitação exigida pelos arts. 93.º e ss. do regulamento de processo do TJUE, em particular as especiais necessidades de notificar os EM para eventual elaboração de parecer/opinião e de tradução

[359] A duração média dos procedimentos urgentes é de 3 meses – elementos recolhidos no âmbito da visita de estudo ao TJUE nos dias 13 e 14 de março de 2017, no âmbito da REFJ

[360] Para uma análise teórica aprofundada da matéria: *"Keeping a(n) (Un)Fair Balance between the "Judicial Cooperation in Criminal Matters" and Fundamental Rights: The Contributions of the Court of Justice of the European Union"* e em Portugal, José Mouraz Lopes, *A JURISPRUDÊNCIA DO TJUE NO ÂMBITO DA JUSTIÇA PENAL NA CONSTRUÇÃO DE UM ESPAÇO JUDICIÁRIO EUROPEU"*, in RPCC ano 27, n.º1, janeiro-abril 2017 (2017) e José Luís Lopes da Mota, vd. documento citado na nota de rodapé n.º 143, Anexo E, p.s 69 a 81

[361] Helena Patrício, *"O mandado de detenção europeu na jurisprudência do Tribunal de Justiça"*, UNIO EU Law Journal, in: http://www.unio.cedu.direito.uminho.pt/

instrumentos de direito penal europeu, em particular na interpretação dada pelos tribunais nacionais às DQ[362].

A ERA tem também dado formação nesta área, destacando-se a que foi dada em 2017[363].

O princípio do reconhecimento mútuo e o elevado grau de confiança entre os EM em que assenta o sistema instituído pela DQ 2002/584/JAI têm contribuído decisivamente para fomentar uma cooperação mais estreita entre os EM da União, desta feita no campo delicado do direito penal. É inegável, ao analisar a Jurisprudência do Tribunal de Justiça que este tem colaborado neste domínio para fomentar essa cooperação, decorrendo da interpretação que tem efetuado das normas da DQ, a agilização e a simplificação dos mecanismos de entrega de pessoas, tornando-se o MDE num *«poderoso instrumento de cooperação judiciária»* na expressão dos Professores Figueiredo Dias e Pedro Caeiro.[364] Através deste instrumento temos afirmada e potenciada a circulação de decisões judiciais no campo do direito penal, realizando-se por esta via também um verdadeiro ELSJ, fundamental à afirmação dos direitos e liberdades dos cidadãos da União.

Nesta matéria assume também particular relevância o reenvio prejudicial, no qual se destaca o guia de reenvio prejudicial elaborado pelo CEJ.[365] Em anexo ao presente Manual, colocamos também as recomendações aos tribunais nacionais para a tramitação do reenvio prejudicial para o TJUE. Em 2012[366], o TJUE emitiu novas recomendações, na sequência da adoção, em 25 de setembro de 2012, no Luxemburgo, do novo Regulamento de Processo

---

Uploads/UNIO%200%20-%20Helena%20Patricio_pt.pdf e Steve Peers, «*The European Arrest Warrant: The Dilemmas of Mutual Recognition, Human Rights and EU Citizenship*», in: The Court of Justice and the Construction of Europe: Analyses and Perspetives on Sixty Years of Case--law, Asser Press, The Hague, Springer, 2013, p. 523

[362] Vd. JURISPRUDÊNCIA INTERNACIONAL CONSTITUCIONAL PENAL E PROCESSUAL PENAL, Coleção de formação continua, maio de 2015, CEJ (parte referente ao TJUE a p.s 271 e ss.) e em castelhano, o anexo jurisprudencial da obra *"Manual Prático de reconocimiento mutuo penal em la Unión Europea"* a p.s 985 e ss. (atualizado a janeiro de 2015).

[363] http://www.era-comm.eu/webinar_series_CJEU_in_criminal_matters/flyer.html

[364] Cfr. Jorge de Figueiredo Dias/Pedro Caeiro, *"Comentário ao Acórdão Advocaten voor de Wereld VZW c. Leden van de Ministerraad"*, in *Jurisprudência. Cunha Rodrigues – Comentários*, ed. Eduardo Paz Ferreira et al. (Lisboa: AAFDL, 2013), 14-29.

[365] http://www.cej.mj.pt/cej/recursos/ebooks/GuiaReenvioPrejudicial/guia.pratico.reenvio.prejudicial.pdf

[366] (2012/C338/1) JO L 265 de 29.9.2012, p. 1

NÍVEIS DE COOPERAÇÃO

do Tribunal de Justiça (JO L 265 de 29.9.2012, p. 1). Substituindo a nota informativa relativa à apresentação de processos prejudiciais pelos órgãos jurisdicionais nacionais (JO C 160 de 28.5.2011, p. 1), visou refletir as inovações introduzidas por este regulamento, que podem ter uma incidência tanto no próprio princípio de um reenvio prejudicial ao Tribunal de Justiça como nas modalidades de tais reenvios. Mais recentemente, em 25.11.2016, o TJUE atualizou as recomendações existentes desde 2012[367]. Este texto constitui a atualização das recomendações à atenção dos órgãos jurisdicionais nacionais adotadas na sequência da entrada em vigor do novo Regulamento de Processo do Tribunal de Justiça, em 1 de novembro de 2012 (JO C 338 de 6.11.2012, p. 1). Fundadas quer na experiência adquirida na aplicação deste regulamento (1), quer na jurisprudência mais recente, as novas recomendações destinam-se a recordar as características essenciais do processo prejudicial e a fornecer aos órgãos jurisdicionais que submetem pedidos prejudiciais ao Tribunal de Justiça todas as indicações práticas necessárias para que este possa proferir uma decisão útil sobre as questões submetidas.

Considerando o facto de o TJUE ter sido, a partir de 2015 em diante, chamado a proferir diversos acórdãos na área da cooperação judiciária em matéria penal, para dar conhecimento dos mesmos e da sua relevância/consequências para o ordenamento jurídico português, como perito nacional destacado na Eurojust, elaborei vários documentos que foram alvo de divulgações do CSM[368], tendo a preocupação de analisar o acórdão em si e quais as consequências para a realidade judiciária nacional.

---

[367] RECOMENDAÇÕES à atenção dos órgãos jurisdicionais nacionais, relativas à apresentação de processos prejudiciais (2016/C 439/01) – JO C439 de 25.11.2016

[368] Até à data:

i. 03.06.2016 – Acórdão do TJUE sobre a emissão de mandados de detenção europeus – Divulgação do CSM n.º 52/2016, de 08.06.2016

ii. 30.06.2016 – Acórdão do TJUE sobre ne bis in idem – Divulgação do CSM n.º 57/2016, de 01.07.2016

iii. 01.08.2016 – Acórdão do TJUE sobre o conceito de detenção no âmbito do mandado de detenção europeu – Divulgação n.º 62/2016, de 03.08.2016

iv. 12.09.2016 – Acórdão do TJUE sobre a Extradição de um nacional de outro EM para um Estado Terceiro – Divulgação n.º 73/2016, de 13.09.2016

v. 22.11.2016 – Acórdão do TJUE sobre MDE e transmissão de sentenças privativas de liberdade – Divulgação n.º 121/2016, de 22.11.2016

vi. 16.01.2017 – Acórdão do TJUE sobre dupla incriminação DQ 2008/909/JAI e Lei n 158.2015 – Divulgação n.º 16/2017, de 17.01.2017

Mais recentemente o TJUE e CEJ desenvolveram em colaboração uma *newsletter* mensal sobre a jurisprudência mais relevante[369].

11.15. Procuradoria Europeia

No passado dia 03.04.2017[370], o Conselho Europeu anunciava que 16 EM[371], mediante o instituto da cooperação reforçada, vão avançar com o processo de criação do Procurador Europeu, com base na proposta de regulamento consolidada em janeiro de 2017, na altura, disponível apenas na versão inglesa[372].

As negociações tendentes à constituição da Procuradoria Europeia (PE) foram caracterizadas pela longevidade e incerteza, num processo constante

---

vii. 30.01.2017 – Acórdão do TJUE sobre prazos de cumprimento do MDE – conceito de força maior – Divulgação n.º 47/2017, de 01.02.2017

viii. 23.03.2017 – Acórdão do TJUE sobre MDE e condições prisionais – Divulgação n.º 100/2017, de 29.03.2017

ix. 28.04.2017 – Acórdãos do TJUE sobre Direito à informação em processo penal e *ne bis in idem* – Divulgação n.º 129/2017, de 02.05.2017

x. 07.07.2017 – ATJUE interpretação arts. 4.º, n.º 6 da DQ MDE e 12.º, n.º1, al. g) da Lei n.º 65/2003, de 23 de agosto – Divulgação n.º 188/2017, de 10.07.2017

xi. 13.09.2017 – Acórdão do TJUE sobre o conceito de julgamento que conduziu à decisão – Divulgação n.º 229/2017, de 15.09.2017

xii. 04.10.2017 – Acórdão do TJUE sobre o conceito de julgamento que conduziu à decisão em cúmulo jurídico – aditamento à Divulgação n.º 229/2017, de 09.10.2017

xiii. 25.10.2017 – Acórdão do TJUE sobre o âmbito de aplicação de uma condenação de outro EM num processo nacional (DQ 2008/675/JAI, de 24.07.2008) – Divulgação n.º 255/2017, de 26.10.2017

xiv. 11.12.2017 – Documento da Eurojust sobre jurisprudência do TJUE sobre o princípio do *"ne bis in idem"* – Divulgação n.º 302/2017, de 14.12.2017

xv. 09.01.2018 – Acórdão do TJUE sobre a tutela dos interesses financeiros da UE e a legislação nacional – Divulgação n.º 27/2018, de 01.02.2018

xvi. 26.01.2018 – Acórdão do TJUE sobre o conceito de julgamento que conduziu à decisão no âmbito da revogação de uma pena suspensa – Divulgação n.º 26/2018, de 01.02.2018

xvii. 17.05.2018 – Acórdãos do TJUE sobre ne bis in idem em sanções criminais e sanções administrativas – Divulgação n.º 139/2018, de 21.05.2018

[369] Newsletter TJUE/CEJ

[370] http://www.consilium.europa.eu/en/press/press-releases/2017/04/25-new-rules-to-protect-eu-finances/?utm_source=dsms-auto&utm_medium=email&utm_campaign=Council+adopts+new+rules+to+better+protect+EU+finances

[371] Bélgica, Bulgária, Croácia, Chipre, República Checa, Alemanha, Grécia, Espanha, Finlândia, França, Lituânia, Luxemburgo, Portugal, Roménia, Eslovénia e Eslováquia.

[372] http://data.consilium.europa.eu/doc/document/ST-5766-2017-INIT/en/pdf

NÍVEIS DE COOPERAÇÃO

de avanços e recuos. Dessa forma, a evolução do processo negocial tem de ser analisada de acordo com a proposta de regulamento consolidada em janeiro de 2017. Acresce que, no que respeita á competência material do PE, o Conselho Europeu já aprovou, no passado dia 25.04.2017, o texto final da Diretiva PIF[373] (luta contra a fraude sobre os interesses financeiros da UE através do direito penal), à qual estará umbilicalmente ligada.

Em traços gerais, a última proposta tinha 108 considerandos e um articulado com 75 arts., divididos por 9 capítulos[374].

Partindo do art. 86.º do TFUE e em concreto das expressões: infrações lesivas dos interesses financeiros da União e determinadas no regulamento, definindo um caderno de encargos e da sua ambiguidade, o qual permitia diferentes leituras, encontrou-se um consenso, numa proposta final bastante diferente do projeto inicial apresentado pela Comissão.

Desde logo e porque este projeto constitui um (novo) modelo de intervenção penal, pois significa a perda do monopólio do Estado na jurisdição penal, levanta questões em torno do conceito de soberania, suscita inovações e roturas no paradigma do direito penal de matriz clássica, reformula o princípio da legalidade material, em sede nacional e em sede "europeia", na relação que se estabelece entre o legislador nacional e o europeu na definição da norma penal, introduz uma nova reflexão em torno da natureza dos bens jurídicos supranacionais e dos tipos legais enformadores do objeto material de atuação da PE.

A PE parece acelerar a resolução destas questões, que se apresentam, desde logo, problemáticas com uma natureza delicada e carente de uma con-

---

[373] http://www.consilium.europa.eu/en/press/press-releases/2017/04/25-new-rules-to-protect-eu-finances/?utm_source=dsms-auto&utm_medium=email&utm_campaign=Council+adopts+new+rules+to+better+protect+EU+finances

[374] CHAPTER I – SUBJECT MATTER AND DEFINITIONS (arts. 1.º e 2.º); CHAPTER II – Establishment, tasks and basic principles of the European Public Prosecutor's Office (arts. 3.º a 6.ª a); CHAPTER III – STATUS, STRUCTURE AND ORGANISATION OF THE EUROPEAN PUBLIC PROSECUTOR'S OFFICE (arts. 7.º a 21.º); CHAPTER IV – RULES OF PROCEDURE ON INVESTIGATIONS, INVESTIGATION MEASURES, PROSECUTION AND ALTERNATIVES TO PROSECUTION (arts. 22.º a 34.º); CHAPTER V – PROCEDURAL SAFEGUARDS (arts. 35.º e 36.º d); CHAPTER VI – Data protection (arts. 36.º e a 46.º a); CHAPTER VII FINANCIAL AND STAFF PROVISIONS SECTION 1 FINANCIAL PROVISIONS (arts. 48.º a 55.º); CHAPTER VIII – PROVISIONS ON THE RELATIONS OF THE EUROPEAN PUBLIC PROSECUTOR'S OFFICE WITH ITS PARTNERS (arts. 56.º a 59.º a); CHAPTER IX – GENERAL PROVISIONS (arts. 62.º a 75.º)

sideração profunda. Nesta medida, este organismo acaba por ser um projeto fundamental na prossecução de uma *"Europa de justiça"*[375].

Em 8 de junho de 2017[376], no Conselho Europeu de Justiça, 20 EM chegaram a um acordo político sobre a criação da nova PE no âmbito da cooperação reforçada.

A razão de ser da Procuradoria Europeia

Todos os anos, pelo menos 50 mil milhões de euros de receitas do IVA deixam de entrar nos orçamentos nacionais de toda a União devido à fraude transnacional. A criminalidade organizada transnacional obtém anualmente lucros de milhões de euros derespeitando as normas nacionais e conseguindo evadir à ação penal. Em 2015, os EM detetaram e comunicaram à Comissão práticas fraudulentas num montante de cerca de 638 milhões de euros (fraude com o IVA não incluída). Os instrumentos ao dispor dos procuradores nacionais para combater a criminalidade financeira transnacional em grande escala são limitados. A nova PE procurará conduzir investigações rápidas em toda a Europa e trocará informações em tempo real, o que constitui um ponto de viragem.

Como funcionará a Procuradoria Europeia?

– Um serviço independente

A PE terá a sua sede no Luxemburgo. Cabe à Comissão fixar a data em que a PE assumirá as suas funções de investigação e ação penal, com base numa proposta que o Procurador-Geral Europeu apresentará uma vez instituída a PE. Essa data não pode ser anterior a três anos após a entrada em vigor do presente regulamento.

A PE funcionará como um serviço único em todos os EM participantes. Trata-se de um serviço altamente especializado e independente, fora do raio de ação das instituições e dos serviços da UE existentes. A PE atuará no interesse da UE e não solicitará nem receberá instruções das instituições da UE ou das autoridades nacionais.

---

[375] Sobre a problemática existente em torno dos desafios, problemas e prospetivas de um novo modelo de intervenção penal na UE, sobretudo à luz da concretização da Procuradoria Europeia, Margarida Santos, *"Para um (novo) modelo de intervenção penal na UE, Uma reflexão a partir do princípio da legalidade como limite material de atuação da Procuradoria Europeia"*, Rei dos Livros, novembro 2016.

[376] Vd: http://www.consilium.europa.eu/pt/press/press-releases/2017/06/08-eppo/

NÍVEIS DE COOPERAÇÃO

Funcionamento da Procuradoria Europeia

A PE funcionará como uma estrutura colegial com dois níveis. O nível central será constituído por um Procurador-Geral Europeu, que assume a responsabilidade geral pela Procuradoria. O nível descentralizado será constituído pelos Procuradores Europeus Delegados localizados nos EM, encarregues da condução corrente das investigações e ações penais, em sintonia com a regulamentação e legislação do EM em causa.

Compete ao nível central o acompanhamento, a orientação e a supervisão de todas as investigações e ações penais levadas a cabo pelos Procuradores Europeus Delegados, assegurando a coerência da política de investigação e ação penal em toda a Europa.

Embora a sua competência se limite aos EM participantes, a PE cooperará com os EM da UE não participantes. A este respeito, o Conselho convidou a Comissão a ponderar a apresentação de propostas adequadas para assegurar a eficácia desta cooperação judiciária.

– Uma cooperação eficiente com as autoridades nacionais

A PE disporá de um serviço central ao nível da UE e de serviços descentralizados nos EM, constituídos por procuradores europeus delegados que, paralelamente, continuarão a desempenhar as suas funções de procuradores nacionais (*«dupla função»*). O serviço central supervisionará as investigações e ações penais conduzidas a nível nacional, de modo a assegurar uma coordenação efetiva e uma abordagem uniforme em toda a UE. Desta forma, proporcionarão um vasto leque de conhecimentos especializados e experiência dos sistemas jurídicos nacionais, mantendo a sua independência. Se a PE conduzir uma investigação, as autoridades nacionais não exercerão as suas competências relativamente à mesma atividade criminosa.

– Um poder para conduzir investigações e ações penais rápidas

A PE poderá investigar de forma eficiente os crimes lesivos do orçamento da UE e a fraude em matéria de IVA, nomeadamente a fraude com fundos da UE acima de 10 000 euros e a fraude transfronteiras em matéria de IVA acima de 10 milhões de euros. Poderá atuar de forma rápida nos casos transfronteiras sem depender dos morosos procedimentos de cooperação judiciária e poderá intentar ações contra os criminosos diretamente junto dos tribunais nacionais. Tal deverá conduzir a melhores resultados ao nível das ações penais e a uma melhor recuperação dos dinheiros objeto de fraude.

– Uma abordagem global para proteger o dinheiro dos contribuintes
A PE será responsável pelas investigações criminais e o OLAF continuará a realizar os seus inquéritos administrativos sobre os casos de irregularidades e de fraude que afetam os interesses financeiros da União em todos os EM. Esta abordagem garantirá a maior proteção possível do orçamento da UE, aumentando as taxas de condenação e de recuperação.

Uma matéria que assume particular relevo na PE é a do controlo judicial dos atos e iniciativas da mesma[377].

Em 31.10.2017, é publicado o Regulamento UE 2017/1939 do Conselho de 12 de outubro de 2017 que dá execução a uma cooperação reforçada para a instituição da Procuradoria Europeia[378].

O diploma final é composto por 121 considerandos e um articulado de 120 arts.[379] [380]

Sinopse
Objetivo: reforçar a proteção dos interesses financeiros da União – estabelecer um sistema europeu mais coerente, eficiente e eficaz para a inves-

---

[377] Para maior desenvolvimento ver do autor: *"O controlo judiciário independente das iniciativas e diligências da EPPO"*, Universidade Judiciária de inverno – Desafios do Direito Penal da UE na Sociedade Mundial, Universidade do Minho, 14.02.2014; *"O controlo judiciário dos atos processuais e decisões da Procuradoria Europeia, Uma arquitetura disruptiva e resiliente?*, Os novos desafios da cooperação judiciária e policial na UE e da implementação da Procuradoria Europeia, Universidade do Minho, 18.05.2017; p.s 173 e ss. da obra *"Os novos desafios da cooperação judiciária e policial na União Europeia e da implementação da Procuradoria Europeia"* – ebook – Centro Interdisciplinar em Direitos Humanos, Escola de Direito Universidade do Minho, dezembro de 2017, disponível em http://www.dh-jusgov.uminho.pt/publicacoes/os_novos_desafios_cooperacao_jud_e_policial_ue_implementacao_da_pe/; *"Judicial review of EPPO procedural acts and decisions: a disruptive and resilient architecture?"* – disponível em https://officialblogofunio.com/2017/06/05/judicial-review-of-eppo-procedural-acts-and-decisions-a-disruptive-and-resilient-architecture/; ou ainda Michiel Luchtman, *"Forum Choice and Judicial Review Under the EPPO's Legislative Framework"*, Shifting Perspetives on the European Public Prosecutor's Office, T.M.C. ASSER PRESS, Springer, dezembro 2017, pp. 155 e ss.

[378] JO L 283/1, de 31.10.2017

[379] Apelando a 23 definições e 30 instrumentos jurídicos do acervo da UE

[380] Para maior desenvolvimento vd: AAVV, *"Os novos desafios da cooperação judiciária e policial na União Europeia e da implementação da Procuradoria Europeia"* – ebook – Centro Interdisciplinar em Direitos Humanos, Escola de Direito Universidade do Minho, dezembro de 2017, disponível em http://www.dh-jusgov.uminho.pt/publicacoes/os_novos_desafios_cooperacao_jud_e_policial_ue_implementacao_da_pe/

NÍVEIS DE COOPERAÇÃO

tigação e tramitação dos processos de infrações que afetam os interesses financeiros da União.

Art. 86.º TFUE – algumas características principais
– Responsável por investigar, perseguir e julgar
– Competência para infrações PIF
– PE criada a partir da Eurojust
– Adoção por unanimidade – com abertura para cooperação reforçada (9 EM)
– Possibilidade de ampliar a competência para outras infrações mais tarde (crime organizado com dimensão transfronteiriça e crimes graves que afetem mais de um EM)

Proposta da Comissão apresentada em julho de 2013[381]
• Estrutura hierárquica
• MP Europeu (EPP): Procurador Europeu central com competências alargadas
• Competência exclusiva
• Investigação: procuradores delegados europeus, baseados nos EM e em parte atuando com base na legislação nacional
• Direito do PE para instruir com detalhe os procuradores delegados
• A grande maioria dos EM expressou apoio geral
• Os Parlamentos nacionais apresentaram um "Cartão amarelo" sobre o princípio da subsidiariedade
• Duas características principais alteradas no Conselho em 2014:
  – Colégio em vez de hierarquia
  – Competências partilhadas em vez de competência exclusiva
• Claro desde o início das negociações: muito difícil alcançar unanimidade sobre a proposta
• Quatro anos de negociações: posições dos EM e estrutura final
• Três grupos de EM (versão simplificada)

---

[381] Para maior desenvolvimento vd: Peter Csonka, *"General Presentation of the proposal and main issues: the state of negotiations, solutions reached and main issues to be resolved"*, págs. 60 e ss. da obra *"Os novos desafios da cooperação judiciária e policial na União Europeia e da implementação da Procuradoria Europeia"* – ebook – Centro Interdisciplinar em Direitos Humanos, Escola de Direito Universidade do Minho, dezembro de 2017, disponível em http://www.dh-jusgov.uminho.pt/publicacoes/os_novos_desafios_cooperacao_jud_e_policial_ue_implementacao_da_pe/

a) Aqueles que apoiam a PE como uma questão de princípio, sendo mais um passo em direção a um sistema europeu comum de justiça criminal

b) Aqueles que apoiam a PE apenas na medida em que irá adicionar um valor concreto (mais valia) para a luta contra a fraude dos interesses financeiros da UE

c) Aqueles que se opõem à PP (nunca foram explícitos ...)

Adoção no âmbito da cooperação reforçada[382]

- Acordo em princípio alcançado em dezembro de 2016
- Sem unanimidade: concluído no Conselho em fevereiro de 2017 (confirmado pelo Conselho em março)
- Lançamento da cooperação reforçada em abril de 2017: 20 EM
- Abordagem geral acordada em 8 de junho de 2017
- O projeto de Regulamento foi enviado ao parlamento em 17 de julho
- Adoção final durante a reunião do Conselho de Justiça em 12 de outubro, onde a Comissão anunciou o seu plano de assegurar uma PE em funcionamento em 2020 (Luxemburgo)
- Além disso, alguns EM sugeriram ampliar as competências da PE para crime organizado e contraterrorismo (a Comissão espera apresentar uma comunicação sobre este assunto no final de 2018)
- REGULAMENTO (UE) 2017/1939 do Conselho de 12 de outubro de 2017 que dá execução a uma cooperação reforçada para a instituição da Procuradoria Europeia (JO L 283/1, de 31.10.2017)
- Órgão e não agência – cooperação com a Eurojust (art. 3.º)
- Competência para infrações penais lesivas dos interesses financeiros da União previstas na Diretiva (UE) 2017/1371 (art. 4.º)
- Princípios: respeito pela CDFUE; primado do direito, proporcionalidade, imparcialidade, cooperação leal, independência e responsabilidade (legalidade?/oportunidade)
- Estrutura final: modelo de Colégio com Procuradores europeus delegados fortes; Câmaras permanentes: a nacional e a europeia com *links* entre o nível central e local
- Regulamento interno como o TJUE (art. 21.º)
- Regras processuais (Capítulo V) pouco claras

---

[382] Para maior desenvolvimento vd. AAVV, "*Shifting Perspetives on the European Public Prosecutor's Office*", T.M.C. ASSER PRESS, Springer, dezembro 2017

- Respeito pelas garantias processuais (Capítulo VI) e Proteção de dados antecipando o pacote legislativo da UE
- Fiscalização jurisdicional (art. 42.º) semelhante à última proposta apresentada
- Reguladas as relações com os seus parceiros (Capítulo X)
- Regime linguístico interno por definir (art. 107.º) – Procuradores Delegados decidem sobre as modalidades de tradução para efeitos de investigação

1 – Estrutura da Procuradoria Europeia (Sede no Luxemburgo)[383]

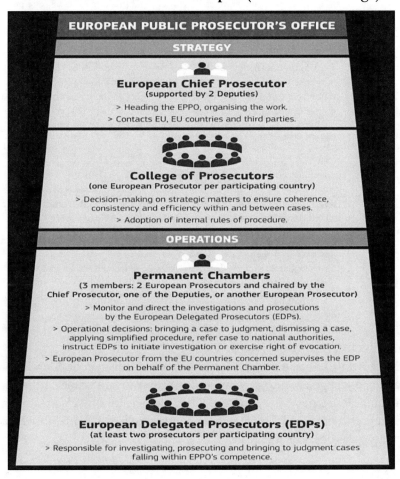

[383] http://europa.eu/rapid/press-release_IP-17-1550_pt.htm

2 – Quadro de competências sobre a fiscalização jurisdicional dos atos e iniciativas da Procuradoria Europeia[384]

Tribunais	Tipos de atos
Tribunais Nacionais	– Atos processuais da PE que se destinem a produzir efeitos legais em relação a terceiros em conformidade com os requisitos e procedimentos estabelecidos pela legislação nacional (42.º, n.º1, 1.ª parte) – Falhas ou omissões da PE para adotar atos processuais que se destinam a produzir efeitos jurídicos em relação a terceiros e que se encontram legalmente previstos no regulamento (42.º, n.º1, 2.ª parte). – Decisões finais de inquérito da PE em conformidade com os requisitos e procedimentos estabelecidos pela legislação nacional (42.º, n.º3, "*a contrario sensu*") – Em qualquer caso e estando em causa o direito da União, possibilidade de recorrer ao reenvio prejudicial
Tribunal de Justiça da UE	– Reenvios prejudiciais sobre: a) validade dos atos processuais da PE, questão levantada perante qualquer tribunal baseada no direito da União (42.º, n.º2, a)); b) a interpretação ou validade/legalidade de disposições do Direito da União, incluindo o Regulamento (42.º, n.º2 b); c) a interpretação dos arts. 17.º e 20.º em relação a qualquer conflito de competência entre a PE e as autoridades nacionais competentes (42.º, n.º2 c)
	– controlo judicial das decisões de arquivamento da PE, desde que contestadas tendo por fundamento o direito da União (42.º, n.º3/263.º, 4.º TFEU) – controlo judicial para se obter compensação por danos causados pela PE, cláusulas de arbitragem contidas nos contratos concluídos na PE, e litígios relacionadas com matérias referentes aos funcionários da PE (42.º, n.º 4, 5 e 6/270.º do TFUE)
	– controlo judicial sobre a decisão de demissão do Procurador Europeu, nos termos dos arts. 13.º, n.º4 e 14.º, n.º5 (42.º, n.º7) – controlo judicial sobre as decisões da PE que afetem direitos relacionados com os dados pessoais (42.º, n.º 8/263.º do TFUE), que não sejam atos processuais (direito de acesso aos documentos; decisões de demissão dos Procuradores Europeus Delegados, nos termos do art. 15.º, n.º3 (42.º, n.º8)

11.16. Recuperação de ativos na UE

A criação do ELSJ não podia prescindir de mecanismos de identificação, localização, congelamento e confisco dos proventos do crime. A liberdade de circulação de pessoas e, sobretudo, de bens (movem-se sem aquelas e mais depressa do que elas) tem que ser compensada com a probabilidade de circulação das decisões judiciais.

---

[384] O quadro tem por base o constante da p. 39 do estudo *Towards a European Public Prosecutor's Office (EPPO), Study for the Libe Committee*, atualizado ao Regulamento atual.

NÍVEIS DE COOPERAÇÃO

Consciente deste novo problema, a UE criou mecanismos (gerais e especiais) desenhados para aumentar a cooperação administrativa e judiciária (*maxime* em sede de recuperação de ativos) e a sua eficácia prática. Para além de um intenso movimento de harmonização, que começou com a Ação Comum de 3 de dezembro de 1998, culminou com a Diretiva 2014/42/UE e incluiu o confisco alargado e agora, igualmente, o confisco não baseado numa condenação, destaca-se a intensificação da cooperação, em particular através do reconhecimento mútuo das decisões de congelamento e de confisco.

Na verdade, a DQ 2003/577/JAI do Conselho de 22 de junho de 2003 (relativa à execução na UE das decisões de congelamento de bens ou de provas) veio «estabelecer as regas segundo as quais um EM reconhece e executa no seu território uma decisão de congelamento tomada por uma autoridade judiciária de outro EM no âmbito de um processo penal» com vista à subsequente perda de bens e a decisão DQ 2006/783/JAI do Conselho de 6 de outubro de 2006 (relativa à aplicação do reconhecimento mútuo às decisões de perda) veio «*estabelecer as regras segundo as quais um EM reconhecerá e executará no seu território as decisões de perda proferidas por um tribunal competente em matéria penal de outro Estado-Membro*».

Para além disso, através da DQ 2006/960/JAI do Conselho de 18 de dezembro, a UE simplificou o intercâmbio de dados e de informações entre as entidades competentes para a aplicação da Lei (agilizando a troca de informação policial essencial, para além do mais, à recuperação internacional de ativos) e pela Decisão 2007/845/JAI do Conselho de 6 de dezembro de 2007 impôs a criação de um Gabinete de Recuperação de Ativos.

Desta forma, com estes mecanismos singulares e uma ampla harmonização que contempla a perda alargada e certos casos de confisco não baseado numa condenação, a UE criou um sistema global que inclui a identificação, a localização, a demonstração, o congelamento e o confisco dos produtos do crime, contemplando as fases normais do processo usual de recuperação de ativos: primeiro identifica-se, localiza-se e congela-se e, depois confisca-se. Se não for assim a decisão final arrisca-se a ser ineficaz.

Contudo, apesar de todos estes mecanismos, a verdade é que na prática jurídica quotidiana os resultados continuam a ser muito modestos. Neste contexto preocupante, a UE apresentou, em 21 de dezembro de 2016, uma proposta de Regulamento do Parlamento Europeu e do Conselho relativo ao reconhecimento mútuo das decisões de congelamento e de confisco, a qual pretende elevar a recuperação internacional de ativos a níveis aceitá-

MANUAL DE COOPERAÇÃO JUDICIÁRIA INTERNACIONAL EM MATÉRIA PENAL

veis. Pela primeira vez, o legislador europeu autonomizou verdadeiramente o congelamento para efeitos de perda do congelamento para efeitos probatórios agora contido na DEI[385].

11.17. Prova eletrónica – acesso transfronteiriço a meios de prova eletrónicos

Na Agenda Europeia da Segurança de abril de 2015, a Comissão comprometeu-se a rever os obstáculos às investigações penais. Na sequência dos acontecimentos trágicos de 22 de março de 2016 em Bruxelas, os Ministros da UE para a JAI, deram prioridade à adoção de medidas para assegurar e obter elementos de prova eletrónicos de forma mais eficiente e eficaz. A questão foi debatida várias vezes entre os ministros e reiterada pelos dirigentes europeus nas conclusões do Conselho de junho sobre a melhoria da justiça penal no ciberespaço.

Nessa medida, a Comissão criou um grupo de trabalho visando criar uma plataforma que permita a transmissão e o acesso transfronteiriço a provas eletrónicas. Para esse efeito, apresentou no dia 17 de abril de 2018 um pacote legislativo (proposta de Regulamento) [386] [387]

A proposta apresentada contribuirá para os esforços da Comissão de concretizar o compromisso assumido ao abrigo da Declaração Comum sobre as prioridades legislativas da UE para 2018-2019, a fim de melhor proteger os cidadãos europeus.

Com efeito, os criminosos e os terroristas utilizam mensagens de texto, correio eletrónico e aplicações móveis para comunicarem. Resulta dos dados estatísticos que mais de metade de todas as investigações penais atuais incluem atualmente a solicitação de acesso transfronteiras a provas eletróni-

---

[385] Para maior desenvolvimento: João Conde Correia, *Cooperação judiciária internacional em matéria de recuperação de ativos*, art. em vias de publicação, com as seguintes matérias: I. Introdução, II. Breve história do confisco hodierno, III. Elementos para a história da cooperação judicial em matéria de recuperação de ativos; IV. Cooperação internacional em matéria de investigação de ativos; V. Cooperação judicial internacional para apreensão de ativos; VI. Cooperação judiciária internacional para efeitos de confisco e apresentações sobre o seminário *Confiscation of criminal assets in the EU*, ocorrido em 23.11.2017, na Universidade de Utrecht University, disponíveis em http://www.improvingconfiscation.eu/en/.

[386] https://ec.europa.eu/info/strategy/justice-and-fundamental-rights/criminal-justice/e-evidence_en

[387] http://europa.eu/rapid/press-release_IP-18-3343_pt.htm (Comunicado de imprensa em português)

NÍVEIS DE COOPERAÇÃO

cas detidas pelos prestadores de serviços estabelecidos noutro EM ou mesmo fora da UE. A fim de obter esses dados, é necessária a cooperação judiciária e o auxílio judiciário mútuo, contudo, o atual processo é demasiado lento e complicado. Atualmente, quase dois terços dos crimes cujos elementos de prova eletrónicos são detidos noutro país não podem ser devidamente investigados nem ser objeto de ação penal, sobretudo devido ao tempo necessário para a recolha dessas provas ou à fragmentação do quadro jurídico. Ao tornarem o processo de obtenção de provas eletrónicas de maneira mais rápido e eficaz, as propostas hoje apresentadas vão ajudar a colmatar esta lacuna.

Dessa forma, as propostas constantes do Regulamento visam:

– criar uma decisão europeia de obtenção de provas: tal permitirá a uma autoridade judiciária de um EM requerer o acesso a provas eletrónicas (por exemplo, mensagens de correio eletrónico, mensagens de texto ou em aplicações) diretamente de um prestador de serviços que ofereça serviços na União e esteja sedeado ou representado noutro EM, independentemente de onde estiverem armazenados os dados, que será obrigado a responder no prazo de 10 dias ou de 6 horas, em casos de emergência (em comparação com 120 dias para a decisão europeia de investigação existente ou de 10 meses para um procedimento de auxílio judiciário mútuo);

– impedir que os dados sejam eliminados com uma decisão europeia de preservação: tal permitirá a uma autoridade judicial de um EM obrigar um prestador de serviços que ofereça serviços na União e esteja sedeado ou representado noutro EM a manter os dados específicos que permitam à referida autoridade solicitar posteriormente a informação em causa através do auxílio judiciário mútuo, uma decisão europeia de investigação ou uma ordem europeia de obtenção de provas;

– incluir salvaguardas e medidas corretivas fortes: estas decisões só podem ser emitidas no âmbito de processos penais e são aplicáveis todas as garantias processuais do direito penal. As novas regras garantem uma elevada proteção dos direitos fundamentais, tais como o envolvimento de autoridades judiciais e requisitos adicionais para obter determinadas categorias de dados. Incluem ainda garantias relativas ao direito de proteção dos dados pessoais. Os prestadores de serviços e as pessoas cujos dados sejam requeridos beneficiarão de diversas salvaguardas, como a possibilidade para o prestador de serviços de pedir o reexame se, por exemplo, a decisão violar manifestamente a CDFUE;

MANUAL DE COOPERAÇÃO JUDICIÁRIA INTERNACIONAL EM MATÉRIA PENAL

– obrigar os prestadores de serviços a designar um representante legal na União: para garantir que todos os prestadores de serviços na União Europeia estão sujeitos às mesmas obrigações, mesmo quando as suas sedes se encontram num país terceiro, são obrigados a nomear um representante legal na União para a receção, o cumprimento e a execução das decisões ou ordens emitidas pelas autoridades competentes dos EM com o objetivo de recolher provas no contexto de processos penais;
– proporcionar segurança jurídica às empresas e prestadores de serviços: embora atualmente as autoridades responsáveis pela aplicação da lei dependam muitas vezes da boa vontade dos prestadores de serviços para que lhes transmitam as provas de que necessitam, no futuro, a aplicação das mesmas regras para requerer a entrega de elementos de prova eletrónicos permitirá melhorar a segurança jurídica de todos os prestadores de serviços.

12. Schengen (26 EM)

Schengen, pequena localidade no sul do Luxemburgo junto ao rio Mosela, situada no ponto de encontro dos territórios das partes contratantes iniciais no Acordo de Schengen (Alemanha, França e países do Benelux), tornou-se sinónimo de abolição dos controlos nas fronteiras internas e de liberdade de circulação na Europa. O Espaço Schengen foi evoluindo gradualmente.

A sua criação remonta a 14 de junho de 1985, com a assinatura do Acordo de Schengen por cinco países (Alemanha, Bélgica, França, Luxemburgo e Países Baixos).

Cinco anos mais tarde, a Convenção de Schengen definiu a forma como a abolição dos controlos nas fronteiras internas seria aplicada na prática. Estabeleceu também uma série de medidas compensatórias necessárias para reforçar os controlos nas fronteiras externas, definir procedimentos para a emissão de vistos uniformes, lutar contra o tráfico de droga e instituir um sistema comum de partilha de informações, o Sistema de Informação Schengen (SIS).

A abolição dos controlos nas fronteiras tornou-se efetiva em 26 de março de 1995, quando sete países (os cinco iniciais, a que se juntaram Espanha e Portugal) aboliram os controlos nas suas fronteiras internas.

Desde então, o Espaço Schengen tem vindo a expandir-se continuamente, e inclui atualmente a Bélgica, a República Checa, a Dinamarca, a Alemanha, a Estónia, a Grécia, a Espanha, a França, a Itália, a Letónia, a Lituânia,

NÍVEIS DE COOPERAÇÃO

o Luxemburgo, a Hungria, Malta, os Países Baixos, a Áustria, a Polónia, Portugal, a Eslovénia, a Eslováquia, a Finlândia e a Suécia, e ainda quatro países que não são membros da UE: a Islândia, a Noruega, a Suíça e o Listenstaine.

No futuro, com a plena adesão da Bulgária e da Roménia ao Espaço Schengen, passará a contar com 28 países europeus.

Há quatro EM da UE que não fazem parte do Espaço Schengen, embora apliquem algumas das suas regras: Croácia, Chipre, Irlanda e Reino Unido.

Cada um dos países do Espaço Schengen é objeto de uma avaliação periódica efetuada pela UE, com o objetivo de verificar se as regras acordadas são por todos devidamente aplicadas.

A abolição dos controlos nas fronteiras internas tem consequências noutros domínios de ação, como sejam a luta contra a criminalidade transfronteiras, as deslocações, o comércio e a justiça transfronteiras. Como tal, as regras relativas ao Espaço Schengen dizem respeito não só à livre circulação de pessoas, mas também aos vistos, ao asilo[388] e à cooperação nos domínios policial, aduaneiro e judiciário.

Direito à livre circulação sem controlos nas fronteiras internas

O direito à livre circulação no Espaço Schengen constitui um direito, não só para mais de 500 milhões de cidadãos europeus, mas também para todos os nacionais de países terceiros que se encontram legalmente no Espaço Schengen. Os cidadãos estrangeiros que nele residem gozam desse direito sem precisarem de vistos, desde que possuam um título de residência válido. Os cidadãos estrangeiros que viajam dentro do Espaço Schengen podem também circular livremente durante um período máximo de 90 dias em cada seis meses.

O direito à livre circulação significa acabar com as filas nos aeroportos, nas fronteiras marítimas ou terrestres, e com os controlos nas fronteiras internas. Foram também suprimidas as infraestruturas de controlo, como os postos de controlo dos guardas de fronteiras e outras barreiras físicas.

Todavia, todos os países participantes têm o direito de efetuar controlos de pessoas e controlos aduaneiros em qualquer ponto do seu território nacional, no âmbito do trabalho de rotina dos serviços de polícia, das alfândegas ou do controlo da imigração.

---

[388] Muito embora o asilo estivesse inicialmente abrangido pela Convenção de Schengen, deixou já de ser formalmente considerado parte do acervo de Schengen

Dos controlos da circulação rodoviária à luta contra o crime organizado, não faltam exemplos desse tipo de operações.

Cooperação policial e aduaneira nas fronteiras internas

Os países vizinhos cooperam de forma estreita e podem efetuar controlos e operações conjuntos de ambos os lados da fronteira comum. São disso exemplo as entregas vigiadas de droga e os patrulhamentos policiais conjuntos.

Os agentes responsáveis pela aplicação da Lei podem também efetuar operações de vigilância e perseguição transfronteiras no território dos EM vizinhos, por exemplo quando uma pessoa suspeita tenta fugir de um país atravessando a fronteira do país vizinho.

Em caso de ameaça grave à ordem pública ou à segurança interna, um EM pode, a título excecional e durante um período muito limitado, que não exceda, em princípio, 30 dias, reintroduzir controlos em todas ou em algumas das suas fronteiras internas. Esses casos abrangem, por exemplo, as grandes manifestações desportivas suscetíveis de representar um risco para a segurança.

Fronteiras externas

A fronteira externa do Espaço Schengen, que se estende por mais de 50 000 km (dos quais, aproximadamente, 80% de fronteiras marítimas e 20% de fronteiras terrestres), inclui centenas de aeroportos e portos marítimos, bem como pontos de passagem das fronteiras terrestres.

Cada um dos países Schengen é responsável pelo controlo das suas fronteiras externas.

As normas e o nível de controlo aplicados dentro do Espaço Schengen são idênticos em todos os pontos de passagem das fronteiras externas, independentemente da sua localização. O «Código das Fronteiras Schengen» estabelece as regras comuns a aplicar.

Em 2005, foi criada a Agência Europeia de Gestão da Cooperação Operacional nas Fronteiras Externas (Frontex), que começou a funcionar no mesmo ano.

Compete-lhe essencialmente complementar os sistemas de gestão das fronteiras dos EM pertencentes ao Espaço Schengen promovendo a gestão integrada de todos os tipos de fronteiras externas e coordenando a cooperação operacional a nível da UE. O objetivo consiste em reforçar a segurança na fronteira externa do Espaço Schengen.

Podem ser destacados guardas de fronteiras de um país para outro, a fim de participarem em operações conjuntas e prestarem apoio aos EM que se vejam confrontados com situações de especial pressão.

De acordo com as regras da UE em matéria de pequeno tráfego fronteiriço nas fronteiras externas, vários foram os países Schengen que celebraram acordos bilaterais com países terceiros vizinhos, nomeadamente com vista à obtenção de uma autorização do tráfego fronteiriço local, de modo a facilitar o comércio, o intercâmbio social e cultural e a cooperação regional nas zonas em causa.

Cooperação judiciária

Os países do Espaço Schengen aplicam uma série de regras específicas para facilitar os procedimentos de cooperação judiciária. Entre elas conta-se o princípio *ne bis in idem*, que impede que uma pessoa seja julgada e punida mais de uma vez pelos mesmos factos em diferentes países do Espaço Schengen. A grande maioria das disposições Schengen inicialmente adotadas em matéria de cooperação policial e judiciária já foi integrada em atos da UE aplicáveis a todos os seus EM.

Vistos

O visto Schengen comum (visto do tipo C) é emitido aos nacionais de países terceiros que entram no Espaço Schengen (território dos países Schengen) e que se encontram sujeitos à obrigação de visto por força do Regulamento (UE) n.º 539/2001. Esse visto garante a liberdade de circulação em todo o Espaço Schengen, durante o período da sua validade. Esse período não pode ultrapassar os 90 dias por cada período de 180 dias. As estadias com uma duração superior a 90 dias, bem como as condições de residência nos países Schengen, regem-se pela legislação nacional, à exceção da permanência legal de categorias específicas de pessoas, por exemplo estudantes e investigadores ou trabalhadores sazonais, as quais se regem por diretivas europeias específicas.

A título de exemplo, em 2013, foram emitidos, a nível mundial, mais de 16 milhões de vistos Schengen.

A título comparativo, o número de vistos de longa duração (vistos do tipo D, para estadias superiores a 90 dias) emitidos por países Schengen foi apenas ligeiramente superior a 1 milhão.

Os países Schengen cooperam no sentido de facilitar aos requerentes a apresentação dos pedidos de visto Schengen nos seus próprios países ou regiões.

Todos os consulados dos países Schengen existentes a nível mundial aplicam as mesmas regras de emissão de vistos.

O Sistema de Informação sobre Vistos (VIS), que liga os EM e os pontos de passagem das fronteiras externas a uma base de dados comum, ficou operacional em outubro de 2011, e está a ser gradualmente implantado a fim de cobrir todas as regiões do mundo. O sistema facilita o tratamento de pedidos de visto nos consulados dos países Schengen em todo o mundo e contribui para tornar mais eficazes os controlos nas fronteiras externas.

Em 7 de junho de 2017, o Conselho Europeu aprovou um novo Regulamento, o qual altera o Regulamento n.º 1683/95 defenindo um modelo uniforme para os visas[389].

Asilo

Em 2013, no conjunto dos 28 EM da UE foram proferidas cerca de 330 000 decisões em primeira instância sobre pedidos de asilo. Cerca de um terço dessas decisões foi favorável, o que significa que dois terços dos pedidos foram rejeitados.

Existe um mecanismo (o Regulamento de Dublin e o Regulamento Eurodac) para determinar qual o Estado responsável pelo tratamento dos pedidos de asilo, a fim de impedir que uma mesma pessoa apresente múltiplos pedidos de asilo em diferentes países Schengen e de evitar que se corra o risco de nenhum desses países analisar os pedidos. Para o efeito, foi criada uma base de dados destinada a transmitir e comparar impressões digitais (Eurodac).

Em 2013, o Parlamento Europeu e o Conselho concluíram as negociações relativas a um novo quadro legislativo do Sistema Europeu Comum de Asilo (SECA), que contém reformulações do Regulamento de Dublim e do Regulamento Eurodac, e das diretivas «Condições a preencher pelos requerentes de asilo», «Condições de acolhimento» e «Procedimentos de asilo». O objetivo do SECA é o de criar uma área com elevados padrões de segurança e solidariedade, baseada em procedimentos de asilo comuns, equitativos e eficazes, condições de acolhimento equivalentes e um estatuto uni-

---

[389] http://data.consilium.europa.eu/doc/document/PE-20-2017-INIT/en/pdf

forme de proteção internacional. Tendo em vista o reforço da cooperação prática, foi criado em 2010 o Gabinete Europeu de Apoio em matéria de Asilo. Muito embora o asilo estivesse inicialmente abrangido pela Convenção de Schengen, deixou já de ser formalmente considerado parte do acervo de Schengen.

EM da UE que fazem parte do Espaço Schengen
1995: Alemanha, Bélgica, Espanha, França, Luxemburgo, Países Baixos, Portugal
1997: Áustria, Itália
2000: Grécia
2001: Dinamarca, Finlândia, Suécia
2007: Eslováquia, Eslovénia, Estónia, Hungria, Letónia, Lituânia, Malta, Polónia, República Checa

Estados não membros da UE que fazem parte do Espaço Schengen
2001: Islândia, Noruega
2008: Suíça
2011: Listenstaine

EM da UE em vias de adesão ao Espaço Schengen
Bulgária, Roménia

EM da UE que não fazem parte do Espaço Schengen
Croácia, Chipre, Irlanda, Reino Unido

Gabinete Nacional Sirene
DL n.º 292/94, de 16 de novembro

12.1. Sistema de informação Schengen

O Sistema de Informação Schengen (SIS) constitui uma das principais medidas compensatórias adotadas para a abolição dos controlos nas fronteiras internas. Trata-se de uma base de dados comum de que dispõem, nos países participantes, os serviços de fronteiras, de migração e as autoridades responsáveis pela aplicação da Lei. A ela têm acesso as autoridades presentes nas fronteiras, no interior do território nacional e nos consulados no estrangeiro,

MANUAL DE COOPERAÇÃO JUDICIÁRIA INTERNACIONAL EM MATÉRIA PENAL

bem como a Eurojust e a Europol. São aplicáveis ao SIS regras rigorosas e específicas em matéria de proteção de dados.

O SIS foi substituído pelo SIS II (Sistema de Informação Schengen de segunda geração), pela Decisão 2007/533/JAI do Conselho de 12.6.2007 (JO L 205 de 7.8.2007).

O SIS II entrou funcionamento no dia 9 de abril de 2013 (Decisão do Conselho de 7.3.2013, JO L 87, de 27.3.2013).

Em janeiro de 2014, o SIS continha mais de 50 milhões de entradas respeitantes a pessoas (cerca de 1 milhão):

– não autorizadas a entrar e permanecer no Espaço Schengen (72%),
– procuradas tendo em vista a sua detenção (Mandado de Detenção Europeu) (4%),
– desaparecidas (7%),
– notificadas a comparecerem perante uma autoridade judicial (12%),
– a submeter a vigilância discreta ou a controlos específicos (5%);

E objetos perdidos ou roubados (cerca de 49 milhões) destinados a serem apreendidos ou a servirem de meio de prova em processos penais:

– documentos em branco ou já emitidos (86%), nomeadamente passaportes, bilhetes de identidade, cartas de condução, títulos de residência, documentos de viagem, documentos de registo de veículos,
– veículos, embarcações, motores fora de borda, reboques, contentores, caravanas, aeronaves e chapas de matrícula (11%),
– armas de fogo (1%), e
– notas de banco, valores mobiliários e meios de pagamento (2%).

A título meramente exemplificativo, em 2013, verificaram-se mais de 119 000 respostas positivas, permitindo detetar cerca de 86 000 pessoas e 33 000 objetos, incluindo quase 16 000 veículos roubados. Significa isto que todos os dias se obtiveram cerca de 320 respostas positivas (incluindo, em média, a descoberta diária de 43 veículos roubados).

Com relevância nesta matéria, destaca-se ainda o Manual SIRENE: Decisão de Execução da Comissão de 26.2.2013 (JO L 71, de 14.3.2013) e respetivo Anexo substituído pela Decisão de Execução (UE) 2015/219 da Comissão, de 29.1.2015 (JO L 44, de 18.2.2015).

NÍVEIS DE COOPERAÇÃO

Sinalização/referência/Flagging /indicação	Comportamento a adotar em caso de "hit"	Base jurídica
Pessoas procuradas com base num mandado de detenção ou pedido de entrega baseado num mandado de detenção europeu e de pessoas procuradas para fins de extradição	Detenção da pessoa. A referência constitui e produz os mesmos efeitos que um mandado de detenção europeu ou os mesmos efeitos legais que um pedido de detenção provisório em caso de extradição	Arts. 26.º a 31.º
Pessoas desaparecidas que devem ser colocadas mediante proteção e para as quais é conveniente a sua localização	Comunicação do lugar onde a pessoa se encontra Colocação da pessoa em lugar seguro	Arts. 32.º e 33.º
Pessoas procuradas para efeitos de procedimento criminal (testemunhas, pessoas notificadas para comparecer, pessoas a quem é necessário fazer uma notificação, pessoas que devem apresentar-se para a execução de uma pena	Comunicação do lugar onde se encontra ou o domicílio	Arts. 34.º e 35.º
Pessoas ou veículos, embarcações, aeronaves ou contentores para efeitos de vigilância discreta e de controlo específico para a investigação de infrações penais e para a prevenção de ameaças para a segurança público	Transmissão de informações ao Estado requerente: data, local, hora de controlo, itinerário seguido, destino, pessoas acompanhantes, meios de transporte utilizados, objetos transportados, circunstâncias do controlo	Arts. 36.º e 37.º
Objetos para fins de apreensão ou de meio de prova no âmbito de um procedimento penal	Contacto com a autoridade requerente Medidas aplicadas de acordo com o direito nacional	Arts. 38.º e 39.º

Ordem de prioridade das indicações: Em caso de indicações incompatíveis, a ordem de prioridade das indicações relativas a pessoas é a seguinte: – detenção para efeitos de entrega ou extradição (art. 26.º da Decisão), – não admissão ou interdição de permanência no território Schengen (art. 24.º do Regulamento), – colocação de pessoas sob proteção (art. 32.º da Decisão), – controlo específico – ação imediata (art. 36.º da Decisão), – controlo específico (art. 36.º da Decisão), – vigilância discreta – ação imediata (art. 36.º da Decisão), – vigilância discreta (art. 36.º da Decisão), – comunicação do paradeiro (arts. 32.º e 34.º da Decisão). A ordem de prioridade das indicações relativas a objetos é a seguinte: – utilização como prova (art. 38.º da Decisão), – apreensão de documento invalidado para efeitos de viagem (art. 38.º da Decisão), – apreensão (art. 38.º da Decisão), – controlo específico – ação imediata (art. 36.º da Decisão), – controlo específico (art. 36.º da Decisão), –

MANUAL DE COOPERAÇÃO JUDICIÁRIA INTERNACIONAL EM MATÉRIA PENAL

vigilância discreta – ação imediata (art. 36.º da Decisão), – vigilância discreta (art. 36.º da Decisão). Pode derrogar-se a ordem de prioridade acima indicada, após consulta entre os EM, se estiverem em causa interesses nacionais essenciais.

Próximas etapas

Em 20 de novembro de 2017, o Conselho adotou o regulamento relativo a um sistema de entrada/saída e o regulamento que altera o Código das Fronteiras Schengen no que se refere ao sistema de entrada/saída Regulamento que estabelece o Sistema de Entrada/Saída (SES)/ Regulamento que altera o Código das Fronteiras Schengen no que respeita ao Sistema de Entrada/ Saída (SES).

O sistema registará informações sobre a entrada, a saída e a recusa de entrada de nacionais de países terceiros que transpõem as fronteiras externas do espaço Schengen. Contribuirá para: i) reduzir os atrasos nos controlos nas fronteiras e melhorar a qualidade desses controlos através do cálculo automático da estada autorizada de cada viajante; ii) assegurar a identificação sistemática e fiável das pessoas que ultrapassam o período de estada autorizada; iii) reforçar a segurança interna e o combate ao terrorismo, dando às autoridades de aplicação da Lei acesso aos registos do historial das viagens

O Conselho e o Parlamento Europeu terão agora de assinar o regulamento adotado. O texto assinado será publicado no Jornal Oficial da UE e entrará em vigor decorridos vinte dias. A EU-LISA, juntamente com os EM, deverá começar a construção do novo sistema, que se prevê operacional em 2020.

13. Ibero-americano (23 EM)

A Rede Iberoamericana de Cooperação Jurídica Internacional, IberRed, é uma estrutura formada por pontos de contacto procedentes dos Ministérios da Justiça e Autoridades Centrais, Procuradorias e Ministérios Públicos, e Poderes Judiciais dos 23 países que compõem a Comunidade Iberoamericana de Nações, orientada para a otimização dos instrumentos de assistência judicial civil e penal, e ao reforço dos laços de cooperação. Constitui assim um passo fundamental na conformação de um Espaço Judicial Iberoamericano, entendido como um cenário específico onde a atividade de cooperação judicial seja objeto de mecanismos reforçados, dinâmicas e instrumentos de simplificação e agilização, na consecução de uma tutela judicial efetiva.

A IberRed foi criada em Cartagena das Índias (Colômbia), na reunião constitutiva que teve lugar nos dias 27, 28 e 29 de outubro de 2004, onde se adotou o Regulamento. É de sublinhar o carácter histórico do referido encontro, onde pela primeira vez se reuniram num fórum estritamente Iberoamericano representantes das três autoridades com competência em matéria de cooperação judicial, adotando um projeto conjunto: Conferência de Ministros da Justiça, Cimeira Judicial Iberoamericana e Associação de Ministérios Públicos e Procuradorias.

A constituição da IberRed soube aproveitar as sinergias derivadas da integração de todos os atores implicados no auxílio judicial internacional, bem como as vantagens que um âmbito como o Iberoamericano apresenta, possuidor de duas línguas e de uma tradição comuns, para conseguir melhorar os mecanismos existentes, reforçar as relações de cooperação entre os distintos países que a compõem, e avançar no sentido de se obter uma justiça ágil, eficaz e acessível para o cidadão, em geral, e para os operadores jurídicos e judiciais, em particular.

A IberRed possui uma Secretaria Geral, que segundo estabelece o Regulamento, é desempenhada pela Secretaria Geral da Conferência de Ministros da Justiça de Países Iberoamericanos. Atualmente, em virtude da nomeação efetuada pela XV Conferência nos dias 27 e 28 de setembro de 2006 nas Canárias (Espanha), o referido cargo foi desempenhado pelo Dr. Víctor Moreno Catena. Desde 2015 o cargo é desempenhado por D. Arkel Benítez.

Entre as funções da Secretaria Geral destacam-se as seguintes: manter atualizado a lista de pontos de contacto, preparar as reuniões, coordenar a criação de um sistema de informação comparado, administrar os distintos níveis de acesso à informação integrada na IberRed, receber e tramitar as novas adesões e pedidos de adesão, e quaisquer outras de naturaza análoga.

Site geral: https://www.iberred.org/:[390]:

---

[390] É possível descarregar do site da IberRed:
Ata Constitutiva
Reglamento
Protocolo de Desarrollo del Reglamento
Guia de Buenas Prácticas Puntos de Contato
Recomendación Modelo Nacional Coordinación PCD
Memorándum de Entendimiento IberRed-Eurojust(Mayo 2009)
Memorándum de Entendimiento IberRed-RECAMPI (Mayo 2010)

MANUAL DE COOPERAÇÃO JUDICIÁRIA INTERNACIONAL EM MATÉRIA PENAL

Outra ferramenta muito útil constitui a consulta aos Códigos Penais[391], Processuais Penais[392] e outra legislação relevante dos EM[393].

Podem ser ainda consultados memorandos[394] e outros documentos relevantes em áreas fundamentais na matéria da cooperação judiciária em matéria penal[395] no contexto policial, de assinalar a criação em 2007 da AMERIPOL, Comunidade de Polícias da América. Realce ainda para o programa EL PAcCTO, na vertente da cooperação judiciária e policial penal entre a Europa e a América Latina.

DOCUMENTO DATA

MoU (memorando de entendimento) entre la IberRed y la Red Judicial Europea (RJE) 08/08/2013
MoU IberRed-RECAMPI (Maio 2010) 08/08/2013
MoU entre la IberRed e INTERPOL 08/08/2013
MoU entre IberRed y el Consejo de Ministerios Públicos Centroamericano 08/08/2013
Acordo quadro de colaboração 06/12/2011
Memorandum de entendimiento entre EUROJUST e IberRed 29/10/2004

Memorándum de Entendimiento IberRed-RJE(Junio 2010)
MOU Interpol – IberRed
Acuerdo IberRed – Escuela de capacitación de Fiscales de Brasil (ESMPU)
MoU IberRed – CEDDET
Documentos Importantes
Folleto Informativo Iberred
Folleto informativo sobre Iber@
Informe del Secretario General(Costa Rica 2011)
Documento Estratégico de IberRed(Costa Rica 2012-2013)
Atas Plenarias
Mencionar os tratados

[391] https://www.iberred.org/pt/legislacion-codigo-penal
[392] https://www.iberred.org/pt/legislacion-codigo-procesal-penal
[393] https://www.iberred.org/pt/otra-legislacion-penal
[394] https://www.iberred.org/pt/otros-acuerdos
[395] https://www.iberred.org/pt/procedimientos-penal, sobre a AMERIPOL, ver http://www. ameripol.org/portalAmeripol/appmanager/portal/desk?_nfpb=true&_pageLabel=portals_portal_page_m2p1p2&content_id=20162&folderNode=20127 e sobre o EL PAcCTO - Europa Latinoamérica Programa de Asistencia contra el Crimen Transnacional Organizado, ver http://www.elpaccto.eu/

MATÉRIAS

Procedimentos Penais
Extradição Passiva
Extradição
Âmbito material da extradição
Extradição ativa
Direitos da alegação na extradição
Mandado de detenção europeu
Serviço de peças processuais e sentenças judiciais
Obtenção de Provas
Execução de sentenças e de Transferência de Pessoas Condenadas

14. CPLP (9 EM)

Rede de Cooperação Jurídica e Judiciária internacional dos países de Língua Portuguesa

A Rede de Cooperação Jurídica e Judiciária Internacional dos Países de Língua Portuguesa foi criada pela Conferência dos Ministros da Justiça dos Países de Língua Portuguesa, reunida na Cidade da Praia, Cabo Verde, em 22 e 23 de novembro de 2005 e correspondeu a uma iniciativa lançada por ocasião da IX^{a} Conferência, que se realizou em Brasília em outubro de 2003.

Na sua génese encontram-se as experiências bem sucedidas de criação de redes de cooperação judiciária noutras regiões, em particular na UE e no espaço ibero-americano, bem como a constatação da necessidade de implementar e institucionalizar mecanismos ágeis de cooperação internacional, que contribuam para uma melhor administração da Justiça e para um combate eficaz à criminalidade, no respeito pelas diferenças e sensibilidades de cada país, trabalhando em prol da construção de um espaço judiciário da Comunidade dos Países de Língua Portuguesa.

A Rede Judiciária da CPLP é assim o primeiro mecanismo prático de cooperação judiciária internacional a tornar-se verdadeiramente operacional, na área da CPLP.

Objetivos da Rede Judiciária da CPLP

A Rede Judiciária da CPLP desenvolve as suas atividades em complementariedade e articulação com a competência própria dos poderes executivos e das autoridades centrais em matéria de cooperação judiciária internacional dos EM da CPLP, com vista à realização dos seguintes objetivos concretos:

- Facilitar, agilizar e otimizar a cooperação judiciária entre os EM;
- Construir, de forma progressiva, um sistema integrado e atualizado de informação sobre os diferentes sistemas jurídicos da Comunidade dos Países de Língua Portuguesa, bem como sobre a cooperação judiciária internacional, em geral;
- Estabelecer contactos com organismos internos e internacionais e colaborar em atividades de formação levadas a cabo pelos EM ou por organismos internacionais;
- Promover a aplicação efetiva e prática das convenções de cooperação judiciária internacional em vigor entre dois ou mais EM.

Instrumentos operativos

Para atingir estes objetivos, a Rede Judiciária da CPLP conta com um sistema integrado de informações e ferramentas operacionais construído em suporte informático e colocado neste sítio à disposição de toda a comunidade jurídica dos EM.

A Rede Judiciária da CPLP compreende duas unidades distintas:

- Uma unidade de cooperação judiciária internacional na área penal; e
- Uma unidade de cooperação judiciária internacional na área civil e comercial.

Na sua constituição formal, a Rede Judiciária da CPLP é integrada por pontos de contactos sediados em cada país e é assistida por um Secretariado permanente.

A Rede Judiciária da CPLP é uma estrutura dinâmica, de caráter horizontal e carateriza-se pela sua flexibilidade e pelo seu modo informal de funcionamento.

Para o efeito, já dispõe de um sítio na internet[396], com os seguintes itens: Sobre a Rede, Doc. Úteis, Organização Judiciária, Legislação, Instrumentos Internacionais, Notícias, Contactos, Hiperligações.

No âmbito penal, assume particular protagonismo a Convenção de Auxilio judiciário em matéria penal entre os EM da Comunidade dos Paises de Lingua Portuguesa, assinada na Cidade da Praia em 23 de novembro de 2005.

---

[396] http://www.rjcplp.org/sections/pagina-inicial

NÍVEIS DE COOPERAÇÃO

Os EM da Comunidade dos Países de Língua Portuguesa – CPLP, reconhecendo que a luta contra a criminalidade é uma responsabilidade compartilhada da comunidade internacional e animados do desejo de reforçar a cooperação judiciária em matéria penal e de garantir que o auxílio judiciário mútuo decorra com rapidez e eficácia, criaram este instrumento que compreende a comunicação de informações, de atos processuais e de outros atos públicos, quando se afigurarem necessários à realização das finalidades do processo, bem como os atos necessários à perda, apreensão ou congelamento ou à recuperação de instrumentos, bens, objetos ou produtos do crime[397]-[398].

PACED
Neste espaço geográfico, existe ainda a destacar o Projeto de Apoio à Consolidação do Estado de Direito (PACED), o qual pretende contribuir para prevenir e lutar eficazmente contra a corrupção, o branqueamento de capitais e a criminalidade organizada, especialmente o tráfico de estupefa-

---

[397] Art. 1.º
Âmbito do auxílio
1 – O auxílio compreende a comunicação de informações, de atos processuais e de outros atos públicos, quando se afigurarem necessários à realização das finalidades do processo, bem como os atos necessários à perda, apreensão ou congelamento ou à recuperação de instrumentos, bens, objetos ou produtos do crime.
2 – O auxílio compreende, nomeadamente:
a) A notificação de atos e entrega de documentos;
b) A obtenção de meios de prova;
c) As revistas, buscas, apreensões, exames e perícias;
d) A notificação e audição de suspeitos, arguidos ou indiciados, testemunhas ou peritos;
e) A troca de informações sobre o direito respetivo;
f) A troca de informações relativas aos antecedentes penais de suspeitos, arguidos e condenados;
g) Outras formas de cooperação acordadas entre os Estados Contratantes, nos termos das respetivas legislações.
3 – Quando as circunstâncias do caso o aconselharem, mediante acordo entre as autoridades competentes dos Estados Contratantes, a audição prevista na alínea d) do n.º 2 pode efetuar-se com recurso a meios de telecomunicação em tempo real, em conformidade com as regras processuais aplicáveis nos respetivos ordenamentos jurídicos.
4 – A presente Convenção não se aplica à execução das decisões de detenção ou de condenação nem às infrações militares.
5 – O auxílio é ainda concedido, nos processos penais, relativamente a fatos ou infrações pelos quais uma pessoa coletiva ou jurídica seja passível de responsabilidade no Estado requerente.
[398] Informacao sobre a Convencao no contexto de Portugal: http://www.gddc.pt/siii/im.asp?id=1997

cientes, através da melhoria das capacidades humanas e institucionais, nos Países Africanos de Língua Oficial Portuguesa (PALOP) e Timor-Leste.

O PACED desenvolve um conjunto de atividades que visam contribuir para a melhoria da capacidade dos países parceiros para prevenir e lutar contra a corrupção, o branqueamento de capitais e a criminalidade organizada, em particular o tráfico de estupefacientes.

Site relevante: http://www.paced-paloptl.com.

15. Outras redes

Redes de cooperação internacional

Rede de Pessoas de Contactos da Commonwealth | Rede Hemisférica de Intercâmbio de Informações para Assistência Jurídica Mútua em Matéria Penal e Extradição da Organização dos Estados Americanos | Plataformas Judiciárias Regionais da Sahel e Países da Comissão do Oceano Índico | Rede de Promotores Especializados Contra o Crime Organizado – REFCO | Rede de Autoridades Centrais da África Ocidental e Procuradores Contra o Crime Organizado – WACAP

Rede de Pessoas de Contactos da Commonwealth[399]

O objetivo da Rede de Pessoas de Contactos da *Commonwealth* é facilitar a cooperação internacional em matéria penal entre os EM da *Commonwealth*, incluindo assistência jurídica mútua e extradição, e fornecer informações legais e práticas relevantes.

A Rede compreende pelo menos uma pessoa de contacto de cada uma das jurisdições da *Commonwealth*.

Membros: Antígua e Barbuda, Austrália, Bahamas, Bangladesh, Barbados, Belize, Botswana, Brunei Darussalam, Camarões, Canadá, Chipre, Dominica, Fiji, Gâmbia, Gana, Grenada, Guiana, Índia, Jamaica, Quénia, Quiribati, Lesoto, Malawi, Malásia Maldivas, Malta, Ilhas Maurícias, Mozambique, Namíbia, Nauru, Nova Zelândia, Nigéria, Paquistão, Papuásia-Nova Guiné, Samoa, Ilhas Seychelles, Serra Leoa, Singapura, Ilhas Salomão, Sri Lanka, São Cristóvão e Nevis, São Vicente e Granadinas, Suazilândia, Tonga, Trinidad e Tobago, Tuvalu, Uganda, Reino Unido, República Unida da Tanzânia, Vanuatu e Zâmbia.

---

[399] http://thecommonwealth.org/

Rede Hemisférica de Intercâmbio de Informações para Assistência Mútua em Matéria Penal e Extradição da Organização dos Estados Americanos

A Rede Hemisférica de Intercâmbio de Informações para Assistência Mútua em Matéria Penal e Extradição está em desenvolvimento desde o ano 2000, quando a Terceira Reunião de Ministros da Justiça ou de Ministros ou Procuradores-Gerais das Américas decidiu aumentar e melhorar o intercâmbio de informações entre os EM da Organização dos Estados Americanos no domínio da assistência mútua em matéria penal.

A Rede tem três componentes: um site público, um site privado e um sistema de comunicação eletrónica segura.

A componente pública da Rede fornece informações legais relativas à assistência mútua e extradição para os 34 EM da Organização dos Estados Americanos.

A componente privada da Rede contém informações para pessoas que estão diretamente envolvidos na cooperação jurídica em matéria penal. O *site* privado inclui informações sobre reuniões, pontos de contactos em outros países, um glossário de termos e formação sobre o sistema de comunicação eletrónica segura.

O objetivo do sistema seguro de comunicações eletrónicas é facilitar o intercâmbio de informações entre as autoridades centrais que tratam de questões de assistência mútua em matéria penal e de extradição. Este sistema não só fornece um serviço de e-mail instantâneo seguro às autoridades centrais, mas também um espaço para reuniões virtuais e troca de documentos pertinentes.

Membros: Antígua e Barbuda, Argentina, Bahamas, Barbados, Belize, Bolívia, Equador, Guiana, Guiana, Guiana, Guiana, Honduras, Honduras, Chile, Colômbia, Costa Rica, Dominica, Equador, Jamaica, México, Nicarágua, Panamá, Paraguai, Peru, São Cristóvão e Nevis, Santa Lúcia, São Vicente e Granadinas, Suriname, Trinidad e Tobago, Uruguai e Venezuela (República Bolivariana da Venezuela).

O *site* público de consulta está disponível em português e contém alguma informação legal sobre os sistemas jurídicos dos EM e instrumentos jurídicos de cooperação na área penal.[400]

---

[400] https://www.oas.org/juridico/mla/pt/index.html

Plataformas Judiciárias Regionais dos Países da Sahel e do Oceano Índico

As Plataformas Regionais Judiciais foram criadas pela Divisão de Prevenção do Terrorismo do UNODC e pelo Serviço de Crime Organizado e Tráfico Ilícito para fortalecer a cooperação internacional em matéria penal nas regiões do Sahel e do Oceano Índico. O seu principal objetivo é prevenir e combater formas de criminalidade grave, como o crime organizado, a corrupção, o tráfico de drogas ou o terrorismo.

As plataformas são redes de cooperação internacional de pontos focais, que facilitam os procedimentos de extradição e de assistência jurídica mútua em matéria penal com os EM das respetivas plataformas. Também identificam necessidades de assistência técnica para o fortalecimento da cooperação judiciária entre elas e sensibilizam os atores nacionais da jurisdição penal sobre o papel e os mecanismos das Plataformas.

Os pontos de contacto nacionais reúnem-se, pelo menos, uma vez por ano.

A primeira plataforma já foi fundamental para facilitar uma série de procedimentos de extradição e assistência jurídica mútua.

Plataforma Regional Judicial dos países da Comissão do Oceano Índico (COI): Comores, França (Reunião), Madagáscar, Maurícias e Seychelles, criadas em conjunto com o COI e lançadas na sede do COI em Quatre-Bornes, nos dias 10 e 11 de junho de 2009[401].

Plataforma Judiciária Regional dos países do Sahel, atualmente: Burkina Faso, Mali, Mauritânia e Níger, lançada em Bamako, de 22 a 24 de junho de 2010.

---

[401] A segunda reunião dos pontos de contato teve lugar em Saint Denis, Réunion, França, de 29 a 30 de outubro de 2009. A Plataforma do COI realizou a sua 3ª reunião em 7 e 8 de junho de 2011, em Port-Louis, Maurícia.

Gráfico: Charte de funcionamento da plataforma Justiça regional dos países de COI
Lista de pontos de contato: Liste des Points Focaux de la Platforme Régionale Justice de la Commission de l'Océan Indien

Ferramentas: – Compêndio de acordos bilaterais, regionais e internacionais sobre extradição e assistência jurídica mútua

Acordos bilaterais regionais e internacionais em matéria de justiça e de extradição - Guia prático para formular pedidos eficazes de extradição e assistência jurídica mútua aos cinco EM do COI

Fichas técnicas para a execução de um procedimento de extradição e de instrução judiciária para os EM da Comissão do Oceano Índico

NÍVEIS DE COOPERAÇÃO

Lista de pontos de contacto: Lista de pontos de contacto e suplentes.
Instrumentos: Guia prático para formular pedidos eficazes de extradição
e assistência jurídica mútua aos países do Sahel.

Rede de Procuradores Especializados Contra o Crime Organizado – REFCO[402]

A Rede de Procuradores Especializados contra a Criminalidade Organizada (REFCO) é uma iniciativa do UNODC, financiada pelo Governo do Canadá, que começou em 2009 e foi lançada em março de 2011. Os membros da rede incluem 10 procuradores de Belize, Colômbia, Costa Rica, República Dominicana, El Salvador, Guatemala, Honduras, México, Nicarágua e Panamá.

O objetivo da rede é reforçar a investigação e a instauração de ações penais contra a criminalidade grave e organizada e facilitar a cooperação regional e internacional.

Rede de Autoridades Centrais da África Ocidental e Procuradores Especializados Contra o Crime Organizado – WACAP

A Rede de Autoridades Centrais e Procuradores da África Ocidental contra o Crime Organizado (WACAP) é uma iniciativa do Programa Global do UNODC para o Fortalecimento das Capacidades de Prevenção e Combate à Criminalidade Organizada, que se realiza no âmbito da estratégia para a implementação das Nações Unidas Convenção contra a Criminalidade Organizada Transnacional. Baseia-se no sucesso da rede REFCO desenvolvida pelo UNODC na América Central. A WACAP está ligada à Declaração de Bamako sobre Impunidade, Justiça e Direitos Humanos na África Ocidental, que tem como atividade a promoção de redes de assistência jurídica mútua em diferentes países.

O objetivo do WACAP é fortalecer a capacidade das autoridades centrais e autoridades judiciárias para combater todas as formas de crime organizado e impunidade. Na primeira fase, a Rede assistirá as autoridades centrais da África Ocidental no desenvolvimento de contactos com os seus homólogos nos países com os quais cooperam ou poderá ser chamada a cooperar no futuro. Através de reuniões regulares e de programas de formação, a Rede permitirá que as autoridades centrais e profissionais relevantes troquem

---

[402] http://www.unodc.org/unodc/en/organized-crime/gptoc-refco.html

MANUAL DE COOPERAÇÃO JUDICIÁRIA INTERNACIONAL EM MATÉRIA PENAL

informações sobre os respetivos sistemas e procedimentos legais, desenvolvam uma linguagem comum e partilhem boas práticas. Isto permitir-lhes-á preparar-se melhor e responder aos pedidos de assistência jurídica.

Países do G8
Comissão para a Prevenção da Criminalidade e Justiça Criminal
Integração e coordenação dos esforços desenvolvidos pelo Gabinete das Nações Unidas contra a Droga e o Crime e pelos EM no domínio da prevenção do crime e da justiça penal:
Ratificação e aplicação da Convenção das Nações Unidas contra a Criminalidade Organizada Transnacional e respetivos Protocolos.

Destaque ainda para o Manual existente: *Requesting mutual legal assistance in criminal matters from G8 countries: A step-by-step guide* Commission on Crime Prevention and Criminal Justice*

Países do G20
G20 (abreviatura para Grupo dos 20) é um grupo formado pelos ministros de finanças e chefes dos bancos centrais das 19 maiores economias do mundo mais a UE. Foi criado em 1999, após as sucessivas crises financeiras da década de 1990. Visa favorecer a negociação internacional, integrando o princípio de um diálogo ampliado, levando em conta o peso econômico crescente de alguns países, que, juntos, representam 90% do PIB mundial, 80% do comércio mundial (incluindo o comércio intra-UE) e dois terços da população mundial. O peso económico e a representatividade do G20 conferem-lhe significativa influência sobre a gestão do sistema financeiro e da economia global.

G20 estuda, analisa e promove a discussão entre os países mais ricos e os emergentes sobre questões políticas relacionadas com a promoção da estabilidade financeira internacional e encaminha as questões que estão além das responsabilidades individuais de qualquer organização.

Com o crescimento da importância do G20 a partir da reunião de 2008, em Washington, e diante da crise económica mundial, os líderes participantes anunciaram, em 25 de setembro de 2009, que G20 seria o novo conselho internacional permanente de cooperação económica, eclipsando o G8, constituído até então pelas sete economias mais industrializadas no mundo e a Rússia.

Nesta sede, foi desenvolvida uma nota por parte da OCDE e por parte do UNODC para potenciar a assistência mútua em matéria penal, essencialmente no domínio da corrupção, definindo quais as ferramentas e tratados internacionais e bilaterais que permitem a assistência entre os países membros do G20[403].

Pela primeira vez, no Summit de Hamburgo (7/8 de julho 2017), foi elaborado um plano de ação contra o terrorismo[404].

16. Sinopse dos diferentes níveis de cooperação judiciária em matéria penal

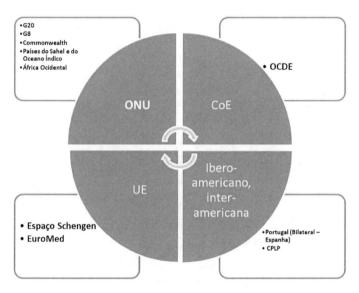

Para consulta das redes judiciárias disponíveis em matéria de cooperação judiciária em matéria penal[405]:

---

[403] http://www.bmjv.de/SharedDocs/Downloads/EN/G20/Mutual%20Legal%20Assistance,%20G20%20ACWG%20Note%20prepared%20by%20the%20OECD%20and%20the%20UNODC.pdf?__blob=publicationFile&v=1
[404] G20 Action Plan on Countering Terrorism
[405] http://www.unodc.org/unodc/en/organized-crime/international-cooperation-networks.html
CATALOGUE OF INTERNATIONAL JUDICIAL NETWORKS OF RELEVANCE IN THE FIGHT AGAINST TRANSNATIONAL ORGANISED CRIME – Council of Europe, Strasbourg, 19 March 2017 CDPC (2017) 1_rev cdpc/docs 2017/cdpc(2017)1_rev

Capítulo IV
A obtenção de prova em contexto transnacional na UE

Como já se salientou no capítulo da evolução histórica, a cooperação judiciária em matéria penal conheceu ao nível da UE um desenvolvimento sem precedentes. Um dos paradigmas desse desenvolvimento é a circulação de informações e de meios de prova na UE. Com a troca de informações resultante do Tratado de Prüm e com base no princípio da disponibilidade, criou-se uma interligação entre os sistemas de informação dos vários Estados, disponibilizando-se assim o acesso direto por cada EM à informação de todos os EM da UE.

Na atualidade, e até à entrada em vigor da DEI, a obtenção e circulação da prova na UE é feita, essencialmente com base nas normas constantes da CAAS, da CE2000 e do respetivo protocolo 2001. Estes instrumentos complementam as Convenções sobre a matéria celebradas no CoE, subsidiariamente aplicáveis: i) COE59, ii) Protocolo Adicional à Convenção Europeia Europeia de Auxílio Judiciário mútuo em matéria penal, n.º 099, iii) Segundo protocolo adicional à Convenção Europeia de Auxílio judiciário mútuo em matéria penal n.º 182 do COE (esta última posterior às Convenções celebradas no seio da UE).

Este modelo já previa a obrigação de "conceder mutuamente o mais amplo auxílio judiciário possível" (art. 1.º da CoE59) e dispunha de algumas características que divergem do clássico auxílio judiciário (por exemplo, a regra é o envio direito dos pedidos entre autoridades judiciárias), o mesmo, ainda ssim, é regido pelo "modelo do pedido". Este modelo caracteriza-se pelo facto de um Estado pedir (roga, requerente) a outro Estado (rogado, requerido) que lhe providencie assistência para efeitos de prossecução penal num processo em curso no Estado requerente. O Estado requerido, quando recebe o pedido, pode recusar ou adiar a execução do mesmo, invocando razões, não necessariamente tipificadas em instrumentos internacionais e que podem ser, entre outros, motivos de oportunidade política (criminal ou outra). Na verdade, o sistema clássico de auxílio judiciário mútuo em matéria penal tem como características a natureza política da cooperação, a exigência de controlo da dupla incriminação, a ausência de consequências para os Estados que não concedam o auxílio[406], a inexistência de prazos para o cumprimento dos pedidos.

Com os instrumentos de reconhecimento mútuo, sendo expoente máximo a DEI, ocorreu uma modificação substancial do paradigma, passando a ter como características principais: i) a ausência (parcial) de controlo da dupla incriminação do facto, maior rigidez quanto aos fundamentos/causas de recusa (mais limitados e tipificados), a utilização de formulários[407], o carácter de "ordem" ou decisão, dotada de coercibilidade e podendo a sua execução ser sindicada judicialmente, a existência de prazos de cumprimento e a horizontalidade e judicialização da cooperação. Assim, já não estamos perante uma assistência em que um Estado que solicita assistência a outro Estado, mas perante um Estado que ordena a execução de uma medida processual ou decisão penal no território de outro Estado e que, por princípio, este último deve reconhecer e executar, como se uma decisão se tratasse.

---

[406] As consequências poderão ter lugar apenas no plano diplomático podendo consistir, nomeadamente, na recusa do auxílio em sentido inverso (quando requerido pelo Estado que recusou ou não deu resposta ao pedido de auxílio), por motivos de falta de reciprocidade (cfr., na ordem interna, o art. 4.º da Lei n.º 144/99, de 31 de agosto).

[407] Para densificar esta possibilidade, a maioria dos instrumentos de reconhecimento mútuo e a DEI recorre a uma técnica comum na UE, ou seja o pedido circula mediante o recurso a um certificado ou formulário, comum a todos os EM. Estes instrumentos funcionam como passaportes da decisão da justiça, implicando que o Estado de emissão controle certos requisitos que visam a autenticação da validade da decisão da justiça na UE. Por outro lado, os Estados de execução não podem controlar as condições de validade internacional das decisões estrangeiras. Isto constitui um avanço enorme, pois, como é consabido, em direito penal internacional, não existem regras, sejam elas convencionais ou nacionais, ou mecanismos que permitam o reconhecimento ou execução de uma decisão penal estrangeira. De qualquer forma, não sendo uma característica obrigatória de tais instrumentos, também ao abrigo dos instrumentos de auxílio judiciário mútuo, foram elaboradas "cartas-rogatórias-tipo), da RJE e disponíveis no CITIUS, conforme Anexos a este Manual

1. Admissibilidade e validade da prova na Decisão Europeia de Investigação em matéria penal[408]

SUMÁRIO: I – Introdução; II – Conceito, princípios, teorias e regras; II.1 Conceito; II.2 Princípios; II.3 Teorias; II.4 Regras; III – Instrumentos e normativos relevantes; III.1 Características dos instrumentos; III.2 Instrumentos atuais de obtenção de prova na UE; III.3 Instrumentos atuais de obtenção de prova no estrangeiro no ordenamento jurídico português; IV – Admissibilidade e validade da prova na DEI; IV.1 Âmbito de aplicação; IV.2 Requisitos de emissão; IV.3 Motivos de recusa; IV.4 Competência para o reconhecimento e execução; IV.5 Impugnação; V – Jurisprudência do TEDH e nacional sobre a prova recolhida no estrangeiro

I – Introdução

O tema da admissibilidade e validade prova em processo penal sempre mereceu particular relevância em contexto nacional e internacional. Com efeito, a legalidade e admissibilidade da prova recolhida no estrangeiro permanece como uma das questões mais importante do ELSJ e talvez um dos temas mais complexos e polémicos[409]. De acordo com Costa Andrade, "*o processo penal, e particularmente a produção e valoração da prova, é cada vez mais o resultado de uma divisão de trabalho entre instâncias de perseguição e controlo de diferentes Estados*"[410]. Com efeito, as autoridades judiciárias portuguesas, quer como requerentes (de emissão), quer como requeridas (de execução), são convocadas constantemente a demandar ou executar diligências de obtenção de prova no estrangeiro, o que acarreta maior dificuldade no tratamento da admissibilidade e validade da prova que é recolhida dessa forma. Dessa forma, e a *praxis* judiciária assim o demonstra, o acréscimo da cooperação judiciária internacional em matéria penal conduz ao aumento da frequência de casos em que as autoridades judiciárias de um país violam obrigações convencionais ou

---

[408] Desenvolvimento do artigo do autor "*Admissibilidade e validade da prova na Decisão Europeia de Investigação*", JULGAR online, abril de 2018, disponível em http://julgar.pt/wp-content/uploads/2018/04/20180421-ARTIGO-JULGAR-Admissibilidade-e-validade-da-prova-na-Decisão-Europeia-de-Investigação-Luís-Lemos-Triunfante-v2.pdf

[409] Para maior desenvolvimento da matéria vd. Marie Marty, "*La legalité de la preuvre dans l'espace penal européen*", Larcier, 2016, a qual, para além de se debruçar sobre a legalidade da prova recolhida no estrangeiro, recorre à análise comparativa de três sistemas jurídicos probatórios europeus (francês, belga e inglês), dadas as diferenças entre todos.

[410] Manuel da Costa Andrade, "*Bruscamente no verão passado, a reforma do código de processo penal – observações críticas sobre uma Lei que podia e devia ter sido diferente*", RLJ 3951 (2008), p. 318 (321).

princípios de direito internacional, situação que também é salientada por Costa Andrade[411].

O Conselho Europeu de Tampere de 1999 constitui o *"starting point"* nesta matéria, em concreto a 36.ª conclusão que resultou desse Conselho. A partir desse momento, a Comissão e o Conselho têm trabalhado e negociado intensamente – por via de iniciativas legislativas ou cooperações reforçadas.

Em 2001, surge o programa de medidas destinadas a aplicar o princípio do reconhecimento mútuo das decisões em matéria penal, nos quais a recolha e obtenção de elementos de prova assumem particular destaque. Mais tarde, surgiu o Programa de Haia, aprovado pelo Conselho Europeu de 4 e 5 de novembro de 2004, dos quais se destacavam os seguintes instrumentos: mandado de detenção europeu; reconhecimento mútuo de sanções pecuniárias, mandado europeu de obtenção de provas, ordem europeia de execução (transferência de pessoas condenadas); reconhecimento mútuo de medidas não detentivas e reconhecimento e supervisão de sanções alternativas à pena de prisão e suspensão da condenação *(probation)*, isto é, de penas suspensas e regime de prova[412]. Nesse pacote, surge a DQ sobre o mandado europeu de obtenção de provas (MEOP), sendo que o seu âmbito de aplicação limitado já permitia prever a sua escassa aplicação prática[413].

---

[411] Manuel da Costa Andrade, op. cit. p. 321.

[412] http://eur-lex.europa.eu/legal-content/PT/TXT/?uri=uriserv:l16002

[413] DQ 2008/978/JAI do Conselho, de 18 de dezembro de 2008, relativa a um mandado europeu de obtenção de provas destinado à obtenção de objetos, documentos e dados para utilização no âmbito de processos penais (JO L 350 de 30.12.2008, p. 72). Quanto ao estado de implementação da DQ, com atualização dos dados a 08.02.2016, ver http://www.RJE--crimjust.europa.eu/RJE/RJE_Library_StatusOfImpByCat.aspx?CategoryId=40. Embora Portugal surja com o sinal positivo de transposição, não é conhecida ainda a Lei interna. Face à sua ineficácia, este instrumento foi recentemente alvo de revogação, juntamente com outros instrumentos de cooperação judiciária em matéria penal, por ser considerado obsoleto, ainda que com norma transitória, pois os mandados europeus de obtenção de provas executados por força da DQ 2008/978/JAI continuam a ser regidos por essa DQ até que os correspondentes processos penais estejam concluídos mediante decisão transitada em julgado. Nesta matéria o considerando 11 do Regulamento é muito claro quando refere: *A DQ 2008/978/JAI do Conselho (2), relativa ao mandado europeu de obtenção de provas (MEOP), foi substituída pela Diretiva 2014/41/UE do Parlamento Europeu e do Conselho (3) relativa à decisão europeia de investigação (DEI), dado que o âmbito de aplicação do MEOP era demasiadamente limitado. Uma vez que a DEI se aplica entre 26 EM e o MEOP só continuaria aplicável entre os dois EM que não participam na DEI, o MEOP perdeu, portanto, a sua utilidade como instrumento de cooperação em matéria penal e deverá*

A OBTENÇÃO DE PROVA EM CONTEXTO TRANSNACIONAL NA UE

Com a Diretiva 2014/41/UE referente à Decisão Europeia de Investigação em matéria penal (doravante DEI)[414], sendo o seu principal objetivo facilitar e acelerar a obtenção e transferência dos meios de prova entre os EM da UE e harmonizar os procedimentos processuais existentes nos mesmos Estados, a matéria da obtenção de prova em contexto transnacional ressurge como prioridade central da UE. Neste capítulo, propomo-nos a abordar o conceito da prova, os princípios, teorias e regras que regem a obtenção de prova em contexto transnacional, quais os instrumentos e normativos relevantes na matéria, e em concreto a admissibilidade e validade da prova na Diretiva DEI e na transposição para o ordenamento jurídico português, decorrente da Lei n.º 88/2017, de 21 de agosto.

II. Conceito, princípios, teorias e regras

II.1. Conceito

Em sentido estritamente jurídico, a palavra prova pode abarcar desde o próprio meio de prova, até às formas através das quais as partes e/ou os julgadores procuram demonstrar a veracidade dos factos que alegam e mesmo até ao resultado dos atos e operações utilizados na averiguação da verdade. De uma forma geral, podemos afirmar que o sentido jurídico da palavra prova não se encontra substancialmente distante do sentido que lhe é comumment atribuído: a prova consiste na maneira, no meio usado para revelar uma verdade e/ou facto através da perceção sensorial. Nas palavras de Germano Marques da Silva: *"A atividade probatória destina-se toda a convencer da existência ou não dos factos que são pressuposto da estatuição da norma."*[415]. O juiz é o destinatário da prova, pois esta destina-se a convencê-lo acerca da exatidão dos factos alegados por uma ou por outra parte. Daí a sua extrema importância para o

---

ser revogado (vd. art. 1.º e 2.º do Regulamento (UE) 2016/95 do PARLAMENTO EUROPEU e do CONSELHO de 20 de janeiro de 2016 que revoga certos atos no domínio da cooperação policial e da cooperação judiciária em matéria penal, JO, L 26/9 de 02.202.2016)

[414] Para maior desenvolvimento da Diretiva e obrigações de transposição vd. Luís Lemos Triunfante, *"Decisão Europeia de Investigação em matéria penal"*, Revista do MP, n.º 147, p.s 73 e ss.

[415] Germano Marques da Silva, *"Curso de Processo Penal"*, Volume II, 4. ed., editorial Verbo, 2008, p. 110.

processo penal, até porque o objeto da prova é o *"facto juridicamente relevante"*, segundo as palavras de Paulo Pinto de Albuquerque[416].

O CPP define no art. 124.º o conceito de prova: *"Constituem objeto da prova todos os factos juridicamente relevantes para a existência ou inexistência do crime, a punibilidade ou não punibilidade do arguido e a determinação da pena ou da medida de segurança aplicáveis. Se tiver lugar pedido civil, constituem igualmente objeto da prova os factos relevantes para a determinação da responsabilidade civil"*. Quanto à admissibilidade e validade da mesma, o legislador optou pela formulação negativa, referindo no art. 125.º do mesmo diploma que: *"São admissíveis as provas que não forem proibidas por Lei"*. Acresce a esta matéria o art. 126.º, o qual versa sobre os métodos proibidos de prova e que, em grande medida, é um decalque do art. 32.º, n.º 8 da CRP.

O legislador português, na transposição da DEI, vai mais longe e, nesta matéria para além de proceder a uma transposição literal do art. 1.º da Diretiva, definindo no art. 2.º, n.º1 da Lei n.º 88/2017, de 21.08 que: *"A DEI é uma decisão emitida ou validada por uma autoridade judiciária de um EM da UE para que sejam executadas noutro EM uma ou várias medidas de investigação específicas, tendo em vista a obtenção de elementos de prova em conformidade com a presente Lei"*, inova e adita ao articulado de transposição o art. 3.º, alínea e) da Lei n.º 88/2017, de 21.08, definindo o conceito de «Medida de investigação», como *"a diligência ou ato necessário à realização das finalidades do inquérito ou da instrução, destinados à obtenção de meios de prova, e os atos de produção de prova em julgamento ou em fase posterior do processo, bem como os necessários à instrução dos processos de contraordenação pelas autoridades administrativas, nos termos previstos na Lei processual penal e demais legislação aplicável"*.

Na prática, para além do conceito definido no CPP, o qual continua perfeitamente atual, mesmo no que concerne à DEI, por remissão resultante do art. 47.º da Lei n.º 88/2017, passamos a ter uma definição de medida de investigação, que não existia no ordenamento processual penal português e que procura densificar tal conceito e consagrar a recolha da prova em qualquer fase processual[417].

---

[416] Paulo Pinto de Albuquerque, *"Comentário do Código de Processo Penal à luz da Constituição da República e da Convenção Europeia dos Direitos do Homem"*, 4. ed. atualizada, Universidade Católica Editora, Lisboa, 2011, p. 329.

[417] Nessa medida, o conceito de investigação que se retira da DEI deve ser interpretado como sendo referente ao ato de investigação e a possibilidade de a mesma ocorrer em qualquer fase processual e não à fase processual restrita da investigação.

II.2. Princípios

Na matéria da admissibilidade e validade da prova e em concreto na obtenção de prova em contexto transnacional assumem particular relevância os seguintes princípios, com a seguinte divisão:

Princípios de cooperação judiciária internacional em matéria penal clássicos
- Amplitude (*favor cooperationis*) – a cooperação judiciária em matéria penal entre Estados deve ser o mais ampla possível (dentro dos limites (excecionais) que devem ser observados).
- Reciprocidade – o Estado requerido apenas está obrigado a cumprir o pedido do Estado requerente se este conceder idêntica correspondência.

Princípios de obtenção de prova clássicos
- *Locus Regit Actum* – o Estado Requerido executa o pedido de acordo com o direito penal substantivo e processual do seu Estado.
- *Forum Regit Actum* – o Estado Requerido executa o pedido de acordo com o direito penal substantivo e processual do Estado requerente.
  D) Princípios de obtenção de prova após o reconhecimento mútuo
- Reconhecimento mútuo – recíproco reconhecimento de decisões judiciais em matéria penal.
- Proporcionalidade, adequação e necessidade – em qualquer pedido, deve assegurar-se que o mesmo se mostra proporcional, adequado e necessário para os efeitos pretendidos.
- Proibição de fraude a Lei – apenas se pode solicitar a outro Estado a prova cuja obtenção no Estado requerente (Portugal) seria admissível.
- Formalidade – em todos os pedidos deve ser solicitado o cumprimento de formalidades essenciais à admissibilidade e validade da prova.
- Inadmissibilidade da prova proibida (admissibilidade e validade) – a prova obtida, a pedido ou espontaneamente, só pode ser utilizada se não violar proibições de prova de natureza constitucional da ordem jurídica do Estado requerente (Portugal) ou do Estado requerido, ou supranacionais.

MANUAL DE COOPERAÇÃO JUDICIÁRIA INTERNACIONAL EM MATÉRIA PENAL

- Igual diligência[418] – obriga a autoridade judiciária de execução a executar a medida de investigação com a mesma celeridade e prioridade dos processos nacionais semelhantes e, em todo o caso, dentro dos prazos previstos (inerente à Diretiva DEI, consagração do art. 12.º).
- Disponibilidade – o Estado requerido deve disponibilizar a informação solicitada pelos agentes de *law enforcement* dos outros EM e da Europol, para efeitos de prevenção, deteção e investigação de infrações penais.
- Prova digital – Integridade dos dados; Preservação da integridade dos dados; Assistência especializada; Formação; Legalidade.

II.3. Teorias

Na temática da admissibilidade e validade da prova, uma das principais limitações que se apresentam ao direito fundamental de cada parte de reunir e apresentar provas em processo penal é, indiscutivelmente, aquela que diz respeito à (in)admissibilidade das provas proibidas. Este princípio tem como finalidade regular as situações nas quais existe uma colisão entre o direito e o dever do Estado a exercer uma tutela penal efetiva reunindo e apresentando provas em favor das suas alegações e o direito do(s) arguido(s) a verem respeitados os seus direitos mais básicos inerentes à dignidade humana que devem ser protegidos e preservados mesmo no âmbito de um processo penal. Conforme salienta Figueiredo Dias, as proibições de prova são requisitos indispensáveis para alcançar a verdade material: " *(...) os fundamentos do direito processual penal (são), simultaneamente, os alicerces constitucionais do estado. (...) Daqui resultam, entre outras, as exigências correntes: de uma estrita e minuciosa regulamentação legal de qualquer indispensável intromissão, no decurso do processo, na esfera dos direitos do cidadão constitucionalmente garantidos; (...) de proibições de prova obtidas com violação da autonomia ética da pessoa (...) A legalidade dos meios de prova, bem como as regras gerais de produção de prova e as chamadas proibições de prova (...) são condições da validade processual da prova e, por isso mesmo, critérios da própria verdade material.*"[419]

No entanto, se a faculdade de recolher e apresentar provas não se pode revelar absoluta e ilimitada, também o princípio da inadmissibilidade da prova proibida não pode ser perspetivado como absoluto e ilimitado. Na

---

[418] Usando aqui a feliz terminologia de André Klip, "*European Criminal Law. An Integrated Approach,*" Cambridge: Intersentia, 3rd edition 2016, p. 80.

[419] Jorge Figuereido Dias, "*Direito Processual Penal*", Primeiro Volume, Coimbra Editora, 1981, p. 74-75 e 197.

A OBTENÇÃO DE PROVA EM CONTEXTO TRANSNACIONAL NA UE

verdade, apesar de este princípio ser aplicado na maioria dos ordenamentos jurídicos, tal não acontece em todos eles e existem diversas teorias que vão desde a defesa de que este princípio da inadmissibilidade da prova proibida deveria ser absoluto e sem exceções (teoria obstativa) até à teoria diametralmente oposta que defende que todas as provas, independentemente do meio pelo qual foram obtidas, devem ser admitidas e valoradas em processo penal (teoria permissiva). Existem ainda diversas teorias intermédias (*pro reo*, *pro societate*, teoria da proporcionalidade) relativamente a esta mesma questão que é tão problemática como importante, pois a admissão ou não de determinada prova em tribunal pode ser decisiva para a formação da convicção do juiz em certo sentido, uma vez que, tal como afirma o artigo 341.º do Código Civil, as provas têm como propósito a demonstração da realidade dos factos: "*A decisão final, meta a que se dirige o processo, consta, por isso, de duas partes: a verificação dos factos que condicionam a aplicação do Direito e a aplicação do Direito. A atividade probatória destina-se toda a convencer da existência ou não dos factos que são pressuposto da estatuição da norma. (...) A prova, entendida como atividade probatória, é também garantia da realização de um processo justo, de eliminação do arbítrio, quer enquanto a demonstração da realidade dos factos não há de procurar-se a qualquer preço, mas apenas através de meios lícitos, quer enquanto através da obrigatoriedade de fundamentação de decisões de facto permite a sua fiscalização através dos diversos mecanismos de controlo de que dispõe a sociedade.*"[420]-[421]

Em síntese, as teorias principais podem distinguir-se da seguinte forma:

Obstativa – rejeição e inadmissibilidade de toda e qualquer prova obtida por meios considerados ilícitos, ou seja, de provas proibidas.

Permissiva – as provas devem ser sempre reconhecidas como válidas e eficazes, independentemente da forma ou dos meios através dos quais foram obtidas.

Intermédias

pro reo – a prova proibida deve ser sempre acolhida e validada em processo penal desde que seja favorável aos interesses e pretensões do acusado.

pro societate – admissibilidade das provas proibidas desde que estas sejam o único meio de fazer prevalecer certos interesses relevantes da sociedade,

---

[420] Germando Marques da Silva, *op. cit*, p. 110-111.

[421] Para maior desenvolvimento da matéria, adotando uma formulação semelhante, Joana Clara Freire Ribeiro, "*A (in)admissibilidade das provas proibidas em processo penal*", dissertação de mestrado forense, páginas 4 a 19

vg. o interesse em punir os criminosos através do aparelho estatal ou o direito à legítima defesa.

Proporcionalidade – garantia da inadmissibilidade da prova proibida não deve ser tomada em sentido absoluto, mas antes numa análise casuística se ela deverá ou não ceder perante interesses e bens jurídicos que, em determinadas condições, possam ser considerados superiores.

A legislação, doutrina e jurisprudência portuguesas perfilham as teorias obstativa e da proporcionalidade.

II.4. Regras

Na matéria da admissibilidade e validade da prova e em concreto na obtenção de prova em contexto transnacional assumem particular relevância as seguintes regras, com a divisão seguinte[422]: regras de exclusão intrínsecas e regras de exclusão extrínsecas, as quais se dividem em dois tipos: a) proibições supranacionais – verificam-se independentemente de a prova ser recolhida transnacionalmente; b) proibições decorrentes de transnacionalidade.

As proibições supranacionais resultam essencialmente das obrigações do Estado Português em cumprir a CEDH[423], sendo que, com o TL, também a CDFUE passou a ser obrigatoriamente observada e tida em consideração.

O TEDH tem-se dedicado mais a esta temática e no essencial da sua jurisprudência resultam duas obrigações: em primeiro lugar, a tarefa de apreciação da admissibilidade e validade da prova cabe à legislação e aos tribunais de cada Estado, em segundo lugar, o tribunal do *forum* tem sempre de apreciar a validade da prova em face das proibições da CEDH, independentemente do local onde foi recolhida e de quem a recolheu[424].

No que concerne às proibições decorrentes da transnacionalidade, de acordo com o *status quo*, diria existirem as seguintes:

---

[422] Vânia Costa Ramos, *"A prova obtida em contexto transnacional: validade, limites e novos desafios – o caso da EU"*, CES Summer School, 08.09.2017.

[423] Principais acórdãos do TEDH sobre a CEDH 6.º e art. 3.º (Jalloh v. Germany, 54810/00; Gäfgen v. Germany – 22978/05) art. 6.º (Salduz v. Turkey, 36391/02; Saunders v. U.K., 19187/91; Chambaz c. Suisse, 11663/04) – Art. 8.º (Bykov v. Russia, 4378/02) –

[424] Stojkovic c. France et Belgique, 27.10.2011, proc. n.º 25303/08 (prova obtida em violação do art. 6.º – acesso ao advogado) – El Haski v. Belgium, 25.09.2012, proc. n.º 649/08 (prova obtida em violação do art. 3.º)

A OBTENÇÃO DE PROVA EM CONTEXTO TRANSNACIONAL NA UE

- DEI (art. 14.º n.º 7, 19.º e 20.º da Diretiva e arts. 8.º, 16.º e 45.º, n.º 7, da Lei n.º 88/2017 – dados pessoais, confidencialidade e efeitos de recurso).
- EICs (Convenção 2000 – art. 13.º; art. 145.º-A (7) LCJMP).
- DQ 2006/960/JAI (art. 1.º, n.º 4, Lei n.º 74/2009, de 12 de agosto) – intercâmbio de informações criminais.
- Disposições sobre proteção de dados transnacionais.
- Convenção CoE 073 (art. 26.º; cf. art. 85.º LCJMP) – Transferência de procedimentos criminais e convalidação dos atos praticados no estrangeiro.

III. Instrumentos e normativos relevantes

III.1. Características dos instrumentos

Antes de se entrar na análise dos instrumentos atuais, de forma a compreender a evolução que os instrumentos tiveram ao longo do tempo, mormente entre os ditos instrumentos de auxílio judiciário mútuo clássicos e os de reconhecimento mútuo, cabe salientar as características principais de cada um:

Auxílio Judiciário
- Dupla incriminação restrita – (para medidas coativas, desde Conv. CoE 1959)
- Não taxatividade e discricionariedade quanto a motivos de não concessão
- Ausência (parcial) de formulários
- "Pedido"
- Não execução sem consequências práticas
- Inexistência de prazos
- Verticalidade – possibilidade de intervenção política

Reconhecimento Mútuo
- Ausência (parcial) de controlo dupla incriminação (DQ MDE –art. 2.º e DEI – Anexo D)
- Rigidez (fundamentos de recusa limitados e tipificados)
- Formulários
- "Ordem"/Decisão
- Consequências para a não execução

- Prazos para a execução
- Horizontalidade – cooperação entre autoridades judiciárias

III.2. Instrumentos atuais de obtenção de prova na UE

Disposições do direito primário da UE – (Tratados – e.g. art. 18.º a 21.º TFUE; CDFUE – e.g. arts. 3.º, n.º1, 4, 6 a 8, 19.º, n.º2, 45,.º 47.º a 50.º).

Disposições de direito secundário da UE (sobretudo Diretivas)

Arguido
- Diretiva 2010/64/UE – Direito a interpretação e tradução[425]
- Diretiva 2012/13/UE – Direito à informação e acesso aos autos
- Diretiva 2013/48/UE – Acesso ao advogado
- Diretiva 2016/343/UE – Presunção de inocência e direito a estar presente em julgamento
- Diretiva 2016/800/UE – Direitos das crianças acusadas
- Diretiva 2016/1919/UE – Direito ao apoio judiciário

Vítima
- Diretiva 2011/99/UE – Ordem europeia de proteção
- Diretiva 2012/29/UE – Direitos das vítimas na UE

Dados pessoais
- Diretiva 2016/680/UE relativa à proteção das pessoas singulares no que diz respeito ao tratamento de dados pessoais pelas autoridades competentes para efeitos de prevenção, investigação, deteção ou repressão de infrações penais ou execução de sanções penais e à livre circulação desses dados, e que revoga a DQ 2008/977/JAI do Conselho
- Normas gerais de Proteção de Dados na UE e normas de transposição internas[426].

---

[425] Sobre esta Diretiva, vd. artigo de Júlio Barbosa e Silva, *"A Diretiva 2010/64/UE do Parlamento Europeu e do Conselho, de 20 de outubro de 2010, relativa ao direito à interpretação e tradução em processo penal"*, in Julgar Online, março de 2018, disponível em http://julgar.pt/wp-content/uploads/2018/03/20180316-ARTIGO-JULGAR-Direito-a-interprete-e-tradução-Júlio-Barbosa.pdf

[426] cf. caso *Digital Rights Ireland C-293/12 e C-594/12; Tele2 Sverige AB C-203/15 e C-698/15)*

No que concerne à Diretiva 2014/41/UE (DEI), teria tido mais sentido que o ato legislativo escolhido pela UE fosse o regulamento e não a Diretiva, evitando as transposições que os EM fizeram, moldando a mesma aos seus ordenamentos jurídicos e criando, por essa via, mais obstáculos ao sucesso da mesma[427]. De qualquer forma, sendo um instrumento baseado no reconhecimento mútuo, está necessariamente imbuído da interpretação do acórdão do TJUE Pupino e aos princípios fundamentais da interpretação conforme, aplicação direta e reenvio prejudicial. Por outro lado, inexistindo um instrumento na UE sobre a admissibilidade e validade da prova, deixando esta matéria para as legislações internas dos EM, a aplicação prática da Diretiva torna-se mais complicada e o sucesso da mesma estará necessariamente mais limitado.

A Diretiva vem substituir na matéria apontada os seguintes diplomas: i) CoE59 + 2 Protocolos adicionais; ii) CASS; iii) Convenção de auxílio judiciário mútuo entre os EM da UE de 2000 e iv) DQ 2008/978/JAI relativa ao mandado europeu de obtenção de provas.

De qualquer forma, e ao contrário do MEOP, a Diretiva DEI não define o conceito de prova. O mandado europeu de obtenção de provas dizia respeito à prova já existente, ou seja, objetos, documentos e dados que já estavam na posse do EM de execução antes do Mandado ser emitido. Na falta de definição correspondente para a DEI, será a legislação nacional novamente a determinar o que é considerado prova. O art. 3.º da Diretiva estipula apenas que uma Decisão Europeia de Investigação pode visar qualquer "medida de investigação". Este conceito é bastante amplo e significa, no fundo, que cada EM pode concretizá-lo como entender e, como vimos, o legislador português, no art. 3, alínea e), cumpriu e bem, o desiderato.

Outro elemento que tinha tornado o MEOP supérfluo e pouco eficiente – diferentemente do que ocorrera na DQ 2002/584/JAI relativa ao mandado de detenção europeu e outros instrumentos de reconhecimento mútuo, foi a circunstância de não ter definido um canal exclusivo de cooperação. Aquele instrumento permitira que novos instrumentos e antigos tratados, como a

---

[427] Resultando a Diretiva de uma cooperação reforçada, não terá existido o consenso e a segurança necessária para estabelecer um Regulamento. Até à data, os EM tem utilizado três formas de transposição da Diretiva: i) aditar novas disposições ao Código de Processo Penal nacional, como é o caso da França e dos Países Baixos, ii) aditar novas disposições à Lei nacional de cooperação judiciária internacional em matéria penal, como é o caso da Alemanha ou iii) proceder a uma legislação nova, como foi o caso de Portugal.

CoE59, coexistissem. Com exceção da Dinamarca e da Irlanda, a DEI passa a ser a única via de cooperação para obtenção de prova entre EM da UE. O art. 34.º, n.º 1, da DEI que "[s]em prejuízo da sua aplicação entre EM e Estados terceiros, e das disposições transitórias previstas no art. 35.º, a presente diretiva substitui, a partir de 22 de maio de 2017, as disposições correspondentes das seguintes convenções aplicáveis às relações entre os EM vinculados à presente diretiva". Assim, na prática, a DEI substitui o MEOP para os EM vinculados à Diretiva, continuando o MEOP em vigor no que diz respeito às relações entre a Dinamarca ou a Irlanda e outros EM que o tenham transposto[428].

Na ausência de preâmbulo da Lei n.º 88/2017, de 21 de agosto, outro elemento que se mostra importante para a interpretação são os considerandos da Diretiva, sendo de salientar nesta matéria os: 11, 12, 18, 19 e 39[429].

[428] Para conhecer o estado atual de transposição: https://www.RJE-crimjust.europa.eu/RJE/ RJE_Library_StatusOfImpByCat.aspx?CategoryId=40

[429] (11) Define as regras pelas quais a DEI deve ser emitida, condições de emissão, validação e comportamento da autoridade de execução (opção por uma medida de investigação menos intrusiva do que a indicada numa DEI, se esta permitir atingir o mesmo resultado)

(12) Ao emitir uma DEI, a presunção de inocência e o direito à defesa em processo penal são uma pedra angular dos direitos fundamentais reconhecidos na Carta no domínio do direito penal (arts. 48.º e 52.º da CDFUE)

(18) A DEI não tem por efeito modificar a obrigação de respeitar os direitos fundamentais e os princípios jurídicos fundamentais consagrados no art. 6.º do TUE e na CDFUE

(19) Se a execução da DEI se traduzir na violação de um direito fundamental da pessoa em causa, e que o Estado de execução ignoraria as suas obrigações relativamente à proteção dos direitos reconhecidos na Carta, a execução da DEI deverá ser recusada

(39) A DEI tem de ser recusada quando existam razões para crer que a mesma foi emitida para efeitos de instauração de ação penal ou imposição de pena a uma pessoa em virtude do seu sexo, raça, cor ou origem étnica ou social, religião, orientação sexual, nacionalidade, língua ou opiniões políticas, ou que a situação dessa pessoa pode ser afetada por qualquer desses motivos

Evolução dos instrumentos de recolha de prova na UE:

CoE 59 + dois protocolos adicionais	CE 2000 e seus Protocolos	Diretiva DEI
▪ Realização de atos de instrução ou a transmissão de elementos de prova, autos ou documentos (art. 3.º, n.º1) ▪ Entrega de documentos/ notificações (art. 7.º) ▪ Registo criminal (art. 13.º) ▪ Transferência temporária (art. 11.º)	▪ Envio direto de documentos/ notificações (art. 5.º) ▪ Intercâmbio espontâneo de informação (art. 7.º) ▪ Transferência temporária (art. 9.º) ▪ Audições por videoconferência (art. 10.º) ou conferência telefónica (art. 11.º) ▪ Entregas controladas (art. 12.º) ▪ EIC (art. 13.º) ▪ Ações encobertas (art. 14.º) ▪ Interceção de telecomunicações (arts. 17.º-22.º) ▪ Informação relativa a contas bancárias (Protocolo de 2001)	▪ Quaisquer medidas de investigação com exceção das EIC e da obtenção de prova no âmbito dessas equipas ▪ Transferência temporária (arts. 22.º, 23.º) ▪ Audições por videoconferência (art. 24.º) ou por conferência telefónica (art. 25.º) ▪ Informação relativa a contas bancárias e operações financeiras (arts. 26.º, 27.º) ▪ Obtenção de prova em tempo real (arts. 28.º, 29.º) ▪ Investigações encobertas (art. 29.º) ▪ Interceção de telecomunicações (arts. 30.º e 31.º) ▪ Medidas provisórias (art. 32.º)

III.3. Instrumentos atuais de obtenção de prova no estrangeiro no ordenamento jurídico português

Com as mais recentes transposições para o ordenamento jurídico português dos instrumentos da UE, passamos a ter o seguinte quadro legislativo nacional de obtenção de prova:

Âmbito geral nacional
- Lei n.º 144/99, de 31.08 (arts. 145.º e ss)
- CPP – arts. 229.ºss (e regras do CPP sobre prova)

Âmbito ONU
- Convenção das Nações Unidas contra a Criminalidade Organizada Transnacional, de 15 de novembro de 2000 – Convenção de Palermo, nomeadamente art. 18.º
- Convenção contra a Corrupção, de 31 de outubro de 2003 – Convenção de Mérida nomeadamente art. 46.º
- Convenção das Nações Unidas contra o Tráfico Ilícito de Estupefacientes e Substâncias Psicotrópicas, Viena, 20 de dezembro de 1988 nomeadamente art. 7.º

Âmbito Conselho da Europa

- Convenção Europeia de Auxílio Judiciário Mútuo em Matéria Penal, de 20 abril 1959
- Protocolo adicional à Convenção Europeia de Auxílio Judiciário Mútuo em Matéria Penal, de 17 março 1978
- Segundo Protocolo adicional à Convenção Europeia de Auxílio Judiciário Mútuo em Matéria Penal, de 8 de novembro 2001
- Convenção do Conselho da Europa relativa ao Branqueamento, Deteção e Apreensão dos Produtos do Crime, de 8 novembro 1990
- Convenção sobre o Cibercrime, de 23 de novembro de 2001

A Lei 109/2009, de 15 de setembro, que adapta o direito interno à Convenção, contém normas sobre cooperação internacional no seu capítulo IV – arts. 20.º a 26.º, nomeadamente relativas à preservação e revelação expedita de dados informáticos, ao acesso transfronteiriço a esses dados, quando publicamente disponíveis ou com consentimento e à interceção de comunicações

- Convenção do Conselho da Europa Relativa ao Branqueamento, Deteção, Apreensão e Perda dos Produtos do Crime e ao Financiamento do Terrorismo, de 16 maio de 2005

Âmbito da UE

- Decisão Europeia de Investigação (qualquer medida de investigação, com exceção de JIT (EIC) e da obtenção de elementos de prova por estas equipas, a DEI pode ser também usada para congelamento provisório de provas) – Lei n.º 88/2017, de 21.08 (arts. 2.º, 4.º, 48.º e 49.º) (Diretiva 2014/41/UE).
- Prova Digital – Diretiva 2014/41/UE (DEI), mas aplicam-se disposições mais favoráveis à cooperação previstas na Convenção Cibercrime e o que não está regulado na DEI – Convenção Cibercrime CoE e Lei n.º 109/2009 (Anexo para prova digital em elaboração na UE – *e-evidence*).
- Art. 29.º da DQ sobre o MDE e 32.º da Lei n.º 65/2003, de 23.08 (entrega de bens)
- Convenção 2000 + Protocolo de 2001 para JIT (EIC).
- Convenção Schengen para vigilâncias transfronteiriças
- Lei n.º 37/2015, de 5 de maio – registo criminal (arts. 25.º a 35.º) (DQ 2009/315/JAI e Decisão 2009/316/JAI ECRIS)

A OBTENÇÃO DE PROVA EM CONTEXTO TRANSNACIONAL NA UE

- Lei n.º 36/2003, de 22 de agosto – Eurojust
- Lei n.º 30/2017 de 30 de maio – congelamento e a perda dos instrumentos e produtos do crime na UE.
- Lei n.º 67/2017, de 9 de agosto – identificação judiciária lofoscópica e fotográfica, adaptando a ordem jurídica interna às DQ 2008/615/JAI e 2008/616/JAI do Conselho, de 23 de junho de 2008.
- Lei n.º 83/2017, de 18 de agosto – medidas de combate ao branqueamento de capitais e ao financiamento do terrorismo.
- Lei n.º 89/2017, de 21 de agosto – regime jurídico do registo central do beneficiário efetivo.
- Lei n.º 90/2017, de 22 de agosto – Recolha de ADN (art. 21.º)
- Lei n.º 74/2009, de 12 de agosto – intercâmbio de informações policiais (DQ 2006/960/JAI).
- Lei n.º 46/2017, de 5 de julho- intercâmbio transfronteiriço de informações relativas ao registo de veículos, para efeitos de prevenção e investigação de infrações penais, adaptando a ordem jurídica interna às DQ 2008/615/JAI e 2008/616/JAI.
- DL n.º 49/2017, de 24 de maio – ponto único de contacto para a cooperação policial internacional (PUC –CPI) (Decreto Regulamentar n.º 7/2017 de 7 de agosto).
- Aplicação às infrações administrativas – DEI – art. 4.º, als. b), c) e d), mas com possibilidade de recusa de execução – art. 11.º, al. c), da Diretiva (arts. 5.º, alínea d) e 22.º, n.º1, alínea d) da Lei n.º 88/2017; Convenção 2000 (art. 3.º), CAAS (cf. o art. 51.º); RGCO; CPP (art. 41.º do RGCO) e todos os diplomas que regulam as autoridades administrativas.

Âmbito da CPLP
- Convenção de Auxílio Judiciário em Matéria Penal entre os EM da Comunidade dos Países de Língua Portuguesa, de 23 de novembro de 2005

Âmbito bilateral:[430]

---

[430] Consulta em: http://guiaajm.gddc.pt/Bilaterais.html

IV. A Admissibilidade e validade da prova na DEI[431]-[432]

IV.1. Âmbito de aplicação

Âmbito de aplicação (a partir de 22.05.2017 – 22.08.2017 em Portugal) – processo penal (+tutelar educativo[433]) e processo administrativo sancionatório, cível, se a sentença puder justificar a instauração de ação penal (art. 4.º Diretiva, art. 5.º Lei n.º 88/2017) – todos os EM, menos Irlanda e Dinamarca[434].

Autoridades judiciárias ou sujeitos processuais (arguido, assistente, vítima[435]) – art. 1.º da Diretiva e art. 12.º, n.º 4 da Lei n.º 88/2017.

Para execução de medidas de investigação/produção de prova com vista a obtenção de prova ou obtenção de prova preexistente para qualquer fase processual – art. 4.º da Lei n.º 88/2017.

A DEI não pode ser usada para notificações (art. 2.º, n.º1 Diretiva; art. 2.º, n.º1, 3.º, alínea e) e 4.º, n.º3 da Lei n.º 88/2017) – Convenção 2000, Protocolo 2001 e convenções do CoE.

Observações transfronteiriças (Convenção Schengen).

---

[431] Neste capítulo optamos por expor a temática usando a metodologia de mencionar a temática em causa, a disposição relevante da Diretiva, a disposição relevante da Lei n.º 88/2017, bem como a Secção respetiva do Anexo pertinente

[432] Desenvolvimento do guia constante do artigo do autor *"Admissibilidade e validade da prova na Decisão Europeia de Investigação"*, JULGAR online, abril de 2018, disponível em http://julgar.pt/wp-content/uploads/2018/04/20180421-ARTIGO-JULGAR-Admissibilidade-e--validade-da-prova-na-Decisão-Europeia-de-Investigação-Luís-Lemos-Triunfante-v2.pdf

[433] Pensamos ser admissível a utilização da DEI nos processos tutelares educativos no âmbito do art. 4.º, alínea c) da Diretiva e art. 5.º, alínea b) da Lei n.º 88/2017, de 21 de agosto

[434] Estado de implementação a 7.11.2017 – https://www.RJE-crimjust.europa.eu/RJE/RJE_Library_StatusOfImpByCat.aspx?CategoryId=120

[435] Enquanto a Diretiva, no art. 1.º, n.º 3, estipula uma novidade no Direito da UE: *"[a] emissão de uma DEI pode ser requerida por um suspeito ou por um arguido, ou por um advogado em seu nome, no quadro dos direitos da defesa aplicáveis nos termos do processo penal nacional."*, o legislador português foi, e bem, mais longe, ao mencionar, no art. 12.º, n.º 4, que *"[a] DEI é emitida por iniciativa da autoridade judiciária ou a pedido dos sujeitos processuais, nos termos em que estes podem requerer a obtenção ou produção de meios de prova, de acordo com a Lei processual penal"*. Dessa forma, acaba por consagrar o regime interno do CPP (ex vi art. 47.º da DEI), mormente aos arts. 61.º, n.º1, alínea g) (arguido); 69.º, n.º2, alínea a) (assistente) e 67.º-A, n.º5 (vítima). De qualquer forma, se por um lado, esta disposição interna não confere aos sujeitos processuais o direito de emitir DEI, mas sim requerer à autoridade judiciária competente a sua emissão, nos termos do art. 12.º, n.º1 da Lei n.º 88/2017, por outro, o não deferimento de uma DEI a pedido dos sujeitos processuais acarreta um especial dever de fundamentação.

Tipo de medidas – todas (exceto JIT (EIC) – art. 3.º Diretiva; art. 4.º (novos elementos de prova e elementos de prova na posse das autoridades do Estado de execução) e 32.º e ss.

Capítulo IV da Diretiva (arts. 22.º a 31.º) e da Lei n.º 88/2017 (arts. 32.º a 43.º)

– Transferência temporária de dados para efeitos de investigação
– Audições por videoconferência ou conferência telefónica
– Entregas vigiadas
– Investigações encobertas
– Interceção de telecomunicações (vd. Anexo III)
– Informações e controlo sobre contas e operações financeiras
– Proteção de testemunhas
– Medidas provisórias (art. 44.º da Lei n.º 88/2017) – vd. Secção B do Anexo I

Elenco não é taxativo – desde que a medida esteja prevista no direito interno pode ser solicitada.

Os EM só estão obrigados a prever e executar as medidas incluídas no art. 10.º, n.º2 Diretiva (cf. art. 21.º, n.º2 da Lei n.º 88/2017)[436].

- Anexo I – Emissão da DEI (arts. 6.º, n.º1, 14.º, n.º1, 20.º, n.º2 e 25.º, n.º3, alínea a) da Lei n.º 88/2017)
- Anexo II – Confirmação da receção da DEI (art. 35.º, n.º1 da Lei n.º 88/2017)
- Anexo III – Notificação sobre interceção de telecomunicações sem assistência técnica (art. 43.º, n.º2 da Lei n.º 88/2017)

---

[436] a) À obtenção de informações ou de elementos de prova que já estejam na posse da autoridade de execução e, de acordo com o direito do Estado de execução, essas informações ou elementos de prova possam ter sido obtidos no âmbito de processos penais ou para efeitos da DEI

b) À obtenção de informações contidas nas bases de dados detidas pela polícia ou pelas autoridades judiciárias e às quais a autoridade de execução pode ter acesso direto no âmbito de processos penais

c) À audição de testemunhas, peritos, vítimas, suspeitos ou arguidos, ou terceiros, no território do Estado de execução

d) A medidas de investigação não intrusivas previstas na Lei do Estado de execução

e) À identificação de pessoas que tenham uma assinatura de um número de telefone ou um endereço IP específicos

- Anexo IV – Categorias de infrações (art. 22.º, n.º1, alínea a) da Lei n.º 88/2017)

A Comissão está a preparar um Anexo para a obtenção da prova digital (*e-evidence Annex*) e um guia prático para preenchimento dos anexos.

IV.2. Requisitos de emissão – âmbito de aplicação

O critério de relevância probatória deve ser exatamente o mesmo que utilizaríamos caso a prova estivesse localizada em Portugal (necessidade, adequação[437], proporcionalidade[438], permitida em casos nacionais semelhantes, vd. art. 6.º, n.º1, alínea a) da Diretiva e 11.º, n.º1, alínea a) da Lei n.º 88/2017, texto introdutório do Anexo I) – as autoridades judiciárias de emissão devem cumprir escrupulosamente o art. 6.º da Lei n.º 88/2017.

Na prática, a opção de não se recolher prova fora de Portugal não deverá ser seguida, pois tal pode consubstanciar: *i)* violação de princípio da legalidade da investigação; *ii)* preterição dos direitos dos sujeitos processuais (arguido e vitima); *iii)* não efetividade da prossecução penal (pode consubstanciar violação de vários normativos nacionais e internacionais).

A regra é a confidencialidade (vd. texto introdutório do Anexo I).

O ato tem de ser válido ao abrigo do DPP interno:

---

[437] O legislador português aditou a adequação aos critérios de necessidade e proporcionalidade, que resultavam da Diretiva. E, no nosso entender, fê-lo bem, pese embora algumas críticas que foram apresentadas, mormente por consideraram que, por essa via, o número de DEI emitidas e recebidas será menor em Portugal. Na verdade, a necessidade já resultava do art. 230.º, n.º2 do CPP e do art. 152.º, n.º 7 da Lei n.º 144/99, de 31.08 e a proporcionalidade é aflorada no art. 10.º da Lei n.º 144/99, de 31.08. A adequação pode ser entendida como um subcritério da proporcionalidade, mas na atualidade, vai mais longe, pois para além da DEI se mostrar necessária e proporcional, deve ser emitida pensando nos meios que a sua emissão e execução envolvem.

[438] Existem autores que têm defendido que os critérios da necessidade/proporcionalidade conflituam com um dos aspetos essenciais do reconhecimento mútuo: o de que a autoridade de execução não avalia a decisão de emitir uma DEI tomada pela autoridade de emissão: *"[a] autoridade de execução deve reconhecer uma DEI (...), sem impor outras formalidades"* (art. 9.º, n.º1 da Diretiva). Não concordo com essa sustentação, pois para além dos critérios em causa já serem utilizados em instrumentos anteriores, como é o caso da DQ referente ao MDE, temos de atender que a temática da DEI é sobre a recolha de prova e perante a inexistência de um instrumento europeu sobre a admissibilidade e validade da prova, tal tarefa continua atribuída aos EM

✓ Entidade com competência para ordenar o ato
✓ Respeito dos procedimentos formais para o efeito
✓ Respeito dos pressupostos materiais para ordenar o ato aferido caso a caso (relevância para a prova – várias intensidades; proporcionalidade em sentido amplo; admissibilidade da medida no caso)

O ato tem de ser válido ao abrigo do direito UE:

✓ Diretiva 2014/41/UE
✓ Tratados e CDFUE e Diretivas dos Direitos cf. art. 1.º, n.º 4 e 6.º, n.º1 e 2 e todo o regime da Diretiva.

Requerer a execução de formalidades essenciais à validade da prova (Ex. presença/participação do advogado do arguido (garantias de contraditório); advertências a arguido ou testemunhas; formalidades do reconhecimento ou interceção de comunicações; execução de medidas por parte das autoridades policiais e não simplesmente pelo corrDEI, etc.) (arts. 11.º, n.º 3 e 18.º, n.º2 da Lei n.º 88/2017) – Secção I do Anexo I.

Nota: a expressão "se for caso disso" (art. 11.º, n.º3 da Lei n.º 88/2017) não significa "se a autoridade de emissão entender adequado ou conveniente" mas antes "se for uma condição para a validade ou eficácia da prova" – arts. 9.º, n.º2 Diretiva.

Assegurar que a autoridade de execução vai compreender:

✓ O que é solicitado
✓ Porque é solicitado (explicação sintética do objeto da investigação ou processo, da relevância para prova e da necessidade, adequação e proporcionalidade e porque não pode ser usado meio diferente ou menos intrusivo – vd. Secção C: 1. do Anexo I)

Se forem requeridas formalidades da Lei portuguesa é ainda mais essencial a explicação e deverá ponderar-se o contacto direto com a autoridade de execução, a utilização de entidades facilitadoras (RJE, Pontos de Contacto, Eurojust) para garantir a execução adequada (eficiente e rápida).

Se a importância do caso o justificar – poderá ser solicitada a deslocação ao EM de execução das autoridades Portuguesas (art. 9.º, n.º 4 Diretiva e art. 15.º da Lei n.º 88/2017).

Essencial – Tradução de qualidade.

IV.3. Motivos de recusa

Fundamentos gerais de recusa aplicáveis a todas as medidas (art. 11.º, n.º1 Diretiva)

- imunidade, privilégio ou normas que reduzam a responsabilidade penal no domínio da liberdade de imprensa
- pedido suscetível de lesar interesses essenciais de segurança nacional
- processos que não tenham natureza penal
- princípio *ne bis in idem*
- extraterritorialidade associada a dupla criminalidade
- incompatibilidade com deveres decorrentes de direitos fundamentais

Motivos adicionais de recusa de determinadas medidas (art. 10.º, n.º 1 Diretiva)

- ausência de dupla criminalidade (art. 22.º, n.º 1 alínea a), exceto uma lista de crimes graves, vd. Anexo D)
- impossibilidade de executar a medida (medida de investigação inexistente ou indisponível em casos nacionais semelhantes, não existindo alternativa)

As medidas de investigação devem ser executadas pelo EM da UE requerido com a mesma celeridade e o mesmo grau de prioridade aplicáveis em casos nacionais semelhantes (arts. 12.º da Diretiva e 18.º e 26.º da Lei n.º 88/2017).[439]

As medidas de investigação devem igualmente ser executadas «com a maior brevidade possível». A diretiva fixa prazos (máximo de 30 dias para decidir reconhecer e executar o pedido e de 90 dias para a execução efetiva).

IV.4. Competência para o reconhecimento e execução

1. Para prova pré-existente – autoridade judiciária titular do processo em causa – art. 19.º, n.º 6 da Lei n.º 88/2017 – vd. Anexo II

2. Autoridades judiciárias nacionais com competência para ordenar o ato em Portugal (MP, JIC ou Juízo Local Criminal consoante a fase de processo e tipo de ato) – art. 19.º, n.º1 Lei n.º 88/2017

3. Territorial – art. 19.º, n.º2 da Lei n.º 88/2017.
- Domicílio da pessoa singular ou coletiva se para audição
- Local da execução da medida

---

[439] Vd. Princípio da igual diligência

- Dispersão territorial
- Fase de julgamento – 1.º juízo local a receber se na mesma comarca – art. 19.º, n.º 4; comarcas diferentes do mesmo distrito – juízo local da sede do Tribunal da Relação – 19.º, n.º 5; alínea d); comarcas diferentes distritos diferentes – TRL – 19.º, n.º 5, alínea c)
- Fase de inquérito ou instrução – DCIAP (ou TCIC) – 19.º, n.º 5, alínea a) da Len.º 88/2017; DIAP distrital (19.º, n.º5, alínea b) Lei n.º 88/2017)

4. Processos Contraordenação – MP do tribunal competente para impugnação de contraordenações reconhece; execução por Autoridades administrativas – art. 19.º, n.º 6 da Lei n.º 88/2017

5. MN Eurojust (art. 19.º, n.º 10 da Lei n.º 88/2017; art. 8.º , n.º 3 e 4 da Lei n.º 36/2003)

Relevância dos arts. 18.º e 31.º da Lei n.º 88/2017 – a legislação aplicável à execução é a legislação portuguesa.

A execução material dos atos tem lugar nos termos do CPP, i.e. por OPC, MP, JIC ou Tribunal (art. 18.º, n.º1 parte final, 19.º, n.º 4 parte final Lei n.º 88/2017).

A não ser que a autoridade de emissão tenha pedido a execução por autoridade diferente e tal não prejudique os princípios fundamentais do Direito Português, designadamente "respeitem os pressupostos e requisitos do direito nacional em matéria de prova no âmbito de processos nacionais semelhantes" – art. 9.º, n.º 2 da Diretiva e art. 18.º, n.º2 parte final da Lei n.º 88/2017.

1. Regularidade formal e substancial, sem incluir os fundamentos materiais para emissão (arts. 5.º, 6.º, n.º 2, 9.º, n.º 1, primeira parte, n.º 3, Diretiva; art. 20.º n.º 1 a 4 da Lei n.º 88/2017 + específicos) – nota: especial atenção à verificação da proporcionalidade e legalidade no Estado de execução nos termos do art. 6.º, n.º2 da Diretiva – não está na Lei mas é imposta pelos direitos fundamentais, a falta de tradução é apenas causa de devolução, mas não de recusa (art. 20.º, n. 3), a falta de tradução é apenas causa de devolução, mas não de recusa (art. 20.º, n.º 3) – Portugal aceita DEI em Português (art. 33.º, n.º1, alínea b) da Diretiva).

2. Motivos de recusa (arts. 11.º Diretiva; 22.º Lei n.º 88/2017)

3. Motivos de adiamento (arts. 15.º Diretiva; 24.º Lei n.º 88/2017)

4. Medidas alternativas (arts. 10.º Diretiva; 21.º da Lei n.º 88/2017)
- Por não existirem (ou não existem num processo semelhante) – só para medidas não previstas no art. 10.º n.º 2 Diretiva.

MANUAL DE COOPERAÇÃO JUDICIÁRIA INTERNACIONAL EM MATÉRIA PENAL

- Por poder-se chegar a outro resultado com medida menos intrusivo. Relevância da consulta entre autoridades de emissão e de execucão (art. 9.º n.º 6 da Diretiva e art. 7 da Lei n.º 88/2017).

IV.5. Impugnação

- Quem possa impugnar o ato a nível interno (art. 14.º, n.º 1 Diretiva, art. 45.º, n.º1 da Lei n.º 88/2017)
- Obrigação de informar direitos de impugnação (art. 14.º, n.º 3 Diretiva, art. 45.º, n.º 5 da Lei n.º 88/2017)
- Meios de impugnação determinados a nível interno (problema atos de inquérito) mas tem de ser efetivos (art. 19.º, n.º1 TUE e 47.º CDFUE e 14.º, n.º3 e 4 Diretiva)
- No estado de execução pode ser impugnado
- ✓ Tudo o que não sejam "fundamentos materiais" relativos à emissão (relevância probatória e preenchimento dos pressupostos para emissão) – (art. 14.º, n.º1 Diretiva, art. 45.º, n.º2 da Lei n.º 88/2017)
- ✓ Cumprimento das normas da Diretiva no Estado de emissão e Estado de execução
- ✓ Cumprimento das normas internas no Estado de emissão e no Estado de execução
- Fase de julgamento – recurso (art. 399.º e ss CPP)
- Fase de instrução – reclamação (art. 291.º, n.º2 do CPP); sindicar validade em fase de julgamento das proibições de prova (art. 310.º CPP)
- Fase de inquérito – nulidades/irregularidades
- Atos do JIC – recurso (arts. 399.º e ss CPP)
- Atos do MP – reclamação para JIC se afetarem DLGs (art. 268.º, n.º1, alínea f) e 32.º, n.º 4 CRP); senão, só sindicáveis na fase de instrução ou julgamento

Relevância da informação sobre recursos – art. 14.º, n.º 5 da Diretiva e art. 45.º, n.º 6 da Lei n.º 88/2017 – Secção J do Anexo I
Efeitos da Impugnação

- efeito devolutivo quanto à execução, mas pode ter efeito suspensivo se o mesmo tiver previsto em processos nacionais semelhantes – art. 14.º, n.º 6 Diretiva
- efeito devolutivo quanto à transmissão para a autoridade de emissão, mas pode ser determinado o efeito suspensivo, que será em qualquer

A OBTENÇÃO DE PROVA EM CONTEXTO TRANSNACIONAL NA UE

caso aplicável se possam resultar "danos graves e irreversíveis à pessoa em causa" – art. 13.º, n.º 2 Diretiva; art. 23.º, n.º 3 e 4 da Lei n.º 88/2017

V. Jurisprudência do TEDH e nacional sobre a prova recolhida no estrangeiro

Inexistindo, por ora, jurisprudência do TJUE[440] e nacional[441] sobre a execução da DEI, cabe salientar a jurisprudência pertinente nesta matéria no âmbito do TEDH e dos tribunais portugueses.

Jurisprudência do TEDH

- Allan v. United Kingdom, 2002
- Bogumil v. Portugal, 2008
- Gocmen v. Turquia, 2006
- Jalloh v. Alemanha (GC), 2006
- Khan v. United Kingdom, 2000
- Mikheyev v. Rússia, 2006
- Örs e outros v. Turquia, 2006
- Schenk v. Switzerland, 1988
- Soering v. United Kingdom, 1989
- A.M. contra Itália, 2000
- Teixeira de Castro v. Portugal, 1998
- Stojkovic c. France et Belgique, 2011
- El Haski v. Belgium, 2012

Jurisprudência nacional[442]

- Acórdão do STJ, de 10.07.1996, Proc. n.º 048675, Relator Lopes Rocha (www.dgsi.pt), pontos V e VII

---

[440] O TJUE, em sede de reenvio prejudicial, vai ter (como tem acontecido mais recentemente na área da cooperação judiciária em matéria penal), não temos dúvidas sobre isso, um papel fundamental a desempenhar na interpretação da DEI e das legislações nacionais e particularmente as transposições.

[441] Na mesma medida, os tribunais nacionais desempenharão um papel fundamental nesta área, quando forem chamados a tomar posição sobre a aplicação da Lei nacional, mormente na admissibilidade e validade da prova recolhida com esse instrumento.

[442] Para uma análise mais aprofundada da jurisprudência nacional nesta matéria, vd. Vânia Costa Rmos, *Problemas da obtenção de prova em contexto transnacional – Introdução*, RPCC, Ano 23, n.º 4, outubro-dezembro 2013, p.s 555 a 562; Vânia Costa Ramos, *Introdução aos problemas*

MANUAL DE COOPERAÇÃO JUDICIÁRIA INTERNACIONAL EM MATÉRIA PENAL

- Acórdão do TRP, de 19.09.2007 Proc. 0712685, Relator António Eleutério (www.dgsi.pt)
- Acórdão do TRC, de 06.07.2011, Proc. 2157/04.2PCCBR.C1, Relator José Eduardo Martins (www.dgsi.pt)
- Acórdão do TRP, de 22.03.2006, Proc. 0544312, Relator António Gama (www.dgsi.pt)
- Acórdão do TRL, de 25.11.1998, Proc. 0061363, Relator Santos Carvalho (www.dgsi.pt)
- Acórdão do TRC, de 02.03.2005, Proc. n.º 3756/04, Relator Belmiro Andrade (www.dgsi.pt)
- Acórdão do TRL, de 04.06.2009, Proc. n.º 1176/03.0TCSNT.L1-8, Relator Ana Luísa Geraldes (www.dgsi.pt)
- Acórdão do TRL de 13.07.2010, Proc. 712/00.9JFLSB.L1-5, Relator Carlos Espírito Santo (www.dgsi.pt)
- Acórdão do TRG, de 15.12.2016, Proc. 376/11.4TACHV.G1. Relator Ausenda Gonçalves (www.dgsi.pt)

da obtenção da prova em contexto internacional e à proposta de uma decisão europeia de investigação, Direito da Investigação e da Prova, Coordenadores Maria Fernanda Palma e outros, Almedina, 2014, p.s 330 a 336.

Capítulo V
Proteção de dados pessoais

1. O direito à proteção de dados

Nos termos do art. 8.º da CEDH, o direito à proteção contra a recolha e utilização de dados pessoais faz parte do direito ao respeito pela vida privada e familiar, pelo domicílio e pela correspondência.

A Convenção 108 do CoE é o primeiro instrumento internacional juridicamente vinculativo que regula expressamente a proteção de dados.

Ao nível da UE, a proteção de dados foi regulada pela primeira vez pela Diretiva de Proteção de Dados.

No direito da UE, a proteção de dados é reconhecida como um direito fundamental.

O direito à proteção contra intromissões de terceiros, especialmente do Estado, na vida privada foi consagrado pela primeira vez num instrumento jurídico internacional no art. 12.º da Declaração Universal dos Direitos do Homem (DUDH) das Nações Unidas, de 1948, relativo ao respeito pela vida privada e familiar. A DUDH influenciou a formulação de outros instrumentos sobre direitos humanos na Europa.

2. Enquadramento histórico

Convenção Europeia dos Direitos do Homem

Criado no rescaldo da II Guerra Mundial, o Conselho da Europa reúne os Estados da Europa com o objetivo de promover o Estado de direito, a democracia, os direitos humanos e o desenvolvimento social. Para este efeito, adotou a CEDH em 1950, que entrou em vigor em 1953.

Os Estados estão sujeitos a uma obrigação internacional de cumprimento da CEDH.

Todos os EM do CoE incorporaram ou deram cumprimento à CEDH no seu direito nacional, pelo que são obrigados a atuar em conformidade com as disposições da Convenção.

Em 1959, foi criado em Estrasburgo, França, o TEDH para garantir que as Partes Contratantes cumprem as obrigações assumidas ao abrigo da CEDH. O TEDH assegura o cumprimento das obrigações assumidas pelos Estados ao abrigo da Convenção através da apreciação de queixas apresentadas por cidadãos, grupos de cidadãos, ONG ou pessoas coletivas que aleguem violações da Convenção. Em 2013, o Conselho da Europa era constituído por 47 EM, 28 dos quais são também EM da UE. Para apresentar uma petição ao TEDH, não é necessário ser nacional de um dos EM. O TEDH também pode conhecer de ações instauradas por um ou mais EM do CdE contra outro EM.

O direito à proteção de dados pessoais faz parte dos direitos tutelados pelo art. 8.º da CEDH, que garante o direito ao respeito pela vida privada e familiar, pelo domicílio e pela correspondência e estabelece as condições em que são permitidas restrições a este direito.

Através da sua jurisprudência, o TEDH pronunciou-se sobre muitas situações em que foi suscitada a questão da proteção de dados, entre as quais importa destacar questões relacionadas com a interceção de comunicações,[443] várias formas de vigilância[444] e proteção contra o armazenamento de dados pessoais pelas autoridades públicas.[445] O TEDH esclareceu que o art. 8.º da CEDH não só obriga os Estados a absterem-se de praticar atos suscetíveis de violar este direito consagrado na Convenção como impõe também, em certos casos, uma obrigação positiva de assegurar ativamente o respeito efetivo pela vida privada e familiar[446].

---

[443] Ver, por exemplo, TEDH, acórdão Malone c. Reino Unido de 2 de agosto de 1984, petição n.º 8691/79; TEDH, acórdão Copland c. Reino Unido de 3 de abril de 2007, petição n.º 62617/00

[444] Ver, por exemplo, TEDH, acórdão Klass e o. c. Alemanha de 6 de setembro de 1978, petição n.º 5029/71; TEDH, acórdão Uzun c. Alemanha de 2 de setembro de 2010, petição n.º 35623/05.

[445] Ver, por exemplo, TEDH, acórdão Leander c. Suécia de 26 de março de 1987, petição n.º 9248/81; TEDH, acórdão S. and Marper c. Reino Unido de 4 de dezembro de 2008, petições n.ºs 30562/04 e 30566/04

[446] Ver, por exemplo, TEDH, acórdão I. c. Finlândia de 17 de julho de 2008, petição n.º 20511/03; TEDH, acórdão K.U. c. Finlândia de 2 de dezembro de 2008, petição n.º 2872/02

Convenção 108 do Conselho da Europa

O surgimento da tecnologia da informação na década de 60 foi acompanhado por uma crescente necessidade de adotar regras mais pormenorizadas para salvaguardar as pessoas através da proteção dos seus dados (pessoais). Em meados da década de 70, o Comité de Ministros do Conselho da Europa adotou várias resoluções sobre a proteção de dados pessoais que faziam referência ao art. 8.º da 2 da CEDH[447].

Manual da Legislação Europeia sobre Proteção de Dados

Em 1981, foi aberta a assinatura a Convenção para a proteção das pessoas relativamente ao tratamento automatizado de dados de caráter pessoal (Convenção 108)[448]. A Convenção 108 era, e ainda é, o único instrumento internacional juridicamente vinculativo no domínio da proteção de dados.

A Convenção 108 aplica-se a todos os tratamentos de dados pessoais realizados tanto pelo setor privado como pelo setor público, incluindo os tratamentos de dados efetuados pelas autoridades policiais e judiciárias. Protege as pessoas contra os abusos que podem acompanhar a recolha e o tratamento de dados pessoais e procura simultaneamente regular o fluxo transfronteiriço de dados pessoais. Quanto à recolha e tratamento de dados pessoais, os princípios estabelecidos na Convenção respeitam, em especial, à recolha e tratamento automatizado de dados de forma leal e lícita, armazenados para finalidades determinadas e legítimas, não podendo ser utilizados para fins incompatíveis com essas finalidades nem conservados por tempo superior ao necessário. Dizem também respeito à qualidade dos dados, estabelecendo, em especial, que têm de ser adequados, pertinentes e não excessivos (proporcionalidade), bem como exatos.

---

[447] Comité de Ministros (1973), Resolution (73) 22 on the protection of the privacy of individuals vis-à-vis electronic data banks in the private setor (Resolução (73) 22 relativa à proteção da privacidade das pessoas singulares perante os bancos eletrónicos de dados no setor privado), de 26 de setembro de 1973; CdE, Comité de Ministros (1974), Resolution (74) 29 on the protection of the privacy of individuals vis-à-vis electronic data banks in the public setor (Resolução (74) 29 relativa à proteção da privacidade das pessoas singulares perante os bancos eletrónicos de dados no setor público), 20 de setembro de 1974

[448] Convenção para a Proteção das Pessoas relativamente ao Tratamento Automatizado de Dados de Caráter Pessoal, Conselho da Europa, STCE n.º 108, 1981.

MANUAL DE COOPERAÇÃO JUDICIÁRIA INTERNACIONAL EM MATÉRIA PENAL

Além de prever garantias relativas à recolha e tratamento de dados pessoais, a Convenção proíbe, na ausência de garantias jurídicas adequadas, o tratamento de dados «sensíveis», tais como dados sobre a raça, a opinião política, a saúde, as convicções religiosas, a vida sexual ou o registo criminal de uma pessoa.

A Convenção consagra igualmente o direito das pessoas a saberem que existem informações armazenadas a seu respeito e, se necessário, a que as mesmas sejam retificadas. Só são admitidas restrições aos direitos estabelecidos na Convenção quando estiverem em causa interesses superiores, como a proteção da segurança do Estado.

Contexto e antecedentes da legislação europeia sobre proteção de dados

Embora a Convenção preveja o livre fluxo de dados pessoais entre os Estados signatários, também impõe algumas restrições aos fluxos para Estados cuja regulamentação não proporcione uma proteção equivalente.

O Comité de Ministros do CoE adotou várias recomendações (que não são juridicamente vinculativas) para desenvolver os princípios gerais e as regras estabelecidos na Convenção 108 (ver capítulos 7 e 8).

Todos os EM da UE ratificaram a Convenção 108. Em 1999, a Convenção foi alterada para permitir a adesão da UE.9 Em 2001, foi adotado um protocolo adicional à Convenção 108 que estabelece disposições sobre fluxos transfronteiriços de dados para Estados não signatários, os chamados países terceiros.

3. Proteção dos dados pessoais na UE

A proteção dos dados pessoais e o respeito pela vida privada são direitos fundamentais importantes. O Parlamento Europeu sempre insistiu na necessidade de alcançar um equilíbrio entre a melhoria da segurança e a preservação dos direitos humanos, incluindo a privacidade e proteção de dados. A reforma da proteção de dados da UE irá reforçar os direitos dos cidadãos, proporcionando-lhes um maior controlo sobre os seus dados e a garantia de que a sua vida privada continua a ser protegida na era digital.

Base jurídica
Art. 16.º do TFUE.
Arts. 7.º e 8.º da Carta dos Direitos Fundamentais da UE.

Objetivos

A União deve garantir que o direito fundamental à proteção de dados, consagrado na CDFUE, é aplicado de forma coerente. É necessário reforçar a posição da UE em matéria de proteção dos dados pessoais no contexto de todas as políticas da UE, incluindo nos domínios da aplicação da Lei e da prevenção da criminalidade, bem como nas relações internacionais, especialmente numa sociedade mundializada que se caracteriza por mudanças tecnológicas rápidas.

Realizações

A. Quadro institucional

O Tratado de Lisboa

Antes da entrada em vigor do TL, a legislação relativa à proteção de dados no ELSJ estava dividida entre o primeiro pilar (proteção de dados para fins privados e comerciais, com a utilização do método comunitário) e o terceiro pilar (proteção de dados no ELSJ para o domínio da aplicação da Lei, ao nível intergovernamental). Consequentemente, o processo de decisão esteve sujeito a normas diferentes. A estrutura em pilares desapareceu com o TL, que fornece uma base mais sólida para o desenvolvimento de um sistema de proteção de dados mais eficaz e mais claro e simultaneamente prevê novos poderes para o Parlamento, que se tornou colegislador. O art. 16.º do TFUE prevê que o Parlamento e o Conselho estabelecem as normas relativas à proteção das pessoas singulares no que diz respeito ao tratamento de dados pessoais pelas instituições, órgãos e agências da União, bem como pelos EM no exercício de atividades relativas à aplicação do direito da União.

Orientações estratégicas no espaço de liberdade, segurança e justiça

Na sequência dos programas de Tampere (de outubro de 1999) e Haia (de novembro de 2004), o Conselho Europeu aprovou, em dezembro de 2009, o programa plurianual no ELSJ para o período 2010-2014: o programa de Estocolmo. Nas suas conclusões de junho de 2014, o Conselho Europeu definiu as orientações estratégicas para o planeamento legislativo e operacional para os próximos anos no quadro do ELSJ, em conformidade com o art. 68.º do TFUE. Um dos principais objetivos consiste em proteger melhor os dados pessoais na UE. Em 2017 realizou-se uma revisão intercalar das orientações.

MANUAL DE COOPERAÇÃO JUDICIÁRIA INTERNACIONAL EM MATÉRIA PENAL

Principais instrumentos legislativos em matéria de proteção de dados

1. Carta dos Direitos Fundamentais da UE

Os arts. 7.º e 8.º da CDFUE reconhecem o respeito pela vida privada e a proteção dos dados pessoais como direitos fundamentais estreitamente relacionados, mas distintos. A Carta está integrada no Tratado de Lisboa e é juridicamente vinculativa nas instituições e órgãos da União e nos EM quando aplicam legislação da UE.

2. Conselho da Europa

a. A Convenção 108 de 1981

A Convenção 108 do Conselho da Europa para a Proteção das Pessoas Singulares no que diz respeito ao Tratamento Automatizado de Dados Pessoais, de 28 de janeiro de 1981, é o primeiro instrumento internacional juridicamente vinculativo adotado no domínio da proteção de dados. Visa «garantir [...] a todas as pessoas singulares [...] o respeito pelos seus direitos e liberdades fundamentais, e especialmente pelo seu direito à vida privada, face ao tratamento automatizado dos dados de caráter pessoal».

b. Convenção Europeia dos Direitos do Homem (CEDH)

O art. 8.º da Convenção para a Proteção dos Direitos do Homem e das Liberdades Fundamentais, de 4 de novembro de 1950, consagra o direito ao respeito pela vida privada e familiar: *«Todas as pessoas têm direito ao respeito pela sua vida privada e familiar, pelo seu domicílio e pela sua correspondência.»*

3. Atuais instrumentos legislativos para proteção de dados na UE

Devido à antiga estrutura de pilares, estão atualmente em vigor vários instrumentos legislativos. Estes incluem instrumentos do antigo primeiro pilar, como a Diretiva 95/46/CE relativa à proteção de dados, a Diretiva 2002/58/CE relativa à privacidade (alterada em 2009), a Diretiva 2006/24/CE relativa à conservação de dados (declarada inválida pelo Tribunal de Justiça da UE, em 8 de abril de 2014, devido à sua grave interferência na vida privada e na proteção dos dados pessoais) e o Regulamento (CE) n.º 45/2001 relativo ao tratamento de dados pessoais por instituições e órgãos comunitários, assim como instrumentos do antigo terceiro pilar como a DQ do Conselho, de novembro de 2008, relativa à proteção dos dados pessoais tratados no âmbito da cooperação judicial e da justiça penal. Está prevista para breve a

PROTEÇÃO DE DADOS PESSOAIS

entrada em vigor de um novo quadro jurídico abrangente relativo à proteção de dados a nível da UE (ver infra).

a. O regime da proteção de dados pessoais, obtidos em consequência de um ato de auxílio judiciário, consta do art. 23.º da CE2000, e foi seguido no art. 26.º do Segundo Protocolo da CoE59.

b. Diretiva relativa à proteção de dados (95/46/CE) – a revogar em maio de 2018

A Diretiva 95/46/CE, de 24 de outubro de 1995, relativa à proteção de pessoas singulares no que diz respeito ao tratamento de dados pessoais e à livre circulação desses dados, é o ato legislativo central para a proteção de dados pessoais na UE. Esta diretiva determina normas gerais sobre a legitimidade do tratamento de dados pessoais, estipula os direitos das pessoas a quem se referem os dados e prevê também autoridades de supervisão independentes nacionais. Esta diretiva estabelece igualmente que os dados pessoais só podem ser tratados com o consentimento da pessoa em causa e caso esta seja informada da operação de tratamento desses dados.

c. DQ 2008/977/JAI do Conselho – a revogar em maio de 2018

A DQ 2008/977/JAI do Conselho, de 27 de novembro de 2008, relativa à proteção dos dados pessoais tratados no âmbito da cooperação policial e judiciária em matéria penal regula a proteção de dados ao abrigo do antigo terceiro pilar. Este é um setor não abrangido pela Diretiva 95/46/CE, que se aplica ao tratamento de dados pessoais ao abrigo do antigo primeiro pilar. A DQ abrange apenas os dados policiais e judiciários trocados entre os EM, as autoridades e os sistemas associados da UE e não abrange os dados nacionais.

4. Autoridade Europeia para a Proteção de Dados e Grupo de Trabalho do Art. 29.º

A Autoridade Europeia para a Proteção de Dados (AEPD) é uma entidade supervisora independente que assegura que as instituições e órgãos da UE respeitam as suas obrigações no que respeita à proteção de dados, previstas no Regulamento (CE) n.º 45/2001 relativo à proteção de dados. Os deveres principais da AEPD são a supervisão, a consulta e a cooperação. O Grupo de Trabalho instituído pelo art. 29.º é um órgão consultivo independente sobre proteção de dados e privacidade, criado pelo art. 29.º da Diretiva relativa à proteção de dados. É constituído por representantes das autoridades nacionais de proteção de dados dos EM da UE, da AEPD e da Comissão. Emite recomendações, pareceres e documentos de trabalho. O

Grupo de Trabalho do Art. 29.º será substituído pelo Comité Europeu para a Proteção de Dados, nos termos do novo Regulamento geral sobre a proteção de dados.

5. Reforma da proteção de dados da UE – a aplicar a partir de maio de 2018

Em 25 de janeiro de 2012, a Comissão apresentou um pacote legislativo abrangente a fim de proceder à reforma da legislação relativa à proteção de dados da UE. A reforma visa salvaguardar os dados pessoais na UE, aumentando o controlo dos utilizadores sobre os seus próprios dados e reduzindo os custos para as empresas. A evolução tecnológica e a globalização alteraram profundamente a forma como os dados são recolhidos, acessíveis e utilizados. Além disso, os 28 EM aplicaram as normas de 1995 de diferentes formas. Uma legislação única resolverá a atual fragmentação e os dispendiosos encargos administrativos. Isto ajudará a reforçar a confiança dos consumidores nos serviços em linha, proporcionando o tão necessário impulso para o crescimento, o emprego e a inovação na Europa. O pacote inclui uma comunicação sobre os principais objetivos políticos da reforma, uma proposta de regulamento geral para modernizar os princípios consagrados na Diretiva relativa à proteção de dados de 1995 e uma proposta de diretiva específica relativa ao tratamento de dados pessoais no domínio da cooperação policial e judiciária em matéria penal. Em dezembro de 2015, o Parlamento Europeu (a nível de comissão) e o Conselho (a nível de embaixadores) chegaram a um acordo quanto às novas regras em matéria de proteção de dados, após quase três anos de longas negociações.

Novas normas foram publicadas em abril de 2016 e serão aplicáveis a partir de maio de 2018:

- Regulamento (UE) 2016/679 do Parlamento Europeu e do Conselho, de 27 de abril de 2016, relativo à proteção das pessoas singulares no que diz respeito ao tratamento de dados pessoais e à livre circulação desses dados e que revoga a Diretiva 95/46/CE (Regulamento Geral sobre a Proteção de Dados);
- Diretiva (UE) 2016/680 do Parlamento Europeu e do Conselho, de 27 de abril de 2016, relativa à proteção das pessoas singulares no que diz respeito ao tratamento de dados pessoais pelas autoridades competentes para efeitos de prevenção, investigação, deteção ou repressão de infrações penais ou execução de sanções penais, e à livre circulação desses dados, e que revoga a DQ 2008/977/JAI do Conselho.

O Regulamento Geral sobre a Proteção de Dados (RGPD), com entrada em vigor agendada para 25 de maio de 2018, permite o livre fluxo de dados em todo o Mercado Único Digital. Tendo como principal meta uma maior proteção da privacidade dos cidadãos europeus, pretende reforçar a confiança e a segurança dos consumidores, e abrir oportunidades para as empresas, sobretudo as de menor dimensão.

Este regulamento traduz-se num conjunto único de regras para todo o continente que garanta segurança jurídica às empresas e o mesmo nível de proteção dos dados dos cidadãos em toda a UE. Por outro lado, aplica as mesmas regras a todas as empresas que prestam serviços na UE, mesmo que tenham sede em países terceiros.

Para o consumidor, as grandes alterações passam pelo reforço do direito à informação, de acesso e "direito a ser esquecido". Também um novo direito à portabilidade permitirá transferir os seus dados de uma empresa para outra.

Contudo, proceder a todas alterações, a um só ritmo entre os 28 EM não foi possível. Já no início de 2018, a Comissão Europeia confirmou que os preparativos estão a avançar a ritmos diferentes e, nesta fase, apenas dois já adotaram legislação nacional relevante. Se por um lado a Comissão vem sublinhar que os EM devem acelerar a adoção de legislação nacional e garantir que as novas medidas estão em conformidade com o regulamento, por outro, reafirma que devem assegurar que as respetivas autoridades nacionais sejam dotadas dos recursos financeiros e humanos necessários para garantir a sua independência e eficiência.

Neste capítulo, a Comissão consagra 1,7 milhões de euros para financiar as autoridades de proteção de dados, mas também para garantir a formação de profissionais na área. Estão disponíveis 2 milhões de euros adicionais para apoiar as autoridades nacionais em campanhas de sensibilização junto das empresas, em especial das PME.

4. Proteção dos dados pessoais em Portugal

Em Portugal, o regime jurídico de proteção de dados pessoais encontra-se consagrado, em termos genéricos, na Lei n.º 67/98, de 26 de outubro (Lei de Proteção de Dados Pessoais), que resultou da transposição da Diretiva Comunitária n.º 95/46/CE. Existe também legislação específica para determinadas áreas, como é o caso da Lei que regula o tratamento de dados pessoais no contexto das redes e serviços de comunicações eletrónicas acessíveis ao público (Lei n.º 41/2004, de 18 de agosto, alterada pela Lei n.º 46/2012, de 29 de agosto).[449]

Portugal tem de estar preparado a partir de maio de 2018 para receber o novo pacote legislativo da UE já mencionado, sendo que o Regulamento (UE) 2016/679 entrará imediatamente em vigor e a Diretiva (UE) 2016/680 terá de ser transposta até 6 de maio de 2018. Nesta medida, assume particular relevância o art. Art. 63.º da Diretiva, sendo obrigações dos EM na transposição:

1. Os EM adotam e publicam, até 6 de maio de 2018, as disposições legislativas, regulamentares e administrativas necessárias para dar cumprimento à presente diretiva. Os EM comunicam imediatamente à Comissão o texto dessas disposições. Os EM aplicam as referidas disposições a partir de 6 de maio de 2018.

Quando os EM adotarem essas disposições, estas incluem uma referência à presente diretiva ou são acompanhadas dessa referência aquando da sua publicação oficial. As modalidades dessa referência são estabelecidas pelos EM.

2. Em derrogação do n.º 1, um EM pode estabelecer que, excecionalmente, quando o esforço envolvido for desproporcionado, os sistemas de tratamento automatizado estabelecidos antes de 6 de maio de 2016 seja tornado conforme com o art. 25.º, n.º 1, até 6 de maio de 2023.

3. Em derrogação dos n.os 1 e 2 do presente artigo, um EM pode, em circunstâncias excecionais, tornar um sistema de tratamento automatizado, referido no n.º 2 do presente artigo, conforme com o art. 25.º, n.º 1, num prazo fixado após o período a que se refere o n.º 2 do art. 63.º, caso, de outra forma, sejam causadas graves dificuldades ao funcionamento desse sistema de tratamento automatizado. O EM em causa notifica a Comissão dos motivos para essas graves dificuldades e dos motivos para o prazo especificado em que tornará esse particular sistema de tratamento automatizado conforme com o art. 25.º, n.º 1. O prazo fixado não pode, em caso algum, ir além de 6 de maio de 2026.

4. Os EM comunicam à Comissão o texto das principais disposições de direito interno que adotarem no domínio abrangido pela presente diretiva.

---

[449] O Tratamento de Dados Pessoais em Portugal – Breve Guia Prático, com diversos pontos: 1.Importância das questões de privacidade e proteção de dados pessoais; 2.Regras gerais do tratamento de dados pessoais; 3.Implementação de medidas de segurança; 4.O futuro Regulamento Europeu; 5.Boas práticas; 6.Avaliação do cumprimento da Lei de proteção de dados pessoais, disponível in http://www.apdsi.pt/uploads/news/id802/Guia%20Pr%C3%A1tico_Vers%C3%A3o%20FINAL.pdf

Capítulo VI
A Cooperação Judiciária em matéria penal
e as profissões jurídicas

1. Magistratura Judicial/Juiz
Autoridade judiciária

A competência do juiz em matéria de cooperação judiciária internacional em matéria penal resulta das normas gerais do Estatuto dos magistrados judiciais[450], da Lei da Organização do Sistema Judiciário e respetivo regulamento[451], do CPP[452], e dos instrumentos avulsos, nacionais, mormente na Lei de cooperação judiciária internacional em matéria penal[453] e internacionais (convenções internacionais e instrumentos da UE).

2. Ministério Público/Procurador
Autoridade judiciária

A competência do MP em matéria de cooperação judiciária internacional em matéria penal resulta das normas gerais do Estatuto do MP[454], da Lei da Organização do Sistema Judiciário e respetivo regulamento[455], do CPP[456], e

---

[450] Lei n.º 21/85, de 30 de julho, na versão dada pela Lei n.º 9/2011, de 12/04

[451] Lei n.º 62/2013 de 26 de agosto, na versão dada pela Lei n.º 40-A/2016 de 22 de dezembro e Decreto-Lei n.º 49/2014 de 27 de março e ainda pelo Decreto-Lei n.º 86/2016 de 27 de dezembro

[452] Em particular arts. 229.º e ss.

[453] Lei n.º 144/99, de 31 de agosto, na versão da Lei n.º 115/2009, de 12/10

[454] Lei n.º 47/86, de 15 de outubro, na versão dada pela Lei n.º 9/2011, de 12/04

[455] Lei n.º 62/2013 de 26 de agosto, na versão dada pela Lei n.º 40-A/2016 de 22 de dezembro e Decreto-Lei n.º 49/2014 de 27 de março e ainda pelo Decreto-Lei n.º 86/2016 de 27 de dezembro

[456] Em particular arts. 229.º e ss.

dos instrumentos avulsos, nacionais, mormente na Lei n.º 144/99, de 31.08[457] e internacionais (convenções internacionais e instrumentos da UE). De salientar ainda que nos termos do art. 21.º, n.º1 da Lei de cooperação judiciária internacional em matéria penal, foi designada a PGR como autoridade central para efeitos de receção e de transmissão dos pedidos de cooperação abrangidos pelo presente diploma, bem como para todas as comunicações que aos mesmos digam respeito. O MP dispõe ainda de várias circulares sobre a matéria, as quais podem ser consultadas no sistema de informação do Ministério Público (SIMP).

3. Advocacia (vítima/arguido)

A competência dos advogados em matéria de cooperação judiciária internacional em matéria penal resulta das normas gerais do Estatuto da Ordem dos Advogados[458] da Lei da Organização do Sistema Judiciário e respetivo regulamento[459], do CPP[460], e dos instrumentos avulsos, nacionais, mormente na Lei de cooperação judiciária internacional em matéria penal[461] e internacionais (convenções internacionais e instrumentos da UE).

Papel do Advogado [462]

http://www.ibanet.org/

http://www.ecba.org/content/ – Ordem dos Advogados Europeus Criminais

4. Forças policiais

No caso português, todas as forças policiais possuem, na sua organização interna, departamentos internacionais que lidam com esta matéria. Acresce que, por Lei, muitas delas desempenhas funções específicas em setores especiais de cooperação[463]. Assumem particular relevância o Secretário-Geral do

---

[457] Lei n.º 144/99, de 31 de agosto, na versão da Lei n.º 115/2009, de 12/10

[458] Lei n.º 145/2015 de 9 de setembro

[459] Lei n.º 62/2013 de 26 de agosto, na versão dada pela Lei n.º 40-A/2016 de 22 de dezembro e Decreto-Lei n.º 49/2014 de 27 de março e ainda pelo Decreto-Lei n.º 86/2016 de 27 de dezembro

[460] Em particular arts. 229.º e ss.

[461] Lei n.º 144/99, de 31 de agosto, na versão da Lei n.º 115/2009, de 12/10

[462] Vânia Costa Ramos, "*A importância das redes de cooperação judiciária em matéria penal – Qual o papel do advogado?*, JULGAR n.º 13

[463] http://legislacao.mai-gov.info/ii/

A COOPERAÇÃO JUDICIÁRIA EM MATÉRIA PENAL E AS PROFISSÕES JURÍDICAS

sistema de Segurança Interna[464], o qual tem competências de coordenação, direção, controlo e comando operacional, o Gabinete Sirene em Portugal, que coordena o sistema Shengen II[465][466], a unidade de cooperação internacional da Polícia Judiciária[467], designada abreviadamente pela sigla UCI, a qual assegura o funcionamento da Unidade Nacional da Europol e do Gabinete Nacional Interpol, para os efeitos da missão da PJ e para partilha de informação com outros órgãos de polícia criminal, o Serviço de Estrangeiros e Fronteiras, o qual desempenha um papel essencial na area do controlo das fronteiras[468]. De destacar ainda o papel da CEPOL – Academia europeia de Polícia[469], à qual está incumbida a função de dar formação às Polícias europeias.

Com o DL n.º 49/2017, de 24 de maio e Decreto Regulamentar n.º 7/2017 de 7 de agosto foi criado o Ponto único de contacto para a cooperação policial internacional (PUC –CPI).

5. Academia (Professor, investigador/estudante)

A Academia tem desempenhado, na área do direito penal europeu, um papel fundamental na construção teórica que depois permitiu o desenvolvimento da cooperação judiciária internacional em matéria penal. Nesta matéria e para além de todos os Institutos nacionais ligados à academia, merece particular destaque no âmbito europeu a *ECLAN – European Criminal Law Academic Network*[470], criada em 2004 como rede de investigadores e académicos envolvidos no direito penal da UE em 32 países. Tem como objetivo desenvolver a investigação académica e a formação no domínio do direito penal da UE, facilitando as colaborações e sinergias entre universidades e centros de

---

[464] Lei de Segurança Interna, Lei n.º 53/2008 de 29 de agosto: http://legislacao.mai-gov. info/i/Lei-de-seguranca-interna/

[465] Regulado pelo DL n.º 292/94, de 16 de novembro

[466] Podendo ser encontrados as Lista dos Serviços N.SIS II e dos Gabinetes nacionais SIRENE neste endereço: http://eur-lex.europa.eu/legal-content/PT/TXT/PDF/?uri=CELEX:C2014/278/02&from =PT

[467] http://www.policiajudiciaria.pt/PortalWeb/page/{F2B1FEAA-D25F-4654-9377-F4A1304DD2A6}

[468] http://www.sef.pt/portal/v10/PT/aspx/organizacao/index.aspx?id_linha=4165& menu_position=4130#0

[469] https://www.cepol.europa.eu/

[470] http://eclan.eu/en

investigação. A ECLAN organiza conferências e edita publicações, organiza uma escola de verão e um seminário de doutoramento dedicado à área da justiça penal da UE e publica uma newsletter trimestral dedicada aos desenvolvimentos recentes na área. Nesta área, assumem particular relevâncias as seguintes entidades: i) *Max Planck Institute for Foreign and International Criminal Law in Freiburg i. Br., Germany*[471] (centro de investigação em Direito Penal Internacional); ii) *New Journal of European Criminal Law*[472] (é considerada a principal revista internacional sobre Direito Penal Europeu e tem por objetivos analisar, discutir, definir, desenvolver e melhorar o direito penal na Europa); iii) a *ERA – Academy of European Law*[473] (academia que oferece formação em direito europeu a profissionais do direito e académicos. A ERA organiza conferências e seminários dedicados a diferentes temas ligados ao direito penal da UE); iv) *Centre for European Policy Studies (CEPS)*[474] (o Centro está entre os grupos de reflexão – *Think thank* mais experientes que operam na UE atualmente); v) *Summer School "The EU Area of Criminal Justice"*[475] (o objetivo da Escola de verão é proporcionar aos participantes um amplo conhecimento do direito penal da UE numa semana); vi) *European Criminal Law Review*[476] (revisão europeia do direito penal (EuCLR) centra-se na evolução de um direito penal europeu e numa intensificação da cooperação em matéria penal na UE); vii) *Hart Studies in European Criminal Law*[477] (em estreita colaboração com os académicos da ECLAN, Hart introduziu uma nova série inteiramente dedicada ao Direito Penal Europeu); viii) *SEMDOC JHA Archive*[478] (esta base de dados contém registos e documentos completos sobre a política da UE em matéria de Justiça e Assuntos Internos, datados de 1976, quando foi criado o Grupo Trevi).

[471] https://www.mpicc.de/en/home.cfm

[472] http://www.njecl.eu/

[473] https://www.era.int/cgi-bin/cms?_SID=e9adbab1de3a7fb928e7551c5d70ce694c2a215e00372622421755&_bereich=ansicht&_aktion=detail&schluessel=era&_sprache=en

[474] https://www.ceps.eu/

[475] http://www.summerschool-ulb-criminaljustice.eu/

[476] http://www.euclr.nomos.de/1/

[477] http://www.bloomsburyprofessional.com/uk/hart/?SeriesName=Hart+Studies+in+European+Criminal+Law&SeriesFullTitle=Hart+Studies+in+European+Criminal+Law/

[478] http://www.statewatch.org/semdoc/index.php?id=1143

Capítulo VII
Ferramentas técnicas de cooperação judiciária internacional em matéria penal disponíveis online

1. Introdução: a necessidade de ferramentas técnicas para apoiar a cooperação judiciária em matéria penal
2. *Sites* de interesse
1. A Rede Judiciária Europeia: https://www.ejn-crimjust.europa.eu/ejn/EJN_Home.aspx
A) A assistência jurídica internacional
a) Atlas
b) Fichas belgas
c) Assistente Compêndio
B) Mandado de detenção europeu e entrega
C) Modalidade de cooperação
2. IberRed: http://www.iberred.org/
3. Portal da Confederação Suíça: https://www.elorge.admin.ch/elorge/#/
3. Outras p.s institucionais
1. UE
A) Eur-lex
B) N-Lex
C) Síntese de legislação da UE
D) ePortal Europeu da Justiça
E) Portal do Conselho da UE: Acordos
F) Portal da Comissão Europeia
G) Portal EUROJUST: http://www.eurojust.europa.eu/index.htm
2. Conselho da Europa
A) Pesquisa de Tratados
B) Corpo especializado na Justiça

3. Organização das Nações Unidas
4. Tribunais internacionais
1. Os tribunais de âmbito universal
A) Corte Internacional de Justiça: http://www.icj-cij.org/
B) Tribunal Internacional para o Direito do Mar: http://www.itlos.org/
C) Tribunal Penal Internacional: http://www.icc-cpi.int/
D) Outros tribunais não permanentes
2. Os tribunais de nível regional europeu
A) Tribunal Europeu dos Direitos Humanos: http://www.echr.coe.int/
Pages/
home.aspx? p = casa
B) Tribunal de Justiça da União Europeia: http://curia.europa.eu/

1. Introdução: a necessidade de ferramentas técnicas

Apoio jurídico na Cooperação Penal Internacional

Conforme já salientamos na introdução, o desenvolvimento de novas tecnologias e a dimensão que atingiu o crime organizado e transnacional, têm demonstrado a necessidade de reforçar a cooperação policial e judiciária internacional.

Para facilitar esta tarefa essencial, criaram-se p.s de internet com diversas ferramentas de apoio disponíveis para os profissionais, em particular, juízes, procuradores, advogados, funcionários judiciais, agentes policiais e outros operadores jurídicos, visando a racionalização da cooperação judiciária internacional, ativa e passiva, isto é, tanto no quadro da emissão como da execução de tais pedidos.

2. Páginas *Web* de interesse[479]

1. A Rede Judiciária Europeia: https://www.ejn-crimjust.europa.eu/ejn/

A) a assistência jurídica internacional

Criado pela RJE, este *site* oferece informações sobre diferentes formas de cooperação em cada um dos sistemas jurídicos nacionais e quais os instrumentos aplicáveis.

---

[479] Para mais desenvolvimentos *"Anexo: Ferramentas técnicas de cooperação judiciária criminal"* Autor: José Manuel Sanchez Siscart – Incluído na edição especial sobre *a cooperação judiciá-*

FERRAMENTAS TÉCNICAS DE COOPERAÇÃO JUDICIÁRIA INTERNACIONAL EM MATÉRIA...

O portal utiliza na sua apresentação o padrão Inglês, que pode ser alterado para vários línguas, incluindo o português, embora o seu conteúdo seja principalmente em Inglês e Francês, mesmo que se tenha optado pelo conteúdo em português. A forma de alterar o idioma é no canto superior direito. A aparência da p. da p. inicial é a seguinte:

No quadro superior surgem *links* para outras instituições (*Links* Úteis), Mapa do sítio, *download* Perguntas Mais Frequentes (FAQ), um Search Engine (Search, procurar), formulário de contacto com a administração da p. (Contacto), e um aviso legal.

No lado esquerdo podemos encontrar um guia importante, **Informação sobre os sistemas nacionais,** que também pode ser alcançado através das bandeiras de caixa no mapa localizado na p. inicial, com informações sobre a organização judiciária em cada EM da UE, *links* para *sites* nacionais de interesse, incluindo ligações a textos legais, jurisprudência, etc. Também podem ser encontrados neste submenu informações sobre a cooperação judiciária em matéria penal com os Estados terceiros, mas que aderiram ao espaço Schengen: Liechtenstein, Noruega e Suíça, e em outros países como a Albânia, Macedónia (FYROM), Islândia, República do Montenegro, Sérvia e Turquia.

Seguindo na margem esquerda, na secção **sobre a RJE (EJN),** como o próprio nome indica abre secções de informações gerais sobre as funções da RJE, o seu secretariado, o fórum de discussão, a informação para os seus pontos de contacto, a forma de conectar-se à p. da Presidência da UE, calendário de eventos e notícias.

No parágrafo da margem esquerda surgem *links* para vários sítios de interesse, cuja navegação é recomendada.

No lado operacional, surgem relevantes ferramentas.

Em primeiro lugar, no topo, dois guias. O primeiro, que se encontra localizado à esquerda intitulado *EU Legal Instruments for Judicial Cooperation* **(instrumentos legais da UE para a cooperação judiciária),** o qual fornece acesso a várias p.s de acordo com os diferentes instrumentos de reconheci-

---

ria penal Europa: A partir de assistência jurídica para o reconhecimento mútuo" Notebooks Digital 19-2015 Treinamento (Administração: Ignacio Ubaldo González Vega e Maria Frieda San Jose Arango) Edição: Conselho Geral do Poder Judicial (Madrid) Data de publicação: 2015 e MODULE VI UNIT 18 Support Institutions for Cooperation: the European Judicial Network, Eurojust, Europol, Interpol, Liaison Magistrates, IberRed 5th Edition 2013, Julieta Carmona Bermejo, Legal Counsel Department of EUROJUST

mento mútuo em vigor (mandado de detenção europeu e entrega, embargo e obtenção de provas, multas, confisco, medidas privativas de liberdade, medidas de vigilância alternativas à prisão preventiva, os conflitos de jurisdição, decisões jurisdicionais proferidas à revelia, registos criminais, e proteção). Ao selecionar cada uma destas opções, consegue-se obter informações de regulamentação diversificada, estado de implementação, declarações e notificações feitas pelos EM, relatórios de avaliação, e outras informações práticas. A **aplicação prática** separador central superior refere-se ao ***Status of implementation in the Member States of EU legal instruments*** (**estado de implementação nos EM dos instrumentos legais da UE**), o qual fornece acesso a uma única opção a que se refere à CE2000, texto que contém a Convenção em diferentes línguas, as declarações e as reservas feitas pelos Estados signatários, o estado de ratificação, bem como o relatório explicativo sobre a Convenção. Também se pode encontrar o texto do Protocolo de 2001, e um *link* para a CoE59. Para além disso, fornece informações sobre o estado de aplicação da legislação da UE em matéria penal e reconhecimento mútuo.

Continuando na p. de entrada encontrará um mapa da Europa, através do qual e clicando nas bandeiras ou no mapa, dirige-se para o **Atlas Judiciário.**

A caixa azul situada em baixo e que aparece na área central da p. inicial que irá conter cinco acessos: i) Atlas judiciário; Assistente de compêndio; Fichas Belgas; Biblioteca Judicial; Pontos de contacto.

O Atlas permite identificar qual a autoridade judiciária competente para executar o pedido de cooperação judiciária que tem de ser identificado no âmbito da pesquisa.

O **Assistente** de **Compêndio,** contém uma ferramenta para elaborar cartas rogatórias *on-line* em línguas diferentes. O guia **pontos de contacto** surge a lista completa e detalhada de pontos de contacto da RJE em cada um dos EM, os seus endereços e idiomas de contactos. Contudo, os nomes e detalhes dos pontos de contacto são restritas a membros da RJE, sendo o seu acesso protegido por um nome de usuário e senha[480].

---

[480] A mensagem que surge é que: caso não tenha acesso aos detalhes do Ponto de Contato mas necessite ter, envie um pedido de login/palavra-passe para Administrador, Indique o seu cargo e o motivo por que necessita de ter acesso

O guia **Biblioteca Judicial** contém documentos importantes classificados em oito secções: Instrumentos jurídicos; estado de implementação; Declarações; Notificações; Formulários; Relatórios; Manuais e Jurisprudência.

i) instrumentos legais: onde se pode consultar a legislação de acordo com três grupos: UE; Conselho da Europa e ONU.

ii) estado de implementação: fornece informações sobre a aplicação e implementação dos vários acordos e instrumentos da UE , reconhecimento mútuo,

iii) declarações e notificações dos EM,

iv) Formulários, relatórios e avaliações, manuais de uso prático, entre os quais o Manual sobre o MDE, registos criminais e Manual sobre equipas de investigação conjuntas.

Finalmente, sob a rubrica Jurisprudência, surgem várias decisões de interesse, classificadas por assunto, proferidas pelo TJUE, TEDH e várias jurisdições nacionais.

O guia sobre **cooperação com países terceiros países,** apesar de seu título ambicioso, oferece uma informação escassa.

Quanto aos demais: **Atlas,** as fichas belgas **e o Assistente Compêndio.**

a) Atlas

Como o próprio nome sugere, o **Atlas judiciário** é um diretório que localiza a autoridade destinatária de um pedido específico de assistência destinada a facilitar o contacto direto. Recentemente, incorporou as secções 901 e seguintes e embora incompleta, permite a busca de autoridades envolvidas na aplicação dos instrumentos de reconhecimento mútuo de cada um dos países da UE. Como é o caso com outras ferramentas, pode-se aceder à mesma de diferentes formas, clicando no país no **mapa** da Europa, o qual surge na p. inicial, ou ligações rápidas. Também pode ser acedido através do ícone à esquerda da caixa intitulada **Ferramentas de auxílio judiciário mútuo e de reconhecimento mútuo.**

Quando se abre esse utilitário, surge o mapa da Europa e da caixa com **bandeira.**

Ela aparece na *home page,* então o primeiro passo é escolher geograficamente o país para onde ser pretende enviar o pedido.

Após esta opção inicial, surge uma lista de assuntos, **Escolha Medida (choose measure),** agrupadas em dez capítulos, utilizando o mesmo sistema que as fichas belgas e o Compêndio.

Uma vez selecionada a medida em questão, e pressionado o botão **NEXT,** que será solicitado na maioria dos casos, dependendo sobre o país em particular, deverá especificar o tipo de crime em causa, sendo que vários EM tem dividida a competência por principais categorias de crime (como é o caso da República Checa, Dinamarca, Eslovénia, Finlândia, França, a Holanda, Suécia e Espanha), mais opções, dependendo sobre a organização territorial pode aparecer e função específica judicial em cada país, que deverá ser realizada, clicando em seguida, o botão **NEXT.**

Um exemplo: se uma autoridade estrangeira procura onde dirigir o pedido de prestação de depoimento de uma testemunha em Espanha, depois de selecionar o país, e escolher o título 702 "audição de testemunhas procedimento normal", leva-nos a selecionar o tipo de crime dependendo sobre se se trata da competência da Audiencia Nacional e, em seguida, pede-nos para determinar se o local é conhecido, ou se o paradeiro é conhecido ou não. Finalmente surge a última janela em que se terá de indicar a cidade em causa. Na maioria dos casos, ao introduzir-se as primeiras letras surge uma lista para se poder escolher a cidade certa, o que nos levará a uma indicação precisa da autoridade competente para do pedido e os dados de localização, telefone, fax e *e-mail,* facultando assim a informação precisa para a transmissão direta de cartas rogatórias e o contacto direto entre as autoridades judiciárias.

A lista de opções surge da seguinte forma, quando escolhida a língua portuguesa:

101. Interceção, gravação e transcrição de telecomunicações Click to view content

102. Investigação telecomunicações Click to view content

103. Interceção e gravação de outras formas de comunicação Click to view content

104. Interceção de corrDEI eletrónico Click to view content

105. Observação Click to view content

106. Interception of telecommunication – Art. 18 (2) (b) of the MLA Convention Click to view content

107. Interception of telecommunication without the technical assistance of another Member State Click to view content

201. Infiltração por agentes secretos do Estado requerido Click to view content

202. Infiltração por agentes do Estado requerente do território do Estado requerido Click to view content

203. Infiltração por um informador do Estado requerido Click to view content

204. Tratamento de informadores Click to view content

FERRAMENTAS TÉCNICAS DE COOPERAÇÃO JUDICIÁRIA INTERNACIONAL EM MATÉRIA...

301. Revista superficial Click to view content

302. Revista invasiva Click to view content

303. Exame médico psiquiátrico Click to view content

304. Controlo de identidade, medidas de identificação judicial Click to view content

305. Exames técnicos ou científicos ou avaliações de perito Click to view content

401. Troca de informações espontânea Click to view content

402. Ordem para produzir documentos Click to view content

403. Outras possibilidades de obter informações relativas a impostos ou contas bancárias Click to view content

404. Acesso a documentos públicos em ficheiros judiciais Click to view content

405. Comunicação de registos criminais individuais Click to view content

406. Sending and service of procedural documents Click to view content

501. Penhora de valores Click to view content

502. Congelamento de contas bancárias Click to view content

503. Restituição Click to view content

504. Medidas temporárias em vista de confiscação Click to view content

505. Confiscação Click to view content

601. Visita e busca de domicílios Click to view content

602. Visita e busca no local de um crime Click to view content

701. Notificação de testemunhas Click to view content

702. Audiência de testemunhas: procedimento normal Click to view content

703. Audiência de testemunhas: por vídeo-conferência Click to view content

704. Audiência de testemunhas: por telefone Click to view content

705. Audiência de crianças Click to view content

706. Audiência de pessoas em colaboração com o ato instrutório Click to view contente

707. Audiência das vítimas/dos requerentes Click to view content

708. Audiência de peritos Click to view content

709. Notificação de suspeitos/pessoas acusadas Click to view content

710. Audiência de suspeitos/pessoas acusadas: procedimento normal Click to view content

711. Audiência de suspeitos/pessoas acusadas: por vídeo-conferência Click to view content

712. Audiência de suspeitos/pessoas acusadas: por telefone Click to view content

713. Acareação Click to view content

801. Observação transfronteiriça Click to view content

802. Perseguição transfronteiriça Click to view content

803. Investigação transfronteiriça (colocando um dispositivo eletrónico num veículo ou numa pessoa) Click to view content

804. Entregas controladas Click to view content

805. Equipas de investigação conjuntas Click to view content

901. European Arrest Warrant Click to view content

902. Enforcement of a Financial Penalty Click to view content

903. Enforcement of a Custodial Sentence Click to view content

904. Probation measures Click to view content

905. Execution of a Supervision Measure Click to view content

906. European Protection Order Click to view content

1001. Transfer of proceedings

a) Fichas belgas

O nome surgiu devido ao país que tomou a iniciativa para esta ferramenta. Na prática, introduziu no *site* da RJE um catálogo de informações legais e ainda quarenta e quatro medidas de assistência judicial possíveis em cada país, com o seu conteúdo substantivo e processual. O seu conteúdo é meramente informativo, sem qualquer garantia de rigor jurídico, e compreende os vinte e oito EM da UE e a Noruega.

As fichas belgas são acessíveis a partir da *home page* por meio de dois *links,* indiscriminadamente; um à direita lado das **ferramentas** de caixa de central de direito **auxílio judiciário mútuo e de reconhecimento mútuo.** O outro *link* está nas **medidas da** caixa **de pesquisa.**

A informação foi preparada em cada país pelos pontos de contacto. Encontra-se estruturado por país e por medidas, identificadas com uma chave e sistematizada em nove capítulos, o último dos quais dedicado aos instrumentos de reconhecimento mútuo. Este sistema é utilizado no Atlas e no Compendium.

Através desta ferramenta podemos saber como tal medida é regulada no direito de cada país e assim pode-se pedir assistência ao abrigo do direito Legal do Estado requerido, e quais são os requisitos, condições e limites. Também permite comparações entre diferentes países na mesma medida.

Sob **a tabela** de **resumo** surge uma tabela global detalhando as possibilidades incluídas de assistência judicial penal em todos os Estados.

c) Assistente Compêndio

O Assitente de Compêndio *Assistant Compendium* – é uma das aquisições mais recentes e sofisticadas. Permite elaborar *on-line* e de forma interativa os pedidos de assistência, oferecendo um esquema em cada uma das línguas da UE. Pode ser acedido por meio das **ferramentas** caixa de ícone da central de

FERRAMENTAS TÉCNICAS DE COOPERAÇÃO JUDICIÁRIA INTERNACIONAL EM MATÉRIA...

direito **auxílio judiciário mútuo e de reconhecimento mútuo ou** através do *link* localizado no painel inferior da home page sob o título **ligações mais rápidas.**

O primeiro elemento que surge no menu principal é o idioma desejado para criar a carta rogatória. Se for escolhido o português, o menu apresentado tem a seguinte aparência:

O primeiro menu da guia da esquerda é **"Verificar possibilidade de assistência jurídica".** Se clicarmos nesse menu, leva-nos ao catálogo de medidas incluídas nas fichas Belgas por país e a extensão e clicando em Verificar resultado, marcar a extensão interessados em verde (conforme o caso), laranja (a medida é aplicável até certo ponto) ou vermelho (a medida não é aplicável). Ao clicar no ícone à direita da medida que selecionar a p. apropriada abre **as fichas belgas,** através do qual podemos saber quais são os requisitos legais de execução no país. Do lado direito surge ainda o compedium user manual, com explicações detalhadas como esta ferramenta funciona, mas apenas em inglês.

A segunda **carta aberta nova** guia/**Carta** permite começar a criar um novo pedido ou abrir um já criado como ponto de partida. Uma vez o pedido criado (que é emitido notar que), podemos explorar diferentes itens clicando sobre eles ou pressionando "Next" no canto inferior direito.

Na guia **requerente Autoridade,** em aditamento às nossas próprias referências, podemos incluir os pontos de contacto. O botão azul conduz-nos a eles, embora esta informação seja protegida por *password*. Os campos obrigatórios são a referência do processo em que o pedido é emitido, o país de emissão, autoridade emissora e endereço. É desejável, em qualquer caso, incluir os dados de contacto (nome, telefone e e-mail) para facilitar a consulta por parte da autoridade requerida. Para completar a Autoridade o *site* oferece um *link* para *Atlas de busca através de MLA*, que irá permitir-nos determinar a autoridade à qual dirigir o pedido e os seus dados (endereço, telefone). No entanto, porque resulta do Atlas, os dados não serão transferidos automaticamente, mas terão de ser copiados dos campos apropriados. A aplicação refere quais as línguas aceites para a receção de cartas rogatórias.

Quanto **às pessoas interessadas**, é pedido, em primeiro lugar, qual o tipo de interveniente processual (testemunha, perito, suspeito/refere-se acusado, o advogado de defesa/procurador ou vítima/autor) e a sua nacionalidade, para o que deve ser pressionado o botão azul e selecioná-lo na caixa que se abre. Em seguida, temos de incluir os seus dados conhecidos. A ferramenta permite incluir várias pessoas, para o que terá que clicar no botão abaixo, à esquerda *"Adicionar outra pessoa".*

O próximo guia é opcional e permite acrescentar um ponto dedicado a **urgência** e **confidencialidade** solicitada, explicando os seus motivos, que nos casos urgentes são detalhados como *a prisão preventiva, a investigação adicional após a execução da medida solicitada, perigo de fuga, riscos financeiros, prescrição do procedimento, ou outras razões*; no caso de confidencialidade que são detalhados como de *risco* possível *uma investigação mais aprofundada, perigo para a testemunha, a utilização de agentes infiltrados ou outras razões,* que devem ser detalhadas.

A seguir, surge a ferramenta **Convenções a aplicar,** oferecendo uma lista abrangente, mas em qualquer caso podem ser adicionados acordos à lista que se apresenta no fundo (por exemplo, bilaterais). Ao clicar no ícone à direita que digite o texto de cada convenção.

Mais abaixo está uma guia **Ajuda,** que contém um número de esclarecimentos, talvez o mais interessante é encontrado sob o título *autoridade solicitada* contendo uma Tabela com línguas aceites por cada país e qual a documentação A acompanhar o pedido que deve ser traduzido.

Em seguida surgem os **Factos** e a **classificação jurídica**, em regime de texto livre, que será então necessário para traduzir (é recomendado não mencionar apenas os factos essenciais, mas sim acrescentar os detalhes necessários para a qualificação jurídica). Com efeito, alguns Estados, especialmente o Reino Unido, solicitam uma descrição pormenorizada, para excluir no futuro, uma eventual violação do princípio da especialidade.

A **atividade solicitada** apresenta a mesma lista de medidas com os mesmos códigos e sistematicamente usando o Atlas e as fichas, já mencionadas. Também há um espaço para adicionar texto livre, se necessário (será necessário traduzir). No texto livre pode incluir *formalidades especiais,* nos quais deve especificar os requisitos da nossa própria legislação, tendo em conta que a autoridade de execução não sabe quais são esses procedimentos (evitando frases genéricas como por exemplo "ser informado sobre os seus direitos", a ser especificado em cada caso).

Outras autoridades envolvidas permite designar outros atores ou Intermediários de cooperação judicial internacional que serão envolvidos na sua transmissão ou na coordenação, com os seus contactos, para facilitar a transmissão e ou acompanhamento da execução da carta rogatória, como por exemplo o gabinete nacional da Eurojust, a Europol, RJE, Magistrado Oficial de Ligação, OLAF, INTERPOL, ou outros.

FERRAMENTAS TÉCNICAS DE COOPERAÇÃO JUDICIÁRIA INTERNACIONAL EM MATÉRIA...

A ferramenta permite incluir vários *links*, para o qual deverá pressionar o botão localizado na parte inferior esquerda *"Adicionar outra autoridade."*

O guia **Anexos** permite incluir o nome dos documentos complementares a acompanhar (por exemplo, o texto do art. do Código Penal aplicável, ou documentos com a lista de perguntas a testemunha, etc.).

O guia permite preencher a nota recomendada na Ação Comum, de 29 de junho de 1998. Os dados da autoridade requerida já aparecem automaticamente, conforme foi introduzido no elemento respetivo.

O penúltimo guia permite dar indicações específicas para a atividade. Por exemplo, no que respeita a **videoconferência,** exige menções específicas sobre o fuso horário das autoridades judiciais envolvidas, ou a data para a realização de um teste da arte anterior. O guia final para **a língua** permite selecionar o idioma-alvo. Aqui estão todos os campos que aparecem no texto livre que é inserido, sendo que o aplicativo não se traduz automaticamente, devendo ser inserido manualmente, uma vez traduzido, na parte correspondente na coluna da direita para isso, então podendo criar o idioma desejado. Depois de concluído, um novo menu permite salvar ou criar cartas rogatórias na língua aceite pela autoridade requerida e escolher o formato de armazenamento. Para salvar no idioma de criação (em português) como foi traduzido. Se o pedido não estiver ainda findo, deve ser armazenado em XML, permitindo apenas abrir esta aplicação. Também pode criar um documento RTF, que irá permitir utilizar um processamento de texto para as últimas correções, ou formato PDF. Em qualquer caso, existe uma ferramenta que alerta para não deixarem de preencher todos os campos necessários. Finalmente cria-se o documento no idioma desejado, e depois basta abri-lo a partir do local onde temos guardado e imprimir.

No caso de se optar pelo preenchimento do Anexo A (I) da DEI tem a possibilidade de a preencher *on-line* e ir gravando a mesma até estar preenchida e pronta a enviar.

B) mandado de detenção europeu e entrega

A Informação relativa ao MDE está a ser desenvolvida com maior detalhe e amplitude, com várias possibilidades de acesso ao seu conteúdo a partir da *home page.*

A primeira forma de acesso está na parte superior da *home page* **Aplicações práticas de instrumentos reconhecimento mútuo.** Selecionando o *link* apropriado **mandado de detenção europeu (MDE)** encontramos várias informações de uso prático classificados em secções diferentes, o que nos per-

MANUAL DE COOPERAÇÃO JUDICIÁRIA INTERNACIONAL EM MATÉRIA PENAL

mitirá consultar o texto da DQ e das suas modificações subsequentes, em diferentes línguas, as versões consolidadas, o estado de implementação em cada estado, declarações e notificações feitas por vários estados, ligar-se a modelos ou formulários, lista de pontos de contacto, informações práticas classificadas por diferentes Estados, informações de avaliações realizadas nos diferentes Estados, os relatórios da Comissão, manuais de uso prático, *links* para vários acórdãos do TJUE e outros tribunais nacionais competentes em questões relativas ao mandado de detenção europeu, bem como legislação nacional.

Finalmente estão contidas duas ligações na ferramenta **MDE Atlas** que permite localizar as autoridades competentes para execução, permitindo assim o contacto direto e o **Compêndio MDE** permitindo a escrita *on-line* do MDE em diferentes idiomas.

A segunda forma de aceder está localizada sob a caixa na parte central da p. inicial do direito **MDE**: esta caixa também permite uma ligação direta ao **Atlas MDE** para localização das autoridades competentes; o **Assistente Compêndio MDE**, permite fazer *on-line* o mandado de detenção europeu; e novamente uma ligação **MDE** com uma breve informação sobre o MDE, com links para outras p.s institucionais.

Uma terceira via para consulta do Atlas MDE e MDE para Assistente de Compêndio através dos links que estão contidos na caixa na parte inferior da p. Inicial nas rubricas Escrever um mandado de detenção europeu (MDE).

• A ferramenta **Atlas MDE** é estruturado de forma semelhante à do Atlas

No geral, contém informação específica sobre as autoridades de execução em cada Estado e, quando apropriado, uma área geográfica, e também oferece em relação a alguns países informações práticas sobre os termos de referência, línguas reconhecidas pelas autoridades competentes e alguns casos específicos (por exemplo MDE em trânsito).

• A ferramenta **Assistente Compêndio MDE**, à semelhança do Assistente Compêndio é uma ferramenta interativa para fazer e depois enviar *on-line* um MDE. A sua estrutura e funcionamento são semelhantes ao Assistente do Compêndio, embora o conteúdo, seja específico para o MDE.

A forma de criar, editar ou salvar o MDE são idênticas às já mencionadas na ferramenta Assistente do Compêndio.

C) Modalidade
Por fim, no ícone **Biblioteca Judicial** e sob o ícone **FORMULARIOS** surgem disponíveis vários modelos oficiais aprovados em várias DQ:

FERRAMENTAS TÉCNICAS DE COOPERAÇÃO JUDICIÁRIA INTERNACIONAL EM MATÉRIA...

• **FORM MDE** (MDE), contendo em diferentes formatos (Word ou PDF) o modelo oficial aprovado em línguas diferentes, apesar de lembrar as vantagens da ferramenta MDE Assistente Compendium examinada, permitindo a realização do MDE *on-line* e no idioma desejado.

• Noutras secções *decisões de congelamento, sanções financeiras* (sanções pecuniárias), *decisões de perda* (confisco), *penas privativas de liberdade* (prisão), *medidas de vigilância* (Alternativas prisão), *ECRIS* (pedido de um registo criminal), *saída precária* (liberdade vigiada), Ordem de Proteção Europeia e *UE-EUA Mutual Legal Assistance/formas alteradas nos termos do art. 4* (bancárias ou informações financeiras que visam/ou solicitado pelos EUA), contendo modelos oficiais de cada um destes formularios em formato Word ou PDF, e em alguns casos ainda de forma muito incompleta, mas oferecidos em diferentes idiomas.

Quanto à DEI, a RJE dispõe de uma p. só dedicada à matéria: https://www.ejn-crimjust.europa.eu/ejn/EJN_StaticPage.aspx?Bread=10001, onde se podem consultar diferentes e úteis ferramentas para a aplicação prática do instrumento, tais como:
» Estado de transposição da DEI nos EM
» As autoridades competentes e línguas aceites
» As conclusões dos plenários 48.º e 49.º da RJE ocorridos em 2017 em Malta e Tallinn
Elaborar o *Draft* de uma DEI
» Acesso direto ao Compendium
» Acesso direito aos Anexos da DEI em formato word
» Acesso direto ao Judicial Atlas
» Acesso direito às Fichas belgas
» Acesso direto ao Judicial Library
» Acesso direto aos Pontos de Contacto (só com *password*)

2. IberRed: http://www.iberred.org/
A Rede Ibero-americana de Cooperação Jurídica Internacional (IberRed) é uma estrutura formada por pontos de contacto dos Ministérios da Justiça e autoridades centrais, procuradores e magistrados do MP e Juízes dos 22 países que compõem a Comunidade Latino-Americana de Nações, que visa otimização dos instrumentos de assistência judicial civil e penal e o reforço dos laços de cooperação entre os Estados partes. As informações contidas no seu *site* incluem acordos assinados, classificadas por assunto ou país. As

referências à legislação interna de alguns dos países que a compõem, sem prejuízo de outras utilidades para os pontos de contacto.

3. Portal da Confederação Suíça: https://www.elorge.admin.ch/elorge/#/
Site muito útil para Portugal, face ao número de pedidos que enviamos e recebemos da Suíça, devido a comunidade imigrante portuguesa nesse Estado e principalmente devido a pedidos de informação financeira/bancária. Contém informações úteis em cinco idiomas (Espanhol, Alemão, Francês, Inglês e Italiano) e depois de entrar no cantão respetivo, abre uma tabela sistematizada que nos permite determinar a autoridade competente, como matérias e convenções aplicáveis, de forma conteúdo Atlas, semelhante ao *site* da RJE. Também contém informações sobre as principais medidas de investigação que podem ser praticadas naquele país.

3. Outras páginas institucionais relevantes

1. UE
O portal da UE http://europa.eu, fornece informações de regulamentação, data de instrumentos legais existentes, procedimentos e iniciativas legislativas. A secção **"o direito da UE"** fornece informações sobre os diversos procedimentos legislativos e acesso a normas europeias.

A) Eur-lex
Constitui o portal do direito da UE. Pode ser acedido diretamente digitando (ou salvar em "favoritos") http://eur-lex.europa.eu/es/index.htm, oferece um extenso menu para procurar ambos os textos legais e a legislação em preparação. Permite ainda o acesso ao jornal oficial, a Lei da UE sobre tratados e outros documentos classificados (refere-se ao direito primário, incluindo a Carta dos Direitos Fundamentais UE e textos consolidados no âmbito do Tratado de Lisboa), Direito, Legislação Consolidada, a jurisprudência da UE, os acordos internacionais (pode ser consultado cada um dos acordos *intra* e extra, com o seu texto, validade e lista membros e declarações ou reservas) estados, etc.

B) N-Lex
O utilitário N-Lex é definido como um portal de acesso comum para a legislação nacional. Pode ser acedido a partir do separador **"direito nacional"** sob o *link* N-Lex, ou diretamente no sítio http://eur-lex.europa.eu/n-

FERRAMENTAS TÉCNICAS DE COOPERAÇÃO JUDICIÁRIA INTERNACIONAL EM MATÉRIA...

-lex/. Encontra-se disponível em todas línguas oficiais da UE. Uma vez acedido, pode-se entrar no portal no idioma desejado na margem esquerda, com uma lista alfabética de vinte e oito EM. Clicando num Estado, acedemos a um guia com informações legislativas nacionais e, ao localizador de legislação nacional. A maior vantagem consiste no facto de o motor de busca ser feito na língua de origem, o que facilita muito o acesso ao direito de outro país.

C) Síntese de legislação da UE
Finalmente, no guia **mais** aparece **Sínteses da legislação UE**, que inclui uma coleção temática da síntese da legislação da UE, classificada pela materia. Cada uma das áreas temáticas desdobra-se por sua vez, em diferentes níveis para alcançar a síntese da legislação sobre o assunto interessado. Por exemplo, no capítulo Justiça, liberdade e segurança, podemos encontrar um submenu **cooperação judiciária em matéria penal**, e dentro desta uma ampla gama de matérias, cada uma das quais leva à legislação correspondente.

D) ePortal Europeu da Justiça – https://e-justice.europa.eu/home.do?action=home&plang=pt
Com mais de doze mil p.s de conteúdo, o portal **de justiça eletrónica** oferece uma série de informações e *links* sobre Leis e práticas em todos os EM da UE. O Portal fornece um único ponto de entrada, o que permite aos cidadãos e aos profissionais do direito aceder a toda a informação disponível à escala da UE. Por exemplo, através deste portal pode-se consultar a utilização da videoconferência, direitos das vítimas, procedimentos nacionais e europeus transfronteiriços, para mencionar apenas algumas das áreas onde tem existido desenvolvimento.

Em relação ao assunto em questão, sob o título **Ferramentas para os tribunais e profissionais** são vários resumos e informações sobre diversos aspetos da cooperação judiciária em matéria penal na UE.

E) Portal do Conselho da UE: Acordos
O portal do Conselho da UE é acessível a partir do portal Instituições gerais ou diretamente: http://consilium.europa.eu. Qualquer que seja o idioma de acesso, grande parte do conteúdo está disponível apenas em Inglês. O portal, através do botão **áreas temáticas**, permite o acesso à justiça, através do qual se pode aceder a informação útil e documentos relevantes nesta matéria.

Sob o menu **Documentos e Publicações**, contém um submenu **Tratados e Acordos** com um motor de busca desta base de dados, também em Inglês: digitando *matéria penal*, pode encontrar a lista de acordos internacionais, com informações sobre as ratificações de cada Estado.

F) Portal da Comissão Europeia

O Portal da Comissão, também acessível a partir do separador **Instituições** portal União ou diretamente: http://ec.europa.eu. Na guia **Política**, item **Justiça, administração interna e direitos dos cidadãos**, fornece acesso a informações existente em diferentes idiomas sobre a atual situação, programas, projetos, políticas no curso.

G) Portal Eurojust: http://www.eurojust.europa.eu/index.htm

O principal objetivo da Eurojust é coordenar o processo, no domínio da criminalidade transfronteiriça mais grave e melhoria cooperação entre as forças e corpos de segurança em cada um dos EM. É composto por membros nacionais designados por cada Estado a UE e outros dirigentes ou magistrados de ligação de terceira Estados ou organizações internacionais com os quais assinou um acordo de cooperação (Noruega e os EUA). O *site* contém várias informações sobre o funcionamento desta instituição, a composição, os membros e estatísticas nacionais. De interesse especial merece ser destacado a informação específica sobre diversos documentos produzidos pelas equipas de trabalho temáticas da Eurojust e as equipas de investigação conjuntas. Igualmente contém vários *links* para outras instituições europeias.

1. Conselho da Europa

O portal do Conselho da Europa, http://www.coe.int, completa em ambas as línguas oficiais do Conselho, Inglês e Francês.

A) Gabinete de Tratados

É acessível a partir do portal geral (menu EXPLORE, *Organização, Tratado*) quer diretamente: http://conventions.coe.int/. Atualmente é também apresentada em Alemão, italiano e russo. Além de outras informações, fornece a lista completa do Conselho sobre Tratados, e uma vez localizado o Tratado pode ser consultado o seu texto, a lista atualizada de assinaturas e ratificações, bem como declarações, reservas e outras comunicações e relatórios explicativos sobre o conteúdo e o alcance do Tratado em questão.

B) Justiça e Cooperação Judiciária

O Conselho da Europa dispõe de comissões e órgãos especializados, incluindo alguns diretamente relacionadas à justiça e cooperação judiciária. As mais significativas são:

- Conselho Consultivo dos Juízes Europeus (CCJE), http://www.coe.int/ccje/, que emite pareceres dirigidos ao Comité de Ministros sobre vários aspetos da Justiça.
- Conselho Consultivo de Procuradores Europeus (CCPE), http://www.coe.int/ccpe/, que emite pareceres dirigidos ao Comité de Ministros sobre o papel do Procurador no sistema de justiça criminal.
- Comissão Europeia para a Eficiência da Justiça (CEPEJ), http://www.coe.int/CEPEJ/, que visa a melhorar os sistemas judiciais, e elabora relatórios bienais comparou os diferentes Estados.

C) Comité PC-OC – https://www.coe.int/t/dghl/standardsetting/pc-oc/

Site onde se podem encontrar todos os documentos e reuniões de trabalho do Comité de peritos nesta matéria do CoE, divididos por matérias.

3. Organização das Nações Unidas

O Portal das Nações, Unidas http://www.un.org/ oferece informação sobre esta organização e fornece os *links* para todos os seus órgãos e gabinetes especializados. O interesse especial deste portal é permitir o acesso direto à coleção Tratados: https://treaties.un.org/ através do qual se pode aceder ao texto de todos tratados assinados no âmbito das Nações Unidas, com a sua lista de data de vigência, EM, ratificações, declarações e reservas. O sitio não é muito intuitivo, por isso não é de fácil acesso na primeira vez que é usado. Só existe em Inglês e Francês. É necessário ir a **Estado dos Tratados (ou État des Traites)**. Os Tratados são classificados por Capítulos da Carta das Nações Unidas, mas há também um motor de busca, um índice e um glossário de termos. Os tratados multilaterais das Nações Unidas mais relevantes para a cooperação judiciária penal estão nos capítulos IV (*Direitos Humanos*); V (*Refugiados e Apátridas*); VI (*Estupefacientes e substâncias psicrotróficas*); VII (*Tráfico de Pessoas*); e XVIII (*matéria penal*).

Umas das ps. mais interessantes é a dedicada às relações internacionais e onde se podem consultar com base em diretórios e links todos os instrumentos, ferramentas disponíveis nesta área, também por área criminal: http://www.unodc.org/unodc/en/international-cooperation/index.html.

4. Tribunais internacionais

1. Os tribunais de âmbito universal

A) Tribunal Internacional de Justiça: http://www.icj-cij.org/

B) Tribunal Internacional para o Direito do Mar: http://www.itlos.org/

C) Tribunal Penal Internacional: http://www.icc-cpi.int/

D) Outros tribunais não permanentes

- Tribunal Penal Internacional para a ex-Jugoslávia: http://www.icty.org/
- Tribunal Penal Internacional para o Ruanda: http://www.unictr.org/
- Tribunal Especial para Serra Leoa: http://www.rscsl.org/
- Câmaras Extraordinárias estabelecidos nos Tribunais do Camboja: http://www.eccc.gov.kh/
- Tribunal Especial Iraquiano: http://www.iraq-ist.org/en/home.htm
- Câmaras especiais para crimes graves em Timor Leste: http://www.un.org/spanish/Depts/DPKO/untaet/etimor.htm
- Tribunal Especial para o Líbano: http://www.stl-tsl.org/
- Tribunal Especial para o Kosovo: https://www.scp-ks.org/en.

2. Os tribunais de nível regional europeu

A) Tribunal Europeu dos Direitos Humanos: http://www.echr.coe.int/ Pages/*home.aspx? p = home*

Além de várias informações, permite o acesso à jurisprudência do TEDH com resumos semanais, mensais ou anuais, mesmo que lhe permite ver e ouvir vários idiomas sessões orais **"webcast de court sessions"**.

B) TJUE: http://curia.europa.eu/

O *site* permite ver a jurisprudência do TJUE e também várias informações sobre o regulamento, composição, tipo de procedimentos, relatórios, jurisprudência, etc.

FERRAMENTAS TÉCNICAS DE COOPERAÇÃO JUDICIÁRIA INTERNACIONAL EM MATÉRIA...

5. Outras Ferramentas de apoio sobre cooperação judiciária penal

1. **prontuario:** http://www.prontuario.org (Espanha)[481]
O próprio nome remete para o conjunto de dados ou regras relativas a assistência judicial internacional que foram resumidas e sistematizadas numa ferramenta *web* útil. Num sistema muito idêntico ao nosso guia de auxílio judiciário mútuo do GDDC, o seu objetivo é fornecer informação aos juízes, procuradores, funcionários judiciais e outros profissionais que podem estar envolvidos na cooperação judiciária internacional, numa perspetiva ativa (a emissão de um pedido no âmbito de um processo espanhol) e de um ponto de vista passivo (pedido de um Estado estrangeiro). Trata-se de um guia ou uma ferramenta que identifica de uma maneira rápida e fácil convenções internacionais aplicáveis, regulamentos, modelos ou formas de uso recomendado, e informações com *links* para as diferentes instituições que podem oferecer apoio Suplementar (RJE, IberRed, Eurojust, Rede Judiciária Espanhola, etc.). Para se ter uma ideia da sua relevância, foi emitida em Espanha uma Instrução 2/2009 para a promoção da cooperação do direito internacional, emitido pela Secretaria-Geral do Ministério da Justiça, a qual decretou o uso obrigatório dessa ferramenta.

O Guia Rápido é uma ferramenta apenas em espanhol. Pode ser acedido através do portal do CGPJ, http://www.poderjudicial.es ou diretamente pela digitação http://www.prontuario.org, embora, neste caso, o conteúdo estará com o acesso restrito a menos que o usuário insira a *password* fornecida pela *administração* e restrita aos juízes, procuradores e funcionários judiciais.

Prontuário na secção de funcionamento pode ser consultado:

- uma descrição da utilidade da ferramenta, em três idiomas, espanhol, Inglês e Francês;
- um guia sobre vários aspetos do seu funcionamento;
- informações obrigatórias contidas nas instruções de uso n.ºs 2/2009 e 6/2010 do Secretariado-Geral de Justiça;
- um formulário de contactos com a administração da p..

---

[481] Para maior desenvolvimento desta matéria e do sistema espanhol existente na cooperação judiciária em matéria penal, vd. obra do autor: *"A Cooperação Judiciária Europeia em matéria penal: o espaço ibérico em particular"*, Coimbra Editora, 2013, p.s132 e ss.

No topo contém um aviso sobre a natureza, valor e limites legais as informações fornecidas, seus fins informativos e consequente isenção de responsabilidade.

Os principais menus são **"civil"** e **"penal"**. Por sua vez, o conteúdo de ambos está estruturado com base em cinco pontos: consulta, formulários, Diretório da Web e *Links* de bibliotecas. O principal motor de busca na p. inicial, embora existam algumas diferenças, dependendo se a matéria em causa e a civil ou criminal. Em CIVIL surgem dois botões de busca, pelo país e pela matéria. Na grande área oferecem-se três botões de pesquisa opcionais oferecidos, por país, matéria e /ou área. Por sua vez é dividido em **sub – rubricas**.

O menu âmbito oferece quatro alternativas: UE, CONSELHO EUROPA, outros organismos e bilaterais. Após a busca solicitada, podem ser combinadas varias vertentes e acede-se a uma lista de acordos a cumprir conforme os critérios selecionados. Escolhendo transformar a lista das convenções aplicáveis a ser obtida como resultado *Search*, pode aceder a uma p. seguinte, que irá mostrar-nos diferentes secções contêm informações práticas de interesse:

• Uma folha de informação em PDF denominada de requisitos, que informa, de acordo com o acordo/matéria/país, quais são os requisitos, a forma e o modo de emissão e, se for caso disso, os limites da assistência necessária.

• *Link* para a forma em que se pode elaborar o pedido de assistência judiciária internacional.

• Uma seção Informações gerais data de entrada disputando em vigor e publicação do acordo aplicável, os países signatários, e *link* para o texto o acordo.

• Várias seções contendo o desenvolvimento das normas relacionadas com o instrumento, os documentos de interesse ou *links* para outras p.s.

O segundo menu **FORMULARIOS** contém informações restritas que pode acedido a partir da p. http://www.poderjudicial.es depois de ser identificado do usuário na p., ou digitando o nome de usuário e senha que fornece o administrador da p.. Dentro de formulários sob o guia **Cooperação Judiciária Ativa** surgem modelos de cooperação judiciária penal, sob os títulos de Formas genéricas, o uso apenas recomendado e **FORMULARIOS UE** específico, cuja utilização é obrigatória quando se lida com modelos oficiais. Dentro das formas genéricas são, em primeiro lugar, uma **forma Legal Aid assistida, em geral**, que fornece uma ferramenta para fazer *online* cartas rogatórias, com sugestões e recomendações adicionais sobre a forma como

FERRAMENTAS TÉCNICAS DE COOPERAÇÃO JUDICIÁRIA INTERNACIONAL EM MATÉRIA...

navegar através de diversas secções, e também integra uma pesquisa das Convenções aplicáveis por assunto e país em causa. No que diz respeito à ação ou atividade específica de investigação constituem o único ou múltiplo do pedido de assistência judicial, fornece várias secções pré-definidas, com a possibilidade de edição para se adequar ao caso.

No parágrafo **modelos genéricos** encontram-se vários modelos de extradição, transferência de pessoas, procedimentos de transmissão dos condenados, execução de decisões, equipas conjuntas de investigação, etc., disponíveis a cada um deles com ajuda de conclusão, ferramenta de pesquisa convenções aplicáveis, exemplos concluída e documentação adicional.

Na secção sobre **Forms UE** encontramos vários modelos relativos ao MDE, certificado para a execução de congelamento de bens e de provas, certificado de aplicação de sanções pecuniárias, certificado para a execução de sentenças e certificado de decisões de liberdade condicional para a execução das resoluções impondo penas de prisão ou outras medidas privativas de liberdade são impostas, Ordem Europeia de Proteção, mandado europeu de obtenção de provas, certificado para a execução de alternativas à detenção e execução Certificado de decisões de perda. Em todos eles existe ainda uma secção de informação.

O terceiro menu é o **DIRETÓRIO** e no mesmo surge uma lista de pontos de contactos (endereços úteis, pontos de contacto da RJE, Eurojust, Rede Judiciária Espanhola (REJUE), magistrados de ligação, *sites* em Espanha, magistrados de ligação de Espanha noutros países, a Rede de Secretários judiciais de Cooperação Jurídica Internacional (RESEJ), Rede Ibero-Americana Judicial, etc., organizado dentro de cada secção em ordem alfabética, indicando a posição que ocupa na instituição, endereço, telefone, fax, E-mail e atualização de informações sobre o ponto de contacto. Selecionando o link no e-mail de cada um dos pontos de contacto, uma janela será aberta permite formular consultas *on-line*. Finalmente, o guia *links* da Web contém uma grande variedade de *links* úteis agrupados nas seguintes secções:

- Tratados
- Diário Oficial
- As agências estatais
- Organizações Internacionais
- Recursos de Informação
- Redes de cooperação
- Tribunais Internacionais

Capítulo VIII
Formação de cooperação judiciária internacional em matéria penal

1. Enquadramento

O ELSJ (Espaço Europeu de Justiça) necessita de profissionais da justiça que tenham formação na legislação europeia para garantir uma aplicação coerente da legislação comunitária visando também uma tramitação adequada dos processos judiciais transfronteiriços. A formação judicial europeia tem assim por destinatários juízes, procuradores, agentes judiciais, advogados, solicitadores, notários, oficiais de diligências e mediadores de todos os EM. Apoiada pela Direção-Geral da Justiça (DG JUSTIÇA) da Comissão Europeia, a Rede Europeia de Formação Judiciária (REFJ) reúne os organismos de formação judicial nacionais dos EM da UE. Este organismo tem por função identificar as necessidades de formação dos juízes e dos procuradores, estabelecer currículos e normas de formação, coordenar intercâmbios, transmitir conhecimentos e promover a cooperação entre os seus membros.[482-483]

A cooperação em matéria civil e penal compreende também a vertente de formação judiciária na UE, nomeadamente com o apoio à formação dos magistrados e dos funcionários e agentes de justiça, nos termos dos arts. 81.º, n.º 2, alínea h), e 82.º, n.º 1, alínea c), do TFUE.

Nesta matéria, a Comissão tem o seguinte entendimento: *"O impacto da legislação da UE no dia a dia dos cidadãos e das empresas da UE é de tal modo importante que qualquer profissional do direito nacional – desde os advogados e oficiais de justiça até aos juízes e procuradores – deve ter também sólidos conhecimentos do direito da UE e poder interpretá-lo e aplicá-lo eficazmente, paralelamente ao direito nacio-*

---

[482] PROGRAMA DE JUSTIÇA NA UE 2014-2020

[483] Para maior desenvolvimento, vd: Dora Resende Alves e Helder Dias Claro, *"Perspetiva sobre a formação judiciária na UE"*, Julgar Online, junho de 2016 http://julgar.pt/perspetiva-sobre-a-formacao-judiciaria-na-uniao-europeia/

nal. Num sistema jurídico descentralizado como o da União, os juízes nacionais devem muitas vezes tornar-se «juízes de direito da União» para poderem assumir as suas responsabilidades. A formação dos profissionais do direito da UE é, por conseguinte, de primordial importância para garantir a correta aplicação do direito da UE, instaurar um clima de confiança mútua nos sistemas judiciais e permitir a cooperação e a confiança entre profissionais além-fronteiras."[484]

"Todas as culturas jurídicas parecem estar corretamente cientes da relação existente entre a preparação dos juízes e o acerto das decisões que resolvem os conflitos que se lhes apresentam. É, portanto, sensato destinar recursos (e fazê-lo de forma eficiente) à preparação e formação de quem irá julgar."[485]

Por isso mesmo, a UE atribui apoio financeiro anual para a formação judiciária que reconhece como um desafio fundamental na criação do espaço judiciário europeu, embora ceda a organização dessa formação aos EM a quem cabe integrar plenamente a dimensão europeia[486]. Conforme já foi salientado, os sistemas jurídicos e judiciários dos EM apresentam uma grande diversidade e para a criação de uma cultura judiciária europeia comum é essencial que todos os profissionais de justiça: juízes, procuradores, funcionários, agentes de justiça e advogados possam participar de uma formação adequada no domínio do direito europeu[487]. As Universidades, como instituições académicas, têm, reconhecidamente, um papel ativo neste objetivo[488]. O TFUE associou a criação de um ELSJ e a salvaguarda dos direitos fundamentais e a ordem jurídica da UE e respetivos EM[489]. A pri-

---

[484] Comunicação da Comissão ao Parlamento Europeu, ao Conselho, ao Comité Económico e Social Europeu e ao Comité das Regiões com o Programa da UE em matéria de justiça para 2020: reforçar a confiança, a mobilidade e o crescimento na União de 11.03.2014, documento COM (2014) 144 final, p. 7.

[485] Carlos Gómez Ligurre, *Juízes na Europa: Formação, seleção, promoção e avaliação*, Fundação Francisco Manuel dos Santos, outubro de 2014, ISBN: 978-989-8662-95-8, p. 32.

[486] Comunicação da Comissão Europeia ao Parlamento e ao Conselho sobre a formação judiciária na UE de 29.06.2006, documento COM (2006) 356 final, pp. 9, 7, 3

[487] Resolução 2008/C 299/01 do Conselho e dos Representantes dos Governos dos EM, reunidos no Conselho relativa à formação dos juízes, procuradores e agentes de justiça na UE, no JO C 299 de 22.11.2008, pp. 1 a 4.

[488] Ver o Regulamento (UE) n.º 1382/2013, p. 73, § 6, e Comunicação da Comissão, documento COM (2011) 551 final, p. 10.

[489] Resolução do Parlamento Europeu 2010/C 212 E/08 de 7 de maio de 2009 sobre as novas competências e responsabilidades do Parlamento na aplicação do Tratado de Lisboa, JO C 212 E de 05.08.2010, pp. 37 a 46 (ver considerandos 4 e 23).

FORMAÇÃO DE COOPERAÇÃO JUDICIÁRIA INTERNACIONAL EM MATÉRIA PENAL

meira iniciativa nesta área surgiu com o regulamento[490] (CE) n.º 743/2002 do Conselho de 25 de abril de 2002 no qual se estabeleceu um quadro geral comunitário de atividades para facilitar a cooperação judiciária em matéria civil. As atividades comunitárias neste domínio englobam ações de apoio à organização incentivando e promovendo a cooperação judiciária em matéria civil[491], bem como ações de apoio a projetos específicos[492]. Com o Regulamento (UE) n.º 1382/2013 do Parlamento Europeu e do Conselho de 17 de dezembro de 2013 que cria o Programa "Justiça" para o período 2014 a 2020[493] visou-se o desenvolvimento em permanência da formação judiciária[494], como instrumento auxiliar, em particular para melhorar os conhecimentos dos profissionais sobre os instrumentos jurídicos da UE, mormente todos os profissionais associados à atividade judiciária: solicitadores de execução, agentes de acompanhamento de liberdade condicional, mediadores e intérpretes judiciais.

Por outro lado, a formação em matéria de línguas tornou-se fundamental para a compreensão mútua dos sistemas jurídicos dos EM[495]. Embora seja tarefa primariamente dos EM integrarem plenamente a dimensão europeia nas suas atividades nacionais, admitiu-se desenvolver um nível mais integrado de formação, concebido e aplicado a nível europeu, pois, não obstante, a formação das autoridades judiciais é uma questão de interesse comum das instituições da UE e de todos os EM. Criam-se formas de proporcionar a todos os juízes[496], procuradores, funcionários e agentes de justiça um conhe-

---

[490] Regulamento (CE) n.º 743/2002 do Conselho de 25 de abril de 2002, que cria um quadro geral comunitário de atividades para facilitar a cooperação judiciária em matéria civil, JO L 115 de 01.05.2002, pp. 1 a 5.

[491] Relatório da Comissão ao Parlamento Europeu e ao Conselho, de 9 de fevereiro de 2005, sobre a realização do relatório intercalar sobre o programa-quadro de cooperação judiciária em matéria civil (2002-2006), SEC (2005) 176, COM (2005) 34 final de 09.02.2005.

[492] Decisão n.º 1149/2007/CE do Parlamento Europeu e do Conselho, de 25 de setembro de 2007, que cria, para o período de 2007 a 2013, o programa específico "Justiça Civil" no âmbito do Programa Geral "Direitos Fundamentais e Justiça", JO L 257 de 03.10.2007, pp. 16 a 22.

[493] Sendo o texto relevante para efeitos do EEE, JO L 354 de 28.12.2013, pp. 73 a 83, a p. 73, § 5

[494] Comunicação da Comissão, COM (2006) 356 final de 29.06.2006, cit.

[495] Resolução do Parlamento Europeu 2013/C 251 E/07 de 14 de março de 2012 sobre formação judiciária, nos termos dos arts. 81.º e 82.º do TFUE (2012/2575(RSP)), JO C 251 E de 31.08.2013, pp. 42 a 44, Considerando 3., p. 44.

[496] Como exemplo ver JO C 45 de 16.02.2013, p. 2.

MANUAL DE COOPERAÇÃO JUDICIÁRIA INTERNACIONAL EM MATÉRIA PENAL

cimento suficiente dos instrumentos de cooperação judiciária europeia para que recorram plenamente ao direito primário e derivado da UE, bem como conheçam a legislação e os sistemas jurídicos dos outros EM[497]. Há que criar as ações de formação básica e avançada e prever os planos logísticos e financeiros correspondentes, considerando-se que, em princípio, os juízes não terão que suportar os custos inerentes à sua formação em direito comunitário[498]. Pretende-se que todos os profissionais de justiça contribuam para um espaço de justiça comum[499]. O TL vem fazer alusão expressa a esta componente da cooperação judiciária[500], e o Programa de Estocolmo[501] veio, por exemplo, propor o desenvolvimento de programas de intercâmbio tipo Erasmus para os profissionais forenses. Pois, "[o]s juízes nacionais, a todos os níveis de jurisdição e onde quer que estejam, da Sicília à Lapónia, devem possuir um nível de conhecimento adequado do direito da União e dos sistemas judiciários nacionais"[502]. O Parlamento Europeu tem sublinhado reiteradamente que uma formação judiciária adequada constitui um contributo significativo para a melhoria do funcionamento do mercado interno, tornando mais fácil para os cidadãos o exercício dos seus direitos. As principais recomendações do relatório de Mario Monti[503], incluem a intensificação da formação dos juízes e profissionais da justiça em direito da UE.

No final de 2010, a Comissão lançou uma consulta das partes interessadas, incluindo os EM, os membros do Fórum da Justiça e as redes e estruturas europeias de formação e os seus membros, no sentido de recolher informações e a Comissão Europeia aprovou uma comunicação atinente[504]. Também, o Conselho da Justiça e dos Assuntos Internos, nas suas conclusões, de

---

[497] A Rede Europeia de Formação Judiciária (REFJ), associação fundada em outubro de 2000, já vinha exercendo essa função.

[498] Resolução do Parlamento Europeu, P6_TA(2008)0382, cit., § 17.

[499] Os advogados e solicitadores não são excluídos, mas pretende-se que sejam as respetivas ordens profissionais a desenvolver as ações de formação adequada, sem que as instituições europeias e estaduais exerçam diretamente essa tarefa.

[500] Arts. 81.º, n.º 2, alínea h), e 82.º, n.º 1, alínea c), do TFUE.

[501] Programa de Estocolmo 2010/C 115/01 do Conselho Europeu – Uma Europa aberta e segura que sirva e proteja os cidadãos, JO C 115 de 04.05.2010, pp. 1 a 38.

[502] Comunicação da Comissão, documento COM (2011) 551 final, p. 3.

[503] Relatório do Professor Mario Monti, de 9 de maio de 2010, intitulado "Uma nova estratégia para o Mercado Único".

[504] Comunicação da Comissão ao Parlamento Europeu, ao Conselho, ao Comité Económico e Social Europeu e ao Comité das Regiões sobre gerar confiança numa justiça à escala da UE

FORMAÇÃO DE COOPERAÇÃO JUDICIÁRIA INTERNACIONAL EM MATÉRIA PENAL

27 e 28 de outubro de 2011, sobre formação judiciária europeia, incentivou a partilha anual de informações com a Comissão sobre a formação disponível em direito da UE e o número de profissionais formados, tendo convidado a Comissão a analisar a possibilidade de apresentar um relatório anual sobre a formação judiciária europeia. Ainda, em 2012, o Parlamento Europeu propôs o lançamento de um projeto piloto sobre a formação judiciária europeia, com vista a: identificar as melhores práticas na formação de juízes, procuradores e profissionais da justiça sobre as tradições e os sistemas jurídicos nacionais, assim como sobre o direito da União; identificar as formas mais eficazes de ministrar formação sobre o direito Europeu e os sistemas jurídicos nacionais a juízes, procuradores e profissionais da justiça a nível local, bem como promover o diálogo e a coordenação entre juízes e procuradores da UE; incentivar os organismos de formação judiciária da UE a partilharem ideias sobre as melhores práticas e a divulgá-las na UE; e melhorar a cooperação entre a REFJ e as instituições nacionais de formação judiciária. Tal envolverá organismos de formação, tais como a Academia de Direito Europeu[505], e as organizações profissionais a nível europeu como a Rede Europeia dos Conselhos de Justiça[506], a Rede de Presidentes dos Supremos Tribunais[507], a Associação dos Conselhos de Estado e dos Supremos Tribunais Administrativos[508] e a Rede dos Procuradores-Gerais dos Supremos Tribunais de Justiça da UE[509]. Em abril de 2013 a Comissão Europeia organizou uma conferência para promover a formação judiciária europeia[510].

A formação contínua dos juízes nacionais surge, portanto, como um objetivo de grande importância, mais realçado em domínios específicos, como o direito da concorrência, com vista a assegurar a aplicação eficaz e coerente

– uma nova dimensão para a formação judiciária europeia de 13.09.2011, documento COM (2011) 551 final.

[505] Acessível em: https://www.era.int/cgibin/cms?_SID=NEW&_sprache=en&_bereich=ansicht&_aktion=detail&schluessel=era. Ver Magna Carta dos Juízes do conselho consultivo dos Juízes Europeus do Conselho da Europa, de 17 de novembro de 2010, CCJE (2010) 3 final.

[506] Disponível em: http://www.encj.eu/.

[507] Disponível em: http://network-presidents.eu/.

[508] Acessível em: http://www.aca-europe.eu/index.php/en.

[509] Disponível: http://network-presidents.eu/.

[510] Disponível em: http://ec.europa.eu/justice/events/judicial-training2013/index_en.htm

das regras do direito da UE[511], devendo ser criadas bases jurídicas próprias[512]. De notar que, especificamente, o CEJ, iniciou em 2001 *"uma estreita cooperação que inclui o intercâmbio de futuros juízes e procuradores do MP no âmbito de atividades de formação que decorrem [em três países europeus] e se concentram em temas relacionados com o direito da União e com os respetivos sistemas jurídicos nacionais"*[513].

O Parlamento Europeu[514] veio considerar que em relação aos juízes a formação judiciária deveria corretamente ser chamada "estudos judiciários" a fim de refletir a natureza especial do desenvolvimento intelectual contínuo que os membros da magistratura têm que fazer, sendo que seriam as melhores pessoas a proporcionar estudos judiciários serem os próprios juízes, embora as universidades possam preparar esses cursos de formação a serem também estendidos aos profissionais do direito (entenda-se solicitadores, advogados e funcionários dos tribunais, entre outros possíveis na estrutura de cada país), a organismos profissionais, a professores e estudantes de direito. O Conselho considera que o contributo dos EM com a formação judiciária europeia permitirá *"desenvolver uma genuína cultura judiciária europeia, baseada no respeito dos diversos sistemas e tradições jurídicos dos EM"*[515]. Esta formação sistemática (inicial e contínua) passa pela formação dos juízes, procuradores e outro pessoal judiciário, em matéria de direito europeu e sua aplicação, com incentivo às organizações profissionais nacionais dos outros profissionais da justiça como oficiais de justiça, notários, advogados e solicitadores para promoverem entre os seus membros a participação em ações de formação sobre o acervo europeu e os instrumentos da União[516].

---

[511] Relatório da Comissão sobre a Política de Concorrência 2007. Documento COM(2008) 368 final de 16 de junho de 2008, p. 25, e Comunicação da Comissão ao Parlamento Europeu, ao Conselho, ao Comité Económico e Social Europeu e ao Comité das Regiões sobre Gerar confiança numa justiça à escala da UE – uma nova dimensão para a formação judiciária europeia de 13.09.2011, documento COM (2011) 551 final, p. 5

[512] Por exemplo, a já mencionada Decisão n.º 1149/2007/CE, p. 16.

[513] Comunicação da Comissão, documento COM (2011) 551 final, cit., p. 7.

[514] Resolução do Parlamento Europeu 2013/C 251 E/07, cit., Considerando B., p. 43.

[515] Conclusões do Conselho 2011/C 361/03, sobre formação judiciária europeia, JO C 361 de 10.12.2011, pp. 7 e 8, a p. 7.

[516] Idem, p. 8, e Conclusões do Conselho 2014/C 443/04 "Formação dos profissionais de justiça: instrumento essencial para consolidar o acervo da UE", JO C 443 de 11.12.2014, pp. 7 a 9.

FORMAÇÃO DE COOPERAÇÃO JUDICIÁRIA INTERNACIONAL EM MATÉRIA PENAL

Atualmente, e como anteriormente realçado, estamos no âmbito do "PROGRAMA DE JUSTIÇA NA UE" (2014-2020) da Comissão Europeia[517]. Este Programa visa fomentar o reconhecimento e a confiança mútuos entre os EM. Para se alcançar este objetivo, promove a cooperação judicial em matéria penal e civil e ajuda a formar os juízes e outros profissionais da justiça. O programa também apoia a ação da UE na luta contra a droga. O direito civil e penal da UE abrange um amplo conjunto de matérias como, por exemplo, a mediação e a legislação sobre insolvências e os direitos das vítimas e dos acusados a um julgamento justo. O Programa de Justiça foi implementado para garantir que a legislação da União é aplicada de forma plena e coerente. A sua missão consiste em garantir o acesso à justiça adequado por parte das pessoas e das empresas em toda a Europa, especialmente quando residem, trabalham, têm atividade ou estão a ser julgados noutro país da UE. O programa é gerido pela DG JUSTIÇA da Comissão Europeia.

Alguns exemplos: *i) FORMAR OS PROFISSIONAIS DA JUSTIÇA DA EUROPA* – Um Espaço Europeu de Justiça precisa de profissionais da justiça que tenham formação na legislação europeia para garantir uma aplica-

---

[517] O Programa de Justiça ajuda a criar um Espaço Europeu de Justiça baseado no reconhecimento e na confiança mútuos. Promove:
- a cooperação judicial em matéria civil, incluindo questões comerciais, insolvências, sucessões, etc.;
- a cooperação judicial em matéria penal;
- a formação judicial, incluindo a formação linguística ao nível da terminologia jurídica;
- um melhor acesso à justiça na UE, incluindo os direitos das vítimas de crimes e os direitos processuais em processos penais;
- iniciativas no domínio da política da droga, incluindo a cooperação judicial e a prevenção da criminalidade.

Os fundos são dirigidos às autoridades públicas, às ONGs e a outras organizações para atividades que reforcem a execução destes objetivos. A formação, a aprendizagem e a análise mútuas (incluindo estudos e inquéritos) são os principais tipos de ações financiadas pelo programa. Todas as atividades financiadas têm de proporcionar um valor acrescentado ao nível da UE – por outras palavras, os resultados têm de beneficiar mais do que um EM da UE.

O orçamento total do Programa de Justiça para o período 2014-2020 é de 378 milhões de euros.

PAÍSES – Todos os EM da UE, exceto a Dinamarca e o Reino Unido, podem participar neste programa.

INFORMAÇÕES – As informações acerca das propostas de fundos ao abrigo do Programa de Justiça estão online em http://ec.europa.eu/justice/grants/index_en.htm (apenas em inglês).

ção coerente da legislação da UE em toda a UE e processos judiciais transfronteiriços corretos. A formação judicial europeia visa juízes, procuradores, agentes judiciais, advogados, solicitadores, notários, oficiais de diligências e mediadores. Apoiada pela DG Justiça, a REFJ reúne os organismos de formação judicial nacionais dos EM da UE. Identifica as necessidades de formação dos juízes e dos procuradores, estabelece currículos e normas de formação, coordena intercâmbios, transmite conhecimentos e promove a cooperação entre os seus membros; *ii) APOIAR AS VÍTIMAS DE CRIMES* – Os direitos, o apoio e a proteção das vítimas de crimes na Europa são das principais preocupações da UE. Os projetos financiados pela DG Justiça ajudam a satisfazer as necessidades das vítimas, tais como o tratamento respeitoso, a proteção e o apoio, e a estabelecer um acesso eficaz à justiça. Os projetos centram-se nos resultados práticos para uma utilização nacional imediata como, por exemplo, o desenvolvimento de ferramentas, diretrizes e manuais e a identificação das melhores práticas; *iii) FAÇA-SE JUSTIÇA ELETRÓNICA* – As tecnologias de informações podem conceder a todos os europeus o acesso à justiça. É por esse motivo que a DG Justiça financia um conjunto de projetos que põem em prática o Plano de Ação sobre Justiça Eletrónica Europeia. Em particular, é dado apoio aos projetos que desenvolvam interligações entre os registos nacionais ou ferramentas para facilitar a localização de um advogado ou um notário certo, bem como formas mais eficazes e dinâmicas de ajudar as pessoas a exercerem os seus direitos em situações transfronteiriças. O Portal Europeu da Justiça reúne informações e serviços sobre tais programas: https://e-justice.europa.eu.

Na mesma perspetiva de formação e de divulgação, procurando densificar uma das competências da Eurojust, designadamente aperfeiçoar a cooperação entre as autoridades judiciárias competentes de dois, ou mais, EM, e dar conhecimento de jurisprudência europeia relevante para a prática judiciária, até à data, como perito nacional destacado procedi a vinte e oito divulgações, por via do apoio do CSM[518].

---

[518] i. 20.10.2015 – Elaboração do documento por parte do PND sobre as competências e contatos da representação Portuguesa na Eurojust – Divulgação do CSM. n.º 136/2015, de 22.10.2015

ii. 03.06.2016 – Acórdão do TJUE sobre a emissão de mandados de detenção europeus – Divulgação do CSM n.º 52/2016, de 08.06.2016

iii. 30.06.2016 – Acórdão do TJUE sobre ne bis in idem – Divulgação do CSM n.º 57/2016, de 01.07.2016

FORMAÇÃO DE COOPERAÇÃO JUDICIÁRIA INTERNACIONAL EM MATÉRIA PENAL

iv. 01.08.2016 – Acórdão do TJUE sobre o conceito de detenção no âmbito do mandado de detenção europeu – Divulgação n.º 62/2016, de 03.08.2016

v. 03.08.2016 – Último concurso relativo à criação de uma lista de juízes internacionais para potenciais processos penais junto das Câmaras Especiais para o Kosovo; Último concurso relativo à nomeação do Presidente das Câmaras Especiais para o Kosovo – Divulgação n.º 64/2016, de 09.08.2016

vi. 12.09.2016 – Acórdão do TJUE sobre a Extradição de um nacional de outro EM para um Estado Terceiro – Divulgação n.º 73/2016, de 13.09.2016

vii. 03.11.2016 – Apresentação de proposta de Ponto de contato nacional da magistratura judicial ao CSM

viii. 22.11.2016 – Acórdão do TJUE sobre MDE e transmissão de sentenças privativas de liberdade – Divulgação n.º 121/2016, de 22.11.2016

ix. 10.01.2017 – Ofício para os Srs. Juízes Presidentes e juízes das instâncias criminais sobre o levantamento dos processos que impliquem a intervenção da Eurojust – Proc. 17/GAVPM/0202, de 24.01.2017

x. 16.01.2017 – Acórdão do TJUE sobre dupla incriminação DQ 2008/909/JAI e Lei n.º 158.2015 – Divulgação n.º 16/2017, de 17.01.2017

xi. 30.01.2017 – Acórdão do TJUE sobre prazos de cumprimento do MDE – conceito de força maior – Divulgação n.º 47/2017, de 01.02.2017

xii. 23.03.2017 – Acórdão do TJUE sobre MDE e condições prisionais – Divulgação n.º 100/2017, de 29.03.2017

xiii. 28.04.2017 – Acórdãos do TJUE sobre Direito à informação em processo penal e *ne bis in idem* – Divulgação n.º 129/2017, de 02.05.2017

xiv. 03.05.2017 – Mudança de instalações da Eurojust – Divulgação n.º 137/2017, de 08.05.2017

xv. 30.05.2017 – Decisão Europeia de investigação – Divulgação n.º 154/2017, de 01.06.2017

xvi. 07.07.2017 – ATJUE interpretação arts. 4.º, n.º 6 da DQ MDE e 12.º, n.º1, al. g) da Lei n.º 65/2003, de 23 de agosto – Divulgação n.º 188/2017, de 10.07.2017

xvii. 19.07.2017 – Seminário Eurojust – Divulgação n.º 198/2017, de 21.07.2017

xviii. 13.09.2017 – Legislação de cooperação judiciária e Seminário ERA – Divulgação n.º 228/2017, de 15.09.2017

xix. 13.09.2017 – Acórdão do TJUE sobre o conceito de julgamento que conduziu à decisão – Divulgação n.º 229/2017, de 15.09.2017

xx. 04.10.2017 – Acórdão do TJUE sobre o conceito de julgamento que conduziu à decisão em cúmulo jurídico – aditamento à Divulgação n.º 229/2017, de 09.10.2017

xxi. 04.10.2017 – Manual sobre a emissão e a execução de um mandado de detenção Europeu – Divulgação n.º 240/2017, de 09.10.2017

xxii. 25.10.2017 – Acórdão do TJUE sobre o âmbito de aplicação de uma condenação de outro EM num processo nacional (DQ 2008/675/JAI, de 24.07.2008) – Divulgação n.º 255/2017, de 26.10.2017

2. Entidades formativas

Atualmente são várias as entidades que dão formação nesta área. A título meramente indicativo, o Centro de Estudos Judiciários[519], a Rede de Formação Judiciária Europeia[520], a Academia de Direito Europeu (ERA), o ALMEDINA MAIS.

A. Profissional

A nível profissional, destacam-se: o Conselho Superior da Magistratura, a Procuradoria-Geral da República, o Gabinete português na Eurojust, a Associação Sindical dos Juízes Portugueses, o Sindicato dos Magistrados do MP, a Ordem dos Advogados, a Direção-Geral da Administração da Justiça.

B. Académico

No âmbito académico, são várias as entidades que dão formação nesta área. A título meramente indicativo: *i)* Centro de Estudos e Investigação em Direito, da Escola de Direito do Porto da Universidade Católica Portuguesa; *ii)* CEDU – Centro de Estudos em Direito da UE e o DH-CII Centro de Investigação Interdisciplinar em Direitos Humanos da Faculdade de Direito da Universidade do Minho; *iii)* CES – JUSTIÇA XXI da Universidade de

---

xxiii. 30.10.2017 – Diretrizes sobre conflitos de jurisdição no âmbito da UE, num documento intitulado "Diretrizes para decidir "Que jurisdição deve julgar? – Divulgacao n. 261/2017, de 31.10.2017

xxiv. 11.12.2017 – Documento da Eurojust sobre jurisprudência do TJUE sobre o princípio do "ne bis in idem" – Divulgação n.º 302/2017, de 14.12.2017

xxv. 09.01.2018 – Acórdão do TJUE sobre a tutela dos interesses financeiros da UE e a legislação nacional – Divulgação n.º 27/2018, de 01.02.2018

xxvi. 26.01.2018 – Acórdão do TJUE sobre o conceito de julgamento que conduziu à decisão no âmbito da revogação de uma pena suspensa – Divulgação n.º 26/2018, de 01.02.2018

xxvii. 15.02.2018 – Relatório sobre os processos tramitados na Eurojust em matéria de prevenção e resolução de conflitos de jurisdição – Divulgação n.º 40/2018, de 16.02.2018

xxviii. 08.03.2018 – Guia breve de procedimentos com o Gabinete Português na Eurojust – Divulgação n.º 60/2018, de 12.03.2018

xxix. 04.04.2018 – Ferramentas sobre condições prisionais na execução de MDE (relatório FRA) – Divulgação n.º 100/2017 – Aditamento, de 06.04.2018

xvii. 17.05.2018 – Acórdãos do TJUE sobre ne bis in idem em sanções criminais e sanções administrativas – Divulgação n.º 139/2018, de 21.05.2018

[519] Por exemplo: https://elearning.cej.mj.pt/course/view.php?id=8&username=guest

[520] Na qual destaco os PRINCÍPIOS DA FORMAÇÃO JUDICIÁRIA, disponível em português em http://www.ejtn.eu/PageFiles/15756/Judicial%20Training%20Principles_PT.pdf e ainda o EJTN Handbook on Judicial Training Methodology in Europe, de 2016

FORMAÇÃO DE COOPERAÇÃO JUDICIÁRIA INTERNACIONAL EM MATÉRIA PENAL

Coimbra; *iv)* Instituto de Estudos Políticos da Universidade Católica; *v) Ius Gentium Conimbrigae* – Centro de Direitos Humanos e o Instituto de Direito Penal Económico e Europeu da Faculdade de Direito da Universidade de Coimbra; *vi)* a Escola de Criminologia da Faculdade de Direito da Universidade do Porto.

Anexo

Portugal está vinculado a dois tipos de instrumentos bilaterais relativos à cooperação judiciária em matéria penal[521]:
- Acordos, Tratados ou Convenções celebrados entre Portugal e um país terceiro
- Acordos celebrados entre a UE e um país terceiro

1. Acordos Bilaterais Celebrados por Portugal[522]

Portugal celebrou acordos, tratados ou convenções relativos a auxílio judiciário em matéria penal com os seguintes países:

Argélia
- Convenção de Auxílio Judiciário Mútuo em Matéria Penal entre a República Portuguesa e a República Democrática e Popular da Argélia, de 22 de janeiro de 2007

Argentina
- Acordo de Auxílio Judiciário Mútuo em Matéria Penal entre a República Portuguesa e a República Argentina, de 7 de abril de 2003

Austrália
- Tratado de Auxílio Mútuo em Matéria Penal entre a República Portuguesa e a Austrália, de 4 de julho de 1989

---

[521] http://www.gddc.pt/cooperacao/cooperacao.html
[522] http://www.gddc.pt/siii/tratados.html

MANUAL DE COOPERAÇÃO JUDICIÁRIA INTERNACIONAL EM MATÉRIA PENAL

Brasil
• Tratado de Auxílio Mútuo em Matéria Penal entre o Governo da República Portuguesa e o Governo da República Federativa do Brasil, de 7 de maio de 1991. *Este Tratado permanece em vigor até comunicação das autoridades brasiLeiras sobre a conclusão dos procedimentos internos de vinculação à Convenção celebrada no âmbito da CPLP.*

Cabo Verde
• Acordo de Cooperação Jurídica e Judiciária entre a República Portuguesa e a República de Cabo Verde, de 2 de dezembro de 2003
Na parte respeitante ao auxílio judiciário mútuo em matéria penal, este acordo foi substituído pela Convenção celebrada no âmbito da CPLP, quando entrou vigor para Cabo Verde.

Canadá
• Tratado de Auxílio Mútuo em Matéria Penal entre a República Portuguesa e o Canadá, de 24 de junho de 1997

China
• Acordo entre a República Portuguesa e a República Popular da China sobre Auxílio Judiciário Mútuo em Matéria Penal, de 9 de dezembro de 2005

Hong Kong
• Acordo entre o Governo da República Portuguesa e o Governo da Região Administrativa Especial de Hong Kong, da República Popular da China, Relativo ao Auxílio Judiciário Mútuo em Matéria Penal, de 24 de maio de 2001

Macau
• Acordo de Cooperação Jurídica e Judiciária entre a República Portuguesa e a Região Administrativa Especial de Macau, da República Popular da China, de 17 de janeiro de 2001

Guiné-Bissau
• Acordo de Cooperação Jurídica entre a República Portuguesa e a República da Guiné-Bissau, de 5 de julho de 1988
Na parte respeitante ao auxílio judiciário mútuo em matéria penal, este acordo será substituído pela Convenção celebrada no âmbito da CPLP, quando esta entrar em vigor para a Guiné-Bissau.

Marrocos
• Convenção entre a República Portuguesa e o Reino de Marrocos Relativa a Auxílio Judiciário em Matéria Penal, de 14 de novembro de 1998

México

• Tratado de Auxílio Judiciário Mútuo em Matéria Penal entre a República Portuguesa e os Estados Unidos Mexicanos, de 20 de outubro de 1998

Tunísia

• Tratado de Auxílio Judiciário Mútuo em Matéria Penal entre a República Portuguesa e a República Tunisina, de 11 de maio de 1998

2. Acordos Bilaterais Celebrados pela UE

Portugal está igualmente vinculado a acordos bilaterais sobre auxílio judiciário mútuo em matéria penal celebrados entre a UE e países terceiros.

Esses acordos, celebrados ao abrigo do TUE e (após o TL) do TFUE, vinculam cada EM nas suas relações bilaterais de cooperação com o país terceiro.

Estados Unidos da América

(arts. 24.º e 38.º do TUE, na versão anterior ao TL)

Ao abrigo desse acordo foram celebrados, em paralelo, instrumentos bilaterais entre cada EM e os Estados Unidos, definindo em que termos as disposições do acordo lhes são aplicáveis. No caso de Portugal:

• Instrumento entre a República Portuguesa e os Estados Unidos da América, feito em Washington em 14 de julho de 2005, conforme o n.º 3 do art. 3.º do Acordo entre a UE e os Estados Unidos da América sobre auxílio judiciário mútuo, de 14 de julho 2005

Acordo UE – EUA

Japão

O Acordo vincula Portugal nas suas relações bilaterais de cooperação com o Japão, sem sujeição aos procedimentos habituais de vinculação internacional por parte do nosso país

• Ficha informativa do GDDC da PGR

Acordo entre a UE e o Japão no domínio do auxílio judiciário mútuo em matéria penal, de 30 de novembro de 2009

Quadro Geral de Países
NOTAS EXPLICATIVAS[523]

ESTADOS – indica o elenco de Estados, Partes em convenções internacionais de que Portugal também é Parte

QUADRO JURÍDICO – indica quais os instrumentos internacionais ao abrigo dos quais é feito o pedido, o qual deverá expressamente mencionar o instrumento jurídico que permite a sua formulação

Os instrumentos referidos são os seguintes:

CoE- Conselho da Europa

CEAJM – Convenção Europeia de Auxílio Judiciário Mútuo em Matéria Penal, de 20 Abril 1959 (n.º 030)

P1 – Protocolo adicional à Convenção Europeia de Auxílio Judiciário Mútuo em Matéria Penal, de 17 Março 1978 (n.º 099)

P2 – Segundo Protocolo adicional à Convenção Europeia de Auxílio Judiciário Mútuo em Matéria Penal, de 8 de Novembro 2001 (n.º 182)

C Branq – Convenção do Conselho da Europa relativa ao Branqueamento, Detecção e Apreensão dos Produtos do Crime, de 8 Novembro 1990 (n.º 141)

Cibercrime – Convenção sobre o Cibercrime, de 23 de Novembro de 2001 (n.º 185)

C Fin-Terr – Convenção do Conselho da Europa Relativa ao Branqueamento, Detecção, Apreensão e Perda dos Produtos do Crime e ao Financiamento do Terrorismo, de 16 Maio de 2005 (n.º 198)

União Europeia – UE

CAAS – Convenção de Aplicação do Acordo de Schengen, de 19 de Junho de 1990

C 2000 – Convenção relativa ao auxílio judiciário mútuo em matéria penal entre os EM da UE, de 29 de Maio de 2000

P 2001 – Protocolo da Convenção Relativa ao Auxílio Judiciário Mútuo em Matéria Penal entre os EM da UE, de 16 de Outubro de 2001

Ac. UE – IS_NO (SCH) – Acordo celebrado pelo Conselho da UE e a República da Islândia e o Reino da Noruega relativo à associação destes Estados à execução, à aplicação e ao desenvolvimento do acervo de Schengen, de 18 de Maio de 1999

---

[523] http://guiaajm.gddc.pt/notas_explicativas_quadro_geral.html

ANEXO

Ac. UE – Suiça (SCH) – Acordo entre a UE, a Comunidade Europeia e a Confederação Suíça relativo à associação da Confederação Suíça à execução, aplicação e desenvolvimento do acervo de Schengen, de 26 de Outubro de 2004

Ac. CE – Suiça (Fraude) – Acordo de Cooperação entre a Comunidade Europeia e os seus EM, por um lado, e a Confederação Suíça, por outro, para lutar contra a fraude e quaisquer outras actividades ilegais lesivas dos seus interesses financeiros, de 26 de Outubro de 2004

P/Liechtenstein – Protocolo entre a UE, a Comunidade Europeia, a Confederação Suíça e o Principado do Liechtenstein relativo à adesão do Principado do Liechtenstein ao Acordo entre a UE, a Comunidade Europeia e a Confederação Suíça relativo à associação da Confederação Suíça à execução, à aplicação e ao desenvolvimento do acervo de Schengen, de 28 de Fevereiro de 2008

ONU – Organização das Nações Unidas
C-Viena – Convenção das Nações Unidas contra o Tráfico Ilícito de Estupefacientes e Substâncias Psicotrópicas, Viena, 20 de Dezembro de 1988

C-Palermo – Convenção das Nações Unidas contra a Criminalidade Organizada Transnacional, "Convenção de Palermo", de 15 de Novembro de 2000

C-Merida – Convenção contra a Corrupção, "Convenção de Mérida", de 31 de Outubro de 2003

Bilateral – Acordo, Tratado ou Convenção Bilateral celebrado entre Portugal e o Estado estrangeiro. Existem também acordos bilaterais entre a UE e o Estado estrangeiro, que definem o quadro jurídico aplicável às relações entre os EM e esse Estado

CPLP – Comunidade dos Países de Língua Portuguesa
CPLP/AJM – Convenção de Auxílio Judiciário em Matéria Penal entre os EM da Comunidade dos Países de Língua Portuguesa, de 23 de Novembro de 2005

FORMA – indica as normas de direito interno que estabelecem os requisitos que devem ser respeitados, aquando da elaboração do pedido.

O formalismo descrito nos arts. 23.º e 151.º da Lei 144/99 de 31.8. incorpora no ordenamento jurídico interno as normas convencionais pertinentes.

Normativos multilaterais de referência:
CEAJM (n.º 030), Art. 14.º;
C Branq (n.º 141), Art. 27.º;

MANUAL DE COOPERAÇÃO JUDICIÁRIA INTERNACIONAL EM MATÉRIA PENAL

C Fin-Terr (n.º 189), Art.37.º
C-Viena, Art.7.º, n.10;
C-Palermo, Art .18.º, n.15;
C-Mérida, Art.46.º, n.15
CPLP/AJM – Art.9.º
DEI – Diretiva 2014/41/UE e Lei n.º 88/2017
TRADUÇÃO – indica se existe, ou não, necessidade de tradução.

Em caso afirmativo, reflete o teor das normas bilaterais, ou das declarações de cada Estado efectuadas ao abrigo dos seguintes preceitos convencionais, no que respeita à língua na qual devem ser formulados ou traduzidos os pedidos:

CEAJM (n.º 030), Art. 16.º;
C Branq (n.º 141), Art. 25.º;
C Fin-Terr (n.º 189), Art.35.º
C-Viena, Art.7.º, n.9;
C-Palermo, Art .18.º, n.14;
C-Mérida, Art.46.º, n.14

O conteúdo das declarações pode variar consoante a convenção em concreto.

Fora dos casos anteriores, foram consultadas fontes abertas para a identificação da língua ou línguas oficiais e de outras línguas susceptíveis de utilização, estas últimas estando precedidas de **asterisco**. Mais indica, assinalando-a a **negrito**, a opção de tradução na língua do Estado requerido, considerada preferencial por aplicação do disposto no art. 20.º da Lei n.º 144/99 de 31.8. Contudo, no caso concreto será desejável ponderar também os custos de tradução e a experiência prática de cooperação com o Estado em causa.

Lista de Abreviaturas[524]

CEAJM – Convenção Europeia de Auxílio Judiciário Mútuo em Matéria Penal, de 20 abril 1959 (n.º 030)

P1 – Protocolo adicional à Convenção Europeia de Auxílio Judiciário Mútuo em Matéria Penal, de 17 março 1978 (n.º 099)

---

[524] http://guiaajm.gddc.pt/lista_abreviaturas.html

ANEXO

P2 – Segundo Protocolo adicional à Convenção Europeia de Auxílio Judiciário Mútuo em Matéria Penal, de 8 de novembro 2001 (n.º 182)

C Branq – Convenção do Conselho da Europa relativa ao Branqueamento, Detecção e Apreensão dos Produtos do Crime, de 8 novembro 1990 (n.º 141)

Cibercrime – Convenção sobre o Cibercrime, de 23 de novembro de 2001 (n.º 185)

C Fin-Terr – Convenção do Conselho da Europa Relativa ao Branqueamento, Detecção, Apreensão e Perda dos Produtos do Crime e ao Financiamento do Terrorismo, de 16 maio de 2005 (n.º 198)

CAAS – Convenção de Aplicação do Acordo de Schengen, de 19 de junho de 1990

C 2000 – Convenção relativa ao auxílio judiciário mútuo em matéria penal entre os EM da UE, de 29 de maio de 2000

P 2001 – Protocolo da Convenção Relativa ao Auxílio Judiciário Mútuo em Matéria Penal entre os EM da UE, de 16 de outubro de 2001

Ac. UE – IS_NO (SCH) – Acordo celebrado pelo Conselho da UE e a República da Islândia e o Reino da Noruega relativo à associação destes Estados à execução, à aplicação e ao desenvolvimento do acervo de Schengen, de 18 de maio de 1999

Ac. UE – Suíça (SCH) – Acordo entre a UE, a Comunidade Europeia e a Confederação Suíça relativo à associação da Confederação Suíça à execução, aplicação e desenvolvimento do acervo de Schengen, de 26 de outubro de 2004

Ac. CE – Suíça (Fraude) – Acordo de Cooperação entre a Comunidade Europeia e os seus EM, por um lado, e a Confederação Suíça, por outro, para lutar contra a fraude e quaisquer outras actividades ilegais lesivas dos seus interesses financeiros, de 26 de outubro de 2004

P/Liechtenstein – Protocolo entre a UE, a Comunidade Europeia, a Confederação Suíça e o Principado do Liechtenstein relativo à adesão do Principado do Liechtenstein ao Acordo entre a UE, a Comunidade Europeia e a Confederação Suíça relativo à associação da Confederação Suíça à execução, à aplicação e ao desenvolvimento do acervo de Schengen, de 28 de fevereiro de 2008

C-Viena – Convenção das Nações Unidas contra o Tráfico Ilícito de Estupefacientes e Substâncias Psicotrópicas, Viena, 20 de dezembro de 1988

C-Palermo – Convenção das Nações Unidas contra a Criminalidade Organizada Transnacional, "Convenção de Palermo", de 15 de novembro de 2000

C-Merida – Convenção contra a Corrupção, "Convenção de Mérida", de 31 de outubro de 2003

Bilateral – Acordo, Tratado ou Convenção Bilateral celebrado entre Portugal e o Estado estrangeiro ou entre a UE e o Estado estrangeiro

CPLP/AJM – Convenção de Auxílio Judiciário em Matéria Penal entre os EM da Comunidade dos Países de Língua Portuguesa, de 23 de novembro de 2005

Quadro de Países[525], às quais foram acrescentadas as novidades introduzidas pela Lei n.º 88/2017, de 21 de agosto (transposição da DEI), sendo aplicável aos pedidos após 22 de agosto de 2017 à matéria da obtenção da prova na UE (na parte respeitante aos EM, com exceção da Irlanda e da Dinamarca, EM aos quais não se aplica a DEI)[526].

ESTADOS	QUADRO JURÍDICO	FORMA	TRADUÇÃO
AFEGANISTÃO	C-Viena/C-Palermo/C-Mérida	Arts. 23.º e 151.º da Lei 144/99	Dari, Pachto
ÁFRICA DO SUL	C-Viena/C-Palermo/C-Mérida	Arts. 23.º e 151.º da Lei 144/99	Inglês
ALBANIA	CEAJM/P1/P2/C Branq/ Cibercrime/C Fin-Terr	Arts. 23.º e 151.º da Lei 144/99	Francês, Inglês
ALEMANHA	CEAJM/P1/CAAS/C 2000/P 2001 DEI	Arts. 23.º e 151.º da Lei 144/99 Arts. 11.º a 13.º da Lei n.º 88/2017	**Alemão,** Francês, Inglês
ANDORRA	CEAJM/C Branq	Arts. 23.º e 151.º da Lei 144/99	Catalão, Espanhol, Francês
ANGOLA	Bilateral NB: CPLP/AJM	Art. 35.º do Acordo Bilateral/Arts. 23.º e 151.º da Lei 144/99	Não
ANTIGA REP. JUGOSL. MACEDÓNIA	CEAJM/P1/P2/C Branq/ Cibercrime/C Fin-Terr	Arts. 23.º e 151.º da Lei 144/99	**Macedónio,** Inglês
ANTÍGUA E BARBUDA	C-Viena/C-Palermo/C-Mérida	Arts. 23.º e 151.º da Lei 144/99	Inglês
ARABIA SAUDITA	C-Viena/C-Palermo	Arts. 23.º e 151.º da Lei 144/99	Árabe
ARGÉLIA	Bilateral	Art. 4.º da Convenção Bilateral/Arts. 23.º e 151.º da Lei 144/99	Árabe, Francês
ARGENTINA	Bilateral	Arts. 15 do Acordo Bilateral	Espanhol

[525] http://guiaajm.gddc.pt/quadro_geral.html

[526] O quadro referente aos EM, no que concerne à DEI, deve ser complementado com as informações referentes à transposição, autoridades competentes de emissão e de execução e línguas aceiteis disponíveis em https://www.ejn-crimjust.europa.eu/ejn/EJN_StaticPage.aspx?Bread=10001

ANEXO

ESTADOS	QUADRO JURÍDICO	FORMA	TRADUÇÃO
ARMENIA	CEAJM/P1/P2/C Branq/ Cibercrime/C Fin-Terr	Arts. 23.º e 151.º da Lei 144/99	**Arménio,** Francês, Inglês
AUSTRÁLIA	Bilateral	Bil.Art. 13.º do Tratado Bilateral/Arts. 23.º e 151.º da Lei 144/99	Inglês
ÁUSTRIA	CEAJM/P1/CAAS/C 2000/P 2001 DEI	Arts. 23.º e 151.º da Lei 144/99 Arts. 11.º a 13.º da Lei n.º 88/2017	**Alemão,** Francês, Inglês
AZERBAIJÃO	CEAJM/P1/C Branq/ Cibercrime	Arts. 23.º e 151.º da Lei 144/99	**Azeri,** Inglês
BAAMAS	C-Viena/C-Palermo/C-Mérida	Arts. 23.º e 151.º da Lei 144/99	Inglês
BAHREIN (BARÉM)	C-Viena/C-Palermo/C-Mérida	Arts. 23.º e 151.º da Lei 144/99	**Árabe,** *Inglês
BANGLADECHE	C-Viena/C-Palermo/C-Mérida	Arts. 23.º e 151.º da Lei 144/99	Inglês
BARBADOS	C-Viena	Arts. 23.º e 151.º da Lei 144/99	Inglês
BÉLGICA	CEAJM/P1/CAAS/C 2000/P 2001 DEI	Arts. 23.º e 151.º da Lei 144/99 Arts. 11.º a 13.º da Lei n.º 88/2017	Francês, Neerlandês
BELIZE	C-Viena/C-Palermo	Arts. 23.º e 151.º da Lei 144/99	Inglês
BENIM	C-Viena/C-Palermo/C-Mérida	Arts. 23.º e 151.º da Lei 144/99	Francês
BIELORÚSSIA	C-Viena/C-Palermo/C-Mérida	Arts. 23.º e 151.º da Lei 144/99	Bielorusso, Russo
BOLÍVIA	C-Viena/C-Palermo/C-Mérida	Arts. 23.º e 151.º da Lei 144/99	Espanhol
BOSNIA e HERZEGOVINA	CEAJM/P2/C Branq/ Cibercrime/C Fin-Terr	Arts. 23.º e 151.º da Lei 144/99	Bósnio, Croata
BOTSUANA	C-Viena/C-Palermo/C-Mérida	Arts. 23.º e 151.º da Lei 144/99	Inglês
BRASIL	Bilateral NB: CPLP/AJM	Art.5.º do Tratado Bilateral/Arts. 23.º e 151.º da Lei 144/99	Não
BRUNEI	C-Viena/C-Palermo/C-Mérida	Arts. 23.º e 151.º da Lei 144/99	Inglês

MANUAL DE COOPERAÇÃO JUDICIÁRIA INTERNACIONAL EM MATÉRIA PENAL

ESTADOS	QUADRO JURÍDICO	FORMA	TRADUÇÃO
BULGÁRIA	CEAJM/P1/CAAS/C 2000/P 2001 DEI	Arts. 23.º e 151.º da Lei 144/99 Arts. 11.º a 13.º da Lei n.º 88/2017	**Búlgaro,** Francês, Inglês
BURQUINA-FASO	C-Viena/C-Palermo/C-Mérida	Arts. 23.º e 151.º da Lei 144/99	Francês
BURUNDI	C-Viena/C-Mérida	Arts. 23.º e 151.º da Lei 144/99	Francês, Kirundi
BUTÃO	C-Viena	Arts. 23.º e 151.º da Lei 144/99	Butanês (Dzonga)
CABO VERDE	Bilateral	Art.35.º do Acordo Bilateral /Arts. 23.º e 151.º da Lei 144/99	Não
CAMARÕES	C-Viena/C-Palermo/C-Mérida	Arts. 23.º e 151.º da Lei 144/99	Inglês, Francês
CAMBOJA	C-Viena/C-Palermo/C-Mérida	Arts. 23.º e 151.º da Lei 144/99	Khmer
CANADÁ	Bilateral	Art.11.º do Tratado Bilateral/Arts. 23.º e 151.º da Lei 144/99	Francês, Inglês
CAZAQUISTÃO	C-Viena/C-Palermo/C-Mérida	Arts. 23.º e 151.º da Lei 144/99	Cazaque, Russo
CHADE	C-Viena/C-Palermo	Arts. 23.º e 151.º da Lei 144/99	Francês, Árabe
CHILE	C-Viena/C-Palermo/C-Mérida *NB*: CEAJM/P1 *(a partir de 28/08/2011)*/P2 *(a partir de 01/09/2011)*	Arts. 23.º e 151.º da Lei 144/99	Espanhol
CHINA	Bilateral	Art.4.º do Acordo Bilateral/Arts. 23.º e 151.º da Lei 144/99	Chinês (mandarim)
CHIPRE	CEAJM/P1/CAAS/C 2000/P 2001	Arts. 23.º e 151.º da Lei 144/99	Grego, Inglês
COLÔMBIA	C-Viena/C-Palermo/C-Mérida	Arts. 23.º e 151.º da Lei 144/99	Espanhol
CONGO – Brazzaville	C-Viena/C-Mérida	Arts. 23.º e 151.º da Lei 144/99	Francês
CONGO – Kinshasa	C-Viena/C-Palermo/C-Mérida	Arts. 23.º e 151.º da Lei 144/99	Francês

ANEXO

ESTADOS	QUADRO JURÍDICO	FORMA	TRADUÇÃO
COREIA do Norte	C-Viena	Arts. 23.º e 151.º da Lei 144/99	Inglês
COREIA do Sul	C-Viena/C-Mérida	Arts. 23.º e 151.º da Lei 144/99	**Coreano,** Inglês
COSTA DO MARFIM	C-Viena	Arts. 23.º e 151.º da Lei 144/99	Francês
COSTA RICA	C-Viena/C-Palermo/C-Mérida	Arts. 23.º e 151.º da Lei 144/99	Espanhol
CROÁCIA	CEAJM/P1/P2/C Branq/ Cibercrime/C Fin-Terr DEI	Arts. 23.º e 151.º da Lei 144/99 Arts. 11.º a 13.º da Lei n.º 88/2017	**Croata,** Inglês
CUBA	C-Viena/C-Palermo/C-Mérida	Arts. 23.º e 151.º da Lei 144/99	Espanhol
DINAMARCA	CEAJM/P1/CAAS/C 2000/P 2001 Não se aplica a DEI	Arts. 23.º e 151.º da Lei 144/99	**Dinamarquês,** Francês, Inglês
DJIBUTI (JIBUTI)	C-Viena/C-Palermo/C-Mérida	Arts. 23.º e 151.º da Lei 144/99	Francês, Árabe
DOMÍNICA	C-Viena/C-Mérida	Arts. 23.º e 151.º da Lei 144/99	Inglês
EGIPTO	C-Viena/C-Palermo/C-Mérida	Arts. 23.º e 151.º da Lei 144/99	Árabe
(EL) SALVADOR	C-Viena/C-Palermo/C-Mérida	Arts. 23.º e 151.º da Lei 144/99	Espanhol
EMIRATOS ÁRABES UNIDOS	C-Viena/C-Palermo/C-Mérida	Arts. 23.º e 151.º da Lei 144/99	Árabe
EQUADOR	C-Viena/C-Palermo/C-Mérida	Arts. 23.º e 151.º da Lei 144/99	Espanhol
ERITREIA	C-Viena	Arts. 23.º e 151.º da Lei 144/99	Tigrinya, Árabe, Inglês
ESLOVÁQUIA	CEAJM/P1/CAAS/C 2000/P 2001 DEI	Arts. 23.º e 151.º da Lei 144/99 Arts. 11.º a 13.º da Lei n.º 88/2017	**Eslovaco,** Francês, Inglês
ESLOVÉNIA	CEAJM/P1/CAAS/C 2000/P 2001 DEI	Arts. 23.º e 151.º da Lei 144/99 Arts. 11.º a 13.º da Lei n.º 88/2017	**Esloveno,** Francês, Inglês

MANUAL DE COOPERAÇÃO JUDICIÁRIA INTERNACIONAL EM MATÉRIA PENAL

ESTADOS	QUADRO JURÍDICO	FORMA	TRADUÇÃO
ESPANHA	CEAJM/P1/CAAS/C 2000/P 2001 DEI	Arts. 23.º e 151.º da Lei 144/99 Arts. 11.º a 13.º da Lei n.º 88/2017	Não exigível mas aconselhável
ESTADOS UNIDOS	Bilateral (ao abrigo Ac. Bil. UE/EUA) *NB: Cibercrime (desde 1/01/2007)*	Arts. 23.º e 151.º da Lei 144/99	Inglês
ESTÓNIA	CEAJM/P1/CAAS/C 2000 DEI	Arts. 23.º e 151.º da Lei 144/99 Arts. 11.º a 13.º da Lei n.º 88/2017	**Estónio,** Inglês
ETIÓPIA	C-Viena/C-Palermo/C-Mérida	Arts. 23.º e 151.º da Lei 144/99	Tigrinya, Árabe, Inglês
FIJI	C-Viena/C-Mérida	Arts. 23.º e 151.º da Lei 144/99	Inglês, Fijiano
FILIPINAS	C-Viena/C-Palermo/C-Mérida	Arts. 23.º e 151.º da Lei 144/99	Inglês, Espanhol
FINLÂNDIA	CEAJM/P1/CAAS/C 2000/P 2001 DEI	Arts. 23.º e 151.º da Lei 144/99 Arts. 11.º a 13.º da Lei n.º 88/2017	**Finlandês,** Sueco, Dinamarquês, Norueguês, Inglês, Francês, Alemão
FRANÇA	CEAJM/P1/CAAS/C 2000/P 2001 DEI	Arts. 23.º e 151.º da Lei 144/99 Arts. 11.º a 13.º da Lei n.º 88/2017	Não exigível mas aconselhável
GABÃO	C-Viena/C-Palermo/C-Mérida	Arts. 23.º e 151.º da Lei 144/99	Francês
GÂMBIA	C-Viena/C-Palermo	Arts. 23.º e 151.º da Lei 144/99	Inglês
GANA	C-Viena/C-Mérida	Arts. 23.º e 151.º da Lei 144/99	Inglês
GEORGIA	CEAJM/P1/C Branq	Arts. 23.º e 151.º da Lei 144/99	Inglês, Russo
GRANADA	C-Viena/C-Palermo	Arts. 23.º e 151.º da Lei 144/99	Inglês
GRÉCIA	CEAJM/P1/CAAS DEI	Arts. 23.º e 151.º da Lei 144/99 Arts. 11.º a 13.º da Lei n.º 88/2017	**Grego,** Francês, Inglês

ANEXO

ESTADOS	QUADRO JURÍDICO	FORMA	TRADUÇÃO
GUATEMALA	C-Viena/C-Palermo/C-Mérida	Arts. 23.º e 151.º da Lei 144/99	Espanhol
GUIANA	C-Viena/C-Palermo/C-Mérida	Arts. 23.º e 151.º da Lei 144/99	Inglês
GUINÉ	C-Viena/C-Palermo	Arts. 23.º e 151.º da Lei 144/99	Francês
GUINÉ-BISSAU	Bilateral	Art.36.º do Acordo Bilateral / Arts. 23.º e 151.º da Lei 144/99	Não
GUINÉ-EQUATORIAL	C-Palermo	Arts. 23.º e 151.º da Lei 144/99	Espanhol, Francês
HAITI	C-Viena/C-Palermo/C-Mérida	Arts. 23.º e 151.º da Lei 144/99	Francês
HONDURAS	C-Viena/C-Palermo/C-Mérida	Arts. 23.º e 151.º da Lei 144/99	Espanhol
HONGKONG	Bilateral	Arts. 5.º do Acordo Bilateral/Arts. 23.º e 151.º da Lei 144/99	Chinês (cantonês), Inglês
HUNGRIA	CEAJM/P1/CAAS/C 2000/P 2001 DEI	Arts. 23.º e 151.º da Lei 144/99 Arts. 11.º a 13.º da Lei n.º 88/2017	**Húngaro,** Francês, Inglês
IÉMEN	C-Viena/C-Palermo/C-Mérida	Arts. 23.º e 151.º da Lei 144/99	Árabe
ILHA COOK	C-Viena/C-Palermo	Arts. 23.º e 151.º da Lei 144/99	Inglês
ILHAS MARSHALL	C-Viena/C-Palermo	Arts. 23.º e 151.º da Lei 144/99	Marshalês, Inglês
ÍNDIA	C-Viena/C-Palermo/C-Mérida	Arts. 23.º e 151.º da Lei 144/99	Hindi, *Inglês
INDONESIA	C-Viena/C-Palermo/C-Mérida	Arts. 23.º e 151.º da Lei 144/99	Bahasa Indonésio
IRÃO	C-Viena/C-Mérida	Arts. 23.º e 151.º da Lei 144/99	Persa
IRAQUE	C-Viena/C-Palermo/C-Mérida	Arts. 23.º e 151.º da Lei 144/99	Árabe, Curdo
IRLANDA	CEAJM/P1/CAAS Não se aplica a DEI	Arts. 23.º e 151.º da Lei 144/99	Inglês, Irlandês

MANUAL DE COOPERAÇÃO JUDICIÁRIA INTERNACIONAL EM MATÉRIA PENAL

ESTADOS	QUADRO JURÍDICO	FORMA	TRADUÇÃO
ISLÂNDIA	CEAJM/P1/CAAS/C 2000 – cfr art. 2.º/P 2001 – cfr art.15.º/C Branq/Cibercrime	Arts. 23.º e 151.º da Lei 144/99	**Islandês**, Inglês
ISRAEL	CEAJM/P1/P2	Arts. 23.º e 151.º da Lei 144/99	**Hebreu**, Inglês, Francês
ITÁLIA	CEAJM/P1/CAAS DEI	Arts. 23.º e 151.º da Lei 144/99 Arts. 11.º a 13.º da Lei n.º 88/2017	**Italiano**, Francês, Inglês
JAMAICA	C-Viena/C-Palermo/C-Mérida	Arts. 23.º e 151.º da Lei 144/99	Inglês
JAPÃO	Bilateral (Ac. UE – Japão)	Arts. 23.º e 151.º da Lei 144/99	Japonês (Inglês em casos urgentes)
JORDÂNIA	C-Viena/C-Palermo/C-Mérida	Arts. 23.º e 151.º da Lei 144/99	**Árabe**, *Inglês
KOWEIT	C-Viena/C-Palermo/C-Mérida	Arts. 23.º e 151.º da Lei 144/99	**Árabe**, *Inglês
LAOS	C-Viena/C-Palermo/C-Mérida	Arts. 23.º e 151.º da Lei 144/99	**Laociano**, Inglês
LESOTO	C-Viena/C-Palermo/C-Mérida	Arts. 23.º e 151.º da Lei 144/99	Inglês
LETÓNIA	CEAJM/P1/CAAS/C 2000/P 2001 DEI	Arts. 23.º e 151.º da Lei 144/99 Arts. 11.º a 13.º da Lei n.º 88/2017	**Letão**, Inglês
LÍBANO	C-Viena/C-Palermo/C-Mérida	Arts. 23.º e 151.º da Lei 144/99	**Árabe**, *Francês, *Inglês
LIBÉRIA	C-Viena/C-Palermo/C-Mérida	Arts. 23.º e 151.º da Lei 144/99	Inglês
LÍBIA	C-Viena/C-Palermo/C-Mérida	Arts. 23.º e 151.º da Lei 144/99	**Árabe**, *Italiano, *Inglês
LIECHTENSTEIN (Liestenstaine)	CEAJM/CAAS/P-Liechtenstein/ C Branq	Arts. 23.º e 151.º da Lei 144/99	Alemão
LITUANIA	CEAJM/P1/CAAS/C 2000/P 2001 DEI	Arts. 23.º e 151.º da Lei 144/99 Arts. 11.º a 13.º da Lei n.º 88/2017	**Lituano**, Francês, Inglês

ANEXO

ESTADOS	QUADRO JURÍDICO	FORMA	TRADUÇÃO
LUXEMBURGO	CEAJM/P1/CAAS/C 2000/P 2001 DEI	Arts. 23.º e 151.º da Lei 144/99 Arts. 11.º a 13.º da Lei n.º 88/2017	Francês, Alemão, Inglês
MACAU	Bilateral	Arts. 23.º e 151.º da Lei 144/99	Chinês (cantonês), Português
MADAGÁSCAR	C-Viena/C-Palermo/C-Mérida	Arts. 23.º e 151.º da Lei 144/99	Malgaxe, Francês
MALÁSIA	C-Viena/C-Palermo/C-Mérida	Arts. 23.º e 151.º da Lei 144/99	Inglês
MALAVI	C-Viena/C-Palermo/C-Mérida	Arts. 23.º e 151.º da Lei 144/99	**Chichewa**, *Inglês
MALDIVAS	C-Viena/C-Mérida	Arts. 23.º e 151.º da Lei 144/99	Inglês
MALI	C-Viena/C-Palermo/C-Mérida	Arts. 23.º e 151.º da Lei 144/99	Francês
MALTA	CEAJM/CAAS/C 2000/P 2001 DEI	Arts. 23.º e 151.º da Lei 144/99 Arts. 11.º a 13.º da Lei n.º 88/2017	Inglês
MARROCOS	Bilateral	Art.5.º da Convenção Bilateral	**Árabe**, Francês
MAURÍCIA	C-Viena/C-Palermo/C-Mérida	Arts. 23.º e 151.º da Lei 144/99	**Inglês**, Francês
MAURITÂNIA	C-Viena/C-Palermo/C-Mérida	Arts. 23.º e 151.º da Lei 144/99	**Árabe**, *Francês
MÉXICO	Bilateral	Art.5.º do Tratado Bilateral/Arts. 23.º e 151.º da Lei 144/99	Espanhol
MIANMAR	C-Viena/C-Palermo	Arts. 23.º e 151.º da Lei 144/99	Birmanês
MICRONÉSIA	C-Viena/C-Palermo	Arts. 23.º e 151.º da Lei 144/99	Inglês
MOÇAMBIQUE	Bilateral *NB: CPLP/AJM*	Art.9.º do Acordo Bilateral/Arts. 23.º e 151.º da Lei 144/99	Não
MOLDÁVIA	CEAJM/P1/C Branq/ Cibercrime/C Fin-Terr	Arts. 23.º e 151.º da Lei 144/99	**Moldavo**, Francês, Inglês

MANUAL DE COOPERAÇÃO JUDICIÁRIA INTERNACIONAL EM MATÉRIA PENAL

ESTADOS	QUADRO JURÍDICO	FORMA	TRADUÇÃO
MONACO	CEAJM/P1/C Branq	Arts. 23.º e 151.º da Lei 144/99	Francês
MONGÓLIA	C-Viena/C-Palermo/C-Mérida	Arts. 23.º e 151.º da Lei 144/99	**Mongol**, Inglês, Russo
MONTENEGRO	CEAJM/P1/P2/C Branq/ Cibercrime/C Fin-Terr	Arts. 23.º e 151.º da Lei 144/99	Montenegrino, Sérvio, Inglês
NAMÍBIA	C-Viena/C-Palermo/C-Mérida	Arts. 23.º e 151.º da Lei 144/99	Inglês
NEPAL	C-Viena/C-Mérida	Arts. 23.º e 151.º da Lei 144/99	Nepalês
NICARÁGUA	C-Viena/C-Palermo/C-Mérida	Arts. 23.º e 151.º da Lei 144/99	Espanhol
NÍGER	C-Viena/C-Palermo/C-Mérida	Arts. 23.º e 151.º da Lei 144/99	Francês
NIGÉRIA	C-Viena/C-Palermo/C-Mérida	Arts. 23.º e 151.º da Lei 144/99	Inglês
NORUEGA	CEAJM/P1/CAAS/C 2000 – cfr art. 2.º/P 2001 – cfr art.15.º/C Branq/Cibercrime	Arts. 23.º e 151.º da Lei 144/99	**Norueguês**, Dinamarquês, Sueco, Inglês
NOVA ZELÂNDIA	C-Viena/C-Palermo	Arts. 23.º e 151.º da Lei 144/99	Inglês
OMÃ	C-Viena/C-Palermo	Arts. 23.º e 151.º da Lei 144/99	**Árabe**, *Inglês
PAISES BAIXOS	CEAJM/P1/CAAS/C 2000/P 2001 DEI	Arts. 23.º e 151.º da Lei 144/99 Arts. 11.º a 13.º da Lei n.º 88/2017	**Neerlandês,** Inglês
PALAU	C-Viena/C-Mérida	Arts. 23.º e 151.º da Lei 144/99	**Palauano**, Inglês
PANAMÁ	C-Viena/C-Palermo/C-Mérida	Arts. 23.º e 151.º da Lei 144/99	**Espanhol**, Inglês
PAPUÁSIA-NOVA GUINÉ	C-Mérida	Arts. 23.º e 151.º da Lei 144/99	Inglês
PAQUISTÃO	C-Viena/C-Palermo/C-Mérida	Arts. 23.º e 151.º da Lei 144/99	Urdu, Inglês
PARAGUAI	C-Viena/C-Palermo/C-Mérida	Arts. 23.º e 151.º da Lei 144/99	Espanhol
PERU	C-Viena/C-Palermo/C-Mérida	Arts. 23.º e 151.º da Lei 144/99	Espanhol

ANEXO

ESTADOS	QUADRO JURÍDICO	FORMA	TRADUÇÃO
POLÓNIA	CEAJM/P1/CAAS/C 2000/P 2001 DEI	Arts. 23.º e 151.º da Lei 144/99 Arts. 11.º a 13.º da Lei n.º 88/2017	**Polaco**, Francês, Inglês
QATAR (CATAR)	C-Viena/C-Palermo/C-Mérida	Arts. 23.º e 151.º da Lei 144/99	**Árabe**, *Inglês
QUÉNIA	C-Viena/C-Palermo/C-Mérida	Arts. 23.º e 151.º da Lei 144/99	Inglês, Suáili
QUIRIBATI	C-Palermo	Arts. 23.º e 151.º da Lei 144/99	Inglês
QUIRZIQUISTÃO	C-Viena/C-Palermo/C-Mérida	Arts. 23.º e 151.º da Lei 144/99	Quirguiz, Russo
REINO UNIDO	CEAJM/P1/CAAS/C 2000/P 2001 DEI	Arts. 23.º e 151.º da Lei 144/99 Arts. 11.º a 13.º da Lei n.º 88/2017	Inglês
REPÚBLICA CENTRO-AFRICANA	C-Viena/C-Palermo/C-Mérida	Arts. 23.º e 151.º da Lei 144/99	**Francês**, Sangho
REPÚBLICA CHECA	CEAJM/P1/CAAS/C 2000/P 2001 DEI	Arts. 23.º e 151.º da Lei 144/99 Arts. 11.º a 13.º da Lei n.º 88/2017	Checo
REPÚBLICA DOMINICANA	C-Viena/C-Palermo/C-Mérida	Arts. 23.º e 151.º da Lei 144/99	Espanhol
ROMÉNIA	CEAJM/P1/CAAS/C 2000/P 2001 DEI	Arts. 23.º e 151.º da Lei 144/99 Arts. 11.º a 13.º da Lei n.º 88/2017	**Romeno**, Francês, Inglês
RUANDA	C-Viena/C-Mérida	Arts. 23.º e 151.º da Lei 144/99	**Kinyarwanda**, Francês, Inglês
RÚSSIA	CEAJM/ P1/C Branq	Arts. 23.º e 151.º da Lei 144/99	**Russo**, Francês, Inglês
SAMOA	C-Viena	Arts. 23.º e 151.º da Lei 144/99	**Samoano**, *Inglês
SANTA LÚCIA	C-Viena	Arts. 23.º e 151.º da Lei 144/99	Inglês
SÃO CRISTÓVÃO E NEVIS	C-Viena/C-Palermo	Arts. 23.º e 151.º da Lei 144/99	Inglês
SÃO MARINO	CEAJM/C Branq/C Fin-Terr	Arts. 23.º e 151.º da Lei 144/99	Italiano

MANUAL DE COOPERAÇÃO JUDICIÁRIA INTERNACIONAL EM MATÉRIA PENAL

ESTADOS	QUADRO JURÍDICO	FORMA	TRADUÇÃO
SÃO TOMÉ e PRÍNCIPE	Bilateral *NB: CPLP/AJM*	Art. 12.º do Acordo Bilateral/Arts. 23.º e 151.º da Lei 144/99	Não
SÃO VICENTE E GRANADINAS	C-Viena/C-Palermo	Arts. 23.º e 151.º da Lei 144/99	Inglês
SENEGAL	C-Viena/C-Palermo/C-Mérida	Arts. 23.º e 151.º da Lei 144/99	Francês
SERRA LEOA	C-Viena/C-Mérida	Arts. 23.º e 151.º da Lei 144/99	Inglês
SÉRVIA	CEAJM/ P1/P2/C Branq/ Cibercrime/C Fin-Terr	Arts. 23.º e 151.º da Lei 144/99	**Sérvio**, Inglês
SEICHELES	C-Viena/C-Palermo/C-Mérida	Arts. 23.º e 151.º da Lei 144/99	Inglês
SINGAPURA	C-Viena/C-Palermo/C-Mérida	Arts. 23.º e 151.º da Lei 144/99	Inglês
SÍRIA	C-Viena/C-Palermo	Arts. 23.º e 151.º da Lei 144/99	Árabe
SRI LANCA	C-Viena/C-Palermo/C-Mérida	Arts. 23.º e 151.º da Lei 144/99	Cingalês, Tâmil, *Inglês
SUAZILÂNDIA	C-Viena	Arts. 23.º e 151.º da Lei 144/99	Inglês, Suázi
SUDÃO	C-Viena/C-Palermo	Arts. 23.º e 151.º da Lei 144/99	**Árabe**, Inglês
SUÉCIA	CEAJM/P1/CAAS/C 2000/P 2001 DEI	Arts. 23.º e 151.º da Lei 144/99 Arts. 11.º a 13.º da Lei n.º 88/2017	**Sueco**, Norueguês, Dinamarquês, Inglês
SUÍÇA	CEAJM/P1/P2/CAAS /Ac. UE – Suiça (SCH)/Ac. CE – Suiça (Fraude)/C Branq	Arts. 23.º e 151.º da Lei 144/99	Alemão, Francês, Italiano
SURINAME	C-Viena/C-Palermo	Arts. 23.º e 151.º da Lei 144/99	Neerlandês, *Inglês
TAILÂNDIA	C-Viena/C-Mérida	Arts. 23.º e 151.º da Lei 144/99	**Tailandês**, *Inglês
TAIAQUISTÃO	C-Viena/C-Palermo/C-Mérida	Arts. 23.º e 151.º da Lei 144/99	Tajique, *Russo
TANZÂNIA	C-Viena/C-Palermo/C-Mérida	Arts. 23.º e 151.º da Lei 144/99	Suaíli, Inglês
TIMOR LESTE	C-Palermo/C-Mérida *NB: CPLP/AJM*	Arts. 23.º e 151.º da Lei 144/99	Não

ANEXO

ESTADOS	QUADRO JURÍDICO	FORMA	TRADUÇÃO
TOGO	C-Viena/C-Palermo/C-Mérida	Arts. 23.º e 151.º da Lei 144/99	Francês
TONGA	C-Viena	Arts. 23.º e 151.º da Lei 144/99	Tonganês, Inglês
TRINDADE E TOBAGO	C-Viena/C-Palermo/C-Mérida	Arts. 23.º e 151.º da Lei 144/99	Inglês
TUNÍSIA	Bilateral	Arts. 23.º e 151.º da Lei 144/99	Francês
TURQUIA	CEAJM/P1/C Branq	Arts. 23.º e 151.º da Lei 144/99	**Turco**, Francês, Inglês
TURQUEMENISTÃO	C-Viena/C-Palermo/C-Mérida	Arts. 23.º e 151.º da Lei 144/99	Turcomeno
UCRÂNIA	CEAJM/P1/C Branq/ Cibercrime/C Fin-Terr	Arts. 23.º e 151.º da Lei 144/99	**Ucraniano**, Russo, Inglês, Francês
UGANDA	C-Viena/C-Palermo/C-Mérida	Arts. 23.º e 151.º da Lei 144/99	Inglês
UNIÃO DAS COMORES	C-Viena/C-Palermo	Arts. 23.º e 151.º da Lei 144/99	Árabe, Francês
URUGUAI	C-Viena/C-Palermo/C-Mérida	Arts. 23.º e 151.º da Lei 144/99	**Espanhol,** Inglês
USBEQUISTÃO	C-Viena/C-Palermo/C-Mérida	Arts. 23.º e 151.º da Lei 144/99	Russo
VANUATU	C-Viena/C-Palermo/C-Mérida	Arts. 23.º e 151.º da Lei 144/99	Bislama, Inglês, Francês
VENEZUELA	C-Viena/C-Palermo/C-Mérida	Arts. 23.º e 151.º da Lei 144/99	Espanhol
VIETNAME	C-Viena/C-Mérida	Arts. 23.º e 151.º da Lei 144/99	Inglês
ZÂMBIA	C-Viena/C-Palermo/C-Mérida	Arts. 23.º e 151.º da Lei 144/99	Inglês
ZIMBABUÉ	C-Viena/C-Palermo/C-Mérida	Arts. 23.º e 151.º da Lei 144/99	Inglês

UNODC:

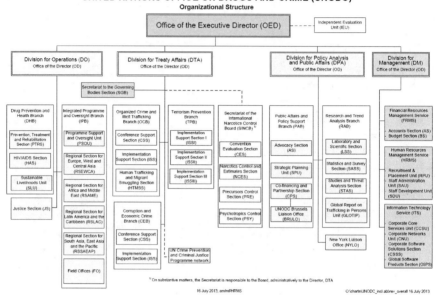

ANEXO

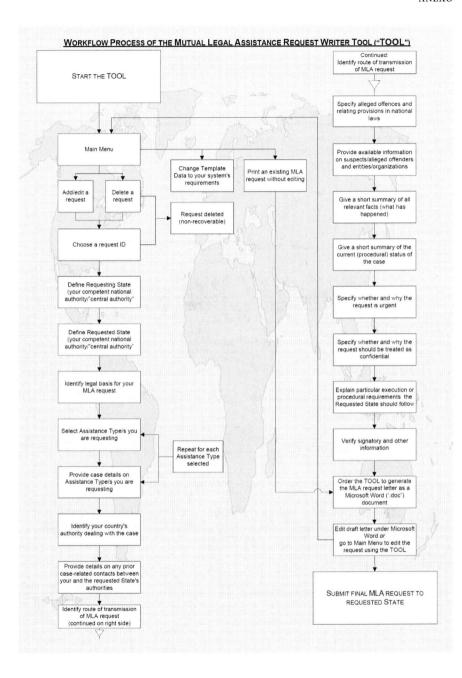

MANUAL DE COOPERAÇÃO JUDICIÁRIA INTERNACIONAL EM MATÉRIA PENAL

Strasbourg, 24/04/2015
[PC-OC/DOCS2015/PC-OC(2015)03]
http://www.coe.int/tcj

PC-OC(2015)03

EUROPEAN COMMITTEE ON CRIME PROBLEMS
(CDPC)

COMMITTEE OF EXPERTS
ON THE OPERATION OF EUROPEAN CONVENTIONS
ON CO-OPERATION IN CRIMINAL MATTERS
(PC-OC)

MUTUAL LEGAL ASSISTANCE IN THE TREATIES OF THE COUNCIL OF EUROPE
NOTE FOR PRACTITIONERS

> This note, produced by the Secretariat of the PC-OC, gives an overview of all the Council of Europe treaties that include provisions relating to international co-operation as regards mutual legal assistance.
>
> The first part of this note contains a list of relevant treaties (in ascending chronological order), links to these treaties, references to the provisions on mutual legal assistance and, where appropriate, links to the sites of the monitoring body or the Council of Europe organ working in this field.
>
> The second part presents the texts of the relevant provisions contained in the treaties concerned.
>
> This note is specifically addressed to practitioners in the field of international legal co-operation who wish to have access to all the relevant legal standards on mutual legal assistance developed by the Council of Europe.

ANEXO

Strasbourg, 24/04/2015
[PC-OC/DOCS2015/PC-OC(2015)04]
http://www.coe.int/tcj

PC-OC(2015)04

**EUROPEAN COMMITTEE ON CRIME PROBLEMS
(CDPC)**

**COMMITTEE OF EXPERTS
ON THE OPERATION OF EUROPEAN CONVENTIONS
ON CO-OPERATION IN CRIMINAL MATTERS
(PC-OC)**

**EXTRADITION IN THE TREATIES OF THE COUNCIL OF EUROPE
NOTE FOR PRACTITIONERS**

This note, produced by the Secretariat of the PC-OC, gives an overview of all the Council of Europe treaties that include provisions relating to international co-operation as regards extradition.

The first part of this note contains a list of relevant treaties, links to these treaties, references to the provisions on extradition and, where appropriate, links to the sites of the monitoring body or the Council of Europe organ working in this field.

The second part presents the texts of the relevant provisions contained in the treaties concerned.

This note is specifically addressed to practitioners in the field of international legal co-operation who wish to have access to all the relevant legal standards on extradition developed by the Council of Europe.

MANUAL DE COOPERAÇÃO JUDICIÁRIA INTERNACIONAL EM MATÉRIA PENAL

Guia Breve de comunicação com o Gabinete Português na EUROJUST

I – Âmbito, objectivos e funções da Eurojust:

- Incentivar e melhorar a cooperação e coordenação entre as autoridades competentes dos Estados-Membros, das investigações e procedimentos penais pendentes nesses Estados;
- Facilitar a execução de pedidos de cooperação judiciária em matéria penal, bem como de decisões nesta matéria fundadas no princípio do reconhecimento mútuo; e
- Apoiar as autoridades tendo em vista o reforço da eficácia das suas investigações e procedimentos penais.

II - Áreas de intervenção da Eurojust:

- Troca de informações que potenciem a cooperação entre as Autoridades Nacionais:
- Agilização dos pedidos de Auxílio Judiciário e de decisões fundadas no princípio do reconhecimento mútuo (MDE, DEI, apreensão e perda de bens);
- Preparação, acompanhamento e apoio à execução de pedidos de auxílio judiciário e de decisões fundadas no princípio do reconhecimento mútuo – apoio à execução coordenada, quando seja pertinente;
- Transmissão de pedidos de Auxílio Judiciário e de decisões fundadas no princípio do reconhecimento mútuo, quando se refiram a tipos de criminalidade que cabem nas competências da Eurojust;
- Acompanhamento e auxílio durante todo o ciclo de funcionamento de equipas de investigação conjuntas, incluindo as fases prévias de negociação e elaboração do acordo.

Enquadramento normativo
- Artigos 3.º, 4.º e 5.º da Decisão 2009/426/JAI, do Conselho (Decisão Eurojust) e artigos 5.º a 11.º da Lei n.º 36/2003, de 22 de agosto, alterada pela Lei n.º 20/2014, de 15 de abril (Eurojust).
- Considerando (7) e artigo 13.º n.º 5 da Diretiva 2014/41/EU do Parlamento e do Conselho, de 3 de abril de 2014 (DEI) e artigos 12.º, 13.º, 18.º 19.º, 21.º da Lei n.º 88/2017, de 21 de agosto.
- Artigos 16.º e 17.º da Decisão-Quadro 2002/584/JAI do Conselho, de 13 de junho de 2002 (MDE)

Circulares do Ministério Público
- Circular n.º 15/04
- Circular n.º 7/2006

III - Formas de comunicação com a Eurojust:

O Gabinete Português da Eurojust desenvolve a sua actividade com o propósito de facilitar a cooperação judiciária em matéria penal entre as autoridades judiciárias dos Estados-Membros da União Europeia, Noruega e Suíça e de outros Estados terceiros com quem tem estabelecido acordos de cooperação nessa área.

O relacionamento das autoridades nacionais com os membros do Gabinete assenta na simplificação e informalidade dos processos com vista a garantir uma comunicação fluída que permita alcançar mais facilmente os objectivos prosseguidos pela cooperação judiciária.

Assim:

- O estabelecimento de contactos iniciais deve privilegiar a utilização de meios de comunicação informais e expeditos (correio eletrónico ou fax);
- A comunicação com os elementos do Gabinete de Portugal na Eurojust deve ser feita, prioritariamente, através dos contactos indicados a seguir, únicos permanentemente acessíveis;
- Apenas para **situações de urgência**, 24 horas por dia, 7 dias por semana, está disponível uma linha telefónica gratuita para comunicação com o Gabinete de Portugal na Eurojust (**On Call Coordination - OCC**).

COMO CONTACTAR COM O GABINETE PORTUGUÊS NA EUROJUST

Privilegiar o uso de correio eletrónico ou telefone.

Na comunicação por e-mail deve sempre ser usado o endereço do Gabinete (CollegePT@eurojust.europa.eu) independentemente da inserção do endereço do membro do gabinete a quem o caso tiver sido distribuído ou com quem tenham ocorrido os primeiros contactos para que, na sua falta ou impedimento, possa sempre ser dada resposta à solicitação por qualquer dos seus outros membros.

No caso de comunicação relativa ao dossiê já aberto no Gabinete, indicar sempre a respectiva referência (ex.: Case ID XXX) em Assunto da mensagem, para mais rápida localização.

Contactos do Gabinete:
Telefone: +31704125232 Fax: +31704125231
Casos de urgência (OCC - 0080038765878)

ANEXO

IV - Informação enviar à Eurojust quando um pedido de apoio é formulado?

1. **Pedidos de <u>acompanhamento</u> da execução de decisões europeias de investigação e de cartas rogatórias (para a Dinamarca e Irlanda) a expedir:**
   Quando a intervenção da Eurojust se destinar a acompanhar a execução de uma DEI ou de uma CR desde que é expedida, deve ser-nos enviada, por e-mail ou fax, **cópia integral** do expediente enviado ao Estado de execução, sendo que a cópia da DEI ou da carta rogatória deve **incluir a assinatura** da autoridade que a emite.

   Desta forma, a versão digital do pedido pode ser imediatamente remetida por nós ao gabinete do Estado de execução na Eurojust, permitindo assim um início de execução mais rápido.
2. **Pedidos de <u>aceleração</u> da execução de decisões europeias de investigação e de cartas rogatórias pendentes:**
   Nos casos em que se pretenda a intervenção da Eurojust junto de autoridades estrangeiras para desbloquear ou acelerar a execução de decisões ou de pedidos atrasados, deve ser-nos enviada, juntamente com a mensagem de correio eletrónico ou fax a solicitar o nosso apoio, uma **cópia da DEI ou da CR** em português e na língua do Estado de execução, bem como do **ofício de remessa**.
   Deve ser-nos enviada, igualmente, **cópia da correspondência** que possa ter sido trocada com o Estado de execução ou com a Autoridade Central portuguesa.
3. **Pedidos de coordenação:**
   Quando o pedido se destine a desencadear o procedimento com vista à organização de uma reunião de coordenação, é suficiente o envio de mensagem com uma **breve descrição** do objeto do processo, das diligências em curso (se for o caso) e dos objetivos que se pretendem alcançar através da reunião de coordenação.
   Toda a informação que se possua sobre a investigação e o processo pendente no outro Estado Membro deve ser igualmente fornecida.

> **INFORMAÇÃO A ENVIAR AO GABINETE**
>
> DEI e CR - acompanhamento e pedido de aceleração: cópia integral assinada (nos idiomas usados); cópia do ofício de remessa à autoridade estrangeira
>
> Reunião de coordenação: breve descrição do objecto do processo, diligências em curso, objectivo visado bem como toda a informação sobre a investigação pendente no(s) outro(s) Estados(s)-Membro(s).

V - Comunicações:

A. **Informação a prestar ao Membro Nacional na Eurojust (art. 9º-A da Lei nº 36/2003, de 22.08, na redacção da Lei nº 20/2014, de 15.04):**

   1. **Casos relativos a tipos de crime que se inscrevam na esfera de competência da Eurojust.**
   2. **Artigo 13º da Decisão Eurojust:**
      2.1.*"Situações que envolvam diretamente pelo menos três Estados Membros e em relação aos quais tenham sido transmitidos no mínimo a dois Estados Membros pedidos de cooperação judiciária (...)"* (n.º 6) que estejam em causa as seguintes áreas de criminalidade:
      i) Tráfico de seres humanos,
      ii) Exploração sexual de crianças e pedopornografia,
      iii) Tráfico de droga,
      iv) Tráfico de armas de fogo, das suas partes e componentes e de munições,
      v) Corrupção,
      vi) Fraude lesiva dos interesses financeiros das Comunidades Europeias,
      vii) Contrafação do euro,
      viii) Branqueamento de capitais,
      ix) Ataques contra os sistemas informáticos;
      2.2. ou
      Haja indícios concretos do envolvimento de uma organização criminosa;
      2.3. ou
      Haja indícios de que o processo pode ter uma grave dimensão transfronteiras ou repercussões a nível da União Europeia ou de que pode afetar outros Estados-Membros além dos diretamente envolvidos.
      2.4. Criação de equipas de investigação conjuntas (n.º 5 e Circular 1/2012)

MANUAL DE COOPERAÇÃO JUDICIÁRIA INTERNACIONAL EM MATÉRIA PENAL

4 – Sempre que no caso em apreço tenham surgido ou possam vir a surgir (n.º 7):

    4.1. Conflitos de jurisdição;

    4.2. Entregas controladas que envolvam pelo três Estados, sendo dois deles Estados Membros;

    4.3. Repetidas dificuldades na execução de pedidos de cooperação.

<u>O formulário para envio da informação do artigo 13º da Decisão Eurojust referido no artigo 9.º-A da Lei nº 36/2003 está disponível no SIMP temático EUROJUST.</u>

B. Mandado de Detenção Europeu:

1. Envio de Mandado de Detenção Europeu (Circular 15/2004)
2. Situações de incumprimento dos prazos de execução do MDE (art. 26.º, n.° 5, da Lei n.º 65/2003, de 23.08).

(Em caso de MDE concorrentes, o Magistrado do MºPº no Tribunal da Relação competente para a execução ponderará a solicitação do parecer a que se refere o n.º 2 do artigo 23.º da Lei n.º 65/2003, de 23.08)

COMUNICAÇÕES OBRIGATÓRIAS À EUROJUST

(Circulares n.ᵒˢ 4/2004, 15/2004 e 1/2012)

a) Casos relativos a tipos de crime que se inscrevam na esfera de competência da Eurojust (9º-A da Lei nº 36/2003);
b) Informação nos termos do artigo 13º da Decisão Eurojust;
c) Criação de EIC;
d) Sempre que existam ou possam vir a existir:
    1. Conflitos de jurisdição;
    2. Entregas controladas; e
    3. Repetidas dificuldades de execução de pedidos de cooperação.
e) MDE
    1. Envio;
    2. Incumprimento dos prazos.

ANEXO

EUROJUST
Johan de Wittlaan 9
2517 JR The Hague
THE NETHERLANDS

I - Áreas de intervenção da Eurojust:

- Troca de informações que potenciem a cooperação entre as Autoridades Nacionais;
- Agilização dos pedidos de Auxílio Judiciário e de execução dos Mandados de Detenção Europeus;
- Preparação, acompanhamento e apoio à execução de pedidos de auxílio judiciário – apoio à execução coordenada, quando seja pertinente;
- Transmissão de pedidos de Auxílio Judiciário (incluindo os que aplicam o princípio do reconhecimento mútuo), quando se refiram a tipos de criminalidade que cabem nas competências da Eurojust;
- Acompanhamento e auxílio durante todo o ciclo de funcionamento de equipas de investigação conjuntas, incluindo as fases prévias de negociação e elaboração do acordo.

II - Formas de comunicação com a Eurojust:

- O estabelecimento de contactos iniciais deve privilegiar a utilização de meios de comunicação informais e expeditos (correio eletrónico ou fax);
- A comunicação com os elementos do Gabinete de Portugal na Eurojust deve ser feita, prioritariamente, através dos contactos indicados em baixo, uma vez que são os únicos permanentemente acessíveis;
- Existe uma linha telefónica gratuita para comunicação com os elementos do Gabinete de Portugal na Eurojust (ver anexo **OCC**) que pode ser utilizada em **situações de urgência**, 24 horas por dia, 7 dias por semana;

III - Que informação enviar à Eurojust quando um pedido de apoio é formulado?

Pedidos de <u>acompanhamento</u> da execução de cartas rogatórias/DEI a expedir:

Quando a intervenção da Eurojust se destinar a acompanhar a execução de uma CR/DEI desde o momento em que é expedida, deve ser-nos enviada, por mail ou fax, **cópia integral** do expediente enviado ao Estado de execução, sendo que a cópia da carta rogatória deve **incluir a assinatura** da autoridade que a emite.

Desta forma, a versão digital do pedido pode ser imediatamente remetida por nós ao gabinete do Estado de execução na Eurojust, permitindo assim um início de execução mais rápido.

EUROJUST
Johan de Wittlaan 9
2517 JR The Hague
THE NETHERLANDS

Pedidos de aceleração da execução de cartas rogatórias/DEI pendentes:

Nos casos em que se pretenda a intervenção da Eurojust junto de autoridades estrangeiras para desbloquear ou acelerar a execução de pedidos atrasados, deve ser-nos enviada, juntamente com a mensagem de correio eletrónico ou fax a solicitar o nosso apoio, uma **cópia da CR**/DEI em português e na língua do Estado de execução, bem como do **ofício de remessa**.

Deve ser-nos enviada, igualmente, **cópia da correspondência** que possa ter sido trocada com o Estado de execução ou com a Autoridade Central portuguesa e Rede Judiciária Europeia.

Pedidos de coordenação:

Quando o pedido se destine a desencadear o procedimento com vista à organização de uma reunião de coordenação, é suficiente o envio de mensagem com uma **breve descrição** do objeto do processo, das diligências em curso (se for o caso) e dos objetivos que se pretendem alcançar através da reunião de coordenação.

Toda a informação que se possua sobre a investigação e o processo pendente no outro Estado Membro deve ser igualmente fornecida.

Intervenção da Eurojust na DEI:

Diretiva 2014/41/UE
Considerando 13
Art.º 7.º, n.º 5

Lei n.º 88/2017, de 21 de agosto
- Art.º 12.º, n.º 3 - MN autoridade de emissão
- Art.º 13.º, n.º 5 – Auxílio à autoridade judiciária de emissão na identificação da autoridade competente para a execução
- Art.º 13.º, n.º 6 – dever de informação ao MN por parte da autoridade de emissão quando estiverem envolvidos mais de dois EM
- Art.º 18.º, n.º 4 – MN para execução coordenada
- Art.º 19.º, n.º 10 – MN como autoridade de execução da DEI
- Art.º 21.º, n.º 6 – Auxílio às autoridades de emissão e de execução no caso de substituição da medida

+
- Papel de aconselhamento (art.º 16.º, n.º 2 da DQ do MDE)

ANEXO

EUROJUST
Johan de Wittlaan 9
2517 JR The Hague
THE NETHERLANDS

- Papel de suporte às autoridades nacionais (art.º 10.º, n.º 2 do Protocolo adicional de 2001)
- Papel de monitorização (art.º 17.º, n.º 7 da DQ MDE)

O auxílio que o Membro Nacional da Eurojust e o seu Gabinete podem prestar às autoridades judiciárias nacionais pode iniciar-se antes da emissão da DEI e pode situar-se num momento em que se pondera ainda a sua viabilidade, a sua adequação às necessidades do processo, em que se faz uma avaliação comparada com outras formas de cooperação, designadamente com o estabelecimento de uma equipa de investigação conjunta ou em que se sente a necessidade de aconselhamento sobre a exequibilidade da medida no ordenamento estrangeiro que se pretende envolver.

Um envolvimento precoce do gabinete nacional na Eurojust permitirá, igualmente, às autoridades nacionais, beneficiarem, se assim o entenderem, da experiência que a Eurojust vem acumulando nesta matéria, a nível Europeu, com uma casuística diversa e significativa.

Para além dos prazos acima referidos, a Diretiva fixa um prazo de 24 horas para a autoridade de execução decidir e comunicar tal decisão quando estejam em causa medidas provisórias nos termos do art.º 32.º (art.º 44.º da lei nacional) destinadas a "impedir provisoriamente a destruição, transformação, deslocação, transferência ou alienação de um elemento que possa servir de prova".

Nesta sede, a Eurojust pode desempenhar um papel importante no apoio às autoridades nacionais envolvidas, cumprindo os objetivos que lhe são traçados no sentido de contribuir para a melhoria "da cooperação entre as autoridades competentes dos Estados-Membros, facilitando, em particular, a execução de pedidos de cooperação judiciária e de decisões nesta matéria, nomeadamente no que se refere aos instrumentos que aplicam o princípio do reconhecimento mútuo".

Assim, podem destacar-se nesta possível intervenção:

- A execução de algumas destas medidas é feita depender da existência de acordo entre as autoridades envolvidas, para cujo estabelecimento a Eurojust pode contribuir com eficácia;
- Torna exigível uma indagação do direito penal ou processual penal estrangeiro.

Estas circunstâncias, entre outras que se relacionam com as necessidades que estiveram na origem da sua instituição, tornam exigível uma cooperação reforçada entre as autoridades judiciárias envolvidas, a qual pode ser facilitada pela mediação de um organismo especializado no estabelecimento de canais de comunicação privilegiados (mediante os Gabinetes dos EM na Eurojust) e dedicado a aproximar as autoridades judiciárias para, assim, garantir e optimizar

EUROJUST
Johan de Wittlaan 9
2517 JR The Hague
THE NETHERLANDS

a cooperação necessária e, assim, se lograr atingir com eficácia e de forma processualmente válida os fins do processo.

IV - Comunicações à Eurojust:

A. Informações gerais

A Lei nº 36/2003, de 22.08, na redação introduzida pela Lei nº 20/2014, de 15.04, estabelece, no seu artigo 9-A, as informações que devem ser prestadas ao Membro Nacional, a saber:

1. **Casos relativos a tipos de crime que se inscrevam na esfera de competência da Eurojust** (ver, em baixo, Ponto V).

2. **Informação nos termos do artigo 13º da Decisão Eurojust**

    2.1. "*Situações que envolvam diretamente pelo menos três Estados Membros e em relação aos quais tenham sido transmitidos no mínimo a dois Estados Membros pedidos de cooperação judiciária (...)*", quando (Art. 13, N.º 6, da Decisão Eurojust)

    Estejam em causa as seguintes áreas de criminalidade:
    i) Tráfico de seres humanos,
    ii) Exploração sexual de crianças e pedopornografia,
    iii) Tráfico de droga,
    iv) Tráfico de armas de fogo, das suas partes e componentes e de munições,
    v) Corrupção,
    vi) Fraude lesiva dos interesses financeiros das Comunidades Europeias,
    vii) Contrafação do euro,
    viii) Branqueamento de capitais,
    ix) Ataques contra os sistemas informáticos;
    2.2. ou
    Haja indícios concretos do envolvimento de uma organização criminosa;
    2.3. ou
    Haja indícios de que o processo pode ter uma grave dimensão transfronteiras ou repercussões a nível da União Europeia ou de que pode afetar outros Estados-Membros além dos diretamente envolvidos.

    3 – Criação de equipas de investigação conjuntas (Artº 13º, n.º 5 da Decisão Eurojust)

    Sempre que os senhores magistrados entendam ser justificada a criação de uma equipa de investigação conjunta, envolvendo o Ministério Público e as autoridades de um ou mais Estados Membros da União Europeia, **deverão solicitar o apoio do Membro nacional da Eurojust***, seja para intermediação dos*

ANEXO

EUROJUST
Johan de Wittlaan 9
2517 JR The Hague
THE NETHERLANDS

---

contactos com as autoridades estrangeiras, seja para a elaboração do plano operacional e do acordo de constituição, ou ainda para eventual recurso a mecanismos de financiamento comunitários. **Circ. PGR 1/2012**

4 – Sempre que no caso em apreço tenham surgido ou possam vir a surgir (Art. 13, N.º 7, da Decisão Eurojust):

4.1. Conflitos de jurisdição;

De acordo com a alínea a) do n.º 7 do artigo 13.º da Decisão Eurojust, e com a alínea a) do nº 5 do artigo 9º-A da Lei nº 36/2003, a **Eurojust deve ser informada** dos casos em que tenham surgido ou possam surgir conflitos de competência.
Por outro lado, no considerando (14) da Decisão-Quadro 2009/948/JAI do Conselho, de 30 de novembro de 2009, relativa à prevenção e resolução de conflitos de exercício de competência em processo penal, pode ler-se o seguinte:
"Dado que a Eurojust é a instância particularmente adequada para resolver conflitos de competência, deverá ser prática corrente submeter os casos à Eurojust, sempre que não tenha sido possível alcançar um consenso."
E no artigo 12º n.º 2, esta Decisão estabelece-se que *"Caso não tenha sido possível chegar a um consenso em conformidade com o artigo 10.º, o caso é submetido, se necessário, à Eurojust por qualquer das autoridades competentes dos Estados-Membros em causa, desde que a Eurojust tenha competência para o efeito nos termos do n.º 1 do artigo 4.º da Decisão Eurojust."* (Ver Ponto V)

4.2. Entregas controladas que envolvam pelo três Estados, sendo dois deles Estados Membros;

4.3. Repetidas dificuldades na execução de pedidos de cooperação.

O formulário para envio da informação do artigo 13º da Decisão Eurojust referido no art.º 9.º-A da Lei nº 36/2003 está disponível no SIMP.

B. Mandado de Detenção Europeu:

A Circular nº 15/2004, de 18-11-2004, determina que a "comunicação do envio de mandados de detenção europeu, referida no ponto n.º 7 da Circular n.º 4/2004, de 18 de março, será igualmente dirigida ao Membro Nacional da Eurojust, com cópia do mandado em suporte eletrónico ou papel".

MºPº na Relação:
Para além disso, em caso de MDEs concorrentes, o Magistrado do MºPº no Tribunal da Relação competente para a execução deverá ponderar a solicitação do parecer a que se refere o n.°2 do artigo 23º da Lei nº 65/2003, de 23.08 (Lei do MDE);

EUROJUST
Johan de Wittlaan 9
2517 JR The Hague
THE NETHERLANDS

Deverão ser comunicadas ao Membro Nacional da Eurojust as situações de incumprimento dos prazos de execução do MDE, nos termos do disposto no artigo 26.º, n.º5 da Lei n.º 65/2003, de 23.08.

V - Área de competência da Eurojust (tipos de crime ou de criminalidade, de acordo com a terminologia adotada pelo Regulamento 2016/794 que cria a Agência da União Europeia para a Cooperação Policial - Europol)**:**

A Eurojust é **competente para atuar** em situações que envolvam os seguintes tipos de criminalidade:

- terrorismo;
- crime organizado;
- tráfico de estupefacientes;
- branqueamento de capitais;
- crimes associados a material nuclear e radioativo;
- introdução clandestina de imigrantes;
- tráfico de seres humanos;
- tráfico de veículos roubados;
- homicídio voluntário e ofensas corporais graves;
- tráfico de órgãos e tecidos humanos;
- rapto, sequestro e tomada de reféns;
- racismo e xenofobia;
- roubo e furto qualificado;
- tráfico de bens culturais, incluindo antiguidades e obras de arte;
- burla e fraude;
- crimes contra os interesses financeiros da União Europeia;
- abuso de informação privilegiada e manipulação do mercado financeiro;
- extorsão de proteção e extorsão;
- contrafação e piratagem de produtos;
- falsificação de documentos administrativos e respetivo tráfico;
- falsificação de moeda e de meios de pagamento;
- criminalidade informática;
- corrupção;
- tráfico de armas, munições e explosivos;
- tráfico de espécies animais ameaçadas;
- tráfico de espécies e variedades vegetais ameaçadas;
- crimes contra o ambiente, incluindo a poluição por navios;
- tráfico de substâncias hormonais e outros estimuladores de crescimento;
- abuso e exploração sexual, incluindo material relacionado com o abuso sexual de crianças e aliciamento de crianças para fins sexuais;
- genocídio, crimes contra a humanidade e crimes de guerra.

Em relação a **outros tipos de infrações** que não os acima referidos, a Eurojust pode, a título complementar, segundo os seus **objetivos** e a pedido de uma autoridade judiciária competente, prestar assistência quer durante a fase de inquérito, quer durante as fases posteriores de instrução e de julgamento.

Tel.: +31 70 412 5232- Fax: +31 70 412 5231
Email: collegePT@eurojust.europa.eu

ANEXO

EUROJUST
Johan de Wittlaan 9
2517 JR The Hague
THE NETHERLANDS

Pontos de contacto em países terceiros

- Albânia
- Arábia Saudita
- Argélia
- Argentina
- Autoridade Palestiniana
- Bolívia
- Bósnia Herzegovina
- Brasil
- Cabo Verde
- Canadá
- Cazaquistão
- Chile
- Colômbia
- Coreia do Sul
- Egito
- FYROM
- Geórgia
- Índia
- Iraque

- Islândia
- Israel
- Japão
- Jordânia
- Líbano
- Liechtenstein
- Moldávia
- Mongólia
- Montenegro
- Perú
- Rússia
- Sérvia
- Singapura
- Tailândia
- Taiwan
- Tunísia
- Turquia
- Ucrânia

Magistrados de Ligação em permanência na Eurojust

- Noruega

- Suíça

Magistrado de Ligação na Eurojust, não permanente

- E.U.A

Tel.: +31 70 412 5232- Fax: +31 70 412 5231
Email: collegePT@eurojust.europa.eu

465

MANUAL DE COOPERAÇÃO JUDICIÁRIA INTERNACIONAL EM MATÉRIA PENAL

Documento da Task Force Conjunta

Assistência na Cooperação internacional em Matéria Penal para Profissionais

Rede Judiciária Europeia (EJN) e Eurojust

O que podemos fazer por si?

6 de Maio 2014

ANEXO

Introdução

Este documento é o resultado de um esforço comum da (JTF) Task Force Conjunta constituída por RJE-Eurojust. Destina-se a ajudar os profissionais a decidir se os casos devem ser tratados pela RJE ou pela Eurojust. O documento também garante que a RJE e a Eurojust irão lidar com casos que caem dentro das competências para que estão mandatados, usando assim o tempo e os recursos com eficiência e eficácia e evitando a duplicação de trabalho.

O documento informa os profissionais judiciários dos Estados-Membros acerca dos serviços e assistência na cooperação internacional em matéria penal que podem ser fornecidos pela RJE e pela Eurojust. Abrange também a utilização do sistema Nacional de Coordenação do Eurojust (SNCE).

Não se destina a substituir quaisquer disposições nacionais ou orientações sobre articulação de casos entre a Eurojust e a RJE.

I   O que é a Rede Judiciária Europeia?

A RJE é uma rede de Pontos de Contacto nacionais para facilitação da cooperação judiciária em matéria penal.

Os Pontos de Contacto Nacionais são procuradores de serviço, juízes de instrução ou outras pessoas que lidam quase exclusivamente com assuntos relacionados com a cooperação internacional. Os pontos de Contacto Nacionais são designados por cada Estado-Membro a partir de autoridades centrais ou outras que levam a cabo cooperação judiciária internacional, tanto em geral como para determinadas formas graves de criminalidade, tais como o crime organizado, corrupção, tráfico de droga e terrorismo. A RJE é composta por mais de 300 Pontos de Contacto nacionais através dos 28 Estados-Membros. De entre os Pontos de Contacto, cada Estado-Membro designa um Correspondente Nacional da RJE. É também designado por cada Estado-Membro um Correspondente Operacional para lidar com os assuntos relacionados com as ferramentas eletrónicas da RJE.

O Secretariado da RJE, localizado em Haia, é o órgão administrativo da RJE. Para assegurar a estreita interação entre a Eurojust e a RJE, o Secretariado faz parte do pessoal da Eurojust, mas funciona como uma unidade separada. O Secretariado da RJE é responsável, entre outras coisas, por fornecer suporte para os Pontos de Contacto nacionais no cumprimento das suas tarefas, por configurar, manter e melhorar o web-site da RJE e as suas e-ferramentas operativas e pela administração global da RJE.

Informações mais detalhadas sobre o Secretariado da RJE podem encontrar-se em http://www.ejn-crimjust.europa.eu/ejn/EJN_Secretariat.aspx ou contactando o Secretariado da RJE pelo email ejn@eurojust.europa.eu.

O que a RJE pode fazer por si?

Se necessitar de assistência da RJE, deve contactar os Pontos de Contacto no seu país ou um Ponto de Contacto no país envolvido no caso. Informações mais detalhadas sobre os Pontos de Contacto podem ser encontradas numa área restrita do web-site da RJE-http://www.ejn-crimjust.europa.eu/ejn/ O acesso pode ser obtido através das autoridades nacionais do seu país.

A RJE deverá ser usada nas seguintes situações:

- ***Para identificar as autoridades competentes no exterior de modo a permitir a comunicação direta***

No site da RJE, www.ejn-crimjust.europa.eu, poderá encontrar um Atlas eletrónico para pedidos de auxílio judiciário mútuo (AJM) e um Atlas de Mandato de Detenção Europeu (MDE). Ambos estes Atlas irão ajudá-lo a obter os endereços e números de telefone/fax das autoridades competentes no estrangeiro. As secções principais destes Atlas estão traduzidas em todas as línguas oficiais da União Europeia. No caso de não conseguir encontrar no Atlas as informações de contacto requeridas, poderá pedir a um Ponto de Contacto da RJE no seu Estado-Membro para as fornecer de imediato. A lista de pontos de contacto da RJE está protegida por senha por razões de segurança – mas é acessível aos Pontos de Contacto da RJE do seu próprio Estado-Membro. Portanto, se necessitar de assistência para estabelecer contactos com a RJE noutro Estado-Membro, a melhor maneira de o fazer é dirigir-se a um dos seus Pontos de Contacto nacionais da RJE.

- ***Para facilitar a cooperação judicial***

Se precisar de informações sobre as condições para receber assistência de outro Estado-Membro num caso específico, pode abordar os Pontos de Contacto no seu Estado-Membro ou usar as secções relevantes do web-site da RJE:

√ *ao emitir uma Carta de Solicitação – CS (LoR)* para obter informações mais detalhadas sobre as exigências legais estabelecidas pela lei do Estado-Membro requerido ou para discutir formalidades especiais na aplicação do artigo 4º da Convenção de AJM da UE 2000. O compêndio do site da RJE oferece a possibilidade de criar eletronicamente uma CS (LoR);

√ *na fase de execução de uma CS (LoR)*, para obter informações complementares ou para permitir a correta execução da solicitação;

√ *em caso de atraso ou falta de execução de uma CS (LoR)*, para verificar o estado de execução no Estado-Membro requerido e/ou acelerar a execução através da intervenção de um Ponto de Contacto nacional; ou

√ *ao emitir um MDE*, pode usar o formulário fornecido na seção MDE do site da RJE, onde também pode encontrar informações sobre o status de implementação do MDE, informações práticas relacionadas com os formulários, declarações e notificações dos diferentes Estados-Membros;

√ *quando se necessita urgentemente de informações sobre casos de MDE ou AJM com um prazo muito curto.*

√ *quando é necessário obter informação sobre o status de implementação dos instrumentos jurídicos da UE* na cooperação judiciária em matéria penal, ou em documentos práticos relevantes (por exemplo, notificações, manuais, relatórios de avaliação), através da biblioteca da RJE em:

http://www.ejn-crimjust.europa.eu/ejn/libcategories.aspx

ANEXO

- *Para facilitar o intercâmbio de informações entre as autoridades judiciárias*

Na sua qualidade de operacionais do Ministério Público e juízes de instrução, os Pontos de Contacto da RJE são frequentemente capazes de compartilhar rápida e informalmente informações sobre as investigações ou processos em curso e os seus resultados, pessoas detidas, períodos de detenção e de decisões judiciais em casos específicos. Este tipo de intercâmbio de informações às vezes pode evitar a necessidade de enviar uma CS formal. Se tais informações são exigidas durante o seu próprio inquérito ou processo, especialmente em situações de urgência, e se a sua legislação permite tal inquérito, entre em contacto com um Ponto de Contacto da RJE, indique a razão porque precisa dessas informações e forneça uma breve descrição de seu próprio inquérito ou processo.

- *Para obter informações sobre medidas da investigação*

O site da RJE disponibiliza, nas suas "Fiches Belges", uma visão geral da legislação nacional pertinente sobre medidas de investigação no campo do AJM. Se precisar de mais informações, pode sempre endereçar as suas perguntas para os Pontos de Contacto nacionais da RJE.

II   O que é a Eurojust?

A Eurojust é um organismo da União Europeia criado em 2002 para estimular e melhorar a coordenação e a cooperação entre as autoridades competentes dos Estados-Membros quando lidam com criminalidade grave transfronteiriça, como o crime organizado, corrupção, tráfico de drogas e terrorismo.

A Eurojust está sediada em Haia. Cumpre a sua tarefa principal, facilitando o auxílio judiciário mútuo em matéria penal bem como a execução dos instrumentos que aplicam o princípio do reconhecimento mútuo, tais como o Mandado de Detenção Europeu.

A atividade da Eurojust encontra-se principalmente vocacionada para a prestação de apoio à cooperação judiciária entre as autoridades nacionais competentes dos Estados-Membros da União Europeia. No entanto, a Eurojust também pode cooperar com Países terceiros.

O que pode a Eurojust fazer por si?

Se necessitar de assistência da Eurojust, deverá contactar a sua delegação nacional na Eurojust. Para mais informações, consulte o site da Eurojust:

http://eurojust.europa.eu/Pages/home.aspx

A Eurojust pode proporcionar um largo espetro de modalidades de assistência prática:

- *Facilitar a cooperação judiciária*

A Eurojust presta apoio às autoridades nacionais através dos Membros Nacionais e dos seus adjuntos e assistentes, os quais estão em posição de facilitar o contacto entre as autoridades judiciárias em assuntos complexos ou em casos de urgência ou, ainda, em situações onde outros canais de cooperação não se revelam apropriados ou suscetíveis de produzir resultados dentro dos prazos necessários.

A Eurojust pode auxiliar na obtenção de informações sobre o estado da execução de uma carta rogatória ou de instrumentos que aplicam o princípio do reconhecimento mútuo (IRM)

MANUAL DE COOPERAÇÃO JUDICIÁRIA INTERNACIONAL EM MATÉRIA PENAL

quando outros canais de comunicação (ou seja, contacto direto entre as autoridades nacionais ou outros canais de comunicação) não tenham sido bem sucedidos.

A Eurojust também pode fornecer assistência nos casos em que se pretende a execução urgente de um pedido de auxílio judiciário mútuo ou de um IRM. Devido à sua função primordial no domínio da facilitação da cooperação judiciária, a Eurojust dispõe de canais alternativospara a troca de informações policiais e "intelligence".

A Eurojust recebe informações sobre investigações em curso e procedimentos penais nos Estados-Membros. Sempre que tais informações lhe tenham sido enviadas, a Eurojust poderá informar as autoridades nacionais sobre casos relevantes pendentes noutros Estados-Membros.

A Eurojust também pode apoiar as autoridades judiciárias na fase preliminar da cooperação, desde logo analisando os projetos de pedidos de auxílio judiciário mútuo («revisão e aconselhamento»).

- *Ajudar a evitar ou resolver conflitos de jurisdição*

Nos casos em que mais do que um Estado-Membro tem jurisdição sobre uma determinada actividade criminosa, a Eurojust pode ser consultada para emitir um parecer não vinculativo sobre qual o Estado-membro que está em melhor posição para iniciar uma investigação ou para proceder criminalmente contra os respectivos autores, assim contribuindo para a prevenção e para a resolução de eventuais conflitos – positivos ou negativos – de jurisdição.

- *Coordenar as investigações ou processos penais*

Devido à sua estrutura e nível de experiência em cooperação judiciária, a Eurojust está numa posição privilegiada para auxiliar as autoridades nacionais nos casos em que as investigações em curso em dois ou mais Estados-Membros precisem ser coordenadas através da troca de informações operacionais relevantes. A Eurojust também pode ajudar a determinar se os Estados-Membros envolvidos devem continuar com as respectivas investigações separadas, ou se devem concentrá-las, bem como aos respectivos processos, num ou em apenas alguns desses Estados.

Além disso, a Eurojust presta auxílio aos Estados-Membros envolvidos, sobre como, quando ou onde realizar uma ação conjunta ou proceder criminalmente.

- *Organizar e apoiar as reuniões de coordenação e os centros de coordenação*

A Eurojust pode organizar reuniões de coordenação entre os investigadores, procuradores e juízes de instrução de diferentes Estados-Membros, em Haia ou noutro local. As reuniões de coordenação também incluem, por vezes, representantes das autoridades judiciárias ou policiais de Estados terceiros, da Europol e do OLAF.

As reuniões de coordenação são ferramentas muito úteis que permitem às autoridades judiciárias envolvidas (e representantes dos órgãos de polícia criminal que as apoiam) a troca de informações, na sua própria língua, relativas a investigações paralelas ou conexas, bem como o planeamento de ações conjuntas. Questões que poderiam consumir tempo e recursos consideráveis, se resolvidas no âmbito dos regimes de cooperação tradicionais, podem muitas vezes ser rapidamente resolvidas durante essas reuniões.

Atualmente a Eurojust cobre os custos de alojamento em Haia e despesas de viagem para dois participantes de cada Estado-Membro.

A Eurojust também pode organizar centros de coordenação, que visam apoiar e coordenar ações conjuntas (muitas vezes acordadas durante as reuniões de coordenação) que têm de

ANEXO

ser realizadas simultaneamente em diferentes Estados-Membros. Os centros de coordenação asseguram a transmissão de informações de forma coordenada e em tempo real entre as autoridades competentes durante uma acção conjunta, como acontece, por exemplo, quando há necessidade de realizar buscas simultâneas a domicílios em diferentes países. Os centros de coordenação também permitem a resolução de possíveis problemas que surjam durante a execução de MDEs ou de buscas e apreensões, já que permitem facilitar e acelerar a correcção ou substituição desses instrumentos de cooperação.

- *Facilitar e apoiar equipas de investigação conjuntas*

A Eurojust pode ajudar e facilitar a criação, funcionamento e avaliação de equipas de investigação conjuntas (EIC). A Eurojust pode identificar casos apropriados para o estabelecimento de EICs, pode fornecer aconselhamento jurídico e informações práticas úteis, designadamente no que respeita aos ordenamentos jurídicos nacionais, aos obstáculos que, na prática, se levantam, e às melhores práticas que se foram consolidando nesta matéria, e pode fornecer assistência na elaboração de acordos para o estabelecimento de EIC e de planos de ação operacional. Caso seja considerado útil, os membros nacionais da Eurojust também podem participar em EICs.

A Eurojust pode também fornecer apoio financeiro para cobrir parte das despesas decorrentes do funcionamento de EICs e/ou equipamentos, tais como telefones móveis. Consulte o seguinte web-site para obter mais informações:

http://eurojust.europa.eu/Practitioners/Eurojust-Support-JITs/JITs/Pages/history.aspx

- *Coordenar e facilitar os pedidos de cooperação judiciária de e para Estados fora da União Europeia*

Se precisar de contactar uma autoridade nacional de um Estado fora da União Europeia, pode contactar a sua delegação nacional na Eurojust.
A Eurojust tem Pontos de Contacto em cerca de trinta Estados terceiros (incluindo Argentina, Brasil, Índia, Tailândia, Rússia e Ucrânia).

A Eurojust tem, para além disso, acordos de cooperação com a Noruega, EUA, Islândia, Suíça, a antiga República Jugoslava da Macedónia e o Liechtenstein. Tais acordos também podem incluir a troca de dados pessoais. Além disso, estão colocados na Eurojust Magistrados de ligação da Noruega e dos Estados Unidos.

Mais informações estão disponíveis no site da Eurojust em:

http://www.eurojust.europa.eu/doclibrary/Eurojust-framework/Pages/agreements-concluded-by-eurojust.aspx

III Qual o papel do ENCS (SNCE - Sistema Nacional de Coordenação da Eurojust)?

O SNCE está atualmente a ser implementado nos Estados-Membros. O SNCE tem duas funções principais: 1) assegurar a coordenação dos trabalhos efetuados pelos vários Correspondentes/Pontos de Contacto/Especialistas estabelecidos na luta contra o crime, incluindo o correspondente Nacional da RJE e até três Pontos de Contacto da RJE; e 2) facilitar a realização de tarefas da Eurojust nos Estados-Membros. Quando são designados vários correspondentes para a Eurojust, um deles será responsável pelo funcionamento do SNCE.

Ao SNCE estão confiadas, entre outras, as tarefas de 1) assegurar que o "Sistema de Gestão de Casos da Eurojust" recebe informações relacionadas com o Estado-Membro em causa de forma eficiente e fiável, 2) auxiliar as autoridades judiciárias nacionais e os profissionais a determinar se um caso poderá beneficiar da assistência da Eurojust ou da RJE e 3) auxiliar os membros nacionais da

MANUAL DE COOPERAÇÃO JUDICIÁRIA INTERNACIONAL EM MATÉRIA PENAL

Eurojust identificando as autoridades competentes para a execução dos pedidos de cooperação judiciária e IRMs.

IV EUROJUST ou RJE – qual o caminho a seguir?

A Eurojust e a RJE estão ambas à sua disposição. Se não tiver certeza de qual destas entidades deve contactar, não haverá qualquer óbice porque as delegações nacionais da EUROJUST e os Pontos de Contacto da RJE podem facilmente comunicar. O enquadramento institucional garante que o seu pedido de apoio chegará ao interveniente mais adequado. Portanto, não há qualquer necessidade de abordar as duas entidades com a mesma questão..

ANEXO

Versão de 2018, apenas em inglês, com a necessária atualização à DEI

Joint Paper

Assistance in International Cooperation in Criminal Matters for Practitioners

European Judicial Network and Eurojust

What can we do for you?

Introduction
This paper informs judicial practitioners in the Member States of the services and assistance in international cooperation in criminal matters that can be provided by the European Judicial Network (EJN) and Eurojust.
The objective of this paper is to assist practitioners in deciding whether cases should be dealt with by the EJN or Eurojust. It also ensures that both the EJN and Eurojust will deal with cases falling within their mandates, by using time and resources efficiently and effectively and preventing duplication of work.
I. What is the European Judicial Network?
The EJN is a network of more than 350 Contact Points in the 28 Member States who assist in the facilitation of international judicial cooperation in criminal matters.
The Contact Points are prosecutors, judges or other officials who deal with matters related to international cooperation on a daily basis. The Contact Points are designated by each Member State from central authorities or judicial or other authorities carrying out international cooperation, both in general and for certain forms of serious crime, such as organised crime, corruption, drug trafficking and terrorism.

The EJN has also established close relationships with other judicial networks and through contact points in various third States. The EJN Contact Points can therefore assist in cases around the world.

The EJN Secretariat, located in The Hague, is the administrative unit of the EJN. To ensure close interaction between Eurojust and the EJN, the Secretariat forms part of Eurojust's staff, but functions as a separate unit. The EJN Secretariat is responsible, *inter alia*, for providing support to the Contact Points in fulfilling their tasks, for setting up, maintaining and improving the EJN website and its operational e-tools, and for the overall administration of the EJN.

You can find more detailed information about the EJN Secretariat at http://www.ejn-crimjust.europa.eu/ejn/EJN_Secretariat.aspx, or by contacting the EJN Secretariat at ejn@eurojust.europa.eu.

The EJN website

The EJN website, www.ejn-crimjust.europa.eu, has been created to support practitioners dealing with international judicial cooperation. Here you can find general information about judicial cooperation in the EU Member States, EU candidate countries and EJN associated countries. You can also make use of the EJN electronic tools for judicial cooperation; see below under 'To facilitate judicial cooperation'. In addition, the EJN website has a section dedicated to cooperation with third States and other judicial networks. The EJN Contact Points have access to numerous contacts outside of the European Union. See https://www.ejnforum.eu/cp/network-atlas.

The main sections of the EJN website are translated into the EU's official languages. Should you be unable to find the information you require, you can always ask an EJN Contact Point in your Member State for assistance.

What can the EJN do for you?

If you need assistance from the EJN, you may contact one of the Contact Points in your country or a Contact Point in the country involved in the case. The list of EJN Contact Points on the EJN website is password protected, but is accessible to the EJN Contact Points of your own Member State. Therefore, should you require assistance in making contacts with the EJN in another Member State, the best method of doing so is to address one of the EJN Contact Points in your country.

The EJN should be used in the following situations:

- *Facilitate judicial cooperation*

If you need information on how to receive assistance from another Member State in a specific case, you can address the Contact Points in your Member State or use the relevant sections of the EJN website:

ANEXO

✓ *when drafting a request for judicial cooperation*[527] *(European Investigation Order (EIO) or mutual legal assistance request (MLA), European Arrest Warrant (EAW), freezing order, etc.):*
  – to identify the competent executing authority abroad so that you can establish contact and send the request directly to this authority. The Judicial Atlas on the EJN website is the tool to be used to identify the competent executing authority and to obtain the address, e-mail address and telephone/fax number;
  – to obtain more detailed information on the legal requirements laid down by the law of the requested Member State or to discuss special formalities for the execution of the request. The Fiches belges tool on the EJN website contains concise legal and practical information on all relevant judicial cooperation instruments. The Compendium tool offers the possibility to electronically create a request; and
  – to obtain legal and practical information on the EU legal instrument you want to use, e.g. to what extent the instrument has been implemented in the Member States (Status of Implementation), declarations, notifications, handbooks, reports, etc. The Judicial Library on the EJN website has a section for each legal instrument with this type of information;
✓ *in the execution phase of a request for judicial cooperation,* to exchange supplementary information for the proper execution of the request;
✓ *in the event of a delay or lack of execution of a request for judicial cooperation,* to check the state of execution in the requested Member State and/or speed up the execution through the intervention of an EJN Contact Point; and
✓ *when you urgently require information regarding a request for judicial cooperation with a very short deadline.*

Facilitate the exchange of information between judicial authorities

As active prosecutors and judges, the EJN Contact Points are often able to share information regarding ongoing investigations or proceedings and their outcomes, detained persons, periods of detention and judicial decisions in specific cases quickly and informally. This type of information exchange can sometimes avoid the necessity of sending a formal request.

If you require such information during your own investigation or proceedings, especially in urgent situations, and your legislation permits such inquiry, get in touch

[527] In this paper, 'Request for judicial cooperation' is used both for traditional requests for MLA and for decisions based on the principle of mutual recognition, such as the EAW and the EIO.

with an EJN Contact Point, indicate why you need this information and provide a short description of your own investigation or proceedings. Inform the EJN Contact Point that you are making contact in his or her capacity as EJN Contact Point.

II. What is Eurojust?

Eurojust is the European Union's Judicial Cooperation Unit established in 2002 to support and strengthen coordination and cooperation between national investigating and prosecuting authorities when they deal with serious cross-border crime, especially if organised, such as fraud, drug trafficking, organised property crime, trafficking in human beings and terrorism.

Eurojust is based in The Hague. It consists mainly of colleague prosecutors seconded from each Member State, organised in 'National Desks' and supported by administrative staff. Eurojust also hosts liaison prosecutors from Norway, the USA, Switzerland and Montenegro.

Eurojust supports investigating and prosecuting authorities in their cases operationally (for example by organising coordination meetings and/or coordination centres), and by sharing expertise and lessons learned from cases it supports (e.g. the *Guidelines for deciding which jurisdiction should prosecute?* http://www.eurojust.europa.eu/ Practitioners/operational/Pages/Guidelines-on-jurisdiction.aspx, and the report on *Prosecuting THB for the purpose of labour exploitation*, http://www.eurojust. europa.eu/doclibrary/Eurojust-framework/Casework/Report%20on%20prose cuting%20THB%20for%20the%20purpose%20of%20labour%20exploitation%20 %28Dec.%202015%29/2015-12_Report-on-prosecuting-THB-labour-exploitation_ EN.pdf.

What can Eurojust do for you?

If you require Eurojust's assistance, you should contact your National Desk at Eurojust. Please consult Eurojust's website for further information: http://eurojust. europa.eu/Practitioners/Pages/contact-info-for-practitioners.aspx

Eurojust should be used in the following situations:

- *Coordinate investigations or prosecutions*

Eurojust can assist by exchanging relevant case information when investigations in two or more Member States need to be coordinated. Eurojust also helps to determine if Member States should continue with separate investigations or if they should concentrate investigations and proceedings in one or more Member States.

In addition, Eurojust assists in discussions and agreements between involved national authorities on how, when or where to perform a joint action or to prosecute.

ANEXO

- *Organise and support coordination meetings and coordination centres*

Eurojust can arrange coordination meetings in The Hague between competent national authorities from different Member States and third States. Coordination meetings may sometimes include representatives from Europol and OLAF.

Coordination meetings allow practitioners to exchange information on linked investigations and plan joint actions in a more effective and efficient way. If appropriate, Eurojust can provide simultaneous interpretation. Coordination meetings are also very useful to prevent possible conflicts of jurisdiction or execute certain measures in a coordinated fashion.

Eurojust covers the costs of accommodation in The Hague and travel expenses for two participants from each participating State.

Eurojust also organises coordination centres, the objective of which is to support and coordinate joint actions (often agreed during coordination meetings) to be carried out simultaneously in different Member States and third States. Coordination centres ensure a real-time transmission and coordination of information between competent authorities during an action day, for example if simultaneous house searches need to be carried out in different countries. Coordination centres also allow the resolution of possible issues arising during the execution of EAWs and facilitate additional searches and seizures.

- *Help prevent or resolve conflicts of jurisdiction*

In situations in which more than one Member State has jurisdiction, Eurojust can, to prevent or resolve conflicts of jurisdiction, be consulted for a non-binding opinion on which Member State is in a better position to undertake an investigation or prosecute the case.

- *Facilitate and support joint investigation teams*

Eurojust can assist in and facilitate the setting up, functioning and evaluation of joint investigation teams (JITs). Eurojust can identify suitable cases for establishing JITs, can provide useful legal and practical information, e.g. on national laws, practical obstacles and best practice, and can provide assistance in the drafting of JIT agreements and operational action plans. If considered helpful, Eurojust National Members can also participate in JITs.

Eurojust can also assist by reimbursing the costs of two common areas of expenditures in JITs: travel and accommodation, and interpretation and translation. In addition, Eurojust lends equipment for use in the context of JITs, such as mobile telephones (including costs), and laptops.

For more information, see http://www.eurojust.europa.eu/Practitioners/JITs/Eurojust-JITsFunding/Pages/Eurojust-JITs-funding.aspx.

- *Coordinate and facilitate requests for judicial cooperation to and from third States*

If you need support to contact a national authority in a third State, you can contact your National Desk at Eurojust to supply you with the details of Eurojust Contact Points in more than forty States worldwide.

Currently, Eurojust also has cooperation agreements in place with Norway, the USA, Iceland, Switzerland, the former Yugoslav Republic of Macedonia, Liechtenstein, Moldova, Montenegro and Ukraine. Such agreements may also include the exchange of operational information, including personal data.

More information is available here: http://www.eurojust.europa.eu/doclibrary/Eurojust-framework/Pages/agreements-concluded-by-eurojust.aspx.

- *Facilitate judicial cooperation*

In complex matters, urgent cases or in situations in which other cooperation channels do not appear appropriate or likely to produce results within the necessary timeframe, colleagues from the National Desks can support you.

For example, they can:

- assist in obtaining information on the status of a request for judicial cooperation, e.g. if direct contact between national authorities or other communication channels have not been successful;
- provide assistance in cases in which requests for judicial cooperation are to be executed urgently. Please note that other channels are open for the exchange of police information and for intelligence purposes;
- support practitioners by examining draft letters of request or draft EIOs, for example by indicating the type of information that should be included so that the request can be executed speedily in the requested jurisdiction ('quality check'); and
- inform the national authorities of relevant pending cases in other Member States, provided that such information has been communicated to Eurojust.

- **Eurojust National Coordination System (ENCS)**

The ENCS ensures coordination at national level of the work carried out by various actors in the field of judicial cooperation in criminal matters, such as: the national correspondents for Eurojust, the national correspondents for Eurojust for terrorism matters, the EJN national correspondents and up to three EJN contact points, and contact points for the JITs and Genocide Networks. The ENCS also facilitates the carrying out of the tasks of Eurojust within the Member State concerned. The ENCS should also assist in determining whether a case should require the assistance of Eurojust or the EJN.

For more information, please see: http://www.eurojust.europa.eu/Practitioners/objectives-tools/Pages/eurojust-national-coordination-system.aspx.

III. Conclusion

Direct contacts between the authorities of the Member States in cross-border cooperation are crucial. Should you need assistance, the EJN and Eurojust can provide support. As both bodies are in close contact, your request will be dealt with by the most suitable actor.

MANUAL DE COOPERAÇÃO JUDICIÁRIA INTERNACIONAL EM MATÉRIA PENAL

I

(Resoluções, recomendações e pareceres)

RECOMENDAÇÕES

TRIBUNAL DE JUSTIÇA DA UNIÃO EUROPEIA

O texto seguinte inscreve-se na sequência da adoção, em 25 de setembro de 2012, no Luxemburgo, do novo Regulamento de Processo do Tribunal de Justiça (JO L 265 de 29.9.2012, p. 1). Substituindo a nota informativa relativa à apresentação de processos prejudiciais pelos órgãos jurisdicionais nacionais (JO C 160 de 28.5.2011, p. 1), visa refletir as inovações introduzidas por este regulamento, que podem ter uma incidência tanto no próprio princípio de um reenvio prejudicial ao Tribunal de Justiça como nas modalidades de tais reenvios.

RECOMENDAÇÕES
à atenção dos órgãos jurisdicionais nacionais, relativas à apresentação de processos prejudiciais

(2012/C 338/01)

I — DISPOSIÇÕES GERAIS

A competência do Tribunal de Justiça a título prejudicial

1. O reenvio prejudicial é um mecanismo fundamental do direito da União Europeia, que tem por finalidade fornecer aos órgãos jurisdicionais dos Estados-Membros o meio de assegurar uma interpretação e uma aplicação uniformes deste direito em toda a União.

2. Por força do artigo 19.º, n.º 3, alínea b), do Tratado da União Europeia (a seguir «TUE») e do artigo 267.º do Tratado sobre o Funcionamento da União Europeia (a seguir «TFUE»), o Tribunal de Justiça da União Europeia é competente para decidir, a título prejudicial, sobre a interpretação do direito da União e sobre a validade dos atos adotados pelas instituições, órgãos ou organismos da União.

3. Nos termos do artigo 256.º, n.º 3, TFUE, o Tribunal Geral é competente para conhecer das questões prejudiciais submetidas à sua apreciação por força do disposto no artigo 267.º TFUE, em matérias específicas determinadas pelo Estatuto. No entanto, dado que este último não foi adotado para ter em conta tal disposição, o Tribunal de Justiça (a seguir «Tribunal») continua hoje a ter competência exclusiva para se pronunciar a título prejudicial.

4. Embora o artigo 267.º TFUE confira ao Tribunal uma competência genérica nesta matéria, diversas disposições de direito primário preveem, no entanto, exceções ou limitações temporárias a esta competência. Trata-se, nomeadamente, dos artigos 275.º TFUE e 276.º TFUE, bem como do artigo 10.º do Protocolo (n.º 36) relativo às disposições transitórias do Tratado de Lisboa (JOUE C 83, de 30 de março de 2010. p. 1) (¹).

(¹) Em conformidade com o artigo 10.º, n.ᵒˢ 1 a 3, do Protocolo n.º 36, as competências do Tribunal de Justiça no que diz respeito aos atos da União no domínio da cooperação policial e judiciária em matéria penal adotados antes da entrada em vigor do Tratado de Lisboa, e não alterados posteriormente, permanecerão inalteradas pelo período máximo de cinco anos após a data de entrada em vigor do Tratado de Lisboa (1 de dezembro de 2009). Durante este período, esses atos só podem, assim, ser objeto de reenvio prejudicial por órgãos jurisdicionais dos Estados--Membros que tenham aceite a competência do Tribunal de Justiça, competindo a cada Estado determinar se todos os seus órgãos jurisdicionais ou apenas os que decidem em última instância têm a faculdade de pedir ao Tribunal que se pronuncie.

ANEXO

Jornal Oficial da União Europeia

5. O processo prejudicial assenta na colaboração entre o Tribunal e os órgãos jurisdicionais dos Estados--Membros, pelo que se afigura oportuno, a fim de assegurar a plena eficácia deste mecanismo, fornecer aos referidos órgãos jurisdicionais as recomendações subsequentes.

6. Estas recomendações, sem caráter vinculativo, têm por objetivo completar o título III do Regulamento de Processo do Tribunal de Justiça (artigos 93.º a 118.º) e orientar os órgãos jurisdicionais dos Estados--Membros quanto à oportunidade de proceder a um reenvio prejudicial, bem como fornecer indicações práticas quanto à forma e aos efeitos de tal reenvio.

Papel do Tribunal de Justiça no âmbito do processo prejudicial

7. Como referido anteriormente, o papel do Tribunal no âmbito de um processo prejudicial consiste em interpretar o direito da União ou pronunciar-se sobre a sua validade, e não em aplicar este direito à situação de facto subjacente ao processo principal. Esse papel incumbe ao juiz nacional e, por isso, não compete ao Tribunal pronunciar-se sobre questões de facto suscitadas no âmbito do litígio no processo principal nem sobre eventuais divergências de opinião quanto à interpretação ou à aplicação das regras de direito nacional.

8. Quando se pronuncia sobre a interpretação ou a validade do direito da União, o Tribunal esforça-se ainda por dar uma resposta útil para a solução do litígio no processo principal, mas é ao órgão jurisdicional de reenvio que cabe tirar as consequências concretas dessa resposta, eventualmente afastando a aplicação da regra nacional em questão.

A decisão de efetuar um reenvio prejudicial

O autor do pedido de decisão prejudicial

9. Nos termos do artigo 267.º TFUE, qualquer órgão jurisdicional de um Estado-Membro, chamado a conhecer de um processo que culminará numa decisão de caráter judicial, pode, em princípio, submeter um pedido de decisão prejudicial ao Tribunal. A qualidade de órgão jurisdicional é interpretada pelo Tribunal como um conceito autónomo do direito da União, tomando em consideração, a este respeito, um conjunto de fatores, como a origem legal do órgão que lhe submeteu o pedido, a sua permanência, o caráter obrigatório da sua jurisdição, a natureza contraditória do processo, a aplicação, por esse órgão, das regras de direito, bem como a sua independência.

10. É unicamente ao órgão jurisdicional nacional que cabe a decisão de pedir ao Tribunal que se pronuncie a título prejudicial, independentemente de as partes no processo principal o terem ou não requerido.

O reenvio de interpretação

11. Em conformidade com o disposto no artigo 267.º TFUE, qualquer órgão jurisdicional dispõe do poder de submeter ao Tribunal um pedido de decisão prejudicial relativo à interpretação de uma regra do direito da União, quando o considere necessário para resolver o litígio que lhe tenha sido submetido.

12. No entanto, um órgão jurisdicional cujas decisões não sejam suscetíveis de recurso judicial em direito interno é obrigado a submeter esse pedido ao Tribunal, exceto quando já exista jurisprudência na matéria (e quando o quadro eventualmente novo não suscite nenhuma dúvida real quanto à possibilidade de aplicar essa jurisprudência ao caso concreto) ou quando o modo correto de interpretar a regra jurídica em causa seja inequívoco.

13. Assim, um órgão jurisdicional nacional pode, designadamente quando se considere suficientemente esclarecido pela jurisprudência do Tribunal, decidir ele próprio da interpretação correta do direito da União e da sua aplicação à situação factual de que conhece. Todavia, um reenvio prejudicial pode ser particularmente útil quando se trate de uma questão de interpretação nova que apresente um interesse geral para a aplicação uniforme do direito da União, ou quando a jurisprudência existente não se afigure aplicável a um quadro factual inédito.

14. A fim de permitir ao Tribunal identificar corretamente o objeto do litígio no processo principal e as questões que o mesmo suscita, é útil que, em relação a cada uma das questões colocadas, o órgão jurisdicional nacional exponha em que medida a interpretação solicitada é necessária para proferir a sua decisão.

MANUAL DE COOPERAÇÃO JUDICIÁRIA INTERNACIONAL EM MATÉRIA PENAL

O reenvio de apreciação da validade

15. Embora os órgãos jurisdicionais dos Estados-Membros possam rejeitar os fundamentos de invalidade perante eles invocados, a possibilidade de declarar inválido um ato adotado por uma instituição, órgão ou organismo da União é, em contrapartida, da exclusiva competência do Tribunal.

16. Qualquer órgão jurisdicional nacional **deve**, portanto, apresentar um pedido de decisão prejudicial ao Tribunal, quando tenha dúvidas sobre a validade de tal ato, indicando as razões pelas quais considera que o mesmo pode ser inválido.

17. No entanto, quando tenha dúvidas sérias sobre a validade de um ato adotado por uma instituição, órgão ou organismo da União, em que se baseia um ato interno, esse órgão jurisdicional pode excecionalmente suspender, a título temporário, a aplicação deste último ou adotar qualquer outra medida provisória a seu respeito. Nesse caso, é obrigado a colocar a questão da validade ao Tribunal, indicando as razões pelas quais considera que o referido ato não é válido.

Momento adequado para efetuar um reenvio prejudicial

18. O órgão jurisdicional nacional pode apresentar ao Tribunal um pedido de decisão prejudicial, a partir do momento em que considere que uma decisão sobre a interpretação ou a validade é necessária para proferir a sua decisão. É esse órgão jurisdicional, com efeito, que está mais bem colocado para apreciar em que fase do processo deve apresentar tal pedido.

19. No entanto, é desejável que a decisão de efetuar um reenvio prejudicial seja adotada numa fase do processo em que o órgão jurisdicional de reenvio esteja em condições de definir o quadro jurídico e factual do processo, a fim de permitir ao Tribunal dispor de todos os elementos necessários para verificar, sendo caso disso, que o direito da União é aplicável ao litígio no processo principal. No interesse de uma boa administração da justiça, pode ser igualmente desejável proceder ao reenvio na sequência de um debate contraditório.

Forma e conteúdo do pedido de decisão prejudicial

20. A decisão através da qual o órgão jurisdicional de um Estado-Membro submete uma ou mais questões prejudiciais ao Tribunal pode revestir qualquer forma admitida pelo direito nacional em matéria de incidentes processuais. No entanto, há que ter presente que é este documento que serve de fundamento ao processo no Tribunal, o qual deve dispor de todos os elementos que lhe permitam dar uma resposta útil ao órgão jurisdicional de reenvio. Além disso, só o pedido de decisão prejudicial é notificado à partes no processo principal e aos demais interessados referidos no artigo 23.º do Estatuto, designadamente aos Estados-Membros, tendo em vista recolher as eventuais observações escritas destes.

21. A necessidade de traduzir o pedido de decisão prejudicial em todas as línguas oficiais da União Europeia requer uma redação simples, clara e precisa, sem elementos supérfluos.

22. Dez páginas serão normalmente suficientes para descrever adequadamente o contexto de um pedido de decisão prejudicial. Embora sucinto, esse pedido deve ser suficientemente completo e conter todas as informações pertinentes, de forma a permitir tanto ao Tribunal como aos interessados que têm o direito de apresentar observações compreender corretamente o quadro factual e regulamentar do processo principal. Em conformidade com o artigo 94.º do Regulamento de Processo, o pedido de decisão prejudicial deve conter, para além do texto das questões submetidas ao Tribunal a título prejudicial:

— uma exposição sumária do objeto do litígio, bem como dos factos pertinentes, conforme apurados pelo órgão jurisdicional de reenvio, ou, no mínimo, uma exposição dos dados factuais em que as questões prejudiciais assentam;

— o teor das disposições nacionais suscetíveis de se aplicar no caso concreto e, sendo caso disso, a jurisprudência nacional pertinente (¹);

— [...]

(¹) A este respeito, pede-se ao órgão jurisdicional de reenvio que forneça as referências precisas desses textos e da respetiva publicação, como a página de um jornal oficial ou de uma coletânea, ou a referência a um sítio Internet.

482

ANEXO

C 338/4 | PT | Jornal Oficial da União Europeia | 6.11.2012

— a exposição das razões que conduziram o órgão jurisdicional de reenvio a interrogar-se sobre a interpretação ou a validade de certas disposições do direito da União, bem como o nexo que estabelece entre essas disposições e a legislação nacional aplicável ao litígio no processo principal;

— [...]

23.   As disposições pertinentes do direito da União devem ser identificadas com tanta precisão quanto possível no pedido de decisão prejudicial, o qual deve incluir, se for caso disso, um breve resumo dos argumentos pertinentes das partes no processo principal.

24.   Se considerar que está em condições de o fazer, o órgão jurisdicional de reenvio pode também indicar sucintamente o seu ponto de vista quanto à resposta a dar às questões prejudiciais. Essa indicação revela-se útil para o Tribunal, especialmente quando é chamado a conhecer do pedido no quadro de um processo de tramitação acelerada ou urgente.

25.   Para facilitar a leitura, é essencial que o pedido de decisão prejudicial seja datilografado. Para permitir ao Tribunal fazer-lhe referência, é igualmente muito útil numerar as páginas e os parágrafos da decisão de reenvio – que deve ser datada e assinada.

26.   As próprias questões prejudiciais devem figurar numa parte distinta e claramente identificada da decisão de reenvio, de preferência no início ou no fim desta. Devem ser compreensíveis em si mesmas, sem necessidade de fazer referência à exposição de motivos do pedido, que, no entanto, fornecerá o contexto necessário para uma compreensão adequada do âmbito do processo.

27.   No quadro do processo prejudicial, o Tribunal retoma, em princípio, os dados contidos na decisão de reenvio, incluindo os dados nominativos ou de caráter pessoal. Incumbe, portanto, ao órgão jurisdicional de reenvio, se o considerar necessário, proceder ele próprio, no pedido de decisão prejudicial, à ocultação de certos dados ou à anonimização de uma ou de várias das pessoas ou entidades às quais o litígio no processo principal diga respeito.

28.   Posteriormente à apresentação do pedido de decisão prejudicial, o Tribunal pode igualmente proceder a essa anonimização, oficiosamente ou a pedido do órgão jurisdicional de reenvio ou de uma parte no litígio principal. Para preservar a sua eficácia, esse pedido deve contudo ser formulado na fase mais precoce possível do processo e, em todo o caso, antes da publicação no *Jornal Oficial da União Europeia* da comunicação relativa ao processo em causa e da notificação do pedido de decisão prejudicial aos interessados visados no artigo 23.º do Estatuto.

Efeitos do reenvio prejudicial no processo nacional

29.   Embora o órgão jurisdicional nacional continue a ser competente para adotar medidas provisórias, em especial no quadro do reenvio para apreciação de validade (ver ponto 17, *supra*), a apresentação de um pedido de decisão prejudicial acarreta a suspensão da instância no processo nacional, até à decisão do Tribunal.

30.   Para assegurar a boa marcha do processo prejudicial no Tribunal e tendo em vista preservar o seu efeito útil, incumbe ao órgão jurisdicional de reenvio prevenir o Tribunal de qualquer incidente processual suscetível de ter incidência na tramitação e, em especial, da admissão de novas partes no processo nacional.

Despesas e assistência judiciária

31.   O processo prejudicial no Tribunal é gratuito, não decidindo este Tribunal sobre as despesas das partes no litígio pendente no órgão jurisdicional de reenvio; é a este último que cabe decidir a este respeito.

32.   Caso uma parte no litígio no processo principal não disponha de recursos suficientes e na medida em que as regras nacionais o permitam, o órgão jurisdicional de reenvio pode conceder a essa parte assistência judiciária para fazer face aos encargos que esta deve suportar para assegurar, designadamente, a sua representação no Tribunal. O Tribunal pode igualmente conceder tal assistência se a parte em causa não beneficiar já de apoio a nível nacional ou na medida em que esse apoio não cubra – ou apenas cubra parcialmente – as despesas efetuadas com o processo no Tribunal.

MANUAL DE COOPERAÇÃO JUDICIÁRIA INTERNACIONAL EM MATÉRIA PENAL

6.11.2012 | PT | Jornal Oficial da União Europeia | C 338/5

Contactos entre o Tribunal de Justiça e os órgãos jurisdicionais nacionais

33. O pedido de decisão prejudicial e os documentos pertinentes (nomeadamente, sendo caso disso, os autos do processo principal ou uma cópia dos mesmos) devem ser enviados diretamente ao Tribunal pelo órgão jurisdicional nacional que submete o pedido. Esses documentos devem ser enviados, por correio registado, à Secretaria do Tribunal de Justiça (Rue du Fort Niedergrünewald, L-2925 Luxembourg).

34. Até à notificação, ao órgão jurisdicional de reenvio, da decisão sobre o seu pedido de decisão prejudicial, a Secretaria do Tribunal permanecerá em contacto com esse órgão jurisdicional, ao qual enviará cópia dos atos processuais.

35. O Tribunal envia a sua decisão ao órgão jurisdicional de reenvio, pedindo-lhe que o informe do seguimento que dará a essa decisão no litígio no processo principal e que lhe comunique a sua decisão final.

II — DISPOSIÇÕES ESPECIAIS RELATIVAS AOS REENVIOS PREJUDICIAIS QUE REVISTAM CARÁTER DE URGÊNCIA

36. Nas condições previstas no artigo 23.º-A do Estatuto bem como nos artigos 105.º a 114.º do Regulamento de Processo, um reenvio prejudicial pode, em certas circunstâncias, ser submetido a tramitação acelerada ou a tramitação urgente.

Requisitos de aplicação da tramitação acelerada e da tramitação urgente

37. A aplicação destes tipos de tramitação é decidida pelo Tribunal. Em princípio, essa decisão só é adotada com base em pedido fundamentado do órgão jurisdicional de reenvio. A título excecional, o Tribunal pode, contudo, decidir oficiosamente submeter um reenvio prejudicial a tramitação acelerada ou a tramitação urgente, quando se afigure que a natureza ou as circunstâncias do processo o impõem.

38. Nos termos do artigo 105.º do Regulamento de Processo, um reenvio prejudicial pode ser sujeito a **tramitação acelerada**, em derrogação das disposições deste regulamento, quando a natureza do processo exija o seu tratamento dentro de prazos curtos. Uma vez que este processo impõe condicionantes importantes a todos os intervenientes no processo, designadamente ao conjunto dos Estados-Membros chamados a apresentar observações, escritas ou orais, em prazos bastante mais curtos do que os prazos ordinários, a sua aplicação só deve ser pedida em circunstâncias particulares que justifiquem que o Tribunal se pronuncie rapidamente sobre as questões submetidas. O número importante de pessoas ou de situações jurídicas potencialmente afetadas pela decisão que o órgão jurisdicional de reenvio deve proferir após ter submetido um pedido prejudicial ao Tribunal não constitui, enquanto tal, uma circunstância excecional suscetível de justificar o recurso à tramitação acelerada [1].

39. Esta conclusão impõe-se, por maioria de razão, no que respeita à **tramitação prejudicial urgente**, prevista no artigo 107.º do Regulamento de Processo. Este tipo de tramitação, que só pode ser aplicada nas matérias abrangidas pelo título V da parte III do TFUE, relativo ao espaço de liberdade, segurança e justiça, impõe, com efeito, condicionantes ainda mais significativas às pessoas envolvidas, uma vez que limita, designadamente, o número de partes autorizadas a apresentar observações escritas e que permite, em casos de extrema urgência, omitir completamente a fase escrita do processo no Tribunal. Por isso, a aplicação desta tramitação só deveria ser pedida em circunstâncias em que seja absolutamente necessário que o Tribunal se pronuncie muito rapidamente sobre as questões submetidas pelo órgão jurisdicional de reenvio.

40. Não sendo possível enumerar aqui essas circunstâncias de modo exaustivo, designadamente em razão do caráter variado e evolutivo das regras da União que regulam o espaço de liberdade, segurança e justiça, um órgão jurisdicional nacional poderá apresentar um pedido de tramitação prejudicial urgente, por exemplo, no caso, previsto no artigo 267.º, quarto parágrafo, TFUE, de uma pessoa detida ou privada de liberdade, quando a resposta à questão submetida seja determinante para a apreciação da situação jurídica dessa pessoa, ou no caso de um litígio relativo ao poder parental ou à guarda de crianças, quando a competência do juiz chamado a julgar aplicando o direito da União dependa da resposta à questão prejudicial.

---

[1] Para uma visão de conjunto das circunstâncias que conduziram ao deferimento ou à rejeição dos pedidos de tramitação acelerada deduzidos com fundamento no artigo 104.º-A do Regulamento de Processo do Tribunal de Justiça de 19 de junho de 1991, conforme alterado, ver os despachos adotados pelo presidente do Tribunal de Justiça, disponíveis no sítio www.curia.europa.eu (estes despachos estão disponíveis na rubrica «Jurisprudência», selecionando sucessivamente, no formulário de pesquisa, as menções seguintes: Documentos – Documentos não publicados na Coletânea – Despachos – Tramitação acelerada).

ANEXO

Jornal Oficial da União Europeia

Pedido de aplicação da tramitação acelerada ou da tramitação urgente

41.   A fim de permitir ao Tribunal decidir rapidamente se há que aplicar a tramitação acelerada ou a tramitação prejudicial urgente, o pedido deve expor com precisão as circunstâncias de direito e de facto comprovativas da urgência, designadamente os riscos em que se incorre se o reenvio seguir a tramitação prejudicial ordinária.

42.   Na medida do possível, o órgão jurisdicional de reenvio indica, de forma sucinta, o seu ponto de vista sobre a resposta a dar às questões submetidas. Essa indicação facilita a tomada de posição das partes no litígio no processo principal e dos outros interessados que participem no processo, bem como a decisão do Tribunal, contribuindo, assim, para a celeridade do processo.

43.   O pedido de aplicação da tramitação acelerada ou da tramitação urgente deve ser apresentado sem ambiguidade, de modo a permitir à Secretaria do Tribunal concluir de imediato que o processo deve ser objeto de um tratamento específico. Para este efeito, é solicitado ao órgão jurisdicional de reenvio que precise qual das duas tramitações requer que seja aplicada no caso concreto e que mencione no seu pedido o artigo pertinente do Regulamento de Processo (artigo 105.º, relativo à tramitação acelerada, ou artigo 107.º, relativo à tramitação urgente). Esta menção deve figurar num local claramente identificável da decisão de reenvio (por exemplo, no cabeçalho ou em ato separado). Se for caso disso, pode ser útil juntar uma carta na qual o órgão jurisdicional de reenvio mencione esse pedido.

44.   No que respeita à decisão de reenvio propriamente dita, o seu caráter sucinto é ainda mais importante numa situação de urgência, na medida em que pode contribuir para a celeridade do processo.

Contactos entre o Tribunal de Justiça, o órgão jurisdicional de reenvio e as partes no processo principal

45.   Para acelerar e facilitar a comunicação com o órgão jurisdicional de reenvio e as partes, pede-se ao órgão jurisdicional que apresentar um pedido de aplicação da tramitação acelerada ou da tramitação urgente que indique o endereço eletrónico e, eventualmente, o número de telecopiador, que o Tribunal poderá utilizar, bem como os endereços eletrónicos e, eventualmente, os números de telecopiador dos representantes das partes em causa.

46.   Uma cópia da decisão de reenvio assinada, com um pedido de aplicação da tramitação acelerada ou da tramitação urgente, pode ser transmitida previamente ao Tribunal, por correio eletrónico (ECJ-Registry@curia.europa.eu) ou por telecopiador (+352 43 37 66). O tratamento do reenvio e do pedido pode iniciar-se logo que essa cópia seja recebida. O original desses atos deve, contudo, ser transmitido o mais rapidamente possível à Secretaria do Tribunal.

MANUAL DE COOPERAÇÃO JUDICIÁRIA INTERNACIONAL EM MATÉRIA PENAL

Jornal Oficial   C 439
da União Europeia

Edição em língua portuguesa

Comunicações e Informações

59.º ano
25 de novembro de 2016

Índice

I   *Resoluções, recomendações e pareceres*

RECOMENDAÇÕES

Tribunal de Justiça da União Europeia

2016/C 439/01   Recomendações à atenção dos órgãos jurisdicionais nacionais, relativas à apresentação de processos prejudiciais 1

ANEXO

25.11.2016 | PT | Jornal Oficial da União Europeia | C 439/1

I

(Resoluções, recomendações e pareceres)

RECOMENDAÇÕES

TRIBUNAL DE JUSTIÇA DA UNIÃO EUROPEIA

O presente texto constitui a atualização das recomendações à atenção dos órgãos jurisdicionais nacionais adotadas na sequência da entrada em vigor do novo Regulamento de Processo do Tribunal de Justiça, em 1 de novembro de 2012 (JO C 338 de 6.11.2012, p. 1). Fundadas quer na experiência adquirida na aplicação deste regulamento (¹), quer na jurisprudência mais recente, as presentes recomendações destinam-se a recordar as características essenciais do processo prejudicial e a fornecer aos órgãos jurisdicionais que submetem pedidos prejudiciais ao Tribunal de Justiça todas as indicações práticas necessárias para que este possa proferir uma decisão útil sobre as questões submetidas.

RECOMENDAÇÕES

à atenção dos órgãos jurisdicionais nacionais, relativas à apresentação de processos prejudiciais

(2016/C 439/01)

Introdução

1. Previsto nos artigos 19.º, n.º 3, alínea b), do Tratado da União Europeia (a seguir «TUE») e no artigo 267.º do Tratado sobre o Funcionamento da União Europeia (a seguir «TFUE»), o reenvio prejudicial é um mecanismo fundamental do direito da União Europeia. Visa garantir a interpretação e a aplicação uniformes deste direito na União, oferecendo aos órgãos jurisdicionais dos Estados-Membros um instrumento que lhes permite submeter ao Tribunal de Justiça da União Europeia (a seguir «Tribunal de Justiça»), a título prejudicial, questões relativas à interpretação do direito da União ou à validade dos atos adotados pelas instituições, órgãos ou organismos da União.

2. O processo prejudicial assenta numa estreita colaboração entre o Tribunal de Justiça e os órgãos jurisdicionais dos Estados-Membros. Com vista a assegurar a plena eficácia deste processo, cabe aqui recordar as suas características essenciais e fazer alguns esclarecimentos com vista a clarificar as disposições do Regulamento de Processo no que respeita, nomeadamente, ao autor e ao alcance do pedido de decisão prejudicial, bem como à forma e ao conteúdo de tal pedido. Estes esclarecimentos — aplicáveis a todos os pedidos de decisão prejudicial (I) — são completados por disposições aplicáveis aos pedidos de decisão prejudicial que exigem uma particular celeridade (II) e por um anexo que recapitula os elementos essenciais de qualquer pedido de decisão prejudicial.

I. Disposições aplicáveis a todos os pedidos de decisão prejudicial

Autor do pedido de decisão prejudicial

3. A competência do Tribunal de Justiça para se pronunciar, a título prejudicial, sobre a interpretação ou a validade do direito da União é exercida por iniciativa exclusiva dos órgãos jurisdicionais nacionais, independentemente de as partes no processo principal terem ou não exprimido a intenção de submeterem uma questão prejudicial ao Tribunal de Justiça. Uma vez que é chamado a assumir a responsabilidade pela futura decisão judicial, é na verdade ao órgão jurisdicional nacional chamado a pronunciar-se sobre um litígio — e a ele apenas — que cabe apreciar, atendendo às

---

(¹) JO L 265 de 29.9.2012, p. 1.

MANUAL DE COOPERAÇÃO JUDICIÁRIA INTERNACIONAL EM MATÉRIA PENAL

C 439/2 | PT | Jornal Oficial da União Europeia | 25.11.2016

particularidades de cada processo, quer a necessidade de um pedido de decisão prejudicial para o julgamento da causa quer a pertinência das questões que submete ao Tribunal de Justiça.

4. A qualidade de órgão jurisdicional é interpretada pelo Tribunal de Justiça como um conceito autónomo do direito da União, tomando em consideração, a este respeito, um conjunto de fatores, como a origem legal do órgão que lhe submeteu o pedido, a sua permanência, o caráter obrigatório da sua jurisdição, a natureza contraditória do processo, a aplicação, por esse órgão, das regras de direito, bem como a sua independência.

5. Os órgãos jurisdicionais dos Estados-Membros podem submeter uma questão ao Tribunal de Justiça sobre a interpretação ou a validade do direito da União se considerarem que uma decisão sobre essa questão é necessária ao julgamento da causa (v. artigo 267.º, segundo parágrafo, TFUE). Um reenvio prejudicial pode revelar-se particularmente útil nomeadamente quando for suscitada perante o órgão jurisdicional nacional uma questão de interpretação nova que tenha um interesse geral para a aplicação uniforme do direito da União ou quando a jurisprudência existente não dê o necessário esclarecimento num quadro jurídico ou factual inédito.

6. Quando for suscitada uma questão no âmbito de um processo pendente perante um órgão jurisdicional cujas decisões não sejam suscetíveis de recurso judicial previsto no direito interno, esse órgão jurisdicional é no entanto obrigado a submeter um pedido de decisão prejudicial ao Tribunal de Justiça (v. artigo 267.º, terceiro parágrafo, TFUE), exceto quando já existir uma jurisprudência bem assente na matéria ou quando a forma correta de interpretar a regra de direito em causa não dê origem a nenhuma dúvida razoável.

7. Por outro lado, decorre de jurisprudência constante que, embora os órgãos jurisdicionais nacionais tenham a faculdade de rejeitar os fundamentos de invalidade perante eles invocados contra um ato de uma instituição, órgão ou organismo da União, a possibilidade de declarar esse ato inválido é da competência exclusiva do Tribunal de Justiça. Se tiver dúvidas sobre a validade desse ato, um órgão jurisdicional de um Estado-Membro deve por conseguinte dirigir-se ao Tribunal de Justiça indicando as razões pelas quais considera que esse ato não é válido.

Objeto e alcance do pedido de decisão prejudicial

8. O pedido de decisão prejudicial deve ter por objeto a interpretação ou a validade do direito da União, e não a interpretação das regras de direito nacional ou questões de facto suscitadas no litígio no processo principal.

9. O Tribunal de Justiça só se pode pronunciar sobre o pedido de decisão prejudicial se o direito da União for aplicável ao processo principal. A este respeito, é indispensável que o órgão jurisdicional de reenvio exponha todos os elementos pertinentes, de facto e de direito, que o levam a considerar que há disposições do direito da União suscetíveis de ser aplicáveis.

10. No que diz respeito aos reenvios prejudiciais que têm por objeto a interpretação da Carta dos Direitos Fundamentais da União Europeia, importa recordar que, segundo o seu artigo 51.º, n.º 1, as disposições da Carta têm por destinatários os Estados-Membros apenas quando apliquem o direito da União. Embora as hipóteses em que essa aplicação está em causa possam ser diversas, é no entanto necessário que resulte de forma clara e inequívoca do pedido de decisão prejudicial que, no processo principal, é aplicável uma regra de direito da União diferente da Carta. Na medida em que o Tribunal de Justiça não é competente para conhecer de um pedido de decisão prejudicial quando uma situação não for abrangida pelo âmbito de aplicação do direito da União, as disposições da Carta eventualmente invocadas pelo órgão jurisdicional de reenvio não podem, por si só, fundar essa competência.

11. Por último, ainda que, para proferir a sua decisão, o Tribunal de Justiça tome necessariamente em consideração o quadro jurídico e factual do litígio no processo principal, tal como definido pelo órgão jurisdicional de reenvio no seu pedido de decisão prejudicial, o próprio Tribunal de Justiça não aplica o direito da União a esse litígio. Quando se pronuncia sobre a interpretação ou a validade do direito da União, o Tribunal de Justiça procura dar uma resposta útil para a solução do litígio no processo principal, mas é ao órgão jurisdicional de reenvio que cabe retirar as respetivas consequências concretas, deixando, sendo caso disso, de aplicar a regra nacional declarada incompatível com o direito da União.

Momento adequado para proceder ao reenvio prejudicial

12. Um órgão jurisdicional nacional pode apresentar ao Tribunal de Justiça um pedido de decisão prejudicial a partir do momento em que considera que uma decisão sobre a interpretação ou a validade do direito da União é necessária para proferir a sua decisão. É com efeito esse órgão jurisdicional que está mais bem colocado para apreciar em que fase do processo deve apresentar tal pedido.

488

ANEXO

25.11.2016 | PT | Jornal Oficial da União Europeia | C 439/3

13. Contudo, na medida em que este pedido vai servir de fundamento ao processo perante o Tribunal de Justiça e em que este último deve dispor de todos os elementos que lhe permitam verificar a sua competência para responder às questões submetidas e, na afirmativa, dar uma resposta útil a essas questões, é necessário que a decisão de efetuar um reenvio prejudicial seja tomada numa fase do processo em que o órgão jurisdicional de reenvio esteja em condições de definir, com precisão suficiente, o quadro jurídico e factual do processo principal, bem como as questões jurídicas que este suscita. No interesse de uma boa administração da justiça, é igualmente desejável proceder ao reenvio na sequência de um debate contraditório.

Forma e conteúdo do pedido de decisão prejudicial

14. O pedido de decisão prejudicial pode revestir qualquer forma admitida pelo direito nacional em matéria de incidentes processuais, mas há que ter presente que é esse pedido que serve de fundamento ao processo no Tribunal de Justiça e que o mesmo é notificado a todos os interessados referidos no artigo 23.º do Estatuto do Tribunal de Justiça (a seguir «Estatuto»), nomeadamente a todos os Estados-Membros, tendo em vista recolher as eventuais observações escritas destes. A correspondente necessidade de traduzir o pedido de decisão prejudicial para todas as línguas oficiais da União Europeia apela por conseguinte a que o órgão jurisdicional de reenvio redija de forma simples, clara e precisa, sem elementos supérfluos. Como revela a experiência, dez páginas normalmente são suficientes para descrever adequadamente o quadro jurídico e factual de um pedido de decisão prejudicial.

15. O conteúdo de qualquer pedido de decisão prejudicial é fixado no artigo 94.º do Regulamento de Processo do Tribunal de Justiça e é recapitulado no anexo ao presente documento. Além do texto das questões submetidas ao Tribunal de Justiça a título prejudicial, o pedido de decisão prejudicial deve conter:

— uma exposição sumária do objeto do litígio e dos factos pertinentes, conforme apurados pelo órgão jurisdicional de reenvio, ou, no mínimo, uma exposição dos dados factuais em que as questões assentam;

— o teor das disposições nacionais suscetíveis de serem aplicadas no caso concreto e, sendo caso disso, a jurisprudência nacional pertinente, e

— a exposição das razões que conduziram o órgão jurisdicional de reenvio a interrogar-se sobre a interpretação ou a validade de certas disposições do direito da União, bem como o nexo que esse órgão estabelece entre essas disposições e a legislação nacional aplicável ao litígio no processo principal.

Na falta de um ou vários dos elementos precedentes, o Tribunal de Justiça pode ser levado a declarar-se incompetente para se pronunciar sobre as questões submetidas a título prejudicial ou a julgar o pedido de decisão prejudicial inadmissível.

16. No seu pedido de decisão prejudicial, o órgão jurisdicional de reenvio deve fornecer as referências precisas das disposições nacionais aplicáveis aos factos do litígio no processo principal e identificar com precisão as disposições do direito da União cuja interpretação é pedida ou cuja validade é posta em causa. O pedido inclui eventualmente um breve resumo dos argumentos pertinentes das partes no litígio. Neste contexto, é útil recordar que apenas o pedido prejudicial é traduzido e não os eventuais anexos ao pedido.

17. O órgão jurisdicional de reenvio também pode indicar sucintamente o seu ponto de vista a respeito da resposta a dar às questões submetidas a título prejudicial. Essa indicação revela-se útil para o Tribunal de Justiça, especialmente quando é chamado a conhecer do pedido no quadro de um processo com tramitação acelerada ou urgente.

18. Por fim, as questões submetidas ao Tribunal de Justiça a título prejudicial devem figurar numa parte distinta e claramente identificada da decisão de reenvio, de preferência no início ou no fim desta. Devem ser compreensíveis em si mesmas, sem necessidade de fazer referência à exposição de motivos do pedido.

19. Para facilitar a leitura, é essencial que o pedido de decisão prejudicial seja enviado ao Tribunal de Justiça datilografado e que as páginas e os parágrafos da decisão de reenvio sejam numerados.

20. O pedido de decisão prejudicial deve ser datado, assinado e enviado por correio registado à Secretaria do Tribunal de Justiça para o seguinte endereço: Rue du Fort Niedergrünewald, 2925 Luxembourg. LUXEMBOURG. Este pedido

MANUAL DE COOPERAÇÃO JUDICIÁRIA INTERNACIONAL EM MATÉRIA PENAL

C 439/4 | PT | Jornal Oficial da União Europeia | 25.11.2016

deve ser acompanhado de todos os documentos pertinentes, nomeadamente dos dados precisos das partes no litígio e dos seus eventuais representantes, bem como dos autos do processo principal ou de uma cópia dos mesmos. Esses autos (ou a respetiva cópia) serão conservados na Secretaria durante todo o processo, onde, sob reserva de indicações em contrário do órgão jurisdicional de reenvio, poderá ser consultado pelos interessados referidos no artigo 23.º do Estatuto.

21. No quadro do processo prejudicial, o Tribunal de Justiça retoma, em princípio, os dados constantes da decisão de reenvio, incluindo os dados nominativos ou de caráter pessoal. Incumbe, portanto, ao órgão jurisdicional de reenvio, se o considerar necessário, proceder ele próprio, no pedido de decisão prejudicial, à ocultação de certos dados ou à anonimização de uma ou de várias das pessoas ou entidades às quais o litígio no processo principal diga respeito.

22. Após a apresentação do pedido de decisão prejudicial, o Tribunal de Justiça também pode proceder a essa anonimização, oficiosamente ou a pedido do órgão jurisdicional de reenvio ou de uma parte no litígio no processo principal. Para manter a sua eficácia, esse pedido deve no entanto ser apresentado numa fase do processo tão precoce quanto possível e, em todo o caso, antes da publicação no *Jornal Oficial da União Europeia* da comunicação relativa ao processo em causa e da notificação do pedido de decisão prejudicial aos interessados visados no artigo 23.º do Estatuto que ocorre, regra geral, cerca de um mês após a apresentação do pedido de decisão prejudicial. Com efeito, devido à crescente utilização das novas tecnologias da informação e da comunicação, uma anonimização após esta publicação e notificação deixará em larga medida de ter utilidade prática.

Interações entre o reenvio prejudicial e o processo nacional

23. Embora o órgão jurisdicional nacional continue a ser competente para adotar medidas cautelares, em especial no quadro do reenvio para apreciação de validade, a apresentação de um pedido de decisão prejudicial acarreta a suspensão da instância no processo nacional até à decisão do Tribunal de Justiça.

24. Embora, enquanto um pedido de decisão prejudicial não tenha sido retirado, o Tribunal de Justiça continue em princípio a conhecer do processo, é no entanto necessário ter presente o seu papel no processo prejudicial, que é contribuir para a administração efetiva da justiça nos Estados-Membros, e não formular opiniões a respeito de questões gerais ou hipotéticas. Na medida em que o processo prejudicial pressupõe a existência de um litígio que esteja efetivamente pendente perante o órgão jurisdicional de reenvio, incumbe a este último advertir o Tribunal de Justiça de qualquer incidente processual que possa ter consequências sobre o processo que lhe cabe decidir e, em particular, de qualquer desistência, resolução amigável do litígio ou outro incidente que conduza à extinção da instância. Este órgão jurisdicional deve também informar o Tribunal de Justiça de uma eventual decisão em sede de recurso contra a decisão de reenvio e das consequências que a mesma tem no pedido de decisão prejudicial.

25. No interesse da boa tramitação do processo prejudicial no Tribunal de Justiça, e para preservar o seu efeito útil, importa todavia que essas informações sejam comunicadas ao Tribunal de Justiça o mais rapidamente possível. Chama-se por outro lado a atenção dos órgãos jurisdicionais nacionais para o facto de a retirada de um pedido prejudicial poder ter consequências na gestão de processos (ou de séries de processos) semelhantes por parte do órgão jurisdicional de reenvio. Quando o desfecho de vários processos pendentes perante este último depender da resposta que o Tribunal de Justiça der às questões submetidas pelo órgão jurisdicional de reenvio, pode ser útil apensar esses processos para efeitos do pedido de decisão prejudicial, a fim de permitir ao Tribunal de Justiça responder às questões submetidas apesar da eventual retirada de um ou vários processos.

Despesas e assistência judiciária

26. O processo prejudicial no Tribunal de Justiça é gratuito e este último não decide sobre as despesas das partes no litígio pendente no órgão jurisdicional de reenvio; é a este que cabe decidir a este respeito.

27. Caso uma parte no litígio no processo principal não disponha de recursos suficientes e na medida em que as regras nacionais o permitam, o órgão jurisdicional de reenvio pode conceder a essa parte assistência judiciária para fazer face aos encargos, designadamente de representação, que deve suportar perante o Tribunal de Justiça. Este pode igualmente conceder tal assistência se a parte em causa não beneficiar de assistência a nível nacional ou na medida em que essa assistência não cubra — ou apenas cubra parcialmente — as despesas efetuadas com o processo no Tribunal de Justiça.

ANEXO

25.11.2016 [PT] Jornal Oficial da União Europeia C 439/5

Contactos entre o Tribunal de Justiça e o órgão jurisdicional nacional

28. Durante todo o processo a Secretaria do Tribunal de Justiça permanece em contacto com o órgão jurisdicional de reenvio, ao qual envia uma cópia de todos os atos processuais, bem como, sendo caso disso, os pedidos de esclarecimentos julgados necessários para responder de forma útil às questões submetidas por esse órgão jurisdicional.

29. No final do processo, a Secretaria envia a decisão do Tribunal de Justiça ao órgão jurisdicional de reenvio, pedindo--lhe que o informe do seguimento que dará a essa decisão no litígio no processo principal e que lhe comunique a sua decisão final no processo principal.

II. Disposições aplicáveis aos pedidos de decisão prejudicial que exigem especial celeridade

30. Nas condições previstas no artigo 23.º-A do Estatuto e nos artigos 105.º a 114.º do Regulamento de Processo, um reenvio prejudicial pode, em certas circunstâncias, ser sujeito a tramitação acelerada ou a tramitação urgente. A aplicação de uma dessas tramitações é decidida pelo Tribunal de Justiça com base na apresentação, pelo órgão jurisdicional de reenvio, de um pedido devidamente fundamentado que indique as circunstâncias de direito ou de facto que justificam essa(s) tramitação(ões). A título excecional, o Tribunal de Justiça decide oficiosamente, quando a natureza ou as circunstâncias específicas do processo parecerem exigi-lo.

Condições de aplicação da tramitação acelerada e da tramitação urgente

31. Nos termos do artigo 105.º do Regulamento de Processo, um reenvio prejudicial pode ser sujeito a tramitação acelerada, em derrogação das disposições deste regulamento, quando a natureza do processo exija o seu tratamento dentro de prazos curtos. Uma vez que esta tramitação impõe contingências importantes a todos os atores do processo, designadamente ao conjunto dos Estados-Membros chamados a apresentar observações, escritas ou orais, em prazos bastante mais curtos do que os prazos ordinários, a sua aplicação só deve ser pedida em circunstâncias particulares que justifiquem que o Tribunal de Justiça se pronuncie rapidamente sobre as questões submetidas. Segundo jurisprudência constante, o número importante de pessoas ou de situações jurídicas potencialmente afetadas pela decisão que o órgão jurisdicional de reenvio deve proferir após ter submetido um pedido prejudicial ao Tribunal de Justiça não constitui, enquanto tal, uma circunstância excecional suscetível de justificar o recurso à tramitação acelerada.

32. Esta conclusão impõe-se, por maioria de razão, no que respeita à tramitação prejudicial urgente, prevista no artigo 107.º do Regulamento de Processo. Este tipo de tramitação, que só se aplica nas matérias abrangidas pelo Título V da Parte III do TFUE, relativo ao espaço de liberdade, segurança e justiça, impõe, com efeito, contingências ainda mais significativas às pessoas envolvidas, uma vez que limita o número de partes autorizadas a apresentar observações escritas e que permite, em casos de extrema urgência, omitir completamente a fase escrita do processo no Tribunal de Justiça. Por isso, a aplicação desta tramitação só deve ser pedida em circunstâncias em que seja absolutamente necessário que o Tribunal de Justiça se pronuncie muito rapidamente sobre as questões submetidas pelo órgão jurisdicional de reenvio.

33. Não sendo possível enumerar aqui essas circunstâncias de modo exaustivo, designadamente em razão do caráter variado e evolutivo das regras jurídicas da União que regulam o espaço de liberdade, segurança e justiça, um órgão jurisdicional nacional pode, por exemplo, apresentar um pedido de tramitação prejudicial urgente no caso, previsto no artigo 267.º, quarto parágrafo, TFUE, de uma pessoa detida ou privada de liberdade, quando a resposta à questão submetida seja determinante para a apreciação da situação jurídica dessa pessoa, ou no caso de um litígio relativo ao poder parental ou à guarda de crianças de tenra idade, quando a competência do juiz chamado a julgar por força do direito da União dependa da resposta à questão prejudicial.

Pedido de aplicação da tramitação acelerada ou da tramitação urgente

34. A fim de permitir ao Tribunal de Justiça decidir rapidamente se há que aplicar a tramitação acelerada ou a tramitação urgente, o pedido deve expor com precisão as circunstâncias de direito e de facto comprovativas da urgência, designadamente os riscos em que se incorre no caso se o reenvio seguir a tramitação prejudicial ordinária. Na medida do possível, o órgão jurisdicional de reenvio também deve indicar, de forma sucinta, o seu ponto de vista sobre a resposta a dar às questões submetidas. Com efeito, essa indicação facilita a tomada de posição das partes no litígio no processo principal e dos outros interessados que participem no processo e, por conseguinte, contribui para a celeridade deste.

491

MANUAL DE COOPERAÇÃO JUDICIÁRIA INTERNACIONAL EM MATÉRIA PENAL

C 439/6   PT   Jornal Oficial da União Europeia   25.11.2016

35. O pedido de aplicação da tramitação acelerada ou da tramitação urgente deve, em qualquer caso, ser apresentado sem ambiguidade, de modo a permitir à Secretaria do Tribunal de Justiça concluir de imediato que o processo deve ser objeto de um tratamento específico. Para este efeito, é pedido ao órgão jurisdicional de reenvio que precise qual das duas tramitações requer que seja aplicada no caso concreto e que mencione no seu pedido o artigo pertinente do Regulamento de Processo (artigo 105.°, relativo à tramitação acelerada, ou artigo 107.°, relativo à tramitação urgente). Esta menção deve figurar num local claramente identificável da decisão de reenvio (por exemplo, no cabeçalho ou em ato separado). Pode eventualmente ser útil juntar uma carta na qual o órgão jurisdicional de reenvio mencione esse pedido.

36. No que respeita à decisão de reenvio propriamente dita, o seu caráter sucinto é ainda mais importante numa situação de urgência, na medida em que contribui para a celeridade do processo.

Contactos entre o Tribunal de Justiça, o órgão jurisdicional de reenvio e as partes no processo principal

37. Para acelerar e facilitar a comunicação com o órgão jurisdicional de reenvio e as partes no litígio no processo principal, é pedido ao órgão jurisdicional que apresenta um pedido de aplicação da tramitação acelerada ou da tramitação urgente que indique o endereço eletrónico e, eventualmente, o número de fax, que o Tribunal de Justiça poderá utilizar, bem como os endereços eletrónicos e, eventualmente, os números de fax dos representantes das partes em causa.

38. Uma cópia assinada da decisão de reenvio, com um pedido de aplicação da tramitação acelerada ou da tramitação urgente, pode ser transmitida previamente ao Tribunal de Justiça por correio eletrónico (ECJ-Registry@curia.europa. eu) ou por fax (+352 433766). O tratamento do reenvio e do pedido pode iniciar-se logo que essa cópia seja recebida. O original desses atos deve, contudo, ser transmitido o mais rapidamente possível à Secretaria do Tribunal de Justiça.

ANEXO

| 25.11.2016 | PT | Jornal Oficial da União Europeia | C 439/7 |

ANEXO

Elementos essenciais de um pedido de decisão prejudicial

1. *Órgão jurisdicional de reenvio*

O pedido de decisão prejudicial deve incluir a indicação precisa do órgão jurisdicional de reenvio e, eventualmente, da secção ou formação de julgamento que procede ao reenvio e mencionar os dados completos deste órgão jurisdicional, a fim de facilitar os contactos posteriores entre este e o Tribunal de Justiça.

2. *Partes no litígio no processo principal e seus representantes*

A indicação do órgão jurisdicional de reenvio deve ser seguida da indicação das partes no litígio no processo principal e, eventualmente, das pessoas que as representam perante o órgão jurisdicional. Essas indicações devem ser tão completas quanto possível e incluir, nomeadamente, na decisão de reenvio ou na respetiva carta de acompanhamento, os endereços postais exatos das pessoas em causa, os seus números de telefone ou de fax e, na medida em que dele disponham, os seus endereços eletrónicos.

Chama-se a atenção dos órgãos jurisdicionais nacionais para o artigo 95.º do Regulamento de Processo do Tribunal de Justiça e para os n.os 21 e 22 das presentes recomendações. Se o considerar necessário, o próprio órgão jurisdicional de reenvio deve proceder, no seu pedido de decisão prejudicial, à ocultação de certos nomes ou dados, ou transmitir, além da versão integral do pedido de decisão prejudicial, uma versão anonimizada desse pedido, que servirá de fundamento ao processo no Tribunal de Justiça.

3. *Objeto do litígio no processo principal e factos pertinentes*

O órgão jurisdicional de reenvio deve descrever sucintamente o objeto do litígio no processo principal bem como os factos pertinentes, como apurados ou dados como provados por esse órgão jurisdicional.

4. *Disposições legais pertinentes*

O pedido de decisão prejudicial deve mencionar de maneira precisa as disposições nacionais aplicáveis aos factos do litígio no processo principal, incluindo, sendo caso disso, as decisões jurisprudenciais pertinentes e as disposições de direito da União cuja interpretação é pedida ou cuja validade é contestada. Estas referências devem ser completas e incluir o título e as referências exatas das disposições em causa, bem como as respetivas referências de publicação. Na medida do possível, as citações de jurisprudência, nacional ou europeia, também devem incluir o número ECLI («European Case Law Identifier») da decisão em causa.

5. *Fundamentação do reenvio*

O Tribunal de Justiça só se pode pronunciar sobre o pedido de decisão prejudicial se o direito da União for aplicável ao processo principal. Por conseguinte, o órgão jurisdicional de reenvio deve expor as razões que o conduziram a interrogar-se sobre a interpretação ou a validade de certas disposições do direito da União, bem como o nexo que estabelece entre essas disposições e a legislação nacional aplicável ao litígio no processo principal. Caso o considere útil para a compreensão do processo, nesta parte do pedido o órgão jurisdicional de reenvio pode expor os argumentos das partes a este respeito.

6. *Questões prejudiciais*

O órgão jurisdicional de reenvio deve enunciar, de forma clara e distinta, as questões que submete ao Tribunal de Justiça a título prejudicial. Estas questões devem ser compreensíveis em si mesmas, sem necessidade de fazer referência à exposição de motivos do pedido de decisão prejudicial.

Na medida do possível, o órgão jurisdicional de reenvio também deve indicar sucintamente o seu ponto de vista sobre a resposta a dar às questões submetidas a título prejudicial.

7. *Eventual necessidade de um tratamento específico*

Por último, se considerar que o pedido que submete ao Tribunal de Justiça exige um tratamento específico, quer no que diz respeito à necessidade de preservar o anonimato das pessoas em causa no processo principal, quer no que respeita à eventual celeridade com que o pedido deve ser tratado no Tribunal de Justiça, o órgão jurisdicional de reenvio deve expor detalhadamente as razões que militam a favor desse tratamento no pedido de decisão prejudicial e, sendo caso disso, na carta que o acompanha.

MANUAL DE COOPERAÇÃO JUDICIÁRIA INTERNACIONAL EM MATÉRIA PENAL

C 439/8   PT   Jornal Oficial da União Europeia   25.11.2016

Aspetos formais do pedido de decisão prejudicial

Os pedidos de decisão prejudicial devem ser apresentados de forma a facilitar o seu posterior tratamento eletrónico pelo Tribunal de Justiça e, nomeadamente, de modo a permitir a sua digitalização e o seu reconhecimento ótico. Para esse efeito:

— os pedidos devem ser datilografados em papel branco, sem linhas, de formato A 4,

— os carateres utilizados no texto devem ser de tipo corrente (como Times New Roman, Courier ou Arial), de tamanho, pelo menos, de 12 pt no texto e de 10 pt nas eventuais notas de rodapé, com espaço de 1,5 e com margens, horizontais e verticais, de, pelo menos, 2,5 cm (topo e pé de página e esquerda e direita da página), e

— todas as páginas do pedido, bem como os parágrafos, devem ser numerados de modo contínuo e por ordem crescente.

O pedido de decisão prejudicial deve ser datado e assinado. Deve ser enviado por correio registado, com os autos do processo principal, à Secretaria do Tribunal de Justiça, Rue du Fort Niedergrünewald, 2925 Luxembourg, LUXEMBOURG.

Em caso de pedido de tramitação acelerada ou de tramitação urgente, recomenda-se que seja previamente enviada uma cópia assinada do pedido de decisão prejudicial por correio eletrónico (ECJ-Registry@curia.europa.eu) ou por fax (+352 433766), e que o original seja posteriormente enviado por via postal.

ANEXO

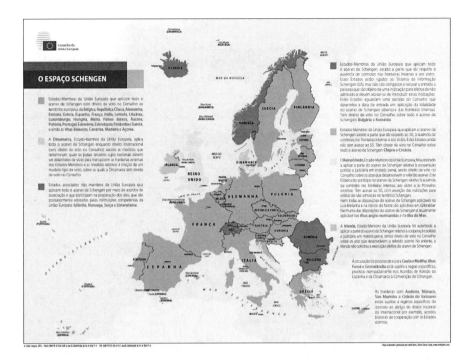

O Mecanismo de avaliação de Schengen

O mecanismo de avaliação de Schengen prevê visitas de controlo aos Estados-Membros numa base anual e plurianual. Em média, são avaliados anualmente entre 5 e 7 Estados-Membros. As visitas de avaliação são realizadas por equipas lideradas pela Comissão e compostas por peritos dos Estados-Membros e da agência Frontex. Essas visitas podem ser efetuadas com ou sem aviso prévio.

Na sequência de cada visita, é elaborado e aprovado pelo Comité de Avaliação de Schengen, composto por peritos dos Estados-Membros, um relatório de avaliação Schengen. Se o relatório identificar eventuais lacunas na gestão das fronteiras externas, são formuladas recomendações para a adoção de medidas corretivas. A Comissão apresenta essas recomendações ao Conselho para adoção.

Artigos 23.º, 24.º e 25.º: Reintrodução temporária de controlos nas fronteiras pelos Estados-Membros

O Código das Fronteiras Schengen dá aos Estados-Membros a possibilidade de reintroduzirem temporariamente controlos nas suas fronteiras internas em caso de ameaça grave para a ordem pública ou a segurança interna.

Artigo 25.º — Reintrodução temporária de controlos nas fronteiras em circunstâncias imprevistas
- O artigo 25.º pode ser utilizado nos casos que exijam uma ação imediata
- A reintrodução é por um período inicial de 10 dias.
- Esta medida pode ser renovado por períodos suplementares de 20 dias, até ao máximo de **2 meses** no total.

Artigos 23.º e 24.º — Reintrodução temporária de controlos nas fronteiras em circunstâncias previsíveis
- Os artigos 23.º e 24.º podem ser utilizados em circunstâncias previsíveis, se for previamente notificado.
- Estes controlos poderão prolongar-se por um período inicial de 30 dias, renovado até um máximo de **6 meses**.

ANEXO

O Código das Fronteiras Schengen permite a combinação das medidas previstas nos seus artigos 24.º e 25.º, permitindo que os Estados-Membros reintroduzam temporariamente os controlos nas fronteiras, por uma duração total de 8 meses, no âmbito destes procedimentos.

Em circunstâncias excecionais, estes controlos podem, em último recurso e para proteger o interesse comum do espaço Schengen, ser prolongados para além deste período de 8 meses. Este procedimento está definido no artigo 26.º do Código das Fronteiras Schengen.

Artigos 19.º e 26.º: Ameaça para o funcionamento global das fronteiras internas do espaço Schengen

Em situações excecionais, as deficiências na gestão da fronteira externa do espaço Schengen podem pôr em risco o funcionamento do espaço interno de livre circulação. Nestes casos, o Conselho está habilitado a propor controlos numa ou em várias fronteiras internas.
Se um relatório de avaliação Schengen concluir que no Estado-Membro avaliado se verificam «deficiências graves na realização do controlo nas fronteiras externas», o Conselho pode recomendar ao Estado-Membro em causa medidas corretivas. A Comissão pode igualmente, ao abrigo do **artigo 19.º-B** do Código das Fronteiras Schengen, recomendar que o Estado Membro avaliado tome determinadas medidas específicas, com vista a garantir o cumprimento das recomendações do Conselho. A Comissão adota estas recomendações após obter um parecer de um comité composto pelos Estados-Membros, deliberando por maioria qualificada. O Estado Membro avaliado dispõe então de um prazo de **três meses** a contar da data de adoção das recomendações do Conselho para aplicar as medidas corretivas.
Se as recomendações não forem abordadas de forma adequada no prazo de três meses, a Comissão está habilitada a desencadear, como último recurso, a aplicação de medidas destinadas a reintroduzir controlos nas fronteiras internas. Nos termos do **artigo 26.º** do Código das Fronteiras Schengen, a Comissão pode propor uma recomendação, a adotar pelo Conselho, para efeitos de reintrodução dos controlos na totalidade ou em partes específicas da fronteira de um ou mais Estados-Membros. Trata-se de medidas de último recurso que estão sujeitas a um procedimento claramente definido. Podem ser introduzidas por um período máximo de seis meses. Esses controlos podem ser prolongados por períodos suplementares de seis meses, até um máximo de **dois anos**.

MANUAL DE COOPERAÇÃO JUDICIÁRIA INTERNACIONAL EM MATÉRIA PENAL

ANEXO

O que é o espaço Schengen?

O espaço Schengen é uma vasta área do continente europeu, na qual foram suprimidos os controlos nas fronteiras internas. Os Estados participantes aplicam regras comuns relativamente aos controlos nas fronteiras externas do espaço Schengen, bem como à emissão de vistos e a cooperação em matéria penal entre serviços policiais e autoridades judiciais (consulte a lista de países que integram o espaço Schengen no sítio Web indicado no final do presente folheto).

O que é o Sistema de Informação de Schengen?

O Sistema de Informação de Schengen (e a segunda geração do sistema – o SIS II) é um elemento central da cooperação Schengen. Trata-se de um sistema de informação que permite às autoridades nacionais responsáveis pelos controlos fronteiriços e aduaneiros, bem como as autoridades policiais responsáveis pelos controlos na fronteira externa do espaço Schengen e no seu interior, emitir alertas (denominados "indicações") sobre pessoas procuradas ou desaparecidas e objetos como veículos e documentos roubados. O SIS II prossegue, deste modo, o exercício da importante função de compensar a abolição dos controlos nas fronteiras internas e facilita a livre circulação de pessoas no espaço Schengen.

O SIS II fornece informações sobre pessoas que não têm direito de acesso ou permanência no espaço Schengen, ou sobre pessoas procuradas no âmbito de ilícitos criminais. O SIS II inclui também informações sobre pessoas desaparecidas, sobretudo crianças ou outros indivíduos vulneráveis que careçam de proteção. São ainda introduzidos no SIS II dados relativos a determinados objetos como, por exemplo, automóveis, armas de fogo, embarcações e documentos de identificação que possam ter sido perdidos, roubados ou ainda utilizados para a prática de crimes.

Na prática, as autoridades policiais, aduaneiras, judiciais ou administrativas de um Estado participante poderão emitir uma indicação que descreva a pessoa ou objeto procurados. Constituem motivo de emissão de uma indicação:

- a não admissão ou interdição de permanência no espaço Schengen de pessoas destinatárias de tais direitos;
- a localização e detenção de uma pessoa relativamente à qual tenha sido emitido um mandado de detenção europeu;
- a cooperação na localização de pessoas a pedido das autoridades judiciais ou policiais;

- a localização e proteção de uma pessoa desaparecida;
- a localização de bens roubados ou perdidos.

Os dados armazenados no SIS II são os dados necessários à identificação de uma pessoa (incluindo fotografia e impressões digitais), bem como informações relevantes acerca da indicação (e da medida a ser tomada).

Que autoridades têm acesso aos dados do SIS II?

O acesso ao SIS II está restrito às autoridades policiais, judiciais e administrativas de um Estado participante. As referidas autoridades só poderão aceder os dados do SIS II especificamente necessários ao exercício das suas funções. As agências europeias EUROPOL e EUROJUST gozam de direitos de acesso limitados para efetuar determinado tipo de consultas.

De que modo é garantida a proteção de dados pessoais?

As autoridades de cada Estado que utiliza o SIS II têm a obrigação de verificar a qualidade da informação que introduzem no sistema. No espaço Schengen existem requisitos rigorosos relativamente à proteção de dados. Se forem armazenados dados pessoais acerca de uma pessoa, a própria tem o direito de solicitar o acesso aos mesmos para se certificar de que foram introduzidos com rigor e dentro da legalidade. Se tal não for o caso, assiste à pessoa em causa o direito de apresentar um pedido de retificação ou supressão dos mesmos.

O acesso só poderá ser recusado se tal for indispensável para a execução de uma tarefa legal relacionada com uma indicação ou para a proteção dos direitos e liberdades de terceiros.

E se alguém que participe num ilícito criminal ou aceda ilegalmente ao espaço Schengen utilizar indevidamente o meu nome?

Por vezes, a prática de crimes ou a tentativa de acesso ou permanência no espaço Schengen é feita com recurso a uma identidade falsa. Este ilícito pressupõe muitas vezes a utilização de documentos de identidade perdidos ou roubados. Caso essa situação venha a resultar na emissão de uma indicação no SIS II, tal poderá causar problemas à pessoa inocente a quem a identidade tenha sido roubada. No entanto, estão em vigor procedimentos específicos com vista à proteção dos interesses dessas pessoas inocentes (consulte abaixo).

Como solicitar o acesso, retificação ou supressão de dados pessoais e proceder em caso da sua utilização indevida?

Caso considere ter havido uma utilização indevida dos seus dados pessoais, ou que estes devam ser retificados ou suprimidos, poderá solicitar o acesso aos mesmos em qualquer Estado Schengen, bastando para tal entrar em contacto com as autoridades competentes (normalmente, a autoridade nacional de proteção de dados ou a autoridade responsável pela qualidade dos dados nacionais introduzidos no SIS II). Caso se encontre fora do espaço Schengen, poderá contactar o consulado de um Estado Schengen no país no qual esteja a viver. Será informado do seguimento dado ao seu pedido no prazo máximo de três meses.

Para mais informações sobre o SIS II e os direitos que lhe assistem aceda a: ec.europa.eu/dgs/home-affairs/sisii

499

IBer Rede[528]

Tratado sobre Assistência Jurídica Mútua em Matéria Penal entre o Reino de Espanha e os Estados Unidos Mexicanos, feito à Palmas de Gran Canaria em 29 de setembro de 2006	Bilateral
Convenção das Nações Unidas contra a Corrupção realizou em Nova Iorque, em 31 de outubro de 2003.	Multilateral
Tratado entre la República de Honduras y la República de Panamá sobre traslado de personas condenadas	Bilateral
Convenção das Nações Unidas contra o crime organizado transnacional, realizada em Nova Iorque, em 15 de novembro de 2000	Multilateral
Protocolo para Prevenir, Suprimir e Punir o Tráfico de Pessoas, em Especial Mulheres e Crianças, que complementa a Convenção das Nações Unidas contra o Crime Organizado Transnacional, realizada em Nova Iorque, em 15 de novembro de 2000.	Multilateral
Protocolo contra o Contrabando de Migrantes por Terra, Mar e Ar complementa a Convenção das Nações Unidas contra o Crime Organizado Transnacional, realizada em Viena em 15 de novembro de 2000	Multilateral
Tratado de Auxílio Judiciário Mútuo em Matéria Penal entre o Reino de Espanha e da República do Peru, feita "ad referendum", em Madrid, em 8 de novembro de 2000	Bilateral
Segundo Protocolo que altera o Tratado de Extradição e Assistência Penal entre a Espanha eo México, feita "ad referendum" da cidade do México em 6 de dezembro de 1999	Bilateral
Acordo de cooperação judiciária em matéria penal entre o Reino de Espanha ea República do Paraguai, fez "ad referendum" em Assunção em 26 de junho de 1999	Bilateral
Convenção entre o Reino de Espanha e da República do Panamá sobre a assistência jurídica e judiciária em matéria penal, feita "ad referendum", em Madrid em 19 de outubro de 1998	Bilateral
Acordo de cooperação judiciária em matéria penal entre o Reino de Espanha e da República da Colômbia, feita em Bogotá em 29 de maio de 1997	Bilateral
PROTOCOLO que altera o tratado de extradição e de assistência mútua em matéria penal entre o Reino de Espanha e os Estados Unidos Mexicanos, de 21 de Novembro de 1978, assinada na Cidade do México, em 23 junho 1995	Bilateral

[528] https://www.iberred.org/pt/convenios-penal

Tratado de Extradição e de Assistência Judiciária entre Penal Espanha e Chile, assinado em Santiago de 14 de abril 1992	Bilateral
ERRATAS correção do tratado de extradição e de assistência mútua em matéria penal entre o Reino de Espanha e a República do Chile, assinado em Santiago	Bilateral
Tratado Assistência Jurídica Mútua em Matéria Penal entre o Reino de Espanha e da República Oriental do Uruguai, assinado em Montevideu em 19 de novembro de 1991	Bilateral
Tratado de extradição entre a Espanha ea Bolívia, assinado em Madrid em 24 de abril de 1990	Bilateral
Tratado entre Espanha e Bolívia sobre Transferência de Pessoas Condenadas, assinada em Madrid em 24 de Abril de 1990.	Bilateral
CONVENÇÃO DE 20 DE DEZEMBRO DE 1988 Convenção das Nações Unidas contra o Tráfico Ilícito de Estupefacientes e Substâncias Psicotrópicas, FEITA EM VIENA	Multilateral
Tratado em 3 de março de 1987, a extradição ea assistência jurídica mútua em matéria penal entre o Reino de Espanha e Argentina, assinado em Buenos Aires	Bilateral
Troca de notas em 1991 o Tratado de 3 de março 1987	Bilateral
TROCA DE NOTAS, formando ACORDO ENTRE ESPANHA E OS ESTADOS UNIDOS PARA O DESENVOLVIMENTO DE Mejicano o franco-mexicana Extradição de 1978, realizada em Madrid em 1.º de dezembro 1984	Bilateral
Tratado de extradição e de assistência mútua em matéria penal entre Espanha e República Dominicana. Feito em Madrid, em 4 de Maio de 1981	Bilateral
Tratado de extradição e de assistência mútua em matéria penal entre Espanha e República Dominicana. Feito em Madrid, em 4 de Maio de 1981	Bilateral
Tratado de extradição e de assistência mútua em matéria penal entre o Reino de Espanha e os Estados Unidos Mexicanos, assinado no México D. F., 21 novembro 1978	Bilateral
Convenção da OCDE sobre a Luta contra a Corrupção de agentes políticos estrangeiros em transações comerciais internacionais	Bilateral

Rede Judiciária da CPLP[529]:

Convenções Bilaterais entre os países que compõem a RJCPLP - Autoridades Centrais

	Angola	Brasil	Cabo Verde	Guiné-Bissau	Moçambique	Portugal	S. Tomé e Príncipe	Timor-Leste	Autoridade Central PT	Autoridade Central Homóloga
Acordo de Cooperação Jurídica e Judiciária	x					x			Ministério da Justiça Direção-Geral da Administração da Justiça	
Acordo Bilateral de Cooperação no Domínio do Combate ao Tráfico Ilícito de Estupefacientes, Substâncias Psicotrópicas e Criminalidade Conexa	x					x			Ministério da Justiça Polícia Judiciária	Ministério do Interior Direção Nacional de Investigação Criminal (DNIC)
Protocolo de Cooperação no âmbito da Informática Jurídico-Documental	x					x			Ministério da Justiça Instituto de Gestão Financeira e Equipamentos da Justiça, IP	
Tratado de Auxílio Mútuo em Matéria Penal		x				x			Procuradoria-Geral da República	Procuradoria-Geral da República
Tratado de Extradição		x				x				
Acordo de Cooperação para a Redução da Procura, Combate à Produção e Repressão do Tráfico Ilícito de Drogas e Substâncias Psicotrópicas		x				x			Ministério da Justiça Polícia Judiciária	Ministério das Relações Exteriores Departamento de Organismos Internacionais
Tratado sobre a Transferência de Pessoas Condenadas		x				x			Procuradoria-Geral da República	Ministério da Justiça
Protocolo de Cooperação para a Redução da Procura, Combate à Produção e Repressão ao Tráfico Ilícito de Drogas e Substâncias Psicotrópicas, para o Estabelecimento de um Plano de Formação de Técnicos		x				x			Ministério da Saúde Instituto Português da Droga e da Toxicodependência	Secretaria Nacional Antidrogas (SENAD)
Acordo de Cooperação Jurídica e Judiciária					x	x			Ministério da Justiça Direção-Geral da Administração da Justiça (matéria civil) Procuradoria-Geral da República (matéria penal)	Procuradoria-Geral da República

[529] http://www.rjcplp.org/sections/documento-uteis

ANEXO

Rede Judiciária da **CPLP**
Rede de Cooperação Jurídica e Judiciária Internacional dos Países de Língua Portuguesa

	Angola	Brasil	Cabo Verde	Guiné-Bissau	Moçambique	Portugal	S. Tomé e Príncipe	Timor-Leste	Autoridade Central PT	Autoridade Central Homóloga
Acordo sobre Cobrança de Alimentos			x			x			Ministério da Justiça Direção-Geral da Administração da Justiça	Procuradoria-Geral da República
Acordo de Cooperação Jurídica				x		x			Ministério da Justiça Direção-Geral da Administração da Justiça	
Acordo de Cooperação Jurídica e Judiciária					x	x			Ministério da Justiça Direção-Geral da Administração da Justiça	
Protocolo Adicional ao Acordo de Cooperação Jurídica e Judiciária					x	x				
Acordo Bilateral de Cooperação no Domínio do Combate ao Tráfico Ilícito de Estupefacientes, Substâncias Psicotrópicas e Criminalidade Conexa					x	x			Instituto Nacional de Polícia e Ciências Criminais Direção Central de Investigação do Tráfico de Estupefacientes da Polícia Judiciária	Direção Nacional da Polícia de Investigação Criminal
Acordo Judiciário						x	x			
Convenção sobre Cobrança de Alimentos						x	x		Ministério da Justiça Direção-Geral da Administração da Justiça	

MANUAL DE COOPERAÇÃO JUDICIÁRIA INTERNACIONAL EM MATÉRIA PENAL

Convenções Multilaterais entre os países que compõem a RJCPLP - Autoridades Centrais

As Convenções celebradas no quadro das relações entre os Estados da CPLP encontram-se em vigor para a Republica de Moçambique, para a Republica Portuguesa, para a Republica Democrática de São Tomé e Príncipe e para a Republica Federativa do Brasil, desde 1 de agosto de 2009, para a República de Angola, desde 1 de janeiro de 2011, e para a Republica Democrática de Timor-Leste, desde 1 de maio de 2011.

A Convenção para a Cobrança de Alimentos no Estrangeiro está em vigor para a Republica Federativa do Brasil, desde 14 de novembro de 1960, e para a Republica Portuguesa, desde 24 de fevereiro de 1965.

ANEXO

a) Modelos de formulários disponíveis

Para solicitar um dos tipos de auxílio judiciário previstos em convenções internacionais o pedido reveste, em regra, a forma de carta rogatória

Carta Rogatória
Embora as convenções não prevejam formulários específicos para o efeito, têm sido desenvolvidos, quer no plano interno quer internacional, modelos para auxiliar as autoridades competentes a elaborarem uma carta rogatória:
- Existem modelos em uso nos tribunais portugueses e nos DIAP
- No âmbito da UE: existe uma ferramenta informática da RJE para preencher um modelo multilingue de carta rogatória –Compendium
- No âmbito das Nações Unidas foi elaborada uma ferramenta para facilitar a formulação de um pedido de auxílio judiciário mútuo em matéria penal. Para mais informações sobre esta ferramenta Leia aqui
- No plano interno, encontram-se também disponíveis os seguintes formulários: *(antes de utilizar, verificar a necessidade de adaptação a alterações legislativas)*

Termo de Identidade e Residência

DE	EN	ES	FR	IT	NL	PL	RO	RU

Constituição de arguido

AR	BG	DE	EN	ES	FR	CZ	IT	NL	RO	RU

Notificação de lesado

AR	BG	DE	DZ	EL	EN	ES	FR	HR	CZ	IT	NL	RU	SV

Formulários específicos no âmbito da UE
No âmbito da UE, certos tipos de auxílio foram contemplados em instrumentos típicos, no caso, decisões e decisões-quadro.
Para formular os pedidos a que os mesmos respeitam foram aprovados formulários nas línguas oficiais da UE.
No caso concreto, trata-se de:
- Pedido de apreensão/congelamento de bens*(por si só, este pedido permite apenas manter o bem apreendido no Estado que executou a decisão)* Foi aprovado um formulário de "certidão" que acompanha a decisão de apreensão a reconhecer e executar

- Formulário anexo à Lei 25/2009, de 5 de Junho
- Pedido de execução de decisões de perda/confisco
  Foi aprovado um formulário de "certidão" que acompanha a decisão de perda a reconhecer e executar
  Formulário anexo à Lei 88/2009, de 31 de Agosto
- Pedido de informações constantes do registo criminal
  Formulário anexo à Decisão 2005/876/JAI de 21 de Novembro de 2000
- *Equipas conjuntas*
  Acordo modelo para constituição das equipas, nos termos da C-2000, art.13.º e da DQ 2002/465/JAI, de 13 de Junho de 2002
- DEI (Anexo I, II, III, IV)

Pode, também, encontrar os referidos formulários multilingues da UE, no site da RJE em Forms

Cartas Rogatórias: Citações/Notificações e Obtenção de Provas
Instrumentos de Cooperação Jurídica e Judiciária Internacional Aplicáveis

Acordo de Cooperação Jurídica e Judiciária entre a República Portuguesa e a República de Angola

Acordo de Cooperação Jurídica e Judiciária entre a República Portuguesa e a República de Cabo Verde

Acordo de Cooperação Jurídica entre a República Portuguesa e a República de Guiné-Bissau

Acordo de Cooperação Jurídica e Judiciária entre a República Portuguesa e a República de Moçambique

Acordo Judiciário entre Portugal e São Tomé e Príncipe

Formulários de pedido
Citação/Notificação
FORMULÁRIO A – Pedido de Citação ou de Notificação de um Ato
Obtenção de Prova
FORMULÁRIO B – Pedido de Obtenção de Provas
Aplicáveis a ambos os Pedidos
FORMULÁRIO C – Aviso de Recção de um Pedido de Cooperação
FORMULÁRIO D – Comunicação de Dificuldades no Cumprimento do Pedido
FORMULÁRIO E – Certidão de Cumprimento (Positivo ou Negativo) do Pedido

ANEXO

FORMULÁRIO F – Notificação de Atrasos
FORMULÁRIO G – Informação sobre os Motivos de Recusa de Cumprimento do Pedido

Modelos de Ofícios
Ofício Remeter Carta Rogatória para Citação/Notificação
Ofício Remeter Carta Rogatória para Obtenção Prova
Ofício Insistência
Ofício Devolução

NOTA:
Timor-Leste e Brasil – Sem instrumento jurídico internacional
Os pedidos de Citação/Notificação e Obtenção de Provas deverão ser solicitados à luz do Ordenamento Jurídico interno de cada Estado, por Carta Rogatória (de Direito Nacional), utilizando, para o efeito, as Vias Consulares ou Diplomáticas (Ministério dos Negócios Estrangeiros), de acordo com a legislação de cada EM da CPLP.
Modelos de Ofícios
Ofício Remeter Carta Rogatória para Citação/Notificação
Ofício Remeter Carta Rogatória para Obtenção de Prova

MANUAL DE COOPERAÇÃO JUDICIÁRIA INTERNACIONAL EM MATÉRIA PENAL

Diário da República, 1.ª série—N.º 160—21 de agosto de 2017

4867

presente lei, não vinculados à Diretiva 2014/41/UE do Parlamento Europeu e do Conselho, de 3 de abril de 2014, relativa à DEI em matéria penal, continuam a reger-se pelos instrumentos em vigor relativos ao auxílio judiciário mútuo em matéria penal.

2 — Ao reconhecimento e execução de decisões de apreensão de elementos de prova emitidas por outros Estados membros e recebidas antes da entrada em vigor da presente lei aplica-se o disposto na Lei n.º 25/2009, de 5 de junho.

3 — O n.º 1 do artigo 14.º, aplica-se, com as necessárias adaptações, a uma DEI emitida na sequência de uma decisão tomada antes da entrada em vigor da presente lei, ao abrigo da Decisão-Quadro 2003/577/JAI, do Conselho, de 22 de julho de 2003, para os efeitos previstos no n.º 1 do artigo 44.º

4 — A partir da entrada em vigor da presente lei, os pedidos de auxílio judiciário mútuo em matéria penal são dirigidos aos Estados membros vinculados à Diretiva 2014/41/UE do Parlamento Europeu e do Conselho de 3 de abril de 2014 relativa à DEI em matéria penal de acordo com a presente lei, mesmo no caso de estes não a terem transposto.

5 — Os pedidos de auxílio recebidos dos Estados membros a que se refere o número anterior, a partir da mesma data, são executados em conformidade com o previsto no presente diploma.

Artigo 47.º

Direito subsidiário

Aos procedimentos a que se refere a presente lei aplica-se subsidiariamente o Código de Processo Penal e o disposto noutras normas processuais da legislação nacional aplicáveis.

Artigo 48.º

Relação com outros instrumentos jurídicos, acordos ou convénios

A presente lei substitui, a partir da sua entrada em vigor, nas relações entre Portugal e os outros Estados membros vinculados à Diretiva 2014/41/UE do Parlamento Europeu e do Conselho, de 3 de abril de 2014, relativa à DEI em matéria penal, as disposições correspondentes das seguintes convenções:

a) Convenção Europeia de Auxílio Judiciário Mútuo em Matéria Penal, do Conselho da Europa, de 20 de abril de 1959, e os seus dois Protocolos Adicionais, bem como os acordos bilaterais celebrados nos termos do artigo 26.º dessa Convenção;

b) Convenção de Aplicação do Acordo de Schengen, de 19 de junho de 1990;

c) Convenção relativa ao Auxílio Judiciário Mútuo em Matéria Penal entre os Estados Membros da União Europeia, de 29 de maio de 2000, e o respetivo Protocolo.

Artigo 49.º

Revogação

É revogada a Lei n.º 25/2009, de 5 de junho, que estabelece o regime jurídico da emissão e da execução de decisões de apreensão de bens ou elementos de prova na União Europeia, em cumprimento da Decisão Quadro n.º 2003/577/JAI do Conselho, de 22 de julho, no que respeita à execução das decisões de apreensão de elementos de prova.

Artigo 50.º

Entrada em vigor

A presente lei entra em vigor no dia seguinte ao da sua publicação.

Aprovada em 23 de junho de 2017.

O Presidente da Assembleia da República, *Eduardo Ferro Rodrigues.*

Promulgada em 3 de agosto de 2017.

Publique-se.

O Presidente da República, Marcelo Rebelo de Sousa.

Referendada em 7 de agosto de 2017.

O Primeiro-Ministro, *António Luís Santos da Costa.*

ANEXO I

[a que se referem o n.º 1 do artigo 6.º, o n.º 1 do artigo 14.º, o n.º 2 do artigo 20.º e a alínea a) do n.º 3 do artigo 25.º]

Decisão Europeia de Investigação (DEI)

A presente Decisão Europeia de Investigação (DEI) foi emitida por uma autoridade competente. A autoridade de emissão certifica que a presente DEI é necessária e proporcional para efeitos do procedimento nela especificado, tendo em conta os direitos do suspeito ou arguido, e que as medidas de investigação requeridas poderiam ter sido ordenadas nas mesmas condições num processo nacional semelhante. Solicita-se a execução da medida ou medidas de investigação abaixo especificada(s), tendo devidamente em conta a confidencialidade da investigação, e a transferência dos elementos de prova obtidos com a execução da DEI.

SECÇÃO A
Estado de emissão: ....
Estado de execução: ....

SECÇÃO B: Urgência
Indique se há urgência por um dos motivos seguintes:
☐ Ocultação ou destruição de provas
☐ Iminência da data do julgamento
☐ Qualquer outra razão
(a especificar)
A Diretiva 2014/41/EU, estabelece prazos para a execução da DEI. Contudo, se for necessário um prazo específico ou mais curto, precise a data e exponha a(s) razão(ões)

SECÇÃO C: Medida(s) de investigação a executar
1. Descreva a medida ou medidas de investigação/assistência requerida E indique, se aplicável, se se trata de uma das medidas de investigação seguintes:

☐ Obtenção de informações ou elementos de prova já na posse da autoridade de execução
☐ Obtenção de informações contidas em bases de dados detidas pela polícia ou pelas autoridades judiciárias
☐ Audição
   ☐ Testemunha
   ☐ Perito
   ☐ Suspeito ou arguido
   ☐ Vítima
   ☐ Terceiro
☐ Identificação de assinantes de um número de telefone ou endereço IP específicos
☐ Transferência temporária da pessoa detida para o Estado de emissão
☐ Transferência temporária da pessoa detida para o Estado de execução

ANEXO

4868   *Diário da República, 1.ª série—N.º 160—21 de agosto de 2017*

☐ Audição por videoconferência ou através de outro meio de transmissão audiovisual
   ☐ Testemunha
   ☐ Perito
   ☐ Suspeito ou arguido
☐ Audição por conferência telefónica
   ☐ Testemunha
   ☐ Perito
☐ Informações sobre contas bancárias e outras contas financeiras
☐ Informações sobre operações bancárias e outras operações financeiras
☐ Medidas de investigação que impliquem a recolha de elementos de prova em tempo real, de forma ininterrupta e durante um determinado período
   ☐ Vigilância de operações bancárias ou outras operações financeiras
   ☐ Entregas vigiadas
   ☐ Outros
☐ Investigações encobertas
☐ Interceção de telecomunicações
☐ Medida(s) provisória(s) para impedir a destruição, transformação, deslocação, transferência ou alienação de um elemento que possa servir de prova

SECÇÃO D: Relação com uma DEI anterior

Indique se a presente DEI complementa uma DEI anterior. Se aplicável, forneça informações pertinentes para identificar a DEI anterior (data de emissão, autoridade à qual foi transmitida e, se possível, data de transmissão e números de referência comunicados pelas autoridades de emissão e de execução)

....

Se relevante, indique se foi já enviada uma DEI a outro Estado-Membro no âmbito do mesmo processo.

....

SECÇÃO E: Identidade da pessoa em causa

1. Forneça todas as informações conhecidas sobre a identidade da(s) i) pessoa(s) singular(es) ou ii) coletiva(s) a que se aplica a medida de investigação (se houver mais de uma pessoa envolvida, forneça informações sobre cada uma delas):

i) Pessoa(s) singular(es)
Apelido: ....
Nome(s) próprio(s): ....
Outro(s) nome(s) relevante(s) (se os houver): ....
Alcunhas e pseudónimos (se os houver): ....
Sexo: ....
Nacionalidade: ....
Número de identificação ou número da segurança social: ....
Tipo e número do(s) documento(s) de identificação (bilhete de identidade, passaporte) (se os houver): ....

Data de nascimento: ....
Local de nascimento: ....
Residência e/ou endereço conhecido; caso não seja conhecido, indique o último paradeiro conhecido: ....

Idioma(s) que a pessoa compreende: ....

ii) Pessoa(s) coletiva(s)
Nome ou denominação: ....
Tipo de pessoa coletiva: ....
Nome ou denominação abreviada, nome ou denominação corrente ou firma (se aplicável): ....

Sede estatutária: ....
Número de registo: ....
Endereço da pessoa coletiva: ....
Nome do representante da pessoa coletiva: ....

Descreva a posição atualmente detida pela pessoa em causa no processo:
☐ Suspeito ou arguido
☐ Vítima
☐ Testemunha
☐ Perito
☐ Terceiro
☐ Outros (especificar): ....

2. Se diferente do endereço acima indicado, indique o local onde deverá ser executada a medida de investigação:
....

3. Outras informações (se as houver) que possam ajudar na execução da DEI:
....

SECÇÃO F: Tipo de processos para os quais foi emitida a DEI

☐ a) No âmbito de processos penais instaurados por uma autoridade judiciária, ou que possam ser instaurados perante tal autoridade, relativamente a uma infração penal ao abrigo do direito interno do Estado de emissão; ou

☐ b) Processos instaurados pelas autoridades administrativas por atos puníveis ao abrigo do direito interno do Estado de emissão, por configurarem uma infração à lei, e quando da decisão caiba recurso para um órgão jurisdicional competente, especialmente em matéria penal; ou

☐ c) Processos instaurados pelas autoridades judiciárias por atos puníveis ao abrigo do direito interno do Estado de emissão, por configurarem uma infração à lei, e quando da decisão caiba recurso para um órgão jurisdicional competente, especialmente em matéria penal; ou

☐ d) No contexto dos processos referidos nas alíneas a), b) e c), relativos a crimes ou infrações a lei pelos quais uma pessoa coletiva possa ser responsabilizada ou punida no Estado de emissão.

SECÇÃO G: Motivos para a emissão da DEI

1. Exposição sumária dos factos

Expor os motivos que levaram à emissão da DEI, incluindo uma síntese dos factos que deram origem ao processo, uma descrição das infrações em causa ou sob investigação, a fase em que se encontra o processo de investigação, os motivos na base dos fatores de risco e quaisquer outras informações relevantes.

....
....
....

2. Natureza e qualificação jurídica da infração ou infrações que deram origem à emissão da DEI e disposição legal/código aplicável:
....

3. É a infração que deu origem à emissão da DEI punível no Estado de emissão com pena ou medida de segurança privativas de liberdade de duração máxima não inferior a três anos, tal como definido na lei do Estado de emissão, fazendo parte da lista de infrações seguidamente transcrita? (Assinalar a casa adequada)

☐ participação numa organização criminosa
☐ terrorismo
☐ tráfico de seres humanos
☐ exploração sexual de crianças e pornografia infantil
☐ tráfico de estupefacientes e substâncias psicotrópicas
☐ tráfico de armas, munições e explosivos
☐ corrupção
☐ fraude, incluindo a fraude lesiva dos interesses financeiros da União Europeia na aceção da Convenção de 26 de julho de 1995 relativa à proteção dos interesses financeiros das Comunidades Europeias
☐ branqueamento dos produtos do crime
☐ falsificação de moeda, incluindo a contrafação do euro
☐ cibercriminalidade
☐ crimes contra o ambiente, incluindo o tráfico de espécies animais e de espécies e variedades vegetais ameaçadas
☐ auxílio à entrada e à permanência irregulares
☐ homicídio voluntário, ofensas corporais graves
☐ tráfico de órgãos e tecidos humanos
☐ rapto, sequestro e tomada de reféns
☐ racismo e xenofobia
☐ roubo organizado ou à mão armada
☐ tráfico de bens culturais, incluindo antiguidades e obras de arte
☐ burla
☐ extorsão de proteção e extorsão
☐ contrafação e pirataria de produtos
☐ falsificação de documentos administrativos e respetivo tráfico
☐ falsificação de meios de pagamento
☐ tráfico de substâncias hormonais e de outros estimuladores de crescimento
☐ tráfico de materiais nucleares e radioativos
☐ tráfico de veículos roubados
☐ violação
☐ fogo posto
☐ crimes abrangidos pela jurisdição do Tribunal Penal Internacional
☐ desvio de avião ou navio
☐ sabotagem

SECÇÃO H: Requisitos adicionais para a adoção de certas medidas

Preencha as secções relevantes para efeitos da(s) medida(s) de investigação requerida(s):

Secção H1: Transferência de uma pessoa detida

(1) Se for requerida a transferência temporária para o Estado de emissão de uma pessoa detida para efeitos de investigação, indique se a pessoa concordou com a adoção dessa medida:

☐ Sim   ☐ Não   ☐ Solicito que se procure obter o consentimento da pessoa

(2) Se for requerida a transferência temporária para o Estado de execução de uma pessoa detida para efeitos de investigação, indique se a pessoa concordou com a adoção dessa medida:

☐ Sim   ☐ Não

SECÇÃO H2: Videoconferência ou conferência telefónica ou outro meio de transmissão audiovisual

Se for requerida a audição por videoconferência ou conferência telefónica ou outro meio de transmissão audiovisual:

Indique o nome da autoridade que conduzirá a audição (contactos/idioma): ....

Indique as razões pelas quais se requer a aplicação da medida: ....

☐ a) Audição por videoconferência ou outro meio de transmissão audiovisual
   ☐ O suspeito ou arguido deu o seu consentimento
☐ b) Audição por conferência telefónica

SECÇÃO H3: Medidas provisórias

Se for requerida uma medida provisória para impedir a destruição, transformação, deslocação, transferência ou alienação de um elemento que possa servir de prova, indique se este:

☐ será transferido para o Estado de emissão
☐ permanecerá no Estado de execução; indique a data prevista para:
suspender a medida provisória: ....
apresentar outro requerimento respeitante ao elemento de prova: ....

SECÇÃO H4: Informações sobre contas bancárias ou outras contas financeiras

(1) Se forem solicitadas informações sobre contas bancárias ou outras contas financeiras detidas ou controladas pela pessoa em causa, indique, em relação a cada uma delas, por que razão considera a medida relevante para o processo penal e com que base se presume que os bancos do Estado de execução detêm a conta:

☐ Informações sobre as contas bancárias detidas pela pessoa ou para as quais esta tem procuração
☐ Informações sobre outras contas financeiras detidas pela pessoa ou para as quais esta tem procuração

509

MANUAL DE COOPERAÇÃO JUDICIÁRIA INTERNACIONAL EM MATÉRIA PENAL

Diário da República, 1.ª série—N.º 160—21 de agosto de 2017   **4869**

---

2) Se forem requeridas informações sobre operações bancárias ou outras operações financeiras, indique, em relação a cada uma delas, por que razão considera a medida relevante para o processo penal:

☐ Informações sobre operações bancárias

☐ Informações sobre outras operações financeiras

....

Indique o período relevante e as contas associadas:

....

SECÇÃO H5: Medidas de investigação que impliquem a recolha de elementos de prova em tempo real, de forma ininterrupta e durante um determinado período

Se for requerida uma medida de investigação desse tipo, indique por que razão considera a informação requerida relevante para o processo penal

....

SECÇÃO H6: Investigações encobertas

Se for requerida uma investigação encoberta, indique por que razão considera a medida de investigação provavelmente relevante para o processo penal

....

SECÇÃO H7: Interceção de telecomunicações

1) Se for requerida a interceção de telecomunicações, por favor indique por que razão considera a medida de investigação relevante para o processo penal

2) Por favor forneça as seguintes informações:

a) Informações destinadas a identificar o sujeito que é alvo da interceção:

b) Duração pretendida da interceção:

c) Dados técnicos (especialmente identificador do alvo, como telemóvel, telefone fixo, endereço eletrónico, ligação à Internet) que permitam garantir a execução da DEI:

3) Por favor indique preferência quanto ao método de execução

☐ Transmissão imediata

☐ Registo e posterior transmissão

Queira indicar se requer também a transcrição, descodificação ou decifragem dos dados intercetados (*).

(*) Tenha em atenção que as despesas de transcrição, descodificação ou decifragem devem ser suportadas pelo Estado de emissão.

SECÇÃO I: Formalidades e procedimentos necessários à execução

1. Assinale e preencha, se for caso disso:

☐ Solicita-se à autoridade de execução que cumpra as seguintes formalidades e procedimentos:

....

2. Assinale e preencha, se for caso disso:

☐ Solicita-se que um ou mais agentes do Estado de emissão ajude(m) as autoridades competentes do Estado de execução a executar a DEI.

Contactos dos agentes:

....

Línguas que podem ser usadas na comunicação:

SECÇÃO J: Vias de recurso

1. Indique se foi já interposto recurso da emissão de uma DEI e, na afirmativa, forneça mais pormenores (descrição da via de recurso, designadamente das diligências necessárias e respetivos prazos):

2. Autoridade do Estado de emissão que pode fornecer mais informações sobre os trâmites necessários para interpor recurso nesse Estado e sobre a existência de apoio judiciário, interpretação e tradução:

Nome ou denominação:

Pessoa de contacto (se aplicável):

Endereço:

N.º de telefone (indicativo do país) (indicativo regional):

N.º de fax (indicativo do país) (indicativo regional):

Endereço de correio eletrónico:

SECÇÃO K: Dados respeitantes à autoridade que emitiu a DEI

Indique o tipo de autoridade que emitiu a DEI:

☐ Autoridade judiciária

☐ (*) Qualquer outra autoridade competente definida na lei do Estado de emissão

(*) Completar também a Secção L

Nome da autoridade:

Nome do representante/ponto de contacto:

N.º do processo:

Endereço:

N.º de telefone (indicativo do país) (indicativo regional):

N.º de fax (indicativo do país) (indicativo regional):

Endereço de correio eletrónico:

Línguas em que é possível comunicar com a autoridade de emissão:

Se diferentes dos acima indicados, dados de contacto da(s) pessoa(s) a contactar para obter mais informações ou definir disposições práticas com vista à transferência de elementos de prova:

Nome/Cargo/Organização:

Endereço:

Endereço de correio eletrónico/n.º de telefone:

Assinatura da autoridade de emissão e/ou do seu representante, atestando a veracidade e exatidão das informações constantes da DEI:

Nome ou denominação:

Função (título/grau):

Data:

Carimbo oficial (eventualmente):

SECÇÃO L: Dados respeitantes à autoridade judiciária que validou a DEI

Indique o tipo de autoridade judiciária que validou a DEI:

☐ a) Juiz ou tribunal

☐ b) Juiz de instrução

☐ c) Magistrado do Ministério Público

Designação oficial da autoridade de validação:

Nome do seu representante:

Função (título/grau):

Processo n.º:

Endereço:

N.º de telefone (indicativo do país) (indicativo regional):

N.º de fax (indicativo do país) (indicativo regional):

Endereço de correio eletrónico:

Línguas em que é possível comunicar com a autoridade de validação:

Indique se o ponto de contacto principal da autoridade de execução deverá ser:

☐ a autoridade de emissão

☐ a autoridade de validação

Assinatura e dados respeitantes à autoridade de validação

Nome ou denominação:

Função (título/grau):

Data:

Carimbo oficial (eventualmente):

ANEXO II

(a que se refere o n.º 1 do artigo 25.º)

Confirmação da receção de uma Decisão Europeia de Investigação

O presente formulário deve ser preenchido pela autoridade do Estado de execução que recebeu a Decisão Europeia de Investigação (DEI) a seguir indicada.

A) DEI

Autoridade que emitiu a DEI:

Referência do processo:

Data de emissão:

Data de receção:

B) AUTORIDADE QUE RECEBEU A DEI (*)

Designação oficial da autoridade competente:

Nome do seu representante:

Função (título/grau):

Endereço:

N.º de telefone (indicativo do país) (indicativo regional):

N.º de fax (indicativo do país) (indicativo regional):

Endereço de correio eletrónico:

Referência do processo:

Línguas em que é possível comunicar com a autoridade:

C) (QUANDO APLICÁVEL) AUTORIDADE COMPETENTE À QUAL A AUTORIDADE REFERIDA NO PONTO B) ENVIA A DEI

Designação oficial da autoridade:

Nome do seu representante:

Função (título/grau):

Endereço:

N.º de telefone (indicativo do país) (indicativo regional):

N.º de fax (indicativo do país) (indicativo regional):

Endereço de correio eletrónico:

Data de envio:

Referência do processo:

Língua(s) que pode(m) ser usada(s) na comunicação:

(*) Esta secção deve ser preenchida por cada autoridade que tenha recebido a DEI. Esta obrigação incumbe à autoridade competente para reconhecer e executar a DEI e, quando aplicável, à autoridade central ou à autoridade que a enviou à autoridade competente.

ANEXO

4870 *Diário da República, 1.ª série—N.º 160—21 de agosto de 2017*

D) OUTRAS INFORMAÇÕES EVENTUALMENTE RELEVANTES PARA A AUTORIDADE DE EMISSÃO:

E) ASSINATURA E DATA
Assinatura:
Data:
Carimbo oficial (eventualmente):

Tenha em atenção que toda e qualquer objeção à interceção ou utilização de dados já intercetados deve ser apresentada nas 96 horas seguintes à receção da presente notificação.

C) ASSINATURA E DATA
Assinatura:
Data:
Carimbo oficial (eventualmente):

ANEXO III

(a que se refere o n.º 2 do artigo 43.º)

Notificação

O presente formulário destina-se a notificar um Estado membro da interceção de telecomunicações que será, esteja a ser ou tenha sido praticada no seu território sem a sua assistência técnica. Serve a presente para informar … (Estado membro notificado) da interceção.

A) (¹) AUTORIDADE COMPETENTE
Designação oficial da autoridade competente do Estado-Membro intercetante:

Nome do seu representante:

Função (título/grau):

Endereço:

N.º de telefone (indicativo do país) (indicativo regional):
N.º de fax (indicativo do país) (indicativo regional):
Endereço de correio eletrónico:
Referência do processo:
Data de emissão:
Línguas em que é possível comunicar com a autoridade:

B) INFORMAÇÕES RESPEITANTES À INTERCEÇÃO
I) Informações sobre o ponto da situação: a presente notificação tem lugar (assinalar a casa correspondente)
☐ antes da interceção
☐ durante a interceção
☐ após a interceção
II) Duração (estimada) da interceção (tanto quanto seja do conhecimento da autoridade de emissão):
a partir de
III) Objeto da interceção (número do telefone, número IP ou endereço eletrónico):

IV) Identidade dos interessados
Fornecer todas as informações conhecidas sobre a identidade da(s) pessoa(s) i) singular(es) ou ii) coletiva(s) contra a(s) qual(is) decorre ou pode estar a decorrer e ação :
i) Pessoa(s) singular(es)
Apelido:
Nome(s) próprio(s):
Outro(s) nome(s) relevante(s) (se os houver):
Alcunhas e pseudónimos (se os houver):
Sexo:
Nacionalidade:
Número de identificação ou número da segurança social:

(¹) A autoridade aqui referida é a autoridade a contactar em toda a correspondência trocada com o Estado de emissão.

Data de nascimento:
Local de nascimento:
Residência e/ou endereço conhecido; caso não seja conhecido, indicar o último paradeiro conhecido:

Idioma(s) que a pessoa compreende:

ii) Pessoa(s) coletiva(s)
Nome ou denominação:
Tipo de pessoa coletiva:
Nome ou denominação abreviada, nome ou denominação corrente ou firma (se aplicável):

Sede estatutária:
Número de registo:
Endereço da pessoa coletiva:
Nome e contactos do representante da pessoa coletiva:

V) Informações sobre a finalidade da interceção
Fornecer todas as informações necessárias, incluindo uma descrição do processo, a classificação jurídica das infrações e a disposição /código legislativo aplicável, que permitam à autoridade notificada apreciar:
☐ se a interceção seria autorizada num processo nacional semelhante e se os dados obtidos poderão ser utilizados em processos penais;
☐ caso a interceção tenha já sido praticada, se esses dados podem ser utilizados em processos penais.

ANEXO IV

[a que se refere a alínea a) do n.º 1 do artigo 22.º]

Categorias de infrações a que se refere o artigo 22.º

Participação numa organização criminosa;
Terrorismo;
Tráfico de seres humanos;
Exploração sexual de crianças e pornografia infantil;
Tráfico de estupefacientes e substâncias psicotrópicas;
Tráfico de armas, munições e explosivos;
Corrupção;
Fraude, incluindo a fraude lesiva dos interesses financeiros da União Europeia na aceção da Convenção de 26 de julho de 1995 relativa à proteção dos interesses financeiros das Comunidades Europeias;
Branqueamento dos produtos do crime;
Falsificação de moeda, incluindo a contrafação do euro;
Cibercriminalidade;
Crimes contra o ambiente, incluindo o tráfico de espécies animais e de espécies e variedades vegetais ameaçadas;
Auxílio à entrada e à permanência irregulares;
Homicídio voluntário, ofensas corporais graves;
Tráfico de órgãos e tecidos humanos;
Rapto, sequestro e tomada de reféns;
Racismo e xenofobia;
Roubo organizado ou à mão armada;
Tráfico de bens culturais, incluindo antiguidades e obras de arte;
Burla;
Extorsão de proteção e extorsão;
Contrafação e pirataria de produtos;
Falsificação de documentos administrativos e respetivo tráfico;
Falsificação de meios de pagamento;
Tráfico de substâncias hormonais e de outros estimuladores de crescimento;
Tráfico de materiais nucleares e radioativos;
Tráfico de veículos roubados;
Violação;
Fogo posto;
Crimes abrangidos pela jurisdição do Tribunal Penal Internacional;
Desvio de avião ou navio;
Sabotagem.

MANUAL DE COOPERAÇÃO JUDICIÁRIA INTERNACIONAL EM MATÉRIA PENAL

A Diretiva 2014/41/UE relativa à DEI trata da recolha e transferência de provas, incluindo elementos de prova eletrónicos, na UE, com exceção da Dinamarca e Irlanda.

A diretiva baseia-se no princípio do reconhecimento mútuo de decisões judiciais e e permite que uma autoridade judiciária de um EM (a "autoridade emissora") solicite que medidas específicas de investigação sejam realizadas por uma autoridade de outro EM ("autoridade de execução") para obter provas.

A diretiva tornou-se aplicável em 22 de maio de 2017 e já foi implementada por uma grande maioria dos EM. A DEI atualizou o quadro jurídico para a recolha e transferência de provas entre os EM, em particular, substituiu a CE2000, que estabelece as condições de assistência jurídica mútua.

A RJE fornece os três formulários (Anexos) padronizados para facilitar a execução:

- DEI, no Anexo A (I);
- Receção de uma DEI, no Anexo B (II); e
- Notificação da intercetação de telecomunicações sem assistência técnica, no Anexo C III).

Ao procurar medidas de investigação e recolha de prova noutro EM, a autoridade emissora deve transmitir a DEI usando o Anexo A (I). A DEI deve conter todas as informações relevantes que permitam ao Estado executante reconhecê-lo e executá-lo. A diretiva exige ainda que a DEI seja traduzida para a língua oficial do Estado de execução ou para qualquer outra língua, indicada pelo Estado de execução.

A autoridade de execução, que recebe a DEI, deve, no prazo de uma semana após a receção de uma DEI, completar e enviar a confirmação do recebimento da DEI, constante do Anexo B (II).

Quando a interceção de telecomunicações é autorizada pela autoridade competente de um EM (o "Estado-Membro de interceção") e o objeto da interceção está localizado noutro EM (o "Estado-Membro notificado"), e não se mostra necessária assistência técnica para realizar a interceção, o EM intercetador deve notificar a autoridade competente do EM notificado da intercepção utilizando o formulário constante do Anexo C (III).

Anexo I

DECISÃO EUROPEIA DE INVESTIGAÇÃO (DEI) com sugestões de preenchimento

A presente DEI foi emitida por uma autoridade competente. A autoridade de emissão certifica que a presente DEI é necessária e proporcionada para efeitos do

ANEXO

procedimento nela especificado, tendo em conta os direitos do suspeito ou arguido, e que as medidas de investigação requeridas poderiam ter sido ordenadas nas mesmas condições num processo nacional semelhante. Solicita-se a execução da medida ou medidas de investigação abaixo especificada(s), tendo devidamente em conta a confidencialidade da investigação, e a transferência dos elementos de prova obtidos com a execução da DEI.

Ao redigir uma DEI, recomenda-se a utilização da versão PDF editável do formulário DEI disponível no site da Rede Judiciária Europeia (RJE/EJN) ou na ferramenta Compendium da RJE. O uso dessas e-ferramentas apresenta a vantagem de preencher o formulário de forma simples, preenchendo/assinalando as caixas de texto pertinentes, com vários recursos modernos e de fácil utilização, como obter imediatamente o texto estático do formulário no (s) idioma (s) aceite (s) pelo Estado de execução, ou escolher uma lista predefinida de medidas de investigação para acesso a provas electrónicas.

– É aconselhável baixar a versão PDF editável do formulário DEI no idioma da autoridade emissora (português), bem como em outros idiomas, e mantê-lo no seu computador, por exemplo caso não haja acesso ao site da RJE/EJN em casos urgentes.

– Se usar o formato word, disponível no site da RJE/ EJN, preencha esse formulário em português usando um computador (usando caligrafia, formato editável). Quando a versão PDF editável do formulário DEI ou a ferramenta EJN Compendium é usada, o formulário deverá ser sempre preenchido no computador.

– Considerando que as autoridades de emissão e de execução tem sentido dificuldades no preenchimento dos formulários, em particular quando estão em causa medidas simples e se mostra sempre necessário o envio da totalidade do formulário (Anexo I (A)), aconselho as autoridades judiciárias de emissão a fazerem constar no ofício de remessa da DEI à autoridade judiciária de execução: i) um pequeno resumo (referindo qual a medida de investigação pretendida(s)) e ii) quais as secções que foram preenchidas, o que permitirá à autoridade de execução ir diretamente ao solicitado.

– Essencial – Tradução de qualidade.

– Também os formulários estabelecidos nos Anexos B (II) e C (III) da Diretiva DEI estão disponíveis no site da RJE/EJN em versões PDF editáveis.

– Use frases curtas e simples, que sejam fáceis de traduzir. Evitar textos e exposições muito longas.

– Se uma caixa não for relevante, escreva "não aplicável" ou indique claramente, por exemplo, por uma marca específica (por exemplo –) que não é aplicável. Não se pode excluir uma caixa ou, de alguma forma, alterar o formulário DEI.

– Consulte o site da RJE/EJN para encontrar as notificações feitas pelos Estados Membros (na Biblioteca Judicial), bem como a autoridade de execução competente para a sua DEI (no Atlas Judicial).

– Para mais informações, pode ser útil entrar em contacto com o (s) ponto (s) de contacto nacional da RJE ou o Gabinete nacional na Eurojust (art. 13.º, n.º5 da Lei n.º 88/2017), como para identificar e estabelecer contactos diretos com a autoridade de execução, ou para obter informações legais e práticas sobre a execução de diferentes medidas de investigação. Para obter conselhos sobre a recolha de provas eletrónicas, pode entrar em contacto com o ponto de contacto da Rede Cibercrime.

– A DEI deve ser emitida quando a execução de uma medida de investigação for proporcional, adequada e aplicável ao caso concreto. Por conseguinte, a autoridade de emissão deve verificar se a medida de investigação escolhida é necessária e proporcionada para a recolha das provas em causa.

– Em determinadas situações, pode ser mais eficaz passar pela cooperação policial antes da emissão da DEI, por exemplo, criar um alerta no SIS para encontrar ou localizar os objetos pretendidos como provas em processos criminais (como veículos, documentos de identidade, cartões de crédito, ou matrículas etc.) ou para descobrir o local de residência ou o domicílio das pessoas procuradas para auxiliar nos procedimentos judiciais criminais (como testemunhas).

– A DEI não deve ser usada para medidas de congelamento e/ou confisco de instrumentos e produtos do crime. Assim, as autoridades de emissão portuguesas devem continuar a emitir as respetivas ordens de congelamento ou confisco. Se forem necessárias outras medidas de investigação abrangidas pela DEI, estas deverão ser enviadas num formulário DEI separado.

– Quando uma pessoa deve ser transferida para outro Estado-Membro para fins de procedimento criminal, inclusive levando essa pessoa perante um tribunal para julgamento, deve ser emitido um mandado de detenção europeu (MDE).

– As autoridades nacionais competentes para a emissão ou para a execução de uma DEI poderão, a qualquer momento, solicitar o auxílio do Membro Nacional da Eurojust. No entanto, o envolvimento precoce do gabinete nacional na Eurojust permitirá antecipar o aconselhamento especializado a um momento anterior à emissão da DEI, nomeadamente sobre a viabilidade e a adequação da medida, ou por forma a permitir uma avaliação comparada com outras formas possíveis de cooperação.

– Quando estiverem envolvidos no processo mais de dois Estados-Membros, a autoridade de emissão deverá informar o Membro Nacional da Eurojust (art. 13.º, n.º5 da Lei n.º 88/2017)

– Para além de poder prestar informação sobre a identidade da autoridade estrangeira de execução (art. 13.º, n.º 5, da Lei n.º 88/2017) o Membro Nacional pode também, mediante solicitação da autoridade nacional de emissão, transmitir uma DEI, nos termos do disposto nos artigos 9.ºB da Decisão Eurojust e 8.º, n.º 2, al. a) da Lei n.º 36/2003, de 22 de agosto.

– Para uma execução coordenada da DEI entre autoridades judiciárias, recomenda-se o recurso ao Gabinete nacional na Eurojust (art. 18.º, n.º4 da Lei n.º 88/2017)

ANEXO

– *Caso seja necessário/recomendável/sugerida pelas autoridades envolvidas a substituição da medida, recomenda-se o recurso ao Gabinete nacional na Eurojust (art. 21.º, n.º6 da Lei n.º 88/2017)*

– *Nas circunstâncias excepcionais previstas no art. 8.º, n.os 3 e 4, da Lei n.º 36/2003, e arts. 12.º, n.º3 e 19.º, n.º 10 da Lei n.º 88/2017, de 21 de agosto, o Membro nacional da Eurojust pode, em concertação com ou a pedido de uma autoridade nacional competente, emitir e completar DEIs, bem como executá-las em território nacional;*

– *Em casos urgentes, o Membro Nacional da Eurojust pode emitir DEI (art. 12.º, n.º3 da Lei n.º 88/2017) e pode executar DEI /art. 19.º, n.º 10 da Lei n.º 88/2017). Pode, ainda, em casos urgentes e quando não seja possível, em tempo útil, identificar ou contactar a autoridade nacional competente, emitir DEIs complementares e executar decisões, em território nacional, com obrigação de prestar informação imediata à autoridade judiciária competente sobre o exercício de tais competências.*

– *Note que a Dinamarca e a Irlanda não participam da DEI.*

A DEI não pode ser usada:

– *Envio e notificação de peças processuais (art. 5.º da Convenção UE 2000) – notificações (art. 2.º, n.º1 Diretiva; art. 2.º, n.º1, 3.º, alínea e) e 4.º, n.º3 da Lei n.º 88/2017) – CE2000, Protocolo 2001 e convenções do Conselho da Europa*

– *Intercâmbio espontâneo de informações (art. 7.º da Convenção UE 2000);*

– *Transferência de procedimentos criminais (art. 21.º da Convenção do Conselho da Europa de 1959 e da Convenção do Conselho da Europa de 1972 relativa à transferência de procedimentos);*

– *Restituição de objetos (art. 8.º da CE2000 e art. 12.º do Segundo Protocolo Adicional à Convenção do Conselho da Europa de 1959) incluindo a apreensão para este fim específico;*

– *Intercâmbio de informações relativas a registos criminais (DQ 2009/315/JAI – ECRIS), com a exceção do art. 13 da Convenção do Conselho da Europa de 1959 que não tendo sido substituído por esta DQ, quando se refira à obtenção de registos criminais para efeitos de prova, poderá tê-lo sido pela Diretiva;*

– *Pedido de consentimento para utilizar como prova informação já recebida por canais policiais de cooperação (art. 1.º, n.º 4 da DQ 2006/960/JAI relativa à simplificação do intercâmbio de dados e informações entre as autoridades de aplicação da Lei dos EM da UE e art. 39.º, n.º 2 da CAAS);*

– *Medidas de cooperação policial transfronteiriça como, por exemplo, vigilâncias e perseguições nos termos dos arts. 40.º e 41.º da CAAS. Relativamente a estas medidas, o considerando 9 do Preâmbulo da Diretiva diz, claramente, que "A presente diretiva não se deverá aplicar à vigilância transfronteiras referida na Convenção de Aplicação do Acordo de Schengen".*

MANUAL DE COOPERAÇÃO JUDICIÁRIA INTERNACIONAL EM MATÉRIA PENAL

SECÇÃO A
Estado de emissão: *Obrigatório preencher*...
Estado de execução: *Obrigatório preencher*...

SECÇÃO B: Urgência
A Diretiva DEI estabelece os seguintes prazos:
– 30 dias para decidir sobre o reconhecimento ou a execução de uma DEI (arts. 12.º, n.º3 da Diretiva e 26.º, n.º1 da Lei n.º 88/2017, de 21 de agosto);
– 90 dias para a realização de medidas de inquérito na sequência da tomada da referida decisão (arts. 12.º, n.º 4 da Diretiva e 26.º, n.º1 da Lei n.º 88/2017, de 21 de agosto);
– 24 horas, sempre que possível, para decisão sobre medida provisória após a recepção de uma DEI (arts.º 32.º, n.º2 e 44.º, n.º4 da Lei n.º 88/2017, de 21 de agosto).
– Preencha apenas, se for necessário um prazo mais curto ou um limite de tempo específico.
– Indique motivos/razões pertinentes para isso. Tais motivos poderiam, por exemplo, incluir: suspeito/acusado estar detido sob custódia (processo de preso); datas de audiência próximas; risco imediato para a vida/saúde; prazo máximo para medidas de coacção; preservação de provas eletrónicas; necessidade de coordenação com outros pedidos e/ou outras medidas nacionais; prescrição; etc.
– Sempre que possível, indique a data limite que deve ser respeitada, incluindo indicação de tempo, se necessário. Sempre que tal prazo não possa ser indicado, forneça informações suficientes para explicar a urgência.
– Para a transmissão de uma DEI urgente, a assistência do Membro Nacional da Eurojust ou um Ponto de Contacto da EJN/RJE pode revelar-se adequada.
Indique se há urgência por um dos motivos seguintes
☐ Ocultação ou destruição de provas
☐ Iminência da data do julgamento
☐ Qualquer outra razão
(a especificar):
A Diretiva 2014/41/UE estabelece prazos para a execução da DEI. Contudo, se for necessário um prazo específico ou mais curto, precise a data e exponha a(s) razão(ões):
....
....
....

JO: inserir o número da presente diretiva.

ANEXO

SECÇÃO C: Medida(s) de investigação a executar

Uma DEI deve abranger qualquer medida de investigação para obter provas, com exceção da criação de uma equipa de investigação conjunta (EIC) e a recolha de provas dentro dessa EIC.

A DEI não pode ser usada:

– Envio e notificação de peças processuais (art. 5.º da CE2000) – notificações (art. 2.º, n.º1 Diretiva; art. 2.º, n.º1, 3.º, alínea e) e 4.º, n.º3 da Lei n.º 88/2017) – CE2000, Protocolo 2001 e convenções do Conselho da Europa

– Intercâmbio espontâneo de informações (art. 7.º da CE2000);

– Transferência de procedimentos criminais (art. 21.º da CoE59 e da Convenção do Conselho da Europa de 1972 relativa à transferência de procedimentos);

– Restituição de objetos (art. 8.º da CE2000 e art. 12.º do Segundo Protocolo Adicional à Convenção do Conselho da Europa de 1959) incluindo a apreensão para este fim específico;

– Intercâmbio de informações relativas a registos criminais (DQ 2009/315/JAI – ECRIS), com a exceção do art. 13 da Convenção do Conselho da Europa de 1959 que não tendo sido substituído por esta DQ, quando se refira à obtenção de registos criminais para efeitos de prova, poderá tê-lo sido pela Diretiva;

– Pedido de consentimento para utilizar como prova informação já recebida por canais policiais de cooperação (art. 1.º, n.º 4 da DQ 2006/960/JAI relativa à simplificação do intercâmbio de dados e informações entre as autoridades de aplicação da Lei dos EM da UE e art. 39.º, n.º 2 da CAAS);

– Medidas de cooperação policial transfronteiriça como, por exemplo, vigilâncias e perseguições nos termos dos arts. 40.º e 41.º da CAAS. Relativamente a estas medidas, o considerando 9 do Preâmbulo da Diretiva diz, claramente, que "A presente diretiva não se deverá aplicar à vigilância transfronteiras referida na Convenção de Aplicação do Acordo de Schengen".

– A DEI não deve ser usada para medidas de congelamento e/ou confisco de instrumentos e produtos do crime. Assim, as autoridades de emissão portuguesas devem continuar a emitir as respetivas ordens de congelamento ou confisco. Se forem necessárias outras medidas de investigação abrangidas pela DEI, estas deverão ser enviadas num formulário DEI separado.

– Quando uma pessoa deve ser transferida para outro EM para fins de procedimento criminal, inclusive levando essa pessoa perante um tribunal para julgamento, deve ser emitido um mandado de detenção europeu (MDE).

– Descreva a assistência/medida de investigação necessária e, se aplicável, marque a caixa/ caixas relevantes da lista. Para certos tipos de medidas de investigação a secção (H) também deve ser preenchida.

MANUAL DE COOPERAÇÃO JUDICIÁRIA INTERNACIONAL EM MATÉRIA PENAL

– Na medida do possível, qualquer assunto/matéria já descrita nas secções (E), (H) e (I) não deve ser repetida na secção (C), em particular, os detalhes de qualquer procedimento especial a seguir devem ser indicados na secção (I), e o endereço completo ou uma descrição precisa de qualquer lugar ou pessoa a ser pesquisada devem ser especificados na secção (E).

– Fornecer informações suficientes para identificar as provas pretendidas, incluindo a sua localização, por exemplo, ao solicitar uma identificação da pessoa que possui um endereço IP, fornecer detalhes sobre o tipo de dados necessários, indicar o endereço IP, data e hora do uso, nome e endereço do provedor de serviços, nome do serviço.

– Uma DEI pode ser emitida para a realização de várias medidas de investigação. Nesse caso, deve preencher as medidas de forma separada em todas as secções relevantes do formulário.

– Quando uma transferência temporária de uma pessoa (arts. 32 e 33.º da Lei n.º 88/2017, de 21 de agosto) é solicitada, indique:

– o propósito da transferência (por exemplo, testemunho, acareação);

– as datas pelas quais essa pessoa deve ser transferida e devolvida;

– informações sobre as condições de detenção;

– na secção (K): detalhes de contacto da autoridade responsável pela tomada de providências práticas para a transferência.

Quando uma inquirição/interrogatório de uma pessoa é solicitada, indique:

– uma lista de perguntas a serem feitas e os documentos em causa;

– uma explicação de que outras questões surgidas durante a diligência também devem ser feitas;

– informações sobre os direitos e obrigações a serem notificados à pessoa a ser ouvida (por exemplo, direito de ser assistido por um advogado/intérprete). Se a assinatura de uma pessoa na lista de direitos for necessária para provar no Estado de emissão que ele ou ela foi devidamente notificada, a lista de direitos ou outras informações necessárias também pode ser anexada à DEI;

– se for caso disso, informar se a pessoa a ser ouvida requer proteção;

– na secção (I) (1): se aplicável, detalhes de qualquer procedimento/formalidades especiais a seguir (por exemplo, audiência sob juramento, participação de outras pessoas interessadas (por exemplo, detentor de responsabilidade parental) ou audiência para ser conduzida por uma autoridade particular do Estado de execução);

– na secção (I) (2): se for caso disso, se a autoridade emissora solicita que um ou mais funcionários do Estado de emissão estejam presentes na audiência.

– Quando uma audiência por videoconferência é solicitada, indique:

– informações sobre os direitos e obrigações a serem notificados à pessoa a ser ouvida (por exemplo, direito de ser assistido por um advogado/intérprete);

– se for caso disso, informar se a pessoa a ser ouvida requer proteção;

– na secção (I) (1): se aplicável, detalhes de qualquer procedimento/formalidades especiais a seguir (por exemplo, audiência sob juramento, participação de outras partes interessadas (por exemplo, titular da responsabilidade parental) ou audiência para ser conduzida por uma autoridade particular do Estado de execução).

– No âmbito de um pedido de interrogatório ao arguido e se a matéria em causa justificar a realização de um questionário, há que ter em consideração que, nas cartas rogatórias, era habitual as questões irem no próprio pedido ou em documento anexo e agora, com a DEI, pese embora a ideia seja a sua auto-suficiência, poderá ser enviado o questionário na Secção C ou em anexo. O questionário pode ser incluído ou na Secção C. 1. (descrição da medida reque-rida), Secção G. 1 (exposição sumária dos factos) ou finalmente na Secção I. 1 (formalidades e procedimentos). Não sendo propriamente campos específicos, mas enquanto não houver uma orientação mais sedimentada (ou até mesmo guidelines), são pelo menos possibilidades a considerar.

– Quanto à necessidade de ser junto com a DEI a decisão do tribunal (que ordena a emissão da DEI ou que a autoriza), pese embora a maioria das autoridades judiciárias considerar que tal não é necessário, pela jurisprudência das cautelas, poderá ser junto.

– No que concerne à informação que a DEI deve conter, deve pelo menos a mesma ser preen-chida com a informação relevante que permita a autoridade de execução cumprir o pedido e as diligências de prova, sem prejuízo da consulta que poderá ter sempre lugar.

– Quando estiverem em causa diferentes medidas, tudo dependerá do caso concreto, e se uma descrição pudesse abranger tudo o que é solicitado ou se é preferível descrições específicas, em casos muito complexos, talvez mais adequadas.

1. Descreva a medida ou medidas de investigação/assistência requerida E indique, se aplicável, se se trata de uma das medidas de investigação seguintes:

....
....
....
....
....
....
....
....

☐ Obtenção de informações ou elementos de prova já na posse da autoridade de execução

☐ Obtenção de informações contidas em bases de dados detidas pela polícia ou pelas autoridades judiciárias

MANUAL DE COOPERAÇÃO JUDICIÁRIA INTERNACIONAL EM MATÉRIA PENAL

☐ Audição
   ☐ Testemunha
   ☐ Perito
   ☐ Suspeito ou arguido
   ☐ Vítima
   ☐ Terceiro
☐ Identificação de assinantes de um número de telefone ou endereço IP específicos
☐ Transferência temporária da pessoa detida para o Estado de emissão
☐ Transferência temporária da pessoa detida para o Estado de execução
☐ Audição por videoconferência ou através de outro meio de transmissão audiovisual
   ☐ Testemunha
   ☐ Perito
   ☐ Suspeito ou arguido
☐ Audição por conferência telefónica
   ☐ Testemunha
   ☐ Perito
☐ Informações sobre contas bancárias e outras contas financeiras
☐ Informações sobre operações bancárias e outras operações financeiras
☐ Medidas de investigação que impliquem a recolha de elementos de prova em tempo real, de forma ininterrupta e durante um determinado período
   ☐ Vigilância de operações bancárias ou outras operações financeiras
   ☐ Entregas vigiadas
   ☐ Outros
☐ Investigações encobertas
☐ Interceção de telecomunicações
☐ Medida(s) provisória(s) para impedir a destruição, transformação, deslocação, transferência ou alienação de um elemento que possa servir de prova

ANEXO

SECÇÃO D: Relação com uma DEI anterior

– Use esta secção para indicar uma relação com uma DEI anterior, direcionado ao Estado de execução, referindo que se trata de uma DEI complementar à DEI anterior, ou a outro EM no mesmo caso.

– Se relevante, esta secção também pode ser usada para indicar se, no mesmo processo, foram enviadas DEIs a várias autoridades de execução no mesmo EM ou a diferentes EM.

– Quando puder facilitar a ação da autoridade de execução, é aconselhável indicar nesta secção uma relação com um pedido de MLA (CR), um MDE um pedido de congelamento/ confisco enviado ou qualquer outro instrumento de cooperação no mesmo processo.

Indique se a presente DEI complementa uma DEI anterior. Se aplicável, forneça informações pertinentes para identificar a DEI anterior (data de emissão, autoridade à qual foi transmitida e, se possível, data de transmissão e números de referência comunicados pelas autoridades de emissão e de execução)

....

....

Se relevante, indique se foi já enviada uma DEI a outro EM no âmbito do mesmo processo.

....

....

SECÇÃO E: Identidade da pessoa em causa

Fornecer detalhes sobre a (s) pessoa (s) singular (es) ou coletiva (s) envolvida (s) pela medida de investigação, incluindo a sua posição em processo. Preencha todos os campos, se houver informações disponíveis.

– Ao dar detalhes sobre a pessoa singular:

– 'Nome': escreva o nome como está na língua nacional, o nome não deve ser traduzido, inclua o nome oficial anterior, se conhecido, certifique-se de que a sequência dos nomes está correta, verificando ainda se existem duas ou mais pessoas com nomes semelhantes dentro do mesmo processo;

– ' Alcunhas e pseudónimos, se aplicável': incluir nomes falsos, indicar apelidos entre parênteses. Se a pessoa usa identidade falsa, essa falsa identidade deve ser inserida em todos os campos, por exemplo. falsa data de nascimento e endereço falso;

– 'Nacionalidade': no caso de múltiplas nacionalidades, indique todas.

– Indique o endereço exato e outras informações relevantes sobre o local onde a medida de investigação deve ser realizada.

MANUAL DE COOPERAÇÃO JUDICIÁRIA INTERNACIONAL EM MATÉRIA PENAL

– Se for o caso, inclua informações adicionais que possam auxiliar a autoridade de execução, por exemplo:
– provisões por lapso de tempo ou datas a serem tomadas em consideração;
– meios preferidos ou canais para enviar as provas recolhidas ou cópias antecipadas.
1. Forneça todas as informações conhecidas sobre a identidade da(s) i) pessoa(s) singular(es) ou ii) coletiva(s) a que se aplica a medida de investigação (se houver mais de uma pessoa envolvida, forneça informações sobre cada uma delas):
i) Pessoa(s) singular(es)
Apelido: ....
Nome(s) próprio(s): ....
Outro(s) nome(s) relevante(s) (se os houver): ....
Alcunhas e pseudónimos (se os houver): ....
Sexo: ....
Nacionalidade: ....
Número de identificação ou número da segurança social: ....
Tipo e número do(s) documento(s) de identificação (bilhete de identidade, passaporte) (se os houver): ....
Data de nascimento: ....
Local de nascimento: ....
Residência e/ou endereço conhecido; caso não seja conhecido, indique o último paradeiro conhecido: ....
Idioma(s) que a pessoa compreende: ....
ii) Pessoa(s) coletiva(s)
Nome ou denominação: ....

Tipo de pessoa coletiva: ....
Nome ou denominação abreviada, nome ou denominação corrente ou firma (se aplicável): ....
Sede estatutária: ....
Número de registo: ....
Endereço da pessoa coletiva: ....
Nome do representante da pessoa coletiva: ....
Descreva a posição atualmente detida pela pessoa em causa no processo:
☐   Suspeito ou arguido
☐   Vítima
☐   Testemunha
☐   Perito

ANEXO

☐ Terceiro ....

☐ Outros (especificar): ....

2. Se diferente do endereço acima indicado, indique o local onde deverá ser executada a medida de investigação: ....

....

....

3. Outras informações (se as houver) que possam ajudar na execução da DEI:

....

....

SECÇÃO F: Tipo de processos para os quais foi emitida a DEI
Preencher apenas a caixa de texto pertinente
Quando necessário, providenciar por mais detalhes na secção G

☐ a) No âmbito de processos penais instaurados por uma autoridade judiciária, ou que possam ser instaurados perante tal autoridade, relativamente a uma infração penal ao abrigo do direito interno do Estado de emissão; ou

☐ b) Processos instaurados pelas autoridades administrativas por atos puníveis ao abrigo do direito interno do Estado de emissão, por configurarem uma infração à Lei, e quando da decisão caiba recurso para um órgão jurisdicional competente, especialmente em matéria penal; ou

☐ c) Processos instaurados pelas autoridades judiciárias por atos puníveis ao abrigo do direito interno do Estado de emissão, por configurarem uma infração à Lei, e quando da decisão caiba recurso para um órgão jurisdicional competente, especialmente em matéria penal;

☐ d) No contexto dos processos referidos nas alíneas a), b) e c), relativos a crimes ou infrações à Lei pelos quais uma pessoa coletiva possa ser responsabilizada ou punida no Estado de emissão.

MANUAL DE COOPERAÇÃO JUDICIÁRIA INTERNACIONAL EM MATÉRIA PENAL

SECÇÃO G: Motivos para a emissão da DEI

– Fornecer um resumo dos factos relevantes que indicam o tempo, o local e o modo de cometimento da infração, uma descrição clara dos vínculos entre a infração e a pessoa e entre a infração e as medidas de investigação solicitadas, indicando a qualificação jurídica da infração e a fase/estado do processo.

– Se for caso disso, é aconselhável indicar o pedido que autoriza a medida de investigação de acordo com a legislação nacional, incluindo a data e a autoridade judicial.

– Ao descrever a pessoa suspeita/acusada, indique sua nacionalidade onde esta informação não está coberta pela secção (E). Quando relevante, forneça informações sobre as vítimas e os danos causados pela infração.

– Se houver várias infrações abrangidas pela DEI, numerar as infrações em G (1) e manter a mesma numeração ao indicar sua classificação jurídica em G (2).

– Se a autoridade emissora reconhecer a infração como uma infração na lista de 32 infrações abaixo, e a infração é punível com uma pena privativa de liberdade ou uma ordem de detenção de pelo menos 3 anos, deve marcar a caixa relevante da lista.

1. Exposição sumária dos factos

Expor os motivos que levaram à emissão da DEI, incluindo uma síntese dos factos que deram origem ao processo, uma descrição das infrações em causa ou sob investigação, a fase em que se encontra o processo de investigação, os motivos na base dos fatores de risco e quaisquer outras informações relevantes.

....

....

....

2. Natureza e qualificação jurídica da infração ou infrações que deram origem à emissão da DEI e disposição legal/código aplicável:

....

....

....

3. É a infração que deu origem à emissão da DEI punível no Estado de emissão com pena ou medida de segurança privativas de liberdade de duração máxima não inferior a três anos, tal como definido na Lei do Estado de emissão, fazendo parte da lista de infrações seguidamente transcrita? (Assinalar a casa adequada)

    ☐ – participação numa organização criminosa

    ☐ – terrorismo

    ☐ – tráfico de seres humanos

    ☐ – exploração sexual de crianças e pornografia infantil

    ☐ – tráfico de estupefacientes e substâncias psicotrópicas

ANEXO

☐ – tráfico de armas, munições e explosivos

☐ – corrupção

☐ – fraude, incluindo a fraude lesiva dos interesses financeiros da UE na aceção da Convenção de 26 de julho de 1995 relativa à proteção dos interesses financeiros das Comunidades Europeias

☐ – branqueamento dos produtos do crime

☐ – falsificação de moeda, incluindo a contrafação do euro

☐ – cibercriminalidade

☐ – crimes contra o ambiente, incluindo o tráfico de espécies animais e de espécies e variedades vegetais ameaçadas

☐ – auxílio à entrada e à permanência irregulares

☐ – homicídio voluntário, ofensas corporais graves

☐ – tráfico de órgãos e tecidos humanos

☐ – rapto, sequestro e tomada de reféns

☐ – racismo e xenofobia

☐ – roubo organizado ou à mão armada

☐ – tráfico de bens culturais, incluindo antiguidades e obras de arte

☐ – burla

☐ – extorsão de proteção e extorsão

☐ – contrafação e piratagem de produtos

☐ – falsificação de documentos administrativos e respetivo tráfico

☐ – falsificação de meios de pagamento

☐ – tráfico de substâncias hormonais e de outros estimuladores de crescimento

☐ – tráfico de materiais nucleares e radioativos

☐ – tráfico de veículos roubados

☐ – violação

☐ – fogo posto

☐ – crimes abrangidos pela jurisdição do Tribunal Penal Internacional

☐ – desvio de avião ou navio

☐ – sabotagem

MANUAL DE COOPERAÇÃO JUDICIÁRIA INTERNACIONAL EM MATÉRIA PENAL

SECÇÃO H: Requisitos adicionais para a adoção de certas medidas
Preencha quando uma ou mais medidas de investigação indicadas nas secções H 1-7 são requeridas
Tanto quanto possível, tudo o que já se encontrar descrito sobre as secções C e I não devem ser repetidas na Secção H
Preencha as secções relevantes para efeitos da(s) medida(s) de investigação requerida(s):

Secção H1: Transferência de uma pessoa detida
Quando necessário, forneça mais detalhes na obtenção do consentimento da pessoa visada nas secções C ou E
1) Se for requerida a transferência temporária para o Estado de emissão de uma pessoa detida para efeitos de investigação, indique se a pessoa concordou com a adoção dessa medida:
☐ Sim   ☐ Não   ☐ Solicito que se procure obter o consentimento da pessoa
2) Se for requerida a transferência temporária para o Estado de execução de uma pessoa detida para efeitos de investigação, indique se a pessoa concordou com a adoção dessa medida:
☐ Sim   ☐ Não

SECÇÃO H2: Videoconferência ou conferência telefónica ou outro meio de transmissão audiovisual
– Além de fornecer as informações solicitadas, sugere-se que inclua aqui também:
– datas propostas para a audiência;
– informações sobre tradução e interpretação;
– pormenores relativos a pormenores práticos (informações técnicas sobre meios disponíveis, dados de contacto para técnicos, etc.);
– indicação sobre o tipo de audiência: no âmbito ou fora do julgamento. Note-se que isso é diferente da fase do processo, o que deve ser indicado na secção (G).
1) Se for requerida a audição por videoconferência ou conferência telefónica ou outro meio de transmissão audiovisual:
Indique o nome da autoridade que conduzirá a audição (contactos/idioma):
....
....
Indique as razões pelas quais se requer a aplicação da medida: ....
....

ANEXO

☐ a) Audição por videoconferência ou outro meio de transmissão audiovisual
☐   O suspeito ou arguido deu o seu consentimento
☐ b) Audição por conferência telefónica

SECÇÃO H3: Medidas provisórias
– Esta secção aplica-se a qualquer item, incluindo ativos financeiros, que pode estar sujeito a várias medidas provisórias.
– A DEI abrange medidas provisórias apenas com o objetivo de reunir provas e não deve ser usado com vista a confisco subsequente.
– Se for o caso, forneça mais detalhes sobre como a prova deve ser transferida sob as secções (E) (3) ou (I) (1) e indicar a autoridade que precisa ser contactada para tratar dos aspectos práticos na secção (K).
Se for requerida uma medida provisória para impedir a destruição, transformação, deslocação, transferência ou alienação de um elemento que possa servir de prova, indique se este:
☐ será transferido para o Estado de emissão
☐ permanecerá no Estado de execução; indique a data prevista para:
suspender a medida provisória:
apresentar outro requerimento respeitante ao elemento de prova: ....

SECÇÃO H4: Informações sobre contas bancárias ou outras contas financeiras
Esta secção aplica-se a qualquer pessoa singular (es) ou coletiva (s) que detém uma ou mais contas em qualquer instituição financeira bancária ou não bancária no Estado de execução. Abrange não apenas pessoas suspeitas ou acusadas, mas também qualquer outra pessoa em relação à qual essa informação seja considerada necessária pelas autoridades competentes.
– No H4 (2), forneça detalhes da instituição relevante, número (s) de conta e titulares da conta e indique o período de tempo relevante.
1) Se forem solicitadas informações sobre contas bancárias ou outras contas financeiras detidas ou controladas pela pessoa em causa, indique, em relação a cada uma delas, por que razão considera a medida relevante para o processo penal e com que base se presume que os bancos do Estado de execução detêm a conta:
☐ Informações sobre as contas bancárias detidas pela pessoa ou para as quais esta tem procuração
☐ Informações sobre outras contas financeiras detidas pela pessoa ou para as quais esta tem procuração
....
....

MANUAL DE COOPERAÇÃO JUDICIÁRIA INTERNACIONAL EM MATÉRIA PENAL

....

....

2) Se forem requeridas informações sobre operações bancárias ou outras operações financeiras, indique, em relação a cada uma delas, por que razão considera a medida relevante para o processo penal:

☐ Informações sobre operações bancárias

☐ Informações sobre outras operações financeiras

....

....

....

....

Indique o período relevante e as contas associadas

....

....

SECÇÃO H5: Medidas de investigação que impliquem a recolha de elementos de prova em tempo real, de forma ininterrupta e durante um determinado período
Se for requerida uma medida de investigação desse tipo, indique por que razão considera a informação requerida relevante para o processo penal

....

....

SECÇÃO H6: Investigações encobertas
– *Sob a secção (C): indique detalhes sobre a duração da investigação encoberta e as condições em que a mesma se desenvolve.*
– *Sob a secção (I): indique o estatuto legal dos oficiais envolvidos durante a ação encoberta.*
Se for requerida uma investigação encoberta, indique por que razão considera a medida de investigação provavelmente relevante para o processo penal

....

....

SECÇÃO H7: Interceção de telecomunicações
1) Se for requerida a interceção de telecomunicações, por favor indique por que razão considera a medida de investigação relevante para o processo penal

....

....

ANEXO

2) Por favor forneça as seguintes informações:
a)   Informações destinadas a identificar o sujeito que é alvo da interceção:

....

b)   Duração pretendida da interceção:

....

c)   Dados técnicos (especialmente identificador do alvo, como telemóvel, telefone fixo, endereço eletrónico, ligação à Internet) que permitam garantir a execução da DEI:

....

3)   Por favor indique preferência quanto ao método de execução
☐ Transmissão imediata
☐ Registo e posterior transmissão
Queira indicar se requer também a transcrição, descodificação ou decifragem dos dados intercetados*:

....

....

*   Tenha em atenção que as despesas de transcrição, descodificação ou decifragem devem ser suportadas pelo Estado de emissão.

SECÇÃO I: Formalidades e procedimentos necessários à execução
– Se aplicável, marque a caixa relevante e forneça mais detalhes.
– Na medida do possível, qualquer assunto/matéria já descrita nas secções (C) e (H) não deve ser repetida na secção (I).
1. Assinale e preencha, se for caso disso:
☐ Solicita-se à autoridade de execução que cumpra as seguintes formalidades e procedimentos: ....

....

2. Assinale e preencha, se for caso disso:
☐ Solicita-se que um ou mais agentes do Estado de emissão ajude(m) as autoridades competentes do Estado de execução a executar a DEI.
Contactos dos agentes:

....

....

Línguas que podem ser usadas na comunicação: ....

....

MANUAL DE COOPERAÇÃO JUDICIÁRIA INTERNACIONAL EM MATÉRIA PENAL

SECÇÃO J: Vias de recurso
– Indique sempre a autoridade que pode fornecer informações sobre os procedimentos de vias de recursos legais.
– Quando aplicável, forneça detalhes sobre o recurso legal solicitado contra a emissão de uma DEI, incluindo quaisquer datas relevantes.
1. Indique se foi já interposto recurso da emissão de uma DEI e, na afirmativa, forneça mais pormenores (descrição da via de recurso, designadamente das diligências necessárias e respetivos prazos):
....
....
2. Autoridade do Estado de emissão que pode fornecer mais informações sobre os trâmites necessários para interpor recurso nesse Estado e sobre a existência de apoio judiciário, interpretação e tradução:
Nome ou denominação:...
Pessoa de contacto (se aplicável):...
Endereço:...
N.º de telefone (indicativo do país) (indicativo regional): ....
N.º de fax (indicativo do país) (indicativo regional):....................................
Endereço de correio eletrónico:...

ANEXO

SECÇÃO K: Dados respeitantes à autoridade que emitiu a DEI
– Insira os detalhes de contacto oficiais, de preferência, onde a autoridade pode ser alcançada 24 horas por dia.
– Se possível, indique os detalhes de contacto de um representante que tenha conhecimento de uma língua estrangeira relevante (regra geral o inglês).
– Sempre que relevante, forneça detalhes de contacto da autoridade responsável pela tomada de providências práticas para a transferência de provas, incluindo a transferência temporária de uma pessoa detida sob custódia.
– Assegure-se que a DEI é assinada pela autoridade emissora na secção (K) e, quando aplicável, pela autoridade de validação na secção (L).
Indique o tipo de autoridade que emitiu a DEI:

 ☐ Autoridade judiciária
 ☐ *Qualquer outra autoridade competente definida na Lei do Estado de emissão

* Completar também a Secção L
– Preencha esta seção, se aplicável.
 – Insira os detalhes de contacto oficiais da autoridade de validação.
 – Se possível, indique os detalhes de contacto de um representante que tenha conhecimento de uma língua estrangeira relevante (regra geral o inglês).
Nome da autoridade:
....
Nome do representante/ponto de contacto:
....
N.º do processo:..
Endereço: ....
N.º de telefone (indicativo do país) (indicativo regional): ....
N.º de fax (indicativo do país) (indicativo regional):...
Endereço de correio eletrónico:..
Línguas em que é possível comunicar com a autoridade de emissão:
....
Se diferentes dos acima indicados, dados de contacto da(s) pessoa(s) a contactar para obter mais informações ou definir disposições práticas com vista à transferência de elementos de prova:
Nome/Cargo/Organização:..
Endereço: ....
Endereço de correio eletrónico/n.º de telefone:..

MANUAL DE COOPERAÇÃO JUDICIÁRIA INTERNACIONAL EM MATÉRIA PENAL

Assinatura da autoridade de emissão e/ou do seu representante, atestando a veracidade e exatidão das informações constantes da DEI:
Nome ou denominação:..
Função (título/grau): ....
Data:..
Carimbo oficial (eventualmente):

SECÇÃO L: Dados respeitantes à autoridade judiciária que validou a DEI
Indique o tipo de autoridade judiciária que validou a DEI:
- ☐ a) Juiz ou tribunal
- ☐ b) Juiz de instrução
- ☐ c) Magistrado do MP

Designação oficial da autoridade de validação:
....
Nome do seu representante:
....
Função (título/grau):
....
Processo n.º:..
Endereço:..
....
N.º de telefone (indicativo do país) (indicativo regional): ....
N.º de fax (indicativo do país) (indicativo regional):....................................
Endereço de correio eletrónico:..
Línguas em que é possível comunicar com a autoridade de validação:
....
Indique se o ponto de contacto principal da autoridade de execução deverá ser:
- ☐ a autoridade de emissão
- ☐ a autoridade de validação

Assinatura e dados respeitantes à autoridade de validação
Nome ou denominação:..
Função (título/grau): ....
Data:..
Carimbo oficial (eventualmente):

ANEXO

Anexo II
CONFIRMAÇÃO DA RECEÇÃO DE UMA DEI

O presente formulário deve ser preenchido pela autoridade do Estado de execução que recebeu a DEI a seguir indicada.

A) DEI
Autoridade que emitiu a DEI:

....

Referência do processo:...

Data de emissão: ....

Data de receção:..

B) AUTORIDADE QUE RECEBEU A DEI[530]
– Insira os detalhes de contacto oficiais, de preferência, onde a autoridade pode ser alcançada 24 horas por dia.
– Se possível, indique os detalhes de contacto de um representante que tenha conhecimento de uma língua estrangeira relevante (regra geral o inglês).
– Sempre que relevante, forneça detalhes de contacto da autoridade responsável pela tomada de providências práticas para a transferência de provas, incluindo a transferência temporária de uma pessoa detida sob custódia.
– Assegure-se que a DEI é assinada pela autoridade emissora na secção (K) e, quando aplicável, pela autoridade de validação na secção (L).

Designação oficial da autoridade competente:

....

Nome do seu representante:

....

Função (título/grau):

....

Endereço: ....

....

....

---

[530] Esta secção deve ser preenchida por cada autoridade que tenha recebido a DEI. Esta obrigação incumbe à autoridade competente para reconhecer e executar a DEI e, quando aplicável, à autoridade central ou à autoridade que a enviou à autoridade competente.

MANUAL DE COOPERAÇÃO JUDICIÁRIA INTERNACIONAL EM MATÉRIA PENAL

N.º de telefone (indicativo do país) (indicativo regional): ....

N.º de fax (indicativo do país) (indicativo regional):...

Endereço de corrDEI eletrónico:...

Referência do processo:...

Línguas em que é possível comunicar com a autoridade:

....

C) (QUANDO APLICÁVEL) AUTORIDADE COMPETENTE À QUAL A AUTORIDADE REFERIDA NO PONTO B) ENVIA A DEI

Designação oficial da autoridade:

....

Nome do seu representante:

....

Função (título/grau):

....

Endereço:

....

....

N.º de telefone (indicativo do país) (indicativo regional): ....

N.º de fax (indicativo do país) (indicativo regional):...

Endereço de correio eletrónico:..

Data de envio:...

Referência do processo:...

Língua(s) que pode(m) ser usada(s) na comunicação:

D) OUTRAS INFORMAÇÕES EVENTUALMENTE RELEVANTES PARA A AUTORIDADE DE EMISSÃO:

Aqui podem ser dadas as informações relevantes para o inicio da execução da DEI (vg. Data da videoconferência, que já foram pedidos documentos...)

E) ASSINATURA E DATA

Assinatura:

Data:..

Carimbo oficial (eventualmente):

ANEXO

Anexo III
NOTIFICAÇÃO

O presente formulário destina-se a notificar um EM da interceção de teleco-municações que será, esteja a ser ou tenha sido praticada no seu território sem a sua assistência técnica. Serve a presente para informar .... (EM notificado) da interceção.

A)[531] AUTORIDADE COMPETENTE
Designação oficial da autoridade competente do EM intercetante:

....

Nome do seu representante:

....

Função (título/grau):

....

Endereço:

....

....

N.º de telefone (indicativo do país) (indicativo regional): ....
N.º de fax (indicativo do país) (indicativo regional):.....................................
Endereço de corrDEI eletrónico:..
Referência do processo:..
Data de emissão: ....
Línguas em que é possível comunicar com a autoridade:

....

B) INFORMAÇÕES RESPEITANTES À INTERCEÇÃO
I) Informações sobre o ponto da situação: a presente notificação tem lugar (assi-nalar a casa correspondente)

☐ antes da interceção
☐ durante a interceção
☐ após a interceção

---

[531] A autoridade aqui referida é a autoridade a contactar em toda a correspondência trocada com o Estado de emissão..

MANUAL DE COOPERAÇÃO JUDICIÁRIA INTERNACIONAL EM MATÉRIA PENAL

II) Duração (estimada) da interceção (tanto quanto seja do conhecimento da autoridade de emissão):

...., a partir de ....

III) Objeto da interceção (número de telefone, número IP ou endereço eletrónico):

IV) Identidade dos interessados

Fornecer todas as informações conhecidas sobre a identidade da(s) pessoa(s) i) singular(es) ou ii) coletiva(s) contra a(s) qual(is) decorre ou pode estar a decorrer a ação:

i) Pessoa(s) singular(es)

Apelido:..

Nome(s) próprio(s): ....

Outro(s) nome(s) relevante(s) (se os houver):............................

Alcunhas e pseudónimos (se os houver):.....................................

Sexo:...

Nacionalidade:...

Número de identificação ou número da segurança social:..........

Data de nascimento:...

Local de nascimento: ....

Residência e/ou endereço conhecido; caso não seja conhecido, indicar o último paradeiro conhecido: ....

Idioma(s) que a pessoa compreende: ....

ii) Pessoa(s) coletiva(s)

Nome ou denominação:..

Tipo de pessoa coletiva:..

Nome ou denominação abreviada, nome ou denominação corrente ou firma (se aplicável): ....

Sede estatutária:..

Número de registo:...

Endereço da pessoa coletiva: ....

Nome e contactos do representante da pessoa coletiva:.............

V) Informações sobre a finalidade da interceção

Fornecer todas as informações necessárias, incluindo uma descrição do processo, a classificação jurídica das infrações e a disposição/código legislativa aplicável, que permitam à autoridade notificada apreciar:

☐ se a interceção seria autorizada num processo nacional semelhante e se os dados obtidos poderão ser utilizados em processos penais;

ANEXO

☐ caso a interceção tenha já sido praticada, se esses dados podem ser utilizados em processos penais.

....

....

....

....

....

....

Tenha em atenção que toda e qualquer objeção à interceção ou utilização de dados já intercetados deve ser apresentada nas 96 horas seguintes à receção da presente notificação.

C) ASSINATURA E DATA

Assinatura:

Data:...

Carimbo oficial (eventualmente):

deverá ser indicado o nome da autoridade judiciária requerente

Processo: ProcessoNúmero	ProcessoEspécie	Referência: Referência

CARTA ROGATÓRIA

deverá ser indicado o nome da autoridade judiciária requerida

*

EM NOME DA JUSTIÇA E AO ABRIGO DAS DISPOSIÇÕES LEGAIS DE COOPERAÇÃO JUDICIÁRIA INTERNACIONAL EM MATÉRIA PENAL (LEI N.º 144/99, DE 31 DE AGOSTO);

O(A) Mmº(ª) MJCat , JuizNome da TribunalNome - UnidadeOrgânica , roga às autoridades competentes de OutraEntidadeNome , que em cumprimento desta e atento os factos que a justificam, se proceda com observância das formalidades legais às diligências que a seguir se indicam:

1- INTRODUÇÃO
Corre termos nesta TribunalNome - UnidadeOrgânica , uns autos de ProcessoEspécie , registados sob o n.º ProcessoNúmero , em que são:

*

2- ENUNCIADO DOS FACTOS
São imputados ao(s) referido(s) arguido(s), os seguintes factos:

3- O DIREITO (NORMAS LEGAIS APLICÁVEIS)
A descrita conduta do(s) arguido(s) é suscetível de integrar a prática do(s) seguinte(s) crime(s):

4- O PEDIDO
Tornando-se fundamental esta Carta Rogatória para a descoberta e esclarecimento da verdade, solicita-se às autoridades judiciárias de OutraEntidadeNome que:

a)- Se proceda à inquirição da(s) pessoa(s) a seguir indicada(s), acerca dos factos descritos no ponto 2 desta Carta Rogatória:

*

JUNTA-SE:

Com os meus melhores cumprimentos pela vossa prestimosa e estimável colaboração.

Solicita-se que na resposta seja indicada a referência deste documento e n.º de processo

Processado por computador

ANEXO

deverá ser indicado o nome da autoridade judiciária requerente

TribunalLocalidade , AssinaturaData .
(Documento elaborado por UtilizadorCategoria UtilizadorNome)

O(A) MJCat ,

JuizNome

deverá ser indicado o nome da autoridade judiciária requerente

Processo: ProcessoNúmero	ProcessoEspécie	Referência: Referência Data: AssinaturaData

CARTA ROGATÓRIA

deverá ser indicado o nome da autoridade judiciária requerida

*

EM NOME DA JUSTIÇA E AO ABRIGO DAS DISPOSIÇÕES LEGAIS DE COOPERAÇÃO JUDICIÁRIA INTERNACIONAL EM MATÉRIA PENAL (LEI N.º 144/99, DE 31 DE AGOSTO);

O(A) Mmº(ª) MJCat , JuizNome da TribunalNome - UnidadeOrgânica , roga às autoridades competentes de OutraEntidadeNome , que em cumprimento desta e atento os factos que a justificam, se proceda com observância das formalidades legais às diligências que a seguir se indicam:

1- INTRODUÇÃO
Corre termos neste(a) TribunalNome - UnidadeOrgânica , um ProcessoEspécie , registado sob o n.º ProcessoNúmero , em que são.

*

2- O CONTEÚDO DA NOTIFICAÇÃO
Solicita-se assim às autoridades judiciárias competentes que se proceda às diligências a seguir indicadas, relativas ao(à) IntervenienteDesignação abaixo mencionado:

- De que seja constituído arguido nos termos constantes do documento junto, devendo-lhe ser-lhe lidos os deveres e direitos processuais aí constantes e entregue o respetivo duplicado - artº 58º do C.P. Penal.

- Seja notificado para todo o conteúdo do despacho de acusação proferido no âmbito do ProcessoEspécie em referência, nos termos do artigo 283º do Código de Processo Penal Português, cujas cópias seguem junto para lhe serem entregues no ato da notificação, podendo o(a) mesmo(a), querendo, no prazo de 20 dias , requerer a Abertura da Instrução, nos termos do artigo 287º, n.º 1 do Código de Processo Penal Português.

*

3- A NOTIFICAR

IntervenienteNome	IntervenienteNaturalidade	IntervenienteDataNasc
IntervenienteEstadoCivil	IntervenienteFiliação IntervenienteProfissão	IntervenienteBI
IntervenienteMorada .		

JUNTA-SE: Cópia autenticada dos artigos 283º, 286º a 289º, todos do Código de Processo Penal Português.

Com os meus melhores cumprimentos pela vossa prestimosa e estimável

Solicita-se que na resposta seja indicada a referência deste documento e n.º de processo

Processado por computador

ANEXO

deverá ser indicado o nome da autoridade judiciária requerente

colaboração.

TribunalLocalidade , AssinaturaData .
(Documento elaborado por UtilizadorCategoria   UtilizadorNome)

O(A) MJCat ,

JuizNome

Solicita-se que na resposta seja indicada a referência deste documento e n.º de processo

Processado por computador

deverá ser indicado o nome da autoridade judiciária requerente

| Processo: ProcessoNúmero | ProcessoEspécie | Referência: Referência |

CARTA ROGATÓRIA

deverá ser indicado o nome da autoridade judiciária requerida

*

EM NOME DA JUSTIÇA E AO ABRIGO DAS DISPOSIÇÕES LEGAIS DE COOPERAÇÃO JUDICIÁRIA INTERNACIONAL EM MATÉRIA PENAL (LEI N.º 144/99, DE 31 DE AGOSTO);

O(A) Mmº(ª) MJCat , JuizNome da TribunalNome - UnidadeOrgânica , roga às autoridades competentes de OutraEntidadeNome , que em cumprimento desta e atento os factos que a justificam, se proceda com observância das formalidades legais às diligências que a seguir se indicam:

1- INTRODUÇÃO
Corre termos neste(a) TribunalNome - UnidadeOrgânica , um ProcessoEspécie , registado sob o n.º ProcessoNúmero , em que são:

*

2- O CONTEÚDO DA NOTIFICAÇÃO
Solicita-se assim às autoridades judiciárias competentes que se proceda às diligências a seguir indicadas, relativas ao(à) IntervenienteDesignação abaixo mencionado:

Seja devidamente notificado, por contacto pessoal, de todo o conteúdo da douta sentença proferida, cuja cópia se junta para lhe ser entregue neste ato.

De que tem o prazo de 30 dias, a contar da presente notificação, para exercer o direito de recurso da referida sentença, devendo para o efeito contactar com o seu mandatário/defensor:

*

3- A NOTIFICAR
IntervenienteNome	IntervenienteNaturalidade	IntervenienteDataNasc
IntervenienteEstadoCivil	IntervenienteFiliação IntervenienteProfissão	IntervenienteBI
IntervenienteMorada .		

JUNTA-SE: Cópia da douta sentença proferida.

Com os meus melhores cumprimentos pela vossa prestimosa e estimável colaboração.

TribunalLocalidade , AssinaturaData .

O(A) MJCat ,

Solicita-se que na resposta seja indicada a referência deste documento e n.º de processo

Processado por computador

ANEXO

deverá ser indicado o nome da autoridade judiciária requerente

JuizNome

Solicita-se que na resposta seja indicada a referência deste documento e n.º de processo

Processado por computador

deverá ser indicado o nome da autoridade judiciária requerente

Processo: ProcessoNúmero	ProcessoEspécie	Referência: Referência Data: AssinaturaData

CARTA ROGATÓRIA

deverá ser indicado o nome da autoridade judiciária requerida

*

EM NOME DA JUSTIÇA E AO ABRIGO DAS DISPOSIÇÕES LEGAIS DE COOPERAÇÃO JUDICIÁRIA INTERNACIONAL EM MATÉRIA PENAL (LEI N.º 144/99, DE 31 DE AGOSTO);

O(A) Mmº(ª) MJCat JuizNome , do(a) UnidadeOrgânica - TribunalNome , roga às autoridades competentes de OutraEntidadeNome , que em cumprimento desta e atento os factos que a justificam, se proceda com observância das formalidades legais às diligências que a seguir se indicam:

1- INTRODUÇÃO

Corre termos neste(a) TribunalNome - UnidadeOrgânica , um ProcessoEspécie , registado sob o n.º ProcessoNúmero , em que são:

2- O CONTEÚDO DA NOTIFICAÇÃO

Solicita-se assim às autoridades judiciárias competentes que se proceda à notificação da(s) pessoa(s) abaixo indicada(s), para todo o conteúdo do seguinte:

De todo o conteúdo do despacho que recebe a acusação/pronúncia, cuja cópia se junta, acompanhado da cópia da respetiva acusação/pronúncia.

Para no prazo de VINTE DIAS, apresentar(em), querendo, a sua(vossa) contestação, juntamente com o rol de testemunhas até ao máximo de VINTE, identificando-as e discriminando as que devam depor sobre a personalidade e condição pessoal, não podendo estas exceder o número de CINCO, e indicar(em), querendo, os peritos e consultores técnicos que devam ser notificados para a audiência de julgamento.

De que o rol de testemunhas pode ser adicionado ou alterado, por requerimento, contanto que o adicionamento ou alteração possa ser comunicada aos restantes sujeitos processuais até TRÊS DIAS antes da data que vier a ser designada para o julgamento - art.º 316º e 283º, n.º 7 do C.P.P.

São mandatários:

devendo, no caso de nomeação oficiosa, contactar(em) os respetivos defensores e prestar(em) aos mesmos toda a colaboração.

Solicita-se que na resposta seja indicada a referência deste documento e n.º de processo

Processado por computador

ANEXO

deverá ser indicado o nome da autoridade judiciária requerente

3- A(S) PESSOA(S) ABAIXO INDICADA(S), DEVE(M) AINDA SER NOTIFICADA(S) NOS TERMOS SEGUINTES:

*

JUNTA-SE: Cópia autenticada dos artigos 312º, 313º e 315º do Código de Processo Penal Português.

Com os meus melhores cumprimentos pela vossa prestimosa e estimável colaboração.

TribunalLocalidade , AssinaturaData .

O(A) MJCat ,

JuizNome

Solicita-se que na resposta seja indicada a referência deste documento e n.º de processo

Processado por computador

deverá ser indicado o nome da autoridade judiciária requerente

Processo: ProcessoNúmero	ProcessoEspécie	Referência: Referência

PEDIDO DE AUXÍLIO JUDICIÁRIO EM MATÉRIA PENAL

EM NOME DA JUSTIÇA E AO ABRIGO DAS DISPOSIÇÕES LEGAIS DA CONVENÇÃO DE AUXÍLIO JUDICIÁRIO EM MATÉRIA PENAL ENTRE ESTADOS MEMBROS DA COMUNIDADE DOS PAÍSES DE LÍNGUA PORTUGUESA;

*

Corre termos nesta UnidadeOrgânica - TribunalNome , uns autos de ProcessoEspécie , registados sob o n.º ProcessoNúmero , em que são:

*

AUTORIDADES - Artº 9º, al. a):

Autoridade de emissão: TribunalNome - UnidadeOrgânica
Autoridade destinatária do pedido de auxílio: OutraEntidadeNome

*

DESCRIÇÃO - Artº 9º, al. b):

Descrição precisa do auxílio que se solicita, indicando o objeto e motivos do pedido formulado, assim como a qualificação jurídica dos factos que motivam o procedimento:

Objeto do pedido:

Motivo:

Qualificação jurídica dos factos:

*

FACTOS - Artº 9º, al. c):

Descrição sumária dos factos e indicação da data e local em que ocorreram:

Descrição dos factos:

Data dos factos:

Local dos factos:

*

SUJEITO PROCESSUAL - Artº 9º, al. d):

Os dados relativos à identidade e nacionalidade da pessoa sujeita ao processo a que se refere o pedido, quando conhecidos:

Solicita-se que na resposta seja indicada a referência deste documento e n.º de processo

Processado por computador

ANEXO

deverá ser indicado o nome da autoridade judiciária requerente

*

PESSOA A NOTIFICAR - Artº 9º, al. e):

No caso de notificação, menção do nome e residência do destinatário ou de outro local em que possa ser notificado, a sua qualidade processual e a natureza do documento a notificar:

Nome: IntervenienteNome

IntervenienteMorada

IntervenienteContactos

Qualidade processual: IntervenienteDesignação

Natureza do documento a notificar:

*

DECLARAÇÃO - Artº 9º, al. f):

Nos casos de revista, busca, perda, apreensão, congelamento, entrega de objetos ou valores, exames e perícias, uma declaração certificando que são admitidos pela lei do Estado requerente:

*

PARTICULARIDADES OU REQUISITOS - Artº 9º, al. g):

A menção de determinadas particularidades do processo ou de requisitos que o Estado requerente deseje que sejam observados, incluindo a confidencialidade e os prazos de cumprimento:

*

OUTRAS INFORMAÇÕES - Artº 9º, al. h):

Qualquer outra informação, documental ou outra, que possa ser útil ao Estado requerido e que vise facilitar o cumprimento do pedido

*

Com os meus melhores cumprimentos pela vossa prestimosa e estimável colaboração.

TribunalLocalidade , AssinaturaData .
(Documento elaborado por UtilizadorCategoria UtilizadorNome)

O(A) MJCat ,

Solicita-se que na resposta seja indicada a referência deste documento e n.º de processo

Processado por computador

deverá ser indicado o nome da autoridade judiciária requerente

Solicita-se que na resposta seja indicada a referência deste documento e n.º de processo

Processado por computador

ANEXO

Request for mutual legal assistance in criminal matters

Requested authority :

Your Ref :

1. Requesting authority :

Function, locality, and the necessary information to reach the concerned person

Telephone nr. :

Fax.nr. :

E-mail address :

Our.Ref. :

Proceeding nr.:

against : (Select the number of concerned persons)

1 ○ 2 ○ 3 ○ 4 ○ 5 ○ 6 ○ 7 ○ 8 ○ 9 ○ 10 ○

2. Urgency :

MANUAL DE COOPERAÇÃO JUDICIÁRIA INTERNACIONAL EM MATÉRIA PENAL

3. Applied conventions :

☐ *European convention of 20 April 1959 on mutual assistance in criminal matters.*

☐ *1978 additional protocol to the 1959 European Convention on mutual Legal Assistance in criminal matters.*

☐ *European convention on the suppression of terrorism of 27 January 1977.*

☐ *Convention of 19 June 1990 implementing the Schengen Agreement of 14 June 1985.*

☐ *Benelux Treaty of 27 June 1962 on extradition and mutual assistance in criminal matters.*

☐ *United Nations Convention of 20 December 1988 against illicit traffic in narcotic drugs.*

☐ *Convention of 8 November 1990 on laundering, search, seizure and confiscation of the proceeds of crime.*

☐ *EU convention on mutual co-operation in criminal matters of 29 May 2000 .*

☐ *Bilateral conventions.*

4. Legal qualification of the facts :

5. Statement of the facts :

6. Requested activities :

☐ Hearing   ☐ Search   ☐ Seizure

☐ Hearing by telephone conference   ☐ Hearing by video conference

☐ Interception of telecommunications   ☐ Taking of evidence in a court

ANEXO

☐ Other:

6a) Specification of requested activities :

(name, date of birth and address of persons to be heard, if the person to be heard is suspect, witness, victim, address where a search is to be executed etc.)

6b) Link between the facts and the requested activities :

(if coercive measures are requested, please explain the need of them)

6c) The activities requested are to be executed as follows :

(Co-ordinated execution in different stages, presence of lawyer, presence of third persons for confrontation, transfer of persons held in custody, oath or not, notifications and/or communications to be made etc.)

(if a partial transmisson of the documents of execution is requested, please indicate after which time, or after the execution of which activities)

6d) Partial transmission :

7. The following persons are to be present :

MANUAL DE COOPERAÇÃO JUDICIÁRIA INTERNACIONAL EM MATÉRIA PENAL

8. The request is confidential for the following reasons :

9. Involved judicial and police-services :

- ☐ *Liaison officer :*
- ☐ *Liaison-magistrate :*
- ☐ *E.J.N.-contact point :*
- ☐ *OLAF :*
- ☐ *EUROPOL :*
- ☐ *PRO EUROJUST :*
- ☐ *INTERPOL :*

Annexes :

- ☐ *cover note*
- ☐ *legislation*
- ☐ *other*

(undersigned)

ANEXO

COVER NOTE FOR ROGATORY LETTERS
Joint Action of 29 June 1998 adopted by the Council on the basis of Article K.3 of the Treaty on European Union, on good practice in mutual legal assistance in criminal matters.
(Official Journal L 191, 07/07/1998 p. 0001 - 0003)

REQUEST *(To be filled in by requesting authority)*

Case number: _____ Name(s) of suspect(s): _____

Authority who can be contacted regarding the request:

Organization: _____ Place: _____ Country: _____

Name: _____ Function: _____ Spoken Language: EN

Telephone number: _____ Fax Number: _____ E-mail: _____

Deadline: ☐ This request is urgent. ☐ Please execute this request before (date): _____

Reasons for deadline: _____

Date: _____ Signature: _____

ACKNOWLEDGEMENT OF REQUEST *(To be filled in by the requested authority)*

Registration number: _____ Date: _____

Authority receiving the request

Organization: _____ Place: _____ Country: _____

Name: _____ Function: _____ Spoken Language: _____

Telephone number: _____ Fax Number: _____ E-mail: _____

Authority who can be consulted on the execution of the request ☐ Same as above ☐ Other, namely:

Organization: _____ Place: _____ Country: _____

Name: _____ Function: _____ Spoken Language: _____

Telephone number: _____ Fax Number: _____ E-mail: _____

Deadline: The deadline will probably: ☐ be met ☐ not be met. Reason: _____

Date: _____ Signature: _____

Please complete this form and fax it to Fax Number : _____

MANUAL DE COOPERAÇÃO JUDICIÁRIA INTERNACIONAL EM MATÉRIA PENAL

COUNCIL OF EUROPE

CONSEIL DE L'EUROPE

http://www.coe.int/tcj

Strasbourg, 3 November 2015
[PC-OC/PC-OC Mod/2014/Docs PC-OC Mod 2014/ PC-OC Mod (2014) 10 rev6]

PC-OC Mod (2014) 10rev.6

EUROPEAN COMMITTEE ON CRIME PROBLEMS
(CDPC)

COMMITTEE OF EXPERTS
ON THE OPERATION OF EUROPEAN CONVENTIONS
ON CO-OPERATION IN CRIMINAL MATTERS
(PC-OC)

MODEL REQUEST FORM FOR MUTUAL ASSISTANCE IN CRIMINAL MATTERS[1]

As adopted by the PC-OC at its 69th meeting,
in consultation with Mr Pedro Verdelho, on behalf of the T-CY

---

[1] This model request form is intended as a guide and a reference only. The requirements may be modified as necessary to meet the requirements of domestic law and practice of Member States

ANEXO

PC-OC Mod (2014) 10rev6   2

TITLE OF THE REQUEST

Procedure n°.......

Indication of Urgency/Confidentiality

1. REQUESTING AUTHORITY

- Official Title
- Address
- Contact details: telephone and fax numbers, e-mail addresses
- Language

2. REQUESTED AUTHORITY

- Official Title
- Address

3. OBJECT AND REASON

- Type and purpose of request
- Legal basis of the request
- Type of offence
- Description of the stage of criminal proceedings

Where applicable:
- Justification of urgency
- Indication of a requirement to be notified about the date/place of the execution of the request as well as on the presence of particular persons with their contact details
- Indication on previous involvement of law enforcement officials and their contact details
- Information on previous communications/ MLA requests (including reference numbers)

4. PERSONS CONCERNED (primarily suspects)

- Name
- Gender
- Nationality
- Address
- Position in Legal Proceedings

Where applicable and available :
- ID / Passport Number
- Alias
- Date / place of birth

Information on a legal person

- Name

-*Where applicable and available*
- Registration number Address of the seat
- Addresses of different branches
- Contact details of the person authorised to act on behalf of the company

555

5. MEASURES REQUESTED

A. Letters rogatory

i. Facts and legal information about the offence

- Summary of the relevant facts indicating time, place and manner of commission of offence
- Legal qualification of the offence with relevant provisions including the range of penalties applicable
- Clear description of the links between the offence and the person and between the offence and the evidence /measures/ criminal assets sought in the requested State.'

Where applicable
- Damage caused by the offence
- Information on victims
- Where necessary, provisions on lapse of time
- Any other additional information which may assist the requested authority in carrying out the request

ii. Types of measures

a. Hearing/questioning of witnesses, experts, suspects, accused persons and other persons: specific modalities

a1. Hearing/questioning performed by the requested authority

- Indication of the competent authority which should perform the hearing
- Indication of the status of the person to be heard
- Information on rights and obligations (for instance hearing under oath/affirmation or the right to be assisted by a lawyer/interpreter) to be notified to the person to be heard
- Indication of questions to be asked

Where applicable
- Indication whether the person to be heard requires protection (including details on possible existing agreements between both Parties on this issue)

a2. Hearing/questioning by video conference

- Indication of reasons why it is not desirable or possible to attend in person
- Name of the judicial authority conducting the hearing/questioning
- Details concerning practical arrangements (technical information on available means, proposals concerning payment of costs, contact details for technical contact person, etc.)
- Notification of rights and obligations of the person to be heard/questioned
- Dates/time proposed

Where applicable
- Indication of the necessity for an interpreter
- Indication of measures to protect the person to be heard/questioned
- Indication if the suspect or the accused person consents to the hearing/questioning
- Indication of questions to be asked

a3. Hearing/questioning by telephone conference

- Indication of the name of the judicial authority or the persons who will be conducting the hearing/questioning
- Indication that the witness or expert is willing to take part in the hearing/ questioning by

ANEXO

PC-OC Mod (2014) 10rev6   4

---

telephone conference

b. Obtaining evidence

b1. General measures

- Identification of items requested

Search and seizure

- Type of search: body searches/ house searches/ other premises
- As far as possible, precise identification of the person, or premises to be searched (location, interest for property, bank accounts)
- Identification of documents, records, data, etc

Where applicable
- Give details on the links between the person, the foreign proceedings and the requested measures e.g. the place to be searched
-Copy of warrant/ order issued by requesting authorities

b2. Specific measures:

- **b2.1.Electronic data**

➢ **Preservation of data**
- Adequate information to identify the relevant data to be preserved including its   location (custodian of the stored computer data, location of the computer system)
- Grounds to believe that there are risks of loss or modification
- Indication that an MLA request will follow, in view of obtaining the preserved data.

➢ **Search or similar access, seizure or similar securing, or disclosure of data**
- Specific purpose
- Adequate information to identify the sought data to be seized, secured or disclosed, including, if known, its physical location and the data controller (custodian of the stored computer data) , technical data necessary to perform such action
- To the greatest extent possible, precise identification of the person, or premises to be searched while giving details on the links between the person, data and the place to be searched
- Contact point

Where applicable
- Information on a previous request for the preservation of data

- **b2.2. Seizure and/or confiscation of criminal assets**

- Reasons to believe that assets are located in the requested State
- Indication of the procedures the requesting State wishes to follow
- Indication that the measure sought or any other similar measures can be taken in the territory of the requesting State under its national law
- Attachments: true copy of seizure or/confiscation order and statement of grounds for order; and, where applicable attestation that confiscation is enforceable
- Information relating to bank accounts in the requested State

Where applicable
- Where confiscation takes the form of a requirement to pay a sum of money corresponding to the value of the assets, give information on the maximum value of the assets to be seized
- Attachment of documents proving that third parties had the opportunity to claim rights
- Information on similar requests sent to other States

MANUAL DE COOPERAÇÃO JUDICIÁRIA INTERNACIONAL EM MATÉRIA PENAL

5   PC-OC Mod (2014) 10rev6

- Information on earlier requests for obtaining evidence / for restraining assets or seizing objects connected with the present request (name of the defendant / sentenced person)
- Restitution: indication of items/articles obtained by criminal means which should be at the disposal of the requesting State to be returned to their rightful owners

c. Obtaining information from financial institutions
- Details of the financial institution (name of the bank or financial institution, address of branch where the account is held)
- Account number
- Indication of the period for which the information is requested
- Reasons to believe that the account is held in the requested State

d. Obtaining telephone/IP data

d1. Information concerning telephone data
- Indication of the telephone number
- Information concerning the holder of the telephone number
- Indication of the period for which the telephone data are required

d2. Information concerning IP data
- Indication of the IP address, which user's identification is sought (when the IP Adress is known), of the time-stamp (day and time of the use), and of the name of the ISP
- Indication of the name and address of the suspect (when he/she is known, but the concrete user's IP Address is not known)and, if known, the date and time of use and the name of the ISP

Where applicable
- For extended traffic data, information on the sought period, for which the IP address was used

e. Conducting of Expertise

- Information on the expertise sought

Where applicable
- List of questions to be answered by the expert

f. Interception of communications
- Any relevant information on the status of the person and on the link between the measure and the ongoing investigation relating to legal requirements of the requesting State

Where applicable
- Information on the time-frame

g. Special investigation techniques

- Cross-border observations: see Appendix 1
- Controlled delivery: see Appendix 2
- Covert investigations: see Appendix 3
- Joint investigation teams: see Appendix 4

iii. Specific modalities of execution

Where applicable
- Necessary formalities and procedures under the law of the requesting State and guidance
- Presence of officials and other relevant persons involved from the requesting State and the name and title of such persons
- Request to conduct the hearing/questioning by officials....
- Time frame for execution
- Co-ordination between relevant and competent authorities (contact persons)

ANEXO

PC-OC Mod (2014) 10rev6 6

- Costs (see explanation in the guidelines)
- Language to be used
- Indication of requirements to keep the existence and substance of the request confidential
- Indication of rules to ensure data protection

iv. Modalities for the transmission of evidence

- Indication whether originals are needed
- Preferred means of transmission to be used by the requested State (courier, liaison officer, diplomatic representative, etc.)
- Advance copies

B. Service of judicial documents (writs and records; summons to appear as a witness/expert/ accused person):

i. Information common to all requests of service

- Type of service required
- Specification of documents to be served

Where applicable:
- *Information on witness protection*
- *Safe passage issues*
- *Requirements for confirmation of service*
- *Requirements if service fails*
- *Approval of assumption of costs*

ii. Information required for summons to appear

- Date of appearance
- Time and place of hearing

Where applicable:
- *Alternative date of appearance, time and place of hearing*
- *Approximate allowances payable and the travelling and subsistence expenses refundable*
- *Visa or other entry requirements*

C. Temporary transfer of a person in custody

- Type of transfer: to the requesting or the requested State
- Proposed dates for transfer and return
- Place of transfer
- Purpose of transfer (e.g. witness, confrontation)
- Statement of consent of the person concerned

Where applicable:
- Confirmation that the person concerned will remain in custody
- Indication whether transit is required
- Contact person(s)responsible for the transfer

D. Extracts from judicial records

- Identification of the person whose judicial record is requested

Where applicable:
- *Indication whether the request is made in a non-criminal context*

MANUAL DE COOPERAÇÃO JUDICIÁRIA INTERNACIONAL EM MATÉRIA PENAL

7   PC-OC Mod (2014) 10rev6

6. FINAL INFORMATION

- Any other information which the requesting State considers important
- Contact person (name, contact details, language)
- List of enclosures
- Seal, name, function of the official, date, and signature

*   *   *

ANEXO

Strasbourg, 3/11/2015
[PC-OC/DOCS2015/PC-OC(2015)09 rev.3 Guidelines...]
http://www.coe.int/tcj

PC-OC (2015)09 rev.3

EUROPEAN COMMITTEE ON CRIME PROBLEMS
(CDPC)

**COMMITTEE OF EXPERTS
ON THE OPERATION OF EUROPEAN CONVENTIONS
ON CO-OPERATION IN CRIMINAL MATTERS**
(PC-OC)

**GUIDELINES TO THE MODEL REQUEST FORM
FOR MUTUAL ASSISTANCE IN CRIMINAL MATTERS**

As adopted by the PC-OC during its 69th meeting,
prepared in consultation with M. Pedro Verdelho, on behalf of the T-CY

MANUAL DE COOPERAÇÃO JUDICIÁRIA INTERNACIONAL EM MATÉRIA PENAL

COUNCIL OF
THE EUROPEAN UNION

Brussels, 14 November 2011

7139/3/11
REV 3

LIMITE

COPEN 32
EJN 16
EUROJUST 24
USA 19

NOTE

from:	Presidency
to:	Working Party on Co-operation in Criminal Matters
No. prev. doc.:	13444/10 COPEN 185 EJN 36 EUROJUST 87 USA 104
Subject:	Amended Forms under Article 4 of the EU-US agreement on mutual legal assistance

Background

In February 2010, the United States conveyed to the European Union draft forms for the purpose of their application as the request forms under Article 4 of the EU-US Agreement on mutual legal assistance.[1]

These forms were first presented at the US-EU seminar on the EU-US Agreements of 25 June 2003 on extradition and mutual legal assistance in Madrid on 25 - 26 March 2010.
The draft forms were subsequently discussed at the meetings of the Working Party on Cooperation in Criminal Matters held on 28 July 2010[2], 31 March 2011[3], 15 June 2011[4] and 4 November 2011, as well as during EU-USA Working Group meetings. The attached draft forms reflect the result of those discussions.

---

[1] 5833/1/10 COPEN 32 EJN 2 EUROJUST 16 USA 18.
[2] 5833/1/10 COPEN 32 EJN 2 EUROJUST 16 USA 18
[3] 8024/11 COPEN 52 EJN 23 EUROJUST 33 USA 21.
[4] 7139/1/11 REV 1 COPEN 32 EJN 16 EUROJUST 24 USA 19.

7139/3/11 REV 3   GS/np   1
DG H 2B   **LIMITE**   **EN**

ANEXO

Status of the forms

Article 4 of the Agreement is not a stand-alone article. The EU-US Agreement on mutual legal assistance is complementary to bilateral agreements and has to be applied through bilateral 'written instruments' concluded between the US and each of the EU Member States. The bilateral written instruments customize the Agreements to the specific bilateral needs as defined by pre-existing bilateral treaties or the lack of (one of) those. Article 4 of the EU-US Agreement on mutual legal assistance will thus not necessarily have exactly the same effect in all EU-Member States. As a consequence, any general form will never offer a tailor-made solution for all cases with which national authorities may be confronted when considering making a request.

Moreover, the use of the forms is not provided for by the EU-US Agreement on mutual legal assistance and is therefore purely indicative for competent authorities. The US authorities will obviously use the form for making requests (Annex I). Member States are free to decide whether they want to use the redrafted form for making requests to the US authorities (Annex II). The Presidency invites Member States to recommend the use of the second form (Annex II) to their competent authorities.

7139/3/11 REV 3

DG H 2B

GS/np

LIMITE **EN**

2

MANUAL DE COOPERAÇÃO JUDICIÁRIA INTERNACIONAL EM MATÉRIA PENAL

ANNEX I

Law Enforcement Sensitive; For Official Use Only

U.S. request to _____ *(name of EU Member State)* under Article 4 of the U.S.-EU Mutual Legal Assistance Agreement and pursuant to Article ___ of the bilateral instrument between _____ *(name of EU Member State)* and the United States of America.

This request is made by the United States of America to _____ *(insert name of requested State)*, pursuant to Article 4 of the Agreement on Mutual Legal Assistance between the United States of America and the European Union and pursuant to Article ___ of the bilateral instrument between _____ *(insert name of requested State)* and the United States.

1. This request seeks the following kind of information: *(check one or more of the following boxes)* ☐ identification of bank accounts; ☐ financial transactions unrelated to accounts; ☐ information in the possession of non-bank financial institutions. *(Provide further detail regarding the information sought here):*_____
    _____

2. This request is made with respect to a natural or legal person *(check one of the following boxes)* ☐ suspected of ☐ charged with ☐ convicted of ☐ otherwise involved in: *(check one or more of the following boxes)* ☐ terrorist activity; ☐ money laundering; ☐ other *("other" may be checked for a request to Cyprus, Denmark, Estonia, France, Hungary, Ireland, Latvia, the Netherlands, or Sweden. Describe here the suspected criminal (...) activity for which assistance is sought*_____
    _____in violation of
    *(cite relevant statutory provision(s) here)*_____
    _____

3. The natural or legal person about which information is requested are believed to have maintained a financial account or conducted a financial transaction in
    _____ *(insert name of requested State)* because *(insert reason(s) here)*_____
    _____

7139/3/11 REV 3
ANNEX I

DG H 2B

GS/np   3
LIMITE   EN

ANEXO

4. If this is not a terrorism investigation, it is significant because (*e.g., describe the seriousness and magnitude of suspected criminal conduct, including, as applicable the dollar or euro amount involved; the international scope and connection to European financial systems; whether investigation is being conducted as part of a multi-agency domestic/international task force; whether the investigation is time sensitive, importance of investigation to the priorities of the investigating agency; and any other relevant factors*)
If the investigation involves a public or political official, check the following box and identify the public/political official and include a description of the nature of the allegation in this section ☐

_____
_____
_____

5. With respect to this activity, the natural or legal person was involved as follows: *(identify the natural or legal person and describe the criminal conduct, including the place and timeframe, the basis for reasonably suspecting that the person engaged or was involved in the criminal conduct, and the manner in which the information sought is relevant to your investigation or proceeding)*_____

_____
_____
_____
_____

6. **The United States requests that this request be kept confidential, and that persons who are not responsible for the execution of the request, including the holder of the account or maker of the transaction, not be notified of the request or the measures taken to execute it.**

7. The names and enough identifying information provided *(such as date of birth; identification number (such as Social Security Number, Cedula, etc.); address(es); alias(es);and passport number)* on the subjects of my request are sufficient to permit a financial institution to differentiate between common or similar names. This information is as follows:_____

_____
_____
_____

8. Any further available information regarding the potential location of the information sought is as follows *(in order to reduce the breadth of the search, provide any further available information regarding the potential location of the information sought here):*_____

_____
_____

9. I understand that this form of assistance is an extraordinary law enforcement tool that should not be used if there are adequate traditional investigative tools available. I am submitting this request because all other financial leads have been exhausted.

7139/3/11 REV 3
ANNEX I DG H 2B GS/np 4
LIMITE EN

MANUAL DE COOPERAÇÃO JUDICIÁRIA INTERNACIONAL EM MATÉRIA PENAL

10. If this request results in positive responses from financial institutions, I understand that the United States must use the normal channels of international cooperation to obtain further information regarding accounts/transactions, or to seek their restraint and/or confiscation.

11. This request is approved by and is being transmitted via the appropriate official US authority for this type of assistance under the above-named treaties. I and the officials described below shall be available to address any questions concerning this request:

        Name and Title of Requesting Authority:
        Name and Title of Designee:
        Name of US Government Agency:
        Mailing Address:
        E-Mail Address:
        Telephone Number:
        Telefax Number:

        Name and Title of US Transmitting Authority under Treaty:
            Name and Title of Designee:
        Name of U.S. Transmitting Agency under Treaty:
        Mailing Address:
        E-Mail Address:
        Telephone and Telefax Number:

        _____
        Signature of U.S. Transmitting Authority

        _____
        Date

ANEXO

ANNEX II

Law Enforcement Sensitive; For Official Use Only

Request/Certification from ___ *[insert name of country]* **(...) under Article 4 of the EU-US Mutual Legal Assistance Agreement Seeking Account or Transaction Information from U.S. Financial Institutions (U.S. Legal Authority: Section 314(a) of the USA PATRIOT Act and 31 CFR 103.100)**

This request/certification is made by *(insert name of requesting State)* _____ to the United States of America pursuant to Article 4 of the Agreement on Mutual Legal Assistance between the United States of America and the European Union and pursuant to Article ___ of the bilateral instrument between the United States of America and *(insert name of requesting State)* _____.

I hereby certify, on behalf of *(insert name of requesting foreign law enforcement authority)* _____ that:

1. This request seeks the following kind of information: *(check one or more of the following boxes)* ☐ identification of bank accounts; ☐ financial transactions unrelated to accounts; ☐ information in the possession of non-bank financial institutions. *(Provide further detail regarding the information sought here)*
   _____
   _____

2. This request is made with respect to a natural or legal person *(check one of the following boxes)* ☐ suspected of ☐ charged with ☐ convicted of ☐ otherwise involved in *(check one or both of the following boxes)* ☐ terrorist activity; ☐ money laundering activity. In particular, they are believed to have *(describe here the suspected criminal activity for which assistance is sought*
   _____
   _____ in violation
   of *(cite relevant statutory provision(s) here)* _____

3. The natural or legal person about which information is requested are believed to have maintained a financial account or conducted a financial transaction in the United States because *(insert reason(s) here)*
   _____
   _____
   _____

7139/3/11 REV 3   GS/np   6
ANNEX II   DG H 2B   **LIMITE**   **EN**

MANUAL DE COOPERAÇÃO JUDICIÁRIA INTERNACIONAL EM MATÉRIA PENAL

4. If this is not a terrorism investigation, it is significant because (*e.g., describe the seriousness and magnitude of suspected criminal conduct; dollar amount involved; the international scope and the connection to the U.S. financial system; whether investigation is being conducted as part of a multi-agency domestic/international task force; whether the investigation is time sensitive; importance of investigation to agency program goals; and any other relevant factors*)

If the investigation involves a public or political official, check the following box and identify the public/political official and include a description of the nature of the allegation in this section ☐

_____
_____
_____
_____

5. With respect to this activity, the natural or legal person was involved as follows: *(identify the natural or legal person involved and describe the criminal conduct including the place and timeframe, the basis for reasonably suspecting that the person engaged or was involved in the criminal conduct, and the manner in which the information is relevant to your investigation o proceedings)*_____

_____

6. If this investigation has not been brought to the attention of my country's financial intelligence unit (FIU), I understand FinCEN will notify the FIU of the request prior to further processing. I also understand that it is FinCEN's policy to notify different requesters that have submitted requests for information to FinCEN on the same subject, which gives requestors the opportunity to coordinate their efforts with U.S. Law Enforcement and other international entities on matters of mutual interest.). *(check the followings box if the investigation has not been brought to the attention of your national FIU* ☐ *) (check the following box if there is a reason why FinCEN should not notify your country's FIU or other requestors* ☐ *) (please give the reason you do not wish such notification to be given).*

_____
_____

7. ☐*(check the preceding box if this paragraph is applicable)* _____
(insert name of requesting State) **requests that this request be kept confidential, and that persons who are not responsible for the execution of the request, including the holder of the account or maker of the transaction, not be notified of the request or the measures taken to execute it.**

8. I have provided the names and enough identifying information *(such as date of birth; identification number (such as Social Security Number, Cedula, etc.); address(es); alias(es);and passport number)* on the subjects of my request on the attached **Subject Information Form** to permit a financial institution to differentiate between common or similar names.

7139/3/11 REV 3
ANNEX II

DG H 2B

GS/np 7
LIMITE EN

ANEXO

9. Any further available information regarding the potential location of the information sought is as follows (*in order to reduce the breadth of the search, provide any further available information regarding the potential location of the information sought here*):_____

_____

_____

_____

10. I understand that this form of cooperation is an extraordinary law enforcement tool that should not be used if there are adequate traditional investigative tools available. I am submitting this request because all other financial leads have been exhausted.

Unless otherwise noted, information will be collected from the following types of financial institutions: depository institutions, brokers or dealers in securities, future commissions' merchants, some insurance companies, some trust companies and some money services businesses. If you do not want the subject information of this case made available to money services businesses, please check this box ☐.[1]

The search criteria will include: 12 months for account activity and 6 months for financial transactions conducted by, or on behalf of, the subject(s) of the request; and all 50 states, Guam, U.S. Virgin Islands and Puerto Rico will be searched.

11. If this request executed by FinCEN results in positive responses, I understand that the positive response will be forwarded to the US foreign law enforcement attaché specified below, for onward transmission to the requester specified below. If the queries result in positive responses from financial institutions, I understand that _____ (insert name of the Requesting State) must use the normal channels of international cooperation to obtain further information regarding accounts/transactions, or to seek their restraint and/or confiscation.

12. The persons specified below shall be readily available to address any questions concerning this request:

Name and Title of the Requesting Authority :
Mailing Address:
E-Mail Address:
Telephone Number:
Telefax Number:
Agency Control Number   _____ Signature:

---

[1]   Alternately, the provision could read "Information will be collected from the following types of financial institutions: depository institutions, brokers or dealers in securities, future commissions' merchants, some insurance companies, some trust companies and some money services businesses." However, it may be useful to retain the option of excluding MSBs if deemed advisable by the requesting State.

MANUAL DE COOPERAÇÃO JUDICIÁRIA INTERNACIONAL EM MATÉRIA PENAL

Alternate Point of Contact Name and Title:
Mailing Address:
E-Mail Address:
Telephone Number:
Telefax Number:

Supervisory Authorization By (Name and Title):

Date

(below this line for U.S. Government use only)
Reviewed and approved as complying with 31 CFR 103.100 by:
(U.S. Law Enforcement Representative in *(name of requesting State)*   )
    Name   Title
    Agency
    Mailing Address:
    E-Mail Address:
    Telephone Number: Telefax Number:

    Executed on this   day of   , 2   .

ANEXO

2212 · *Diário da República, 1.ª série—N.º 85—4 de maio de 2015*

Artigo 6.º

Entrada em vigor

A presente lei entra em vigor 30 dias após a sua publicação.

Aprovada em 20 de março de 2015.

A Presidente da Assembleia da República, *Maria da Assunção A. Esteves.*

Promulgada em 22 de abril de 2015.

Publique-se.

O Presidente da República, ANÍBAL CAVACO SILVA.

Referendada em 23 de abril de 2015.

O Primeiro-Ministro, *Pedro Passos Coelho.*

ANEXO

(a que se refere o artigo 3.º)

ANEXO

(da Lei n.º 65/2003, de 23 de agosto)

Mandado de detenção europeu

O presente mandado foi emitido por uma autoridade judiciária competente. Solicita-se a detenção do indivíduo abaixo indicado e a sua entrega às autoridades judiciárias para efeitos de procedimento penal ou de cumprimento de uma pena ou medida de segurança privativas da liberdade.

a) Informações relativas à identidade da pessoa procurada:

Apelido: ....
Nome(s) próprio(s): ....
Apelido de solteira (eventualmente): ....
Alcunhas ou pseudónimos (eventualmente): ....
Sexo: ....
Nacionalidade: ....
Data de nascimento: ....
Local de nascimento: ....
Residência (e ou último endereço conhecido): ....

Língua ou línguas que a pessoa procurada compreende (se forem conhecidas): ....

Sinais particulares / descrição da pessoa procurada: ....

Foto e impressões digitais da pessoa procurada, caso existam e possam ser transmitidas, ou contacto da pessoa junto da qual se poderão obter esses dados ou o perfil de ADN (se for possível enviar e se a informação não tiver sido já incluída):

b) Decisão que fundamenta o mandado de detenção:

1. Mandado de detenção ou decisão judicial com a mesma força executiva:
....
Tipo: ....
2. Sentença com força executiva: ....
Referência: ....

c) Indicações relativas à duração da pena:

1. Duração máxima da pena ou medida de segurança privativas de liberdade aplicável à(s) infração/infrações:
....
....

2. Duração da pena ou medida de segurança privativas da liberdade proferida:
....
Pena ainda por cumprir: ....
....
....

d) Indicar se a pessoa esteve presente no julgamento que conduziu à decisão:
1. ☐ Sim, a pessoa esteve presente no julgamento que conduziu a decisão.
2. ☐ Não, a pessoa não esteve presente no julgamento que conduziu à decisão.
3. Se assinalou a quadrícula no ponto 2, queira confirmar se se verifica uma das seguintes situações:

☐ 3.1a. a pessoa foi notificada pessoalmente em ... (DD/MM/AAAA) e desse modo informada da data e do local previstos para o julgamento que conduziu à decisão e informada de que essa decisão podia ser proferida mesmo não estando presente no julgamento:

OU

☐ 3.1b. a pessoa não foi notificada pessoalmente, mas recebeu efetivamente por outros meios uma informação oficial da data e do local previstos para o julgamento que conduziu à decisão, de uma forma que deixou inequivocamente estabelecido que teve conhecimento do julgamento previsto, e foi informada de que podia ser proferida uma decisão mesmo não estando presente no julgamento;

OU

☐ 3.2. tendo conhecimento do julgamento previsto, a pessoa conferiu mandato a um defensor designado por si ou pelo Estado para a sua defesa em tribunal e foi efetivamente representada por esse defensor no julgamento;

OU

☐ 3.3. a pessoa foi notificada da decisão em ... (DD/MM/AAAA) e foi expressamente informada do direito a novo julgamento ou a recurso e a estar presente nesse julgamento ou recurso, que permite a reapreciação do mérito da causa, incluindo novas provas, e pode conduzir a uma decisão distinta da inicial:
☐ a pessoa declarou expressamente que não contestava a decisão,

OU

☐ a pessoa não requereu novo julgamento ou recurso dentro do prazo aplicável;

OU

☐ 3.4. a pessoa não foi notificada pessoalmente da decisão, mas

– a pessoa será informada pessoalmente da decisão imediatamente após a entrega; e.

– quando notificada da decisão, a pessoa será expressamente informada do direito que lhe assiste a novo julgamento ou a recurso e a estar presente nesse julgamento ou recurso, que permite a reapreciação do mérito da causa, incluindo novas provas, e pode conduzir a uma decisão distinta da inicial; e

– a pessoa será informada do prazo para solicitar um novo julgamento ou recurso, que será de ... dias.

4. Se assinalou a quadrícula no ponto 3.1b, 3.2 ou 3.3 supra, queira fornecer informações sobre a forma como foi preenchida a condição pertinente:
....
....
....

MANUAL DE COOPERAÇÃO JUDICIÁRIA INTERNACIONAL EM MATÉRIA PENAL

Diário da República, 1.ª série—N.º 85—4 de maio de 2015 **2213**

e) Infração ou infrações:

O presente mandado de detenção refere-se a um total de .... infração(ões).

Descrição das circunstâncias em que a(s) infração(ões) foi/foram cometida(s), incluindo o momento (a data e a hora), o local e o grau de participação da pessoa procurada na infração/nas infrações

....
....
....
....

Natureza e qualificação jurídica da(s) infração(ões) e disposição legal/código aplicável

....
....
....
....

    I. Indicar, se for caso disso, se se trata de uma ou mais das infrações que se seguem, puníveis no Estado membro de emissão com pena ou medida de segurança privativas de liberdade de duração máxima não inferior a 3 anos e tal como definidas pela legislação do Estado membro de emissão:

0 Participação numa organização criminosa
0 Terrorismo
0 Tráfico de seres humanos
0 Exploração sexual de crianças e pedopornografia
0 Tráfico de estupefacientes e de substâncias psicotrópicas
0 Tráfico de armas, munições e explosivos
0 Corrupção
0 Fraude, incluindo a fraude lesiva dos interesses financeiros das Comunidades Europeias na aceção da Convenção, de 26 de julho de 1995, relativa à Proteção dos Interesses Financeiros das Comunidades Europeias
0 Branqueamento dos produtos do crime
0 Falsificação de moeda, incluindo a contrafação do euro
0 Cibercriminalidade
0 Crimes contra o ambiente, incluindo o tráfico de espécies animais ameaçadas e de espécies e variedades vegetais ameaçadas
0 Auxílio à entrada e à permanência irregulares
0 Homicídio voluntário, ofensas corporais graves
0 Tráfico de órgãos e tecidos humanos
0 Rapto, sequestro e tomada de reféns
0 Racismo e xenofobia
0 Roubo organizado ou à mão armada
0 Tráfico de bens culturais, incluindo antiguidades e obras de arte
0 Burla
0 Extorsão de proteção e extorsão
0 Contrafação e piratagem de produtos
0 Falsificação de documentos administrativos e respetivo tráfico
0 Falsificação de meios de pagamento
0 Tráfico ilícito de substâncias hormonais e outros fatores de crescimento
0 Tráfico ilícito de materiais nucleares e radioativos
0 Tráfico de veículos roubados
0 Violação
0 Fogo-posto
0 Crimes abrangidos pela jurisdição do Tribunal Penal Internacional
0 Desvio de avião ou navio
0 Sabotagem
    II. Descrição completa da(s) infração/infrações que não se encontrem previstas no ponto I:

f) Outras circunstâncias pertinentes para o processo (facultativo):

[NB: Incluir aqui eventuais observações sobre extraterritorialidade, interrupção de prazos e outras consequências da(s) infração/infrações]

....
....
....
....

g) O presente mandado engloba também a apreensão e a entrega de bens que poderão servir de prova:

O presente mandado engloba também a apreensão de bens adquiridos pela pessoa procurada em resultado da infração:

Descrição (e localização) dos bens (se possível):

....
....
....
....

h) A(s) infração/infrações que estão na base do presente mandado de detenção é/são passíveis de pena ou medida de segurança privativas de liberdade com carácter perpétuo ou tem (têm) por defeito tal pena ou medida:
- o sistema jurídico do Estado membro de emissão preveja uma revisão da pena proferida - o mais tardar, no prazo de 20 anos - com vista ao não cumprimento de tal pena ou medida,
e/ou
- o sistema jurídico do Estado membro de emissão permite a aplicação de medidas de clemência, a que a pessoa tenha direito nos termos do direito ou da prática do Estado membro de emissão, com vista ao não cumprimento de tal pena ou medida.

i) Autoridade judiciária que emitiu o mandado:

Designação oficial:
....
....

Nome do seu representante*:
....
....

Função (título/grau):
....
....

Referência do processo:
Endereço:
....
....

Telefone: (indicativo do país) (indicativo regional) (...)
Fax: (indicativo do país) (indicativo regional) (...)
Endereço de correio eletrónico:
....
....

Contacto da pessoa indicada para tratar dos necessários aspetos práticos inerentes à entrega:
....
....

(* Será incluída nas diferentes versões linguísticas uma referência ao «detentor» da autoridade judiciária.)

Caso tenha sido designada uma autoridade central para a transmissão e receção administrativas dos mandados de detenção europeus:
Nome da autoridade central:

ANEXO

2214

Diário da República, 1.ª série — N.º 85 — 4 de maio de 2015

Pessoa eventualmente a contactar (título grau e nome):

Endereço:

Telefone
Fax:
Endereço de correio eletrónico:

Assinatura da autoridade judiciária de emissão e/ou do seu representante:

Data:
Carimbo oficial (eventualmente):

Lei n.º 36/2015

de 4 de maio

Estabelece o regime jurídico da emissão, do reconhecimento e da fiscalização da execução de decisões sobre medidas de coação em alternativa à prisão preventiva, bem como da entrega de uma pessoa singular entre Estados membros no caso de incumprimento das medidas impostas, transpondo a Decisão-Quadro 2009/829/JAI do Conselho, de 23 de outubro de 2009.

A Assembleia da República decreta, nos termos da alínea c) do artigo 161.º da Constituição, o seguinte:

CAPÍTULO I

Disposições gerais

Artigo 1.º

Objeto

A presente lei estabelece o regime jurídico da emissão, do reconhecimento e da fiscalização da execução de decisões sobre medidas de coação em alternativa à prisão preventiva, bem como da entrega de uma pessoa singular entre Estados membros no caso de incumprimento das medidas impostas, transpondo para a ordem jurídica interna a Decisão-Quadro 2009/829/JAI, do Conselho, de 23 de outubro de 2009, relativa à aplicação, entre os Estados membros da União Europeia, do princípio do reconhecimento mútuo às decisões sobre medidas de controlo, em alternativa à prisão preventiva.

Artigo 2.º

Definições

Para efeitos da presente lei, entende-se por:

a) «Decisão sobre medidas de coação», uma decisão executória tomada no decurso de um processo penal por uma autoridade competente do Estado de emissão, em conformidade com o respetivo direito e procedimentos internos, que impõe a uma pessoa singular, em alternativa à prisão preventiva, uma ou mais medidas de coação;

b) «Estado de emissão», o Estado membro onde foi pronunciada a decisão sobre medidas de coação;

c) «Estado de execução», o Estado membro onde são fiscalizadas as medidas de coação;

d) «Medidas de coação», as obrigações e regras de conduta impostas a uma pessoa singular, em conformidade com o direito e com os procedimentos internos do Estado de emissão.

Artigo 3.º

Âmbito de aplicação

1 — São reconhecidas, sem controlo da dupla incriminação do facto, as decisões sobre medidas de coação que respeitem às seguintes infrações, desde que, de acordo com a lei do Estado de emissão, estas sejam puníveis com pena privativa de liberdade de duração máxima não inferior a três anos:

a) Participação numa organização criminosa;
b) Terrorismo;
c) Tráfico de seres humanos;
d) Exploração sexual de crianças e pedopornografia;
e) Tráfico ilícito de estupefacientes e substâncias psicotrópicas;
f) Tráfico ilícito de armas, munições e explosivos;
g) Corrupção;
h) Fraude, incluindo a fraude lesiva dos interesses financeiros das Comunidades Europeias na aceção da Convenção, de 26 de julho de 1995, relativa à Proteção dos Interesses Financeiros das Comunidades Europeias;
i) Branqueamento dos produtos do crime;
j) Falsificação de moeda, incluindo a contrafação do euro;
k) Cibercriminalidade;
l) Crimes contra o ambiente, incluindo o tráfico ilícito de espécies animais ameaçadas e de espécies e variedades vegetais ameaçadas;
m) Auxílio à entrada e à permanência irregulares;
n) Homicídio voluntário, bem como ofensas corporais graves;
o) Tráfico de órgãos e tecidos humanos;
p) Rapto, sequestro e tomada de reféns;
q) Racismo e xenofobia;
r) Roubo organizado ou à mão armada;
s) Tráfico de bens culturais incluindo antiguidades e obras de arte;
t) Burla;
u) Extorsão de proteção e extorsão;
v) Contrafação e pirataria de produtos;
w) Falsificação de documentos administrativos e respetivo tráfico;
x) Falsificação de meios de pagamento;
y) Tráfico ilícito de substâncias hormonais e de outros estimuladores de crescimento;
z) Tráfico ilícito de materiais nucleares e radioativos;
aa) Tráfico de veículos furtados ou roubados;
bb) Violação;
cc) Fogo-posto;
dd) Crimes abrangidos pela jurisdição do Tribunal Penal Internacional;
ee) Desvio de avião ou navio;
ff) Sabotagem.

2 — No caso de infrações não referidas no número anterior, o reconhecimento da decisão de aplicação da medida de coação fica sujeito à condição de a mesma se referir a factos que também constituam uma infração punível pela lei portuguesa, independentemente dos seus elementos

Diário da República, 1.ª série — N.º 85 — 4 de maio de 2015

2219

Artigo 24.º

Obrigações das autoridades envolvidas

1 — A qualquer momento durante a fiscalização das medidas de controlo, a autoridade nacional competente pode convidar a autoridade competente do Estado de emissão a dar informações sobre se a fiscalização das medidas de coação ainda é necessária nas circunstâncias do caso específico em apreço.

2 — Antes de expirar o período máximo durante o qual as medidas de coação podem ser fiscalizadas, nos termos da lei interna, a autoridade nacional competente pode solicitar informação à autoridade do Estado de emissão sobre o período suplementar que esta considere eventualmente necessário para a fiscalização das medidas.

3 — A autoridade nacional competente informa imediatamente a autoridade competente do Estado de emissão de qualquer incumprimento de uma medida de coação, bem como de quaisquer outros elementos que possam implicar a tomada de uma decisão subsequente.

4 — A notificação é feita por meio do formulário constante do anexo II à presente lei, da qual faz parte integrante.

5 — Nos casos previstos no n.º 3, se não for tomada pelo Estado de emissão uma decisão subsequente, a autoridade nacional competente pode solicitar que a mesma seja tomada com imposição de um prazo razoável, entre 30 a 60 dias, para o efeito.

6 — Se no prazo referido no número anterior não for tomada qualquer decisão, a autoridade nacional competente pode decidir cessar a fiscalização das medidas de coação, informando o Estado de emissão de que a competência para fiscalização lhe é devolvida.

CAPÍTULO IV

Disposições transitórias e finais

Artigo 25.º

Disposição transitória

A presente lei é aplicável às decisões tomadas após a sua entrada em vigor, ainda que as mesmas tenham sido proferidas relativamente a processos iniciados anteriormente a esta data.

Artigo 26.º

Entrada em vigor

A presente lei entra em vigor 90 dias após a sua publicação.

Aprovada em 20 de março de 2015.

A Presidente da Assembleia da República, *Maria da Assunção A. Esteves.*

Promulgada em 22 de abril de 2015.

Publique-se.

O Presidente da República, ANÍBAL CAVACO SILVA.

Referendada em 23 de abril de 2015.

O Primeiro-Ministro, *Pedro Passos Coelho.*

ANEXO I

(a que se refere o n.º 1 do artigo 13.º)

Certidão

a) Estado de execução:

b) Autoridade que emitiu a decisão sobre medidas de controlo:

Designação oficial:

Autoridade a contactar se tiverem de ser recolhidas informações complementares relacionadas com a decisão sobre medidas de controlo:

☐ A autoridade acima indicada;

☐ A autoridade central; se for assinalada esta quadrícula, indicar a designação oficial desta autoridade central:

☐ Outra autoridade competente; se for assinalada esta quadrícula, indicar a designação oficial desta autoridade:

Contactos da autoridade de emissão/autoridade central/outra autoridade competente

Endereço:

N.º tel.: (prefixo nacional) (prefixo local):

N.º fax: (prefixo nacional) (prefixo local):

Dados da(s) pessoa(s) a contactar :

Apelido:

Nome(s) próprio(s):

Funções (título/grau):

N.º tel.: (prefixo nacional) (prefixo local)

N.º fax: (prefixo nacional) (prefixo local)

Endereço eletrónico (event.):

c) Autoridade a contactar, se tiverem de ser recolhidas informações complementares para efeitos de fiscalização das medidas de controlo:

☐ A autoridade referida na alínea b).

☐ Outra autoridade; se for assinalada esta quadrícula, indicar a designação oficial desta autoridade:

Contactos da autoridade, caso não tenham já sido indicados na alínea b):

Endereço:

N.º tel.: (prefixo nacional) (prefixo local)

N.º fax: (prefixo nacional) (prefixo local)

Dados da(s) pessoa(s) a contactar

Apelido:

Nome(s) próprio(s):

Funções (título/grau):

N.º tel.: (prefixo nacional) (prefixo local)

N.º fax: (prefixo nacional) (prefixo local)

Endereço eletrónico (event.):

Línguas que podem ser usadas na comunicação:

d) Dados da pessoa singular relativamente à qual foi emitida a decisão sobre medidas de controlo:

Apelido:

Nome(s) próprio(s):

(event.) Nome de solteira:

(event.) Alcunhas ou pseudónimos:

Sexo:

Nacionalidade:

Número de identificação ou número da segurança social (se existirem):

Data de nascimento:

Local de nascimento:

Endereços/residências:

— no Estado de execução:

— noutro local:

Língua ou línguas que a pessoa em questão compreende (se forem conhecidas):

Indicar os seguintes dados, se disponíveis:

ANEXO

2220

Diário da República, 1.ª série — N.º 85 — 4 de maio de 2015

— Tipo e número do(s) documento(s) de identidade da pessoa (bilhete de identidade, passaporte):

— Tipo e número do título de residência da pessoa, no Estado de execução:

e) Informações relativas ao Estado membro ao qual é transmitida a decisão sobre medidas de controlo, acompanhada da certidão

A decisão sobre medidas de controlo, acompanhada da certidão, é transmitida ao Estado de execução indicado em a) pelo seguinte motivo:

☐ A pessoa em causa tem a sua residência legal e habitual no Estado de execução e, tendo sido informada das medidas em causa, aceita regressar a esse Estado;

☐ A pessoa em causa solicitou a transmissão da decisão sobre medidas de controlo a outro Estado membro que não aquele em cujo território tem a sua residência legal e habitual, pelo(s) seguinte(s) motivos(s):

f) Informações relativas à decisão sobre medidas de controlo:

A decisão foi proferida em (data: DD-MM-AAAA):

A decisão adquiriu força executória em (data: DD-MM-AAAA):

Se, no momento da transmissão da certidão tiver sido introduzido um recurso contra a decisão sobre medidas de controlo, assinalar esta quadrícula .... ☐

N.º do processo a que se refere a decisão (se existir):

A pessoa em causa encontrava-se em prisão preventiva durante o seguinte período (se for o caso):

1. A decisão abrange um total de: .... alegadas infrações.

Síntese dos factos e descrição das circunstâncias em que a(s) alegada(s) infração(ões) foi(foram) cometida(s), incluindo o momento, o local e o grau de participação da pessoa em causa:

Natureza e qualificação jurídica da(s) alegada(s) infração(ões) e disposições legais aplicáveis em que assenta a decisão:

2. Caso a(s) infração(ões) referida(s) no ponto 1 constitua(m), nos termos da legislação nacional do Estado de emissão, uma ou mais das infrações a seguir indicadas, e seja(m) puníveis nesse Estado com pena de prisão ou medida privativa de liberdade de duração máxima não inferior a três anos, confirmar assinalando a(s) quadrícula(s) adequada(s):

☐ Participação numa organização criminosa;

☐ Terrorismo;

☐ Tráfico de seres humanos;

☐ Exploração sexual de crianças e pedopornografia;

☐ Tráfico ilícito de estupefacientes e substâncias psicotrópicas;

☐ Tráfico ilícito de armas, munições e explosivos;

☐ Corrupção;

☐ Fraude, incluindo a fraude lesiva dos interesses financeiros das Comunidades Europeias na aceção da Convenção de 26 de julho de 1995 relativa à proteção dos interesses financeiros das Comunidades Europeias;

☐ Branqueamento dos produtos do crime;

☐ Falsificação de moeda, incluindo a contrafação do euro;

☐ Cibercriminalidade;

☐ Crimes contra o ambiente, incluindo o tráfico ilícito de espécies animais ameaçadas e de espécies e variedades vegetais ameaçados;

☐ Auxílio à entrada e à permanência irregulares;

☐ Homicídio voluntário, ofensas corporais graves;

☐ Tráfico ilícito de órgãos e tecidos humanos;

☐ Rapto, sequestro e tomada de reféns;

☐ Racismo e xenofobia;

☐ Roubo organizado ou à mão armada;

☐ Tráfico de bens culturais, incluindo antiguidades e obras de arte;

☐ Burla;

☐ Extorsão de proteção e extorsão;

☐ Contrafação e pirataria de produtos;

☐ Falsificação de documentos administrativos e respetivo tráfico;

☐ Falsificação de meios de pagamento;

☐ Tráfico ilícito de substâncias hormonais e de outros estimuladores de crescimento;

☐ Tráfico ilícito de materiais nucleares e radioativos;

☐ Tráfico de veículos furtados ou roubados;

☐ Violação;

☐ Fogo-posto;

☐ Crimes abrangidos pela jurisdição do Tribunal Penal Internacional;

☐ Desvio de avião ou navio;

☐ Sabotagem.

3. Se a(s) alegada(s) infração(ões) identificada(s) no ponto 1 não estiver(em) abrangida(s) pelo ponto 2, ou a decisão bem como a certidão forem transmitidas a um Estado membro que tenha declarado que irá verificar a dupla criminalização (n.º 4 do artigo 14.º da Decisão-Quadro), apresentar uma descrição completa da(s) infração(ões) em causa:

g) Informações relativas à duração e natureza da(s) medida(s) de controlo:

1. O período de tempo ao qual se aplica a decisão sobre medidas de controlo e se é possível uma renovação desta decisão (se for caso disso):

2. O período provisório durante o qual é provável que seja necessário fiscalizar as medidas de controlo, tendo em conta todas as circunstâncias do caso conhecidas à data da transmissão da decisão sobre medidas de controlo (informações indicativas):

3. Natureza da(s) medida(s) de controlo (podem ser assinaladas várias quadrículas):

☐ Obrigação de comunicar à autoridade competente do Estado de execução qualquer mudança de residência, especialmente para receber uma intimação para comparecer em audiência ou julgamento durante o processo penal;

☐ Interdição de entrar em determinados locais, sítios ou zonas definidas do Estado de emissão ou de execução;

☐ Obrigação de permanecer num lugar determinado durante períodos especificados;

☐ Obrigação de respeitar certas restrições no que se refere à saída do território do Estado de execução;

☐ Obrigação de comparecer em determinadas datas perante uma autoridade especificada;

☐ Obrigação de evitar o contacto com determinadas pessoas relacionadas com a ou as infrações alegadamente cometidas;

☐ Outras medidas de que o Estado de execução está disposto a assegurar a fiscalização nos termos de uma notificação ao abrigo do n.º 2 do artigo 8.º da Decisão-Quadro:

Caso tenha sido assinalada a quadrícula «outras medidas», especificar quais são essas medidas assinalando a(s) quadrícula(s) correspondente(s):

☐ A interdição de exercer determinadas atividades relacionadas com a ou as infrações alegadamente cometidas, o que poderá abranger uma determinada profissão ou sector profissional;

☐ A inibição de conduzir um veículo;

☐ A obrigação de depositar uma determinada quantia ou prestar outro tipo de garantia, o que pode ser efetuado num número especificado de prestações ou imediatamente de uma só vez;

☐ A obrigação de se submeter a tratamento médico-terapêutico ou cura de desintoxicação;

☐ A obrigação de evitar o contacto com determinados objetos relacionados com a ou as infrações alegadamente cometidas;

☐ Outra medida (especificar):

4. Descrição circunstanciada da(s) medida(s) de controlo indicadas em 3:

h) Outras circunstâncias pertinentes, incluindo motivos específicos para a imposição da(s) medida(s) de controlo (informações facultativas):

O texto da decisão é apenso à certidão.

Assinatura da autoridade que emite a certidão e/ou do seu representante, confirmando a exatidão do seu conteúdo:

Nome:

MANUAL DE COOPERAÇÃO JUDICIÁRIA INTERNACIONAL EM MATÉRIA PENAL

Diário da República, 1.ª série—N.º 85—4 de maio de 2015

2221

Funções (título/grau):

Data:

N.º de processo (se existir):

(event.) Carimbo oficial:

ANEXO II

(a que se refere o n.º 4 do artigo 24.º)

Formulário

**Comunicação de incumprimento de medidas de coação
e/ou de quaisquer outros elementos
que possam implicar a tomada de uma decisão subsequente**

a) Dados sobre a identidade da pessoa sujeita a controlo:

Apelido:

Nome(s) próprio(s):

(event.) Nome de solteira:

(event.) Alcunhas ou pseudónimos:

Sexo:

Nacionalidade:

Número de identificação ou número da segurança social (se existirem):

Data de nascimento:

Local de nascimento:

Morada:

Língua ou línguas que a pessoa em questão compreende (se forem conhecidas):

b) Informações relativas á(s) medida(s) de controlo:

Decisão proferida em:

N.º de processo (se existir):

Autoridade que proferiu a decisão:

Designação oficial:

Endereço:

A certidão foi emitida em (data):

Autoridade que emitiu a certidão:

N.º de processo (se existir):

c) Informações sobre a autoridade responsável pela fiscalização da(s) medida(s) de controlo:

Designação oficial da autoridade:

Nome da pessoa a contactar:

Funções (título/grau):

Endereço:

N.º tel.: (prefixo nacional) (prefixo local)

Fax: (prefixo nacional) (prefixo local)

Endereço eletrónico:

Línguas que podem ser usadas na comunicação:

d) Incumprimento da(s) medida(s) de controlo e/ou quaisquer outros elementos que possam implicar a tomada de uma decisão subsequente:

A pessoa designada em a) infringiu a(s) seguinte(s) medida(s) de controlo:

☐ Obrigação de comunicar à autoridade competente do Estado de execução qualquer mudança de residência, especialmente para receber uma intimação para comparecer em audiência ou julgamento durante o processo penal;

☐ Interdição de entrar em determinados locais, sítios ou zonas definidas do Estado de emissão ou de execução;

☐ Obrigação de permanecer num lugar determinado durante períodos especificados;

☐ Obrigação de respeitar certas restrições no que se refere à saída do território do Estado de execução;

☐ Obrigação de comparecer em determinadas datas perante uma autoridade especificada;

☐ Obrigação de evitar o contacto com determinadas pessoas relacionadas com a ou as infrações alegadamente cometidas;

☐ Outra(s) medida(s) (especificar):

Descrição do(s) incumprimento(s) (local, data e circunstâncias específicas):

— Outros elementos que possam implicar a tomada de uma decisão subsequente

Descrição dos factos:

e) Dados da pessoa a contactar, se tiverem de ser recolhidas informações complementares relacionadas com o incumprimento:

Apelido:

Nome(s) próprio(s):

Morada:

N.º tel.: (prefixo nacional) (prefixo local)

N.º fax: (prefixo nacional) (prefixo local)

Endereço eletrónico:

Línguas que podem ser usadas na comunicação:

Assinatura da autoridade que emite o formulário e/ou do seu representante, confirmando a exatidão do seu conteúdo:

Nome:

Funções (título/grau):

Data:

(event.) Carimbo oficial:

Resolução da Assembleia da República n.º 45/2015

Recomenda o reforço das medidas de combate ao cancro da pele

A Assembleia da República resolve, nos termos do n.º 5 do artigo 166.º da Constituição, recomendar ao Governo:

1 — A aprovação de uma Estratégia Nacional de Combate ao Cancro de Pele, tendo em vista uma abordagem integrada, concertada e pluridisciplinar dessa doença, tanto na prevenção primária como na secundária e, bem assim, na fase do seu tratamento.

2 — A promoção de ações e campanhas de informação visando a sensibilização da população para a problemática dos cancros da pele e para os cuidados em evitar as exposições exageradas ou inadequadas ao sol, sobretudo na primavera e verão, através dos meios de comunicação social, e tendo enfoque particular nas faixas mais jovens, designadamente em ambiente escolar, pela inclusão desta temática no programa curricular.

3 — O reforço da divulgação pública de informação relativa aos índices de radiação ultravioleta através do *site* do Instituto Português do Mar e da Atmosfera (IPMA).

4 — O reforço da realização de rastreios do cancro cutâneo, em especial dirigidos a pessoas com risco acrescido de contrair esse tipo de cancro, tendo em vista o aumento da taxa de cobertura dos rastreios oncológicos, preconizada no Plano Nacional de Saúde 2012-2016.

5 — O aumento da acessibilidade dos cidadãos a consultas da especialidade de dermatologia nos hospitais e ao tratamento dos casos de cancro cutâneo diagnosticados.

6 — O reforço da formação específica em dermatologia dos médicos de família, bem como da formação e atualização dos profissionais de saúde que tratam doentes com os vários tipos de cancros da pele, nomeadamente do melanoma, e sensibilização daqueles para a necessidade de uniformização dos critérios de diagnóstico e de tratamento dos doentes com melanoma.

7 — A criação de uma base de dados para registo nacional de todos os doentes com melanoma e o estabelecimento da obrigatoriedade de notificação, ao Ministério da Saúde e Registos Oncológicos Regionais, pelos laboratórios de anatomia patológica, tanto públicos como privados ou do setor social, de todos os casos de cancro cutâneo (queratoses actínicas, carcinomas espinocelulares e basocelulares e melanomas) que naqueles sejam diagnosticados.

ANEXO

4906   *Diário da República, 1.ª série—N.º 139—20 de julho de 2015*

b) Ser recusada a execução, pelo facto de as medidas não estarem incluídas nas medidas previstas no artigo 4.º ou se as informações transmitidas estiverem incompletas ou não tiverem sido completadas, dentro do prazo fixado, nos termos do n.º 5 do artigo 15.º

Artigo 21.º

Estado de controlo

As disposições do presente capítulo são aplicáveis, com as devidas adaptações, sempre que Portugal seja o Estado de controlo.

Artigo 22.º

Prioridade no reconhecimento

A decisão europeia de proteção deve ser reconhecida com a mesma prioridade conferida aos casos nacionais semelhantes, tendo em conta as circunstâncias específicas do caso, incluindo a sua urgência, a data prevista de chegada da pessoa protegida ao território nacional e, na medida do possível, o grau de risco para a pessoa protegida.

Artigo 23.º

Consultas

Caso se revele adequado, as autoridades competentes do Estado de emissão e do Estado de execução podem consultar-se mutuamente, a fim de facilitar a aplicação eficiente do disposto na presente lei.

CAPÍTULO IV

Disposições complementares e finais

Artigo 24.º

Línguas

1 — A decisão europeia de proteção é traduzida pela autoridade competente do Estado de emissão na língua oficial ou numa das línguas oficiais do Estado de execução.

2 — O formulário referido no n.º 1 do artigo 18.º é traduzido pela autoridade competente do Estado de execução na língua oficial ou numa das línguas oficiais do Estado de emissão.

Artigo 25.º

Encargos

1 — As despesas resultantes da aplicação da presente lei são suportadas pelo Estado de execução, com exceção das despesas incorridas exclusivamente no território do Estado de emissão.

2 — Os procedimentos regulados na presente lei estão sujeitos a custas, nos termos gerais.

Artigo 26.º

Recolha de dados

A autoridade central deve proceder à recolha de dados sobre o número de decisões europeias de proteção solicitadas, emitidas e ou reconhecidas, a fim de comunicar esses dados à Comissão Europeia.

Artigo 27.º

Direito subsidiário

São aplicáveis, subsidiariamente, as normas do Código de Processo Penal e da demais legislação complementar, designadamente o disposto na Lei n.º 112/2009, de 16 de setembro, alterada pelas Leis n.ºˢ 19/2013, de 21 de fevereiro, e 82-B/2014, de 31 de dezembro.

Artigo 28.º

Entrada em vigor

A presente lei entra em vigor 30 dias após a sua publicação.

Aprovada em 5 de junho de 2015.

A Presidente da Assembleia da República, *Maria da Assunção A. Esteves.*

Promulgada em 10 de julho de 2015.

Publique-se.

O Presidente da República, Aníbal Cavaco Silva.

Referendada em 14 de julho de 2015.

O Primeiro-Ministro, *Pedro Passos Coelho.*

ANEXO I

(a que se refere o artigo 9.º)

Decisão Europeia de Proteção

As informações contidas no formulário devem ser tratadas com a confidencialidade adequada

Estado de emissão:
Estado de execução:

a) Informações relativas à pessoa protegida:

Apelido:
Nome(s) próprio(s):
Nome de solteira(o) ou anterior (informação eventual):
Sexo:
Nacionalidade:
Número de identificação civil ou número da segurança social (se disponível):
Data de nascimento:
Local de nascimento:
Endereços/residências:

— No Estado de emissão:
— No Estado de execução:
— Noutro local:

Língua ou línguas que a pessoa em questão compreenda (se forem conhecidas):
Foi concedida à pessoa protegida assistência jurídica gratuita no Estado de emissão (se a informação estiver disponível sem necessidade de averiguações adicionais):

Sim
Não
Desconhecido

Nos casos em que a pessoa protegida seja menor ou legalmente incapaz, informações relativas ao representante legal:
Apelido:
Nome(s) próprio(s):

MANUAL DE COOPERAÇÃO JUDICIÁRIA INTERNACIONAL EM MATÉRIA PENAL

Diário da República, 1.ª série—N.º 139—20 de julho de 2015

4907

Nome de solteira(o) ou anterior (informação eventual):
Sexo:
Nacionalidade:
Endereços:

b) A pessoa protegida decidiu residir ou já reside no Estado de execução, ou decidiu permanecer ou já permanece no Estado de execução:

Data a partir da qual a pessoa protegida pretende residir ou permanecer no Estado de execução (quando conhecida):
Período(s) de estadia (quando conhecidos):

c) Foram fornecidos instrumentos técnicos à pessoa protegida ou à pessoa causadora de perigo para reforçar a medida de proteção:

Sim (indicar resumidamente os instrumentos utilizados)
Não

d) Autoridade competente que emitiu a decisão europeia de proteção:

Designação oficial:
Endereço completo:
N.º de telefone (indicativo do país) (indicativo regional) (número):
N.º de fax (indicativo do país) (indicativo regional) (número):
Dados da(s) pessoas a contactar:

Apelido:
Nome(s) próprio(s):
Funções (título/grau):
N.º de telefone (indicativo do país) (indicativo regional) (número):
N.º de fax (indicativo do país) (indicativo regional) (número):
Endereço eletrónico (informação eventual):

Línguas que podem ser usadas nas comunicações:

e) Identificação da medida de proteção com base na qual foi emitida a decisão europeia de proteção:

A medida de proteção foi adotada em (data: DD-MM-AAAA):
A medida de coação adquiriu força executória em (data: DD-MM-AAAA):
N.º de processo a que se refere a medida de proteção (se existir):
Autoridade que adotou a medida de proteção:

f) Resumo dos factos e descrição das circunstâncias, incluindo, se for caso disso, a qualificação jurídica da infração, que levaram à imposição da medida de proteção mencionada na alínea *e)* acima:

g) Indicações relativas à(s) proibição(ões) ou restrição(ões) imposta(s) pela medida de proteção à pessoa causadora de perigo:

— Natureza da(s) proibição(ões) ou restrição(ões): (podem ser assinaladas várias quadrículas):

Proibição de entrar em certas localidades ou lugares, ou em zonas definidas, em que a pessoa protegida resida ou em que se encontre de visita.
(Se for assinalada esta quadrícula, indicar com precisão quais as localidades, os lugares ou as zonas definidas

em que a pessoa causadora de perigo está proibida de entrar)
Proibição ou regulação do contacto, sob qualquer forma, com a pessoa protegida, inclusive por telefone, correio eletrónico ou normal, fax ou quaisquer outros meios.
(Se for assinalada esta quadrícula, fornecer todos os pormenores relevantes):
Proibição ou regulação da aproximação à pessoa protegida a menos de uma distância prescrita.
(Se for assinalada esta quadrícula, indicar com precisão a distância que a pessoa causadora de perigo deve observar em relação à pessoa protegida)

— Indicar a duração do período durante o qual a(s) proibição(ões) ou restrição(ões) acima mencionada(s) é (são) imposta(s) à pessoa causadora de perigo:
— Indicação da sanção, se aplicável, em caso de inobservância da proibição da restrição ou sanção:

h) Informações relativas à pessoa causadora de perigo à qual tenha(m) sido imposta(s) a(s) proibição(ões) ou restrição(ões) mencionada(s) na alínea *g)*:

Apelido:
Nome(s) próprio(s):
Nome de solteira(o) ou anterior (informação eventual):
Sexo:
Nacionalidade:
Número de identificação civil ou número da segurança social (se disponível):
Data de nascimento:
Local de nascimento:
Endereços/residências:

— No Estado de emissão:
— No Estado de execução:
— Noutro local:

Língua ou línguas que a pessoa em questão compreenda (se forem conhecidas):
Indicar os seguintes dados, se disponíveis:
Foi concedida à pessoa causadora de perigo assistência jurídica gratuita no Estado de emissão (se a informação estiver disponível sem necessidade de averiguações adicionais):

Sim
Não
Desconhecido

i) Outras circunstâncias que poderiam influenciar a avaliação do perigo suscetível de afetar a pessoa protegida (informação facultativa)
j) Outras informações úteis (por exemplo, quando disponíveis e em caso de necessidade, informações sobre outros Estados onde foram anteriormente adotadas medidas de proteção relativamente à mesma pessoa protegida):
k) Completar:

Já foi transmitida a outro Estado membro uma sentença, na aceção do artigo 2.º da Decisão-Quadro n.º 2008/947/JAI, do Conselho, de 27 de novembro de 2008.
(se foi assinalada esta quadrícula, indicar os contactos da autoridade competente à qual foi transmitida a sentença):
Já foi transmitida a outro Estado membro uma decisão sobre medidas de coação, na aceção do artigo 4.º da Decisão-Quadro n.º 2009/829/JAI, do Conselho, de 23 de outubro de 2009.

ANEXO

4908 *Diário da República, 1.ª série—N.º 139—20 de julho de 2015*

(se foi assinalada esta quadrícula, indicar os contactos da autoridade competente à qual foi transmitida a decisão sobre medidas de coação):
Assinatura da autoridade que emite a decisão europeia de proteção e/ou do seu representante, confirmando a exatidão do seu conteúdo:
Nome:
Funções (título/grau):
Data:
Número de processo (se existir):
Carimbo oficial (se disponível):

ANEXO II

(a que se refere o n.º 1 do artigo 18.º)

Notificação de uma Violação da Medida Tomada com Base na Decisão Europeia de Proteção

As informações contidas no formulário devem ser tratadas com a confidencialidade adequada

a) Dados sobre a identidade da pessoa causadora de perigo:

Apelido:
Nome(s) próprio(s):
Nome de solteira(o) ou anterior (informação eventual):
Sexo:
Nacionalidade:
Número de identificação civil ou número da segurança social (se disponível):
Data de nascimento:
Local de nascimento:
Endereço:
Língua ou línguas que a pessoa em questão compreenda (se forem conhecidas):

b) Dados sobre a identidade da pessoa protegida:

Apelido:
Nome(s) próprio(s):
Nome de solteira(o) ou anterior (informação eventual):
Sexo:
Nacionalidade:
Número de identificação civil ou número da segurança social (se disponível):
Data de nascimento:
Local de nascimento:
Endereço:

Língua ou línguas que a pessoa em questão compreenda (se forem conhecidas):

c) Dados sobre a decisão europeia de proteção:

Decisão emitida em: (DD-MM-AAAA):
N.º de processo (se existir)
Autoridade que emitiu a decisão:
Endereço:

d) Dados sobre a autoridade responsável pela execução da medida de proteção (se existir) tomada no Estado de execução ao abrigo da decisão europeia de proteção:

Designação oficial da autoridade:
Nome da pessoa a contactar:
Funções (título/grau):
Endereço:
N.º de telefone (indicativo do país) (indicativo regional) (número):

N.º de fax (indicativo do país) (indicativo regional) (número):
Endereço de correio eletrónico:
Línguas que podem ser usadas na comunicação:

e) Violação da(s) proibição(ões) ou restrição(ões) impostas pelas autoridades competentes do Estado de execução após reconhecimento da decisão europeia de proteção e/ou de quaisquer outro elementos que possam implicar a tomada de uma decisão subsequente:

A violação diz respeito à(s) seguinte(s) proibição(ões) ou restrição(ões) (pode ser assinalada mais do que uma quadrícula):

Proibição de entrar em certas localidades ou lugares, ou em zonas definidas, em que a pessoa protegida resida ou em que se encontre de visita.
Proibição ou regulação do contacto, sob qualquer forma, com a pessoa protegida, inclusive por telefone, correio eletrónico ou normal, fax ou quaisquer outros meios.
Proibição ou regulação da aproximação à pessoa protegida a menos de uma distância prescrita.

Qualquer outra medida, correspondente à medida de proteção na base da decisão europeia de proteção, tomada pelas autoridades competentes do Estado de execução após o reconhecimento da decisão europeia de proteção.
Descrição do(s) incumprimento(s) (local, data e circunstâncias específicas):
Nos termos do n.º 2 do artigo 17.º:

— Medidas tomadas no Estado de execução resultantes do incumprimento:
— Possíveis efeitos do incumprimento no Estado de execução:

Outros elementos que possam implicar a tomada de uma decisão subsequente:
Descrição dos factos:

f) Dados da pessoa a contactar, se tiverem de ser recolhidas informações complementares relacionadas com o incumprimento:

Apelido:
Nome(s) próprio(s):
Endereço:
N.º de telefone (indicativo do país) (indicativo regional) (número):
N.º de fax (indicativo do país) (indicativo regional) (número):
Endereço de correio eletrónico:
Línguas que podem ser usadas na comunicação:
Assinatura da autoridade que emite a decisão europeia de proteção e/ou do seu representante, confirmando a exatidão do seu conteúdo:
Nome:
Funções (título/grau):
Data:
Número de processo (se existir):
Carimbo oficial (se disponível):

MANUAL DE COOPERAÇÃO JUDICIÁRIA INTERNACIONAL EM MATÉRIA PENAL

8214

Diário da República, 1.ª série — N.º 182 — 17 de setembro de 2015

ANEXO I

(a que se refere o n.º 1 do artigo 8.º)

Certidão (¹)

a) Estado de emissão:..................................

Estado de execução:..................................

b) Tribunal que proferiu a sentença que impôs a condenação transitada em julgado:

Designação oficial: ....
A sentença foi proferida em (indicar a data: dia-mês-ano):......
A sentença transitou em julgado em (indicar a data: dia-mês-ano): ...
Número de referência da sentença (caso disponível): ....

c) Informações relativas à autoridade que pode ser contactada para eventuais perguntas relacionadas com a certidão

1. Tipo de autoridade: Por favor, assinale a casa adequada:

☐ Autoridade central ....
☐ Tribunal ....
☐ Outras autoridades ....

2. Contactos da autoridade indicada no ponto 1:

Designação oficial:..........................

Endereço: ....

Telefone: (indicativo do país) (indicativo regional)..........
Telecópia: (indicativo do país) (indicativo regional)..........
Endereço eletrónico (caso disponível): ....

3. Línguas em que é possível comunicar com a autoridade:
4. Pessoa(s) a contactar a fim de obter informações suplementares para efeitos de execução da sentença ou de determinação do procedimento de transferência (nome, título/grau, telefone, telecópia e endereço eletrónico), se diferentes do ponto 2: ....
....

d) Dados relativos à pessoa a quem foi imposta a condenação:

Apelido:....................................
Nome(s) próprio(s):..........................
Apelido de solteira, caso aplicável: ....
Alcunhas e pseudónimos, caso aplicável: ....
Sexo:......................................
Nacionalidade:..............................
Número do bilhete de identidade ou de beneficiário da segurança social (caso disponível):....................
Data de nascimento:..........................
Local de nascimento:..........................
Último endereço/residência conhecido(s):..............
Línguas que a pessoa compreende (quando conhecidas):......

A pessoa condenada encontra-se:

☐ no Estado de emissão e deve ser transferida para o Estado de execução.
☐ no Estado de execução e o cumprimento da pena terá lugar nesse Estado.

Informações adicionais a fornecer, caso disponíveis e se adequadas:

1. Fotografia e impressões digitais da pessoa, e ou contactos da pessoa a contactar a fim de obter essas informações:

2. Tipo e número de referência do bilhete de identidade ou passaporte da pessoa condenada:

3. Tipo e número de referência do título de residência da pessoa condenada:

(¹) A presente certidão deve ser redigida ou traduzida numa das línguas oficiais do Estado membro de execução, ou noutra língua aceite por esse Estado.

4. Outras informações pertinentes relacionadas com laços familiares, sociais ou profissionais da pessoa condenada no Estado de execução:
....
....

e) Pedido de detenção provisória pelo Estado de emissão (caso a pessoa condenada se encontre no Estado de execução):

☐ O Estado de emissão solicitou ao Estado de execução que detivesse a pessoa condenada ou tomasse qualquer outra medida para garantir que a mesma se mantivesse no seu território, enquanto se aguardar a decisão de reconhecimento e execução da condenação.
☐ O Estado de emissão já tinha solicitado ao Estado de execução que detivesse a pessoa condenada ou tomasse qualquer outra medida para garantir que a mesma se mantivesse no seu território, enquanto se aguardar a decisão de reconhecimento e execução da condenação. Queira indicar o nome da autoridade do Estado de execução que tomou a decisão sobre o pedido de detenção da pessoa (se for caso disso e se disponível):
....
....

f) Relação com um mandado de detenção europeu (MDE) anterior:

☐ Foi emitido um MDE para efeitos de cumprimento de uma pena ou medida de segurança privativas de liberdade e o Estado de execução compromete-se a executá-las (n.º 6 do artigo 4.º da Decisão-Quadro relativa ao MDE).

Data de emissão do MDE e, caso disponível, o número de referência:

Nome da autoridade que emitiu o MDE:

Data da decisão de proceder à execução e, caso disponível, o número de referência:

Nome da autoridade que proferiu a decisão de proceder à execução da condenação:

☐ Foi emitido um MDE para efeitos de procedimento penal contra uma pessoa que é nacional ou residente do Estado membro de execução, e este procedeu à entrega da pessoa na condição de que esta seja devolvida ao Estado membro de execução para nele cumprir a pena ou medida de segurança privativas de liberdade proferida contra ela no Estado membro de emissão (n.º 3 do artigo 5.º da Decisão-Quadro relativa ao MDE).

Data da decisão de proceder à entrega da pessoa: ....
Nome da autoridade que proferiu a decisão de proceder à entrega: ....
Número de referência da decisão, caso disponível:..........
Data de entrega da pessoa, caso disponível: ....

g) Motivos da transmissão da sentença e da certidão [caso tenha preenchido a casa f), não é necessário preencher esta casa]:

A sentença e a certidão foram transmitidas ao Estado de execução porque a autoridade de emissão considera que a execução da condenação por esse Estado contribuirá para atingir o objetivo de facilitar a reinserção social da pessoa condenada e:

☐ a) O Estado de execução é o Estado da nacionalidade da pessoa condenada onde ela vive.
☐ b) O Estado de execução é o Estado de nacionalidade da pessoa condenada, para o qual a pessoa condenada será reconduzida uma vez cumprida a pena, na sequência de uma medida de expulsão ou de recondução à fronteira, incluída numa sentença ou numa decisão judicial ou administrativa, ou em qualquer outra medida decorrente da sentença. Se a medida de expulsão ou recondução à fronteira não estiver incluída na sentença, queira indicar o nome da autoridade que proferiu a decisão, a data de emissão e o número de referência, caso disponível: ....
☐ c) O Estado de execução é um Estado que não o Estado referido nas alíneas a) e b), cuja autoridade competente consente a transmissão da sentença e da certidão a esse Estado.

Diário da República, 1.ª série—N.º 182—17 de setembro de 2015 **8215**

☐ d) O Estado de execução procedeu à notificação, nos termos do n.º 7 do artigo 4.º da Decisão-Quadro, e:

☐ confirma-se que, tanto quanto é do conhecimento da autoridade competente do Estado de emissão, a pessoa condenada vive e reside legal e ininterruptamente há pelo menos cinco anos no Estado de execução e nele manterá o direito de residência permanente, ou

☐ confirma-se que a pessoa condenada tem a nacionalidade do Estado de execução.

h) Sentença que impõe uma condenação:

1. A presente sentença respeita a um total de ... infrações.

Exposição sumária dos factos e descrição das circunstâncias em que a(s) infração/infrações foi/foram cometida(s), incluindo a hora e o local do crime e a natureza da participação da pessoa condenada:

....
....
....
....

Natureza e qualificação jurídica da(s) infração/infrações e disposições legais aplicáveis, subjacentes à sentença proferida:

....
....
....

2. Caso a infração ou infrações identificada(s) no ponto 1 constitua(m) uma ou várias das infrações que se seguem — nos termos da lei do Estado de emissão —, puníveis nesse Estado com pena ou medida de segurança privativas de liberdade de duração máxima não inferior a três anos, confirmar, assinalando a(s) casa(s) adequada(s):

☐ Participação numa organização criminosa;
☐ Terrorismo;
☐ Tráfico de seres humanos;
☐ Exploração sexual de crianças e pedopornografia;
☐ Tráfico de estupefacientes e substâncias psicotrópicas;
☐ Tráfico de armas, munições e explosivos;
☐ Corrupção;
☐ Fraude, incluindo a fraude lesiva dos interesses financeiros das Comunidades Europeias na aceção da Convenção de 26 de julho de 1995, relativa à proteção dos interesses financeiros das Comunidades Europeias;
☐ Branqueamento dos produtos do crime;
☐ Falsificação de moeda, incluindo a contrafação do euro;
☐ Cibercriminalidade;
☐ Crimes contra o ambiente, incluindo o tráfico ilícito de espécies animais ameaçadas e de espécies e variedades vegetais ameaçadas;
☐ Auxílio à entrada e à permanência irregulares;
☐ Homicídio voluntário e ofensas corporais graves;
☐ Tráfico ilícito de órgãos e tecidos humanos;
☐ Rapto, sequestro e tomada de reféns;
☐ Racismo e xenofobia;
☐ Roubo organizado ou à mão armada;
☐ Tráfico ilícito de bens culturais, incluindo antiguidades e obras de arte;
☐ Burla;
☐ Extorsão de proteção e extorsão;
☐ Contrafação e piratagem de produtos;
☐ Falsificação de documentos administrativos e respetivo tráfico;
☐ Falsificação de meios de pagamento;
☐ Tráfico ilícito de substâncias hormonais e de outros estimuladores de crescimento;
☐ Tráfico ilícito de materiais nucleares e radioativos;
☐ Tráfico de veículos furtados;
☐ Violação;
☐ Fogo posto;
☐ Crimes abrangidos pela jurisdição do Tribunal Penal Internacional;
☐ Desvio de avião ou de navio;
☐ Sabotagem.

3. Caso a infração ou as infrações identificadas no ponto 1 não sejam abrangidas pelo ponto 2, ou se a sentença e a certidão forem transmitidas ao Estado membro que tenha declarado que irá verificar a dupla incriminação (n.º 4 do artigo 7.º da Decisão-Quadro), queira apresentar a descrição completa da infração ou das infrações em causa:

....
....
....

i) Informações sobre a sentença que impõe a condenação:

1. Indicar se a pessoa esteve presente no julgamento que conduziu à decisão:

1. ☐ Sim a pessoa esteve presente no julgamento que conduziu à decisão
2. ☐ Não, a pessoa não esteve presente no julgamento que conduziu à decisão
3. Se assinalou a quadrícula no ponto 2, queira confirmar se se verifica uma das seguintes situações:

☐ 3.1a. a pessoa foi notificada pessoalmente em ... (dia/mês/ano) e desse modo informada da data e do local previstos para o julgamento que conduziu à decisão e informada de que essa decisão podia ser proferida mesmo não estando presente no julgamento;

OU

☐ 3.1b. a pessoa não foi notificada pessoalmente, mas recebeu efetivamente por outros meios uma informação oficial da data e do local previstos para o julgamento que conduziu à decisão, de uma forma que deixou inequivocamente estabelecido que teve conhecimento do julgamento previsto, e foi informada de que podia ser proferida uma decisão mesmo não estando presente no julgamento;

OU

☐ 3.2. tendo conhecimento do julgamento previsto, a pessoa conferiu mandato a um defensor designado por si ou pelo Estado para a sua defesa em tribunal e foi efetivamente representada por esse defensor no julgamento;

OU

☐ 3.3. a pessoa foi notificada da decisão em ... (dia/mês/ano) e foi expressamente informada do direito a novo julgamento ou a recurso e a estar presente nesse julgamento ou recurso, que permite a reapreciação do mérito da causa, incluindo novas provas, e pode conduzir a uma decisão distinta da inicial, e

☐ declarou expressamente que não contesta a decisão;

OU

☐ não requereu novo julgamento ou recurso dentro do prazo aplicável.

4. Se assinalou a quadrícula no ponto 3.1b, 3.2 ou 3.3 supra, queira fornecer informações sobre a forma como foi preenchida a condição pertinente:

....

2. Indicações relativas à duração da pena:

2.1. Duração total da pena (em dias): ....
2.2. A totalidade do período de privação de liberdade já cumprido no âmbito da condenação a respeito da qual foi emitida a sentença (em dias):
.... em [...] (indicar a data em que o cálculo foi efetuado: dia-mês-ano): ....
2.3. Número de dias a deduzir da totalidade da pena, por motivos diferentes do indicado no ponto 2.2. (por exemplo, amnistias, perdões ou medidas de clemência, etc., já concedidas em relação a essa pena): ...., em (indicar a data em que foi efetuado o cálculo: dia-mês-ano). ....
2.4. Data em que expira o cumprimento da pena no Estado de emissão:
☐ Não se aplica, porque a pessoa não se encontra atualmente presa
☐ A pessoa encontra-se presa atualmente e a pena, ao abrigo da lei do estado de emissão, será integralmente cumprida até (indicar data: dia-mês-ano) (¹): ....

(¹) Queira inserir aqui a data até à qual a pena será integralmente cumprida (sem ter em conta as possibilidades de qualquer forma eventual de libertação antecipada e ou de liberdade condicional) se a pessoa ficar no Estado de emissão.

MANUAL DE COOPERAÇÃO JUDICIÁRIA INTERNACIONAL EM MATÉRIA PENAL

8216　　　　　　　　　　　　　　*Diário da República, 1.ª série—N.º 182—17 de setembro de 2015*

3. Tipo de pena:

☐ pena de prisão
☐ medida de segurança que envolve privação de liberdade (por favor, especificar):
....

j) Informação relativa à libertação antecipada ou liberdade condicional:

1. Nos termos da legislação nacional do Estado de emissão, a pessoa condenada tem direito a libertação antecipada ou à liberdade condicional, tendo cumprido:

☐ metade da pena
☐ dois terços da pena
☐ outra parte da pena (por favor, especificar):

2. A autoridade competente do Estado de emissão pede para ser informada sobre:

☐ As disposições aplicáveis na legislação nacional do Estado de execução em matéria de libertação antecipada ou de liberdade condicional da pessoa condenada;
☐ O início e o fim do período de libertação antecipada ou de liberdade condicional.

k) Opinião da pessoa condenada:

1. ☐ A pessoa não pôde ser ouvida por já se encontrar no Estado de execução.
2. ☐ A pessoa encontra-se no Estado de emissão e:

a. ☐ solicitou a transmissão da sentença e da certidão
☐ consentiu na transmissão da sentença e da certidão
☐ não consentiu na transmissão da sentença e da certidão (indicar os motivos aduzidos):

....
....

b. ☐ A opinião da pessoa condenada está apensa.
☐ A opinião da pessoa condenada já foi transmitida ao Estado de execução em (indicar data: dia-mês-ano):

....

l) Outras circunstâncias relevantes para o processo (informação facultativa):
....
....
....

m) Informação final:

O texto da(s) sentença(s) foi(foram) apenso(s) à certidão.
Assinatura da autoridade que emite a certidão e ou do seu representante que certifica a exatidão do conteúdo da mesma (¹)

Nome:...
Função (título/grau): ....
Data:..
Selo oficial (caso disponível)...........................

(¹) A autoridade do Estado de emissão deverá enviar em anexo todas as sentenças relacionadas com o processo que são necessárias a fim de ter todas as informações sobre sentença final a executar. Poderão também ser anexadas as traduções da(s) sentença(s) que estejam disponíveis.

ANEXO II

(a que se refere o n.º 9 do artigo 10.º)

Notificação da pessoa condenada

Vimos por este meio notificar V. Ex.ª da decisão de .... (autoridade competente do Estado de emissão) de transmitir a sentença de .... (tribunal competente do Estado de emissão), com data de .... (data da sentença) .... (número de referência, caso disponível) a .... (Estado de execução) para efeitos do seu reconhecimento e execução da condenação nela imposta, em conformidade com a legislação nacional que transpõe a Decisão-Quadro 2008/909/JAI, do Conselho, de 27 de novembro de 2008, relativa à aplicação do princípio do reconhecimento mútuo às sentenças em matéria penal que imponham penas ou outras medidas privativas de liberdade para efeitos de execução dessas sentenças na União Europeia.

A execução da condenação reger-se-á pela legislação nacional de .... (Estado de execução). As autoridades desse Estado têm competência para decidir das regras de execução e para determinar todas as medidas com ela relacionadas, incluindo os motivos para a libertação antecipada ou a liberdade condicional.

A autoridade competente de .... (Estado de execução) deve deduzir a totalidade do período de privação de liberdade já cumprido, no âmbito da condenação, da duração total da pena privativa de liberdade a cumprir. A autoridade competente de .... (Estado de execução) só pode adaptar a condenação se a sua natureza ou duração for incompatível com o direito desse Estado. A pena adaptada não pode agravar, pela sua natureza ou duração, a condenação imposta em .... (Estado de emissão).

ANEXO III

(a que se refere o n.º 1 do artigo 30.º)

Certidão (¹)

a) Estado de emissão:

Estado de execução:

b) Tribunal que proferiu a sentença que impõe uma pena suspensa, condenação condicional ou sanção alternativa

Designação oficial:

Autoridade a contactar se tiverem de ser recolhidas informações complementares relacionadas com a sentença:

☐ O tribunal acima indicado
☐ A autoridade central; se for assinalada esta quadrícula, indicar a designação oficial desta autoridade central:
☐ Outra autoridade competente; se for assinalada esta quadrícula, indicar a designação oficial desta autoridade:

Contactos do tribunal/autoridade central/outra autoridade competente
Morada:
Número de telefone: (prefixo nacional) (prefixo local)
Número de fax: (prefixo nacional) (prefixo local)
Dados da(s) pessoa(s) a contactar
Apelido:
Nome(s) próprio(s):
Funções (título/grau):

(¹) A presente certidão deve ser redigida ou traduzida na língua oficial, ou numa das línguas oficiais, do Estado membro de execução, ou em qualquer outra língua oficial das instituições da União Europeia aceite por esse Estado.

Diário da República, 1.ª série—N.º 182—17 de setembro de 2015

8217

Número de telefone: (prefixo nacional) (prefixo local)
Número de fax: (prefixo nacional) (prefixo local)
Endereço eletrónico (event.):
Línguas que podem ser usadas na comunicação:

c) (event.) Autoridade que proferiu a decisão relativa à liberdade condicional

Designação oficial:

Autoridade a contactar se tiverem de ser recolhidas informações complementares relacionadas com a decisão relativa à liberdade condicional

☐ A autoridade acima indicada
☐ A autoridade central; se for assinalada esta quadrícula, indicar a designação oficial desta autoridade central, caso não tenha já sido indicada em b):
☐ Outra autoridade competente; se for assinalada esta quadrícula, indicar a designação oficial desta autoridade:

Contactos da autoridade, autoridade central ou outra autoridade competente, caso não tenham já sido indicados em b)
Morada:
Número de telefone: (prefixo nacional) (prefixo local)
Número de fax: (prefixo nacional) (prefixo local)
Dados da(s) pessoa(s) a contactar
Apelido:
Nome(s) próprio(s):
Funções (título/grau):
Número de telefone: (prefixo nacional) (prefixo local)
Número de fax: (prefixo nacional) (prefixo local)
Endereço eletrónico (event.):
Línguas que podem ser usadas na comunicação:

d) Autoridade competente em matéria de fiscalização das medidas de vigilância ou das sanções alternativas

Autoridade do Estado de emissão competente para a fiscalização das medidas de vigilância ou das sanções alternativas:

☐ O tribunal/autoridade referido em b)
☐ A autoridade referida em c)
☐ Outra autoridade (indicar a designação oficial):

Autoridade a contactar, se tiverem de ser recolhidas informações complementares para efeitos de fiscalização das medidas de vigilância ou das sanções alternativas:

☐ A autoridade acima indicada
☐ A autoridade central; se for assinalada esta quadrícula, indicar a designação oficial desta autoridade central, caso não tenha já sido indicada em b) ou c):

Contactos da autoridade ou da autoridade central, caso não tenham já sido indicados em b) ou c):
Morada:
Número de telefone: (prefixo nacional) (prefixo local)
Número de fax: (prefixo nacional) (prefixo local)
Dados da(s) pessoa(s) a contatar
Apelido:
Nome(s) próprio(s):
Funções (título/grau):
Número de telefone: (prefixo nacional) (prefixo local)
Número de fax: (prefixo nacional) (prefixo local)
Endereço eletrónico (event.):
Línguas que podem ser usadas na comunicação:

e) Dados da pessoa singular relativamente à qual foi proferida a sentença e, se for caso disso, a decisão relativa à liberdade condicional

Apelido:
Nome(s) próprio(s):
Nome de solteira (event.):
Alcunhas ou pseudónimos (event.):
Sexo:
Nacionalidade:
Número de identificação ou número da segurança social (se existirem):
Data de nascimento:
Local de nascimento:

Último endereço/residência conhecido(s) (event.):

— no Estado de emissão:
— no Estado de execução:
— noutro local:

Língua ou línguas que a pessoa em questão compreende (se forem conhecidas):
Indicar os seguintes dados, se disponíveis:

— Tipo e número do(s) documento(s) de identidade da pessoa condenada (bilhete de identidade, passaporte):
— Tipo e número do título de residência da pessoa condenada, no Estado de execução:

f) Informações relativas ao Estado membro ao qual são transmitidas a sentença e, se for caso disso, a decisão relativa à liberdade condicional, acompanhadas da certidão

A sentença e, se for caso disso, a decisão relativa à liberdade condicional, acompanhadas da certidão são transmitidas ao Estado de execução indicado em a) pelo seguinte motivo:

☐ A pessoa condenada tem a sua residência legal e habitual no Estado de execução e regressou, ou pretende regressar, a esse Estado
☐ A pessoa condenada mudou-se, ou tenciona mudar-se, para o Estado de execução pelo(s) seguinte(s) motivo(s) (assinalar a quadrícula adequada):

☐ a pessoa condenada obteve um contrato de emprego no Estado de execução;
☐ a pessoa condenada é membro da família de uma pessoa com residência legal e habitual no Estado de execução;
☐ a pessoa condenada tenciona seguir estudos ou uma formação no Estado de execução;
☐ outro motivo (especificar):

g) Informações relativas à sentença e, se for caso disso, à decisão relativa à liberdade condicional

A sentença foi proferida em (data: DD-MM-AAAA):
(event.) A decisão relativa à liberdade condicional foi proferida em (data: DD-MM-AAAA):
A sentença transitou em julgado em (data: DD-MM-AAAA):
(event.) A decisão relativa à liberdade condicional tornou-se definitiva em (data: DD-MM-AAAA):
A execução da sentença teve início em (se for diferente da data em que a sentença transitou em julgado) (data: DD-MM-AAAA):
(event.) A execução da decisão relativa à liberdade condicional teve início em (se for diferente da data em que a decisão relativa à liberdade condicional se tornou definitiva) (data: DD-MM-AAAA):
Número do processo a que se refere a sentença (se existir):
(event.) Número de processo a que se refere a decisão relativa à liberdade condicional (se existir):

1. A sentença abrange um total de: ... infração(ões).

Síntese dos factos e descrição das circunstâncias em que a(s) infração(ões) foi(foram) cometida(s), incluindo o momento, o local e o grau de participação da pessoa condenada:
Natureza e qualificação jurídica da(s) infração(ões) e disposições legais aplicáveis em que assenta a sentença proferida:

2. Caso a(s) infração(ões) referida(s) no ponto 1 constitua(m), nos termos da legislação nacional do Estado de emissão, uma ou mais das infrações a seguir indicadas, e seja(m) puníveis nesse Estado com pena de prisão ou medida privativa de liberdade de duração máxima não inferior a três anos, confirmar assinalando a(s) quadrícula(s) adequada(s)

☐ Participação numa organização criminosa
☐ Terrorismo
☐ Tráfico de seres humanos
☐ Exploração sexual de crianças e pedopornografia
☐ Tráfico ilícito de estupefacientes e substâncias psicotrópicas
☐ Tráfico ilícito de armas, munições e explosivos
☐ Corrupção
☐ Fraude, incluindo a fraude lesiva dos interesses financeiros das Comunidades Europeias na aceção da Convenção de 26 de julho de 1995, relativa à Proteção dos Interesses Financeiros das Comunidades Europeias

MANUAL DE COOPERAÇÃO JUDICIÁRIA INTERNACIONAL EM MATÉRIA PENAL

8218 *Diário da República, 1.ª série—N.º 182—17 de setembro de 2015*

☐ Branqueamento dos produtos do crime
☐ Falsificação de moeda, incluindo a contrafação do euro
☐ Cibercriminalidade
☐ Crimes contra o ambiente, incluindo o tráfico ilícito de espécies animais ameaçadas e de espécies e variedades vegetais ameaçadas
☐ Auxílio à entrada e à permanência irregulares
☐ Homicídio voluntário e ofensas corporais graves
☐ Tráfico ilícito de órgãos e tecidos humanos
☐ Rapto, sequestro e tomada de reféns
☐ Racismo e xenofobia
☐ Roubo organizado ou à mão armada
☐ Tráfico de bens culturais, incluindo antiguidades e obras de arte
☐ Burla
☐ Extorsão de proteção e extorsão
☐ Contrafação e pirataria de produtos
☐ Falsificação de documentos administrativos e respetivo tráfico
☐ Falsificação de meios de pagamento
☐ Tráfico ilícito de substâncias hormonais e de outros estimuladores de crescimento
☐ Tráfico ilícito de materiais nucleares e radioativos
☐ Tráfico de veículos roubados
☐ Violação
☐ Fogoposto
☐ Crimes abrangidos pela jurisdição do Tribunal Penal Internacional
☐ Desvio de avião ou navio
☐ Sabotagem

3. Se a(s) infração(ões) identificada(s) no ponto 1 não estiver(em) abrangida(s) pelo ponto 2, ou a sentença a, se for caso disso, a decisão relativa à liberdade condicional, bem como a certidão, forem transmitidas a um Estado membro que tenha declarado que irá verificar a dupla incriminação (n.º 4 do artigo 10.º da Decisão-Quadro), apresentar uma descrição completa da(s) infração(ões) em causa:

---

h) Indicar se a pessoa esteve presente no julgamento que conduziu à decisão:

1. ☐ Sim a pessoa esteve presente no julgamento que conduziu à decisão
2. ☐ Não, a pessoa não esteve presente no julgamento que conduziu à decisão
3. Se assinalou a quadrícula no ponto 2, queira confirmar se se verifica uma das seguintes situações:

☐ 3.1a. a pessoa foi notificada pessoalmente em … (dia/mês/ano) e desse modo informada da data e do local previstos para o julgamento que conduziu à decisão e informada de que essa decisão podia ser proferida mesmo não estando presente no julgamento;

OU

☐ 3.1b. a pessoa não foi notificada pessoalmente, mas recebeu efetivamente por outros meios uma informação oficial da data e do local previstos para o julgamento que conduziu à decisão, de uma forma que deixou inequivocamente estabelecido que teve conhecimento do julgamento previsto, e foi informada de que podia ser proferida uma decisão mesmo não estando presente no julgamento;

OU

☐ 3.2. tendo conhecimento do julgamento previsto, a pessoa conferiu mandato a um defensor designado por si ou pelo Estado para a sua defesa em tribunal e foi efetivamente representada por esse defensor no julgamento;

OU

☐ 3.3. a pessoa foi notificada da decisão em … (dia/mês/ano) e foi expressamente informada do direito a novo julgamento ou a recurso e a estar presente nesse julgamento ou recurso, que permite a reapreciação do mérito da causa, incluindo novas provas, e pode conduzir a uma decisão distinta da inicial, e

☐ declarou expressamente que não contestava a decisão;

OU

☐ não requereu novo julgamento ou recurso dentro do prazo aplicável.

4. Se assinalou a quadrícula no ponto 3.1b, 3.2 ou 3.3 supra, queira fornecer informações sobre a forma como foi preenchida a condição pertinente:

....
....

---

i) Informações relativas à natureza da condenação imposta ou, se for caso disso, da decisão relativa à liberdade condicional

1. A presente certidão diz respeito a uma:

☐ Pena suspensa (= pena de prisão ou medida privativa de liberdade cuja execução seja suspensa condicionalmente, no todo ou em parte, ao ser pronunciada a condenação)
☐ Condenação condicional:

☐ a aplicação de uma pena foi suspensa condicionalmente, mediante a aplicação de uma ou mais medidas de vigilância
☐ foram aplicadas uma ou mais medidas de vigilância em vez de uma pena de prisão ou medida privativa de liberdade

☐ Sanção alternativa:

☐ a sentença aplica uma pena de prisão ou medida privativa de liberdade a executar em caso de incumprimento do(s) dever(es) ou regra(s) de conduta em causa
☐ a sentença não contém uma pena de prisão ou medida privativa de liberdade a executar em caso de incumprimento do(s) dever(es) ou regra(s) de conduta em causa

☐ Liberdade condicional (= libertação antecipada de uma pessoa condenada, após o cumprimento de uma parte da pena de prisão ou medida privativa de liberdade)

2. Informações complementares
2.1. A pessoa condenada cumpriu prisão preventiva durante o seguinte período:
2.2. A pessoa cumpriu pena de prisão/medida privativa de liberdade durante o seguinte período (a preencher apenas em caso de liberdade condicional):
2.3. Em caso de pena suspensa

— duração da pena de prisão que foi objeto de suspensão condicional:
— duração do período de suspensão:

2.4. Se for conhecida, duração da privação de liberdade a cumprir em caso de

— revogação da suspensão da execução da sentença;
— revogação da liberdade condicional; ou
— incumprimento da sanção alternativa (se a sentença aplicar uma pena de prisão ou uma medida privativa de liberdade a executar em caso de incumprimento dessa sanção):

---

j) Informações relativas à duração e natureza da(s) medida(s) de vigilância ou da(s) sanção(ões) alternativa(s)

1. Duração total da fiscalização da(s) medida(s) de vigilância ou da(s) sanção(ões) alternativa(s):
2. (event.) Duração de cada uma das obrigações impostas no âmbito da(s) medida(s) de vigilância ou da(s) sanção(ões) alternativa(s):
3. Duração total do período de vigilância (caso não coincida com a duração indicada em 1):
4. Natureza da(s) medida(s) de vigilância ou da(s) sanção(ões) alternativa(s) (podem ser assinaladas várias quadrículas):

☐ Dever da pessoa condenada de comunicar a uma autoridade específica qualquer mudança de residência ou de local de trabalho
☐ Proibição de entrar em determinados lugares, sítios ou zonas definidas do Estado de emissão ou de execução
☐ Dever de respeitar certas restrições no que se refere à saída do território do Estado de execução
☐ Imposição de regras relacionadas com o comportamento, a residência, a educação e formação, a ocupação dos tempos livres, ou que estabelecem restrições ou modalidades relativas ao exercício da atividade profissional
☐ Dever de comparecer em momentos determinados perante uma autoridade específica

Diário da República, 1.ª série—N.º 182—17 de setembro de 2015   **8219**

☐ Dever de evitar o contacto com determinadas pessoas
☐ Dever de evitar o contacto com objetos específicos que tenham sido, ou sejam suscetíveis de ser, usados pela pessoa condenada para cometer uma infração penal
☐ Dever de reparar financeiramente os danos resultantes da infração e ou apresentar provas do seu cumprimento
☐ Prestação de trabalho a favor da comunidade
☐ Dever de cooperar com um agente de vigilância ou representante do serviço social competente
☐ Submeter-se a tratamento ou cura de desintoxicação
☐ Outras medidas de que o Estado de execução está disposto a assegurar a fiscalização nos termos de uma notificação ao abrigo do n.º 2 do artigo 4.º da decisão-quadro

5. Descrição circunstanciada da(s) medida(s) de vigilância ou da(s) sanção(ões) alternativa(s) indicada(s) em 4:

6. Assinalar a quadrícula seguinte se existirem relatórios sobre o cumprimento das medidas de vigilância em questão:

   ☐ Se for assinalada esta quadrícula, indicar em que língua(s) foram redigidos os relatórios (¹)

---

k) Outras circunstâncias pertinentes, incluindo informações relevantes sobre condenações anteriores ou razões específicas para a aplicação da(s) medida(s) de vigilância ou da(s) sanção(ões) alternativa(s) (informações facultativas):

O texto da sentença e, se for caso disso, da decisão relativa à liberdade condicional, é apenso à certidão.
Assinatura da autoridade que emite a certidão e ou do seu representante, confirmando a exatidão do seu conteúdo:
Nome:
Funções (título/grau):
Data:
(event.) Número de processo:
(event.) Carimbo oficial:

(¹) O Estado de execução não está obrigado a fornecer a tradução desses relatórios.

ANEXO IV

(a que se referem os n.ᵒˢ 3 e 4 do artigo 42.º)

Formulário-tipo

Comunicação de incumprimento de medidas de vigilância ou das sanções alternativas, ou de outros factos constatados

---

a) Dados sobre a identidade da pessoa sujeita a fiscalização:

Apelido:
Nome(s) próprio(s):
(event.) Nome de solteira:
(event.) Alcunhas ou pseudónimos:
Sexo:
Nacionalidade:
Número de identificação ou número da segurança social (se existirem):
Data de nascimento:
Local de nascimento:
Morada:
Língua ou línguas que a pessoa em questão compreende (se forem conhecidas):

---

b) Informações relativas à sentença e, se for caso disso, à decisão relativa à liberdade condicional no âmbito da pena suspensa, condenação condicional, sanção alternativa ou liberdade condicional:

A sentença foi proferida em (data):
(event.) Número de processo:

(event.) A decisão relativa à liberdade condicional foi proferida em (data):
(event.) Número de processo:

Tribunal que proferiu a sentença
Designação oficial:
Morada:

(event.) Autoridade que proferiu a decisão relativa à liberdade condicional
Designação oficial:
Morada:

A certidão foi emitida em (data):
Autoridade que emitiu a certidão:
Número de processo no Estado de emissão (se existir):

---

c) Informações relativas à autoridade responsável pela fiscalização da(s) medida(s) de vigilância ou da(s) sanção(ões) alternativa(s):

Designação oficial da autoridade:
Nome da pessoa a contactar:
Funções (título/grau):
Morada:
Número de telefone: (prefixo nacional) (prefixo local)
Número de fax: (prefixo nacional) (prefixo local)
Endereço eletrónico:

---

d) Medida(s) de vigilância ou sanção(ões) alternativa(s):

A pessoa designada em a) infringiu o(s) seguinte(s) dever(es) ou regra(s) de conduta:

   ☐ Dever da pessoa condenada de comunicar a uma autoridade específica qualquer mudança de residência ou de local de trabalho
   ☐ Proibição de entrar em determinados lugares, sítios ou zonas definidas do Estado de emissão ou de execução
   ☐ Dever de respeitar certas restrições no que se refere à saída do território do Estado de execução
   ☐ Imposição de regras relacionadas com o comportamento, a residência, a educação e formação, a ocupação dos tempos livres, ou que estabelecem restrições ou modalidades relativas ao exercício da atividade profissional
   ☐ Dever de comparecer em momentos determinados perante uma autoridade específica
   ☐ Dever de evitar o contacto com determinadas pessoas
   ☐ Dever de evitar o contacto com objetos específicos que tenham sido, ou sejam suscetíveis de ser, usados pela pessoa condenada para cometer uma infração penal
   ☐ Dever de reparar financeiramente os danos resultantes da infração e ou apresentar provas do seu cumprimento
   ☐ Prestação de trabalho a favor da comunidade
   ☐ Dever de cooperar com um agente de vigilância ou representante do serviço social competente
   ☐ Submeter-se a tratamento ou cura de desintoxicação
   ☐ Outras medidas:

---

e) Descrição do(s) incumprimento(s) (local, data e circunstâncias específicas):

---

f) (event.) Outros factos constatados:

Descrição dos factos:

---

g) Dados da pessoa a contactar, se tiverem de ser recolhidas informações complementares relacionadas com o incumprimento:

Apelido:
Nome(s) próprio(s):
Morada:
Número de telefone: (prefixo nacional) (prefixo local)
Número de fax: (prefixo nacional) (prefixo local)
Endereço eletrónico (event.):
Assinatura da autoridade que emite o formulário e ou do seu representante, confirmando a exatidão do seu conteúdo:
Nome:
Funções (título/grau):
Data:
(event.) Carimbo oficial:

MANUAL DE COOPERAÇÃO JUDICIÁRIA INTERNACIONAL EM MATÉRIA PENAL

Diário da República, 1.ª série—N.º 109— 5 de Junho de 2009

3501

ANEXO

Certidão a que se refere o artigo 5.º

a) Autoridade judiciária que emitiu a decisão de congelamento:

Designação oficial: ....

Nome do seu representante: ....

Função (título/grau): ....

Referência do processo: ....

Endereço: ....

Telefone: (indicativo do país) (indicativo regional) (...): ....

Fax: (indicativo do país) (indicativo regional) (.): ....

E-mail: ....

Idiomas em que é possível comunicar com a autoridade judiciária de emissão: ....

Contacto (incluindo idiomas em que é possível comunicar) da(s) pessoa(s) indicada(s) para facultar informações adicionais sobre a execução da decisão, se forem necessárias, ou para tratar dos aspectos necessários para a transferência de elementos de prova (eventualmente): ....

---

b) Autoridade competente para executar a decisão de congelamento no Estado de emissão [se não for a autoridade a que se refere a alínea *a)*]:

Designação oficial: ....

Nome do seu representante: ....

Função (título/grau): ....

Referência do processo: ....

Endereço: ....

Telefone: (indicativo do país) (indicativo regional) (...): ....

Fax: (indicativo do país) (indicativo regional) (.): ....

E-mail: ....

Idiomas em que é possível comunicar com a autoridade competente para a execução: ....

Contacto (incluindo idiomas em que é possível comunicar) da(s) pessoa(s) indicada(s) para facultar informações adicionais sobre a execução da decisão, se forem necessárias, ou para tratar dos aspectos práticos necessários para a transferência de elementos de prova (eventualmente): ....

---

c) Caso tenham sido preenchidas as alíneas *a)* e *b)*, a presente deve ser preenchida afim de indicar qual das duas autoridades deverá ser contactada ou se deverão ser ambas contactadas: ....
☐ Autoridade referida na alínea *a)*
☐ Autoridade referida na alínea *b)*

---

d) Caso tenha sido designada uma autoridade central para a transmissão e recepção administrativas das decisões de congelamento (aplicável exclusivamente à Irlanda e ao Reino Unido):

Nome da autoridade central: ....

Pessoa eventualmente a contactar (título/grau e nome): ....

Endereço: ....

Referência do processo: ....

Telefone: (indicativo do país) (indicativo regional) (...): ....

Fax: (indicativo do país) (indicativo regional) (...): ....

E-mail: ....

---

e) Decisão de congelamento:

1 Data e, eventualmente, número de referência
2 Indicar o objectivo da decisão
2.1. Perda subsequente
2.2. Recolha de elementos de prova
3 Descrição das formalidades e procedimentos a observar na execução de uma decisão de congelamento relativamente a elementos de prova (eventualmente)

---

f) Informações relativas aos bens ou elementos de prova, no Estado de execução, abrangidos pela decisão de congelamento:

Descrição dos bens ou dos elementos de prova e localização:

a) Descrição exacta dos bens e, quando aplicável, indicação do montante máximo que se pretende recuperar (se esse montante máximo for indicado na decisão relativa ao valor dos produtos do crime)

b) Descrição dos elementos de prova

2. Localização exacta dos bens ou elementos de prova (caso não seja conhecida, a última localização conhecida)

3 Parte na posse dos bens ou elementos de prova ou usufrutuário conhecido dos bens ou elementos de prova, caso não seja a pessoa suspeita de infracção ou condenada (se aplicável ao abrigo do direito nacional do Estado de emissão)

....
....

---

g) Informações respeitantes à identidade da(s) pessoa(s) 1 singular(es) ou 2 colectiva(s) suspeita(s) da infracção ou condenada(s) (se aplicável ao abrigo do direito nacional do Estado de emissão) ou e da(s) pessoa(s) a quem a decisão de congelamento diz respeito (quando disponíveis):

1. Pessoas singulares

Apelido: ....

Nome(s) próprio(s): ....

Nome de solteira (eventualmente): ....

Alcunhas e pseudónimos (eventualmente): ....

Sexo: ....

Nacionalidade: ....

Data de nascimento: ....

Local de nascimento: ....

Residência e/ou endereço conhecido; caso não seja conhecido, indicar o último paradeiro conhecido: ....

Indicação do idioma ou idiomas que a pessoa compreende [quando conhecido(s)]: ....

2. Pessoas colectivas

Designação: ....

Forma de pessoa colectiva: ....

Número de registo: ....

Sede estatutária: ....

---

h) Medidas a tomar pelo Estado de execução depois de executar a decisão de congelamento

Perda

1.1. Manutenção dos bens no Estado de execução tendo em vista a subsequente declaração de perda
1.1.1. Pedido incluído para a execução da decisão de perda tomada no Estado de emissão em .... (data)
1.1.2. Pedido incluído para a declaração de perda no Estado de execução e a subsequente execução dessa decisão
1.1.3. Data prevista para a apresentação dos pedidos referidos nos pontos 1.1.1 ou 1.1.2

ou

Recolha de elementos de prova

2.1. Os bens devem ser transferidos para o Estado de emissão para servir como elementos de prova
2.1.1. Pedido de transferência incluído

ou

2.2. Manutenção dos bens no Estado de execução tendo em vista a subsequente utilização como elementos de prova no Estado de emissão
2.2.1. Data estimada para a apresentação do pedido referido em 2.1.1 ....

---

f) Infracções

Descrição das razões que justificam a decisão de congelamento e exposição sumária dos factos conhecidos da autoridade judiciária que emite a decisão de congelamento e a certidão:

....
....

Natureza e qualificação jurídica da(s) infracção/infracções e disposição legal/código aplicável, com base na/no qual foi tomada a decisão de congelamento:

....
....
....

1. Indicar, se for caso disso, se se trata de uma ou mais das infracções que se seguem, relacionada(s) com a infracção ou infracções acima identificada(s), se puníveis no Estado de emissão com pena privativa de liberdade de duração não inferior a três anos:

☐ Participação numa organização criminosa
☐ Terrorismo
☐ Tráfico de seres humanos
☐ Exploração sexual de crianças e pedopornografia
☐ Tráfico ilícito de estupefacientes e de substâncias psicotrópicas
☐ Tráfico ilícito de armas, munições e explosivos
☐ Corrupção
☐ Fraude, incluindo a fraude lesiva dos interesses financeiros das Comunidades Europeias na acepção da Convenção, de 26 de Julho de 1995, Relativa à Protecção dos Interesses Financeiros das Comunidades Europeias
☐ Branqueamento dos produtos do crime
☐ Falsificação de moeda, incluindo a contrafacção do euro
☐ Cibercriminalidade
☐ Crimes contra o ambiente, incluindo o tráfico ilícito de espécies animais ameaçadas e de espécies e variedades vegetais ameaçadas
☐ Auxílio à entrada e à permanência irregulares
☐ Homicídio voluntário, ofensas corporais graves
☐ Tráfico ilícito de órgãos e tecidos humanos
☐ Rapto, sequestro e tomada de reféns
☐ Racismo e xenofobia
☐ Roubo organizado ou à mão armada
☐ Tráfico ilícito de bens culturais, incluindo antiguidades e obras de arte
☐ Burla
☐ Extorsão de protecção e extorsão
☐ Contrafacção e piratagem de produtos
☐ Falsificação de documentos administrativos e respectivo tráfico
☐ Falsificação de meios de pagamento
☐ Tráfico de substâncias hormonais e de outros factores de crescimento
☐ Tráfico ilícito de materiais nucleares e radioactivos
☐ Tráfico de veículos roubados
☐ Violação
☐ Fogo posto
☐ Crimes abrangidos pela jurisdição do Tribunal Penal Internacional
☐ Desvio de avião ou de navio
☐ Sabotagem

2. Descrição completa da(s) infracção/infracções que não se encontrem previstas no ponto 1:

....
....

ANEXO

3502

Diário da República, 1.ª série—N.º 109—5 de Junho de 2009

f) Vias de recurso da decisão de congelamento para as partes interessadas, incluindo terceiros de boa fé, no Estado de emissão:

Descrição das vias de recurso, incluindo as diligências necessárias para mover o procedimento.
Órgão jurisdicional no qual pode ser interposto o recurso.
Informações sobre quem tem acesso ao mesmo.
Prazo para a interposição do recurso.

Autoridade no Estado de emissão junto da qual é possível obter informações sobre os trâmites necessários para interpor recurso nesse Estado e sobre a existência de assistência jurídica e de tradução:

Nome: ....
Pessoa de contacto (eventualmente): ....
Endereço: ....
Telefone: (indicativo do país) (indicativo regional) (...)......
Fax: (indicativo do país) (indicativo regional) (...).........
E-mail: ....

k) Outras circunstâncias pertinentes para o processo (facultativo): ....

....
....

l) O texto da decisão de congelamento vai apenso à certidão.
Assinatura da autoridade judiciária de emissão e/ou do seu representante que ateste a exactidão do teor da certidão:

....
....
Nome: ....
Função (título/grau): ....
Data: ....
Carimbo oficial (eventualmente)

PRESIDÊNCIA DO CONSELHO DE MINISTROS

Centro Jurídico

Declaração de Rectificação n.º 40/2009

Ao abrigo da alínea *h)* do n.º 1 do artigo 4.º do Decreto-Lei n.º 162/2007, de 3 de Maio, declara-se que o Decreto-Lei n.º 89/2009, de 9 de Abril, publicado no *Diário da República*, 1.ª série, n.º 70, de 9 de Abril de 2009, saiu com a seguinte inexactidão que, mediante declaração da entidade emitente, assim se rectifica:

No n.º 4 do artigo 38.º, onde se lê:

«4 — A atribuição do subsídio parental inicial exclusivo do pai pelo período a que se refere o n.º 1 do artigo 14.º, apenas é aplicável nas situações em que o facto determinante do direito tenha ocorrido após a entrada em vigor do Código do Trabalho, revisto pela Lei n.º 7/2009, de 12 de Fevereiro.»

deve ler-se:

«4 — A atribuição do subsídio parental inicial exclusivo do pai pelo período a que se refere a alínea *a)* do n.º 1 do artigo 14.º apenas é aplicável nas situações em que o facto determinante do direito tenha ocorrido após a entrada em vigor do Código do Trabalho, revisto pela Lei n.º 7/2009, de 12 de Fevereiro.»

Centro Jurídico, 2 de Junho de 2009. — A Directora, *Susana de Meneses Brasil de Brito.*

MINISTÉRIO DAS FINANÇAS E DA ADMINISTRAÇÃO PÚBLICA

Portaria n.º 609/2009

de 5 de Junho

Estabelecem os n.ºs 1 a 4 do artigo 165.º do Regime do Contrato de Trabalho em Funções Públicas, aprovado pela Lei n.º 59/2008, de 11 de Setembro, e o artigo 113.º do Regulamento, anexo II a esta lei, que a entidade empregadora pública deve possuir um registo do trabalho extraordinário prestado pelos trabalhadores ao seu serviço que lhe permita apurar se tal prestação obedece aos requisitos fixados para o efeito, a saber:

i) A anotação das horas de início e termo do trabalho extraordinário imediatamente antes e depois de o mesmo ter sido prestado;

ii) A aposição de visto do trabalhador imediatamente a seguir à prestação do trabalho, excepto nos casos em que o registo tenha sido directamente efectuado pelo próprio trabalhador;

iii) A indicação expressa do fundamento da prestação de trabalho extraordinário;

iv) os períodos de descanso compensatório gozados pelo trabalhador.

Nos termos do disposto nos n.ºs 2 e 3 do artigo 113.º do Regulamento do Regime do Contrato de Trabalho em Funções Públicas, o modelo de suporte daquele registo é aprovado por portaria do membro do Governo responsável pela área da Administração Pública.

Assim:

Manda o Governo, pelo Ministro de Estado e das Finanças, ao abrigo do disposto no n.º 2 do artigo 113.º do Regulamento, anexo II à Lei n.º 59/2008, de 11 de Setembro, o seguinte:

1.º O registo de trabalho extraordinário previsto no n.º 2 do artigo 113.º do Regulamento deve conter os elementos e ser efectuado nos termos do mapa anexo à presente portaria.

2.º O registo referido no número anterior pode ser feito em livro ou noutro suporte documental adequado, designadamente em impressos adaptados a sistemas de relógio de ponto, mecanográficos ou informáticos.

3.º Sem prejuízo do disposto no n.º 2 do artigo 165.º do Regime do Contrato de Trabalho em Funções Públicas, quando o termo da prestação de trabalho extraordinário ocorra fora do período de funcionamento dos serviços administrativos da entidade empregadora pública, o visto do trabalhador pode ser aposto por este até vinte e quatro horas após o termo da mesma.

4.º Os suportes documentais de registo de trabalho extraordinário devem estar permanentemente actualizados, sem emendas nem rasuras não ressalvadas, e ser conservados em arquivo pelo prazo mínimo de cinco anos.

O Ministro de Estado e das Finanças, *Fernando Teixeira dos Santos*, em 25 de Maio de 2009.

587

MANUAL DE COOPERAÇÃO JUDICIÁRIA INTERNACIONAL EM MATÉRIA PENAL

Diário da República, 1.ª série—N.º 168—31 de Agosto de 2009

2 — Quando os bens obtidos pela execução da decisão de perda sejam vendidos, o respectivo produto tem o destino previsto no número anterior.

3 — Quando o bem obtido pela execução da decisão de perda não seja um montante em dinheiro e não seja vendido nos termos do número anterior, é transferido para o Estado de emissão, com excepção dos casos previstos no número seguinte.

4 — Quando a decisão de perda respeite a um montante em dinheiro, a transferência de um bem, obtido pela execução da decisão de perda, que não seja um montante em dinheiro, depende do consentimento do Estado de emissão.

5 — Sempre que não seja possível aplicar o disposto nos n.ºs 2 a 4, o destino dos bens rege-se pela legislação interna.

6 — Não são vendidos ou restituídos bens abrangidos pela decisão de perda que constituam bens culturais pertencentes ao património cultural nacional.

Artigo 19.º
Informação sobre o resultado da execução

1 — O tribunal português informa imediatamente a autoridade competente do Estado de emissão:

a) Da não execução, total ou parcial, da decisão, caso a pessoa a quem respeite faça prova da perda total ou parcial, em qualquer Estado;

b) Caso a decisão de perda tenha sido abrangida por amnistia ou perdão;

c) Da execução da decisão, logo que esta esteja concluída;

d) Da aplicação de medidas alternativas, nomeadamente penas privativas de liberdade ou qualquer outra medida que limite a liberdade de uma pessoa, com prévio consentimento do Estado de execução.

2 — Nos casos previstos na alínea *a)* do número anterior:

a) O tribunal português consulta previamente a autoridade competente do Estado de emissão;

b) Em caso de perda de produtos, o montante recuperado pela execução da decisão de perda noutro Estado é integralmente deduzido do montante que venha a ser perdido.

Artigo 20.º
Responsabilidade civil pela execução

Quando o Estado Português, nos termos do direito interno, seja responsabilizado civilmente pelos danos causados pela execução de uma decisão de perda que lhe tenha sido transmitida, o Ministério Público remete à autoridade competente do Estado de emissão um pedido de reembolso do valor da indemnização pago, excepto se, e na medida em que, os danos, ou parte deles, se devam em exclusivo à conduta das instâncias portuguesas.

CAPÍTULO IV
Disposições finais

Artigo 21.º
Lei aplicável e direito subsidiário

1 — A execução da decisão de perda rege-se pela lei portuguesa.

2 — São subsidiariamente aplicáveis ao procedimento previsto na presente lei o Código de Processo Penal, o Código de Processo Civil e o Regulamento das Custas Processuais.

Artigo 22.º
Entrada em vigor

A presente lei entra em vigor 30 dias após a sua publicação.

Aprovada em 3 de Julho de 2009.

O Presidente da Assembleia da República, *Jaime Gama.*

Promulgada em 18 de Agosto de 2009.

Publique-se.

O Presidente da República, Aníbal Cavaco Silva.

Referendada em 20 de Agosto de 2009.

O Primeiro-Ministro, *José Sócrates Carvalho Pinto de Sousa.*

ANEXO
Certidão

(a que se refere o artigo 8.º)

a) Estados de emissão e de execução: Estado de emissão: .... Estado de execução: ....
b) Tribunal que proferiu a decisão de perda: Designação oficial: .... Endereço: .... Telefone: (indicativo do país) (indicativo regional) .... Fax: (indicativo do país) (indicativo regional) .... *E-mail* (se disponível): .... Idiomas em que é possível comunicar com o tribunal: ....
Contacto da(s) pessoa a contactar a fim de obter informações adicionais para efeitos da execução da decisão de perda ou, se for caso disso, para efeitos da coordenação da execução de uma decisão de perda transmitida a dois ou mais Estados de execução ou para efeitos de transferência para o Estado de emissão das importâncias ou dos bens resultantes da execução (nome, título/grau, telefone, fax e, se disponível, *e-mail*):
c) Autoridade competente para executar a decisão de perda no Estado de emissão [se não for o tribunal a que se refere a alínea *b)*]: Designação oficial: .... Endereço: .... Telefone: (indicativo do país) (indicativo regional) .... Fax: (indicativo do país) (indicativo regional) .... *E-mail* (se disponível): .... Idiomas em que é possível comunicar com a autoridade competente para a execução: ....
Contacto da(s) pessoa a contactar a fim de obter informações adicionais para efeitos da execução da decisão de perda ou, se for caso disso, para efeitos da coordenação da execução de uma decisão de perda transmitida a dois ou mais Estados de execução ou para efeitos de transferência para o Estado de emissão das importâncias ou dos bens resultantes da execução (nome, título/grau, telefone, fax e, se disponível, *e-mail*):
d) Caso tenha sido designada uma autoridade central para a transmissão e recepção administrativas das decisões de perda no Estado de emissão: Nome da autoridade central: .... Pessoa eventualmente a contactar (título/grau e nome): .... Endereço: .... Referência do processo: .... Telefone: (indicativo do país) (indicativo regional) .... Fax: (indicativo do país) (indicativo regional) .... *E-mail* (se disponível): ....

ANEXO

5708 *Diário da República, 1.ª série—N.º 168—31 de Agosto de 2009*

e) Autoridade ou autoridades que podem ser contactadas [caso tenham sido preenchidas as alíneas *c*) e ou *d*)]:

□ Autoridade referida na alínea *b*):

Pode ser contactada em relação às seguintes questões:

...

...

□ Autoridade referida na alínea *c*):

Pode ser contactada em relação às seguintes questões:

...

...

□ Autoridade referida na alínea *d*):

Pode ser contactada em relação às seguintes questões:

...

...

f) Caso a decisão de perda tenha sido tomada no seguimento de uma decisão de congelamento transmitida ao Estado de execução por força da Decisão Quadro n.º 2003/757/JAI, do Conselho, de 22 de Julho, relativa à execução na União Europeia das decisões de congelamento de bens ou de provas, fornecer dados que permitam identificar a decisão de congelamento (datas em que a decisão foi proferida e transmitida, autoridade a que foi transmitida, número de referência, se disponível):

...

...

...

...

g) Caso a decisão de perda tenha sido transmitida a mais de um Estado de execução:

1 — A decisão de perda foi também transmitida ao(s) seguinte(s) Estados(s) de execução (país e autoridade):

...

...

...

2 — A decisão de perda foi transmitida a mais de um Estado de execução pelo seguinte motivo (assinalar a casa adequada):

2.1 — Se a decisão de perda disser respeito a um ou mais bens específicos:

□ Supõe-se que diferentes bens específicos abrangidos pela decisão de perda estejam localizados em diferentes Estados de execução.

□ A execução da perda de um bem específico implica que se desenvolvam acções em mais de um Estado de execução.

□ Supõe-se que um bem específico abrangido pela decisão de perda esteja localizado num de dois ou mais Estados de execução especificados.

2.2 — Se a decisão de perda disser respeito a uma importância em dinheiro:

□ O bem em causa não foi congelado ao abrigo da Decisão Quadro n.º 2003/577/JAI, do Conselho, de 22 de Julho, relativa à execução na União Europeia das decisões de congelamento de bens ou de provas.

□ O valor do bem passível de ser declarado perdido no Estado de emissão e em qualquer Estado de execução não se afigura suficiente para que o montante total abrangido pela decisão de perda possa ser executado.

□ Outro(s) motivo(s) (a especificar):

...

...

...

...

...

h) Dados relativos à pessoa singular ou colectiva contra quem foi proferida a decisão de perda:

1 — No caso de uma pessoa singular:

Apelido: ...

Nome(s) próprio(s): ...

Nome de solteira (eventualmente): ...

Alcunhas e pseudónimos (eventualmente): ...

Sexo: ...

Nacionalidade: ...

Número do bilhete de identidade ou número de beneficiário da segurança social (se possível): ...

Data de nascimento: ...

Local de nascimento: ...

Último paradeiro conhecido:

...

...

...

Indicação do(s) idioma(s) que a pessoa compreende [quando conhecido(s)]:

...

...

...

...

1.1 — Se a decisão de perda disser respeito a um montante em dinheiro:

A decisão de perda foi transmitida a mais de um Estado de execução pelo seguinte motivo (assinalar a casa adequada):

□ *a*)O Estado de emissão ter motivos razoáveis para crer que a pessoa contra quem a decisão de perda foi proferida possui bens ou rendimentos no Estado de execução. Neste caso, aditar as seguintes informações:

Motivos que levam a crer que a pessoa possui bens e ou rendimentos:

...

...

Descrição dos bens da pessoa/fonte de rendimento:

...

...

Localização dos bens da pessoa/fonte de rendimento (caso não seja conhecida, última localização conhecida):

...

...

□ *b*) Não existem motivos razoáveis, referidos na alínea *a*), que permitam ao Estado de emissão determinar o Estado membro ao qual a decisão de perda pode ser transmitida, mas a pessoa contra quem foi proferida residir habitualmente no Estado de execução. Nesse caso aditar as seguintes informações:

Residência habitual no Estado de execução:

...

...

...

...

1.2 — Se a decisão de perda disser respeito a um ou mais bens específicos:

A decisão de perda é transmitida ao Estado de execução pelo facto de (assinalar a casa adequada):

□ *a*) O ou os bens específicos estarem localizados no Estado de execução. V. alínea *i*).

□ *b*) O Estado de emissão ter motivos razoáveis para crer que a totalidade do ou dos bens específicos abrangidos pela decisão está localizada no Estado de execução. Neste caso, aditar as seguintes informações:

Motivos que levam a crer que o ou os bens específicos estão localizados no Estado de execução:

...

...

□ *c*) Não existem motivos razoáveis, referidos na alínea *b*), que permitam ao Estado de emissão determinar o Estado membro ao qual a decisão de perda pode ser transmitida, mas a pessoa contra quem foi proferida residir habitualmente no Estado de execução. Nesse caso aditar as seguintes informações:

Residência habitual no Estado de execução:

...

...

...

...

2 — No caso de uma pessoa colectiva:

Designação: ...

Forma de pessoa colectiva: ...

Número de registo [se disponível ([1])]: ...

Sede social (se disponível ([2])]: ...

Endereço da pessoa colectiva: ...

...

2.1 — Se a decisão de perda disser respeito a um montante em dinheiro:

A decisão de perda foi transmitida a mais de um Estado de execução pelo seguinte motivo (assinalar a casa adequada):

□ *a*) O Estado de emissão ter motivos razoáveis para crer que a pessoa colectiva contra quem a decisão de perda foi proferida possui bens ou rendimentos no Estado de execução. Neste caso, aditar as seguintes informações:

Motivos que levam a crer que a pessoa colectiva possui bens e ou rendimentos:

...

...

Descrição dos bens da pessoa colectiva/fonte de rendimento:

...

...

Localização dos bens da pessoa colectiva/fonte de rendimento (caso não seja conhecida, última localização conhecida):

...

...

□ *b*) Não existem motivos razoáveis, referidos na alínea *a*), que permitam ao Estado de emissão determinar o Estado membro ao qual a decisão de perda pode ser transmitida, mas a pessoa colectiva contra quem foi proferida residir habitualmente no Estado de execução. Nesse caso aditar as seguintes informações:

Sede social no Estado de execução:

...

...

...

...

2.2 — Se a decisão de perda disser respeito a um ou mais bens específicos:

A decisão de perda é transmitida ao Estado de execução pelo facto de (assinalar a casa adequada).

□ *a*) O ou os bens específicos estarem localizados no Estado de execução. V. alínea *i*).

□ *b*) O Estado de emissão ter motivos razoáveis para crer que a totalidade do ou dos bens específicos abrangidos pela decisão está localizada no Estado de execução. Neste caso aditar as seguintes informações:

Motivos que levam a crer que o ou os bens específicos estão localizados no Estado de execução:

...

...

...

...

□ *c*) Não existem motivos razoáveis, referidos na alínea *b*), que permitam ao Estado de emissão determinar o Estado membro ao qual a decisão de perda pode ser transmitida, mas a pessoa contra quem foi proferida residir habitualmente no Estado de execução. Nesse caso aditar as seguintes informações:

Sede social no Estado de execução:

...

...

...

i) Decisão de perda

A decisão de perda foi tomada em (data): ...

A decisão de perda transitou em julgado em (data): ...

Número de referência da decisão de perda (se disponível): ...

1 — Informação sobre a natureza da decisão de perda

1.1 — Indicar [assinalando a(s) casa(s) adequada(s)] se a decisão de perda diz respeito a:

□ Um montante em dinheiro

O montante a executar no Estado de execução com indicação da divisa (em números e por extenso)

...

...

O montante total abrangido pela decisão de perda com indicação da divisa (em números e por extenso)

...

...

□ Um ou mais bens específicos

Descrição do ou dos bens específicos

...

...

Localização do ou dos bens específicos (caso não seja conhecida, a última localização conhecida)

...

...

Caso a execução da perda ou dos bens específicos implicar que sejam desenvolvidas acções em mais de um Estado de execução, descrição da acção a desenvolver:

...

...

...

...

1.2 — O tribunal decidiu que os bens [assinalar a(s) casa(s) adequada(s)]:

□ *i*) Constituem o produto de uma infracção ou correspondem, no todo ou em parte, ao valor desse produto,

□ *ii*) Constituem os instrumentos dessa infracção;

□ *iii*) São passíveis de perda, na sequência da aplicação no Estado de emissão de um dos poderes alargados de decisão de perda especificados nas alíneas *a*), *b*) e *c*). A decisão baseia-se na plena convicção do tribunal, partindo de factos específicos, de que os bens em questão resultam de:

□ *a*) Actividades criminosas da pessoa condenada durante um período anterior à condenação pela infracção em causa que seja considerado razoável pelo tribunal dadas as circunstâncias do caso em apreço; ou

□ *b*) Actividades criminosas de natureza semelhante da pessoa condenada durante um período anterior à condenação pela infracção em causa que seja considerado razoável pelo tribunal dadas as circunstâncias do caso em apreço; ou

□ *c*) Actividade criminosa da pessoa condenada, no caso de se comprovar que o valor dos bens é desproporcionado em relação aos rendimentos legítimos dessa pessoa;

□ *iv*) São passíveis de perda por força de quaisquer outras disposições sobre os poderes alargados de declaração de perda previstas na legislação do Estado de emissão.

Caso estejam envolvidas duas ou mais categorias de perda, fornecer pormenores sobre quais os bens que estejam perdidos relativamente a que categorias:

...

...

...

...

2 — Dados sobre a ou as infracções que deram origem à decisão de perda

2.1 — Exposição sumária dos factos e descrição das circunstâncias em que a ou as infracções que deram origem à decisão de perda foram cometidas, incluindo hora e local:

...

...

...

...

2.2 — Natureza e qualificação jurídica da ou das infracções que deram origem à decisão de perda e disposição legal/código aplicável, com base na/no qual foi tomada a decisão:

...

...

...

...

2.3 — Se aplicável, assinalar uma ou mais das seguintes infracções a que digam respeito a ou as infracções referidas no n.º 2.2, caso sejam puníveis no Estado de emissão com pena privativa de liberdade de duração máxima não inferior a 3 anos [assinalar a(s) casa(s) adequada(s)]:

□ Associação criminosa

□ Terrorismo

□ Tráfico de seres humanos

□ Exploração sexual e pornografia de menores

□ Tráfico de estupefacientes e de substâncias psicotrópicas

□ Tráfico de armas, munições e explosivos

□ Corrupção

□ Fraude na obtenção ou desvio de subsídio ou subvenção, incluindo a fraude lesiva dos interesses financeiros das Comunidades Europeias, na acepção da Convenção, de 26 de Julho de 1995, Relativa à Protecção dos Interesses Financeiros das Comunidades Europeias

MANUAL DE COOPERAÇÃO JUDICIÁRIA INTERNACIONAL EM MATÉRIA PENAL

Diário da República, 1.ª série—N.º 168—31 de Agosto de 2009　　　**5709**

☐ Branqueamento de produtos do crime
☐ Contrafacção de moeda, incluindo o euro
☐ Cibercriminalidade
☐ Crimes contra o ambiente, incluindo o tráfico de espécies animais ameaçadas e de espécies e variedades vegetais ameaçadas
☐ Auxílio à entrada e à permanência de imigrantes ilegais
☐ Homicídio e ofensas à integridade física graves ou qualificadas
☐ Tráfico de órgãos e tecidos humanos
☐ Rapto, sequestro e tomada de reféns
☐ Racismo e xenofobia
☐ Roubo
☐ Tráfico de bens culturais, incluindo antiguidades e obras de arte
☐ Burla
☐ Coacção ou extorsão
☐ Contrafacção, imitação e uso ilegal de marca ou de produtos
☐ Falsificação de documentos administrativos e respectivo tráfico
☐ Falsificação de meios de pagamento
☐ Tráfico de substâncias hormonais e de outros estimuladores de crescimento
☐ Tráfico de materiais nucleares ou radioactivos
☐ Tráfico de veículos furtados ou roubados
☐ Violação
☐ Incêndio provocado
☐ Crimes abrangidos pela jurisdição do Tribunal Penal Internacional
☐ Desvio de avião ou navio
☐ Sabotagem
2.4 — Quando a infracção ou infracções que deram origem à decisão de perda identificada no n.º 2.2 não estiverem previstas no n.º 2.3, apresentar uma descrição completa da infracção em causa que deverá abranger a actividade criminosa efectivamente envolvida (designadamente por oposição às qualificações jurídicas)

....
....
....

f) Processo que conduziu à decisão de perda
Indicar se a pessoa esteve presente no julgamento que conduziu à decisão de perda:
☐ 1. Sim, a pessoa esteve presente no julgamento que conduziu à decisão de perda.
☐ 2. Não, a pessoa não esteve presente no julgamento que conduziu à decisão de perda.
3 — Se assinalou a quadrícula 2, queira confirmar se se verifica uma das seguintes situações:
☐ 3.1*a* — A pessoa foi notificada pessoalmente em ... (dia/mês/ano) e desse modo informada da data e do local previstos para o julgamento que conduziu à decisão de perda e informada de que essa decisão podia ser proferida mesmo não estando presente no julgamento;
ou
☐ 3.1*b* — A pessoa não foi notificada pessoalmente, mas recebeu efectivamente por outros meios uma informação oficial da data e do local previstos para o julgamento que conduziu à decisão de perda, de uma forma que deixou inequivocamente estabelecido que teve conhecimento do julgamento previsto, e foi informada de que podia ser proferida uma decisão mesmo não estando presente no julgamento;
ou
☐ 3.2 — Tendo conhecimento do julgamento previsto, a pessoa conferiu mandato a um defensor designado por si ou pelo Estado para a sua defesa em tribunal e foi efectivamente representada por esse defensor no julgamento;
ou
☐ 3.3 — A pessoa foi atempadamente notificada da decisão de perda em ... (dia/mês/ano) e foi expressamente informada do direito que lhe assiste a novo julgamento ou a recurso que permita a reapreciação do mérito da causa, incluindo de novas provas, que pode conduzir a uma decisão distinta da inicial; e
☐ Declarou expressamente que não contestava a decisão,
Ou
☐ Não requereu novo julgamento ou recurso dentro do prazo aplicável.
4 — Se assinalou a quadrícula no n.º 3.1*b*, 3.2 ou 3.3 supra, queira fornecer informações sobre a forma como foi preenchida a condição pertinente:
....
....

l) Conversão e transferência de bens
1 — Se a decisão de perda disser respeito a um bem específico, indicar se o Estado de emissão prevê que a perda do Estado de execução assuma a forma de um pedido de pagamento de um montante em dinheiro correspondente ao valor do bem:
☐ Sim
☐ Não
2 — Se a decisão de perda disser respeito a um montante em dinheiro, indicar se os bens que não sejam montante em dinheiro, obtidos mediante a execução da decisão de perda, podem ser transferidos para o Estado de emissão:
☐ Sim
☐ Não
m) Medidas alternativas, incluindo penas privativas de liberdade
1 — Indicar se a lei do Estado de emissão permite a aplicação, pelo Estado de execução, de medidas alternativas, caso não seja possível executar a decisão de perda, no todo ou em parte:
☐ Sim
☐ Não
2 — Na afirmativa, indicar que sanções podem ser aplicadas (natureza das sanções, nível máximo das penas):
☐ Prisão (período máximo): ....
☐ Prestação de trabalho a favor da comunidade (ou equivalente) (período máximo): ....
☐ Outras sanções (período máximo): ....

n) Outras circunstâncias pertinentes para o processo (facultativo)
....
....
....
....

o) A decisão de perda vai apensa à certidão.
Assinatura da autoridade que emite a certidão e ou do seu representante que ateste a exactidão do teor da certidão:
....
....
Nome: ....
Função (título/grau): ....
Data: ....
Carimbo oficial (eventualmente)

(¹) Caso a decisão de perda seja transmitida ao Estado de execução pelo facto de a pessoa colectiva contra a qual foi proferida ter a sede social nesse Estado, é obrigatória a indicação do número de registo e da sede social.
(²) Caso a decisão de perda seja transmitida ao Estado de execução pelo facto de a pessoa colectiva contra a qual foi proferida ter a sede social nesse Estado, é obrigatória a indicação do número de registo da sede social.

Lei n.º 89/2009

de 31 de Agosto

Procede à primeira alteração à Lei n.º 50/2006, de 29 de Agosto, que estabelece o regime aplicável às contra-ordenações ambientais

A Assembleia da República decreta, nos termos da alínea *c)* do artigo 161.º da Constituição, o seguinte:

Artigo 1.º

Alteração à Lei n.º 50/2006, de 29 de Agosto

Os artigos 2.º, 8.º, 11.º, 22.º, 25.º, 30.º, 31.º, 44.º, 49.º, 54.º, 63.º, 67.º e 72.º da Lei n.º 50/2006, de 29 de Agosto, passam a ter a seguinte redacção:

«Artigo 2.º

[...]

1 — As contra-ordenações ambientais são reguladas pelo disposto na presente lei e, subsidiariamente, pelo regime geral das contra-ordenações.

2 — O regime fixado na presente lei é igualmente aplicável à tramitação dos processos relativos a contra-ordenações que, integrando componentes de natureza ambiental, não sejam expressamente classificadas nos termos previstos no artigo 77.º, excepto quando constem de regimes especiais.

3 — Para efeitos do número anterior, consideram-se regimes especiais os relativos à reserva agrícola nacional e aos recursos florestais, fitogenéticos, agrícolas, cinegéticos, pesqueiros e aquícolas das águas interiores.

Artigo 8.º

[...]

1 — As coimas podem ser aplicadas às pessoas colectivas, públicas ou privadas, independentemente da regularidade da sua constituição, bem como às sociedades e associações sem personalidade jurídica.

2 — ....

3 — ....

4 — A responsabilidade prevista no n.º 2 é excluída se a pessoa colectiva provar que cumpriu todos os deveres a que estava obrigada, não logrando, apesar disso, impedir a prática da infracção por parte dos seus trabalhadores ou de mandatários sem poderes de representação.

Artigo 11.º

[...]

Se o agente for pessoa colectiva ou equiparada, respondem pelo pagamento da coima, solidariamente com esta, os respectivos titulares do órgão máximo das pessoas colectivas públicas, sócios, administradores ou gerentes.

Artigo 22.º

[...]

1 — ....

2 — Às contra-ordenações leves correspondem as seguintes coimas:

a) Se praticadas por pessoas singulares, de € 200 a € 1000 em caso de negligência e de € 400 a € 2000 em caso de dolo:

ANEXO

L 322/36 | PT | Jornal Oficial da União Europeia 9.12.2005

ANEXO

Formulário referido nos artigos 3.º, 4.º e 5.º da Decisão 2005/876/JAI de 21 de Novembro de 2005 relativa ao intercâmbio de informações extraídas do registo criminal

Pedido de informações extraídas do registo criminal

Para poder preencher este formulário correctamente, os Estados-Membros deverão reportar-se ao Manual de Procedimentos
a) Informações relativas ao Estado requerente: Estado-Membro: Autoridade central: Pessoa de contacto: Telefone (com prefixo): Fax (com prefixo): E-mail: Endereço postal: Referência do *dossier*, se disponível:
b) Informações relativas à identidade da pessoa visada pelo pedido: Apelido: Nome(s) próprio(s): Outros nomes conhecidos, quando aplicável: Apelido de nascimento, se for caso disso: Sexo: M ☐ F ☐ Nacionalidade: Data de nascimento (em algarismos: dd/mm/aaaa): Local de nascimento (cidade e Estado): Apelido do pai: (*) Apelido da mãe: (*) Domicílio ou morada conhecida (facultativo): Impressões digitais, se disponíveis (facultativo): Outros dados de identificação, se disponíveis (por exemplo, número de registo nacional, número de segurança social, etc.): (*) *A preencher em conformidade com o Manual de Procedimentos, quando aplicável; ou então, quando disponível*
c) Finalidade do pedido: *Queira assinalar a casa apropriada* 1. ☐ processos penais 2. ☐ pedido emanado de uma autoridade judiciária fora do âmbito de um processo penal ☐ pedido emanado de uma autoridade administrativa competente 3. ☐ pedido emanado da pessoa em causa *Finalidade para a qual a informação é solicitada: a preencher em conformidade com o Manual de Procedimentos, quando aplicável; ou então, quando disponível.* Autoridade requerente: ☐ A pessoa em causa deu o seu consentimento para a obtenção da informação (quando esse consentimento seja exigido pelo direito do Estado-Membro requerido).
Assinala-se que o pedido será satisfeito nos termos previstos na legislação, regulamentação ou prática do Estado-Membro requerido.
Pessoa a contactar caso sejam necessárias mais informações: Nome: Telefone: E-mail: Outras informações (por exemplo, urgência do pedido, etc.):

591

MANUAL DE COOPERAÇÃO JUDICIÁRIA INTERNACIONAL EM MATÉRIA PENAL

9.12.2005   PT   Jornal Oficial da União Europeia   L 322/37

Resposta ao pedido

Informações relativas à pessoa acima referida
Queira assinalar a casa requerida
A autoridade abaixo assinada confirma que: ☐ do registo criminal da pessoa acima mencionada não consta qualquer condenação ☐ do registo criminal da pessoa em causa constam condenações (ver lista em anexo). ☐ o pedido apresentado para outros efeitos que não os processos penais não pode ser satisfeito nos termos da legislação, regulamentação ou prática do Estado-Membro requerido
Pessoa a contactar caso sejam necessárias mais informações: Nome: Telefone: E-mail: Outras informações (por exemplo, limites especificados em conformidade com o n.º 2 do artigo 4.º)
Os dados transmitidos só podem ser utilizados para o efeito para o qual foram solicitados
Feito em Data Assinatura e carimbo oficial (se disponível): Nome e cargo:

Se for caso disso, é favor juntar em anexo a lista de condenações e devolvê-la ao Estado-Membro requerente. Não é necessário traduzir o formulário e a lista de condenações para a língua do Estado-Membro.

ANEXO

19.3.2010 | PT | Jornal Oficial da União Europeia | C 70/1

I

(Resoluções, recomendações e pareceres)

RESOLUÇÕES

CONSELHO

RESOLUÇÃO DO CONSELHO,

de 26 de Fevereiro de 2010

relativa a um modelo de acordo para a criação de equipas de investigação conjuntas (EIC)

(2010/C 70/01)

O CONSELHO DA UNIÃO EUROPEIA,

TENDO EM CONTA o artigo 13.º da Convenção relativa ao auxílio judiciário mútuo em matéria penal entre os Estados-Membros da União Europeia, de 29 de Maio de 2000 ([1]), (a seguir denominada «Convenção») e da Decisão-Quadro do Conselho, de 13 de Junho de 2002 ([2]), relativa às equipas de investigação conjuntas (a seguir denominada «Decisão-Quadro»),

TENDO EM CONTA a Recomendação do Conselho relativa a um modelo de acordo para a criação de uma equipa de investigação conjunta ([3]) aprovada em 2003 para apoiar os peritos na fase inicial de implementação de EIC,

TENDO PRESENTE que, nessa altura, não era possível basear o modelo de acordo nas boas práticas decorrentes da experiência concreta devido ao limitado número de EIC então em actividade, embora ele tenha servido de base para futuros acordos sobre EIC,

CIENTE de que foi criado desde 2003 um número significativo de EIC e de que existe actualmente uma muito maior vontade de as criar do que há alguns anos,

CONSCIENTES DE QUE um modelo desta natureza deverá ser simultaneamente amplo e flexível, de modo a permitir que as autoridades competentes o possam adaptar às características específicas de cada caso,

CONVICTO de que os peritos precisam de um modelo actualizado baseado nas melhores práticas para a criação de EIC,

TENDO PRESENTES as conclusões da rede de peritos em EIC criada em 2005 ([4]) e, em especial, as conclusões a que chegaram nas suas terceira, quarta e quinta reuniões realizadas em Novembro de 2007 ([5]), Dezembro de 2008 ([6]) e Dezembro de 2009 ([7]), assim como as boas práticas e a experiência adquirida da Eurojust e da Europol,

TENDO PRESENTE que a prática da criação e actuação de EIC evoluiu e tendo na devida conta os problemas e dificuldades encontrados até à data, considerou-se necessário substituir o modelo de acordo estabelecido na Recomendação do Conselho de 2003 por um modelo actualizado.

TENDO EM CONTA o facto de esta necessidade ser igualmente reconhecida no Programa de Estocolmo, que afirma no ponto 4.3.1 que o modelo de acordo para a criação de equipas de investigação conjuntas deve ser actualizado,

TENDO EM CONTA que o principal objectivo de uma EIC consiste em obter informações e provas de um crime cuja investigação motivou a sua criação,

---

([1]) JO C 197 de 12.7.2000, p. 3.
([2]) JO L 162 de 20.6.2002, p. 1.
([3]) JO C 121 de 23.5.2003, p. 1.

([4]) Doc. do Conselho 11037/05 Crimorg 67 Enfopol 88.
([5]) Doc. do Conselho 5526/08 Crimorg 14 Enfopol 13 Eurojust 7 Copen 10.
([6]) Doc. do Conselho 17512/08 Crimorg 217 Enfopol 265 Eurojust 118 Copen 262.
([7]) Doc. do Conselho 17161/09 Crimorg 180 Eurojust 73 Enfopol 310 EJN 39 Copen 243 Enfocustom 137.

593

MANUAL DE COOPERAÇÃO JUDICIÁRIA INTERNACIONAL EM MATÉRIA PENAL

C 70/2 | PT | Jornal Oficial da União Europeia | 19.3.2010

INCENTIVA as autoridades competentes dos Estados-Membros que pretendam criar equipas de investigação conjuntas, nos termos da Decisão-Quadro e da Convenção, com as autoridades competentes de outros Estados-Membros, a utilizar o modelo de acordo que consta do anexo da presente resolução, sempre que adequado, tendo em vista determinar a organização das equipas de investigação conjuntas.

Feito em Bruxelas, em 26 de Fevereiro de 2010.

Pelo Conselho
O *Presidente*
F. CAAMAÑO

_____

ANEXO

19.3.2010 | PT | Jornal Oficial da União Europeia | C 70/3

ANEXO

MODELO DE ACORDO RELATIVO À CRIAÇÃO DE EQUIPAS DE INVESTIGAÇÃO CONJUNTAS

Nos termos do artigo 13.º da Convenção relativa ao Auxílio Judiciário Mútuo em Matéria Penal entre os Estados-
-Membros da União Europeia, de 29 de Maio de 2000 ([1]), (a seguir denominada «Convenção») e da Decisão-
-Quadro do Conselho, de 13 de Junho de 2002, relativa às equipas de investigação conjuntas ([2]) (a seguir
denominada «Decisão-Quadro»)

1. **Partes no acordo**

   As Partes a seguir indicadas celebraram um acordo relativo à criação de uma equipa de investigação conjunta, a seguir designada EIC:

   > 1. (Designação do primeiro serviço/administração competente de um Estado-Membro que é Parte no acordo)

   e

   > 2. (Designação do segundo serviço/administração competente de um Estado-Membro que é Parte no acordo)

   > 3. (Designação do último serviço/administração competente de um Estado-Membro que é Parte no acordo)

   As Partes no acordo poderão decidir, de comum acordo, convidar serviços/administrações de outros Estados-Membros a tornarem-se partes no presente acordo. Ver no Apêndice I as possíveis modalidades práticas para os contactos com países terceiros, instâncias competentes por força das disposições aprovadas no âmbito dos Tratados e organizações internacionais implicados nas actividades das EIC.

2. **Objectivo da EIC**

   O acordo abrangerá a criação de uma EIC com a seguinte finalidade:

   > Descrição da finalidade específica da EIC. Devem indicar-se as circunstâncias do(s) crime(s) em investigação (data, local e natureza).

   As Partes poderão redefinir, de comum acordo, o objectivo específico da EIC.

3. **Abordagem**

   As Partes no acordo podem acordar um plano de acção operacional que defina as orientações para alcançar o objectivo da EIC ([3]).

4. **Período abrangido pelo acordo**

   Nos termos do artigo 13.º, n.º 1, da Convenção e do artigo 1.º, n.º 1, da Decisão-Quadro, as EIC serão criadas por um período limitado. No que se refere ao presente acordo, a EIC poderá actuar durante o seguinte período:

([1]) JO C 197 de 12.07.2000, p. 3.
([2]) JO L 162 de 20.06.2002, p. 1.
([3]) Em função da legislação nacional pertinente e das suas exigências em matéria de publicidade, este plano poderá ser incluído como um apêndice ao acordo ou tratado como um documento confidencial à parte. As autoridades competentes que assinam o acordo devem sempre ter conhecimento do conteúdo do plano de acção operacional. O plano deve ser um documento flexível com soluções práticas acordadas com vista a uma estratégia comum e à forma como alcançar o objectivo da EIC definido no artigo 2.º, incluindo as modalidades práticas que não estejam abrangidas pelo acordo.
Consta do Apêndice IV do presente modelo de acordo uma lista de controlo relativa ao possível conteúdo do plano de acção operacional.

595

MANUAL DE COOPERAÇÃO JUDICIÁRIA INTERNACIONAL EM MATÉRIA PENAL

C 70/4 | PT | Jornal Oficial da União Europeia | 19.3.2010

de

> [inserir data]

até

> [inserir data]

A data de expiração constante do presente acordo pode ser prorrogada por consentimento mútuo das Partes sob a forma de Apêndice II ao presente modelo de acordo.

5. **Estado(s)-Membro(s) em que actuará a EIC**

A EIC actuará no(s) Estado(s)-Membro(s) a seguir designado(s):

> [Designar o(s) Estado(s)-Membro(s) em que a EIC irá actuar]

Nos termos do artigo 13.º, n.º 3, alínea b), da Convenção e do artigo 1.º, n.º 3, alínea b), da Decisão-Quadro, a equipa realizará as suas operações nos termos da legislação do Estado-Membro em que opera em dado momento. Caso a EIC desloque a sua base operacional para outro Estado-Membro, será aplicável a legislação desse Estado--Membro.

6. **Chefe(s) da equipa** (¹)

As Partes designaram a pessoa a seguir indicada, que representará as autoridades competentes no(s) Estado(s)--Membro(s) em que a equipa opera, enquanto Chefe da EIC e sob cuja chefia os membros da EIC devem desempenhar as suas funções no Estado-Membro a que pertence:

Estado-Membro	Destacado/a por (designação do organismo)	Nome	Categoria e afectação (autoridade judiciária, policial ou outra autoridade competente)
—	—	—	—
—	—	—	—

No caso de uma das pessoas acima referidas se encontrar impedida de desempenhar as suas funções, deverá ser designado sem demora, por consentimento mútuo das Partes, um substituto num apêndice ao presente acordo. Em casos urgentes, bastará que as Partes na EIC comuniquem por carta a sua substituição. Esta notificação será posteriormente confirmada num apêndice ao acordo.

7. **Membros da EIC**

Para além das pessoas referidas no artigo 6.º, participarão na EIC as seguintes pessoas (²):

Estado-Membro	Destacado/a por (designação do organismo)	Nome/número de identificação (¹)	Categoria e afectação (autoridade judiciária, policial ou outra autoridade competente)	Função
—	—	—	—	—
—	—	—	—	—

(¹) Se houver fundadas razões para proteger a identidade de um ou mais membros da EIC como, por exemplo, no caso de investigações encobertas ou em casos de terrorismo que exigem segurança máxima, devem ser atribuídos a essas pessoas números de identificação, na medida em que tal seja compatível com a legislação nacional do Estado-Membro que é Parte no acordo. Os números atribuídos devem ser registados num documento confidencial. Caso não seja possível atribuir um número de identificação, poderá ser acordado que a identidade dos membros fique registada num documento confidencial, apenso ao presente acordo e colocado à disposição de todas as Partes.

No caso de uma das pessoas acima referidas se encontrar impedida de desempenhar as suas funções, deverá ser designado sem demora um substituto num apêndice ao presente acordo ou por notificação escrita do Chefe competente da EIC.

(¹) É aplicável o artigo 1.º, n.º 3, alínea a), da Decisão-Quadro, ou seja, o chefe da equipa será um representante da autoridade competente que participa nas investigações criminais do Estado-Membro em que a equipa opera.
(²) A EIC pode ser composta por representantes das autoridades judiciárias, policiais ou outras autoridades competentes que exercem funções investigativas.
Pode igualmente incluir membros da Eurojust quando estes desempenham o papel de autoridades nacionais competentes na acepção do artigo 9.º-F da Decisão 2002/187/JAI do Conselho, de 28 de Fevereiro de 2002, relativa à criação da Eurojust a fim de reforçar a luta contra as formas graves de criminalidade. Trata-se nomeadamente dos membros nacionais da Eurojust, dos seus substitutos e assistentes — bem como de outras pessoas que, em conformidade com a respectiva legislação nacional, sejam também membros do serviço nacional, isto é, sejam peritos nacionais destacados.
Estas autoridades policiais podem incluir membros das unidades nacionais da Europol dos Estados-Membros. Estas unidades nacionais estão baseadas nos Estados-Membros e são autoridades policiais nacionais. Os oficiais de ligação da Europol nos Estados-Membros mantêm a sua capacidade de actuar como autoridades policiais nacionais.

ANEXO

8. Participantes na EIC

As disposições relativas aos participantes ([1]) na EIC são tratadas no apêndice correspondente do presente acordo.

9. Provas

As Partes devem encarregar o Chefe ou um ou mais membros da EIC de dar instruções para a obtenção de provas. O seu papel inclui a orientação dos membros da EIC em aspectos e procedimentos a ter em conta na recolha de provas. A(s) pessoa(s) que desempenham esta função devem ser aqui identificadas.

No plano de acção operacional, as Partes podem informar-se mutuamente sobre os depoimentos de membros da EIC.

10. Condições gerais do acordo

Em geral, serão aplicáveis as condições previstas no artigo 13.º da Convenção e na Decisão-Quadro, tal como aplicadas por cada Estado-Membro em que a EIC opera.

11. Alterações ao acordo

As alterações ao presente acordo, incluindo, mas não se limitando, às seguintes:

a) Incorporação de novos membros na EIC;

b) Alterações ao objectivo previsto no artigo 2.º do presente acordo;

c) Aditamentos aos actuais artigos ou alteração dos mesmos,

revestirão a forma de Apêndice III ao presente modelo de acordo, serão assinadas pelas Partes e serão apensas à versão original.

12. Avaliação interna

Pelo menos de seis em seis meses, os chefes da EIC avaliarão os progressos alcançados na consecução do objectivo geral da EIC, delimitando e tratando os problemas assim identificados.

Uma vez terminada a missão da EIC, as Partes, podem, se for caso disso, organizar uma reunião para avaliar o desempenho da equipa.

A EIC pode elaborar um relatório sobre a sua actuação que pode incidir sobre as modalidades de implementação do plano de acção operacional e os resultados alcançados.

13. Modalidades específicas do acordo (a fim de evitar sobrecarregar o acordo, alguns dos aspectos referidos nos pontos 13.1-13.11 podem ser integrados no plano de acção operacional).

Poderão ser aplicadas as seguintes modalidades específicas ao presente acordo (chama-se a atenção para o facto de alguns destes aspectos se encontrarem já regulados na Convenção e na Decisão-Quadro):

(A inserir, se aplicável. Os seguintes subcapítulos destinam-se a indicar eventuais domínios que precisem de ser descritos de forma específica).

13.1.   Condições em que os membros destacados para a EIC podem ser excluídos quando são tomadas medidas de investigação.

13.2.   Condições específicas em que os membros destacados podem realizar investigações no Estado-Membro em que decorre a operação.

13.3.   Condições específicas em que os membros destacados para a EIC podem pedir às suas próprias autoridades nacionais que tomem medidas solicitadas pela equipa, sem apresentar uma carta rogatória.

([1]) Os participantes na EIC são designados por países terceiros, pela Eurojust, a Europol, a Comissão (OLAF), por instâncias competentes nos termos das disposições adoptadas no âmbito dos Tratados e por organizações internacionais que participem nas actividades da EIC, enquanto Partes no acordo previstas no Apêndice I ao presente modelo de acordo.

MANUAL DE COOPERAÇÃO JUDICIÁRIA INTERNACIONAL EM MATÉRIA PENAL

13.4. Condições em que os membros destacados podem partilhar informações provenientes das autoridades que os destacaram.

13.5. Disposições relativas aos media, em especial a necessidade de consulta antes da apresentação de comunicados de imprensa e de sessões de informação oficiais.

13.6. Disposições sobre a confidencialidade do presente acordo.

13.7. Escolha da língua a utilizar nas comunicações.

13.8. Disposições específicas em matéria de despesas:

13.8.1. Disposições em matéria de seguro dos membros da EIC destacados;

13.8.2. Disposições relativas às despesas de tradução/interpretação/escutas telefónicas, etc.

13.8.3. Disposições relativas à tradução, por exemplo, de documentos obtidos para a língua de outros membros da EIC, bem como para a língua oficial de comunicação (se for outra), uma vez que daí podem advir consideráveis despesas (desnecessárias);

13.8.4. Disposições sobre despesas ou rendimentos decorrentes de bens apreendidos.

13.9. Condições em que pode ser concedida a assistência solicitada ao abrigo da Convenção e de outros acordos.

13.10. Normas específicas de protecção de dados.

13.10.-A Confidencialidade e utilização de informações já existentes e/ou obtidas durante a actuação da EIC.

13.11. Condições do porte e uso de armas pelos membros destacados.

Feito em (local de assinatura), (data)

(Assinaturas de todas as Partes)

_____

ANEXO

Apêndice 1

AO MODELO DE ACORDO RELATIVO À CRIAÇÃO DE EQUIPAS DE INVESTIGAÇÃO CONJUNTAS

Participantes na EIC

Acordo com a Europol/Eurojust/Comissão (OLAF), instâncias competentes nos termos das disposições aprovadas no âmbito dos Tratados, outros organismos internacionais ou países terceiros

1. **Partes no acordo**

> Designação da primeira Parte no acordo que não é um Estado-Membro

> Designação da última Parte no acordo que não é um Estado-Membro (se houver mais do que uma)

e

> Designação do primeiro serviço/administração competente de um Estado-Membro que é Parte no acordo

e

> Designação do segundo serviço/administração competente de um Estado-Membro que é Parte no acordo

(... e ...)

acordaram que as seguintes pessoas de *(designação das Partes no acordo que não são Estados-Membros)* participarão na equipa de investigação conjunta, criada pelo acordo de ... (data e local do acordo ao qual se anexa o presente apêndice).

2. **Participantes na EIC**

Participarão na EIC as seguintes pessoas:

Estado/Organização	Destacado/a por (designa-ção do serviço/organismo)	Nome	Categoria e afectação	Função
—	—	—	—	—
—	—	—	—	—

O Estado-Membro ... decidiu que os seus membros nacionais da Eurojust participarão na equipa de investigação conjunta enquanto autoridade nacional competente ([1]).

No caso de uma das pessoas acima referidas se encontrar impedida de desempenhar as suas funções, um substituto deverá ser designado num apêndice ao presente acordo. Em casos urgentes, bastará que a Parte comunique por carta a substituição. Esta notificação será posteriormente confirmada num apêndice ao acordo.

([1]) Suprimir este parágrafo se não for aplicável.

MANUAL DE COOPERAÇÃO JUDICIÁRIA INTERNACIONAL EM MATÉRIA PENAL

C 70/8 | PT | Jornal Oficial da União Europeia | 19.3.2010

3. **Modalidades específicas**

A participação das pessoas acima referidas estará sujeita às seguintes condições e unicamente para os seguintes objectivos:

3.1. *Designação da primeira Parte no acordo que não é um Estado-Membro*

3.1.1. Objectivo da participação.

3.1.2. Direitos conferidos (se houver).

3.1.3. Disposições em matéria de custos.

3.1.4. Disposições específicas relacionadas com a consecução do objectivo da participação ou que a facilitem.

3.1.5. Outras disposições ou condições específicas ([1]).

3.1.6. Normas específicas de protecção de dados.

3.2. *Designação da segunda Parte no acordo que não é um Estado-Membro (se aplicável)*

3.2.1. ...

4. **Disposições específicas relativas à participação da Europol** ([2])

4.1. *Princípios da participação*

4.1.1. Os agentes da Europol que participam na EIC prestam assistência aos membros da equipa em conformidade com a Decisão Europol e com a legislação nacional do Estado-Membro em que a equipa opera.

4.1.2. Os agentes da Europol que participam na EIC desempenham as suas funções sob a direcção do(s) Chefe(s) identificados no ponto [...] do acordo e prestam a assistência necessária para alcançar os objectivos e finalidades da EIC, definidos pelo(s) Chefe(s) da equipa.

4.1.3. Os agentes da Europol têm o direito de não executar tarefas que considerem constituir uma violação dos seus deveres por força da Decisão Europol. Em tal caso, os agentes da Europol informam o Director ou o seu representante. A Europol procede a uma consulta com o(s) Chefe(s) da equipa no sentido de encontrar um solução que seja mutuamente satisfatória.

4.1.4. Os membros da Europol que participam na EIC não devem estar associados à tomada de eventuais medidas de coacção. Todavia, os agentes da Europol podem, sob a direcção do(s) Chefe(s) da equipa, estar presentes durante as actividades operacionais da EIC a fim de prestar aconselhamento no terreno e assistência aos membros da equipa que executam medidas de coacção, desde que não haja restrições legais nacionais no Estado-Membro em que a equipa opera.

4.1.5. O artigo 11.º, alínea a), do Protocolo relativo aos Privilégios e Imunidades da União Europeia não é aplicável aos agentes da Europol que participam na EIC ([3]).

([1]) Por exemplo, referências a quadros jurídicos de base ou aplicáveis, etc.
([2]) A incluir unicamente quando a Europol participa na EIC. Estas regras foram adoptadas pelo Conselho de Administração da Europol em 9 de Julho de 2009 (Processo n.º 3710-42r6); em 18 de Novembro de 2009 foi adoptado um modelo de acordo para as EIC (processo n.º 2610-74r2), nos termos do n.º 2 do artigo 6.º da Decisão Europol. Para informações actualizadas, é favor consultar o sítio *web* da Europol: http://www.europol.europa.eu
([3]) Protocolo relativo aos Privilégios e Imunidades da União Europeia (versão consolidada, JO C 115 de 9.5.2008, p. 266).

ANEXO

Jornal Oficial da União Europeia

4.1.6. Durante as operações da EIC, os agentes da Europol ficam sujeitos, no que respeita às infracções por eles ou contra eles cometidas, à legislação nacional aplicável a pessoas com funções comparáveis do Estado-Membro em cujo território se realiza a operação.

4.2. *Tipo de assistência*

4.2.1. Os agentes da Europol que participam na EIC prestam todos os serviços de apoio da Europol de acordo com a Decisão Europol na medida do necessário ou a pedido, nomeadamente o apoio de análise operacional e estratégico, em especial mediante os ficheiros de análise [designação do(s) ficheiro(s) e projectos relacionados]. Se necessário, e a pedido do(s) Chefe(s) da equipa, a Europol pode apoiar a EIC com um «gabinete móvel» da Europol ou outros equipamentos técnicos, desde que estejam disponíveis e de acordo com as normas de segurança da Europol.

4.2.2. Os agentes da Europol que participam na EIC podem, a pedido do(s) Chefe(s) da equipa, prestar assistência a todas as actividades, nomeadamente providenciando uma plataforma de comunicação, apoio estratégico, técnico e forense e conhecimentos e aconselhamentos tácticos e operacionais aos membros da EIC.

4.2.3. A pedido do(s) Chefe(s)s) e dentro dos limites do seu quadro legal, a Europol facilita o intercâmbio seguro de informações entre as Partes na EIC e os Estados não participantes e/ou organismos da UE e organizações internacionais.

4.3. *Acesso aos sistemas de tratamento de informações da Europol*

4.3.1. Os agentes da Europol que participam na EIC têm acesso aos sistemas de tratamento de informações da Europol, referidos no artigo 10.º da Decisão Europol. O acesso rege-se pelas disposições da Decisão Europol e pelas normas de segurança e protecção de dados aplicáveis pela duração da participação dos agentes na EIC.

4.3.2. Os agentes da Europol podem estabelecer ligação directa com os membros da EIC e fornecer-lhes a estes e aos membros destacados na EIC, nos termos da presente decisão, informações extraídas de qualquer componente dos sistemas de tratamento de informações referidos no artigo 10.º da Decisão Europol. Devem ser respeitadas as condições e restrições relativas à utilização das informações.

4.3.3. As informações obtidas por um agente da Europol que faça parte de uma EIC podem, com o consentimento e sob a responsabilidade do Estado-Membro que as forneceu, ser introduzidas em qualquer dos componentes dos sistemas de tratamento de informações referidos no artigo 10.º da Decisão Europol e nas condições estabelecidas nessa decisão.

4.4. *Custos e equipamento*

4.4.1. Incumbe ao Estado-Membro onde se realizam medidas investigativas disponibilizar o equipamento técnico (instalações, telecomunicações, etc.) necessário ao cumprimento das tarefas, bem como o pagamento das despesas incorridas. Este Estado-Membro deve igualmente disponibilizar equipamento de comunicação e outro equipamento técnico necessário ao intercâmbio encriptado de dados. Os custos são imputados a esse Estado-Membro.

4.4.2. A Europol suportará os custo decorrentes da participação de agentes seus na EIC, nomeadamente no que diz respeito a seguros e vencimentos, bem como ao alojamento e despesas de viagem. A Europol suportará igualmente os custos do equipamento especial mencionado nos pontos 4.1. e 4.2 *supra.*

Data/assinaturas (¹)

———

(¹) Assinaturas das Partes neste acordo.

MANUAL DE COOPERAÇÃO JUDICIÁRIA INTERNACIONAL EM MATÉRIA PENAL

C 70/10 | PT | Jornal Oficial da União Europeia | 19.3.2010

Apêndice II

AO MODELO DE ACORDO RELATIVO À CRIAÇÃO DE EQUIPAS DE INVESTIGAÇÃO CONJUNTAS

Acordo relativo à prorrogação de uma equipa de investigação conjunta

Nos termos do artigo 13.º, n.º 1, da Convenção relativa ao Auxílio Judiciário Mútuo em Matéria Penal entre os Estados--Membros da União Europeia, de 29 de Maio de 2000 [1] e do artigo 1.º, n.º 1, da Decisão-Quadro do Conselho, de 13 de Junho de 2002, relativa às equipas de investigação conjuntas [2]:

As Partes acordaram em prorrogar a equipa de investigação conjunta (a seguir denominada EIC) criada por acordo de [*inserir data*], feito em [*inserir local de assinatura*], do qual vem apensa uma cópia.

As Partes consideram que a EIC deverá ser prorrogada para além do período pelo qual foi criada [*inserir a data em que o período termina*] uma vez que o seu objectivo, definido no artigo [*inserir o artigo relativo ao objectivo da EIC*], não foi ainda alcançado.

As circunstâncias que exigem a prorrogação da EIC foram cuidadosamente analisadas por todas as Partes. A prorrogação da EIC é considerada essencial para a consecução do objectivo para o qual foi criada.

Assim sendo, a EIC continuará em acção até [*inserir a data em que o novo período termina*]. O período acima referido pode ser novamente prorrogado pelas Partes, de comum acordo.

Data/Assinatura

---

[1] JO C 197 de 12.7.2000, p. 3.
[2] JO L 162 de 20.6.2002, p. 1.

ANEXO

Apêndice III

AO MODELO DE ACORDO RELATIVO À CRIAÇÃO DE EQUIPAS DE INVESTIGAÇÃO CONJUNTAS

Redacção sugerida para outras alterações que não o período pelo qual é criada uma EIC

Nos termos do n.º 1 do artigo 13.º da Convenção relativa ao Auxílio Judiciário Mútuo em Matéria Penal entre os Estados--Membros da União Europeia, de 29 de Maio de 2000 ([1]) e do n.º 1 do artigo 1.º da Decisão-Quadro do Conselho, de 13 de Junho de 2002, relativa as equipas de investigação conjuntas ([2]), ao abrigo das quais a presente equipa de investigação conjunta foi criada:

As Partes acordaram em alterar o acordo escrito que cria uma equipa de investigação conjunta (a seguir denominada EIC) de [*inserir data*], feito em [*inserir local*], do qual vem apensa uma cópia.

Os signatários acordaram em que o acordo acima referido deve ser alterado do seguinte modo:

1. (Alteração …)
2. (Alteração …)

As circunstâncias que exigem a alteração do acordo relativo à EIC foram cuidadosamente analisadas por todas as Partes. A(s) alteração(ões) ao acordo é/são considerada(s) essencial(ais) para a consecução do objectivo para o qual a EIC foi criada.

Data/Assinatura

([1]) JO C 197 de 12.7.2000, p. 3.
([2]) JO L 162 de 20.6.2002, p. 1.

MANUAL DE COOPERAÇÃO JUDICIÁRIA INTERNACIONAL EM MATÉRIA PENAL

L 125/26   PT   Jornal Oficial da União Europeia   12.5.2006

ANEXO I

FORMULÁRIO PARA A TRANSMISSÃO DE UM PEDIDO DE INDEMNIZAÇÃO EM SITUAÇÕES TRANSFRONTEIRAS
(n.º 2 do artigo 6.º da Directiva 2004/80/CE)

---

1. **Referência do processo:**

2. **Língua do pedido e documentos justificativos** (n.º 3 do artigo 6.º da Directiva 2004/80/CE):

3. **Pedido transmitido por:**

> *Coordenadas da autoridade de assistência (autoridade de transmissão):*
>
> Designação da autoridade:
>
> Estado-Membro:
>
> Pessoa de contacto ou serviço responsável pelo tratamento do caso:
>
> Endereço:
>
>
> Número de telefone (com indicativo):
>
> Fax:
>
> Correio electrónico:

4. **Para:**

> *Coordenadas da autoridade de decisão (autoridade de recepção):*
>
> Designação da autoridade:
>
> Estado-Membro:
>
> Endereço:
>
>
> Número de telefone (com indicativo):
>
> Fax:
>
> Correio electrónico:

5. **Dados da pessoa que requer a indemnização:**

    Apelido:

    Nome próprio:

    Sexo:

    Data de nascimento:

    Nacionalidade:

    Endereço e código postal:

ANEXO

Outra residência habitual (se diferente do domicílio):

Número de telefone (com indicativo):

Fax:

Correio electrónico:

Referências bancárias (no caso de transferências para o estrangeiro, há que indicar o BIC, em vez do código bancário, e o IBAN, em vez do número de conta):

BIC:	IBAN:	Nome do banco:	Contacto no estrangeiro:	

Se for caso disso, representada por:

6. **Dados da pessoa lesada caso não seja o requerente:**

Apelido:

Nome próprio:

Sexo:

Data de nascimento:

Nacionalidade:

Endereço e código postal:

Outra residência habitual (se diferente do domicílio):

Número de telefone (com indicativo):

Fax:

Correio electrónico:

Feito em:

Data:

Por:

(Assinatura e/ou carimbo)

7. **Lista dos documentos justificativos juntos**

MANUAL DE COOPERAÇÃO JUDICIÁRIA INTERNACIONAL EM MATÉRIA PENAL

L 125/28 | PT | Jornal Oficial da União Europeia | 12.5.2006

AVISO DE RECEPÇÃO DO PEDIDO

(artigo 7.º da Directiva 2004/80/CE) (*)

Enviar à autoridade de assistência e ao requerente

Autoridade de decisão:

Designação da autoridade:

Estado-Membro:

Referência do processo:

Pessoa de contacto ou serviço responsável pelo tratamento do caso:

Endereço:

Número de telefone (com indicativo):

Fax:

Correio electrónico:

Se possível, indicar o prazo provável em que a decisão sobre o pedido será tomada [alínea c) do artigo 7.º da Directiva 2004/80/CE]:

É confirmada a recepção do pedido transmitido pela autoridade de assistência:

Designação da autoridade:

Estado-Membro:

Referência do processo:

Data de recepção:

Feito em:

Data:

Por:

(Assinatura e/ou carimbo):

———

(*) A autoridade de decisão pode utilizar um formulário similar ou qualquer outra forma de aviso de recepção desde que respeite as condições previstas no artigo 7.º da directiva.

ANEXO

12.5.2006 | PT | Jornal Oficial da União Europeia | L 125/29

ANEXO II

FORMULÁRIO PARA A TRANSMISSÃO DE UMA DECISÃO RELATIVA A UM PEDIDO DE INDEMNIZAÇÃO EM SITUAÇÕES TRANSFRONTEIRAS

(artigo 10.° da Directiva 2004/80/CE)

---

1. **Referência do processo:**
2. **Data da decisão:**
3. **Língua da decisão:**
4. **Decisão transmitida por:**

> *Coordenadas da autoridade de decisão (autoridade de transmissão):*
>
> Designação da autoridade:
>
> Estado-Membro:
>
> Pessoa de contacto ou serviço responsável pelo tratamento do caso:
>
> Endereço:
>
> Número de telefone (com indicativo):
>
> Fax:
>
> Correio electrónico:

5. **Para:**

> *Coordenadas da autoridade de assistência (autoridade de recepção):*
>
> Designação da autoridade:
>
> Estado-Membro:
>
> Pessoa de contacto ou serviço responsável pelo tratamento do caso:
>
> Endereço:
>
> Número de telefone (com indicativo):
>
> Fax:
>
> Correio electrónico:

6. **E para:**

> *Dados do requerente:*
>
> Nome do requerente:
>
> Endereço:
>
> Número de telefone (com indicativo):
>
> Fax:
>
> Correio electrónico:
>
> Representante legal (se for caso disso):

MANUAL DE COOPERAÇÃO JUDICIÁRIA INTERNACIONAL EM MATÉRIA PENAL

L 125/30 · PT · Jornal Oficial da União Europeia · 12.5.2006

7. Informação sobre a decisão:

NB: Esta informação é fornecida sem prejuízo do disposto no texto da decisão

a) Resumo da decisão:

b) Informação sobre a possibilidade de recurso, a autoridade competente e os prazos:

c) Outras informações ou medidas solicitadas pelo requerente (preencher, se necessário):

Feito em:

Data:

Por:

(Assinatura e/ou carimbo)

MANUAIS POR NÍVEIS DE COOPERAÇÃO E MATÉRIAS

Portugal
"O Direito Penal Europeu Emergente", Coimbra Editora, 2008, Anabela Miranda Rodrigues
"Para uma Política Criminal Europeia – Quadro e Instrumentos Jurídicos da Cooperação Judiciária em Matéria Penal no Espaço da UE", Coimbra Editora, 2002, Anabela Miranda Rodrigues e José Luís Lopes da Mota

Gerais
"La coopération judiciaire internationale en matière pénale" – Terceira Edição, Bruylant SA Bruxelles, Robert Zimmermann (geral e em particular relacionado com o sistema federal suíço)
"Manual práctico de reconocimiento mutuo penal en la Unión Europea", Preguntas, respuestas y formulários de la Ley 23/14 de 20 de noviembre, Tirant lo blanch, Carmen Rodríguez Medel Nieto y Ángeles Sebastián Montesinos (em particular sobre os instrumentos de reconhecimento mútuo de decisões penais na UE e em concreto com a Lei espanhola 23/14 de 20 de novembro, em sistema de perguntas, respostas e formulários desta Lei) (geral e em particular relacionado com o sistema espanhol)
AAVV, "*Cooperación Jurídica Penal Internacional*", Memento Experto, Francis Lefebvre, 2016 (geral e em particular relacionado com o sistema espanhol)
"Droit Pénal Européen – Les enjeux d'une justice pénale européenne" – 2.ª Edição, Larcier, Daniel Flore com a colaboração de Stéphenie Bosly (com o enquadramento teórico do direito penal Europeu e o desenvolvimento da cooperação judiciária em matéria penal e policial)

Disponivel em www

Portugal
MANUAL DE PROCEDIMENTOS RELATIVOS À EMISSÃO DO MANDADO DE DETENÇÃO EUROPEU – Revisto e atualizado em 21.01.2015

Manual da Equipa de Investigação Conjunta (elaborado pela Eurojust e pela Europol no âmbito do seu projecto conjunto sobre as EIC) – Doc. 15790/1/11 REV 1

Manual para profissionais – ECRIS – manual não vinculativo para profissionais, que define o procedimento de intercâmbio de informações através do Sistema Europeu de Informação sobre os Registos Criminais (ECRIS) – Doc. 17879/1/11 REV 1 JFS/ip

O RECONHECIMENTO MÚTUO DAS SANÇÕES PECUNIÁRIAS NA UE – "HANDBOOK" PGR

PORTUGAL – national procedures for extradition (atualizado a 27.01.2014)

Assistência na Cooperação internacional em Matéria Penal para Profissionais – Rede Judiciária Europeia (RJE) e Eurojust – O que podemos fazer por si? (6 de maio 2014)

Boas Práticas do Auxílio Judiciário Mútuo Em Matéria Penal – Declarações dos EM da UE – Rede Judiciária Europeia (Portugal p.s 45 e ss.)

Cooperação Judiciária internacional em matéria penal – formação para oficiais de justiça Direção-Geral da Administração da Justiça (2014)

Manual sobre transferências de pessoas condenadas – Portugal e a Convenção sobre a transferência de pessoas condenadas entre os EM da Comunidade dos Países de Lingua Portuguesa – PGR (2013)

GUIA PRÁTICO SOBRE A ADMISSIBILIDADE (Apresentação de uma queixa no TEDH)

Nações Unidas
"Manual on Mutual Legal Assistance and Extradition" – 2012 – https://www.unodc.org/documents/organized-crime/Publications/Mutual_Legal_Assistance_Ebook_E.pdf

"Handbook on the Management of Violent Extremist Prisoners and the Prevention of Radicalization to Violence in Prisons"

Manual on International Cooperation in Criminal Matters related to Terrorism

UN – Manual contra o tráfico de pessoas para profissionais do sistema de justiça penal UN (existe versão em português)

Manual on International Cooperation in Criminal Matters related to Terrorism

International cooperation in criminal matters: counter-terrorism

Strengthening of regional networks for international cooperation in criminal matters**

Digest of Asset Recovery Cases

RECUEIL D'ACCORDS BILATÉRAUX, RÉGIONAUX ET INTERNATIO-NAUX EN MATIÈRE D'ENTRAIDE JUDICIAIRE ET D'EXTRADITION (Comores, France (Réunion), Madagascar, Maurice, Seychelles Tome 1

Fiches pratiques pour faire une requête efficace d'extradition et d'entraide judiciaire aux États de la Commission de l'Océan Indien: Préparé par le Service de la prévention du terrorisme de l'Office des Nations Unies contre la drogue et le crime conjointement avec la Commission de l'Océan Indien Comores, France (La Réunion), Madagascar, Maurice, Seychelles

Fiches pratiques pour formuler une requête efficace d'extradition et d'entraide judiciaire aux États membres de la Plateforme judiciaire régionale des pays du Sahel suivants: Burkina Faso, Mali, Mauritanie, Niger

Conselho da Europa

MUTUAL LEGAL ASSISTANCE IN THE TREATIES OF THE COUNCIL OF EUROPE NOTE FOR PRACTITIONERS

EXTRADITION IN THE TREATIES OF THE COUNCIL OF EUROPE NOTE FOR PRACTITIONERS

GUIDELINES TO THE MODEL REQUEST FORM FOR MUTUAL ASSISTANCE IN CRIMINAL MATTERS

MODEL REQUEST FORM FOR MUTUAL ASSISTANCE IN CRIMINAL MATTERS

PORTUGAL – national procedures for extradition (atualizado a 27.01.2014)

GUIA PRÁTICO SOBRE A ADMISSIBILIDADE (Apresentação de uma quixa no TEDH)

OCDE

INTERNATIONAL COOPERATION TO FIGHT CORRUPTION IN SOUTH EASTERN EUROPE: Achievements, lessons learned and future challenges

EFFECTIVE INTER-AGENCY CO-OPERATION IN FIGHTING TAX CRIMES AND OTHER FINANCIAL CRIMES, Second Edition, 2013

Chapter 7

International legal assistance in the prosecution of corruption – Globalization

Korea: Act on International Judicial Mutual Assistance in Criminal Matters (The Asian Development Bank and the Organisation for Economic Co-operation and Development do not guarantee the accuracy of this

document and accept no responsibility whatsoever for any consequences of its use. This document was obtained in September 2007)

Convention on Combating Bribery of Foreign Public Officials in International Business Transactions

Country Contact Points for International Co-operation – June 2016

UE

Final version of the European handbook on how to issue a European Arrest Warrant – 2008

Versão revista do Manual Europeu para a emissão do Mandado de Detenção Europeu – 2010

MANUAL SOBRE A EMISSÃO E A EXECUÇÃO DE UM MANDADO DE DETENÇÃO EUROPEU – 2017

The End of the Transitional Period for Police and Criminal Justice Measures Adopted before the Lisbon Treaty. Who Monitors Trust in the European Justice Area? – Study for the LIBE Committee, 2014

HANDBOOK FOR JUDGES, PROSECUTORS AND OTHER COMPETENT AUTHORITIES ON HOW TO ISSUE AND EXECUTE A REQUEST FOR ENFORCEMENT OF A FREEZING ORDER, IN ACCORDANCE WITH COUNCIL FRAMEWORK DECISION 2003/577/JHA OF 22 JULY 2003

Manual da Equipa de Investigação Conjunta (elaborado pela Eurojust e pela Europol no âmbito do seu projeto conjunto sobre as EIC) – Doc. 15790/1/11 REV 1

Manual para profissionais – ECRIS – manual não vinculativo para profissionais, que define o procedimento de intercâmbio de informações através do Sistema Europeu de Informação sobre os Registos Criminais (ECRIS) – Doc. 17879/1/11 REV 1 JFS/ip

Manual for experts on multidisciplinary cooperation against trafficking in human beings for labour exploitation – NL U 2016

O RECONHECIMENTO MÚTUO DAS SANÇÕES PECUNIÁRIAS NA UE

Fostering mutual understanding in order to strengthen mutual trust between the judicial authorities of Member States Handbook

Requests for Mutual Legal Assistance in Criminal Matters – Guidelines for Authorities Outside of the United Kingdom – 2015 – 12th Edition

MUTUAL LEGAL ASSISTANCE IN CRIMINAL MATTERS, A GUIDE TO IRISH LAW AND PROCEDURES (Department of Justice, Equality and Law Reform July 2008)

Guia sobre videoconferência em ações judiciais transfronteiriças Secretaria Geral do Conselho, 2013, versão em português

Language training on the vocabulary of judicial cooperation in criminal matters Handbook

Research Handbook on EU Criminal Law, (2016) disponível em https://www.elgaronline.com/view/9781783473304.xml

Research Handbook on International Financial Crime, (2015) disponível em https://www.elgaronline.com/view/9781783475780.xml

Eurojust

OVERVIEW OF MAIN EU AND INTERNATIONAL INSTRUMENTS AND CASE LAW OF RELEVANCE TO EUROJUST

Assistance in International Cooperation in Criminal Matters for Practitioners – European Judicial Network and Eurojust, What can we do for you? 6 May 2014

Schengen Information System II – Quick User Guide

Prosecuting THB for the purpose of labour exploitation – Report 2015

Guidelines Eurojust

Guidelines for Deciding "Which Jurisdiction Should Prosecute?" Guidelines for Deciding "Which Jurisdiction Should Prosecute?" Eurojust guidelines Judicial cooperation Conflict(s) of jurisdiction; Transfer of proceedings; Opinion of the College ex Article 7(2) Eurojust Council Decision 2016 Public

Recommendations on judicial cooperation in criminal matters in relation to major sports events Recommendations on judicial cooperation in criminal matters in relation to major sports events Eurojust guidelines Crime areas Sport-related crime Meeting on the development of a Best Practice Guide for judicial cooperation in relation to major sports events – June 2015 2015 Public

Guidelines for Information Submitted by National Correspondents for Terrorism Matters and National Specialist Authorities to National Members Of Eurojust Guidelines for Information Submitted by National Correspondents for Terrorism Matters and National Specialist Authorities to National Members Of Eurojust Eurojust guidelines Institutional Eurojust National Coordination System (ENCS); Exchange of information between Eurojust and Member States; Exchange of information on terrorist offences; Terrorism 2004 Public

Guidelines for Deciding on Competing EAWs Guidelines for Deciding on Competing EAWs Eurojust guidelines Judicial cooperation European Arrest Warrant (EAW) 2004 Public

Guidelines for Deciding "Which Jurisdiction Should Prosecute?" Guidelines for Deciding "Which Jurisdiction Should Prosecute?" Eurojust guidelines Judicial cooperation Conflict(s) of jurisdiction; Opinion of the College ex Article 7(2) Eurojust Council Decision 2003 Public

2016-Operational-Guidelines-for-Deciding-Which-Jurisdiction-Should-Prosecute

Guide_for_cooperation_between _EJ_and_EJ_Contact_Points

Guidelines for Deciding on Competing EAWs

Guidelines for Internal Proceedings on Competing EAWs

Guidelines on the application of Article 7(2) and (3) EJD

Guidelines_on_confidentiality_and_disclosure_obligations_in_coordi nation_meetings

Recommendations_on_judicial_cooperation_in_criminal_matters_in_ relation_to_major_sports_events

Assistance in International Cooperation in Criminal Matters for Practitioners European Judicial Network and Eurojust What can we do for you? 6 May 2014

RJE (Rede Judiciária Europeia)

European Judicial Network Manual (10.12.2009)

Boas Práticas do Auxílio Judiciário Mútuo Em Matéria Penal – Declarações dos EM da UE – Rede Judiciária Europeia

Schenghen

Manual SIRENE e outras medidas de execução para o Sistema de Informação de Schengen de segunda geração (SIS II) "HANDBOOK"

Manual de procedimentos de emissão e execução do MDE

Ibero-americano

Manual de cooperação jurídica internacional e recuperação de ativos: cooperação em matéria penal. Departamento de Recuperação de Ativos e Cooperação Jurídica Internacional, Secretaria Nacional de Justiça. 1a ed. Brasília: Ministério da Justiça, 2008, Brasil

Cooperação Jurídica Internacional em Matéria Penal: das cartas rogatórias às equipes de investigação conjuntas, Brasilia, 2011, Brasil

Brief Guide to Obtaining Mutual Legal Assistance in Criminal Matters from the United States – Office of International Affairs, Criminal Division, U.S. Department of Justice – Guidance current as of May 25, 2012

CPLP

Manual sobre transferências de pessoas condenadas – Portugal e a Convenção sobre a transferência de pessoas condenadas entre os EM da Comunidade dos Países de Língua Portuguesa – PGR (2013)

MANUAIS GERAIS TEÓRICOS EXISTENTES SOBRE A MATÉRIA

Manual de cooperação jurídica internacional e recuperação de ativos: cooperação em matéria penal. Departamento de Recuperação de Ativos e Cooperação Jurídica Internacional, Secretaria Nacional de Justiça. 1a ed. Brasília: Ministério da Justiça, 2008, Brasil

Cooperação Jurídica Internacional em Matéria Penal: das cartas rogatórias às equipes de investigação conjuntas, Brasilia, 2011, Brasil

Outros

Requesting mutual legal assistance in criminal matters from G8 countries: A step-by-step guide*

Compilações de atos legislativos da UE

Compilação dos Instrumentos da União Europeia no domínio da área penal e textos relacionados contendo todos os textos originais, na língua inglesa, publicada em setembro de 2017 pela Secretaria-Geral do Conselho Europeu, disponível em:

http://www.consilium.europa.eu/en/documentspublications/publications/2017/european-union-instruments/

Compilação de Instrumentos Jurídicos de Direito Penal da União Europeia, na língua portuguesa, publicada em dezembro de 2017, pelo Centro de Investigação Interdisciplinar em Direitos Humanos (DH-CII) da Escola de Direito da Universidade do Minho, disponível em:

https://www.dropbox.com/s/uwop3ez385503zq/Compilacao_de_Instrumentos_Juridicos_de_Direito_Penal_da_UE_Dezembro_2017.pdf?dl=0.

ENDEREÇOS DE DICIONÁRIOS JURÍDICOS ONLINE E OUTROS COM INTERESSE

Law.com Dictionary: http://dictionary.law.com/default2.asp

Sweet & Maxwell's Legal Taxonomy: http://2.sweetandmaxwell.co.uk/online/taxonomy/sign_up.jsp

Nolo's Plain-English Law Dictionary: http://www.nolo.com/dictionary/

Law Dictionary by John Bouvier: http://www.constitution.org/bouv/bouvier.htm

Nolo's Legal Glossary: http://www.nolo.com/glossary.cfm

Legal Dictionary By Duhaime law firm: http://www.duhaime.org/LegalDictionary.aspx

Center for Constitutional Rights, legal glossary: http://ccrjustice.org/legal-glossary

International Bar Association, Glossary: http://www.ibanet.org/About_this_site/Glossary_A.aspx

The Centre for Justice and Accountability (Human Rights): http://cja.org/article.php?list=type&type=249

European Parliament: http://www.europarl.europa.eu/transl_es/plataforma/pagina/celter/glosario.htm

UN Glossary: http://www.un.org/children/conflict/english/glossary.html

International Criminal Court: http://www.icc-cpi.int/NR/rdonlyres/62A3A2A7-A294-4C80-88ED-A9F4625A78DA/255278/379309.PDF

BBC World Service (Procedural Law): http://www.communicatingjustice.org/en/glossary

Human Rights Education Association (War crimes): http://www.hrea.org/index.php?base_id=121

Red Cross: http://ehl.redcross.org/resources/downloads/glossary.pdf

Domestic Violence: http://www.wunrn.com/reference/pdf/glossary_vaw.pdf

International Law Glossary: http://www.insidejustice.com/resources/glossary.php

Glossary of legal terms (Her Majesty's Court Service): http://www.hmcourts-service.gov.uk/infoabout/glossary/legal.htm

Criminal Justice System: www.cjsonline.gov.uk/glossary/

Immigration.com: http://www.immigration.com/glossary/acronyms.html

Glossasrist: http://www.glossarist.com/glossaries/government-politics-military/terrorism.asp

Findlaw dictionary: http://dictionary.lp.findlaw.com/

Latinisms in Legal English:

http://www.hmcourts-service.gov.uk/infoabout/glossary/latin.htm

http://www.uklegal.com/articles/latin.htm

http://depthome.brooklyn.cuny.edu/classics/englatin.htm

http://www.dl.ket.org/latin3/mores/legallatin/legal04.htm

http://www.law.gla.ac.uk/scot_guide/LATTRM1.HTML

Latin & French in Legal English: http://publib.upol.cz/~obd/fulltext/Anglica-2/Anglica-2_07.pdf

Interesting web pages

Academy of European Law (ERA): http://www.era.int/cgi-bin/cms?_SID=NEW&_sprache=en&_bereich=ansicht&_aktion=detail&schluessel=era

Centre for International Crime Prevention (CICP): http://www.uncjin.org/CICP/cicp.html

BAILII (British and Irish Legal Information Institute): http://www.bailii.org/

Council of Europe: http://www.coe.int/

Court Judgments: http://www.judiciary.gov.uk/judgment_guidance/judgments/index.htm

Crime and Justice: http://www.direct.gov.uk/en/CrimeJusticeAndTheLaw/index.htm

CPS Legal Guidance (A to Z): http://www.cps.gov.uk/legal/a_to_c/#lgC

District judges talk about their work: http://www.judiciary.gov.uk/interactive-learning/videos/district-judge-video/index

Eur-Lex (European Union Law): http://eur-lex.europa.eu/en/index.htm

European Judicial Network: http://www.RJE-crimjust.europa.eu/

Eurojust: http://www.eurojust.europa.eu/

European Anti-Fraud Office (OLAF): http://ec.europa.eu/anti_fraud/index_en.html

European Court of Human Rights: http://www.echr.coe.int/echr/homepage_en

European Judicial Training Network (EJTN): http://www.ejtn.net/

ENDEREÇOS DE DICIONÁRIOS JURÍDICOS ONLINE E OUTROS COM INTERESSE

European Migration Network (EMN): http://emn.sarenet.es/html/index.html

European Union: http://europa.eu/

Europol: http://www.europol.europa.eu/

Export extradition (Part 1): http://www.cps.gov.uk/news/fact_sheets/fs-extradi tionpart1/

Export extradition (Part 2): http://www.cps.gov.uk/news/fact_sheets/fs-extradi tionpart2/

Extradition: Read this page to me: http://www.cps.gov.uk/news/fact_sheets/extra dition/

Extradition procedures in the UK: http://www.homeoffice.gov.uk/police/extradi tion-intro1/

Financial Action Task Force: http://www.fatf-gafi.org/pages/0,2987,en_32250379_ 32235720_1_1_1_1_1,00.html

Her Majesty's Court Service: http://www.hmcourts-service.gov.uk/

Interactive courtrooms: http://www.judiciary.gov.uk/interactive-learning/ interactive-courtroom

Her Majesty's Prison Service: http://www.hmprisonservice.gov.uk/

International Court of Justice (ICJ): http://www.icj-cij.org/homepage/index.php

International Criminal Court (ICC): http://www.icc-cpi.int/

International Criminal Tribunal for Rwanda (ICTR): http://www.unictr.org/

International Criminal Court for the Former Yugoslavia (ICTY): http://www.icty. org/

International Criminal Police Organisation (Interpol): http://www.interpol.int/

Judicial Appointments Commission: http://www.judicialappointments.gov.uk/

Judicial salaries and fees 2009-2010: http://www.justice.gov.uk/publications/ judicial-salaries-2009-10.htm

Judicial statistics: http://www.judiciary.gov.uk/publications-and-reports/statistics/ judges

Judicial Studies Board: http://www.jsboard.co.uk/aboutus/annualreport.htm

Law in action (legal magazine BBC programme): http://www.bbc.co.uk/progra mmes/b006tgy1

Leading cases in English Law: http://en.wikipedia.org/wiki/Leading_cases_in _English_law

Ministry of Justice: http://www.justice.gov.uk/

National Offender Management System: http://www.justice.gov.uk/about/noms. htm

Office of the Public Sector Information: http://www.opsi.gov.uk/

MANUAL DE COOPERAÇÃO JUDICIÁRIA INTERNACIONAL EM MATÉRIA PENAL

Organization for Economic Cooperation and Development (OECD): http://www.oecd.org/home/0,2987,en_2649_201185_1_1_1_1_1,00.html

Organization for Security and Cooperation in Europe: http://www.osce.org/

Prontuario de Auxilio Judicial Internacional: http://www.prontuario.org/

Red Iberoamericana de Cooperación Jurídica Internacional (Iber-Red): http://www.iberred.org/

Sentencing guidelines to download: http://www.sentencingcouncil.org.uk/guidelines-to-download.htm

Procedure rules: http://www.justice.gov.uk/procedure.htm

The Attorney General's Office for England and Wales: http://www.attorneygeneral.gov.uk/

The Bar Council: http://www.barcouncil.org.uk/

The Court of Bosnia & Herzegovina: http://www.sudbih.gov.ba/?jezik=e

The Crown Prosecution Service: http://www.cps.gov.uk/

The Crown Prosecution Service, An introduction:
http://www.cps.gov.uk/news/journals/dpps_journal/open_justice/
http://www.cps.gov.uk/news/journals/dpps_journal/fair_fearless_and_effective/

The death penalty on trial (video): http://www.guardian.co.uk/law/video/2010/may/13/death-penalty-trial-law-video

The Guardian. Extradition: http://www.guardian.co.uk/law/extradition

The Home Office: http://www.homeoffice.gov.uk/

The Incorporated Council of Law Reporting for England and Wales (ICLR): http://www.lawreports.co.uk/

The Judiciary of England and Wales: http://www.judiciary.gov.uk/

The Law Society: http://www.lawsociety.org.uk/home.law

The Lord Chief Justice pays tribute to Lord Bingham: http://news.bbc.co.uk/today/hi/today/newsid_8992000/8992981.stm

The Old Bailey: http://www.oldbaileyonline.org/

The search for Justice: BBC Radio 4 programme (on criminal justice): http://news.bbc.co.uk/today/hi/today/newsid_9016000/9016576.stm

The Special Court for Sierra Leone: http://www.sc-sl.org/

The Supreme Court (UK): http://www.supremecourt.gov.uk/

The UK Statute Law Database: http://www.statutelaw.gov.uk/

Tribunals Decisions: http://www.judiciary.gov.uk/judgment_guidance/tribunals_decisions/index.htm

Tribunals Service: http://www.tribunals.gov.uk/

United Kingdom Parliament: http://www.parliament.the-stationery-office.co.uk/

United Kingdom Legislation: http://www.opsi.gov.uk/legislation/uk.htm

ENDEREÇOS DE DICIONÁRIOS JURÍDICOS ONLINE E OUTROS COM INTERESSE

United Nations: http://www.un.org/

United Nations Office on Drugs and Crime: http://www.unodc.org/

United Nations Interregional Crime and Justice Research Institute: http://www. unicri.it/

Unreliable Evidence (BBC, Channel 4). Jury Trial: http://www.bbc.co.uk/iplayer/console/b00s3gq7/Unreliable_Evidence_Jury_Trial

The Open University: http://openlearn.open.ac.uk/mod/resource/view.php?id=208934

You Be the Judge: http://ybtj.cjsonline.gov.uk/

You Be the Judge (cases). http://www.georgeboyle.com/judge.html

Your role as a juror: http://moj.coionline.tv/videos/jurorvideo/video/

Youth Justice Board (YJB): http://www.yjb.gov.uk/en-gb/

Pesquisa na base de dados do GDDC sobre cooperação judiciária em materia penal
http://ses.gddc.pt/search/query/interfaces/gddc/pesquisa.html?

BIBLIOGRAFIA

Cooperação Jurídica: Conceito, Conteúdo, Fundamento

AAVV, Arts. *"Curso Virtual sobre Cooperação Judiciária Penal na Europa"*, ministrado pela Escola de Magistratura Espanhola

AAVV, *"Enciclopédia da União Europeia"*, Petrony 2017

BACIGALUPO ZAPATER, Enrique *"Jurisdicción penal nacional y violaciones masivas de Derechos Humanos cometidas en el extranjero"*, Cuadernos de Derecho Judicial, núm. 7, 2001, págs. 199-223.

HÖPFEL, Frank *"Nuevas formas de cooperación internacional en materia penal"*, Cuadernos de Derecho Judicial", núm. 7, 2001, págs. 225-250.

IGLESIAS BUHIGUES, J.L e DESANTES REAL, M. *"La quinta libertad comunitaria: competencia judicial, reconocimiento y ejecución de resoluciones judiciales en la Comunidad Europea"*, en E. GARCÍA DE ENTERRÍA ET ALI (dirs.), *Tratado de Derecho comunitario europeo. Estudio sistemático desde el Derecho español*, vol. III, Civitas, Madrid, 1986, págs. 711 e ss.

LIROLA DELGADO, Isabel *"La cooperación judicial en materia penal en el Tratado de Lisboa: ¿un posible proceso de comunitarización y consolidación a costa de posibles frenos y fragmentaciones?"*, Revista General de Derecho Europeo, núm. 16, 2008.

LOVELACE, Leopoldo *"Sistema de la justicia penal internacional: una hipótesis de integración"*, Boletín de Información del Ministerio de Justicia, núm. 1747, págs. 75 e ss.

MANGAS MARTÍN, A. e LIÑÁN NOGUERAS, D.J. *"Instituciones y Derecho de la Unión Europea"*, 5ª Ed., con Araceli Mangas, Madrid, 2005, p.s 771 e ss..

MIGUEL ZARAGOZA, Juan *"El espacio jurídico-penal del Consejo de Europa"*, Cuadernos de Derecho Judicial, núm. 23, 2005, págs. 13-40.

PARRA GARCÍA, Javier *"El nuevo régimen de las solicitudes de asistencia judicial en materia penal"*, Cuadernos de Derecho Judicial, núm. 13, 2003, págs. 109-158.

MANUAL DE COOPERAÇÃO JUDICIÁRIA INTERNACIONAL EM MATÉRIA PENAL

PESSINA, Enrico *"Elementos del Derecho penal"*, trad. por Hilarión González del Castillo, 4ª Edic., Reus, Madrid, 1936, obra citada.

SALCEDO VELASCO, Andrés *"Mecanismos procesales de cooperación judicial"*, Cuadernos de Derecho Judicial, núm. 23, 1995, págs.139-256.

SOBRINO HEREDIA, José Manuel *"El Tratado de Lisboa o la capacidad de Europa para reinventarse constantemente"*, Revista General de Derecho Europeo, núm. 19, 2009.

Origem e Evolução da Cooperação Judiciária em matéria penal

AAVV, *"Cooperación Jurídica Penal Internacional"*, Memento Experto, Francis Lefebvre, 2016

AAVV *"La Prueba en el espacio europeo de libertad"*, seguridad y justicia penal, Centro de Estudos Juridicos, Madrid 2006

AAVV *"Mecanismos de Cooperación Judicial Internacional"*, Centro de Estudos Juridicos, Madrid, 2006

AAVV *"Novo Dicionário de Termos Europeus"* Alêtheia Editores, maio de 2011

AAVV Arts. *"Curso Virtual sobre Cooperação Judiciária Penal na Europa"*, ministrado pela Escola de Magistratura Espanhola

AAVV *"Espacio Europeo de Libertad, Seguridad y justicia – Últimos avances en cooperación judicial penal"* – Lex Nova, Junho de 2010

AAVV *"Cooperación Judicial Civil y Penal en el nuevo escenario de Lisboa"* – Editorial Comares, Granada 2011

AAVV *"El espacio europeo de Libertad, Seguridad y Justicia – Avances y Derechos Fundamentales en Materia Procesal"*, Thomson, Reuters, Aranzadi, 2009

AAVV *"Hacia un verdadero espacio judicial europeo"*, Thomson, Reuters, Aranzadi, Granada 2008

ACCONCI, Pia *"Quale gerarchia delle fonti nel nuovo diritto dell'Unione?"*, Diritto dell'Unione Europea 2005, n.º2, p.s 253 e ss., obra citada

ALBORS-LLORENS, Albertina *"Changes in the jurisdiction of the European Court of Justice under the Treaty of Amsterdam"*, Common Market Law Review, 1998, n.º6, p.s 1273 e ss., esp. p.s 1276 e ss.

ALONSO GARCIA, R. e SARMIENTO, D. *"La Constitución Europea: texto, antecedentes y explicaciones"*, Madrid 2005 y MANGAS MARTIN, A. La Constitución Europea, Madrid 2005

ARANGUENA FANEGO, Carmen *"Avances en cooperación judicial penal en la Unión Europea, Logros iniciativas y retos institucionales y económicos: la Unión Europea del siglo XXI"*, Valladolid 2005, p.s 101 e ss.

BIBLIOGRAFIA

ARIAS RODRIGUEZ, José Manuel *"Consideraciones concisas sobre el Tratado que instituye una Constitución para Europa"*, Diario de La Ley, 12 de Janeiro de 2005, n.º 6166, p.s 1 e ss.

ARMENTA DEU, T., GÀSCON INCHAUSTI, F. y CEDENO HERNÀN, M. (coordenadores) *"El Derecho Procesal Penal en la Union Europea: tendência actuales y perspectivas de futuro"*, Madrid 2006

AZPARREN LUCAS, A, GUTIÉREZ ZARZA, A. e LOPES DA MOTA, J.L. *"El espacio judicial europeo, Cooperación judicial civil y penal: código de normas"*, Madrid 2004

BACIGALUPO, E. e SILVA CASTÃNO, M.ª L. *"Un Derecho Penal para Europa (Corpus Iuris 2000: un modelo para la protección penal de bienes jurídicos comunitários a cargo de M. Delmas-Marty y J.A.E. Vervaele)"*, Madrid 2004

BEERNAERT, M.A. K, *"La décision-cadre du 13 juin 2002 relative à la lute contre le terrorisme"*, Revue internationale de droit penal", 2006/1, vol. 77, p.s 277-284

BOIXEREAU CARRERA, A. *"Los trabajos del grupo de coordenadores para la libre circulación de personas: el Documento de Palma"*, Gaceta jurídica CEE 1989, n.º B-48, p.s 3 e ss.

BONNEFOI, Serge *"Europe et securité intérieure. Trevi. Union Européenne. Schengen."*, Paris, 1995, obra citada

BONTEMPI, Rinaldo *"Gli accordi di Schengen, Da Schengen a Maastricht: aperture delle fronteire, cooperazione giudiziaria e di polizia"*, Milano 1995, obra citada

BORRÀS, ALEGRÌA (coord.) *"La Cooperación en Materia Civil en la Union Europea: Textos y Comentários"*, Thomson, Aranzadi, 2009

BRANMMERTZ, Serge *"Eurojust – parquet européen de la première génération?, Vers un espace judiciaire européan/Towards a European Judicial Criminal Área"*, Institut d'Études europeénnes, Bruxelles, p.s 105 e ss., obra citada

CALONGE VELÁZQUEZ, A. (coord.) *"La reforma institucional en el Tratado de Niza"*, Lex--Nova, Valladolid 2004

CANGELOSI, Rocco Antonio *"Les conférences intergovernamentales et le rôle de l'Italie: de l'acte Unique à la ouverture de la Conferénce Intergouvernamentale de 2003, Vers une nouvelle architecture de l'Union Europénne: le project de Traité-Constitution"*, Bruxelles 2004, p.s 11 e ss., obra citada

CANNIZZARO, Enzo *"La Constituzione pluralista. A propósito della natura giuridica del Tratatto constituzionale."* Il Diritto dell'Unione Europea 2005, n.º1, p.s 1 e ss., obra citada

CANNIZZARO, Enzo *"Gerarchia e competenza nel sistema dell fonti dell'Unione europea"*. Diritto dell'Unione Europea 2005, n.º4, p.s 651 e ss., obra citada

CARRERA, S. e GUILD, E. *"No Constitucional Treaty? Implications for the Area of Freedom, Security and Justice, Security versus Freedom? A Challenge for Europe's future"*. CEPS, Aldershot 2006, p.s 223 e ss., obra citada

CASTILLO GARCIA, José *"La Comunitarización del tercer pilar: un paso necessário para la consolidación del espacio penal europeo"*, Revista General de Derecho Europeo n.º 11, 2006 (www.iustel.com).

CURTI GIALDINO, Carlo *"Shengen et le troisième pilier: le contrôle jurisdictionnel organize para le Traité d'Amesterdam"*, Revue du Marché Unique Européen 1998, n.º2, p.s 89 e ss., obra citada

DAVID, Eric *Elements de Droit Penal International et Européen*, Bruylant 2009

DE ARISTEGUI y SAN ROMAN, G. *"El Tercer Pilar de la Unión Europea: la Cooperación en assuntos de Justicia e Interior"*, Ministério del Interior, Madrid 1997, p.s 9 e ss.

DE BIOLLEY, Serge *"Panorama du droit pénal de l'Union, Securité et justice: enjeu de la politique extérieure de l'Union europénne, Institut d'Etudes Européennes"*, Bruxelas 2003, p.s 105 e ss., obra citada

DE HOYOS SANCHO, Montserrat *"El principio del reconocimiento mutuo de resoluciones penales en la Unión Europea: asimilación automática o corresponsabilidade?"* Revista de Derecho Comunitario Europeo 2005, n.º 22, p.s 807 e ss.

DE KERCHOVE, G. *"L'espace judiciaire pénal européen après Àmsterdam et le sommet de Tampere, Vers un espace judiciaire européen/Towards a European Judicial Criminal Área"*, Institut d'Etudes européennes, Bruxelas 2004, p.s 197 e ss., obra citada

DE KERCHOVE, G. *"La coopération policière et judiciaire pénale. De la coopération intergouvernementale à la méthode communautaire. Une Constitution pour l'Europe: Reflexions sur les transformations du droit de l'Union européenne"*, Bruxelas 2004, p.s 197 e ss., obra citada

DE KERCHOVE, G. e WEYEMBERGH, A. *"La reconnaissance mutuelle des décisions judiciaires pénales dans l'Union europénne"*, Institut d'Etudes Européennes, Bruxelas 2001, obra citada

DE KERCHOVE, G. e WEYEMBERGH, A. (eds.) *"L'espace penal européen: enjeux et perspectives"*, Institut d'Etudes Européennes, Bruxelas 2002, obra cit

DE KERCHOVE, G. e WEYEMBERGH, A. *"Quelle Europe pénale desde la Constituion? Commentaire de la Constitution de l'Union européenne"*, Institut d'Etudes Européennes, Bruxelas 2005, p.s 317 e ss., obra citada

DE MIGUEL ZARAGOZA, J. e BLANCO DE CASTRO, A. *"El Título VI del Tratado de la Unión:Cooperación en assuntos de Justicia e Interior"*, Gaceta jurídica de la CEE 1992, D-18, p.s 173 e ss.

DE MIGUEL ZARAGOZA, Juan *"La Cooperación judicial en el Título VI del Tratado de Amsterdam, Boletín de Información del Ministerio de Justicia"*, n.º 1807, 15 de Outubro de 1997, p.s 2069 e ss.

BIBLIOGRAFIA

DE MIGUEL ZARAGOZA, Juan *"Cooperación judicial penal en la Constitución Europea, Boletín de Información del Ministerio de Justicia"*, n.º1975, 15 de Outubro de 2004, p.s 3523 e ss.

DE WITTE, Bruno *"Entrée en vigueur et revisión du Traité constitutionnel, Vers une nouvelle architecture de l´Union Europénne: le project de Traité-Constitution"*, Bruxelas 2004, p.s 77 e ss., obra citada

ELSEN, Charles *"L´esprit et les ambitions de Tampere: une ère nouvelle pour la cooperation dans le domaine de la justice et des affaires intérieures? Revue du Marché commun et de l´Union européenne"*, n.º 433, 1999, p.s 659 e ss., obra citada

ELSEN, Charles *"From Maastricht to the Hague: the politics of judicial and police coopera-tion"*, ERA Forum, n.º8, 2007, p.s 13 e ss., obra citada

FALLON, M. e FRANCO, S. *"La coopération judiciaire civil et le droit international prive. Vers un droit proprement communautaire des conflits de lois ou de jurisdiction, Une Cons-titution pour l´Europe: Reflexions sur les tranformations du droit de l´Union européenne"*, Bruxelas 2004, p.s 239 e ss., obra citada

FERNANDÈZ APARICIO, J. M. *"El nacimiento del Fiscal Europeo, Revista española de Dere-cho Comunitário"* 2004, n.º 17, p.s 219 e ss.

FICHERA, Massimo *"The Implementation of the European Arrest Warrant in the European Union: law, policy and practice"*, Intersentia, 2011

FLORE, Daniel, *"Droit Pénal Européen"* 2.º Edição, Larcier, 2015

FLORE, Daniel, *"Une justice pénale européenne après Amsterdam"*, J.T.D.E., 1999, p.s 121-129

FLORE, Daniel, *"Droit pénal matériel et Union européenne"*, in Quelles réformes por l´espace pénal européen? De Kerchove, G. et Weyembergh, A. (ed.), Bruxelles, Éditions de l´Université de Bruxelles, 2003, p.s 69-76.

FLORE, Daniel, *"Contours et limites du rapprochement des droits pénaux materiels au sein de l´UE. Les conditions d´un rapprochement effectif des legislations nationales"*, Revue de l´Union Européenne, n.º 582, 2014, p.s 559 e ss.

FERNANDÈZ ROJAS, Carol *"El espacio de libertad, seguridad y Justicia consolidado por la Constituión Europea"*, Diario la Ley, n.º 6097, 30 de Setembro de 2004, p.s 1 e ss.

FONSECA MORILLO, Francisco *"Reformas de la arquitectura institucional y del processo de toma de decisiones institucionales en el Tratado por el que se estabelece una Constitución para Europa"* in *" Logros iniciativas y retos institucionales y económicos: La Unión Euro-pea del siglo XXI"*, ed. Isabel Vega Mocoroa, 33-59, Lex Nova, Valladolid, 2005.

GASCÓN INCHAUSTI, F. *"La construcción de un Derecho Procesal Penal europeo: tendencias actuals y perspectivas de futuro" – Ponencia presentada al congresso international de Dere-cho Penal VII Jornadas sobre Justicia Penal"*, organizado pelo Instituto de Investigaciones Jurídicas de la Universidad Nacional Autónoma de México dias 19 a 23 de Junho de 2006 (http://juridicas.unam.mx/sisjur/penal/pdf/11-510s.pdf)

Giménez Sánchez, I. *"Cooperación judicial: la Integración de sistemas jurídicos en el âmbito e la Unión Europea, Libro Homenaje a D. Eduardo Font Serra"*, tomo I, Madrid 2004, p.s 361 e ss.

Gomez-Jara Diez, Carlos *"Modelos del sistema europeo de Derecho Penal e unificación versus armonización?"*, Constitución Europea y Derecho Penal económico, Madrid 2006, p.s 320 e ss., esp. p.s 337 e ss.

Gomis Catalá, L. *"Ejecución del programa de la Haya: el camino a seguir"*, Unión Europea, Arandazi 2006, n.º 8, p.s 21 e ss.

Gonzalez Alonso, Luís *"La jurisdicción comunitária en el nuevo espacio de libertad, seguridad y Justicia"*. Revista de Derecho Comunitario Europeo 1998, n.º 4, p.s 501 e ss., esp. p.s 514 e ss.

González Cano, Maria Isabel *"Aproximácion a la configuración de la Cooperación judicial penal en el Tratado por el que se estabelece una Constitución para Europa"*, Unión Europea Aranzadi, 2005, p.s 5 e ss.

Grasso, Giovanni. *"La cooperazione giudiziaria in materia pénale tra gli Stati membri dele Comunita europee"*, Foro italiano 1987, IV, col.458 e ss., esp. Col.460 e ss., obra citada

Gutierez Zarza, Ángeles *"Fuentes comunitárias del Derecho Procesal español"*, Diario de La Ley, n.º 5501, 13 de Março de 2002, p.s 1 e ss.

Janssens, Christine, *"The Principle of Mutual Recognition in EU Law"*, Oxford Studies in European Law, 2013

Jimenez De Parga Y Maseda, P. *"Reflexiones sobre la puesta aplicacion "en su totalid", el 26 de marzo de 1995, del Convenio de aplicacion del Acuerdo de Schengen de 19-06-1999"*, Revista de Instituciones Europeas 1995, n.º 3, p.s 909 e ss.

Jimeno Bulnes, Mar *"La reforma jurisdiccional del Tratdo de Niza"*, Boletin de Información del Ministério de Justicia, n.º 1917, 15 de Maio de 2002, p.s 1681 e ss.

Jimeno Bulnes, Mar *"La cooperación judicial y policial en el ámbito de la Unión Europea*, Revista del Poder Judicial n.º 50, 1998, p.s 79 e ss.

Jimeno Bulnes, MAR (coord.) *"La Cooperación judicial civil y penal en el ámbito de la Unión Europea: instrumentos procesales"*, Universidad de Burgos, Bosch Procesal, 2007

Klimek, Libor, *"Mutual Recognition of Judicial Decisions in European Criminal Law"*, Switzerland, Springer, 2017

Klip, André, *"European Criminal Law"*, An Integrative Aproach, 3rd Edition, Intersentia, 2016

BIBLIOGRAFIA

KOERING-JOULIN, R. *"Judicial assistance in criminal cases within European Union", What kind of criminal policy for Europe?"*, The Hague 1996, p.s 169 e ss., obra citada

KORTENBERG, H. *"Closer cooperation in the Treaty of Amsterdam"*, Common Market Law Review n.º 4, 1998, p.s 833 e ss., obra citada

LUENGO, Luís "Los *Acuerdos de Schengen", El Tercer Pilar de la Union Europea: la cooperacion en assuntos de Justicia e Interior, Ministerio del Interior*, Madrid 1997, p.s 43 e ss.

LABAYLE, H. *"La coopeération européenne en matiére de justice et d'affaires intérieures et la Conférence intergourvenamentale"*, Revue trimestrielle de droit européen, n.º1, 1997, p.s 1 e ss, esp. p.s 16 e ss., obra citada

LEPROIVRE, M. *"Le domaine de la justice et des affaires intérieures dans la perspective de la Conférence Intergouvernamentale de 1996"*, Chaiers de droit européen, n.º 3-4, 1995, p.s 323 e ss.., obra citada

LEVRAT, Nicolas *"Entrée en vigueur et revisión de la Constituion. Sucession à la Communauté européenne"*, Commentaire à La Constitution de l'Union Européenne, p.s 105 e ss., obra citada

LIROLA DELGADO, Maria Isabel *"El ciudadano europeu ante la cooperación policial y judicial en materia penal", Las incertidumbres de la Unión Europea después del Tratado de Amesterdam"*, Barcelona 2000, p.s 193 e ss.

LOUIS, J.V. *"Les enjeux de la partie III du Traité constitucionel"*, Cahiers de Droit Européen 2006, n.º1-2, p.s 5 e ss., esp. p. 8, obra citada

MANTECA VALDELANDE, Victor *"Eficacia de embargos y pruebas del proceso penal en el âmbito europeo"*, Diario de la Ley, n.º 6592, 16 de novembro de 2006, p.s 1 e ss.

MARCHENA, Clara Mapelli *"El modelo Penal de la Unión Europea"*, Thomson Reuters, Aranzadi, 2015

MARTIN OSTOS, José *"La Justicia en la Unión Europea"*, Derecho y Justicia Penal en el siglo XXI, Liber Amocorum en homenaje al profesor A. González-Cueller Garcia, Madrid 2006, p.s 949 e ss.

MARTIN Y PEREZ DE NANCLARES, J. *"La flexibilidade en el Tratado de Amsterdam; especial referencia a la noción de cooperación reforzada"*, Revista de Derecho Comunitario Europeo 1998, n.º 3, p.s 205 e ss.

MIGUEL, Catarina Sofia do Carmo, *"A abolição da dupla incriminação no mandado de detenção europeu"*, disponível em https://run.unl.pt/bitstream/10362/17140/1/Miguel_2015.pdf

MULLER-GRAFF, P.C. *"The legal bases of the third Pillar and its position in the framework of the Union Treaty"*, Common Market Law Review 1994, n.º 3, paginas 493 e ss., esp. pagina 495 (também publicado na anterior obra coletiva editada por Monar, J. e Morgan, R. *"The Third Pillar of the European Union"*, paginas 21 e ss., obra citada)

MANUAL DE COOPERAÇÃO JUDICIÁRIA INTERNACIONAL EM MATÉRIA PENAL

NIETO, Carmen Rodríguez Medel y Ángeles Sebastián Montesinos, *Manual práctico de reconocimiento mutuo penal en la Unión Europea*, Preguntas, respuestas y formulários de la Ley 23/14 de 20 de noviembre, Tirant Lo Blanch

O`KEEFE, David *"A critical view ofe the third Pillar"*, De Schengen a Maastricht: voi royale et course dobstacles, Maastricht 1996, paginas 1 e ss., esp. pagina 19, obra citada

O`KEEFE, David *"The Schegen Convention: a suitable model for European Integration"*, Yearbook of European Law, vol. 11, p.s 185 e ss., obra citada

ORDONEZ SOLIS, David *"El espacio de libertad, seguridad y justicia en la Constitución Europea: los desafios de la Unión"*, Actualidad Juridica Aranzadi, 24 de Fevereiro de 2005, n.º658, p.s 1 e ss.

OREJA AGUIRRE, M. e FONSECA MORILLO, F. *"El Tratado de Amesterdam: analisys y comentários"*, vol. 1, Madrid 1998, esp. p.s 225 e ss.

PERRON, W. *"Perspectives of the harmonization of Criminal Law in Europea"*, Antwerpen 2005, p.s 5 e ss., esp. p.s 17 e ss., obra citada

PIÇARRA, Nuno *"O espaço de liberdade, segurança e justiça no Tratado que estabelece uma Constituição para a Europa: simplificação e aprofundamento"* in O Direito, ano 137.º, IV-V, 2005

PIÇARRA, Nuno *"O espaço de liberdade, segurança e justiça após a assinatura do Tratado que estabelece uma Constituição para a Europa"* in Polícia e Justiça, III Série, n.º 5, 2005

QUEL LÓPEZ, Francisco Javier *"Análisis de las reformas en ele espacio de libertad, seguridad y justicia en el Tratado de Niza"*, Revista de Derecho Comunitario Europeo 2001, n.º9, p.s 117 e ss.

RODRIGUES, Anabela Miranda e MOTA, José Luís Lopes da *"Para uma Política Criminal Europeia – Quadro e Instrumentos Jurídicos da Cooperação Judiciária em Matéria Penal no Espaço da UE"* Coimbra Editora, 2002

RODRIGUES, Anabela Miranda, *"Criminalidade organizada – que política criminal?, in idem, O Direito Penal Europeu Emergente"*, Coimbra Editora, 2008

ROGER FRANCE, E. e DASSONVILLE, L. *"Les acteurs de l'espace européen de liberte, de securité et de justice"*, Journal dês Tribunaux (Droit Européen) 2006, n.º 127, p.s 65 e ss., obra citada

SAEZ GONZALEZ, J. *"Competência material del Tribunal de Justicia de las Comunidades Euroepas: los nuevos recurso del Tratado de Amsterdam de 1997"*, Justicia 98, n.º III, p.s 525 e ss.

SANTAMARIA DACAL, A. *"Dos ejemplos de "comunitarización" del tercer pilar"*, Noticias de la unión Europea 2006, n.º 257, p.s 119 e ss

BIBLIOGRAFIA

SCHWARZE, Jiirgen *"The Treaty establishing a Constitution for Europe: some general reflec-tions on its character and its changes of realization"* European Public Law 2006, n.º2, p.s 199 e ss., obra citada

STROZZI, G. *"Il Tratato costituzionale. Entrata en vigore e revisione"*, Diritto dell'Unione Europe 2005, n.º 3, p.s 631 e ss., obra citada

SUOMINEN, Annika, *"The Principle of Mutual Recognition in Cooperation in Criminal Matters"*, Intersentia, 2011

TRATADOS, 3.ª Edição, Porto Editora, Fevereiro de 2002

URREA CORRES, M. *"Los procedimientos de reforma de los Tratados comunitários y la entrada en vigor del Tratado constitucional"*, Revista General del Derecho Euro-peo 2007, n.º 13, accessible en el portal jurídico htpp:// www.iustel.com (menu Revistas Generales)

VERNIMMEN-VAN TIGGELEN, G. e SURANO, L. *"Analysis of the future of mutual recogni-tion in criminal matters in the European Union"* (Call for tenders JLS/D3/2007/03 European Comission) – 20 de novembro 2008

VERNIMMEN-VAN TIGGELEN, G. e SURANO, L. *"L´avenir de la reconnaissance mutuelle en matiére pénale dans l´Union Européenne"*, Bruxelas, ed. da Universidade de Bruxelas, 2009

VERVAELE, J.A.E. *"La europeización del Derecho penal y la dimensión penal de la integracion europeia"* Revista Penal 2005, n.º15, p.s 169 e ss., esp. p. 177

VIDAL FERNANDÉZ, B. *"Propuestas para el sistema de justicia europeu"*, La reforma insti-tucional..., obra citada, p.s 187 e ss.

VILARINO PINTOS, E. *"La cooperación en los Ámbitos de Justicia e Interior en el Tratado de La Unión Europea. Los aspectos básicos para su relización"*, Revista de Instituciones Europeas 1994, p.s 61 e ss.

WASMEIER, M. e THWAITES, N. *"The battle of the pillars: does the European Community have the power to approximate national criminal laws?* European Law Review 2004, vol. 29, n.º 5, p.s 613 e ss., obra citada

WEYEMBERGH, Anne *"L´harmonisation des legislations: condition de l'espace penal euro-péen et revelateur de ses tensions"*, Institut d´Etudes Européennes, Bruxelas 2004, Para uma análise dos diferentes conceitos de harmonização e aproximação veja--se WEYEMBERGH, Anne *"Approximation of criminal law, The Constitucional Treaty and the Hague Programme"*, Common Market Law review 2005, n.º 6, p.s 1667 e ss.

WHITE, Simone *"Case C-176/03 and options for the development of a Community Cri-minal Law"*, ambos en EUCrim 2006, n.º 3-4, p.s 87 e ss., esp. p.s 90 e 93 e ss. Respectivamente (disponível em htpp://mpicp.de/eucrim).

MANUAL DE COOPERAÇÃO JUDICIÁRIA INTERNACIONAL EM MATÉRIA PENAL

WOLTER, J. *"Policia y justicia penal en la Unión Europea"*, La Politica criminal en Europa, Barcelona 2004, p.s 141 e ss., esp. p.s 161 e ss.

ZIMMERMANN, Robert *"La Coopération judiciaire internationale en matière pénale"*, 3e édition, LGDJ

A Cooperação judiciária em matéria penal no Tratado de Lisboa

AAVV, *"Os novos desafios da cooperação judiciária e policial na União Europeia e da implementação da Procuradoria Europeia"* – ebook – Centro Interdisciplinar em Direitos Humanos, Escola de Direito Universidade do Minho, dezembro de 2017, disponível em http://www.dh-jusgov.uminho.pt/publicacoes/os_novos_desafios _cooperacao_jud_e_policial_ue_implementacao_da_pe/

AAVV, Arts. *"Curso Virtual sobre Cooperação Judiciária Penal na Europa"*, ministrado pela Escola de Magistratura Espanhola

AAVV *"Espacio Europeo de Libertad, Seguridad y justicia – Últimos avances en cooperación judicial penal"* – Lex Nova, Junho de 2010

AAVV *"Cooperación Judicial Civil y Penal en el nuevo escenario de Lisboa"* – Editorial Comares, Granada 2011

AAVV *"El espacio europeo de Libertad, Seguridad y Justicia – Avances y Derechos Fundamentales en Materia Procesal"*, Thomson, Reuters, Aranzadi, 2009

AAVV "Hacia un verdadero espacio judicial europeo", Thomson, Reuters, Aranzadi, Granada 2008

AAVV *"A UE segundo o Tratado de Lisboa, Aspectos Centrais"*, Coordenação Nuno Piçarra, Almedina, 2011

AAVV *"Tratado de Lisboa" – Anotado e Comentado"*, Coordenação de Gonçalo Anastácio e Manuel Lopes Porto Almedina, 2012, em particular as anotações aos arts. 83.º e ss. do TFUE pela Professora Anabela Miranda Rodrigues, p.s 430 e ss.

AAVV (editado por Valsamis Mitsilegas, Maria Bergström and Theodore Konstadinides), *Research Handbook on EU Criminal Law*, https://www.elgaronline.com/ (2016) disponível em https://www.elgaronline.com/view/9781783473304.xml

AAVV (editado por Barry Rider), *Research Handbook on International Financial Crime*, https://www.elgaronline.com/ (2015) disponível em https://www.elgaronline. com/view/9781783475780.xml

BACHMAIER WINTER, L. *"El exhorto europeo de obtención de pruebas en el proceso penal"*, en El Derecho Procesal Penal en la Unión Europea, (coord. Armenta, Gascón y Cedeño), Madrid, 2006

CAEIRO, Pedro, *"Cooperação Judiciária na UE, in Direito Penal Económico e Europeu: Textos Doutrinários"*, Vol. III, Coimbra Editora, 2009

BIBLIOGRAFIA

Campos, João Mota e João Luiz, *"Manual de Direito Europeu"*, 6.ª edição, Coimbra Editora, Março de 2010

Castillejo Manzanares, R., *"Procedimiento español de emisión y ejecución de una orden europea de detención y entrega"*, Pamplona, 2005

Cunha, Paulo de Pitta (Organização) *"Tratado de Lisboa"*, Instituto Europeu da Faculdade de Direito de Lisboa, Lisboa, Março de 2008

Colomer Hernández, I. *"Conflictos de jurisdicción, non bis in idem y litispendencia internacional en la Unión Europea"*, en El Derecho penal de la Unión Europea. Situación actual y perspectivas de futuro, (dir. Arroyo y Nieto), Cuenca, 2007

Conselho Da Europa, *"EUROPEAN UNION INSTRUMENTS IN THE FIELD OF CRIMINAL LAW AND RELATED TEXTS"*, Council of European Union, setembro 2017

García Moreno, J. M. *"La cooperación judicial penal en el espacio de libertad, seguridad y justicia después del Tratado de Lisboa"*, Unión Europea Aranzadi, n.º 10/2009

Gomes, Carla Amado, *"O Tratado de Lisboa, Ser ou não ser...reformador (eis a questão)"*, in Revista do MP, n.º 114, 2008, p.s 7 e ss.

Gómez-Jara Dièz, C. *"Orden de detención europea y constitución europea: reflexiones sobre su fundamento en el principio de reconocimiento mutuo"*, en *Revista La Ley*, de 26 de julho de 2014

González Cano, M. I. *"Consideraciones generales sobre el Libro Verde de la Comisión Europea relativo a los conflictos de jurisdicción y el principio non bis in idem en los procedimientos penales"*, en Unión Europea Aranzadi, n.º 11/2006

Hassemer, Winfried, "Strafrecht in einem europäischen Verfassungsvertrag", en ZStW, 116-2, II., obra citada

Irurzun Montoro, F. *"El espacio judicial europeo en una encrucijada?"*, en El Derecho penal de la Unión Europea. Situación actual y perspectivas de futuro, (dir. Arroyo y Nieto), Cuenca, 2007

Loredo Colunga, M. *"La armonización de la legislación procesal penal en la Unión Europea: los derechos del imputado"*, en Teoría & Derecho: Revista de Pensamiento Jurídico, n.º 3/2008

Machado, Jónatas E.M., *"Direito da UE"*, Coimbra Editora, Outubro de 2010

Mariscal Berastegui, N. *"Más allá de Lisboa: Horizontes europeos"*, Tecnos, Madrid, 2010

Martins, Ana Maria Guerra, *"Ensaios sobre o Tratado de Lisboa"*, Almedina 2011, p.s 127 e ss.

Martins, Ana Maria Guerra, *"Manual de Direito da União Europeia – Após o Tratado de Lisboa"*, Almedina 2018

MENEZES-FERREIRA, João de, *"Do Tratado de Lisboa. O ineroxável e o ilegível"*, in Relações Internacionais, n.º 17, 2008, p.s 11 e ss.

MONTE, Mário Ferreira, *"O sistema judicial europeu e o controlo jurisdicional em matéria penal: reflexões em torno do direito vigente e do Tratado de Lisboa"*, in: Manuel da Costa Andrade/Maria João Antunes/Susana Aires de Sousa (orgs), Estudos em homenagem ao Prof. Doutor Jorge de Figueiredo Dias, vol. I, Coimbra 2010, p. 733, 758

MORENO CATENA, V. *"La orden europea de detención en España"*, Revista del Poder Judicial, n.º 78

NIETO MARTÍN, Adán *"Modelos de organización del sistema europeo de Derecho penal"*, en El Derecho penal de la Unión Europea. Situación actual y perspectivas de futuro, (dir. Arroyo y Nieto), Cuenca, 2007

NIETO MARTÍN, Adán, *"Posibilidades y límites de la armonización del Derecho penal nacional trás Comisión v. Consejo"*, en El Derecho penal de la Unión Europea. Situación actual y perspectivas de futuro, (dir. Arroyo y Nieto), Cuenca, 2007

ORMAZÁBAL SÁNCHEZ, G. *"La formación del espacio judicial europeo en materia penal y el principio de mutuo reconocimiento. Especial referencia a la extradición y al mutuo reconocimiento de pruebas"*, en El Derecho Procesal Penal en la Unión Europea, (coord. Armenta, Gascón y Cedeño), Madrid, 2006

PEITEADO MARISCAL, Pilar *"El reconocimiento mutuo y la eficacia directa de resoluciones penales definitivas sobre procesos penales en tramitación en la Unión Europea"*, en El Derecho Procesal Penal en la Unión Europea (coord. Armenta, Gascón y Cedeño), Madrid, 2006

PIÇARRA, Nuno, *"A UE como espaço de liberdade, segurança e justiça: uma caracterização geral"* in Estudos Comemorativos dos 25 anos do ISCPSI, Coimbra, 2009

PIÇARRA, Nuno, *"A UE enquanto espaço de liberdade, segurança e justiça: alguns desenvolvimentos recentes"* in Jorge Bacelar Gouveia e Rui Pereira (coord.) Estudos de Direito e Segurança, Coimbra, 2007

PIÇARRA, Nuno, *"As garantias de cumprimento das obrigações dos EM no Espaço de Liberdade, Segurança e Justiça"* in Estudos em Memória do Professor Doutor José Dias Marques, Coimbra, 2007

PIÇARRA, Nuno, *"O Tratado de Lisboa e o espaço de liberdade, segurança e justiça"* in Cadernos O Direito, n.º 5, 2010, p.s 245-269

RUIZ-JARABO COLOMER, D. *"El Tribunal de Justicia de la Unión Europea en el Tratado de Lisboa"*, en Noticias de la Unión Europea, n.º 291

SARMIENTO, Daniel *"Un paso más en la constitucionalización del tercer pilar de la Unión Europea. La sentencia Maria Pupino y el efecto direto de las decisiones marco"*, em Revista electrónica de estudios internacionales (2005), in www.reei.org.

BIBLIOGRAFIA

SARMIENTO, Daniel *"El principio ne bis in idem en la jurisprudencia del Tribunal de Justicia de la Comunidad Europea"*, en El principio de ne bis in idem en el Derecho penal europeo e internacional (coord. Arroyo y Nieto), Cuenca, 2007

SCHÜNEMANN, Bernd *"Peligros para el Estado de Derecho a través de la europeización de la Administración de Justicia penal?"*, en El Derecho Procesal Penal en la Unión Europea (coord. Armenta, Gascón y Cedeño), Madrid, 2006

SILVEIRA, Alessandra, CANOTILHO, Mariana (Coord.), *"Carta dos Direitos Fundamentais da UE Comentada"*, Coimbra, Almedina, 2013

SILVEIRA, Alessandra, *"Cooperacão e Compromisso Constitucional nos Estados Compostos – Estudo sobre a teoria do federalismo e a organização dos sistemas federativos"*, Coimbra, Almedina, 2007

TIEDEMANN, Klaus *"El nuevo procedimiento penal europeo"*, en El Derecho penal de la Unión Europea. Situación actual y perspectivas de futuro (dir. Arroyo y Nieto), Cuenca, 2007

TRIUNFANTE, Luís de Lemos, *"Instrumentos de combate à criminalidade transnacional (assistência, cooperação judiciária e troca de informações)"*, CES Summer School, 08.09.2017

VAN RAEPENBUSCH, S., *"La reforme institutionelle du Traité de Lisbonne: L´emergence juridique de l'Union Européenne"*, Cahiers de Droit Européen, numeros 5-6, 2007, p.s 573-621, obra citada

ZILLER, Jacques, *"Les noveaux traités européens: Lisbonne et aprés"*, Paris, 2008, obra citada

DOUGAN, Michael, *"The Treaty of Lisbon 2007: Winning Minds, not Hearts"*, in Common Market Lae Review, n.º 45, 2008, p.s 617 e ss., obra citada

Convenção 2000

Portugal

AAVV, Arts. *"Curso Virtual sobre Cooperação Judiciária Penal na Europa"*, ministrado pela Escola de Magistratura Espanhola

ALCAIDE, Sandra Elisabete *"Cooperação Judiciária Clássica vs A Convenção de Auxilio Judiciário Mútuo em Matéria Penal de 29 de Maio de 2000"*, RMP, n.º 124, Outubro/ Dezembro 2010, p.s 89 e ss.

AZEVEDO, Maria da Graça, *"A Convenção 2000 e as declarações do Estado Português"*, RMP, n.º 91, Ano 23, Julho/Setembro de 2002, p.s 117 e ss.

Bucho, José Manuel da Cruz/ Pereira, Luís Silva/Azevedo, Maria da Graça Vicente/ Serrano, Mário Mendes, *"Cooperação Internacional Penal"* Volume I, CEJ, 2000

Caeiro, Pedro, *"Cooperação Judiciária na UE"*, in Direito Penal Económico e Europeu: Textos doutrinários, Volume III, Coimbra Editora, 2009

Duarte, Jorge Dias, *"Novas técnicas de cooperação judiciária"*, RMP, n.º 94, Ano 24, Abril/Junho de 2003, p.s 125 e ss.

Marques, José Augusto Garcia, *"Cooperação Judiciária Internacional em Matéria Penal, Algumas considerações sobre a matéria no quadro multilateral e no domínio das relações bilaterais entre Portugal e Espanha"*, RMP n.º 72

Martins, Fátima Adélia, *"Cooperação Judiciária em Matéria Penal"*, in RMP, n.º 100, Ano 25, Outubro/Dezembro de 2004

Monte, Mário Ferreira, *"O Direito Penal Europeu. De "Roma" a "Lisboa": subsídios para a sua legitimação"* Quid Iuris, 2009

Mota, José Luís Lopes da Mota, *"A nova Lei de cooperação judiciária internacional em matéria penal"*, in RMP, n.º 84, Ano 21, Outubro/Dezembro de 2000

Rodrigues, Anabela Miranda, *"O Direito Penal Europeu Emergente"*, Coimbra Editora, 2008

Rodrigues, Anabela Miranda/Mota, José Luís Lopes da, *"Para uma Política Criminal Europeia"*, Coimbra Editora 2002

Simões, Euclides Dâmaso, *"Cooperação Judiciária em matéria penal no sDEI da UE"*, in RMP, n.º 86, Ano 21, Abril/Junho de 2001

Simões, Euclides Dâmaso, *"O Espaço Judiciário Europeu (Órgãos e instrumentos para a sua construção)"*, RMP, n.º 92, Ano 23, Outubro/Dezembro de 2002

Triunfante, Luís de Lemos, *"Cooperação Judicial em matéria Penal: objectivos, dificuldades e o modelo português"*, JULGAR n.º 13, Coimbra Editora, p.s 57 a 71

Triunfante, Luís de Lemos, *"A Cooperação Judiciária Europeia em Matéria Penal, o Espaço Ibérico em Particular"*, Coimbra Editora, 2013

Triunfante, Luís de Lemos,   *"O juiz nacional, europeu e internacional e o direito penal"* – datavenia 6 p.s 263 a 268 em http://www.datavenia.pt/

Triunfante, Luís de Lemos, *"Instrumentos de combate à criminalidade transnacional (assistência, cooperação judiciária e troca de informações)"*, CES Summer School, 08.09.2017

Espanha

AAVV, *"Cooperación Jurídica Penal Internacional"*, Memento Experto, Francis Lefebvre, 2016

BIBLIOGRAFIA

AAVV, Arts./sebentas do *"Curso Virtual sobre Cooperação Judiciária Penal na Europa"*, ministrado pela Escola de Magistratura Espanhola sob coordenação do Consejo General del Poder Judicial

AAVV *"La Prueba en el Espacio Europeo de Libertad, Seguridad y Justicia Penal"*, Thomson, Aranzadi, 2006

ARNAIZ SERRANO, A.: *"La experiencia española en el uso de la videoconferencia en el proceso penal"*: http://portal.uclm.es/descargas/idp_docs/doctrinas/amaya%20arnaiz. pdf

BACHMAIER WINTER, L. *"El exhorto europeo de obtención de pruebas en el proceso penal. Estudio y perspectivas de la propuesta de decisión marco. El Derecho procesal penal en la Unión Europea. Tendências actuales y perscpectivas de futuro"*, Madrid 2006, p.s 131 e ss.

CARMONA RUANO, Miguel *"Formas específicas de asistencia judicial (II)"*, en Derecho Penal Supranacional y Cooperación Jurídica Internacional. Cuadernos de Derecho Judicial n.º XIII, Consejo General del Poder Judicial 2003

CHOCLÁN MONTALVO, J.A.: *"Delincuencia transfronteriza y equipos conjuntos de investigación"*, en Derecho penal supranacional y cooperación jurídica internacional. Cuadernos de Derecho Judicial n.º XIII, Consejo General del Poder Judicial 2003

MARTÍN DIZ, Fernando *"Cooperación judicial y policial en materia penal"*, en Revista del Poder Judicial, n.º 61, 2001

DE LA MATA AMAYA, J. *"La utilización de la videoconferencia en las actuaciones judiciales"*, Actualidad Penal, núm. 47-48, octubre, 2002

DENZA, E. *"The 2000 Convention on Mutual Assistence in Criminal Matters"*, Common Market Law Review 2003, vol. 40, p.s 1047 e ss., obra citada

NIETO MARTÍN, Adán *"Fundamentos constitucionales del sistema europeo de Derecho Penal"*, en El fenómeno de la internacionalización de la delincuencia económica, Estudios de Derecho Judicial n.º 61, Consejo General del Poder Judicial, 2004

PALOMO DEL ARCO, Andrés *"Convenio 2000. Ámbito de aplicación y relación con otros convénios, en Derecho penal supranacional y cooperación jurídica internacional"*, Cuadernos de Derecho Judicial n.º XIII, Consejo General del Poder Judicial, 2003

PALOMO DEL ARCO, Andrés *"Cooperación judicial penal en Europa en Sistemas Penales Europeos"*, Cuadernos de Derecho Judicial n.º IV, Consejo General del Poder Judicial, 2002

PALOMO DEL ARCO, Andrés *"Asistencia internacional en la delincuencia económica en El fenómeno de la internacionalización de la delincuencia económica"*, Estudios de Derecho Judicial n.º 61, Consejo General del Poder Judicial, 2004

PARRA GARCÍA, Javier Luis *"El nuevo régimen de las solicitudes de asistencia judicial en materia penal, en Derecho penal supranacional y cooperación jurídica internacional"*,

Cuadernos de Derecho Judicial n.º XIII, Consejo General del Poder Judicial, 2003

Pérez Gil, Julio *"El convenio de asistencia judicial en materia penal entre los Estados miembros de la UE: un instrumento anclado en coordenadas superadas?"*, Diario la Ley, núm. 6208, marzo, 2005

Salcedo Velasco, Andrés *"Mecanismos procesales de cooperación judicial"*, en Política común de Justicia e Interior en Europa, Cuadernos de Derecho Judicial n.º XXIII, Consejo General del Poder Judicial, 1995

Rodríguez Sol, Luís *"El nuevo convenio de asistencia judicial en materia penal entre los estados miembros de la UE"*, Diario de la Ley, 9 de Fevereiro de 2001, n.º 5244, p.s 1 e ss.

Triunfante, Luís de Lemos, *"A Cooperação Judiciária Europeia em Matéria Penal, o Espaço Ibérico em Particular"*, Coimbra Editora, 2013

Úbeda De Los Cobos, J. *"Videograbación y videoconferência"*, en Los nuevos medios de investigación en el proceso penal. Especial referencia a la tecnovigilancia. Cuadernos de Derecho Judicial n.º II, Consejo General del Poder Judicial, 2007

Valbuena González, F. *"La intervención a distancia de sujetos en el proceso penal"*, en Revista del Poder Judicial n.º 85, Consejo General del Poder Judicial, 2007

Weyembergh, Anne. Y Biolley, Serge. *"El Convenio de Asistencia Judicial del 2000 y la intervención de telecomunicaciones"*.

Decisão Europeia de Investigação

Alegrezza, S., *"Collecting Criminal Evidence Across the EU. The European Investigation order Between Flexibility and Proportionality"*, in S. Ruggeri, (ed.) Transnational Inquiries and the protection of fundamental Rights in Criminal Proceedings

Armada, Inés, *"The European Investigation Order and the Lack of European Standards for gathering Evidence"*, in New Journal of European Criminal Law, Vol. 6, Issue 1, 2015

Arasi, S., *"The DEI Proposal and the rules on interception of Telecomunications"*, in S. Ruggeri (ed.), op. cit. p. 133 e ss.

Asp, Petter, *"The procedural Criminal Law Cooperation of the EU"*, Stocklom University, 2016

Bachmaier, Lorena, *"Transnational Evidence, Towards the Transposition of Directive 2014/41 Regarding the European Investigation Order in Criminal Matters"*, in EU CRIM n.º2/2015

BIBLIOGRAFIA

BACHMAIER, Lorena, *"La Orden Europea de Investigación y el Princípio de la Proporcionalidad"*, Revista General de Derecho Europeo 25, (2011).

BELFIORE, R. *"Critical Remarks on the proposal for an European Investigation Order and some considerations on the issue of mutual admissibility of evidence"*, in S. Ruggeri (ed.) Transnational Inquiries and the protection of fundamental Rights in Criminal Proceedings

BLACKSTOCK, Jodie, *"The European Investigation Order"*, in New Journal of European Criminal Law, Vol. 1, Issue 4, 2010

DANIELLE, Marcello, *"Evidence gathering in the realm of the European investigation order from national rules to global principles"*, in New Journal of European Criminal Law, Vol. 6, Issue 2, 2015

FORDHAM, M. e DE LA MARE, T., *"Understanding the principle of proporcionality"* in J. Jowell and J. Cooper (eds.), Undestanding human rigths principles, Antuérpia, 2001, p.s 29 e ss.

ILLUMINATI, G., *"Transnational Inquiries in Criminal Matters and respect for fair Trial Guaranties guarantees"*, in S. Ruggeri (ed.), Transnational Inquiries and the protection of fundamental Rights in Criminal Proceedings

JIMÈNEZ-VILLAREJO, Francisco, *EL PAPEL DE EUROJUST EN LA ORDEN EUROPEA DE INVESTIGACIÓN. LA TRANSPOSICIÓN DE LA DIRECTIVA EN ESPAÑA/ O papel da Eurojust na Decisão Europeia de Investigação/A transposição da Decisão Europeia de Investigação em Espanha*, Ponencia presentada en el Marketing Seminar de Eurojust en Portugal, Auditório da Faculdade de Direito da Universidade de Lisboa, 3 de novembro de 2017

JIMÈNEZ-VILLAREJO, Francisco, *"Orden Europea de Investigación"*, Cooperación Jurídica Penal, Memento/Experto, Francis Lefebvre.

MANGIARIACINA, A., *"A new and controversial Scenario in the Gathering of evidence at the European level: The proposal for a directive on the European investigation order"*, Utrecht Law Review, vol. 10, Issue 1 (January) 2014

MARTIN García, Antonio Luís e BUJOSA Vadell, Lorenzo, *"La obtención de prueba en materia penal en la Unión Europea"*, Atelier, 2016

RAMOS, Vânia Costa, *"Problemas da obtenção de prova em contexto transnacional – Introdução"*, RPCC, Ano 23, n. 4, outubro-dezembro 2013, p.s 547 a 568; Direito Penal Europeu Institucional, in Maria Fernanda Palma/Augusto Silva Dias/Paulo de Sousa Mendes, Direito Penal Económico e Financeiro, Coimbra Editora, 2012, p.s 367 e ss.

RAMOS, Vânia Costa, *"Introdução aos problemas da obtenção da prova em contexto internacional e à proposta de um decisão europeia de investigação"*, Direito da Investigação e da Prova, Coordenadores Maria Fernanda Palma e outros, Almedina, 2014

RUGGERI, S., *"Introduction to the Proposal of a European Investigation Order: Due Process Concerns and Open Issues"*, Transnational Inquiries and the protection of fundamental Rights in Criminal Proceedings

SCHÜNEMAN, B., *"The European Investigation Order: A Rush into the Wrong Direction"*, in S. Ruggeri (ed.) Transnational Evidence and Multicultural Inquiries in Europe, Heidelberg, N.Y., 2014

TRIUNFANTE, Luís de Lemos, *"Decisão Europeia de Investigação em matéria penal"*, Revista do MP, n.º 147, julho/setembro 2016, p.s 73 a 110

TRIUNFANTE, Luís de Lemos, *"Admissibilidade e validade da prova na Decisao Europeia de investigação"*, Julgar Online, abril de 2018, disponível em http://julgar.pt/wp-content/uploads/2018/04/20180421-ARTIGO-JULGAR-Admissibilidade-e-validade-da-prova-na-Decisão-Europeia-de-Investigação-Luís-Lemos-Triunfante-v2.pdf

TRIUNFANTE, Luís de Lemos, *"Os recentes Instrumentos de cooperação judiciária internacional em matéria penal e as prioridades da Justiça Penal Europeia"*, Aula no mestrado da UE, Escola da Direito da Universidade do Minho, 24.11.2017

ZIMMERMANN, F., GLAZER, S., MOTAZ, A, *"Mutual Recognition and its implications for the gathering of Evidence in Criminal proceedings: a critical Analysis of the initiative for a European investigation Order"*, European Criminal Law Review, 1 (1), 201

Admissibilidade e validade da prova recolhida no estrangeiro

ALBUQUERQUE, Paulo Pinto de, *Comentário do Código de Processo Penal à luz da Constituição da República e da Convenção Europeia dos Direitos do Homem*, 4. ed. actualizada, Universidade Católica Editora, Lisboa, 2011

ALEGREZZA, S. *"Collecting Criminal Evidence Across the EU. The European Investigation order Between Flexibility and Proportionality"*, in S. Ruggeri, (ed.) Transnational Inquiries and the protection of fundamental Rights in Criminal Proceedings

ARMADA, Inés, *"The European Investigation Order and the Lack of European Standards for gathering Evidence"*, in New Journal of European Criminal Law, Vol. 6, Issue 1, 2015

ARASI, S.,*"The EIO Proposal and the rules on interception of Telecomunications"*, in S. Ruggeri (ed.), op. cit. página 133 e ss.

ASP, Petter, *"The procedural Criminal Law Cooperation of the EU"*, Stocklom University, 2016

BACHMAIER, L., *"Transnational Evidence, Towards the Transposition of Directive 2014/41 Regarding the European Investigation Order in Criminal Matters"*, in EU CRIM

BIBLIOGRAFIA

n.º2/2015 BACHMAIER, L., *"La propuesta de directiva europea sobre la orden de investigación penal: valoración crítica de los motivos de denegación"*

BELFIORE, R. *"Critical Remarks on the proposal for an European Investigation Order and some considerations on the issue of mutual admissibility of evidence"*, in S. Ruggeri (ed.) Transnational Inquiries and the protection of fundamental Rights in Criminal Proceedings

BLACKSTOCK, Jodie, *"The European Investigation Order"*, in New Journal of European Criminal Law, Vol. 1, Issue 4, 2010

COSTA ANDRADE, Manuel da, *"Bruscamente no verão passado"*, a reforma do código de processo penal – observações críticas sobre uma Lei que podia e devia ter sido diferente", RLJ 3951 (2008)

COSTA RAMOS, Vânia, *"Problemas da obtenção de prova em contexto transnacional – Introdução"*, RPCC, Ano 23, n. 4, outubro-dezembro 2013, páginas 547 a 568; Direito Penal Europeu Institucional, in Maria Fernanda Palma/Augusto Silva Dias/ Paulo de Sousa Mendes, Direito Penal Económico e Financeiro, Coimbra Editora, 2012, páginas 367 e ss.

COSTA RAMOS, Vânia, *"Introdução aos problemas da obtenção da prova em contexto internacional e à proposta de uma decisão europeia de investigação"*, Direito da Investigação e da Prova, Coordenadores Maria Fernanda Palma e outros, Almedina, 2014

COSTA RAMOS, Vânia, A prova obtida em contexto transnacional: validade, limites e novos desafios – o caso da UE, CES *Summer School*, 08.11.2017

DANIELLE, Marcello *"Evidence gathering in the realm of the European investigation order from national rules to global principles"*, in New Journal of European Criminal Law, Vol. 6, Issue 2, 2015

DIAS, Jorge De Figueiredo, *Direito Processual Penal,* Primeiro Volume, Coimbra Editora, Coimbra, 1981

FORDHAM, M. e DE LA MARE, T.: *"Understanding the principle of proporcionality"* in J. Jowell and J. Cooper (eds.), Understanding human rigths principles, Antuérpia, 2001, páginas 29 e ss.

ILLUMINATI, G. *"Transnational Inquiries in Criminal Matters and respect for fair Trial Guaranties guarantees"*, in S. Ruggeri (ed.), Transnational Inquiries and the protection of fundamental Rights in Criminal Proceedings

KLIP, André *"European Criminal Law: An integrated Approach"* Cambridge: Intersentia, 3rd edition 2016

MANGIARIACINA, A., *"A new and controversial Scenario in the Gathering of evidence at the European level: The proposal for a directive on the European investigation order"*, Utrecht Law Review, vol. 10, Issue 1 (January) 2014

MARTIN García, Antonio Luís e BUJOSA Vadell, Lorenzo, *"La obtención de prueba en materia penal en la Unión Europea"*, Atelier, 2016

MARQUES DA SILVA, Germano, Curso de Processo Penal, Volume II, 4. ed., editorial Verbo, 2008

MARTY, Marie, *"La legalité de la preuvre dans l'espace penal européen"*, Larcier, 2016

MASON, Stephen and Seng, Maniel, "Electronic evidence", Fourth edition, Observing LAw, 2017

MASON, Stephen and SENG, Daniel, "International electronic evidence", BIICL, 2008

RUGGERI, S.,*"Introduction to the Proposal of a European Investigation Order: Due Process Concerns and Open Issues"*, Transnational Inquiries and the protection of fundamental Rights in Criminal Proceedings

SCHÜNEMAN, B., *"The European Investigation Order: A Rush into the Wrong Direction"*, in S. Ruggeri (ed.) Transnational Evidence and Multicultural Inquiries in Europe, Heidelberg, N.Y., 2014

TRIUNFANTE, Luís de Lemos, *"Decisão Europeia de Investigação em matéria penal"*, Revista do Ministério Público, n.º 147, julho/setembro 2016, páginas 73 a 110

TRIUNFANTE, Luís de Lemos, *"Os recentes Instrumentos de cooperação judiciária internacional em matéria penal e as prioridades da Justiça Penal Europeia"*, Aula no mestrado da União Europeia, Escola da Direito da Universidade do Minho, 24.11.2017

TRIUNFANTE, Luís de Lemos, *"Admissibilidade e validade da prova na Decisão Europeia de Investigação"*, JULGAR online, abril de 2018, disponível em http://julgar.pt/wp--content/uploads/2018/04/20180421-ARTIGO-JULGAR-Admissibilidade-e--validade-da-prova-na-Decisão-Europeia-de-Investigação-Luís-Lemos-Triunfante-v2.pdf

VOGEL, Joaquin, *"La Prueba transnacional en el processo penal: un marco para la teoria y la praxis"*, in *"La prueba en el espácio europeo de libertad seguridade y justicia penal"*, Editorial Thomson-Aranzadi

ZIMMERMANN, F., GLAZER, S., MOTAZ, A, *"Mutual Recognition and its implications for the gathering of Evidence in Criminal proceedings: a critical Analysis of the initiative for a European investigation Order*, European Criminal Law Review, 1 (1), 2011

Procuradoria Europeia

AAVV, *"Os novos desafios da cooperação judiciária e policial na União Europeia e da implementação da Procuradoria Europeia"* – ebook – Centro Interdisciplinar em Direitos Humanos, Escola de Direito Universidade do Minho, dezembro de 2017, dis-

BIBLIOGRAFIA

ponível em http://www.dh-jusgov.uminho.pt/publicacoes/os_novos_desafios
_cooperacao_jud_e_policial_ue_implementacao_da_pe/

AAVV, *"Shifting Perspectives on the European Public Prosecutor's Office"*, T.M.C. ASSER
PRESS, Springer, dezembro 2017

ALCAIDE, Sandra Elisabete Milheirão, *"Âmbito de competência material da Procuradoria
Europeia"*, SMMP, 2015

ALLEGREZZA, Silvia, *"The Challenges of Trans-national investigation, Adjudication of Pre-
-trial issues in Transnational cases, After the EPPO"*, Birmingham, 23 de março de
2013

ASSELINEAU, V., *"Y a-t-il une bataille autour du procurer européen?"*, L'Observateur de
Bruxelles, n.º96, avril 2014, p.s 18 a 22

BOCCON-GIBOD, D., *"Ministère public européen et administration de la prevue, dans Quelles
perspectives pour un ministère public européen? Protéger les interrêts financiers et fonda-
mentaux de l`Union"*, Dalloz, Paris, 2010, p.s 221 a 234

COVOLO, V., *"Et la juriciarisation de l'espece pénal de l`Union fut...Mais où se cache le juge
pénal européen?"*, Cahiers de droit européen, 2011, p.s 103-154

ESPINA RAMOS, J.A. *"Towards a European Public Prosecutor's Office: the long and win-
ding Road"*, KLIP, A. *"Substantive Criminal Law of the European Union"*, Antwerp,
Maklu, 2011, p.s 40 e ss.

CONINSX, Michèle, *"ECBA Autumn Conference – "EPPO, procedural safeguards and
impartiality and independence of judges and prosecutors"*, 11-12 outubro 2013, Veneza

FLORE, Daniel, *"La perspective d'un procureur européen"*, in ERA Forum, *Scripta iuris
europaei*, Springer, p.s 229 a 243

FLORE, Daniel, *"Un procureur européen pour protéger les interêts finaciers de l`Union euro-
péenne?"*, in *Liber Amicorum Alain de Nauw* – Het strafrecht bedreven, 2011, p.s
277 a 292

DURDEVIC, Zlata, *"Admissibility of evidence, judicial review of the actions of the European
Public Procesutor's Office and the protection of fundamental rights"*, http://www.euro
peanrights.eu/olaf/pdf_eng/4-Admissibility%20of%20evidence-zd.pdf

GIUFFRIDA, Fabio, *"The European Public Prosecutor's Office: King without kingdom?"*
CEPS, research report, n.º3/2017, fevereiro, P. 33

GÖHLER, Johanna, *"TO CONTINUE OR NOT Who Shall Be in Control of the European
Public Prosecutor's Dismissal Decisions?"* New Journal of European Criminal Law,
Vol. 6, Issue 1, 2015

LEVI, L. et RODRIGUES, L., *"Reflexions suru n parquet européen"*, in *Liber Amicorum Fran-
çois Glansdorff et Pierre Legros*, 2014, p.s 863 a 879

LIGETI, K. et SIMONATO, M., *"The European Public Prosecutor's Office: Towards a Truly European Prosecution Service?"*, New Journal of European Criminal Law, 2013, vol. 4, p.s 7 a 21

PATRONE, Ignazio, *"EUROPEAN PARLIAMENT – Public Hearing on "The European Public Prosecutor's Office (EPPO) and the European Union's Judicial cooperation Unit (EUROJUST)"*

Session 3. EPPO: judicial review, Brussels 24 May 2016

SANTOS, Margarida, *"Para um (novo) modelo de intervenção penal na UE, Uma reflexão a partir do principio da legalidade como limite material de atuação da Procuradoria Europeia"*, Rei dos Livros, novembro 2016

SIMÕES, Euclides Dâmaso, "O MP Europeu (breve incursão opinativa sobre o seu estatuto, competências e estrutura)", disponível em www.rpublicadireito.com/tabelas/upload/OMPEuropeu.doc

SOUSA, Alfredo José de Sousa, *"A Criminalidade Transnacional na UE, Um Ministério Publico Europeu?"*, Coimbra, Almedina, 2005

TRIUNFANTE, Luís de Lemos, *"O controlo judiciário independente das iniciativas e diligências da EPPO"*, Universidade Judiciária de Inverno – Desafios do Direito Penal da UE na Sociedade Mundial, Universidade do Minho, 14.02.2014

TRIUNFANTE, Luís de Lemos, *"O controlo judiciário dos atos processuais e decisões da Procuradoria Europeia, Uma arquitetura disruptiva e resiliente?*, Os novos desafios da cooperação judiciária e policial na UE e da implementação da Procuradoria Europeia, Universidade do Minho, 18.05.2017

TRIUNFANTE, Luís de Lemos, *"Judicial review of EPPO procedural acts and decisions: a disruptive and resilient architecture?"* – https://officialblogofunio.com/2017/06/05/judicial-review-of-eppo-procedural-acts-and-decisions-a-disruptive-and-resilient-architecture/

TRIUNFANTE, Luís de Lemos, *"Os recentes Instrumentos de cooperação judiciária internacional em matéria penal e as prioridades da Justiça Penal Europeia"*, Aula no mestrado da Uniao Europeia, Escola da Direito da Universidade do Minho, 24.11.2017

VERVAELE, L., *"The material scope of competence of the European Public Prosecutor's Office: Lex uncerta and unpraevia?"*, ERA Forum, 2014, p.s 97 e ss.

WADE, Marianne L. *"A European public prosecutor:potentials and pitfalls"*, Crime Law Soc Change, n. 59 (4), May 2013, disponivel em htpp://link.springer.com/article/10.1007%2Fs10611-012-9406-x#page-1

WEYEMBERGH, A. AND LIGETI, K., *"The European Public Prosecutor's Office: certain constitutional issues.*

WHITE, Simone, *"The European Prosecutor: Extension of Eurojust or Prolongation of the Corpus Iuris proposals"*, in Kerchove, Gilles de, Weyembergh, Anne (Eds),

BIBLIOGRAFIA

L'Espace penal européen: enjeux et perspectives, Éditions de l'Université de Bruxelles, 2002

WHITE, Simone, *"Towards a Decetralised European Public Prosecutor's Office?"*, NJECL, 4 (1-2), 2013

WYNGAERT, Christine Van Den, *"Eurojust and the European Public Prosecutor in the Corpus Juris Model: Water and Fire?"*, in Walker, Neil, (Ed.) Europe's Area of Freedom, Security and Justice, Oxford University Press, 2004

Bibliografia sobre Direito Financeiro

ALVES, Jorge, MOREIRA, José António, *"Shareholders Loans: A Simple Method of Money Laundering"*, OBEGEF

Avaliação Nacional de Riscos de BC/FT, *"AVALIAÇÃO NACIONAL DE RISCOS DE BRANQUEAMENTO DE CAPITAIS E DE FINANCIAMENTO DO TERRORISMO"*

BRAGUÊS, José Luís, *"Tipologias de branqueamento de capitais"*, OBEGEF

BRAGUÊS, José Luís, "O Processo de Branqueamento de Capitais", OBEGEF

CANESTRI, Daniele, *"Fourth eu aml Directive: What is Missing? Section 319 patriot Act and the New eu aml Directive"*

CENTRO DE ESTUDOS JUDICIÁRIOS, *"CRIMINALIDADE ECONÓMICO-FINANCEIRA: A OBTENÇÃO E A VALORAÇÃO DA PROVA NA CRIMINALIDADE ECONÓMICOFINANCEIRA"* – Tomo III

DE SANCTIS, Fausto Martin, *"Football, Gambling and Money Laundering, A Global Criminal Justice Perspective"*

DIAS, Artur Jorge Narciso Ramos, *"O Branqueamento de capitais em Portugal e respectiva actuação das entidades reguladoras"*, Dissertação de Mestrado. Universidade Técnica de Lisboa. Instituto Superior de Economia e Gestão (2012)

EU CRIM 3/2013 – *Financial Crime* –

LIBE COMMITTEE PARLAMENTO EUROPEU, *"Offshores activities and money laundering: recent findings and challenges – Study for the PANA Committee"*

Lista de jurisdições não cooperantes para efeitos fiscais – Conselho Europeu Doc. 15429/17

THE EU LIST OF NON-COOPERATIVE TAX JURISDICTIONS – Factsheet

STUDY for the PANA committee, *"The Impact of Schemes revealed by the Panama Papers on the Economy and Finances of a Sample of Member States"*, abril de 2017

KLEEMANS, Edward R., *"Follow the Money. Introduction to the Special Issue 'Financial Aspects of Organized Crime"*

KRUISBERGEN, Edwin W. & KLEEMANS, Edward R. & KOUWENBERG, Ruud F., *"Profitability, Power, or Proximity? Organized Crime Offenders Investing Their Money in Legal Economy"*

LEVI, Michael, *"Money for Crime and Money from Crime: Financing Crime and Laundering Crime Proceeds"*

LEVI, Michael, *"E-gaming and money laundering risks: a European overview"*

MESSIAS, Cristina, *"Regime Jurídico do Registo Central do Beneficiário"*, JusJornal, Editora Wolters Kluwer, JusNet 101/2017

MARQUES, Rui, *"Offshores: Dinheiro, verdades e mentiras"*, Julgar Online

SALGADO, Filipe Rafael Magnório, *"Branqueamento de capitais: uma análise empírica"* Relatório de estágio apresentado à Faculdade de Direito da Universidade de Coimbra no âmbito do 2.º Ciclo de Estudos em Administração Pública Empresarial, conducente ao grau de Mestre

SOUDJIN, Melvin Hawala, *"Potential Use of Red Flags for Persons Offering Hawala Services"*

ROMY M. Veul & TESSA C. van Charldorp & MELVIN R. J. Soudijn, *"Online Public Response to Dutch News About Money Laundering"*

ALLRIDGE, Peter, *"What Went Wrong With Money Laundering Law?"*, Palgrave MacMillan, 2016

BEEKARRY, Navin; *"Combatting Money Laundering and Terrorism Finance, Past and Current Challenges"*, Edward Elgar, 2013

CHAMBER-JONES, Clare, *"Virtual Economies and Financial Crime, Money Laundering in Cyberspace*, Edward Elgar, 2012

DELRUE, Geert; *"Le Blanchiment de Capitaux et Le Financement Du Terrorisme"*, Maklu, 2012

DUYNE, Petrus C.van; HARVEY, Jackie; ANTONOPOULOS, GEORGIOS A.; *"Human Dimensions in Organised Crime, Money Laundering and Corruption"*, Wolf Legal Publishers, 2013

FLORE, Daniel, *"Droit Pénal Européen – Les enjeux d'une justice pénale européenne"* – 2.ª Edição, Larcier, com a colaboração de Stéphenie Bosly

GRAHAM, Toby; BELL, Evan, ELLIOTT, Nicholas, *"Money Laundering"*, LexisNexis, 2003

IOANNIDES, Emmanuel, *"Fundamental Principles of EU Law Against Money Laundering"*, Ashgate, 2014

MADINGER, John, *"Money Laundering: A Guide for Criminal Investigators*, 3rd Edition, CRC Press

MONTEIRO, Marisa do Céu Ferreira Rodrigues, *"Branqueamento de capitais"* (2012). Dissertação de Mestrado em Direito na área de Ciências Jurídico-processuais. Universidade Portucalense

BIBLIOGRAFIA

MUGARURA, Norman, *"The Global Anti-Money Laundering Regulatory Landscape in Less Developed Countries"*, Ashgate, 2012

MURPHY, Richard, *"O Livro Negro dos Offshores"*, Clube do Autor, 2017

NIETO, Carmen Rodríguez Medel y MONTESINOS, Ángeles Sebastián, *"Manual práctico de reconocimiento mutuo penal en la Unión Europea"*, Preguntas, respuestas y formulários de la Ley 23/14 de 20 de noviembre, Tirant lo blanch, Ordem dos Advogados, *"Branqueamento de capitais: http://boletim.oa.pt/oa-04/capa*

RODRIGUES, Anabela Miranda, *"O Direito Penal Europeu Emergente"*, Coimbra Editora, 2008

RODRIGUES, Anabela Miranda e LOPES DA MOTA, José Luís, *"Para uma Política Criminal Europeia – Quadro e Instrumentos Jurídicos da Cooperação Judiciária em Matéria Penal no Espaço da UE*, Coimbra Editora, 2002

RYDER, Nicholas, *"Money laundering: an endless cycle? A comparative analysis of the anti-money laundering policies in the United States of America, the United Kingdom, Australia and Canada*, New York : Routledge, 2012

SANTOS, Élvio Manuel Ribeiro dos, *"Branqueamento de capitais: definição, controlo e prevenção: o caso de Cabo Verde"* (2016), http://repositorium.sdum.uminho.pt/handle/1822/44693

SIMÕES, Euclides Dâmaso, *"A importância da cooperação judiciária internacional no combate ao branqueamento de capitais"*, na Revista Portuguesa de Ciência Criminal, ano 16, n.º 3, págs. 423 a 473.

STESSENS, Guy, *"Money Laundering – a new international Law enforcement Model"*, Cambridge University Press, 2002

UNGER, Brigitte; FERWERDA, Joras; VAN DEN BROEK, Melissa; DELEANU, Ioana; *"The Economic and Legal Effectiveness of the European Union's Anti-Money Laundering Policy"*, Edward Elgar, 2014

UNGER, Brigitte; VAN DER LINDE, Daan *"Research Handbook on Money Laundering"*, Edward Elgar, 2013

ZIMMERMANN, Robert, *"La coopération judiciaire internationale en matière pénale"* – Terceira Edição, Bruylant SA Bruxelles,

Legislação vigente e outra documentação de consulta

Anexo I – *Sítios de organizações relevantes, instrumentos jurídicos e iniciativas*

CHATAIN, Pierre-Laurent, MCDOWELL, John, MOUSSET, Cedric, SHOTT, Paul Allan, DE WILLEBOIS, Emile Van der Does, *"Preventing Money Laundering and Terrorist Financing- A Practical Guide for Bank Supervisors"*

SCHOTT, Paul Allan, *"Guia de Referência Anti-Branqueamento de Capitais e de Combate ao Financiamento do Terrorismo"*, Segunda Edição e Suplemento sobre a Recomendação Especial IX

PADRÕES INTERNACIONAIS DE COMBATE AO BRANQUEAMENTO DE CAPITAIS E AO FINANCIAMENTO DO TERRORISMO E DA PROLIFERAÇÃO AS RECOMENDAÇÕES DO GAFI

INTERNATIONAL STANDARDS ON COMBATING MONEY LAUNDERING AND THE FINANCING OF TERRORISM & PROLIFERATION – The FATF Recommendations

UNODC – *Risk of Money Laundering through Financial and Commercial Instruments*

Relatório anual de segurança interna – 2016

Convenção do Conselho da Europa relativa ao branqueamento, deteção, apreensão e perda dos produtos do crime e ao financiamento do terrorismo

Decreto do Presidente da República n.º 78/2009, de 27.08

Diretiva 2015/849 do Parlamento Europeu e do Conselho relativa à prevenção da utilização do sistema financeiro para efeitos de branqueamento de capitais ou de financiamento do terrorismo, que altera o Regulamento (UE) n.º 648/2012 do Parlamento Europeu e do Conselho, e que revoga a Diretiva 2005/60/CE do Parlamento Europeu e do Conselho e a Diretiva 2006/70/CE da Comissão

Lei n.º 83/2017, de 18 de agosto a qual estabelece medidas de combate ao branqueamento de capitais e ao financiamento do terrorismo, transpõe parcialmente as Diretivas 2015/849/UE, do Parlamento Europeu e do Conselho, de 20 de maio de 2015, e 2016/2258/UE, do Conselho, de 6 de dezembro de 2016, altera o Código Penal e o Código da Propriedade Industrial e revoga a Lei n.º 25/2008, de 5 de junho, e o Decreto -Lei n.º 125/2008, de 21 de julho

Decreto Regulamentar n.º 7/2017, de 7 de agosto

Despacho n.º 9125/2013, de 2 de julho do Ministro das Finanças

Despacho n.º 11076/2016, de 1 de setembro do Diretor do DCIAP

Decreto-Lei n.º 49/2017, de 24 de maio

Resolução do Conselho de Ministros n.º 88/2015, de 1 de outubro

Decreto-Lei n.º 64/2016, de 11 de outubro

Bibliografia disponível em www

http://www.sk.com.br/sk-fcj.html – FINANCES, ACCOUNTING & LEGAL – FINANÇAS, CONTABILIDADE E JURÍDICO – GLOSSÁRIO DE TERMOS USADOS NAS ÁREAS DE FINANÇAS, CONTABILIDADE E JURÍDICA

http://www.cmvm.pt/pt/SDI/ProdutosFinanceirosComplexos/Pages/Gloss%C3%
AlriodetermosrelativosaInstrumentosFinanceiros.aspx
https://financial-dictionary.thefreedictionary.com/
https://www.unbiased.co.uk/glossary – dicionários em inglês de termos e conceitos
de direito financeiro
http://www.paced-paloptl.com/recursos/glossario – glossário de termos jurídicos
comuns aos países de língua oficial portuguesa

Biblioteca do Palácio da Paz em Haia
https://www.peacepalacelibrary.nl/research-guides/international-criminal-law/
transnational-crime/#bibliography
Crime Transnacional

Biliografia

Obras de referência

ALLUM, F., and S. GILMOUR (EDS.), *Routledge Handbook of Transnational Organized Crime*, London, Routledge, 2012.

BEARE, M.E. (ed.), *Encyclopedia of Transnational Crime & Justice*, Thousand Oaks, CA, Sage Publications, 2012.

BOISTER, N., *An Introduction to Transnational Criminal Law* (3rd ed.), Oxford, Oxford University Press, 2012.

BOISTER, N., and R.J. CURRIE (eds.), *Routledge Handbook of Transnational Criminal Law*, London, Routledge, 2015.

KETHINENI, S. (ed.), *Comparative and International Policing, Justice, and Transnational Crime*, Durham, Carolina Academic Press, 2010.

OBOKATA, T., *Transnational Organised Crime in International Law*, Oxford, Hart, 2010.

PAOLI, L., *The Oxford Handbook of Organized Crime*, Oxford, Oxford University Press, 2014.

REICHEL, P., and J.S. ALBANESE (eds.), *Handbook of Transnational Crime and Justice* (2nd ed.), Thousand Oaks, CA, Sage Publications, 2014.

Livros

KEREN/PAZ, T., *Sex Trafficking: a Private Law Response*, Abingdon, Routledge, Taylor & Francis Group, 2013.

BATTERSBY, P., *The Unlawful Society: Global Crime and Security in a Complex World*, Basingstoke, Palgrave Macmillan, 2014.

CHAPPELL, D., and S. HUFNAGEL (eds.), *Contemporary Perspectives on the Detection, Investigation and Prosecution of Art Crime : Australasian, European and North American Perspectives*, Farnham, Surrey, Ashgate, 2014.

CLIFFORD, R.D. (ed.), *Cybercrime: The Investigation, Prosecution and Defense of a Computer-related Crime*, Durham, NC, Carolina Academic Press, 2011.

CURRIE, R.J. (et al.), *International & Transnational Criminal Law*, Toronto, Irwin Law, 2013.

ECKES, E., and T. KONSTADINIDES (eds.), *Crime within the Area of Freedom, Security and Justice: A European Public Order*, Cambridge, Cambridge University Press, 2011.

FAURE, M. G., *Les Mouvements Transfrontières de Déchets Dangereux*, Brussels, Bruylant, 2015.

HUFNAGEL, S. (et al.) (eds.), *Cross-Border Law Enforcement: Regional Law Enforcement Cooperation : European, Australian and Asia-Pacific Perspectives*, Abingdon, Routledge, 2012.

IOANNIDES, E., *Fundamental Principles of EU Law against Money Laundering*, Farnham, Ashgate, 2014.

LAVERICK, W., *Global Injustice and Crime Control*, Abingdon, Routledge, 2016.

LUBAN, D. (et al.) (eds.), *International and Transnational Criminal law*, Austin, TX, Wolters Kluwer Law & Business, 2010.

MANACORDA, S., and D. CHAPPEL (eds.), *Crime in the Art and Antiquities World: Illegal Trafficking in Cultural Property*, New York, NY, Springer, 2011.

MITSILEGAS, V., ALLDRIDGE, P. and CHELIOTIS, L. (eds.), *Globalisation, Criminal Law and Criminal Justice: Theoretical, Comparative and Transnational Perspectives*, Oxford, Hart Publishing, 2015.

PEREIRA, R. M., *Environmental Criminal Liability and Enforcement in European and International Law*, Leiden, Brill Nijhoff, 2015.

ROSE, C. E., *International Anti-Corruption Norms: Their Creation and Influence on Domestic Legal Systems*, Oxford, Oxford University Press, 2015.

ROTHE, D. L. and FRIEDRICHS, D. O., *Crimes of Globalization*, New York, NY, Routledge, 2015.

SCHARF, M. P. (et al.) (eds.), *Prosecuting Maritime Piracy: Domestic Solutions to International Crimes*, New York, Cambridge University Press, 2015.

Artigos

BOISTER, N., *"The Cooperation Provisions of the UN Convention Against Transnational Organised Crime: A 'Toolbox' Rarely Used?"*, International Criminal Law Review, 16 (2016), No. 1, pp. 39-70.

BROOME, J., *"Laundering the Proceeds of Crime: A Global Overview"*, in G. Rose (ed.), Following the Proceeds of Environmental Crime, London, Routledge, 2014, pp. 49-70.

DEMETIS, D. S., *"The Role of Information Systems in the Prevention and Detection of Transnational and International Crime"*, in I. Bantekas and E. Mylonaki (eds.), Criminological Approaches to International Criminal Law, Cambridge, Cambridge University Press, 2014, pp. 192-221.

DOLLIVER, D. S., *"Socio-Cultural Impacts on Drug Trafficking Trends in Europe"*, European Journal of Crime, Criminal Law and Criminal Justice, 23 (2015), No. 4, pp. 383-406.

GEISS, R. AND WISEHART, D., *"'Concerned with the Health and Welfare of Mankind': The UN Drug Conventions – A Suitable Legal Framework for the 21st Century?"*, Max Planck Yearbook of United Nations Law, 18 (2014), pp. 368-404.

GUILFOYLE, D., *"Transnational Crime"*, in R. Warner and S. Kaye, Routledge Handbook of Maritime Regulation and Enforcement, London, Routledge, 2016, pp. 262-276.

KASTNER, P. and MÉGRET, F., *"International Legal Dimensions of Cybercrime"*, in N. K. Tsagourias and R. Buchan, Research Handbook on International Law and Cyberspace, Cheltenham, Edward Elgar Publishing, 2015, pp. 190-207.

MILITELLO, V., *"Transnational Organized Crime and European Union: Aspects and Problems"*, in S. Ruggeri (ed.), Human Rights in European Criminal Law: New Developments in European Legislation and Case Law after the Lisbon Treaty, Cham, Springer, 2015, pp. 201-214.

OCCHIPINTI, J. D., *"Transnational Criminality"*, in J. Sperling (ed.), Handbook of Governance and Security, Cheltenham, Edward Elgar, 2014, pp. 427-451.

PASSAS, N., *"Development and Anti-Corruption Agendas Aligned: The Contribution of the United Nations Convention against Corruption"*, in C. R. Majinge (ed.), Rule of Law Through Human Rights and International Criminal Justice: Essays in Honour of Adama Dieng, Newcastle upon Tyne, Cambridge Scholars Publishing, 2015, pp. 401-430.

PETRIG, A., *"Piracy"*, in D. R. Rothwell (et al.) (eds.), The Oxford Handbook of the Law of the Sea, Oxford, Oxford University Press, 2015, pp. 843-865.

SCHARF, M. P., *"Is There a Case for an International Piracy Court?: Conclusion"*, in M. P. Scharf, M. A. Newton and M. Sterio (eds.), Prosecuting Maritime Piracy: Domestic Solutions to International Crimes, New York, YK, Cambridge University Press, 2015, pp. 350-355.

SHAW, M. and KEMP, W. A., *"Rethinking Multilateral Responses to Organized Crime"*, in M. Cherif Bassiouni, Globalization and Its Impact on the Future of Human Rights and International Criminal Justice, Cambridge, Intersentia, pp. 327-348.

VERES, Z., *"The Fight Against Illicit Trafficking of Cultural Property: The 1970 UNESCO Convention and the 1995 UNIDROIT Convention"*, Santa Clara Journal of International Law, 12 (2014), No. 2, pp. 91-116. [PDF]

WOUTERS, J. (et al.), *"The International Legal Framework against Corruption: Achievements and Challenges"*, Melbourne Journal of International Law, 14 (2013), No. 1, pp. 205-280. [PDF]

Documentos

European Parliament Directorate-General for External Policies, Study: Trafficking in Human Organs, Brussels, 2015.

Lawon, K. and Vines, A., Global Impacts of the Illegal Wildlife Trade, The Royal Institute of International Affairs, London, 2014.

United Nations Convention against Transnational Organized Crime and its Protocols.

United Nations Office on Drugs and Crime, The Globalization of Crime : a Transnational Organized Crime Threat Assessment, Geneva, 2010.

United Nations Office on Drugs and Crime, National Anti-Corruption Strategies: A Practical Guide for Development and Implementation, New York, 2015.

United Nations Office on Drugs and Crime, Study on Firearms, Vienna, 2015.

United Nations Development Programme, A Users' Guide to Measuring Corruption, Oslo, 2015.

Sanden, J. van der, and W.J. van der Wolf (eds.), Mutual Legal Assistance in International Criminal Matters, The Hague, ICA, International Courts Association, 2012.

Wise, E.M., E.S. Podgor and R.S. Clark, International Criminal Law: Cases and Materials (3rd ed.), New Providence, NJ, LexisNexis, 2009.

Periódicos

Crime, Law and Social Change: Table of Contents

European Criminal Law Review: Table of Contents

European Journal of Crime, Criminal Law and Criminal Justice: Table of Contents

European Journal on Criminal Policy and Research: Table of Contents

Global Crime: Table of Contents

Journal of International Affairs: Transnational Organized Crime

New Journal of European Criminal Law: Table of Contents

The Norwich Review of International and Transnational Crime: The 2015 Inaugural Issue

Revue Internationale de Droit Pénal: Table of Contents

Bibliografias
Bibliography on Organized Crime and Corruption, United Nations Interregional Crime and Justice Research Institute, Turin, 2014.

Blogs
https://www.peacepalacelibrary.nl/research-guides/international-criminal-law/transnational-crime/#blog

Hide & Seek in the Art World
When we look at a piece of art, we enter the secret world of art. When we buy a piece of art, we enter the secret world of the art market. When anonymity in the art market is about protecting privacy, it's a legitimate ground for secrecy. When secrecy paints a picture of a thinly regulated art trade where anonymity is used as playground to shield all kinds of doubtful behaviour and ownership, it is questionable. Law firms play a crucial role in this questionable secrecy in art market. Those law firms service their clients by incorporating and operating shell companies in 'friendly' jurisdictions and perform money laundering services as their core business. Law firms boost their client's assets and inject them into the legal economy, through different money laundering schemes.

Save Wildlife: Act Now or Game Over!
From 1-3 March 2016, 300 Representatives from Countries, Intergovernmental organisations, non-governmental organisations, business representatives and the broader civil society were gathered in The Hague, the Netherlands for the international wildlife conference: Save Wildlife: Act now or Game over. The conference was organized by the Ministry of Economic Affairs of the Netherlands, the Hague Institute for Global Justice and the Prince of Wales's International Sustainability Unit. The conference has build on the London and Kasane Conferences on the illegal wildlife trade, and has set the stage for the Hanoi Conference, due to take place later in 2016.

Mexico and the Drug Cartels: A History of Fascination
On January 9th, 2016, Rolling Stone published an interview between Sean Penn and Joaquin "El Chapo" Guzman, head of the Mexican Sinaloa Cartel. The fascination that Hollywood, and thus a large part of the western world, has for the Mexican drug cartels and the drug war they are engaging in is anything but recent. Mexico's drug cartels, as well as widespread

violence, money laundering and corruption, are elements which are as closely linked to Mexico's image as its ancient civilizations. This article will explore the history of Mexico's drug cartels and the close relationship between drugs and Mexico's development.

South-Africa and the Future of (Il)legal Trade in Rhino Horn

On Sunday 22 November, zookeepers of the San Diego Zoo Safari Park put a 41-year old northern white rhinoceros named Nola to sleep. With the death of Nola, there are only three northern white rhinos left on the planet – which are unlikely to reproduce. Widespread poaching, as well as armed conflict, caused the extinction of northern white rhinos in the wild. Last Thursday, the High Court of Pretoria, South Africa, overturned the government's ban on the domestic trade in rhino horn which was put in place in 2009.

Honduras: A New Cocaine Trafficking Hub

Last week Honduras adopted a law allowing the government to shoot down planes suspected of trafficking illegal drugs through the country. International drug trafficking is probably the most well known transnational organized crime. How bad is the current situation in Honduras; is it a new cocaine trafficking hub?

Protecting Children from Cybercrime: Online Child Grooming

In the Netherlands a massive case of internet child abuse has been reveiled this week. A 48 year old man has been arrested and is suspected of online child grooming and sexually abusing hundreds of girls. At least 11 girls stated they have had a meeting with the man and were sexually abused by him. The Dutch police has found 26.000 videos and 144.000 photographs during a raid on his house. The man has been active for eight years. What is online child grooming and what is the International and European policy on combating this form of cyber crime and internet abuse?

Pirates, Buccaneers and Privateers : Concepts of International Law

Establishing an authoritative definition of "piracy" in international law has always been rather problematic. The definition is relevant, because any confusion in terminology invariably leads to debates between State sovereignty and universal jurisdiction over crimes at sea. The various international law meanings of piracy are derived from, among others, international treaties, and various municipal law meanings are defined by statutes and State practice.

Victor Bout, arms dealer, extradited to USA

Victor Bout, an interpreter and a former Russian military airforce officer suspected of arms trafficking, has been extradited to the United States of America by Thailand. Bout, also called the 'merchant of death', is alleged of supplying illegal weapons to various groups and regi-

mes, such as the Taliban, the Sierra leonean Revolutionary United Front, Charles Taylor and al-Qaida.

Call for an UN Piracy Tribunal
Five Somalis are currently on trial in the Netherlands after they failed to hijack a freighter sailing under the Dutch Antilles flag in January. The pirates have expressed their satisfaction with their prison cells, and at least one of them has said he wants to stay in the Netherlands after he is released and hopes [...]

Remembrance Slave Trade and its Abolition
Saturday 23 August marks the UN nineth annual International Day for the Remembrance of the Slave Trade and its Abolition.

Piracy
The history of piracy goes back in the library collection till 1816. Still the oceans are unsafe, especially the Somali coast is crowded with modern pirates with guns and grenades. As in the old days kidnapping and piracy are lucrative businesses, if a ransom is paid.

Elementos disponíveis em www
http://ec.europa.eu/justice/criminal/index_pt.htm
http://www.ejtn.eu/About-us/New-Projects--Programmes/
http://www.europarl.europa.eu/atyourservice/en/displayFtu.html?ftuId=FTU_5.12.6.html
http://eur-lex.europa.eu/summary/glossary/police_judicial_cooperation.html
https://www.coe.int/t/dghl/cooperation/lisbonnetwork/Themis/Criminal/Paper2_en.asp
https://en.wikipedia.org/wiki/Police_and_Judicial_Co-operation_in_Criminal_Matters
http://www.unodc.org/mla/en/index.html
http://www.unodc.org/mla/introduction.html
http://www.unodc.org/unodc/en/organized-crime/international-cooperation-networks.html (Lista de redes de contacto em matéria de cooperação judiciária em matéria penal)
http://www.coe.int/t/DGHL/STANDARDSETTING/PC-OC/default_en.asp
https://www.coe.int/en/web/conventions/full-list (Lista global de tratados, ratificações e reservas)
http://www.government.se/government-of-sweden/ministry-of-justice/international-judicial-co-operation

MANUAL DE COOPERAÇÃO JUDICIÁRIA INTERNACIONAL EM MATÉRIA PENAL

http://www.government.se/government-of-sweden/ministry-of-justice/international-judicial-co-operation/legal-assistance-in-criminal-matters/

http://www.oas.org/juridico/mla/pt/index.html

https://bookshop.europa.eu/en/home/ (site onde se conseguem documentos oficiais da UE)

http://www.justice.gc.ca/eng/cj-jp/emla-eej/index.html (site de cooperação judiciária e auxilio judiciário mutuo do Canadá)

http://guiaajm.gddc.pt/advertencias.html (cartas rogatórias com todos os âmbitos possíveis)

Interpol (ICPO – 190 oficiais de ligacão): https://www.interpol.int/

Europol – https://www.europol.europa.eu/

Eurojust – http://www.eurojust.europa.eu/Pages/home.aspx

Rede Judiciária Europeia – https://www.RJE-crimjust.europa.eu/RJE/

Equipas de Investigação Conjuntas – http://www.eurojust.europa.eu/Practitioners/JITs/Pages/historical-background.aspx

http://www.consilium.europa.eu/en/documents-publications/publications/2017/european-union-instruments/

ÍNDICE

PREFÁCIO	9
ORIENTAÇÕES DE LEITURA	11
A) Citações	11
B) Abreviaturas, siglas e acrónimos	12
INTRODUÇÃO	15
Leitmotiv do Manual	15
CAPÍTULO I – ESTADO DA ARTE	19
1. Definição do conceito de cooperação judiciária internacional em matéria penal	19
2. Resenha histórica	24
2.1. Presente	32
3. Modelos de instrumentos normativos de cooperação judiciária internacional em matéria penal	36
3.1. O Mutual Legal Assistance Treaty (MLAT) – Modelo da ONU	37
3.2. O Quadro relativo à Assistência em Matérias Criminais dentro da Comunidade Britânica	41
3.3. As Convenções Europeias	44
3.4. A conexão necessária entre os modelos internacionais e as convenções europeias	45
4. Sinopse do estado da arte	50
CAPÍTULO II – PRINCÍPIOS DA COOPERAÇÃO JUDICIÁRIA INTERNACIONAL EM MATÉRIA PENAL	55
1. Princípios gerais	55
2. Sinopse	63

657

MANUAL DE COOPERAÇÃO JUDICIÁRIA INTERNACIONAL EM MATÉRIA PENAL

CAPÍTULO III – NÍVEIS DE COOPERAÇÃO — 65

1. Nacional (Quadro multilateral e bilateral) — 65
1.1. Quadro anterior à nova organização judiciária — 65
1.2. Âmbito espacial da lei penal e processual penal portuguesa — 65
1.3. Princípio geral: a territorialidade — 67
1.4. A tutela da territorialidade na UE — 68
1.5. Extensão do âmbito espacial: cooperação internacional no domínio penal — 71
1.6. Exceções e limitações ao princípio da territorialidade — 76
2. A Extradição — 79
2.1. O desenvolvimento em Portugal de outras formas de cooperação — 80
2.2. A lei de cooperação judiciária internacional em matéria penal – Lei n.º 144/99, de 31 de agosto — 82
3. A cooperação judiciária em matéria penal e a nova organização judiciária portuguesa — 87
3.1. Enquadramento da nova organização judiciária — 87
3.2. O modelo de gestão tripartida — 87
3.3. Quadro geral Português sobre cooperação judiciária em matéria penal — 88
3.4. A cooperação judiciária em matéria penal no âmbito do Ministério Público — 91
3.5. Gabinete de Documentação e Direito Comparado — 93
3.6. Consulta de tratados internacionais — 94
3.7. Cooperação internacional — 95
3.8. Guia de auxílio judiciário mútuo em matéria penal — 96
    3.8.1. Objetivos — 96
    3.8.2. Âmbito — 96
    3.8.2. Entidades facilitadoras — 97
4. Formas de cooperação em Portugal — 100
4.1. Extradição — 101
4.2. Mandado de detenção europeu — 109
4.3. Lei n.º 36/2015, de 04.05, alvo da declaração de retificação n.º 23/2015, de 09.06 — 112
4.4. Transmissão de processos e Execução de sentenças — 115
4.5. Transferência de pessoas condenadas a penas e medidas de segurança privativas da liberdade e Vigilância de pessoas condenadas ou libertadas condicionalmente — 116
4.6. Reconhecimento de sentenças e transferência de condenados na UE — 119

ÍNDICE

4.7.	Auxílio judiciário mútuo – Guia de auxílio judiciário mútuo em matéria penal	126
	4.8.1. Finalidades	126
	4.8.2. Estrutura e conteúdos	127
	4.8.3. Como usar	128
	4.8.4. Instrumentos Jurídicos	128
4.9.	Congelamento e perda dos instrumentos e produtos do crime	136
4.10.	Cibercrime	137
4.11.	Criminalidade Económica-Financeira	141
	4.11.1. Paraísos fiscais, "offshores" e praças financeiras	141
	4.11.2. Controlo do branqueamento de capitais	148
	4.11.3. Cooperação policial e judiciária internacional	165
4.12.	Terrorismo e Contraterrorismo	173
4.13.	Decisão Europeia de Investigação	175
	4.13.1. Aspetos principais	178
	4.13.2. Guia de aplicação da DEI (âmbito da obtenção da prova)	187
	4.13.3. Papel da Eurojust	197
5.	Portugal como Estado requerente	199
5.1.	Modalidades de pedido	199
5.2.	Emissão do pedido	209
6.	Portugal como Estado requerido	221
7.	Sinopse	222
8.	Organização das Nações Unidas (ONU) (193 EM)	230
8.1.	O software de pesquisa Omnibus	233
8.2.	Mutual Legal Assistance Request Tool	234
8.3.	Biblioteca legal on-line	236
8.4.	Diretório de Autoridades Nacionais competentes	237
8.5.	Quadro de instrumentos jurídicos relevantes da ONU	238
8.6.	Multi-Agency Task Force	239
8.7.	Interpol	240
9.	O Conselho da Europa (47 EM)	240
9.1.	Quadro de instrumentos jurídicos relevantes do CoE	243
9.2.	Comité de peritos sobre o funcionamento das Convenções Europeias relativas à cooperação em matéria penal (PC-OC)	245
9.3.	O Tribunal Europeu dos Direitos Humanos na cooperação judiciária em matéria penal	246
10.	OCDE (35 EM)	248
11.	UE (28 EM)	251

MANUAL DE COOPERAÇÃO JUDICIÁRIA INTERNACIONAL EM MATÉRIA PENAL

11.1. Quadro representativo dos 28 EM da UE — 251
11.2. Breve enquadramento histórico — 252
11.3. O reconhecimento mútuo: um modelo auto-suficiente de cooperação
judiciária na UE — 259
11.4 Quadro Legal na UE — 270
11.5. Síntese na UE sobre Cooperação judiciária em matéria penal — 275
11.6. Eurojust — 283
11.7. Rede Judiciária Europeia — 290
11.8. Equipa de Investigação Conjunta — 296
11.9. Europol (Serviço Europeu de Polícia) — 297
11.10. OLAF (Organismo Europeu de Luta Antifraude) — 298
11.11. A Decisão Europeia de Investigação em matéria penal — 299
11.12. Tabela dos principais instrumentos jurídicos da UE em cooperação
judiciária em matéria penal — 317
11.13. Tabela de instrumentos da UE em matéria de troca
de informações — 319
11.14. O Tribunal de Justiça da União Europeia na cooperação judiciária
em matéria penal — 321
11.15. Procuradoria Europeia — 326
11.16. Recuperação de ativos na UE — 334
11.17. Prova eletrónica – acesso transfronteiriço a meios de prova eletrónicos — 336
12. Schengen (26 EM) — 338
12.1. Sistema de informação Schengen — 343
13. Ibero-americano (23 EM) — 346
14. CPLP (9 EM) — 349
15. Outros (outras redes pelo Mundo) — 352
16. Sinopse dos diferentes níveis de cooperação judiciária em matéria penal — 357

CAPÍTULO IV – A OBTENÇÃO DE PROVA EM CONTEXTO
TRANSNACIONAL NA UE — 359
1. Admissibilidade e validade da prova na Decisão Europeia
de Investigação em matéria penal — 361

CAPÍTULO V – PROTEÇÃO DE DADOS PESSOAIS — 385
1. O direito à proteção de dados — 385
2. Enquadramento histórico — 385
3. Proteção dos dados pessoais na UE — 388
4. Proteção dos dados pessoais em Portugal — 393

ÍNDICE

CAPÍTULO VI – A COOPERAÇÃO JUDICIÁRIA EM MATÉRIA PENAL E AS PROFISSÕES JURÍDICAS — 395

1. Magistratura Judicial/Juiz — 395
2. Ministério Público/Procurador — 395
3. Advocacia (vítima/arguido) — 396
4. Forças policiais — 396
5. Academia (Professor, investigador/estudante) — 397

CAPÍTULO VII – FERRAMENTAS TÉCNICAS DE COOPERAÇÃO JUDICIÁRIA INTERNACIONAL EM MATÉRIA PENAL DISPONÍVEIS ONLINE — 399

1. Introdução: a necessidade de ferramentas técnicas para apoiar a cooperação judiciária em matéria penal — 400
2. Sites de interesse — 400
3. Outras páginas institucionais — 412
4. Tribunais internacionais — 416
5. Outras Ferramentas de apoio sobre Cooperação judiciária penal — 417

CAPÍTULO VIII – FORMAÇÃO DE COOPERAÇÃO JUDICIÁRIA INTERNACIONAL EM MATÉRIA PENAL — 421

1. Enquadramento — 421
2. Entidades formativas — 430

ANEXO — 433

Instrumentos bilaterais na ordem jurídica portuguesa
Quadro de Países Geral — 436
UNODOC — 452
Conselho da Europa — 454
Guia Breve de procedimentos com o Gabinete português na Eurojust — 456
Guião de intervenção das autoridades nacionais com o Gabinete Português na Eurojust — 459
UE (Guião de cooperação Eurojust e RJE) — 466
TJUE (reenvio prejudicial) — 480
Schengen — 495
Iber-Red — 500
CPLP — 502
Modelos de formulários disponíveis — 505
1) cartas rogatórias — 505

MANUAL DE COOPERAÇÃO JUDICIÁRIA INTERNACIONAL EM MATÉRIA PENAL

2) DEI – anexos e guidelines de preenchimento (com sugestões
   de preenchimento do Anexos I (A) e II (B))   508
3) cartas rogatórias disponíveis no CITIUS   538
4) modelo de carta rogatória da RJE   549
5) modelos de cartas rogatórias do Conselho da Europa   571
6) formulários do acordo entre a UE e os EUA   554
7) MDE   562
8) Lei n.º 36/2015, de 04.05   573
9) decisão europeia de proteção;   577
10) confisco e congelamento de bens;   586
11) pedido de informação sobre antecedentes criminais;   591
12) modelo de equipa de investigação conjunta;   593
13) pedido de indemnização em situações transfronteiras   604

MANUAIS POR NÍVEIS DE COOPERAÇÃO E MATÉRIAS   609
ENDEREÇOS DE DICIONÁRIOS JURÍDICOS ON-LINE E OUTROS
    COM INTERESSE   617
BIBLIOGRAFIA   623
INDÍCE   657